RESEARCH
ON THE REFORM
of Policy and System in Early Childhood Education

课题组主要成员

负责人　虞永平

成　员　（按姓氏笔画排序）

王海英　王水娟　王玲艳　王冬兰　孔起英
江　夏　刘明远　刘　颖　张　斌　张永英
何　锋　邱学青　柏　檀　胡福贞　岳亚平
侯莉敏　秦旭芳　原晋霞　郭良菁　彭俊英

教育部哲学社会科学研究重大课题攻关项目

学前教育体制机制改革研究丛书

丛书主编 虞永平

儿童·国家·未来

学前教育体制机制改革研究

虞永平 王海英 张斌 等著

南京师范大学出版社

总　序
体制机制的完善是学前教育事业持续发展的关键所在

2010年以来,国家先后出台了《关于当前发展学前教育的若干意见》《关于学前教育深化改革规范发展的若干意见》等重大政策,并实施了学前教育行动计划,全面推进学前教育体制机制的改革,我国的学前教育事业得到了前所未有的发展。截至2019年,全国共有幼儿园28.12万所,比2010年增长了46.51%;在园幼儿4 713.88万人,比2010年增加了36.85%;学前教育毛入园率达到83.4%,比2010年增加了26.9个百分点。这一切取决于国家对学前教育的重视,取决于全国范围学前教育体制机制的改革。

作为学前教育工作者,我们从来没有像这十年一样深切地关注学前教育体制机制改革这一重大的研究领域,我们从来没有像现在这样深切地理解学前教育体制机制的复杂性,我们从来没有像现在这样深切地认识到学前教育体制机制改革的重要性。在关注并研究学前教育体制机制改革的历程中,我们深切感受到了学前教育体制机制对学前教育事业发展的重大影响,我们认识到体制机制是制约未来学前教育发展的重要因素,涉及各级政府之间的责任关系,涉及政府不同职能部门之间的关系,涉及众多法律和政策层面上的重大问题,因此,学前教育体制机制的改革将是一个长期的艰巨的过程。

我们有幸承担了教育部人文社会科学重大研究课题攻关项目"学前教育体制机制改革研究",这是一个新的研究领域,我们关注了学前教育办学体制、学前教育投入体制、学前教育管理体制和学前教育评价体制及相应的保障、激励和促进机制。我们深入研究了世界学前教育体制机制实践和较为先进的国家的文献,梳理了相关的经验,总结了一些基本的特点和规律,以便为我国学前教育体制机制的实践和研究提供借鉴和启示。同时,我们还深入全国不同地区调研学前教育体制机制的现状和改革经验,开展全国性的学前教育抽样调查,重点了解学前教育体制机制的现状和问题。通过问卷和现场调查,我们感受到了我国学前教育发展的差异性、多样性、复杂性和艰巨性,也更加坚定了唯有不断进行体制机制改革才能真正推动学前教育健康稳步发展的信心。

我们也深入到一些县区,开展学前教育体制机制改革的深度研究,跟进改革进程,直面改革难题,共商改革措施和策略。通过参与政策文件起草,通过给有关政策提出意见和建议,通过对体制机制改革实践的考察和参与,深入把握学前教育体制机制改革的重点和难点,进一步探寻影响体制机制形成和变革的主要因素,系统研究学前教育体制机制的理论和实践,力求在实践中总结学前教育体制机制改革的主要影响因素和存在的主要问题,以形成对学前教育体制机制改革的整体性思考。

我们将陆续出版学前教育体制机制改革研究丛书:《现象·立场·视角——学前教育体制机制现状研究》,该分册内容为当前学前教育体制机制的现状研究,主要呈现的是当前学前教育体制机制改革中的现象和存在的问题,从课题研究的基本定位与立场谈起,借用多学科视角分析,并对现有政策和各地改革案例进行解读,描摹出当前学前教育体制机制改革的概貌;《比较·对话·探寻——学前教育体制机制问题与创新研究》,该分册内容以国内问题为中心,将视野投射到中国以外的区域,寻找当前体制机制改革的解决途径,梳理英、美、法以及大洋洲、南美洲等多个国家和地区的学前教育体制机制改革经验,提炼出可供借鉴的路径与方法,并对国内学前教育体制机制存在的问题进行深度剖析,期望在全球与本土的碰撞中找到适合中国学前教育体制机制改革的路径;《参与·引领·感悟——学前教育体制机制实践与发展研究》,该分册内容将以课题的深度实践研究部分为主,课题组在我国西南、西北、华中、东北开展了以县为基础的实践研究,将呈现研究人员深入参与和介入地方改革的过程与经验,并适时分享理论研究者和实践行动者在实践研究过程中的不同感悟;《经验·问题·对策——学前教育体制机制案例研究》,该分册内容将为地方政府、教育部门、幼儿园解决当前学前教育发展中的重点、难点、热点问题提供典型案例,并从学理上深入剖析这些案例,发现、总结、提炼、借鉴地方经验,为决策部门解决实践问题提供可借鉴的模式;《儿童·国家·未来——学前教育体制机制改革研究》,该分册内容为课题研究的总结性成果,把视角置于更为宏观的儿童与国家关系之上,在此基础上梳理当前我国学前教育体制机制改革的问题与经验,在总结经验的基础上指向未来,为建构更为合理的学前教育体制机制提供可行的思路与建议。《公平·质量·反思——全球化视野下的学前教育政策研究》,该分册通过全球视野比较分析了世界学前教育政策的演变,反思我国学前教育政策研究的问题,尝试建立学前教育政策研究的方法体系。

  学前教育体制机制的研究和改革一样,是一个长期的过程,我们将持续关注学前教育改革和发展的这一关键进程,努力在学习、参与和研究的过程中,更准确地把握学前教育体制机制改革的过程,并努力为学前教育体制机制的改革和发展贡献自己的力量。

"学前教育体制机制改革研究"课题组
2020年6月

目录

- 总　序/001

- 第一章　学前教育体制机制改革的研究背景/001

    第一节　学前教育体制机制改革研究的国内背景/001
    第二节　学前教育体制机制改革研究的国际背景/006

- 第二章　学前教育体制机制改革研究的意义与总体设计/020

    第一节　学前教育体制机制改革研究的意义/020
    第二节　学前教育体制机制研究的总体设计/022

- 第三章　学前教育体制机制的研究与改革思路/028

    第一节　学前教育体制机制的研究现状/028
    第二节　学前教育体制机制的基本范畴/035
    第三节　学前教育体制机制的主要问题和基本任务/041
    第四节　学前教育体制机制改革的基本原则和核心举措/050

- 第四章　学前教育体制机制现状/063

    第一节　学前教育办园体制机制现状/063
    第二节　学前教育管理体制机制现状/077
    第三节　学前教育投入体制机制现状/091
    第四节　学前教育质量评价体制机制现状/122

- **第五章　学前教育办园体制机制改革研究**/144

  第一节　多元办园体制下的学前教育资源建设渠道/144
  第二节　公办为核心、普惠为基础的办园格局/161
  第三节　基于科学规划、追求公平合理的办园布局/171
  第四节　明晰政府主导的多元办园主体权责/189
  第五节　强化规范、促进发展的准入制度/202

- **第六章　学前教育管理体制机制改革研究**/226

  第一节　学前教育政府责任问题、分析及政策建议/226
  第二节　学前教育管理机构与人员设置问题、分析与政策建议/245
  第三节　督导评估及问责机制的问题、分析及政策建议/248
  第四节　学前教育依法管理的问题、分析及政策建议/255
  第五节　幼儿园师资队伍建设问题、分析与政策建议/261

- **第七章　学前教育财政投入体制机制改革研究**/279

  第一节　学前教育成本分担研究/279
  第二节　学前教育财政投入结构研究/317
  第三节　学前教育财政投入方式研究/342

- **第八章　学前教育基本质量标准研制改革研究**/368

  第一节　现有幼儿园教育基本质量标准的问题与思考/368
  第二节　幼儿园教育基本质量标准的研制/386

- **第九章　主要国家和地区学前教育体制机制改革的经验与启示**/411

  第一节　主要国家和地区学前教育投入体制的经验与启示/411
  第二节　主要国家和地区调动社会量支持学前教育发展的经验分析/446
  第三节　主要国家和地区学前教育管理体制的经验与启示/470

第四节　主要国家和地区学前教育质量评价体系的经验与启示 /479

第五节　主要国家和地区学前教师教育政策的经验与启示 /493

第十章　学前教育体制与机制改革的个案研究 /498

第一节　山东省依法保障学前教育健康快速发展的路径与经验 /498

第二节　少数民族地区学前教育事业发展的对策与突破——基于对西北 L 市的研究 /513

第三节　集体性质幼儿园的生存与发展——基于华东 J 市的研究 /522

第四节　经济发达地区推进流动人口子女学前教育发展的经验——基于华东 S 市的研究 /537

第五节　区域学前教育公共服务体系的构建——基于浙江省宁波市 H 区的经验 /550

结　论 /562

后　记 /599

第一章 学前教育体制机制改革的研究背景

第一节 学前教育体制机制改革研究的国内背景

一、新中国成立前的学前教育

在中国,制度化的学前教育是从19世纪末期由西方教会传入的,至1904年,上海、宁波、厦门等沿海城市的教会幼儿园共6所,到1924年达156所,占当时全国幼儿园总数的82%[①]。这些幼儿园对我国幼儿园的兴办起到了一定的作用。

1903年,我国第一所官办幼儿园——湖北幼稚园在湖北武昌创立。此后,随着清政府废科举、兴学堂及建学制运动的兴起,尤其是随着《奏定学堂章程》中"奏定蒙养院章程及家庭教育法章程"的实施,由我国自行举办的幼儿园不断涌现。当时的幼稚园主要仿效日本,派幼儿园教师到日本学习后回来工作,甚至直接聘请日本的幼儿园教师。1919年"五四运动"以后,随着一批庚子赔款留学生的回国,学前教育的研究和发展进入一个新的阶段。1923年,陈鹤琴在研究学前教育的同时,在自家客厅里创办了南京鼓楼幼稚园,这标志着我国实验性质幼儿园的诞生。南京鼓楼幼稚园

---

① 黄人颂.学前教育学[M].北京:人民教育出版社,2009:28.

单元课程的研究和发展,对1932年国民政府《幼稚园课程标准》的制定起到了重要的学术支持作用。到1946年,全国幼儿园数量已经初具规模,达1 301所。但是,即便有一些教育家倡导平民教育,在1949年之前,国民党统治区的学前教育总体上不是真正面向劳苦大众的。

1927年大革命失败以后,老解放区积极推进学前教育,1934年,苏维埃地区中央内务人民委员部颁发了《托儿所组织条例》,并在江西瑞金试办了两所托儿所。1941年颁布了《陕甘宁边区政府关于保育儿童的决定》,并陆续开办了陕甘宁边区战时儿童保育院(1945年改名为陕甘宁边区第一保育院)、陕甘宁边区第二保育院、洛杉矶托儿所等机构。这些机构贯彻保育儿童、培养革命后代的精神,坚持"一切为革命,一切为孩子"的行动口号,把战争与保育相结合,创新保育教育方法,实行保教合一的制度,形成了一套独特的保育教育体系。

二、新中国成立后的学前教育

新中国成立以后,我国的学前教育翻开了新的篇章,国家将幼儿园正式纳入学校系统,要求从城市开始设立幼儿园,逐步扩展,幼儿园数量不断增加,从1949年的1 300所,到1957年的1.64万所。在园儿童从1949年的1.3万人,增加到1957年的108.8万人。1952年国家颁布了《幼儿园暂行规程草案》,为学前教育的发展打下了坚实的法律基础。新中国的幼儿园真正为广大人民群众服务,促进儿童身心健康发展。在"大跃进"和"文化大革命"时期,学前教育事业出现了一些波折。

改革开放以来,学前教育逐步走上了健康发展的轨道。1990年2月1日《幼儿园管理条例》《幼儿园工作规程(试行)》两个学前教育法规正式实施,我国学前教育在20世纪90年代得到了稳步的发展,入园率、教师队伍质量和教育质量都呈现上升的趋势。由于《幼儿园管理条例》的实施,幼儿园管理体制得到了加强和理顺,多部门协作管理的模式得到了规范。广大幼教工作者和管理人员的法规意识明显提高。尤其是1996年《幼儿园工作规程》颁布后,广大幼教工作者的目标意识和职责意识明显加强,教育部10个落实规程试点园的经验对全国幼教工作者起到了示范和榜样的作用。这两个法规是中国学前教育真正与世界接轨的重要标志,可以说,两个法规与当时西方各国的相关文件相比,在思想和观念方面一点也不落后。很多学前教育的基本观念在法规里得到正式确认,为学前教育进一步的改革和实践创造了良好的条件。我国的学前教育事业呈现出欣欣向荣的良好局面。以上海为代表的一些地方努力学习认真落实两个法规的精神,积极发展学前教育事业,政府确保了对学前教育的投入,学前教育的公益性得到充分的彰显,公办幼儿园为主、公共财政投入、公办教师为主的格局已经形成,并且利用政府的力量抓课程改革,学前教育质量得到了稳步的提高,广大人民群众满意度不断提高。学前教育体制机制不断完善并焕发勃勃生机。

令人遗憾的是,从20世纪末到21世纪初,受到各地经济改革的影响,幼儿园被推进了市场化的漩涡,一股以卖幼儿园为特征的所谓"改制"浪潮席卷而来,有些地方悄悄行动,有些地方高调行事,公办学前教育资源顷刻间转变为个人资源,学前教育的公益性荡然无存。很多幼儿园被贱卖,公共资产流失。一些地方政府卖掉了幼儿园,停止了对幼儿园的投入,放弃了对学前教育的责任。大量优秀教师流失,幼儿园教育质量严重下降,儿童是最大的受害者。可以说,改制带来的后遗症至今也没有完全消除,至今一些地区公办幼儿园的比重无法提高。这一波折,导致了部分政府官员迷失了发展学前教育的价值,也导致了学前教育体制尤其是办园体制的混乱。这是我国学前教育发展史上令人遗憾的一幕。

2010年以来的十年,是中国学前教育政策颁布得最密集、所起的作用最有力和最有效的十年,是国家对学前教育做出前所未有的投入的十年,是中国学前教育产生翻天覆地变化的十年,必将载入学前教育发展的史册。2010是中国学前教育发展历程中十分重要的一年。《国家中长期教育改革发展规划纲要(2010—2020)》(以下简称《规划纲要(2010—2020)》)中将学前教育作为一个专门的部分进行规划,确定了未来十年基本普及学前教育的目标,这对学前教育的健康持续发展具有十分重要的意义。专门规划学前教育发展是例次十年规划中都没有过的。2010年,国务院召开常务会议,专题研究讨论大力发展学前教育的问题,还出台了《关于当前发展学前教育的若干意见》(以下简称学前教育"国十条"),对推动学前教育"三年行动计划"以及学前教育的改革和发展起到了十分重要的作用。2018年,出台了新中国成立以来第一个以中共中央和国务院的名义发布的学前教育文件《关于学前教育深化改革规范发展的若干意见》(以下简称《若干意见》),确定了发展学前教育的指导思想、基本原则和主要目标,并从优化布局与办园结构、拓宽途径扩大资源供给、健全经费投入长效机制、大力加强幼儿园教师队伍建设、完善监管体系、提高幼儿园保教质量、加强组织领导等方面做出了具体的部署。这是一个立足现实又面向未来的发展学前教育的纲领性文件,对于完善学前教育体制机制,促进学前教育的普及普惠安全优质发展具有重要的意义,将指导我国学前教育不断深入健康的发展。

三、体制机制的核心作用

制约学前教育发展的根本因素是体制机制。2010年之前,我国学前教育体制机制建设一直滞后于事业发展,体制机制方面的问题非常突出,纵向上各级政府对发展学前教育的责任不够明确,缺乏相应的评估和监督;横向上政府各部门对学前教育的责任没有得到真正的落实,严重影响了学前教育的发展,尤其是影响了普惠性资源的合理配置和幼儿园的基本运行。总体来说,2010年之前,我国学前教育体制机制存在的主要问题有以下几个方面。

第一,管理体制不完善,管理责任没有落实,教育资源不足的问题长期得不到有效解决。规划、布局、土地供给、经费配套和落实办园等各个环节都存在不到位的地方。公益普惠的学前教育不能得到充分的发展,"入园难"现象长期存在。学前教育领域中出现的高收费等现象,导致了"入园贵"。

第二,投入机制没有真正形成,学前教育经费严重不足。这造成了学前教育发展困难,运行难以保障,导致一些地方出现了"乱收费"等现象,还导致了教师收入低、流动大,严重影响了教育质量。

第三,办园体制混乱,公办幼儿园的作用被削弱,很多国有资产流失,民办幼儿园的管理跟不上,有些地区无证幼儿园泛滥。政府主导,公办为主体,鼓励社会力量办园的原则没有得到充分的体现。

第四,缺乏质量保障机制。教育质量是学前教育的根本追求,管理和投入是影响质量的关键因素。教师的地位、待遇和专业水准是影响质量的决定性因素,课程建设水平是教育质量的基础,质量评价是促进教育质量提升的关键举措。但是以上几个方面都存在或多或少的问题,教师队伍的数量和质量问题尤为突出。这是导致学前教育质量不高的根本原因。

第五,监督机制没有真正确立。学前教育督导还没有真正纳入制度层面,各地对政府的考核基本上不包括是否促进学前教育的发展。对学前教育的管理、投入、质量保障等缺乏相应的制度,难以追究责任,造成很多问题不断累积,学前教育欠账多、基础薄、问题多的现象难以得到改善,严重影响了事业的发展。

我国的学前教育研究领域也一直忽视对学前教育体制机制的研究,一方面可能是由于我国学前教育体制一直处于超稳定的状态,没有发生太多的变化,没有引起研究者的关注。另一方面,我国的学前教育研究一直关注基本理论和课程教学的研究,对于幼儿园内部的管理关注较多,由于数据收集的困难及行政决策过程的难以参与,学前教育行政管理研究没有形成一个真正的独立研究领域。以至于当学前教育体制受到冲击时,研究者往往仅仅是感性上的呼吁和抗拒,难以形成理性的说明和抗争。随着学前教育体制机制改革的推进,对这个领域的研究显得越来越重要,迫切需要形成相关的理论和分析视角,帮助广大学前教育工作者去思考和应对。

当前学前教育发展的突破口就在于破除学前教育事业发展的体制机制障碍,鼓励体制机制上的探索和创新,切实为学前教育的发展扫清障碍。为此,必须加强对学前教育体制机制的研究,形成完善学前教育体制机制的政策和举措,总结体制机制改革的成功经验,深入分析不同的实践模式,构建适合不同发展水平的体制机制模型。

第二节 学前教育体制机制改革研究的国际背景

西方国家在学前教育的研究和实践方面取得了巨大的成就,从北美到西欧、北欧,很多学前教育项目得以实施并取得成效。很多项目的推进对我们思考我国学前教育体制机制的改革具有重要的参考价值。

一、美国的提前开端计划

"提前开端计划"(Head Start)是美国持续时间最长、影响最广的社区行动计划。早在20世纪五六十年代,美国的一些学校调查就发现,许多贫困家庭的幼儿由于没有受到良好的早期教育,他们在上小学之时就已输在了起跑线上,起点的落后对儿童以后的学业,乃至终身的幸福都产生了巨大的消极影响。于是,美国联邦政府自1964年起开始实施"提前开端计划"。规定至少要给生活在贫困线以下的90%以上家庭的3—5岁幼儿提供社区教育服务。利用社区的各种教育、文化、娱乐设施，人文景观和自然环境，以及各种人力资源，尤其是社区工作人员和幼儿家长，对绝大多数贫困家庭的幼儿实施免费的补偿教育。

美国的"提前开端计划"充分体现了公共投入优先满足处境不利儿童的需要以促进教育的"起点公平"这一世界学前教育公共财政投入的基本原则。该计划得到了联邦政府在财政方面的大力支持。美国已为这项社区行动计划投入了巨额的资金。仅2002年，布什政府关于"提前开端计划"的财政预算就是65亿美元，2003年为67亿美元，并计划以后每年依次递增。另外，为了确保"提前开端计划"的顺利实施，联邦政府已通过立法的形式明确规定和规范国家对"提前开端计划"的投入，1981年联邦政府出台《开端计划法》，当年联邦政府对该项目的拨款为10.7亿美元。随着法规的多次修订，拨款的额度也不断加大。根据2003年修订案要求，2004—2008年联邦政府应在每个财政年度保证对该项目有68.7亿左右美元的拨款。在质量确保方面，"提前开端计划"建立了《早期教育项目标准》《早期学习经验指南》《早期儿童的发展和评价结果》《提前开端项目系统监察表》《提前开端儿童成果表现框架》等。2007年用于研究和评估的费用将近2千万美元。评估的结果不仅促进了项目的健康发展，还为国家投入学前教育的必要性和意义提供了有力证据。

大量的跟踪研究报告表明，美国政府投资社区，利用社区对幼儿进行补偿教育确实给幼儿个人和家庭带来了巨大的收益，也带来了巨大的社会效益，如降低贫困率、降低学前教育和特殊教育成本、降低犯罪率和司法成本、降低福利支出和增加税收等。

二、英国的确保开端计划

英国作为一个阶层分化明显的国家，非常注重通过教育等多种手段缩小不同阶层之间的差距。在扩大学前教育入学机会的同时，十分注意把学前教育资源向弱势群体倾斜。基于此,1998年,英国政府开始投资实施了确保开端计划(Sure Start),该计划是专门用于支持处境不利地区和家庭幼儿的综合性儿童保教项目,努力体现着"每个孩子都重要"以及建立公平公正社会的政府执政理念。

"确保开端计划"的实施得到联邦政府和地方政府的大力支持。该项目的实施由英国政府、英国财政部主导。首先,在确保开端计划的经费投入方面,由英国政府负责投资,专门用于改善5岁以下儿童及其家庭的教育和健康服务。英国学前教育财政投入具有鲜明的制度性,预算增长和资金拨付均有相关法律保障。英国议会每年讨论通过当年的政府预算,各项具体的金额都会以《拨款法》颁布执行。例如,《2001年拨款法》中就规定2001—2002年度用于该项目的联邦预算为1.8亿英镑,此后2002—2003年、2003—2004年、2004—2005年度该项预算拨款分别为4.5亿英镑、5.3亿英镑和8.9亿英镑,2005—2006年度则达到11.58亿英镑。地方则通过提交一份详细合理的实施计划,来申请获得政府的资金支持。在经费管理上,"确保开端计划"实行法人管理,项目管理人员的支出不能超过经费的13%。其次,在质量管理上,从2001年开始,儿童保教机构由教育标准局(ofsted)负责管辖和监督。这是一个独立于教育与技能部的单位,专门负责制定全国统一的幼教机构服务质量规范,负责幼教机构的注册和督导检查等工作。自2009年起,教育标准局还要负责检查"确保开端计划"儿童中心的督查,确保该项目的质量。

"确保开端计划"实施20多年来,成效显著,表现为:第一,参与过"确保开端计划"的儿童的学业表现更为突出,更自信,有更好的社会认同感,语言和沟通能力更强等;第二,政府对该计划的投入发挥了很好的示范和引领作用,推动了其他社会/私人团体不断增加对处境不利地区和儿童的投入;第三,该项目的实施改善了社会各界对学前教育的看法,使得科学的保教观念得以推广。

三、智利的学前教育行动

智利自20世纪70年代以来就实行自由主义改革,这场改革对智利的经济发展起到了良好的推动作用,但是贫富差距不断扩大,社会财富的分配不公等问题日益凸显,导致社会不安定因素增多。针对这些日益凸显的社会矛盾,智利在20世纪90年代进行了大规模的教育改革,实施教育平等发展战略,维护国家稳定。

(一) 创新管理体制,整合多方资源推动学前教育发展

智利学前教育发展之所以近年来取得显著成效,在某种程度上要归功于运转良好的学前教育管理体制。智利特别重视加强跨部门合作,整合教育、卫生、社会福利等各方面资源,建立了保育学校国家委员会(JUNJI)和英特格拉基金会(Integra Foundation),运用多种方式,特别是通过实施国家行动项目,以财政投入带动各方面参与儿童早期发展事业的积极性,用有限的资源办成更多的事情。

(二) 确保公平导向,建立倾向弱势群体的投入机制

政府非常注重加大对学前教育的投入。据2003年的数据,智利将GDP的7.9%投入到教育领域,这个比例高于经济合作与发展组织成员国家的平均数5.1%,也远远高于同地区经济和教育发展水平相似的阿根廷等国。智利在不同学段的教育上生均经费投入差异不大(除了对高等教育投入较大以外)。21世纪以来,智利不断提高对学前教育的投入水平。83%的托幼机构获得政府投入。此外,政府还关注学前教育投入投向哪里,在普及免费学前教育的同时明显倾向于弱势群体。2003年智利学前教育机构中注册的5—6岁儿童免费接受教育的比例达到49.3%,获得政府补贴的儿童比例约为37.6%,仅有13.1%的儿童没有接受国家的学前教育经费支持。另外,面向处境不利家庭的保育学校国家委员会和英特格

拉基金会,均优先招收4岁以下的儿童,其提供的教育形式灵活多样,为打破处境不利家庭的代际循环、最大限度地确保所有儿童获得公平的教育起点做出了重大贡献。

(三) 提供多样化、综合性的学前教育服务

智利贫富差距悬殊,15%的人口生活在贫困线下。政府认识到仅靠经济增长并不能完全消除贫困,需要大力发展社会保障事业,特别是提高婴幼儿的生存和生活质量,从儿童早期打破贫困的循环圈,从源头帮助贫困人口改善生活,实现社会公平。政府认识到早期教育既是学前教育,又涵盖妇儿保健;既要提供教育、卫生等专业性服务,又涉及社会救助和保障;既要以儿童为本,又要为家长和社区提供方便就近的服务。应在政府的领导下,建立起教育、卫生、社会保障、计划、财政等多部门协调配合的综合性服务管理机制。

(四) 多种措施确保质量

进入20世纪90年代以后,智利采取了一系列措施,保障学前教育质量,有效促进了智利学前教育的发展。第一,智利于2001年发布了国家性课程指南《幼儿教育与看护课程基础》(Curricular Bases of Early Child Education and Care),这一指南适用于为0—6岁儿童提供服务的各类学前教育机构。第二,开发托幼机构质量评价工具。智利的全国日托和学前学校委员会制定了托幼机构质量管理模型(Quality Management Model for Daycare Centers and Preschools),用来评价托幼机构的管理质量,并帮助机构形成改进计划。第三,制定托幼机构质量标准。智利教育部颁布的相关法律条文(2005年颁布的177号修正案,2011年颁布的315号文件)对托幼机构的质量标准提出了明确的要求,但这些标准并非是强制性的,标准涉及设施场所的建设、人员的资质、托幼机构的教育内容、师幼比等。第四,推行国家行动项目。智利政府通过实施"智利与你共同成长"计划,针

对 0—4 岁儿童,围绕"健康、营养、早期教育、照顾、保护"等五个方面,以项目方式促进儿童早期发展。

（五）强调 0—3 岁儿童的保教服务，制定具有连续性的课程指南

与其他国家相比,智利对 0—3 岁儿童的教育非常重视,强调幼儿教育从出生开始,教育方式在本质上是全面综合的,"智利与你共同成长"计划正是从胎儿期开始就对其提供有需求的帮助。此外,为更好地衔接 0—3 岁和 3—6 岁儿童的教育,智利的《幼儿教育与看护课程基础》强调 0—6 岁儿童作为一个整体的教育连续性,并按 0—2 岁、3—6 岁分组提出了教育目标和指导建议。这个文件有助于教师在统一的目标框架内,在不同的教育机构中,对包括婴儿、学步儿在内直至入学前的儿童进行教学,从而更好地帮助儿童从日间看护中心向幼儿教育中心、小学的过渡。

四、OECD 的研究和立场

在全球化的背景下,经济合作与发展组织（Organization for Economic Cooperation and Development,以下简称 OECD）对全球范围内的政策变革起到越来越重要的作用。OECD 通过组织专家组给各国提供政策建议,以及开展对成员国的同伴评议（来自其他国家成员的政策审查和评估）,提供关键指标的监测数据,发布评议和监测报告,来促进世界各国经济、教育、文化等领域公共政策的范式转变。

作为一个主要关注经济发展、就业等问题的国际组织,OECD 近 20 年来也将学前教育（Early Childhood Education and Care）作为其重点关注的政策领域之一。OECD 通过组织学前教育研究专家团队,提供国别研究的同伴评议;建立学前教育监测指标体系,在每年出版的《教育一览》（Education at a Glance）以及定期更新的 OECD 家庭数据库（OECD Family Database）中公布 OECD 成员国及其他一些重要的发展中国家的学前教育发展状况。需要特别指出的是,通过对一系列目标国家的学前教育发展状况、政策工具、面临的挑战和问题等进行全面的梳理，OECD通过对外发布学前教育专题研究报告，对报告国和其他国家政府施加影响。① 在国际竞争日益激烈的背景下，OECD的系列报告不仅让报告国政府不得不应对本国学前教育发展中的问题，也提供机会和动力让其从他国的经验和问题中展开政策学习。从2001年至今，OECD已经发布了四个版本的《强健起步》，各有侧重地阐述了OECD国家学前教育政策发展的背景、进展、趋势、挑战和建议；同时，在侧重儿童早期家庭政策的《婴儿和老板》(Babies and Bosses)的系列报告中也对儿童早期保育的公共政策提出了建议。其中，无论是就研究资料的广泛性、资料分析的严谨性还是结论的深刻性，《强健起步》都是学前教育领域最为重要的跨国研究成果。②

　　四个版本的《强健起步》报告，能较为清晰地呈现OECD对学前教育问题的关注焦点和政策立场。OECD关注的学前教育热点问题包括：理顺学前教育管理体系、明确学前教育主管部门、形成合作和参与的管理机制，从而建立系统协调的学前教育体系；从终身学习的视角，确认学前教育在教育体系中的重要地位，做好学前教育与后继学习的衔接；加快学前教育的普及，特别是对处境不利儿童的支持，关注3岁以下儿童的早期教育；为学前教育服务和配套措施提供可持续的财政投入，以确保学前教育服务的质量和可获得性；促进包括儿童、教师、家长在内的学前教育的利益相关者共同参与，形成质量提升和保障机制，包括质量目标和最低标准、课程和学习标准等；建立覆盖学前教育服务、幼儿发展与学习以及幼儿教师的数据收集和质量监测系统；形成学前教育研究和评估的稳定框架和长期

---

① White, L. The Internationalization of Early Childhood Education and Care (ECEC) Issues [R]. Annual Meeting of the Canadian Political Science Association, Vancouver, June. 2008:2.
② Moss, P. Starting Strong: An Exercise in International learning[J]. International Journal of Child Care and Education Policy, 2007,1(1): 11-21.

规划等。① 分别出版于 2012 年与 2015 年的两个《强健起步》报告，总结了在 OECD 各成员国学前教育普及率和公共投入水平不断提高的背景下，提升学前教育质量的政策举措及其挑战，同时还提供了用于质量监测、保障和提升的政策工具和建议。②

OECD 认为，无论从社会发展的外部现实需要，还是学前教育本身的内在特质来看，政府都应积极介入学前教育，促进学前教育事业健康发展。第三产业的发展、妇女就业率的提高、女性平等权利诉求的日益高涨、逐渐下滑的人口出生率都要求为学前教育服务提供支持；而来自心理学、脑科学、经济学的多项研究证明，学前教育有着公共服务的显著特征，需要政府履行公共服务的职责，这不仅有助于儿童个体的后继学习和终身发展，而且能够打破贫困和不公平的代际传递，有利于劳动力市场的人才储备，增进社会和谐；而缺少政府投入和管理的学前教育服务具有突出的"市场失灵"特征，面临着供给短缺、质量低下、入园机会不公平等诸多问题。此外，作为一项人力资本投入项目，投向学前教育的公共经费能够产生最高的经济回报率，且其对社会的回报远远高于对个人的回报。③ 因此，OECD 从关注学前教育问题伊始，就明确了政府干预学前教育、加大学前教育投入的必要性，并且在这个逻辑起点上，进一步研究和探讨了学前教育公共政策的诸多问题。

OECD 在报告中反复指出，为保证学前教育服务的质量和可获得性，

---

① OECD. Starting Strong Ⅰ：Early Childhood Education and Care[M]. Paris：OECD Publishing, 2001：133 – 134. OECD. Starting Strong Ⅱ：Early Childhood Education and Care[M]. Paris：OECD Publishing, 2006：16 – 18.
② OECD. Starting Strong Ⅲ：Early Childhood Education and Care[M]. Paris：OECD Publishing, 2012：9. OECD. Starting Strong Ⅳ：Monitoring Quality in Early Childhood Education and Care[M]. Paris：OECD Publishing, 2015.
③ OECD. Starting Strong Ⅱ：Early Childhood Education and Care[M]. Paris：OECD Publishing, 2006：19 – 36.

保证来自各级政府学前教育投入的长效、可持续和充足是非常必要的。政府投入不足的后果是负面且显而易见的，会导致学前教育服务（特别是低收入家庭儿童享有的服务）数量的短缺、质量的低下、入园机会的不平等等等。OECD认为，政府的投入水平若不能满足提供有质量的学前教育服务的需求，就是一种非常短视的行为。要提供有质量的学前教育服务，各国至少要将GDP的1%用作学前教育的公共投入。就生均投入水平而言，已有研究估算，OECD国家有质量的全日制学前教育服务的生均成本在9 000美元左右。尽管各国需要根据自己的财富状况衡量这一数值的意义，但毋庸置疑的是，目前的投入水平还远不足以提供有质量的学前教育服务，政府还需要继续加大投入的力度。[①]

  OECD强调，当前有多种策略扩大学前教育经费的来源，但应检视各项策略的影响。首先，在教育预算中要重新调整资源配置结构，加大学前教育投入比例，这不仅是因为学前教育的投入关系到最基础阶段的教育资源公平分配，也因为其关系着教育资源的使用效率——只有投入充足，提供的学前教育服务的质量才有保证，从而才能产生理想的社会经济回报。其次，要从多个部门、社会团体和社区中吸纳广泛的资源。既然学前教育有利于社会融入和劳动力市场扩展，那么相关的部门和其他的利益团体就应该共担学前教育发展的资本成本和运行成本。再次，可以建立公私合作等机制，将志愿组织、社区和私人部门等非政府组织纳入到由公共经费支持和管理的体系当中。OECD很多国家对满足了质量要求、收费要求、服务对象要求的非公立托幼机构提供财政补助。OECD认为，为了避免私立机构因经费不足削减成本，减少教师工资和福利，或将负担转移给家长，政府应考虑对满足公共服务标准的非公立托幼机构进行财政支持，并且加强

---

① OECD. Starting Strong II: Early Childhood Education and Care[M]. Paris: OECD Publishing, 2006: 105–107.

规制。然后,有部分国家主要依靠市场来提供幼儿保育服务,但这主要出现在自由经济国家中。OECD指出,相应的做法会产生保育费用提高、家长负担增加、服务不公平等诸多问题。最后,在一些国家中,企业(雇主)也是重要的学前教育服务的提供者,但是政府仍需要加强对此类机构的管理。①②

在投入模式方面,OECD特别探讨了目前主要成员国的经费投入模式及其效果。在3—5岁儿童的学前教育部分的投入上,OECD国家(无论是北欧国家、欧洲大陆国家还是新自由经济国家)主要采用的是面向供给方投入、由公共部门管理的模式。具体而言,政府一般将经费直接投向机构,并与在园幼儿人数挂钩。供给端的补助一般以运作经费、教师工资(或教师工资提升补助)、资本设备补给的拨款、特殊需要儿童补助拨款、质量提升拨款等形式发放。在保证公共的学前教育享有充足的公共经费的同时,面向机构的拨款往往也要求托幼机构接受严格的监管。而在儿童保育部分,各国投入模式的差异较大,包括供给方补助、需求方补助和二者兼有的混合机制。总体来看,自由经济国家主要使用面向家长的补助,如现金补贴、教育券、税收返还等,欧洲大陆国家则主要采用面向机构的供给方补助的方式,社会民主国家主要采用供给方补助和税收返还相结合的方式。OECD通过检视其成员国的政策实践指出,面向供给方的投入能有效地管理托幼机构、保证规模效应、提高教育质量、实现公平入园。面向家长的补助,在政治上可能很具有吸引力,但这种投入方式会进一步削弱政府对学前教育的规制,影响学前教育服务的一致、协调、普遍和公平的供给,威胁学前教育入园机会的公平,损害儿童作为公民的权利,同时在资源的利用

---

① OECD. Starting Strong II: Early Childhood Education and Care[M]. Paris: OECD Publishing, 2006:108-110.
② OECD. Starting Strong II: Early Childhood Education and Care[M]. Paris: OECD Publishing, 2006:212.

效率上也存在问题。① OECD强调,不管政府采用什么投入模式,都应该将儿童的利益摆在首位。

OECD还指出,公共经费不仅仅需要投向学前教育服务,还需要投向学前教育的管理体系和配套系统,如学前教育规划、研究,教师工作条件的改善,教师待遇的提高,学前教育质量监测等。目前,OECD成员国为促进本国学前教育事业发展,完善学前教育政策,已经在不断增加向学前教育管理体系和相关配套系统的投入。②

为了最大化地利用有限的资源,避免重复浪费,国家需要对财政投入进行规划。政府要建立清晰、一致的财政投入策略来配置和利用稀缺资源,要对不同层级政府、不同部门、不同项目的公共投入和私人投入的水平进行监测,同时还要关注投入的结果,如对学前教育服务的供给、需求、入园率、质量的影响等。③

五、联合国教科文组织的学前教育导向

联合国教科文组织一直关注儿童的健康和发展,致力于为全世界儿童的成长提供经验和模式。总干事科博娃在题为"构筑国家财富"的首届世界保育和教育大会上指出,教育对于每个发展目标都是必不可少的,例如,减少极端贫困和消除饥饿,改善儿童和产妇健康,防止疾病和确保环境可持续性发展。目前很多儿童都处于不公平的处境,而人的最初几年最重要的就是早期教育,这就要求各国政府扩大和改善全面的早期儿童保育和教育,特别是对最脆弱和最不利儿童的教育。0—8岁是儿童身心发展非常

---

① OECD. Starting Strong II: Early Childhood Education and Care[M]. Paris: OECD Publishing, 2006: 110 - 119.
② OECD. Starting Strong II: Early Childhood Education and Care[M]. Paris: OECD Publishing, 2006: 119.
③ OECD. Starting Strong I: Early Childhood Education and Care[M]. Paris: OECD Publishing, 2001: 133.

重要的时期，在这个时期，如果能够获得适当的照顾和刺激的话，儿童就能够探索世界，获得语言和理解能力，学会表达思想，懂得与他人和谐相处。但儿童在这个时期也是极其脆弱的，尤其是在面对危机、冲突或自然灾害的时候，最易受到影响。

科博娃指出，在所有地区，儿童早期方案的建立都是国家优先事项，特别是对于弱势群体来说。每一个致力于包容、成长和社会公正的国家都应该有很强的早期儿童保育和教育政策。早期儿童保育和教育计划的发展得益现在已被记录在案。这些方案可以使儿童获得重要的保健服务和营养，增强他们的认知能力，提高他们在小学的发展前景。正是通过这样的方案，孩子们在家庭之外获得最初的社会化体验，关于尊重、照顾和责任的价值观开始在心中扎根。这对经济发展也有好处，早期儿童课程促进了性别平等，从儿童托管职责中解放出大量女同胞，母亲加入劳动力大军，为整个家庭带来好处。最后，提高教育水平与提高生产力相关，从而实现更高的收入和社会流动性。总之，科学的学前教育越早越好。早期的儿童保育和教育项目产生的投资回报率比任何其他阶段的教育都高。

她认为，所有儿童都有生存、发展和受保护的权利。一是如何确保社会中边缘化和弱势群体儿童，能够获得来自少数民族和土著群体、残疾儿童或在武装冲突情况下生活的儿童方案。因此，当务之急是要缩小差距，并且加强对边缘化群体的投资和提供相关政策支持。对抗不平等最有效的方法就是公平的方式。二是如何让孩子们在第一次学习中体验到快乐。事实上工作人员和幼儿之间高质量的互动，最能增强儿童的快乐感。早期儿童方案的成功取决于合格的教师，教师要有积极的学习方法，并且能理解儿童的认知、社会、情感和身体发育规律。儿童早期方案有巨大的创造力和主动性，无论是在正式还是非正式的环境中。三是鼓励家长参与，家长是孩子的启蒙老师。对于家长，特别是对于母亲而言，早期教育方案可以成为孩子获得识字、生活技能、医疗保健技能的切入点。不管是在发达国家或发展中国家,以家庭或社区为依托的早期教育都能直接使儿童和家长受益。教育,尤其对女孩和妇女而言,是母婴健康风险最强的解毒剂。

联合国教科文组织致力于提高会员国的设计、执行和监测质量方案的能力。教科文组织与塞内加尔、巴西、埃及等国家并肩合作,建立创新的社区项目,培养教师和支持政策制定者将早期的儿童教育融入基础教育体系。教科文组织把重点放在在政策审查、区域网络和报告的基础上建立知识库。

联合国教科文组织在"教育2030行动框架"中提出的教育使命扩大至全纳、公平和全民终身学习,给每个人公平的机会。"教育2030行动框架"建立的原则强调,教育是一项基本人权和适应性权利。为了实现这项权利,各国必须确保每个人公平地接受全纳的优质教育和学习,接受免费义务教育。教育应当致力于个性的全面发展,增进相互理解、包容、友谊及和平。教育是一项公益性事业。国家是责任的主体,国家的作用是制定和调整规范及标准。民间团体、教师及教育工作者、家庭、青年及儿童在实现优质教育中都起着重要作用。性别平等与全体教育权利密不可分。实现性别平等要以权利为途径,以保证女童和男童、妇女和男人获得完整的教育,且公平地完成教育。

"教育2030行动框架"提出的教育目标包括:"到2030年,确保所有儿童接受优质的儿童早期保育及学前教育,从而为初等教育做好准备。"各国应落实整合的、全纳的政策及法律法规,保证至少一年有质量的免费学前教育,幼儿保育和教育关注最贫困及最弱势的儿童;通过营养、健康、社会和儿童保护、卫生和教育等部门的合作协调,来落实各项政策及战略;设计和实施全纳、可实施、整合的计划和服务,并建设儿童早期教育的优质基础设施,包括健康、营养、安全保护和教育需要,特别是对残疾儿童,倡导父母是儿童的第一照顾者。

"教育 2030 行动框架"提出要关注教育和学习质量。各国必须通过具体措施来提高教育质量，增加教育机会。各国教育机构应该有充分公平的教育资源，有安全便利、环境友好的教育设施，有足够的优质教师和教育者，使用以学习者为中心的教学方法，有各种书籍和学习材料，有开放的教育资源和技术。这些都能促进全球学习者接受全纳教育。另外，各国应该实施教师政策和条例，确保教师和教育者能接受良好的培训，获得专业资格并受到激励，取得足够的酬劳，确保他们能够在整个教育系统内被公平有效地管理和流动；各国应当制定学习质量评估体系，保证教育评估的监测过程和结果的有效性。

总之，一些发达国家和发展中国家都对推动学前教育的发展进行了积极探索，积累了很多发展学前教育的经验。一些重要的国际组织也在深入研究的基础上，对学前教育的发展提出了一些前瞻性的建议。因此，借鉴适合我国现实的国际经验，对于推动学前教育体制机制的研究具有积极的作用。

第二章　学前教育体制机制改革研究的意义与总体设计

第一节　学前教育体制机制改革研究的意义

一、研究的理论意义

开展学前教育体制机制的研究，就是在国内和国际的大背景下，针对我国学前教育体制机制存在的具体问题，力图破解问题，形成对策，促进学前教育事业的发展。

第一，完善学前教育体制机制，助力普及学前教育目标的圆满达成。基本普及学前教育是我国学前教育发展的中长期目标。要达成这个目标，必须发展广覆盖、保基本和有质量的学前教育，需要建立针对国情、科学合理、具有活力的学前教育体制和机制。因此，如何促进世界上最庞大的学前教育体系的健康、持续发展，如何让更多的儿童接受有质量的教育，如何真正办好让人民群众满意的学前教育，都取决于学前教育体制和机制的建立和完善。

第二，改革学前教育体制机制，破解学前教育的现实困局。我国的学前教育存在很多的困难和问题，核心的问题是"入园难""入园贵""质量低"，产生问题的根源是对学前教育投入不足，加上相关的政策缺失，导致在学前教育发展的过程中，出现了很多的乱象。要解决学前教育发展中的这些问题,关键是深入研究和探索学前教育体制机制,从中外发展学前教育体制机制改革方面吸取成功经验与失败教训,建立适合我国国情的多元化的体制机制。

第三,研究学前教育体制机制,有助于丰富具有中国特色的学前教育体制机制理论。学前教育体制机制不只是一个实践问题,还是一个重大的理论问题。学前教育体制机制不仅与国家的整体发展战略有关,也与教育基本理论、教育行政、教育财政、教育法规等相关学科的研究有关。科学的学前教育体制机制必须建立在对相关学科研究的基础之上。因此,研究学前教育体制机制的过程,也是形成具有中国特色的学前教育体制机制理论的过程,能改变我国学前教育体制机制理论缺失或贫乏的状况。

第四,探寻学前教育体制机制,构建适合不同层次、不同侧面、不同情境的学前教育体制机制,并进而形成一系列建立和完善学前教育体制机制的政策建议与可行方案,真正促进学前教育体制机制的科学化、合理化和长效化。

二、研究的实践意义

学前教育体制机制改革研究,最终是要促进学前教育体制机制的建设和完善,进而促进学前教育实践的变革和发展。

第一,学前教育体制机制的研究厘清了"学前教育体制改革"的基本内涵,建构起"学前教育体制"的分析框架;形成了多学科、多领域研究学前教育体制机制改革的立体思维;构建了学前教育体制机制的理论架构;挖掘了成功案例与失败典型背后的理论启示,丰富了对实践的理性思考;建构了转型社会背景下学前教育体制机制改革的条件、逻辑、路径与策略;推动了公益普惠的学前教育公共服务体系的形成,促进了学前教育事业的健康稳定发展。

第二,学前教育体制机制的研究提供了关于财政体制、管理体制、办园体制、评价督导体制等多方面改革的优秀案例和解析;提供了国内外在学前教育体制机制改革方面的失败教训,避免重蹈覆辙;形成了一套针对不同地区的社会经济发展现状和学前教育发展现实水平,且经过深度实践的学前教育体制机制的可行方案及选择模型;形成了一系列有助于学前教育体制机制完善的政策建议、管理制度和实践策略。

第二节 学前教育体制机制研究的总体设计

一、研究的总体设计思路

本研究的基本思路是:从分析我国学前教育体制机制存在的实践问题出发,采用多学科的理论深入分析问题的实质,在此基础上进一步形成改革的思路,建构适合我国国情的多元化的学前教育体制机制体系的选择方案,并通过深度的实践研究丰富、完善和检验从经验提升与理论分析中提炼出来的各种方案,最终建构学前教育体制机制的理论和政策建议。总之,本课题的研究思路可概括为四个步骤,即分析问题—理论分析—深度实践—方案及选择模型。

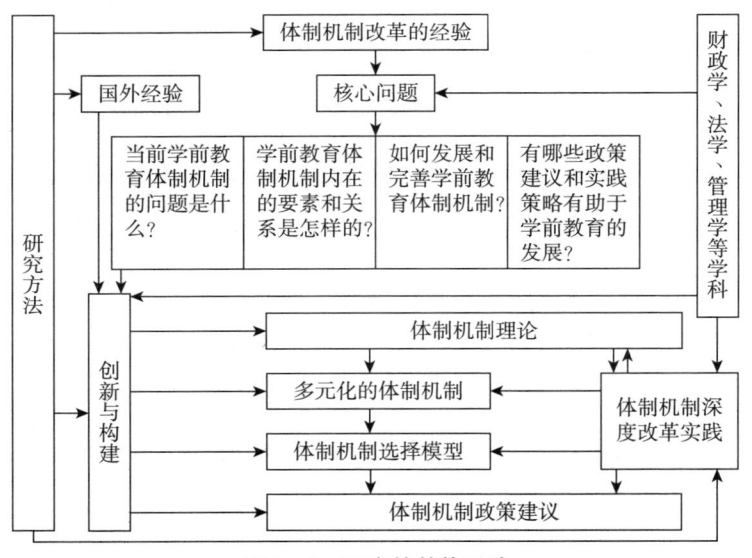

图 2-1 研究的整体思路

本课题要研究的主要问题是：当前学前教育体制机制的问题是什么？跟学前教育体制机制有何关系？学前教育体制机制内在的要素和关系是怎样的？如何发展和完善学前教育的体制和机制？有哪些政策建议和实践策略帮助学前教育的发展？学前教育机制反映的是学前教育外部因素与内部各组成要素之间的相互关系、相互作用过程、动力、方式与后果。因此，要回答以上问题，必须将学前教育体制和机制细化为更为具体的体制：学前教育办园体制、学前教育财政投入与经费保障体制、学前教育行政管理体制、学前教育评价与督导体制。要研究这些具体的体制，就必须采取理论研究与经验研究两种研究路经。理论研究主要从社会学、管理学、财政学、法学等角度进行研究与探索。经验研究主要是研究国际和国内的经验，并深入探讨四个专题：财政投入与经费保障体制机制、办园体制、行政管理体制机制、评估与督导体制机制。

二、研究目标

研究目标有四个方面：多学科理论的解释、国内外经验的提升、深度的实践探索、问题解决方案的形成。

第一，深入探究转型社会背景下学前教育体制机制的问题和改革的状况，深度分析改革的动因、策略及涉及的基本关系，对十多年来的体制机制改革做出客观评价，并提出进一步改革的建议。

第二，从多学科的视野审视学前教育体制机制存在的问题，从理论上揭示问题的本质、关键的影响因素。

第三，深入分析和借鉴国内外发展学前教育体制机制的经验，构建我国学前教育体制机制的理论，在此基础上，从我国的国情出发，提出进一步改革我国学前教育体制机制的思路，构建学前教育体制机制多元体系的选择模型。

第四，从我国东、中、西部的实际出发，开展学前教育体制机制改革的典型性深度实践，探索体制机制发展的实践路径，为形成多元化的学前教育体制机制的理论和政策建议提供实践依据。

三、研究内容

（一）理论研究层面

在理论研究层面上，主要研究三个方面的问题：学前教育体制机制基本理论问题的研究；多学科视野中的学前教育体制机制研究；学前教育体制机制改革理论建构。在以上研究的基础上，进行学科交叉和整合，并结合实践层面的研究，提升实践经验，深度探析实践问题，构建学前教育体制机制的理论。

（二）实践研究层面

在实践研究层面上，主要探讨五个方面的问题：分析国外学前教育体制机制改革的经验；分析国内学前教育体制机制改革的经验；学前教育体制机制改革的深度实践研究；学前教育体制机制选择模型研究；学前教育体制机制改革的政策建议。

四、研究方法

系统分析方法是本研究的基本方法。由于学前教育体制机制改革问题是一个非常复杂的问题，它涉及社会的方方面面，因此，无论使用哪种方法收集资料和分析资料，无论研究哪个问题，都要采用复杂的系统思维，联系地、动态地看问题，避免简单化思维。多学科研究是指本研究汲取和采纳社会学、财政学、经济学、管理学、政策学、教育学、法学等多学科的理论观点和研究思路，综合研究学前教育体制机制改革的问题。

个案研究是本研究的重要研究方法。一些国家或我国一些地方已在学前教育体制机制改革方面进行了积极的探索，并取得了显著成就，也产生了一些问题。本研究拟获得国内外学前教育体制机制改革的典型案例的综合、系统和深度的信息，并对每个案例所呈现出来的经验和教训进行理论分析,揭示学前教育体制机制改革的一般规律。

实地调研也是重要的研究方法。为了真切地感受各国各地学前教育体制机制改革的状况,本课题组成员拟亲临具有代表性的学前教育体制机制改革市县,通过现场考察、实物收集、访谈和问卷调查等方法收集当地的经济、政治、文化、人口等社会状况方面的资料,了解当地学前教育体制机制改革的举措、条件、动因、动力、过程和成效,以及学前教育相关利益主体的反映和感受等。

文献研究主要用于收集国内外学前教育体制机制改革的相关政策、文件、著作、论文以及各类媒体发布的资料等,然后对这些资料进行整理、分析、研究,以了解国内外学前教育体制机制的历史演变、改革的举措、条件、动因、动力、过程、成效、特点和问题等,厘清学前教育体制与机制的基本内涵、基本关系、基本理论等,以探寻解决学前教育体制机制改革问题的方略,提出未来学前教育体制机制改革的可行性政策建议。

经验研究用于对通过文献法、实地研究法和个案研究法所收集到的有关学前教育体制机制改革的资料进行综合系统分析,并经过充分的理论论证,形成多种学前教育体制机制改革思路。

比较研究用于通过对国内不同地区以及不同国家的学前教育体制机制改革进行纵向比较、横向比较、同类比较、相异比较、定性比较和定量比较,了解学前教育体制机制改革的历史、现状、相同、相异和发展趋势等,探明学前教育体制机制改革的规律,进一步明晰我国学前教育体制机制改革的问题和可借鉴的经验。

五、研究手段

本研究采用从理论到理论(借鉴财政学、经济学、社会学、管理学、社会福利学、教育学等理论构建幼儿教育体制机制的基本理论),从理论到实践(运用多学科理论来研究实践问题),从实践到理论(通过对实践现象和问题的深入研究,提升出学前教育体制机制改革的实践理论),面上较大范围展开调研(在全国范围内展开调查,了解全国各地幼儿教育体制机制改革的现状和问题,同时也要研究国外学前教育体制与机制状况及其对我国的启示),点上深入系统研究(对具有典型意义的幼儿教育体制机制改革案例进行深入系统研究,探明幼儿教育体制机制内部各要素之间的关系以及幼儿教育与社会方方面面之间的关系)等研究方式,合理借鉴已有经验,在理清问题、探明规律的基础上,建构多套可供选择的学前教育体制体制改革方案。

六、研究过程

本研究主要经历了四个阶段。

阶段一:文献研究阶段。

这个阶段主要是收集并研究国内外有关教育体制机制尤其是学前教育体制机制的文献,把握学前教育体制机制研究的基本现状,寻找研究的主攻方向。已经出版了相关著作《比较·对话·探寻——学前教育体制机制问题与创新研究》《公平·质量·反思——全球化视野下的学前教育政策研究》等。

阶段二:调研阶段。

在全国范围内选择了宁夏、陕西、广西、福建、山东、河南、浙江、江苏、武汉等省市进行实地调研,了解学前体制机制的现状及改革的成效,以及存在的问题和获得的经验,形成了一些调查报告。已出版《现象·立场·视角——学前教育体制机制现状研究》。

阶段三:个案研究阶段。

在广西、河南、江苏、沈阳等地深度介入一些县区学前教育体制机制改革研究,了解实际的改革进程,关注实践中的现实问题,为问题的解决献计献策,并在此过程中,形成对学前教育体制机制改革的思路和策略,形成一些基本的理论观念。

阶段四:经验提升和理论构建阶段。

在文献研究、广泛调研和深度个案研究的基础上,进行经验的总结和提升,并进一步进行理论思考和构建,形成相关的理论见解。

第三章　学前教育体制机制的研究与改革思路

第一节　学前教育体制机制的研究现状

一、教育体制与机制概念与内涵的研究

国内大多数研究着眼于教育体制与机制的具体问题，围绕教育体制与机制概念进行的研究并不多。姚启和较早对体制机制的概念进行了探讨。姚启和(1994)认为体制就是社会系统中各要素的体系结构及规定其间相互关系的制度。机制就是社会系统运行的各构成要素之间相互联系、相互作用的手段、方式及其原理。机制是体制的内在属性，是体制的基础，而体制则是机制的物质载体，没有体制，则不可能形成一定的机制。[①] 杨学祥、张魁元、侯建军(2016)认为体制是制度外在的具体表现和实施形式，通常以权力配置为中心，以结构、功能、运行为主体，由各种硬件和相应的规范所构成，而机制通常是指有机体的构造、功能和相互关系，泛指工作系统内各部分之间相互作用的过程和方式，二者相互区别，又密切联系，共同作用于某一事物。[②]

[①] 姚启和. 体制·机制·规律——论高等教育与社会主义市场经济的关系[J]. 高等教育研究，1994(1)：28-32+63.
[②] 杨学祥，张魁元，侯建军. 高等学校继续教育体制与机制创新——以北京大学继续教育体制与机制改革为例[J]. 继续教育，2016，30(1)：3-6.

对教育体制与机制进行系统思考的主要是孙绵涛教授。孙绵涛（2010）认为教育体制是教育机构和教育规范两个要素的结合体。其中教育机构包括教育实施机构和教育管理机构，前者主要是指各级各类学校，后者则包括各级各类教育行政机构和各级各类学校内部的关联机构。教育规范指的是建立并维持教育机构正常运转的制度。① 孙绵涛（2004，2006，2010，2019）认为教育机构是教育体制的载体，教育规范是教育体制的核心。而教育机制则是指教育现象各部分之间的相互关系及其运行方式。机制主要有三种基本类型和九种子类型。一是教育的层次机制，包括宏观、中观和微观三种机制；二是教育的形式机制，包括行政—计划式、指导—服务式和监督—服务式三种机制；三是教育的功能机制，包括激励、制约和保障三种机制。

在对二者关系的认识上，孙绵涛、康翠萍（2006）认为从教育体制与机制产生的次序看，教育体制可能是先于教育机制，也可能是后于教育机制，甚至是二者同时产生。因此，存在两种教育机制，一种是与教育活动同时产生的教育机制——非规范性的教育机制；一种是与教育体制同时产生的教育机制——规范性的教育机制。② 有学者认为体制作为静态、刚性的制度设计，机制则是动态、柔性的运行方式，是在相应体制框架内体现功能和发挥作用的运行规则，从而避免体制的束之高阁，二者静动配合才能刚柔相济，体制作为机制必须遵循的规范，机制则是体制体现的必要手段，两者功能互补，相辅相成。③

除了孙绵涛教授的系统论述，国内其他学者也从不同角度尝试对教育体制概念进行了界定。根据《教育大辞典》的解释，教育体制又称教育管理

---

① 孙绵涛.中国教育体制改革若干重大理论问题的探讨[J].华南师范大学学报（社会科学版），2010(1):27-32+158.
② 孙绵涛,康翠萍.教育机制理论的新诠释[J].教育研究,2006,27(12):22-28.
③ 众告.体制与机制[J].开放教育研究,2018,24(3):121.

体制,是国家组织和管理教育的形式、方法和制度的总称,其实质在于解决如何组织和管理劳动力和专门人才的培养问题。① 这是我国学者采用较多的一种界定。范文曜、王烽(2008)认为教育体制是支撑教育发展的组织结构、运转机制和基本制度体系的总称。② 王长乐认为教育体制是国家以文件、政策形式发布的"国家教育体系和教育制度的总称",是国家对于教育组织及其活动的要求和命令,具有刚性的约束和惩罚功能。教育体制集中和典型地表现为一种具有政府权威的制度,其作用范围也主要体现在对教育的外部约束和管制方面。

在对教育机制的概念与内涵理解方面,王长乐(2004)做了系统研究,他认为教育机制是指那种在宏观背景下所形成的能够完全决定社会性的教育事业必然朝着某种方向,以某种方式、速度、规模、"非此不可"活动的社会性趋势。构成教育机制结构的要素,不仅有教育内部的教育思想、传统、人员、组织等要素,还有教育外部的社会政治、经济、文化、科技等要素。而教育机制则是由包括教育体制在内的所有与教育活动有关的教育内外部要素组成的社会活动系统,这个系统的活动所形成的综合性力量,便是能够促使教育活动依照一定的性质和宗旨,按照一定的方向、路线、速度、规模、方式进行"非此不可"活动的客观趋势。在教育机制对教育的影响中,既包括教育体制的作用和功能,也包括许多教育体制无法产生和发挥的作用和功能;教育机制对于教育的决定性作用,既有教育体制的外部制度性约束、管制和惩罚作用,也有教育体制所难以产生的内部激励、引导、促进、定向等方面作用。总之,教育机制对于教育的影响是本质性的、全方位的、深刻且持续性的。③

以上这些研究从思辨的角度对教育体制与机制的内涵与外延进行了

---

① 顾明远.教育大辞典:增订合编本[M].上海:上海教育出版社,1998:1778.
② 范文曜,王烽.体制机制创新推进教育跨越发展——改革开放30年的教育体制改革[J].复旦教育论坛,2008(6):5-13.
③ 王长乐.教育机制建设:教育本质性进步的理性路径[J].天中学刊,2004(3):100-106.

界定,有助于从实践角度对教育体制与机制进行深度探寻。

二、有关教育体制改革与机制创新关系的研究

王长乐(2000)认为单纯的教育体制改革活动的推进,将可能导致教育体制改革与教育观念、教育指导思想、社会文化环境产生矛盾,而且从理论上难以解释一般教育现象、教育波动现象、教育失误现象等形成的原因。因此应建立教育机制理论,以克服"教育体制完全决定教育"的理论误区。因为教育机制作为能够完全决定教育活动的组织和控制系统,包含了教育体制、教育思想、教育文化、社会文化等一切决定和影响教育的要素,其理论不仅能清晰地说明教育活动的原因和趋势,还能防止教育体制改革陷入停滞和走弯路。[1]

孙绵涛、康翠萍(2010)认为教育体制改革与教育机制创新在内容上是存在差异的。教育体制改革的内涵是教育机构和教育规范即教育制度的改革,其核心是教育机构职责权限制度的改革;外延是各级各类学校教育体制和各级各类教育管理体制改革。而教育机制改革从内涵来说则是教育现象各部分之间的相互关系及其运行方式的改革,从外延上说是教育层次机制的改革、教育形式机制的改革、教育功能机制的改革。

孙绵涛、康翠萍提出,当教育机制的产生先于教育体制时,关键在于教育体制改革;当教育机制的产生晚于教育体制时,一方面要强调教育机制创新,另一方面要强调教育体制的改革;当教育体制与教育机制同步产生时,一方面要注意协调好两者的关系,另一方面则是要注意两者的配套改革。[2] 孙绵涛、李莎(2019)认为教育体制改革与教育机制改革的关系相异又相关,二者相异在于,教育体制的改革是改革教育机构和教育制度,而教育机制改革主要是要改革教育现象各部分之间的联系及其运行方式,而二

---

[1] 王长乐.试论"教育体制决定教育"的局限性[J].南京师大学报(社会科学版),2000(1):16-21.
[2] 孙绵涛,康翠萍.教育体制改革与教育机制创新关系探析[J].教育研究,2010,31(7):69-72.

者的关联是,教育体制和教育机制产生的过程是相关的,结构是相融的,功能是互补的,范围上教育机制要大于教育体制。①

这些思考从理论层面对教育体制改革和教育机制创新进行了辨析,指出了教育体制改革的类型和教育机制改革的方式,为分析学前教育体制与机制改革提供了思路。尤其是其中对于教育体制改革的核心认识以及教育机制改革的内涵分析,有助于分类型分层次对学前教育体制机制改革进行分析。

三、对教育体制改革内容的相关研究

朱国仁(2004)认为教育体制改革的内容主要包括管理体制的改革、举办体制的改革以及投资体制的改革。其中,管理体制改革是教育体制改革的重点,举办体制改革是教育体制改革的关键,投资体制改革是教育体制改革的难点。此外,他还提出教育体制改革还应当延伸至高等学校招生和毕业生就业制度的改革。②

李玲、黄宸、韩玉梅(2015)认为教育体制综合改革至少包含三大方面的改革:教育行政管理体制的改革;教育实施机构的改革;教育制度规范的改革。在实际的教育体制综合改革过程中,这三个方面构成了一个复杂的系统,它们之间紧密联系,又层层嵌套。③ 毕德旭、李玲(2011)还提出教育公平、形成城乡一体化的教育体制是国家教育体制改革的核心指标之一。④

劳凯声(2011)对教育体制改革及其伦理进行了研究,其中对教育体制改革做了界定,他认为教育体制改革是指宏观社会变迁中的一种具体的、关乎社会制度变革和进化的历史过程,是人们基于某种目的对社会制度所

---

① 孙绵涛,李莎.试论教育体制理论的生成[J].教育研究,2019,40(1):122-130.
② 朱国仁.教育体制改革:科教兴国战略下的选择[M].北京:党建读物出版社,2004.
③ 李玲,黄宸,韩玉梅.教育体制综合改革:理论、路径与评价[J].西南大学学报(社会科学版),2015,41(6):80-88+190-191.
④ 毕德旭,李玲.城乡一体化背景下的国家教育体制改革:原因、思路、方法[J].教育导刊,2011(6):30-34.

做的改造和创新。劳凯声认为推动中国教育体制改革的一个重要动力是社会由计划经济向市场经济过渡的社会进程，也即社会转型。教育体制改革所构建的新教育体制必须和社会主义市场经济体制相适应，因此改革必定会涉及如何处理和市场的关系。当前教育体制改革必须要面对并予以解决的伦理问题，是既要坚持公立学校机构的公共性质，又要坚持公立学校办学的自主性质。①

邓友超（2018）总结了目前教育体制改革进入"深水区"后应把握好的新方位：一是支撑提升教育的内涵性，着力于落实教育根本任务和理顺教育基本关系两大方面；二是支撑提升教育的贡献度，主要表现在人力资本的孵化上、知识创新的推进上以及社会流动的调节上；三是支持提升教育的影响力，让教育达到与我国综合国力和国际地位相匹配的位置。深化教育改革应该聚焦于现实难题上，一是"学的主体性"与"教的主体性"之间的难题，二是"生的流动性"与"编的稳定性"之间的难题，三是"投的优先性"与"质的成长性"之间的难题，四是"管的有效性"和"办的自主性"之间的难题，要聚焦于解决人民群众"上好学"的需要和不平衡不充分的教育发展之间的现实矛盾上。②

这些研究从不同角度对教育体制改革进行了分析，指出了教育体制改革的内容以及教育体制改革的基本价值取向，为学前教育体制与机制改革提供了多元视角。

四、西方学者对中国学前教育事业发展的研究

牛津大学社会政策学者研究了自20世纪80年代以来，中国由计划经济向市场经济转轨带来的国家、单位和个人三者关系的变化对城市学前教育的影响。研究者指出，中国单位制的公共保育体系转变成了复杂的多元主体卷入的学前教育供给体系和投入体系，并建议政府提供普遍性的、不

---

① 劳凯声.教育体制改革与改革伦理问题[J].首都师范大学学报（社会科学版），2011(4):1-16.
② 邓友超.深化教育体制改革重在抓落实、见实效[J].教育研究，2018,39(9):14-17.

依赖于家庭经济状况和家长工作状况的学前教育服务。[1] 美国著名的教育政策学者 Bruce Fuller 指出中国的学前教育问题可以从以下几个方面进行界定,从而确定相应的财政政策,分别是幼儿园的不均衡分布和质量的差异,家庭内部的社会性关系的差异(育儿方式、营养、文化和读写方面的投入),由劳动力市场分层所带来的工作和收入的不均衡分布,农村留守儿童的出现。研究者认为,应公开对话,寻找儿童健康和早期教育方面存在差异的内在原因。如果要减少不公平,就应该避免提供均一化的财政政策,要减少管理体制带来的管理碎片化问题等。[2] 还有学者关注了幼儿园体系以外的早期教育,调研了中国城市 0—3 岁儿童家长做出的儿童保育方面的选择,发现家长的选择与其收入水平显著相关。其认为,决策者应该继续批判性地学习他国的经验;政府应该向家长、保育工作者、教师传播 3 岁以下儿童早期教育的知识,并构建财政投入的机制[3]。

一些有影响力的国际组织也出台了关于中国学前教育状况的研究报告,如世界银行(World Bank)2012 年出版了报告《中国的早期发展:打破贫困的代际循环、提高未来竞争力》;[4]联合国教科文组织(UNESCO)在 2007 年出版了《全民教育全球监测报告》,其中一部分内容是关于中国学前教育的某些议题,如历史发展进程、入园机会、财政体制、课程等。[5] 还

---

[1] Yanxia Zhang,Mavis Maclean. Rolling Back of the State in Child Care? Evidence from Urban China[J]. International Journal of Sociology and Social Policy,2012,32(11/12).
[2] Fuller,B. Early Child Development in China Defining Policy Problem,Weighing Finance Choice. Beijing,Oct,2015.
[3] Berenice Nyland,Chris Nyland,Elizabeth Ann Maharaj. Early Childhood Education and Care in Urban China: the importance of parental choice[J]. Early Child Development and Care,2009,179(4).
[4] Kin Bing Wu, Mary Eming Young, Jianhua Cai. Early Child Development in China : Breaking the Cycle of Poverty and Improving Future Competitiveness[EB/OL]. (2012-07-11)[2019-04-09]. http://documents1.worldbank.org/curated/en/363781468241467640/pdf/709830PUB0EPI0067926B09780821395646.pdf.
[5] Corter C, Janmohammed Z, Zhang J, et al. Selected Issues Concerning Early Childhood Care and Education in China[J]. Background Paper for Education for All Global Monitoring Report,2007.

有一些非政府的第三方研究团体也关注了中国学前教育的进展。2013年美国著名的智库之一——布鲁金斯研究院（Brookings）普及教育中心（Center for Universal Education）专门召开了中国早期教育发展的研讨会。研讨会介绍了自2009年以来中国学前教育在入园率提升等方面取得的进展。研究者认为在学前教育事业发展中，这些问题应该获得关注：政府如何用有限的资源来促进入园机会的公平？国家如何提供有效且目标明确的课程？应该如何监测教师的资质和表现，并给予奖励？很多学者都强调学前教育质量的重要性，认为只有在扩大普及率的同时确保质量才能提供有影响的早期教育项目。同时与会者还指出，尽管提高普及率是值得庆祝的，但当公共资源有限时，还需要关注如何将资源有效地提供给贫困儿童。此外，中国学前课程应该要更加关注非认知学习方面的内容。

第二节 学前教育体制机制的基本范畴

学前教育体制是有关学前教育的教育机构与教育规范的结合体，其中学前教育机构指的是学前教育实施机构和学前教育管理机构，是学前教育体制的载体；学前教育规范是指建立并维持学前教育机构正常运转的规章制度，是学前教育体制的核心。学前教育体制改革就是对这两大基本要素的改革，而且这两个基本要素的改革要配套进行。学前教育机制反映的是学前教育现象各部分之间的相互关系及其运行方式，涉及学前教育体制不同层面的举措、策略。学前教育的体制决定和影响学前教育机制，但同时学前教育机制也影响着学前教育体制，体制与机制之间是一种包容共生的关系，并不能严格区分开来。学前教育体制机制改革的关键是要调整谁来办、谁投入、谁来管等基本关系，处理好幼儿园与政府、家庭等机构和组织的基本关系，围绕办园、投入及管理等领域的现实问题，形成大量行之有效、有针对性的机制。

一、体制与机制

体制就是特定的组织架构及其较为稳定的相互关系。它是由组织、机构等实体存在和制度、规范等关系存在两个方面构成的。任何体制一定会涉及数量不等、层次不同的组织及其所包含的人员、资源、规范及职能等多层次的要素,组织内部及不同组织之间的多层次的要素之间构成相对稳定的关系,并在这种关系中发挥各自的机能,这就是体制。因此,体制不是组织和要素的静态存在,而是一个运行着的关系实体。考察一个体制的健全程度,一定要考察体制内各种要素的关系,这些关系的现实表现及其机能的发挥水平,就是体制的运行状态。如果某些关系要素出现了偏差或存在不良关系,会在一定程度上影响体制的运行。

为了一定的目的,对体制内的机构及多层次的要素进行改变和重组,就是体制改革。从体制发展的进程来看,体制改革是维系体制健康、有效运行的重要举措。为了修缮、激活和增加体制特定机能,需要一些特定的制度安排、策略措施,这就是机制。机制是体制特定部位的润滑剂和推进器,为了真正有效地推进体制的运行和机能的发挥,使机制达到预定的结果,必须进行机制创新。机制创新一定是以问题为导向的,以推进机制运行和提高效能为目的,创新的重点是制度和举措。体制改革和机制创新成为一项事业发展的必不可少的驱动力量。在现实的实践过程中,体制改革经常与机制创新密不可分,体制的改革涉及一些要素的变化和关系的变更,一定要有相应的制度和举措来维系、托举和支撑。甚至可以说,任何一次体制改革往往都伴随着机制的创新。机制的任何创新都是以维护和推动体制的有效运行为目的的。机制的不断创新,新的制度和举措的不断累积,会产生持续的效能,能逐渐推进体制的变革和发展。

任何一种体制都是在特定社会背景下建构起来的,都会打上社会的烙印,甚至就是社会生活、社会关系、社会政治和社会文化的一个综合缩影。

体制的构建与社会政治架构和权利构架不同程度地存在着联系。由于社会制度不同,权力的分配方式各异,势必影响同一类社会事业的体制在不同的国家呈现出各不相同的样式。体制还存在宏观和微观的差别,上中下各个层面的差别。一种体制一定累积了特定社会发展过程中的经验、问题和教训,也累积了一个社会的历史和传统,有时还体现了一个社会进行体制变革的努力和追求。与体制相比,机制相对是局部的,它当然也受到社会政治和文化的影响,但因为它是相对微观制度和策略层面上的,更多关注的是问题与效率,也经常融入一个群体甚至个人的情怀、智慧和信念,正是从这个意义上说,有效机制虽然有制度性、严肃性的一面,但由于它往往考虑了具体的人和事,考虑了良好的人际关系的建立和维系,因而也是能触及心灵的,有内涵、有温度的。

体制是利用制度和规范协同不同的机构发挥共同功能的制度安排。体制是组织与制度的结合,在一系列制度的指引下,机构才能发挥或协同发挥功能。制度的设计,是体制设计的关键。体制改革的核心是调整不适合的制度安排,增强体制的活力。体制能否有效发挥应有的作用,关键在于是否有充满活力的机制,机制是有利于体制实现功能的措施和策略系统,是制度转化为具体行动和产生成效的过程,也是体制运行的动力系统。机制的静态表现是一系列的政策和措施,动态表现是保障、监控、激励、预警和制约等作用的发挥。机制可以根据体制的运行状况及时加以建立和调整,建立机制是体制不断完善的标志,机制创新是提升体制效率的主要保证。

二、教育体制与机制

中国教育改革实践提出了许多急需解决的重大理论问题。教育体制及其改革就是其中的一个重大理论问题,是影响教育事业发展的关键因素。《中共中央关于教育体制改革的决定》(以下简称《决定》)指出了20世纪80年代中期教育领域存在的许多问题,有些问题至今还不同程度地存在着,甚至相当严重。《决定》指出,要解决这些问题,"必须从教育体制入手,有系统地进行改革。改革管理体制,在加强宏观管理的同时,坚决实行简政放权,扩大学校的办学自主权;调整教育结构,相应地改革劳动人事制度。还要改革同社会主义现代化不相适应的教育思想、教育内容、教育方法"。教育体制涉及教育体制、制度和教育机制的内涵与外延,以及教育体制与制度之间、教育体制与教育机制之间的关系这样一些理论和实践问题。可以说,我们的教育改革一开始就确定了从体制改革这一重要的领域入手,抓住了问题的关键和根本。

教育体制是整个社会体制的组成部分,这个体制的运行所产生的功能是为社会提供各级各类的人才,也是为每一个社会个体的人生发展服务的,具有一定的特殊性。教育体制的组织涉及的实体存在包括各级各类教育机构和各层次的教育行政机构,此外还涉及主要相关方家庭和社会机构。家庭和其他社会机构既是教育的需求方,也是教育的受益方。它们对教育机构和教育行政机构都具有一定的制约作用,在一定程度上会影响教育的规模、投入及评价。在各级各类教育机构之间,在不同层次的教育行政机构之间,在教育机构与行政机构之间,在教育机构、教育行政机构、家庭和其他社会机构之间,都存在着各种关系,处理和协调这些关系需要相应的政策、制度和原则,这就是教育体制的关系存在。

教育体制是教育机构和教育规范两个要素的结合体[1],而教育机制则是指教育现象各部分之间的相互关系及其运行方式[2]。孙绵涛教授将教育体制定义为教育机构与教育规范的结合体。这个观点对我们思考教育

---

[1] 孙绵涛. 中国教育体制改革若干重大理论问题的探讨[J]. 华南师范大学学报(社会科学版), 2010(1): 27-32.
[2] 孙绵涛, 康翠萍. 教育机制理论的新诠释[J]. 教育研究, 2006(12): 22-28.

体制的内涵和运行具有很大的启发意义。教育体制中的组织包括幼儿园、小学、中学及大学等不同层次的学校,也包括从中央到地方的各级政府的教育行政部门。各级各类教育机构按照国家的有关规定,根据家庭和社会的需要,发展教育事业,需要各级政府部门提供支持和保障。各级教育行政部门既要通过各级各类学校,满足家长和社会对教育的需求,又要加强对学校的投入和管理,确保学校育人功能的实现。由此可见,学校和政府机构的关系是教育体制主要的关系存在,也是探讨教育体制关系方的首要关注对象。在学校和政府这对主要的关系之间,还存在着家庭和社会机构这些相关方,相关方对教育体制的形成和运行也起着非常重要的作用。例如,在非义务教育阶段,除了政府的投入,家庭也是重要投入方,家长在分担办学成本。在义务教育阶段,家庭承担着确保儿童入学的法律义务。教育体制中的关系存在反映在一系列的制度安排中,反映在一系列规章和要求之中。教育体制的关键是规约各类学校与教育行政机构之间以及与相关的家庭和社会机构之间的关系。因此,教育体制的改革虽有可能涉及机构设置和完善的改革,但主要是针对制度安排的改革。

与宏观的教育体制相比,教育机制是局部的,是针对具体的机构和关系的,不会有一种机制适合处理所有的机构和关系问题。教育体制的运行,需要众多的、具有多样化功能的机制,这些机制构成有利于整个教育体制运行的措施和策略系统,也是教育体制运行的动力系统。这是一个制度转化为具体行动和产生成效的过程。教育机制的创新,就是不断增加和完善有利于增强体制运行活力的政策和措施,以便优化机构之间的关系,使之产生更大的效能。教育机制的创新,有利于推动教育机制的改革和优化,有利于增强体制的活力。

三、学前教育体制与机制

由于教育体制的具体表现形式可分为学校教育体制和教育管理体制,

学前教育体制也同样是由学前学校教育体制与学前教育管理体制两个子体制系统构成。前者是整个学前教育体制得以构成和运行的基础,是学前教育管理体制直接运作的对象。后者则可以细分为学前教育行政体制和学前学校管理体制。学前教育体制改革应该从两大基本要素入手,最后体现在这两个子体制系统之上。

我们现今的学前教育体制是在特定的社会历史条件下形成和发展起来的,涉及政府、家庭、幼儿园等多方,涉及谁来办、谁投入、谁来管等基本关系。新中国成立以来,中国的学前教育体制多次出现了波动,这种波动就是以上基本关系发生改变的结果。我国学前教育至今仍然在一定程度上存在的"入园难"和"入园贵"问题,也是这些基本关系发生扭曲和逆转引发的。因此,处理好幼儿园与政府、家庭等机构和组织的基本关系,是学前教育体制改革的关键所在。

学前教育体制跟学前教育制度联系在一起。学前教育制度涉及幼儿园与政府各部门、与家长等的关系约定,还涉及不同层级的政府及同一层级的不同政府部门对学前教育的责任的制度安排。学前教育制度既对机构本身产生影响,也对机构之间的关系产生影响。这些制度安排,在《幼儿园管理条例》《规划纲要(2010—2020)》等国家文件中已经加以确定。学前教育体制机制改革的核心是调整谁来办、谁投入及谁来管等基本关系,采取积极有效的措施,提高举办者的积极性,引导各种力量大力增加幼儿园数量,办出有质量的教育,满足人民群众的需要。

我们认为学前教育体制决定和影响学前教育机制,但同时学前教育机制也影响着学前教育体制,体制与机制之间是一种包容共生的关系,并不能严格区分开来。改革就是要探索和发现新的机制,修正和转换错的机制及调整和完善已有的机制。

学前教育机制反映的是一种相互联系的复杂性关系,强调用多维视角与复杂性思维来理解学前教育的过去、现在与将来。在学前教育机制改革研究中要充分考虑到学前教育财政体制、办园体制、教师人事行政体制、评价督导体制之间的复杂性互动,勿以单线来看待彼此之间的关系。如学前教育的财政投入体制会直接影响学前教育的行政管理格局与各级政府的职能定位,影响教师的素质与专业信仰,反之亦然。此外,学前教育评价与督导也会强化、引导行政管理的力度与规范,促进政府的财政投入与政策规范等。

学前教育体制作为一种制度安排,是学前教育发展的基础。激发这一体制的活力,增强体制运行的成效,需要建立和创新机制。在办园、投入及管理等领域都需要大量的有针对性的机制。这种机制需要面对学前教育的现实问题,以解决问题为导向,以提高成效为目的,在实践中产生,在实践中完善。学前教育机制就是涉及学前教育体制不同层面的一些举措、策略,具体表现为一些专项的政策和措施。一般来说,体制的改革,一定需要配套的机制支持,不然体制难以运行;机制的建立和创新,一定会涉及对体制的推动,影响体制中某些关系的改变,因此,体制机制是无法割裂的,是一个完整的系统中相互关联的两个方面。

第三节 学前教育体制机制的主要问题和基本任务

中国教育改革实践提出了许多急需解决的重大理论问题。教育体制及其改革就是其中的一个重大理论问题。教育体制及其改革是影响教育事业发展的关键因素。《中共中央关于教育体制改革的决定》的颁布标志着我国的教育改革从一开始就抓住了体制改革这一问题的关键和根本。当前,各地学前教育仍然不同程度地存在着"入园难"①"入园贵"②和"质量低"③等问题,而究其根本原因,需考虑体制性障碍的限制和制约。④ 正是不健全、不完善的学前教育体制机制成为学前教育事业发展的瓶颈。⑤⑥ 改革学前教育体制机制,是破解当前学前教育现实困境、实现学前教育长期、稳定、健康发展的关键所在,也是国内外学者关注的热点和难点问题。⑦⑧⑨⑩⑪ 在改革进入深水区和攻坚区以后,直面我国学前教育改革实践中出现的重大问题,反思我国学前教育体制机制的主要问题和改革思路,有其必要性。

一、我国学前教育体制与机制的主要问题

当前,我国学前教育体制、机制中的问题主要反映在办园、投入及管理等方面。

学前教育办园体制是关于谁来办园、办什么园和如何办好园的制度安

---

① 冯晓霞. 大力发展普惠性幼儿园是解决入园难入园贵的根本[J]. 学前教育研究,2010(5):4-6.
② Watson J. Starting Well: Benchmarking Early Education across the World[R]. Economist Intelligence Unit, Singapore: Lien Foundation, 2012: 24.
③ 中华人民共和国教育部. 学前教育专题评估报告有关情况介绍[EB/OL]. http://www.moe.edu.cn/jyb_xwfb/xw_fbh/moe_2069/xwfbh_2015n/xwfb_151124/151124_sfcl/201511/t20151124_220800.html, 2017-08-25.
④ 范国睿. 教育体制改革与教育生态活力——纪念《中共中央关于教育体制改革的决定》颁布30周年[J]. 教育发展研究,2015(19):1-6.
⑤ 虞永平. 有好机制才有长久之计[N]. 中国教育报,2015-09-06.
⑥ 夏婧,庞丽娟,张霞. 推进我国学前教育投入体制机制改革的政策思考[J]. 教育发展研究,2014(4):19-23.
⑦ 庞丽娟,范明丽. 当前我国学前教育管理体制面临的主要问题与挑战[J]. 教育发展研究,2012,32(4):39-43.
⑧ Fuller B. Early Child Development in China-Defining Policy Problem, Weighing Finance Choice[R]. Beijing, Oct, 2015.
⑨ Corter C, Janmohammed Z, Zhang J. Bertrand J. Selected Issues Concerning Early Childhood Care and Education in China[R]. Paper commissioned for the EFA Global Monitoring Report 2007, Strong foundations: Early childhood care and education, 2006.
⑩ 虞永平. 完善体制机制 深入推进学前教育三年行动计划[J]. 人民教育,2012(11):17-18.
⑪ 黄媛媛,李玲,卢鸣浩. 体制改革对我国学前教育发展影响的实证分析[J]. 学前教育研究,2015(9):8-16.

排。长期以来,多主体共同办园是办园体制的主要特征,其中的核心是政府办园的比重。政府办园的力度和所占比重决定了学前教育体制总体上的性质。"入园难"和"入园贵"都与政府办园力度不够有关,当然也与政府调动社会力量办园的机制有关。有些地方幼儿园数量增长明显,学前教育资源提供充足,但人民群众还是不满意,最主要的原因是政府没有真正成为举办的主体[1],大量的幼儿园由社会力量举办,就是政府该接手的小区新建配套幼儿园很多也交给社会力量举办,政府没有采取有效的措施分担办园成本,势必造成幼儿园收费高和既有公办园的招生压力。当然,也很难落实学前教育的公益和普惠。

学前教育投入体制是对学前教育投入责任的制度安排。各级政府都有加强对学前教育投入的责任,县(区)政府是主要的责任主体。学前教育的投入应纳入政府经常性财政预算之中,真正改变长期以来学前教育投入不足的现象,真正改变学前教育在财政性教育经费中占比过低的现象。要建立积极有效的投入机制,全面投入、重点投入相统一,保障性投入、激励性投入相结合。创新机制,形成一系列有效措施,调动社会力量投入普惠性学前教育的积极性。尤其应从我国的国情出发,盘活机关、部队及企事业单位的优势资源[2],让这些资源发挥最大的效益,努力避免资源的流失。创新机制,加强扶持,分担成本,激发机关、部队及企事业单位的办园积极性,促进这类幼儿园走向普惠。[3]

学前教育管理体制是对学前教育举办过程加以规范的制度安排。学

---

[1] 赵南. 公办幼儿园的重新界定与区域发展策略——基于学前教育公共服务体系的视角[J]. 湖南师范大学教育科学学报,2014,13(4):108-114.
[2] 王玲艳. 当前我国企业支持幼儿教育发展的现状及其促进政策[J]. 学前教育研究,2013(10):21-24+30.
[3] 冯晓霞. 大力发展普惠性幼儿园是解决入园难入园贵的根本[J]. 学前教育研究,2010(5):4-6.

前教育管理体制的核心是有效运转、提高质量。管理缺位和过度管理都是管理体制机制存在问题的表现。管理体制改革的重点在优化队伍管理和质量管理。师资队伍的准入、地位待遇、培训、考核等应该是举办者的重要责任,也是当地政府的重要责任。当前,幼儿园教师收入低、流失大、素质低等现象没有得到完全遏制。从质量管理方面看,幼儿园缺乏严格的课程准入,还存在着幼儿园教育"小学化"现象,缺乏科学的幼儿园教育质量标准,《3—6儿童学习与发展指南》没有得到充分的贯彻和落实,"有质量"的学前教育还没有充分实现,有些地方还存在幼儿园教育低质量和无质量的现象。

二、学前教育体制与机制改革的基本任务

学前教育体制机制改革的方向就是逐步从根本上解决实践中已经呈现出来的重大问题,努力防止新问题的出现,使学前教育真正走上健康、持续发展的轨道。学前教育体制机制改革的基本任务包括以下几个方面。

第一,以满足需要为重点,解决资源不足的问题。发展学前教育,是满足儿童健康成长的需要,对儿童终身发展都具有价值;也是满足家长的需要,使家长实现培育子女的愿望和理想,同时消除家长的后顾之忧;更是满足国家和民族发展的需要,为国家培养未来建设者,为国家发展、民族强盛提供人力资源支撑。要满足这三方面的需要,必须构建起数量充足的、有质量的、覆盖城乡的学前教育体系,用政府的力量关注每一个地区、每一个群体、每一个个体的受教育权,从根本上解决"入园难"的问题,更好地促进广大儿童的发展和成长。从学前教育体制机制的意义上说,努力满足社会、家长对幼儿园教育的需求,增加幼儿园的数量,通过政府的投入,确保不同地区和不同发展水平的幼儿都能接受有质量的教育,用政府财政维系家庭和幼儿园之间的基本需求和供给的关系。为此需要一些长效的机制,如资源短缺预警机制、供应短缺问责机制、社会投入过滤机制等,确保政府投入到位,社会资源助推学前教育的普及,全社会共同营造有质量的公益普惠的学前教育。

第二,以公平普惠为追求,解决结构失当的问题。要让公益普惠园成为提供学前教育服务的主体力量,要让公益普惠的服务成为我国学前教育的基调,从根本上改变我国学前教育的资源结构。公益普惠的学前教育是未来发展的基本方向[①],也是学前教育发展的世界性趋势[②]。公益普惠的重点问题是解决薄弱地区、弱势人群的受教育机会。因此,必须加大政府投入的力度,增加公办幼儿园和普惠性民办幼儿园数量,努力提高公办幼儿园和普惠性民办幼儿园的比重,减轻家庭的学前教育支出,从根本上解决"入园贵"的问题。要让方便就近入园成为现实,合理调整我国学前教育的布局结构。注重规划和资源布局结构,努力使城乡儿童都享受方便就近入园,减少家长的时间和人力成本,落实各方面的公益和普惠,并基本消除幼儿园校车问题。[③]

第三,以持续发展为导向,解决机制缺失的问题。促进学前教育的持续发展,是学前教育体制机制改革的主要目标。健全、有效的机制是学前教育体制正常、有效运行的保证。学前教育机制建设需要关注三个层面的问题:一是机制的建立,为学前教育体制的运行准备润滑剂和助推器,缺乏机制就无法推动体制的运转,也就无法落实学前教育的根本目的。二是机制的创新,机制是针对问题,不同的问题需要不同的机制。投入不足,就需要完善投入机制;要实现长期稳定的投入,就需要在机制上创新,合理处理各类关系,不断优化相关的策略。机制的创新是有方向的,所有的机制创

---

① 李天顺. 以公益普惠的学前教育奠基未来[J]. 人民教育,2011(11):25-27.
② OECD. Starting Strong II: Early Childhood Education and Care[M]. Paris: OECD Publishing, 2016:16-18.
③ 虞永平. 合理布局使每个幼儿都能就近入园[N]. 中国教育报,2012-12-24.

新一定要围绕推动学前教育秩序稳定发展这个大目标进行,有了这个大方向,不断创新的机制才能成为长效机制,故步自封、因循守旧的机制不能适应发展的需要,不能成为长效机制。违背大方向的盲目的机制创新,不但不是长效的,更是无效的。三是机制的协调。有时一种机制难以产生期待的效果,需要多种机制的协调与配合,需要处理不同机制之间的关系,使它们减少冲突,增加互补性和合力,这也需要创新。在学前教育的发展中,除了投入机制,还需要制约机制、激励机制、保障机制等,这些机制围绕学前教育体制,形成一个不断创新的动态体系。

第四,以儿童发展为核心,解决质量不高的问题。当我们从儿童权利的视角审视教育质量时,意在强调享受高质量的教育是人的基本权利,也是个体行使其他权利的重要基础。同时,教育质量概念蕴含着包容性与全纳性,且应关注儿童的学习经验。[①] 促进儿童身心健康发展是学前教育体制机制改革的核心追求。提高质量的关键是形成科学的质量观,切实将国家要求、教师观念与家长认识统一起来,从理念上坚守儿童科学发展观,抵制超前教育、过度教育、片面教育的观念。同时,建立有利于保障学前教育质量的机制。质量起步于准入条件,形成于教育过程,受制于各种内外因素。从教师准入、课程准入开始,建立相应的准入机制。切实从《幼儿园工作规程》和《3—6岁儿童学习与发展指南》出发,提升质量意识,形成教育质量评价机制、动态监控机制和反馈调整机制,努力实现幼儿园教育过程的最优化。

三、学前教育体制机制改革的重点领域

学前教育体制机制改革的重点领域是构建公益普惠的学前教育公共

---

① Tawil S, Akkari S, Macedo B. Beyond the Conceptual Maze: The Notion of Quality Educaiton [EB/OL]. http://www.unesco.org/new/en/education/themes/leading-the-interna-tional-agenda/rethinking-education/resources/beyond-the-conceptual-maze-the-notion-of-quality-in-education/. 2017-08-10.

服务体系。《若干意见》充分体现了党中央、国务院对学前教育的高度重视，表明党和国家对学前教育在儿童发展、广大人民群众切身利益和国家民族未来等方面的重要价值判断，表明国家坚持公益普惠发展学前教育的根本方向，体现了为广大人民群众提供公益普惠的学前教育服务的国家意志。《若干意见》对于进一步推进我国学前教育的改革发展，建设公益普惠的学前教育公共服务体系具有重要的指导意义。

1. 加强引导，确保学前教育公益普惠方向

学前教育是终身学习的开端，是国民教育体系的重要组成部分，是重要的社会公益事业。办好学前教育、实现幼有所育，关系亿万儿童健康成长，关系社会和谐稳定，关系党和国家事业未来。《若干意见》强调，要牢牢把握学前教育公益普惠基本方向，加大公共财政投入，着力扩大普惠性学前教育资源供给。公益普惠是学前教育发展的基本方向。教育的公益性意味着投入以政府为主，关注大多数人的共同利益和需求，不是为少数人的特殊需要服务。学前教育的公益性表现在它满足大多数家庭的利益和需要，大多数家庭可接受、可享受、非排他性并有满足感。学前教育公共服务能增进社会效益，促进儿童后继的甚至终身的成长，为家庭脱贫带来新的可能，为未来国家高质量的人力资源打下坚实基础，促进社会文明和谐。

2. 加强投入，规划、建设好普惠性幼儿园

普惠性幼儿园具有公益性质，是以政府投入或扶持为基础，面向大众，为大多数家庭提供可接受的有质量的教育，包括公办园、国有企事业单位和街道、村集体举办的公办性质园和普惠性民办园。《若干意见》指出，"各地要把发展普惠性学前教育作为重点任务，结合本地实际，着力构建以普惠性资源为主体的办园体系。大力发展公办园，充分发挥公办园保基本、兜底线、引领方向、平抑收费的主渠道作用。按照实现普惠目标的要求，公

办园在园幼儿占比偏低的省份,逐步提高公办园在园幼儿占比,到2020年全国原则上达到50%。积极扶持民办园提供普惠性服务"。要实现85%的普及目标、80%的普惠目标和50%的公办园在园幼儿占比的结构目标,必须加强政府对学前教育的投入。只有加强政府投入,才能真正实现公益普惠,才能实现学前教育的发展目标。

政府投入是解决普惠性学前教育资源结构性短缺的关键力量。从我国学前教育发展的现实来看,农村地区的部分乡镇中心园和城镇地区的老旧小区幼儿园的短缺无法完全依靠小区配套来补充,必须通过政府精心规划,加强投入,尤其应通过补差性、修正性规划来实现学前教育资源的扩增。因此,需要加强普惠性学前教育资源摸底调查,在资源相对不足的地区完善规划,补建、增建、改建、扩建幼儿园,加强土地资源的供应和财政投入,将普惠性学前教育资源真正靠近群众,切实满足人民群众的需要。政府必须充分发挥规划、投入和协调的功能,优先考虑幼儿园的规划和建设,努力扩大普惠性教育资源。政府投入效益的核心就是普惠性资源的增长,投入的衡量标准就是人民群众的满意度。政府只有加强对学前教育的投入,才能确保学前教育公益普惠的基本方向。

3. 加强监管,努力建好、用好小区配套幼儿园

小区配套幼儿园是新增幼儿园的主渠道,是当前和今后学前教育资源的主要来源,也是未来公益普惠学前教育资源的核心保证。小区配套幼儿园靠近居民住宅,能减轻家长接送负担,是就近入园的重要途径。因此,重视并加强小区配套幼儿园的建设和利用,对完成2020年和2035年的学前教育发展目标具有十分重要的意义。建好、用好小区配套幼儿园是政府的重大责任。《若干意见》要求"规范小区配套幼儿园建设使用","健全发展改革、自然资源、住房城乡建设、教育等部门联动管理机制,做好配套幼儿园规划、土地出让、园舍设计建设、验收、移交、办园等环节的监督管理"。

因此，小区配套幼儿园的建设，需要政府各部门的通力协作与配合，必须明确政府不同部门的责任，全力确保小区配套幼儿园建设到位。《若干意见》要求"确保配套幼儿园与首期建设的居民住宅区同步规划、同步设计、同步建设、同步验收、同步交付使用"。这"五同步"能有效防止小区配套幼儿园缓建、缩建、停建、不建和建而不交的顽疾，是解决小区配套幼儿园问题的有效举措，也是政府协同建设小区配套幼儿园的重要经验。确保小区配套幼儿园提供普惠性服务，需要政府各部门坚持方向，协同管理。小区配套幼儿园必须由政府统筹安排，必须结合学前教育发展目标，结合当前学前教育的规划，结合公办资源的状况，结合当地居民的生活实际，确保公办资源的足额分布，确保幼儿园的普惠性质，从根本上解决"入园难""入园贵"问题。

4. 加强协同，全方位确保公益普惠

实现学前教育的公益普惠是一项系统工程，需要从多个层面协同发力，通过多方位的举措，确保公益普惠的实现。《若干意见》提出"国家继续实施学前教育行动计划，逐年安排建设一批普惠性幼儿园，重点扩大农村地区、脱贫攻坚地区、新增人口集中地区普惠性资源"。国家学前教育行动计划实施以来，公益普惠的学前教育取得了快速发展。继续实施学前教育行动计划意味着要将公益普惠的政策落实到最困难、最需要的地区和人群，真正实现学前教育普惠意义上的普及。政府应采取有力的措施确保普惠性资源挖潜增量。《若干意见》提出，积极挖潜扩大增量，努力为社会提供更多的普惠性服务。"充分利用腾退搬迁的空置厂房、乡村公共服务设施、农村中小学闲置校舍等资源，以租赁、租借、划转等形式举办公办园。鼓励支持街道、村集体、有实力的国有企事业单位，特别是普通高等学校举办公办园，在为本单位职工子女入园提供便利的同时，也为社会提供普惠性服务。"由此可见，对现有的潜在学前教育资源，一是采取各种措施努力争取,力争充实到学前教育资源之中;二是使这些资源成为普惠性资源,为社会提供普惠性服务;三是从一定意义上重申了社会组织和社会机构对发展普惠性学前教育的社会责任,国有企事业单位、街道和村级组织,尤其是普通高等学校要成为普惠性学前教育服务的支持者、促进者、践行者。

政府应以有力的扶持,引导社会力量提供公益普惠性服务。《若干意见》指出,鼓励社会力量办园,"政府加大扶持力度,引导社会力量更多举办普惠性幼儿园"。如果民办幼儿园不能得到政府的扶持,就难以实现真正意义上的普惠,更难实现有质量的普惠。因此政府要采取切实有效的措施,帮助其实现公益普惠。政府对民办幼儿园的扶持应坚持认定标准,确保政府财政投入的合理性和有效性;政府对普惠性民办幼儿园扶持方式的选择应从幼儿园的现实需要出发,以助运行和保质量为重点,注重针对性;政府对普惠性民办幼儿园的扶持应关注贡献,衡量幼儿园的学位数和教育质量。努力使普惠性民办幼儿园举办者想办、愿办、办好并不断改进和发展。

第四节 学前教育体制机制改革的基本原则和核心举措

一、学前教育体制机制改革的基本原则

学前教育体制机制改革是推动学前教育发展的关键举措,这是一项艰巨而复杂的工程,需要有明确的价值立场、坚定的科学精神、创新的实践探索和积极的反思意识。推进学前教育体制机制改革,应坚持以下原则。

（一）价值引领

在我国的学前教育发展历史上，曾经出现过体制机制改革，但不是所有的改革都真正促进了学前教育事业的发展，有些改革甚至导致了学前教育事业的停滞、倒退。最典型的是 20 世纪 90 年代在一些地方兴起的幼儿园办园体制的改革。这场改革将一些公办幼儿园改成了民办幼儿园，将政府办园转变成个人办园，国有资源流失是一个方面，最关键的是政府放弃了对学前教育的投入，教育成本从政府和家庭分担变成了全部由家庭承担，严重损害了学前教育的公益性和普惠性。有些县改制幼儿园达到80％以上。学前教育"国十条"颁布以来，一些地方认识到了这场出让举办权的改革所带来的问题，开始收回幼儿园的举办权，但是，付出了高昂的代价，再次浪费财政经费。这场改革的核心启示是，学前教育不能失去价值立场，不能失去根本灵魂，否则将对事业发展造成巨大的不良影响。学前教育改革不是"价值中立"的活动，体制机制改革"必须清晰地分析人类的价值——更准确地说，是分析被人们视为有价值的事物"[1]。为数不少的国际研究在理论层面探讨了发展学前教育的价值[2]，并在经验层面加以验证[3][4][5]。我们必须从战略的高度看待学前教育事业，真正看到学前教育对儿童一生发展的价值，对广大人民群众的根本民生的价值，对国家和民族

---

[1] ［德］柯武刚，史漫飞. 制度经济学 社会秩序与公共政策[M]. 韩朝华，译. 北京：商务印书馆，2000：38.
[2] OECD. Starting Strong Ⅱ：Early Childhood Education and Care[M]. Paris：OECD Publishing，2016：19-36.
[3] Schweinhart L J. The High/Scope Perry Preschool Study Through Age 40：Summary, Conclusions, and Frequently Asked Questions［R］. High/Scope Educational Research Foundation，2004.
[4] Heckman JJ, Moon SH, Pinto R, Savelyev PA, Yavitx A. The Rate of Return to The High-Scope Perry Preschool Program[J]. Journal of Public Economics，2010，94(1)：114-128.
[5] Campbell F A, Ramey C T, Pungello E, Sparkling J, Miller-Johnson S. Early Childhood Education：Young Adult Outcomes from the Abecedarian Project[J]. Applied Developmental Science，2002，6(1)：42-57.

未来发展的价值。真正把学前教育体制机制改革看作是建设人力资源强国战略的起始工程。在坚守这一价值立场的基础上，努力推进体制机制改革，那将是利国利民更是有利于儿童的健康成长的。

（二）问题导向

所谓改革，就是为了解决现实问题而推动的新实践和新探索。学前教育体制机制的改革就是从问题出发的改革。从宏观上看，我国学前教育体制机制改革面临的最核心的问题就是学前教育的发展不能满足广大人民群众的要求，不能满足儿童身心健康发展的要求。概括地说就是存在"入园难""入园贵"和"质量低"三个问题。针对这三个问题，引发了一系列的改革，如加强科学规划，改革投入体制和机制，加强科学管理，理顺管理体制等。这些改革的根本目的就是扩大学前教育资源，增加学前教育投入，增强学前教育的公益性和普惠性，让学前教育的布局更合理，使幼儿园的教师更专业、更稳定、更投入，使幼儿园的课程更加符合儿童的身心发展规律和学习特点，幼儿园的教育质量不断得到提升，最终解决"入园难""入园贵"和"质量低"三大问题。从微观上看，无论是办园层面、管理层面、投入层面还是评价监控层面都有很多具体的问题，这些问题需要通过更加深入的体制机制改革加以解决，尤其是需要更加具体的机制创新加以解决。如，如何引导民办幼儿园实现公益普惠，这需要对不同层次的民办幼儿园进行深入的调研和分析，找准主要的问题和矛盾，形成有针对性的机制，采取积极有效的措施，保证适当投入，使民办幼儿园愿意长期稳定、积极有效地践行公益普惠的理念。

（三）实践探索

学前教育体制机制改革是一场重大的实践。这场改革的目的就是解决学前教育实践中存在的"入园难""入园贵"和"质量低"三大问题，而且解决这三大问题不能纸上谈兵，只有依靠实践本身。学前教育体制机制的任何一个改革，都应有相应的实践。2010年以来，我国学前教育体制机制改革的实践表明，只有深入实践，才能把握学前教育发展中的深层次问题；只有深入实践，才能厘清学前教育发展中的体制机制问题中所包含的各种关系；只有深入实践，才能评价学前教育政策和举措的合理性、可行性；只有深入实践，才能不断完善和创新学前教育的体制机制。因此，我国学前教育体制机制的改革，需要自上而下的价值引领和政策倡导，更需要广泛而丰富的自下而上的实践探索，这种探索将是我国学前教育体制机制建设的宝贵财富。

（四）协同创新

学前教育是整个教育系统中最具独特性的阶段。在这个阶段，保育与教育并重，身体的发展是所有发展领域中最重要的。幼儿的身心发展处于人生中脆弱的阶段，需要卫生、安全、质检等部门的合作和配合。以教育部门为主，多部门协作管理学前教育是我国形成的学前教育管理模式。学前教育"国十条"指出，要健全教育部门主管、有关部门分工负责的工作机制，形成推动学前教育发展的合力。教育部门要完善政策，制定标准，充实管理、教研力量，加强学前教育的监督管理和科学指导。此外，对机构编制部门，发展改革部门，财政部门，城乡建设和国土资源部门，人力资源和社会保障部门，价格、财政教育部门，综治、公安部门，卫生部门，民政、工商、质检、安全生产监管、食品药品监管部门，妇联、残联等单位提出了对学前教育协同管理要求。还提出充分发挥城市社区居委会和农村村民自治组织的作用，建立社区和家长参与幼儿园管理和监督的机制。幼儿园阶段的教育最强调家园共育，这种共育意味着家长切实承担教育幼儿的责任，并与幼儿园形成一致的立场。改革意味着变化，也意味着创新。学前教育的协同管理机制给学前教育的发展带来了机遇，也带来了挑战。不同的部门为了学前教育发展这一共同的方向，但涉及各个不同部门之间的利益，涉及相互的配合与协作。不同部门之间的协调配合是一项复杂的工作,需要精心的组织和协调,更需要创造性地形成一些有效的机制。一些地方的市(县)长办公会议或联席会议制度、部门协商制度及现场协调制度等都是一些在实践中形成的有效机制。因此,协同管理、合力创新是学前教育体制机制改革的方向。

(五) 专业取向

幼儿身心发展规律和学习特点不同于小学生,学前教育也不同于小学教育。因此,学前教育需要多部门的合作和配合。与此同时,我们需要关注的是对学前教育的管理,也要充分考虑学前教育专业特点,努力观照学前教育的专业取向。如对学前教育的投入,除了关注扩大学前教育资源,新建和改扩建园舍设施外,还要加强对学前教育运行的投入。[①] 学前教育的运行需要合格的教师,还需要教玩具材料及众多的课程资源,需要对儿童在园一日生活的保障。这就是幼儿园教育和运行的特殊性。再如,对教师专业性的评价,一定要具有专业眼光和专业方法,幼儿园教育不同于中小学教育,幼儿园没有规定的课本,幼儿园的课程内容是根据幼儿的兴趣和需要,根据幼儿园的资源条件,在现实生活中寻找而来。教师的教学准备不只是写教案,更不是写讲稿,而是形成一个幼儿的行动方案。根据幼儿的学习以直接经验为主的特点,规划幼儿在活动中做什么,怎么做,在哪里做,能获得什么经验,并为这个方案创设相应的环境和条件,提供相应的材料和资源。因此,幼儿园教师需要具有观察分析能力、教育计划制定和执行的能力、评价反思的能力、共同活动和指导的能力。这就是专业的特殊性。因此,对学前教育的管理,必须具有专业的观照,才能真正有效地促

---

① Campbell F A, Ramey C T, Pungello E, Sparkling J, Miller-Johnson S. Early Childhood Education: Young Adult Outcomes from the Abecedarian Project[J]. Applied Developmental Science,2002,6(1):42-57.

进学前教育的发展。

二、学前教育体制机制改革的核心举措

（一）准确定位学前教育，夯实体制与机制改革的根基

"正式规则与非正式约束之间的复杂互动，与实施方式一起，形塑我们的日常生活，指引着我们生活中大部分现世活动。"[①]一个国家的基本社会制度、人口和学前教育需求、经济文化发展水平都会在一定程度上影响学前教育的体制机制，并进而影响学前教育事业的发展。对学前教育的定位，体现了一个国家对学前教育的基本认识，也是国家对学前教育价值的确认，它会影响国家对学前教育的重大决策和政策，因而决定了学前教育在整个教育体系中的地位，它也是影响学前教育体制机制的重要因素，并进而影响学前教育的发展。

我国对学前教育的定位在不同的历史时期有所不同。在1954年的《宪法》中，没有专门提及学前教育，学前教育的发展没有法律的支撑，发展速度慢，并受到社会发展因素的影响，产生巨大的波动。如1958年的"大跃进"运动，要求有大量的劳动力，妇女都投入到大炼钢铁的运动之中。于是各地大力举办幼儿园和托儿所，一时间，幼儿园和托儿所的数量大幅攀升，幼儿园和托儿所已经渐渐失去了教育机构的职能，主要履行看护幼儿的职能，教师队伍质量和教育质量势必急剧下降。

1982年修订的《宪法》，提出国家举办各种学校，普及初等义务教育，发展中等教育、职业教育和高等教育，同时发展学前教育。这是国家根据社会发展需要对学前教育做出的规范，也是发展学前教育的法律基础。发展学前教育的责任主体是国家，政府是履行发展学前教育责任的关键主体，只有在政府的积极努力下，调动各方面的积极性，学前教育才能真正得

---

① ［美］道格拉斯·G.诺思.制度、制度变迁与经济绩效[M].上海：上海三联出版社，2014：99.

到发展。《中华人民共和国教育法》规定"国家实行学前教育、初等教育、中等教育、高等教育的学校教育制度"。我国学前教育法规明确了幼儿园教育是基础教育的重要组成部分,是学校教育制度的基础阶段。这个定位,将学前教育完全纳入学校教育体系之中。

近年来,我国的学前教育事业的确发展和壮大了,但在整个教育体系中还是薄弱的部分,政府发展学前教育的责任没有得到充分的落实,不能满足人民群众对高质量的学前教育的需要。在不少地方出现"入园难"和"入园贵"的现象。党的十八大和十九大都提出"办好学前教育"。学前教育"国十条"指出:"学前教育是终身学习的开端,是国民教育体系的重要组成部分,是重要的社会公益事业。""办好学前教育,关系亿万儿童的健康成长,关系千家万户的切身利益,关系国家和民族的未来。"这是国家对学前教育的根本定位。根据这个定位,必须加大对学前教育体制机制改革的力度,找准导致"入园难""入园贵"的体制机制原因,建立一种更加完善和有力的学前教育体制机制,强化政府在学前教育体制机制中的地位,调动各方面的积极性和创造性,努力体现学前教育公益普惠的特点,更好地满足人民群众的需要。

(二) 深化学前教育管理体制改革,紧扼体制与机制改革的核心

政府是学前教育公共服务的主要提供者,政府对学前教育投入越大,管理越到位,学前教育事业越能向前发展。政府对学前教育事业的管理是通过政府各职能部门来实现的。与学前教育事业相关的职能部门有很多,根据学前教育"国十条"的精神,各级政府要加强对学前教育的统筹协调,健全教育部门主管、有关部门分工负责的工作机制,形成推动学前教育发展的合力。教育部门要完善政策,制定标准,充实管理、教研力量,加强对学前教育的监督管理和科学指导。机构编制部门要结合实际合理确定公办幼儿园教职工编制。发展改革部门要把学前教育纳入当地经济社会发展规划,支持幼儿园建设发展。财政部门要加大投入,制定支持学前教育的优惠政策。城乡建设和国土资源部门要落实城镇小区和新农村配套幼儿园的规划、用地。人力资源和社会保障部门要制定幼儿园教职工的人事(劳动)、工资待遇、社会保障和技术职称(职务)评聘政策。价格、财政、教育部门要根据职责分工,加强幼儿园收费管理。综治、公安部门要加强对幼儿园安全保卫工作的监督指导,整治、净化周边环境。卫生部门要监督指导幼儿园卫生保健工作。民政、工商、质检、安全生产监管、食品药品监管等部门要根据职能分工,加强对幼儿园的指导和管理。妇联、残联等单位要积极开展对家庭教育、残疾儿童早期教育的宣传指导。充分发挥城市社区居委会和农村村民自治组织的作用,建立社区和家长参与幼儿园管理和监督的机制。

在众多政府部门中,大体可以分为三类:第一类是直接提供资源并实施管理的机构,如发展改革、城乡建设、国土资源、财政、人力资源、教育等部门;第二类是提供政策支持并进行管理的部门,如物价、规划、社保、民政、工商等部门;第三类是主要提供相关管理服务的部门,如卫生、综治和公安、商务部门主管、有关部门分工负责的工作机制,形成推动学前教育发展的合力。教育部门要做到主管,不是教育部门全管,事实上教育部门也管不了那么多,或者说无权管那么多。政府主管的前提是政府各部门分工负责的落实。所谓分工负责,就是各自承担规定的责任,并对政府和人民群众负责。教育部门与政府其他部门之间是分工协作的机制,如果这种分工协作演变为教育行政部门的请求、不断提醒、不断催促、不断解释,那就难以真正落实整体的政府责任,难以实现学前教育管理的高效运转,难以落实教育部门为主,更难以形成合力。因此,政府各部门应学习学前教育"国十条"精神,认识自己在发展学前教育中的责任,这是深化学前教育体制机制改革的起点。在政府的各职能部门中,教育部门是最直接的管理部门，其他政府机构往往是通过教育部门与幼儿园和家庭发生联系的。因此，其他政府部门与教育部门之间存在一种独特的关系，与教育部门联合指向幼儿园和家庭；所有政府部门之间又是相互联系的，共同形成一个对政府负责的独特的管理体系。不同的部门在学前教育事业中起不同的作用，居不同的地位。如财政部门是核心的管理部门，它既关乎资源的供给，又关注运转的正常，还关注质量的维系；规划与布局是否合理联系在一起，当然也与公平相关；城乡建设和国土资源部门是把规划得以落实的部门，是资源的提供部门，也是审批和管理部门。综治和公安是为幼儿生命安全保驾护航的部门，幼儿和幼儿园所在的社区环境质量是决定幼儿安全的核心因素。公安部门的管理水平和质量直接影响到幼儿的安全。幼儿园和教育行政部门与公安部门之间要展开密切的合作，共同消除一切安全隐患。卫生部门是与教育行政部门长期合作的部门，幼儿园的专业事务经常是两个部门共同处理的。对于幼儿园来说，其肩负着双重责任，一是保育，二是教育，幼儿身体的健康和保护是幼儿园的第一要务。要履行这个责任，必须有卫生部门的专业支持和专业监督。卫生部门的儿童卫生保健部门是幼儿健康的直接管理部门，直接对幼儿园卫生保健管理负责。因此，不同的政府部门以不同的角色出现在管理网络之中，发挥着各不相同的作用，共同促进着学前教育事业的改革和发展。

值得注意的是，政府行政作用总是在特定的行政文化之中得以发挥的，行政文化除了行政行事方式、服务意识、百姓观以外，还包括专业意识和态度，那就是政府官员不可能懂得或精通自己需要管理的所有专业事项，但可以虚心听取专业人员的意见和建议，避免专业误判和决策的专业失误。这是行政文化中非常重要的内涵之一，但也是最为缺失的部分。要强化这部分内涵，就需要政府各职能部门与教育行政部门的通力合作。

例如，江苏省教育厅和财政厅联合启动了旨在提升学前教育质量的

"幼儿园课程游戏化项目"，作为教育行政部门要努力说明项目的意义和价值，而作为政府财政部门要努力了解这个项目的目的、作用和可能性。财政厅的相关人员多次参加专家组的讨论会，参加幼儿园的现场考察，参加相关的培训，对项目的价值和路径有了真切的认识，了解了项目的推进需要什么样的支持，提高了决策和服务的科学性和效率。

（三）完善学前教育评价体系，引领保教质量的提升

什么是有质量的学前教育？当我们试图去回答这个问题的时候，会依据某些观念和原则，对学前教育质量的"好""坏"做出价值判断，亦即对学前教育的质量做出评价。学前教育质量评价就是对学前教育的质量做出价值衡量与评定。它包含三个方面的功能。

首先，评价是价值的发现与建构。要衡量学前教育质量的"好"与"坏"，必须先解决什么是"好"，什么是"坏"，以及为什么"好"，为什么"坏"的问题，这就需要发现和建构学前教育的价值——什么样的学前教育是值得追求的、高质量的；高质量的学前教育的目的是什么，它应满足什么需要，它有什么基本特征，它的基本价值取向是什么……通过对价值的不断发现与建构，我们便逐渐认识与把握了学前教育的目的、原则、基本价值取向等。

其次，评价具有价值判断与选择的功能。具体来说就是，以某个既定的标准、原则作为判断的"尺子"，对照衡量事物是否符合标准，并通过价值的评估，对可供选择的诸多事物做出取舍。在学前教育的理论与实践中，我们所追求的并非一概值得我们追求，我们的喜好、兴趣并非一概值得满足，当我们举棋不定于应当与否、困惑彷徨于选择与否之际，我们便需要评价来提供价值标准，并根据价值标准做出价值判断和选择。

最后，评价还具有价值引领与导向功能。用价值哲学的眼光来看，评价的目的是发现和实现价值，它总是倡导某些价值观念，通过价值判断和

选择，确保这些观念得以实现。做学前教育的评价工作，首先应当在观念上明确什么是好的、值得去追求的教育，而后制定相对具体的价值判断标准，以确保这种好的教育得以实现。学前教育质量评价为我们指出"好"的标准，并引导我们去追求、去实现"好"的标准，因而它具有价值引领和导向的功能。

可见，学前教育质量评价对学前教育质量的规范与提升具有不可替代的导向作用，而目前我们的评价过程却常见如下问题。

第一，只关注评价的手段，而忘却了评价的目的。评价的根本目的是实现价值。著名教育评价专家斯塔弗比姆（Stufflebeam, D. L.）也曾指出："评价的最重要的目的不是在于证明而在于改良。"[①]制定评价标准，并用标准来规范教育则是确保价值得以实现的手段。而在现实中，却存在着"只见手段，不见目的"的情况——把学前教育质量评价狭隘地理解为制定标准，并对照标准做出相应判断的活动，仿佛标准一旦产生，就具有合理的权威性，学前教育的种种活动都必须照此标准来办，于是，达到标准即是"好"，而没有达到标准则须找到现实与标准之间的差距，进而改进工作以符合标准。至于标准是为何目的而服务的，以及标准能否有助于实现所期望的价值，这些问题却遭到忽视。

第二，过于窄化评价的内涵，过于简化评价的任务。学前教育质量评价仅被看作是对已经存在的、已经发生的幼儿园教育效果的评价，而对正在发生的、将要发生的、尚未发生的与学前教育相关的活动则缺乏引领和指导。这样的学前教育质量评价类似于工业生产中的质检程序，它更关注教育活动的结果，却忽视对教育过程的评价与引导，仿佛只要结果是符合要求的，就不再需要关注和评价教育过程。事实上，评价应引导教育实践走向"好"，

---

① Stufflebeam DL. A Depth Study of the Evaluation Requirement[J]. Theory into Practice, 1966: 121-133.

即实现所期望的价值,而不仅仅是对学前教育的方方面面做出规范与评判。

第三,难逃技术理性的控制,用僵化刻板的方法评价教育。学前教育质量评价被等同于技术层面的工作,评价被刻板地简化为测量、描述。这样的评价致力于制定可观察、可测量、可操作的质量标准,评价的过程就是对学前教育的方方面面进行技术性的测量和描述的过程。正如人们批评传统评价那样,它把复杂的教育现象转化为数字,把丰富的质还原为量,凡是不能量化的现象都被摒弃于评价的范围之外,其结果,评价并不能反映教育的真实状况。①② 在技术理性的控制下,评价虽然披着"科学"的外衣,貌似客观、准确,却忽视评价之"价"乃价值之意,而价值是不能完全数字化的,教育中的人更不能被全然"数字化",因而试图为教育的方方面面都制订数字化、精确化的评价标准是难以企及的,亦无必要,甚至还会对人的主动性、创造力造成破坏。

这需要树立科学的学前教育质量观与评价观。正如艾斯纳所倡导的,教育评价需要一幅精到的、解释性的"地图",它不仅能在教育情景中把琐屑的东西从重要的东西中区分出来,而且能理解所看到的东西的意义。学前教育质量观与质量评价观是以一定的儿童观和教育观为基础的。这意味着如果要构建学前教育质量评价系统,必须从基本的儿童观、教育观入手;解决学前教育质量评价中出现的问题;也需要分析和考量所持有的儿童观、教育观,而不能犯"头疼医头,脚疼医脚"的错误。

诚然,技术化的测量是评价的重要手段,但是评价的问题远不止技术问题那么简单。很多教育质量评价方面的问题,其症结并不在技术层面——提高评价技术、改进测量方法和测量水平,并不能从根本上解决问题。人的观念决定着实践的面貌,彻底解决实践的问题需要观念的根本变

---

① 李雁冰.课程评价论[M].上海:上海教育出版社,2002:153.
② 李雁冰.课程评价论[M].上海:上海教育出版社,2002:150.

革。假如教育是以知识为本位而非以人为本位的,假如教育质量评价是受技术理性控制而非以人的发展与解放为旨趣,那么,在此基础上讨论提高教育质量的问题、建构新的评价标准,为改进质量评价做种种努力,恐怕都是治标不治本的。

学前教育质量评价的技术、方法、标准依赖并服务于一定的教育观念,因此,要讨论学前教育质量评价的问题,必须先厘清学前教育质量评价的基本原则、立场和价值取向等。

第四章 学前教育体制机制现状

第一节 学前教育办园体制机制现状

办园体制的内涵包括两个方面:一是关于办学主体性质的规定,即哪些人可以举办教育机构或者说是公办还是民办;二是关于不同办学主体,即公办与民办分布格局或者供给结构的规定。① 学前教育办园体制与机制现状主要从学前教育办园体制的历史演变、办园类型划分、办园结构和办园规模现状分析以及改制情况四方面进行研究。

一、学前教育办园体制的历史演变

自 1952 年和 1956 年政府两次大规模接管民办幼儿园后,我国学前教育办园由政府全面负责,只允许公办幼儿园存在。改革开放以来,办园体制演变历程,可以分为以下四个时期。

(一) 1978—1992 年:公办园为主体,社会力量逐渐介入的时期

1978 年开始,国家政策允许社会力量介入办园,此后逐渐允许公民个人等介入学前教育,办园不再由国家包揽,但在这一时期,各类工矿企业举办的幼儿园以及政府举办的教办园占有绝对主体地位,公办幼儿园呈现出

---

① 邓丽.我国学前教育办学体制政策回顾[J].教育导刊(下半月),2010(3):12.

"全民性质""集体性质"等多种类型。这一时期办园主体主要包括国家、集体、公民个人，定位于"单位福利"和"地方性、群众性"福利事业的学前教育初步迎来了繁荣发展，满足了学龄前儿童的入园需求，但由于过于依赖"单位福利"和群众办园模式，在随后的"单位福利"改革过程中，整个办园体制也被迫做出了调适。

（二）1992—2002年：单位改制背景下的办园体制社会化时期

"九五"时期是学前教育办园体制逐步适应社会主义市场经济体制，深化改革的关键时期。伴随社会主义市场经济体制改革的逐步推进，国有企事业单位开始逐渐转换经营机制，原有的依靠单位福利供给的学前教育办园模式受到冲击。加上整个社会对学前教育的需求逐步多样化，这一时期的办园体制改革总体呈现出社会化、市场化趋向，学前教育发展中心词是"办园体制改革"及"幼儿教育社会化"。由于单位办园在整个办园格局中占有较大比重，加上依托社区兴办园所并未跟上，因此这一时期的改革对整个办园格局冲击较大。截至2002年，全国仅剩9 549所部门办园，相比1992年的28 167所，十年中数量锐减了将近2万所，部门办园在园所总数中的比例从16.33%下降到8.54%，而在园幼儿的比例则从1992年的15.32%下降到9.29%。①

（三）2003—2009年：民办园快速发展时期

进入新世纪，国家继续加快国有企事业单位教育职能剥离等教育改革，这一时期仍处于探索建立与社会转型相适应的办园体制阶段，同时也是民办幼儿教育大发展时期。2002年《中华人民共和国民办教育促进法》的颁布对民办园的快速发展起到了一定的推动作用，而2003年1月27日

---

① 1992年数据根据中国教育年鉴(1993)计算所得，2002年数据可参见教育部网站所公布的统计数据[EB/OL]. http://www.moe.gov.cn/s78/A03/moe_560/moe_568/moe_583/20/002/t20/00226_10577.html.

国务院出台的《关于幼儿教育改革与发展的指导意见》也为民办园的发展提供了政策环境。2009年,民办园发展到89 304所,占全国幼儿园总数的64.6%,民办园在园幼儿数为11 341 694人,占幼儿园在园幼儿总数的42.7%。[①] 这一时期办学体制格局发生变化,逐渐形成了以民办园为主体,公办园和其他类型幼儿园为补充的多元格局。

(四) 2010年以来:政府主导的办园体制改革深化时期

2010年颁布的《规划纲要(2010—2020)》提出,"建立政府主导、社会参与、公办民办并举的办园体制"。之后学前教育"国十条"明确规定要"多种形式扩大学前教育资源,大力发展公办幼儿园……制定优惠政策,支持街道、农村、集体举办幼儿园",还要"鼓励社会力量以多种形式举办幼儿园。通过保证合理用地、减免税费等方式,支持社会力量办园。积极扶持民办幼儿园特别是面向大众、收费较低的普惠性民办幼儿园发展"。公益性和普惠性被放在首位,发展普惠性幼儿园成为办园体制改革的新方向。

二、我国当前现有的办园类型

我国目前在公立和私立幼儿园之间,还有大量具有半公半私双重性质的过渡性幼儿园,它们共同构成了我国各类幼儿园的连续体。[②] 可见,目前我国对幼儿园的界定和分类十分复杂,在"公办民办并举"的办园体制下,我们来详细分析一下各种办园类型。

(一) 公办幼儿园

公办幼儿园有广义和狭义之分。狭义的公办园指由国家设立,一切财产均属公有,园长由教育局任命,建设经费、办公经费、教师及保育员工资

[①] 中华人民共和国教育部.2009年教育统计数据(幼儿教育)[EB/OL]. http://www.moe.gov.cn/publicfiles/business/htmlfiles/moe/s4965/index.html.
[②] 庞丽娟.中国教育改革30年:学前教育卷[M].北京:北京师范大学出版社.2009:241.

均为财政拨付。① 广义的公办园指具有公办性质的幼儿园,既有财政全额拨款的幼儿园,也包括差额拨款以及自收自支的单位办园,比如,各级教育行政部门统计的办园情况中通常把集体办园和企事业单位办园算作公办园。从广义上讲,我国目前存在以下几种公办园类型。

1. 国家举办

由教育部门举办和直接管理,国家财政性教育经费保障公办教师工资。这类幼儿园有一部分由于财政经费持续重点投入,运营经费有保障,因而办学水平、教育质量最高,在辖区幼儿园中发挥着示范性作用。这部分幼儿园数量不多,但政府投入最多,成为稀缺优质资源,由此引发的幼儿教育不公平问题日益突出。而另一部分幼儿园虽然是国家举办,但运营经费却得不到保障,一些公办园只有几位公办教师享受编制待遇,公办性质受到质疑。

2. 其他部门举办

指由教育部门以外的机关部门(如机关事务管理局等)、政府机构所属的社会团体组织(如妇联、共青团、儿基会等)举办的幼儿园。这类幼儿园的办学水平、教育质量也很高,但也存在着与上述幼儿园类似的矛盾和问题。

3. 企事业单位举办

由于历史因素,国有企事业单位办园还被认为是公办园。随着经济体制改革的深入,一些没有与主办单位分离的企事业单位办园,每年能够从主办单位获得的资金投入越来越少,有的甚至已经完全变为自负盈亏的单位,公办性质弱化、淡化甚至消失。

4. 集体举办

由街道社区、乡村组织举办和直接管理,一般招收本区域的儿童,办学

---

① 张乐天.学前教育政策与法规[M].北京:中央广播电视大学出版社.2011:50.

经费以收费为主。这类幼儿园主要分布在农村集镇和城区街道。最广义的民办幼儿园与最狭义的民办幼儿园的核心差别在于是否包含集体办幼儿园。[①] 可见,集体办幼儿园不是纯粹的公办幼儿园。根据课题组调研的华东地区J市43所集体办幼儿园,从固定资产而言,有相当一部分幼儿园的产权仍保持着明显的公有或集体性质。但从经费投入来看,所调研的这43所幼儿园全部为自收自支、自负盈亏性质,绝大部分收入来自家长的保教费,反映出集体办幼儿园举办者与办园经费来源不一致,处于"非公非民"的尴尬状态。

5. 国有民办

由部门、集体举办,但不拨付日常办学经费,实行自主管理、自我发展的幼儿园。此类幼儿园大多由部门、集体举办幼儿园改制和新建住宅小区配套幼儿园对外承办、民办运作而来。这种体制的优点是利用公办教育资源吸纳民间资金,节省政府投资,又满足社会多样化的教育需求。

(二) 民办幼儿园

民办幼儿园指由国家机构以外的社会组织或个人承办的,主要利用非国家财政性经费,面向社会招收幼儿的幼儿园。[②] 即从举办者、经费来源和招生对象三方面鉴定民办幼儿园。

1. 民办民营

由民间资本投资举办和直接管理,利用收费来保障办学经费。这类中的部分幼儿园由于单纯依赖收费维持日常运作,导致幼儿教师整体素质不断下降,办学水平和质量得不到保证和提升。而其中少部分幼儿园则成为高价幼儿园。

---

① 王海英.试论普惠性民办幼儿园的制度设计[J].幼儿教育(教育科学),2011(6):4.
② 张乐天.学前教育政策与法规[M].北京:中央广播电视大学出版社,2011:50.

2. 民办公助

由民间资本投资举办和直接管理，政府通过无偿配备由国家统发工资的公办幼儿教师、补助或奖励一定的教育经费、调拨有关教育设备等形式提供人、财、物的支持。政府的扶持起到了"四两拨千斤"的作用，对于提升区域幼儿教育整体水平作用很大。

普惠性民办幼儿园就属于民办公助类型，那些面向大众、收费较低、有一定质量的民办幼儿园成为政府扶持的首要对象；而从扶持方式来看，也是多种多样，各有侧重，如政府购买服务、减免租金、以奖代补、派驻公办教师等。

2017年1月18日，国务院发布重要文件《国务院关于鼓励社会力量兴办教育促进民办教育健康发展的若干意见》，教育部等5部门印发《民办学校分类登记实施细则》《营利性民办幼儿园监督管理实施细则》，这些法律法规以及政策文件的出台为幼儿园分类管理提供了新的思路，非营利性民办学校和营利性民办学校需要分类注册、分类管理，这也为引导民办幼儿园提供普惠性服务提供了政策保障。

三、我国学前教育办园结构与办园规模现状分析

学前教育办园结构与规模的现状从全国各类型幼儿园数量和占比、全国各类型幼儿园在园人数和占比、全国各类型幼儿园区域分布三个方面有所反映（数据来源于教育部网站所公布的2011—2019年教育统计数据）。

（一）全国各类型幼儿园数量与占比：民办园数量多且占比高

由表4-1可见，2011—2019年全国幼儿园数量逐年增长，其中教育部门办园和民办园数量增幅明显，公办园的数量和比例明显低于民办园。其中，虽然教育部门办园数量、占比逐年增长，但相比于民办园，数量仍偏少、占比仍偏低，而其他部门办园、事业单位办园、部队办园、集体办园占比都

在下降。虽然民办园占比呈逐年下降趋势,但民办园数量仍处于上升趋势。

表 4-1 2011—2019 年各类幼儿园数量及占比

年份		教育部门办	其他部门办	地方企业办	事业单位办	部队办	集体办	民办	总计
2011	园数/所	31 044	1 805	1 384	3 466	485	13 162	115 404	166 750
	比例	18.62%	1.08%	0.82%	2.08%	0.29%	7.89%	69.21%	100%
2012	园数/所	36 992	1 853	1 406	3 192	487	12 683	124 638	181 251
	比例	20.41%	1.02%	0.78%	1.76%	0.27%	7%	68.77%	100%
2013	园数/所	45 037	1 854	1 413	3 364	491	12 943	133 451	198 553
	比例	22.68%	0.93%	0.71%	1.69%	0.25%	6.52%	67.21%	100%
2014	园数/所	50 716	1 825	1 418	3 278	499	12 863	139 282	209 881
	比例	24.16%	0.87%	0.68%	1.56%	0.24%	6.13%	66.36%	100%
2015	园数/所	57 485	1 936	1 339	3 070	505	12 972	146 376	223 683
	比例	25.7%	0.87%	0.6%	1.37%	0.23%	5.8%	65.44%	100%
2016	园数/所	66 119	1 824	1 328	3 272	513	12 553	154 203	239 812
	比例	27.57%	0.76%	0.55%	1.36%	0.21%	5.23%	64.3%	100%
2017	园数/所	75 553	1 809	1 289	3 181	511	12 235	160 372	254 950
	比例	29.63%	0.71%	0.51%	1.25%	0.2%	4.8%	62.9%	100%
2018	园数/所	82 608	1 750	1 280	3 142	499	11 611	165 779	266 669
	比例	30.98%	0.66%	0.48%	1.18%	0.19%	4.35%	62.16%	100%
2019	园数/所	90 015	1 629	1 253	3 333	489	11 212	173 236	281 167
	比例	32.01%	0.58%	0.45%	1.19%	0.17%	3.99%	61.61%	100%

(二)全国各类型幼儿园在园人数与占比:民办园在园人数过半

如表 4-2 所示,2011—2019 年全国幼儿园在园人数逐年增长,教育部门办园和民办园在园人数增幅明显。从在园人数占比来看,民办园在园人数占比处于逐年增长的趋势。从 2012 年开始,民办园在园人数占比超过 50%。

表 4-2 2011—2019 年各类幼儿园在园人数及占比

年份		教育部门办	其他部门办	地方企业办	事业单位办	部队办	集体办	民办	总计
2011	人数/人	13 744 973	635 011	322 264	591 981	126 229	1 881 908	16 942 090	34 244 456
	比例	40.14%	1.85%	0.94%	1.73%	0.37%	5.50%	49.47%	100%
2012	人数/人	14 751 032	644 423	332 217	593 417	130 534	1 878 557	18 527 444	36 857 624
	比例	40.02%	1.75%	0.90%	1.61%	0.35%	5.10%	50.27%	100%
2013	人数/人	15 484 717	625 535	338 144	568 988	134 487	1 892 496	19 902 536	38 946 903
	比例	39.76%	1.61%	0.87%	1.46%	0.35%	4.86%	51.10%	100%
2014	人数/人	15 748 614	605 744	340 609	543 842	139 822	1 874 733	21 253 781	40 507 145
	比例	38.88%	1.50%	0.84%	1.34%	0.35%	4.63%	52.47%	100%
2015	人数/人	16 064 658	628 599	337 447	528 962	142 856	1 921 333	23 024 429	42 648 284
	比例	37.67%	1.47%	0.79%	1.24%	0.33%	4.51%	53.99%	100%
2016	人数/人	16 121 113	694 300	330 139	590 637	136 360	1 889 492	243 76 589	44 138 630
	比例	36.52%	1.57%	0.75%	1.34%	0.31%	4.28%	55.23%	100.00%
2017	人数/人	16 657 082	698 507	320 150	623 394	121 738	1 857 088	25 723 434	46 001 393
	比例	36.21%	1.52%	0.70%	1.36%	0.26%	4.04%	55.92%	100.00%

续表

年份		教育部门办	其他部门办	地方企业办	事业单位办	部队办	集体办	民办	总计
2018	人数/人	16 792 953	678 413	304 907	570 910	103 595	1 713 464	26 397 847	46 562 089
	比例	36.06%	1.46%	0.65%	1.23%	0.22%	3.68%	56.69%	99.99%
2019	人数/人	17 281 820	657 577	303 599	631 255	99 048	1 669 093	26 494 401	47 136 793
	比例	36.66%	1.39%	0.64%	1.34%	0.21%	3.54%	56.21%	99.99%

（三）全国各类型幼儿园区域分布：区域对办园类型影响显著

全国各类型幼儿园在城区、镇区和乡村分布不平衡。其他部门办园、地方企业办园、部队办园大多集中在城区；而教育部门办园、事业单位办园、集体办园在乡村数量较多；乡村民办园略少于城区、镇区民办园。

由图4-1可以看出，2011—2019年教育部门办园数量城区少于镇区，镇区少于乡村，乡村地区的教育部门办园数量增长明显。由图4-2可以看出，2011—2019年其他部门办园数量城区高于镇区，镇区高于乡村。由图4-3可以看出，2011—2019年地方企业办园数量城区远高于镇区，镇区略高于乡村。由图4-4可以看出，2011—2019年事业单位办园数量乡村高于城区和镇区。由图4-5可以看出，2011—2019年集体办园数量乡村高于城区，城区略高于镇区。由图4-6可以看出，2011—2019年城区、镇区民办园数量略高于乡村民办园数量。通过卡方检验发现，2019年区域（城区、镇区、乡村）和幼儿园办园类型之间存在显著性差异，区域和幼儿园办园类型显著相关。

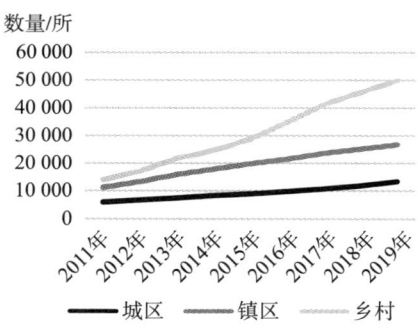

图4-1 2011—2019年区域教育部门办园数量

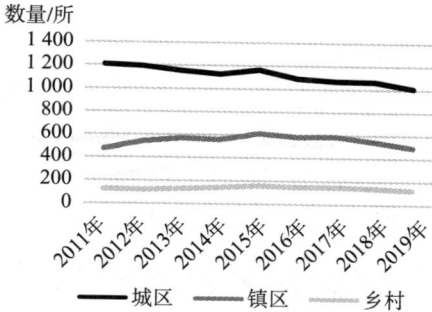

图 4-2　2011—2019 年区域其他部门办园数量

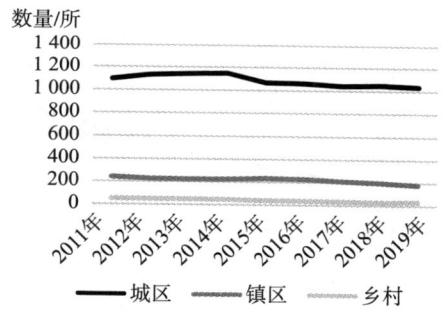

图 4-3　2011—2019 年区域地方企业办园数量

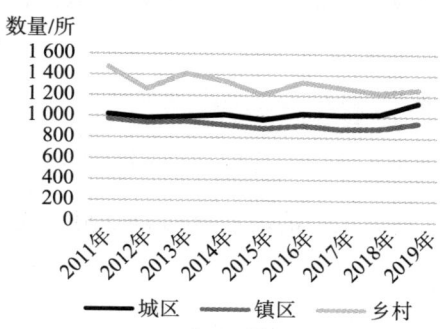

图 4-4　2011—2019 年区域事业单位办园数量

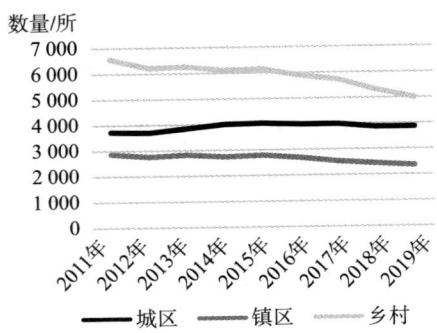

图 4-5 2011—2019 年区域集体办园数量

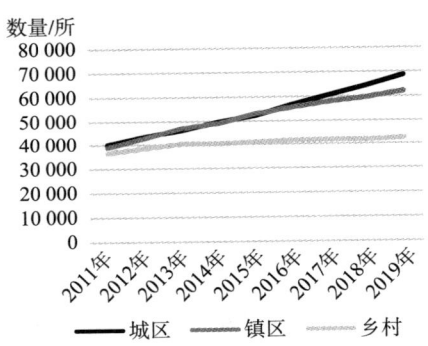

图 4-6 2011—2019 年区域民办园数量

四、幼儿园改制情况

在课题组对全国十二省市抽样的 3 877 所幼儿园中,经历过改制的有 337 所幼儿园。对这些幼儿园的改制时间和改制方式以及改制方式和区域的关系进行了分析。

(一) 改制时间和方式呈现阶段性

如图 4-7 所示,通过分析经历过改制的幼儿园的改制时间发现,1997 年以后幼儿园改制次数开始增加,2002 年和 2012 年有两次明显的高峰期,而 2012 年出现的改制高峰是对学前教育"国十条"政策的响应。

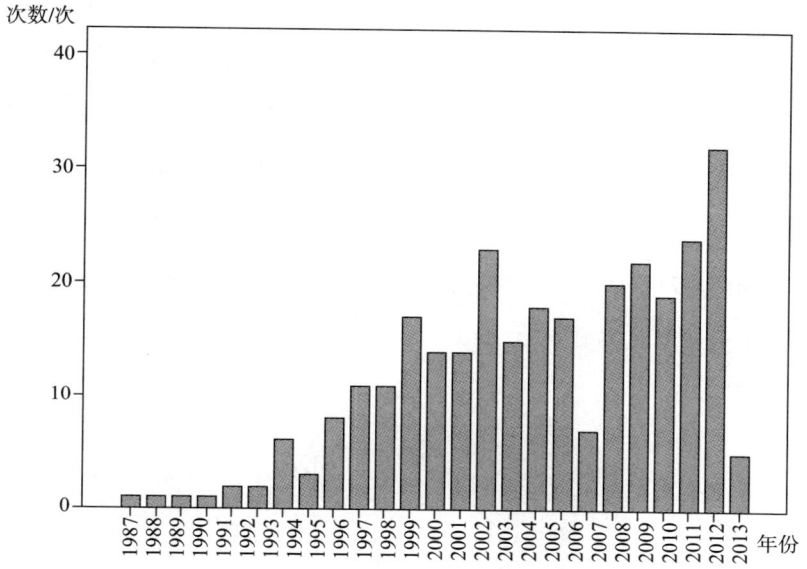

图 4-7 课题组抽样幼儿园改制时间与次数

通过将其他政府机关、事业单位、部队、国有企业、集体或民营企业、社会团体或民间团体办园、居委会或村委会办园合并为公办性质幼儿园,并进一步分析不同时期的改制方式和幼儿园数发现,2000—2009 年有 5 所教办园转为公办性质幼儿园,2010 年及以后有 1 所;2000—2009 年有 6 所教办园转为民办园,2010 年及以后为 0 所;2000—2009 年有 35 所公办性质幼儿园转为民办园,2010 年及以后有 6 所;2000—2009 年有 3 所民办园转为教办园,2010 年及以后有 8 所;2000—2009 年有 4 所民办园转为公办性质幼儿园,2010 年及以后有 11 所。总之,2000—2009 年教办园转为公办性质幼儿园、民办园,公办性质幼儿园转为民办园较多,而 2010 年及以后民办园转为教办园、民办园转为公办性质幼儿园较多。2010 年前后两个时期的改制方式呈现了相反的方向。

（二） 改制方式呈现区域性

如图 4-8 所示，在经历过改制的幼儿园中，改制方式为出让产权、租赁制、股份制、承包制及其他的幼儿园占比分别为 13.5%、16.7%、11.3%、16.7%、41.8%。通过卡方检验发现，区域（城市、县镇、农村）和幼儿园改制方式之间存在显著性差异，$\chi^2(8)=23.179$，$p=0.003<0.01$，区域和幼儿园改制方式显著相关，区域对幼儿园改制方式影响极其显著。由图 4-9 可以看出，农村幼儿园改制大多是出让产权或者租赁制，城市幼儿园改制大多采用股份制和承包制。

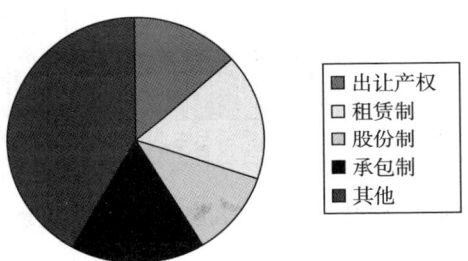

图 4-8　课题组抽样幼儿园改制方式比重

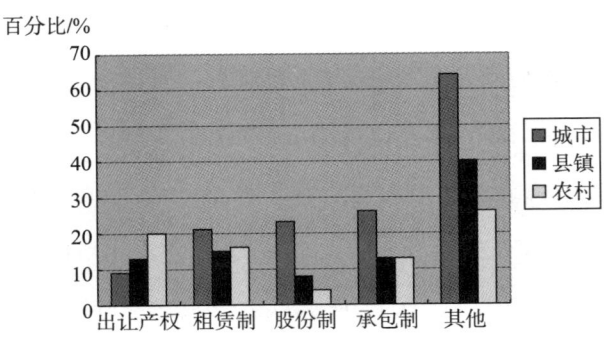

图 4-9　课题组抽样各区域幼儿园改制方式对比

第二节　学前教育管理体制机制现状

学前教育管理体制是指"学前教育管理部门,包括中央、地方及其他教育机构间的相互关系、职能权限、组织结构等方面的体系和制度"。① 其在我国学前教育事业发展中起着领导、组织、协调、监控、保障、推动等重要作用,是保障政府切实履行学前教育职能、责任的基础条件和保障学前教育事业健康、可持续发展的关键体制。也就是说,学前教育管理体制的核心内容是中央及各级政府、政府不同职能部门之间的职能与权限关系以及其运行。

一、学前教育管理体制机制的历史演变

总的来说,我国学前教育管理体制经历了中央集中管理、教育部门与其他部门共管的地方负责、分级管理的发展历程。在这一发展历程中,经历了各级政府职责的划分、政府不同职能部门之间职责分担的不断演变和清晰的过程,近年来,"地方负责、分级管理"这一管理体制的责任主体及责任清单渐趋明晰。由于全国学前教育管理过程中存在纷繁复杂的共通和个性化问题,这一管理体制逐渐从政策文本的原则性规定发展为与学前教育发展实际紧密相关的体制形态和运行模式。

（一）学前教育管理归口与职责分工——清晰明确、部门集中（1956—1966）②

改革开放之前,我国学前教育机构包括托儿所和幼儿园两类,其领导

---

① 庞丽娟,刘小蕊.英国学前教育管理体制改革政策及其立法[J].学前教育研究,2008(1):32-35.
② 中国学前教育发展战略研究课题组.中国学前教育发展战略研究[M].北京:教育科学出版社,2010:80.

与管理从 1956 年起有明确的职责分工,即托儿所由卫生行政部门管理,幼儿园由教育行政部门管理。

(二) 设立托幼工作领导小组——统一领导、各级机构健全(1978—1982)

1979 年 7 月,经中央批准,教育部、卫生部等 5 个部门联合召开了全国托幼工作会议,为加强托幼工作的统一领导和分工合作,国务院设立了托幼工作领导小组,如表 4-3 所示,由教育部、卫生部、计委、建委、农委、财政部、商业部、民政部、劳动总局、城建总局、全国总工会、全国妇联和中国人民保卫儿童委员会 13 个部委(局)的负责同志组成,各省、市、自治区设立相应的托幼工作领导机构。地、市、县(区)等地方各级政府如何设立可由各省、市、自治区党委研究决定。会议确定了托幼工作领导小组的任务:

- 贯彻执行党中央、国务院有关托幼工作的方针、政策和指示;
- 研究制定托儿所、幼儿园的发展规划,推动托幼事业发展和提高;
- 研究解决托幼工作中的重大问题,督促有关部门贯彻执行;
- 推动有关部门加强托幼工作的宣传,表彰先进;
- 进行调查研究,定期检查托幼工作,组织交流经验;
- 调查了解未入园所的婴幼儿的情况,宣传科学育儿知识,加强卫生保健和教育工作。

托幼工作领导小组下设办公室,作为常设机构,进行日常工作。办公室配备若干有专业知识和办事能力的专职干部,由各级编制委员会在现有干部中调剂解决。托幼工作领导小组这一作为国务院专管幼教事业的领导机构虽然存在时间短,但在新中国学前教育事业发展历程中留下了重重的一笔。

表4-3 全国托幼工作会议对政府相关职能部门的职责划分

部门	职责
计划部门	负责将托幼事业所需人力、物力、财力列入各级计划
财政部门	负责有关托幼事业的经费开支等问题
教育部门	负责幼儿教育的业务指导,包括对托儿所内三岁以上幼儿班进行业务指导,培训幼儿园的园长和保教人员,办好示范性幼儿园,加强幼教科研工作的领导
卫生部门	负责托儿所业务指导及幼儿园卫生保健业务指导,培训托儿所的所长和保育、医务、炊事等人员,提供卫生保健、营养等知识,办好示范性托儿所,加强对儿童保健科研工作的领导
商业部门	负责儿童食品、服装、用具和玩教具的供应
劳动部门	会同有关部门研究解决托儿所、幼儿园工作人员的工资、劳动保险、福利待遇等问题
建委、城建局和房管部门	统筹规划与居民人口相适应的托儿所、幼儿园的建筑,负责调剂解决并修缮园所用房
妇联和工会	负责发动群众和组织社会力量,推动托幼事业的发展,协助主管部门加强对托幼工作人员的政治思想教育,工会着重协助工交、财贸、文教等企事业单位办好托幼事业

(三) 学前教育管理机构缺失——分工不明、职责不清(1983—1987)

1982年机构改革时,全国托幼工作领导小组及其办事机构撤销,但这个机构的工作任务一直未明确由哪个部门承担,因此造成各部门对幼儿教育工作的管理分工不清,职责不明,影响了幼儿教育事业的进一步发展。

(四) 学前教育管理职责分工制度的确立——"地方负责,分级管理,各部门分工合作"(1987—2003)

1987年国家教委、国家计委、卫生部、劳动人事部、财政部、城乡建设环境保护部、轻工业部、纺织部、商业部在《关于明确幼儿教育事业领导管理职责分工的请示》中明确提出,幼儿教育既是教育事业的一个重要组成部分,又具有福利事业的性质,因此,必须由政府统一领导,除地方政府举办幼儿园外,主要依靠部门、单位、集体、个人等方面力量发展幼儿教育事业,实行"地方负责,分级管理"和有关部门分工负责的原则。如表4-4所示,该文件对教育部门、卫生部门、计划部门等各有关部门幼儿教育工作的职责进行了分工。特别是在管理体制方面,1988年国家教委、计委、财政部、人事部、劳动部、建设部、卫生部、物价局颁布的《关于加强幼儿教育工作的意见》则进一步明确了"地方负责,分级管理,各部门分工合作"的原则"[①]。1989年9月11日国家教委第4号令发布中华人民共和国成立后的第一个幼儿教育行政法规《幼儿园管理条例》对这一管理体制进行了法律层面的规定:幼儿园的管理实行地方负责、分级管理和各有关部门分工负责的原则。国家教育委员会主管全国的幼儿园管理工作;地方各级人民政府的教育行政部门,主管本行政辖区内的幼儿园管理工作。至此,"地方负责,分级管理,各部门分工合作(负责)"的学前教育管理体制得以确立并一直延续至今。

表4-4 《关于明确幼儿教育事业领导管理职责分工的请示》对政府相关职能部门的职责划分

部门	职责
教育部门	(一)贯彻中央、国务院有关幼儿教育工作的方针、政策、指示,拟订行政法规和重要的规章制度;(二)研究拟订幼儿教育事业发展方针,综合编制事业发展规划;(三)负责对各类幼儿园的业务领导,建立视导和评估制度;(四)组织培养和训练各类幼儿园的园长、教师,建立园长、教师考核和资格审定制度;(五)办好示范性幼儿园;(六)指导幼儿教育科学研究工作
卫生部门	拟订有关幼儿园卫生保健方面的法规和规章制度,对幼儿园卫生保健业务工作进行指导
计划部门	将幼儿教育事业发展和建设等列入各级计划
财政部门	会同有关部门研究制订有关幼儿教育事业经费开支的制度和规定
劳动人事部门	会同有关部门研究制订幼儿园工作人员的有关编制、工资、劳动保护、福利待遇等方面的制度和规定

---

① 王玲艳.建国以来我国幼儿教育重要文献关注的若干重大话题分析[J]学前教育研究,2008(3):9-12.

续表

部门	职责
城乡建设环境保护部门	统一规划与居住人口相适应的幼儿园设施,并督促有关部门和单位进行建设
轻工、纺织、商业部门	按各自的分工,负责幼儿食品、服装、鞋帽、文化教育用品、卫生生活用具和教玩具的研制、生产和供应

(五) 学前教育管理职责分工——落实各级政府责任,进一步明确主管部门(2003—2009)

2003年国务院办公厅转发了教育部、中央编办、国家计委、民政部、财政部、劳动保障部、建设部、卫生部、国务院、妇儿工委、全国妇联《关于幼儿教育改革与发展的指导意见》,对进一步完善幼儿教育管理体制和机制,切实履行政府职责提出了具体要求:坚持实行地方负责,分级管理和有关部门分工负责的幼儿教育管理体制。建立和完善政府领导统筹,教育部门主管,有关部门协调配合,社区内各类幼儿园和家长共同参与的幼儿教育管理机制。如表4-5所示,特别是对中央及地方各级政府的职责进行了明确的划分。

表4-5 2003年《关于幼儿教育改革与发展的指导意见》
关于中央及各级政府职责的划分

政府	职责
中央政府	制定有关幼儿教育的法规、方针、政策及发展规划
省级和地(市)政府	负责本行政区域幼儿教育工作,统筹制定幼儿教育的发展规划,因地制宜地制定相关政策并组织实施,积极扶持农村及老少边穷地区的幼儿教育工作;促进幼儿教育事业均衡发展
县级政府	负责本行政区域幼儿教育的规划、布局调整、公办幼儿园的建设和各类幼儿园的管理,负责管理幼儿园园长、教师,指导教育教学工作
城市街道办事处	配合有关部门制定本辖区幼儿教育的发展计划,负责宣传科学育儿知识,指导家庭幼儿教育,提供活动场所和设备、设施,筹措经费,组织志愿者开展义务服务
乡(镇)人民政府	承担发展农村幼儿教育的责任,负责举办乡(镇)中心幼儿园,筹措经费,改善办园条件

值得注意的是,为保证幼儿教育管理层层落实到位,《关于幼儿教育改革与发展的指导意见》明确要求建立由教育部门牵头、有关部门参加的幼儿教育联席会议制度,通报、协调、解决幼儿教育事业发展中出现的问题,促进幼儿教育事业稳定健康发展,各职能部门的职责划分如表4-6所示。

表4-6 2003年《关于幼儿教育改革与发展的指导意见》关于政府相关职能部门的职责划分

部门	职责
教育部门	是幼儿教育的主管部门,要认真贯彻幼儿教育的方针、政策,拟订有关行政法规、重要规章制度和幼儿教育事业发展规划并组织实施;承担对幼儿园的业务领导,制定相关标准,实行分类定级管理,向有关部门提出对幼儿园收费标准的意见;建立幼儿教育督导和评估制度;培养和培训各类幼儿园的园长、教师,建立园长、教师考核和资格审定制度;具体指导和推动家庭幼儿教育;与卫生部门合作,共同开展0—6岁儿童家长的科学育儿指导
卫生部门	负责拟订有关幼儿园卫生保健方面的法规和规章制度,监督和指导幼儿园卫生保健业务工作,负责对0—6岁儿童家长进行儿童卫生保健、营养、生长发育等方面的指导
建设部门	要会同教育部门在城镇规划中合理确定幼儿园的布局和位置,在城镇改造和城市小区建设的过程中,要建设与居住人口相适应的幼儿园。新区建设和旧区改造的幼儿园由当地政府统筹规划,利用各种资源安排,教育部门要加强对小区配套幼儿园的管理,可采取面向社会公开招标的办法举办幼儿园,任何单位和个人不得改变用途,也不得收取国家规定以外的费用
民政部门	要把发展幼儿教育作为城市社区教育的重要内容,与教育部门共同探索依托社区发展幼儿教育的管理机制和有关政策
劳动保障部门	在研究探索农村养老保险制度时,要统筹研究农村幼儿教师的养老保险问题;城市幼儿教师要按照国家有关规定参加城镇职工社会保险,要保障幼儿教师队伍的稳定和幼儿教师的合法权益
编制部门	要会同教育部门、财政部门制定幼儿园教职工的编制标准,加强幼儿园教师编制的管理和教职工队伍的建设,保证幼儿教育事业发展的基本需要,提高办学效益
妇女儿童工作委员会和妇联组织	充分发挥各级妇女儿童工作委员会和妇联组织的作用,推动幼儿教育事业健康发展

（六）学前教育管理的新发展——省、县两级政府责任的强化及联席会议制度的实践（2010年至今）

2010年由国务院颁布的《关于当前发展学前教育的若干意见》（国发〔2010〕41号）提出，各级政府要加强对学前教育的统筹协调，健全教育部门主管、有关部门分工负责的工作机制，形成推动学前教育发展的合力，各职能部门职责划分如表4-7所示。

表4-7 2010年《关于当前发展学前教育的若干意见》
关于政府相关职能部门的职责划分

部门	职责
教育部门	要完善政策，制定标准，充实管理、教研力量，加强学前教育的监督管理和科学指导
机构编制部门	要结合实际合理确定公办幼儿园教职工编制
发展改革部门	要把学前教育纳入当地经济社会发展规划，支持幼儿园建设发展
财政部门	要加大投入，制定支持学前教育的优惠政策
城乡建设和国土资源部门	要落实城镇小区和新农村配套幼儿园的规划、用地
人力资源和社会保障部门	要制定幼儿园教职工的人事（劳动）、工资待遇、社会保障和技术职称（职务）评聘政策
价格、财政、教育部门	要根据职责分工，加强幼儿园收费管理
综治、公安部门	要加强对幼儿园安全保卫工作的监督指导，整治、净化周边环境
卫生部门	要监督指导幼儿园卫生保健工作
民政、工商、质检、安全生产监管、食品药品监管等部门	要根据职能分工，加强对幼儿园的指导和管理
妇联、残联等单位	要积极开展对家庭教育、残疾儿童早期教育的宣传指导

值得一提的是，2014年11月3日，教育部、国家发展和改革委员会、财政部联合印发了《关于实施第二期学前教育三年行动计划的意见》（教基二〔2014〕9号）对于强化各级政府责任提出了新的要求，"加强省级政府的统

筹力度,充分发挥地市级政府的作用,落实县级政府编制实施行动计划的主体责任,国家加大对贫困地区和薄弱环节的支持力度"。"健全学前教育管理体制,省级和地市级政府加强统筹,县级政府落实主体责任"。由此可见,当前学前教育政府责任分担和责任履行的基本趋向是:落实地方政府发展学前教育的责任,发挥中央财政引导激励作用。虽仍然遵循地方负责、分级管理和各有关部门分工负责的原则,但对"地方"及其职责进行了细化和明确,特别是强化了省、县两级政府应履行的责任,而中央政府的责任主要是支持大型项目和对贫困地区的倾斜性支持,譬如,在财政投入责任上,"地方政府是责任主体,中央财政通过奖补的形式进行引导激励"。

二、学前教育管理体制机制的现状分析

(一) 政府各部门权责分配及协同管理机制现状分析

在明确教育部门作为学前教育主管部门的基础上,如何划分政府相关职能部门之间的权责、如何实现相关部门分工及协同管理是实践层面实现学前教育有效管理的重要一环。1987年实施的《关于明确幼儿教育事业领导管理职责分工的请示》提出,做好幼儿教育工作,需要动员全社会及各有关部门、有关方面互相配合,密切合作。国家有关部门的协调工作,按以下办法进行:有关幼儿教育工作中的重大政策问题,由国家教委牵头,有关部门参加,共同研究;属于各主管部门分工负责的工作又需同其他部门共同研究的重要问题,由主管部门牵头,有关部门参加。从我国学前教育管理机构及职能部门职责演变历程中我们可以看到,多年来在政策文件层面并不缺乏对各职能部门应承担职责的规定,但实际运行效果不佳,问题的关键是教育部门主管但无统筹之权,各部门分工但未形成合作运行机制。课题组调查发现,674所幼儿园中,19.6%的幼儿园[①]认为,当前不同部门

---

① 数据来源于"学前教育体制机制改革"课题组对全国十二省市幼儿园的抽样调查。

对幼儿园的监督管理工作存在不一致。2010年以来开始实施由政府分管领导牵头的学前教育联席会议制度,教育、发改、财政、编办、人社、国土、工商、物价等多个相关职能部门在组织推动和督促学前教育法律、法规和有关方针政策的落实;审议区域学前教育的相关政策措施和总体发展规划;研究学前教育发展的相关政策,提出加快区域学前教育事业发展的建议;定期研究、统筹协调和着力解决学前教育事业发展中的重点、热点、难点问题,监督和指导各有关部门落实责任等方面起到了一定的推动作用。但存在的问题也比较突出,学前教育联席会议制度往往流于形式,部门间协同合作机制尚未建立。由于仅是由教育部门"牵头",缺乏更高层领导机构的参与,教育部门无法有效统筹同层级其他行政部门的行动,导致联席会议的统筹力度削弱、工作成效较低,这也就意味着政府各职能部门间的协同合作机制尚未有效建立。[①]课题组调查发现,仅有11.8%的被调查幼儿园认为目前政府在履行学前教育发展的职责方面"非常好",认为"比较好"的占比41%,认为"一般"的占比37.2%,认为"比较差"的占比7.3%,认为"非常差"的占比2.8%。由此可见,总体而言,基层幼儿园对于政府履行学前教育发展职责的满意度还不高。

(二) 学前教育管理机构和专职管理人员设置现状分析

管理机构设置和必要的管理人员配备是管理体制机制的重要组成部分,也是影响学前教育事业发展的关键因素。1989年颁布的《幼儿园管理条例》和《幼儿园工作规程(试行)》在法规层面就明确指出,"各级教育行政部门要认真履行职责,充分发挥在幼儿教育方面的综合管理作用。要有一名负责人分管这项工作,建立和健全管理机构,配备和充实有一定政策水平和行政管理能力、懂专业的行政管理干部"。实际上,幼儿园非常希望在

---

① 范明丽,庞丽娟.当前我国学前教育管理体制的主要问题、挑战与改革方向[J].学前教育研究,2013(6):4.

县(市)或区教育行政部门独立设置学前教育管理机构,课题组调查发现,2 883所幼儿园,占所调查幼儿园总数的83.7%,认为"非常需要独立设置管理机构"。近几年来,随着各级政府对学前教育事业的重视,不少地方增设或加强了学前教育管理力量。比如,江苏省镇江市作为国家学前教育体制改革试点地区,重视健全学前教育管理网络,市政府发文要求,各辖市(区)教育部门要配备学前教育专职管理干部和教研员,镇(街道)中心幼儿园至少要配备1名学前教育辅导员,承担本辖区学前教育行业管理和业务指导的职责,该市率先设立学前教育处,配备2名专职管理人员。南京市江宁区多年来始终保留区托幼办机构,近年来不断增强管理力量,目前有4名专职管理人员,有效地推动了区域学前教育的健康稳定发展。但总体来看,中央以下各级政府教育行政部门专设学前教育管理机构和人员的情况并不客观,导致学前教育管理能力严重不足。据中国教育科学研究院的调查显示:在省(市、自治区)层面,目前只有北京、天津、辽宁等极少数省(市、自治区)专门设有学前教育管理机构。各地级市、区(县)的情况则比较随意,领导重视的会设专门的幼教管理机构,领导不重视的则不设,甚至未设专职人员。有一半以上的教育部门没有专门设立学前教育管理机构;有1/4的教育部门不仅未专设机构,甚至没有专职的学前教育管理人员。[①] 2005年国家教育督导团对北京、河南、山东、江苏、吉林、湖南六省(市)幼儿教育进行督导,发现除北京外,其他五省中许多市、县没有专门的幼教管理机构和人员。[②]

(三) 学前教育督导评估及问责机制现状分析

教育督导评估实际上是教育督导和教育评估两项工作。这里,我们更

[①] 中国学前教育发展战略研究课题组.中国学前教育发展战略研究[M].北京:教育科学出版社,2010:18.
[②] 国家教育督导团.幼儿教育专项督导检查公报[A].杨东平主编.教育蓝皮书——2005年中国教育发展报告[C].北京:社会科学出版社,2006:291-294.

多指向教育督导这一方面。1983年我国恢复了教育督导工作。从组织体系建设来看,我国教育督导由中央、省、市、县四级构成,所形成的是"以块为主,条块结合,统一领导,分级管理"的体制。从组织模式看,有独立模式、相对独立模式和教育部门内部设置模式等,并由此形成了三类机构:人大通过决议成立的人民政府教育督导机构、政府批准成立的人民政府教育督导机构、教育行政部门内设教育督导机构。① 我国教育督导的职能主要是行政监督,监督地方政府、教育主管部门以及学校对国家教育政策与法律的执行情况,同时监督这些部门自身决策的合法性、合理性、有效性,还监督这些部门对决策、规划等的执行情况。学前教育督导是教育督导的重要组成部分。2012年《学前教育事业督导评估暂行办法》出台,为全国学前教育事业的督导评估工作制定了规范。各地也相应结合学前教育改革实际出台了督导评估办法,比如《江苏省学前教育改革发展示范区建设督导评估实施办法》《广东省幼儿园督导评估方案》等,特别是上海市经过多年的实践,探索出一条"以发展性督导评估理念为指导、以体制机制建设为重点、以政府职能转变为保障、以科学评价研究为依托"的独具特色的学前教育督导评估模式。客观地说,尤其是近年来,学前教育督导评估有力地督促和推动地方政府、教育主管部门以及广大幼儿园改进管理、优化保教。与此同时,学前教育督导评估也存在一些问题,比如:功能存在异化,督政强于督学;目标受限,内涵式目标难以在现行督导评估中得到展示;全面性与准确性不足,市场监管缺失与队伍建设滞后;互动性缺失,督导评估机制的互动性未能得到明显体现。课题组对全国十二省市抽样幼儿园在过去的一学年中,教育行政部门来园督导次数进行了调查,结果显示:0次的有108所,占3.0%,1—5次的有2536所,占71.8%,6—10次

---

① 黄崴.我国教育督导体制现状、问题与改革路径[J].教育发展研究,2009(12):16.

的有711所,占20.1%,11—15次的有114所,占3.2%,16—20次的有66所,占1.9%。

教育问责制作为提升教育质量、促进教育公平的重要举措,已经成为当今世界各主要发达国家和地区教育改革的重要内容。但到现在为止,我国还没有成型的教育问责制度。学前教育问责制度更没有形成系统的制度,大多仅在国家和地方督导评估办法或地方学前教育法规中略有提及,如2012年2月12日教育部印发的《学前教育督导评估暂行办法》第三章"表彰与问责"部分第十一条指出,"各省(区、市)要建立学前教育工作表彰与问责机制。把学前教育督导评估和监测结果作为评价政府教育工作成效的重要内容,并作为表彰发展学前教育成绩突出地区的重要依据"。然而,在实际中学前教育问责更多地表现为对幼儿园重大意外伤害事件的追究和问责,对于政府责任履行情况、教育行政部门管理效果、幼儿园管理和保教质量等方面则缺少必要的问责。

(四) 学前教育依法管理及法治化现状分析

法律体系的逐步完善健全,不仅意味着国民生活质量和水平的提高,更是社会文明进步的重要标志。法律是维持现代人类社会正常秩序的保障。同样,良好的教育活动的持续稳定进行也离不开法律的保障。学前教育法治化既是现代化学前教育发展的必然要求,也是现代化学前教育发展的重要前提。① 学前教育依法管理以及教育法治化的前提是有法可依。多年来,国家始终致力于推进学前教育依法管理。1989年,国家教委颁布的《幼儿园管理条例》是学前教育的第一部部门法规,为幼儿教育的规范化、法律化管理奠定了基础,为依法治教提供了依据。不少地方也进行了学前教育地方立法,比如江苏省在1986年就制定了《江苏省幼儿教育暂行

---

① 罗英智.区域学前教育多元化发展模式研究[M].沈阳:辽宁人民出版社,2015:78.

条例》,并于2012年重新修订颁布了《江苏省学前教育条例》,北京市于2001年制定了《北京市学前教育条例》,上海市于2003年制定了《上海市学前教育条例》,浙江省宁波市于2012年发布了《宁波市学前教育促进条例》等,但全国性学前教育法律迄今仍未出台。总体上,学前教育依法管理及法治化进程在向前推进,但速度和力度仍显不足。虽然1989年我国颁布了《幼儿园管理条例》和《幼儿园工作规程(试行)》,但这属于政府条例和部门规章,没有真正的法律效应,不能得到国家立法机构的监督,显然不能满足我国当前学前教育事业发展的需要,甚至正是因为这两个法规还缺乏约束力,才在一定程度上没能有效制止20世纪90年代后学前教育的滑坡现象。① 在实际中,学前教育管理大都依赖相关的政策文件。譬如,学前教育管理中的各级政府责任划分和履行的问题、相关职能部门协调合作问题、政府责任监督与问责的问题、教师身份地位和待遇保障机制问题以及普惠性民办园的认定、管理、评估问题等必须在法律的层面,用法律的形式予以规定。因此,研究制定和颁布实施《学前教育法》是学前教育领域非常重要和紧迫的事项,是学前教育依法管理的保障,也是学前教育长期稳定健康发展的保障。

(五) 幼儿园师资队伍建设现状分析

通过对教育部网站公布的历年教育统计数据进行整理,由表4-8和表4-9可知,近几年来幼儿园专任教师持续增加,其中民办幼儿园教师占比达到了61.27%,教育部门办园教师占比达到30.96%。根据教育部网站数据显示,2019年幼儿园专任教师学历主要以专科学历为主,占比58.49%,本科学历教师占比达到24.04%。

---

① 虞永平.以法保障学前教育的稳定发展[J].人民教育,2013(13):23.

表 4-8　2019 年全国幼儿园数、在园幼儿数及专任教师数

类型	学校/万所	在园幼儿/万人	专任教师/万人
教育部门办	9.00(32.01%)	1 728.18(36.66%)	85.54(30.96%)
其他部门办	0.16(0.58%)	65.76(1.39%)	3.84(1.39%)
地方企业办	0.13(0.45%)	30.36(0.64%)	2.35(0.85%)
事业单位办	0.33(1.19%)	63.13(1.34%)	3.25(1.18%)
部队办	0.05(0.17%)	9.90(0.21%)	0.88(0.32%)
集体办	1.12(3.99%)	166.91(3.54%)	11.13(4.03%)
民办	17.32(61.61%)	2 649.44(56.21%)	169.30(61.27%)
合计	28.11(100%)	4 713.68(100%)	273.04(100%)

表 4-9　全国幼儿园数、在园幼儿数及专任教师数三年变化情况

	2017 年	2018 年		2019 年	
	本年度	本年度	比上年增加	本年度	比上年增加
学校/万所	25.5	26.67	1.17	28.12	1.45
在园幼儿/万人	4 600	4 656	56	4 714	58
专任教师/万人	243	258	15	276	18

职称与教师的工资待遇直接相关。由表 4-10 可见，一方面，当前幼儿园专任教师中未定职称教师比例较大；另一方面，幼儿园专任教师职称结构城乡差距较大，主要表现为城镇教师中高级职称比例明显高于农村教师。

表 4-10　全国专任幼儿园教师职称结构

	正高级	副高级	中级	助理级	员级	未定职级
城区	83.33%	47.93%	51.28%	49.29%	46.81%	48.08%
镇区	16.67%	40.23%	36.78%	36.87%	34.50%	35.03%
农村	0%	17.14%	11.94%	13.84%	18.69%	16.89%
总数(人)	42	22 926	205 316	330 916	111 292	2 092 612

总体而言,当前幼儿园师资队伍建设的基本现状是:幼儿园师资总量逐年扩大,民办幼儿园教师逐渐成为主体;幼儿园师资学历呈逐年提升态势,当前以专科学历为主;幼儿园教师职称结构呈多元化态势,但大部分教师未评职称;幼儿园的生师比逐年下降,但与国家及地方相关规定相比仍有较大差距;幼儿园教师待遇保障有所提高,但总体待遇保障水平不高,"同工不同酬"现象仍非常普遍。

第三节 学前教育投入体制机制现状

学前教育财政投入体制机制的现状从四个方面有所反映:学前教育财政投入总量、学前教育成本分担机制、学前教育财政分担结构、学前教育财政投入方式。本节中部分数据来源于《中国教育经费统计年鉴》(2008—2018)、《中国教育统计年鉴》(2008—2018)、《中国统计年鉴》(2008—2018),部分数据来源于课题组对全国十二省市的抽样调查。

一、学前教育财政投入总量现状

学前教育财政投入总量的多少决定了学前教育可支配经费的多少。相比于中小学,学前教育既需保育也需教育,生均成本比较大,但多项数据表明,我国学前教育经费总量严重不足,与中小学相比,更是相去甚远。

我国学前教育财政投入规模主要反映在以下四个方面。

1. 财政性投入经费总量明显不足

政府对于各级教育的态度反映在其财政安排上。[1] 财政投入总量越

---

[1] 王海英.学前教育不公平的社会表现、产生机制及其解决的可能途径[J].学前教育研究,2011(8):10-16.

多,政府的重视程度越高。与其他各级教育相比较而言,财政性学前教育经费存在的最大问题在于投入总量明显不足。

图 4-10 显示,2007—2017 年我国政府对于各级学校的财政性投入始终保持上升趋势。由于学前教育财政性投入起点低、底子薄等历史性问题的存在,学前教育的财政性经费投入与其他各级教育悬殊。

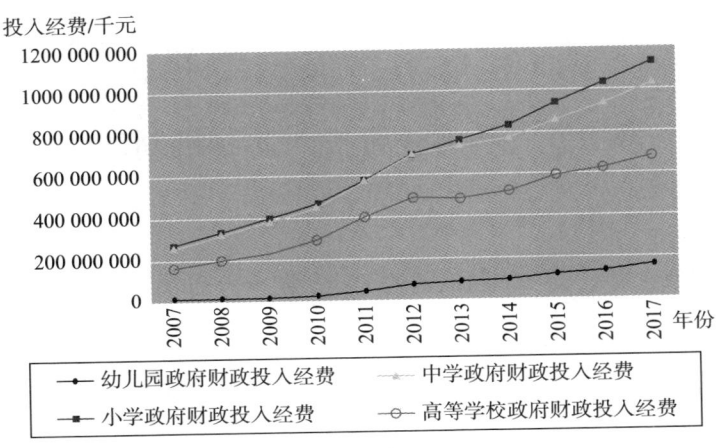

图 4-10 财政性学前教育经费与其他各级教育经费的比较

2007 年,政府对幼儿园的经费投入为 10 282 693(千元),而这一年,政府对小学、中学、高等学校的经费投入依次为 267 388 633(千元)、253 388 215(千元)、159 831 871(千元),分别约是幼儿园财政性投入经费的 26.0 倍、24.6 倍、15.5 倍。如此强烈的反差,凸显了政府对于学前教育的忽视及学前教育在教育系统中的边缘化地位。

2010 年,由于《规划纲要(2010—2020)》等政策文件的颁布,财政性学前教育经费增长较快,与各级教育的财政性经费差距缩小。此时,小学、中学、高等学校的政府投入分别是幼儿园的 19.0 倍、18.3 倍、11.9 倍。从 2011 年至 2017 年,我国先后组织实施了第一期和第二期学前教育三年行动计划,学前教育被摆在更重要的位置,财政性学前教育经费逐年增长。2017年政府对学前教育的财政投入增加到 156 357 101(千元)，与2010年相比增长了5.40倍，这一增速不仅对学前教育自身是个奇迹，对其他各级教育而言也是前所未见的。尽管如此，该年基础教育、中等教育和高等教育三个阶段的财政性投入仍旧是学前教育的7.19倍、6.58倍、4.35倍。

由此可见，我国学前教育起步晚，地位低，较之于基础教育、中等教育和高等教育而言，财政性投入经费总量明显不足，在投入的绝对量上与其他阶段不可同日而语。

2. 生均财政性投入经费差异显著

生均教育经费是考察教育经费情况的根本指标，是衡量在校生教育投资量大小的指标，能够比较准确地反映教育经费提供的程度，也可以通过它考察教育经费满足教育事业发展需要的程度。① 而生均财政性教育经费则有利于计算出政府在每个受教育主体身上所投入的资金，它是衡量政府对受教育个体投入多少的重要指标，能够较为准确地反映出财政性教育经费落实到每个个体的程度。生均财政性投入经费差异主要表现为两个方面：一是学前教育生均财政性经费低；二是学前教育生均财政性经费比其他学段低。

（1）学前教育生均财政性经费低

学前教育生均经费的不足从两个方面表现出来：一是政府财政性经费规模，二是生均政府财政投入。

第一，政府财政性经费规模小。东部政府财政投入经费最高，增长速度也最快。从图4-11、图4-12可以看出，2007—2017年，东部政府投入经费远高于中西部，其增长速度也高于中西部。从2014年开始，中部的政

---

① 陶聆之. 我国各级教育生均预算内教育经费支出差异的实证研究[J]. 广西教育·C版(职业与高等教育版)，2011(3)：73-75.

府投入经费明显低于西部。在2010—2012年和2014年以后,三个区域的政府投入经费,增长都较为迅速,但相比之下,中部地区的增速较东部和西部缓慢。

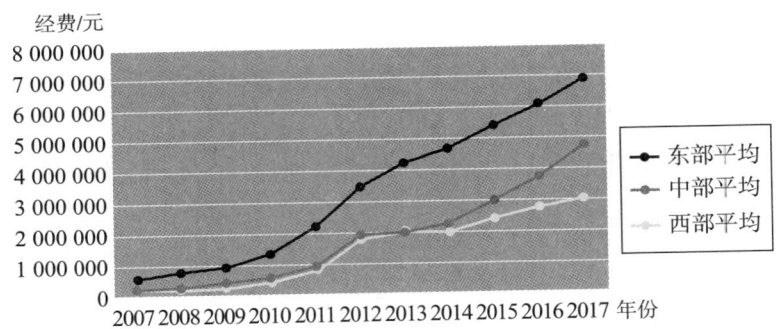

图4-11 2007—2017年东部、中部、西部政府财政性经费

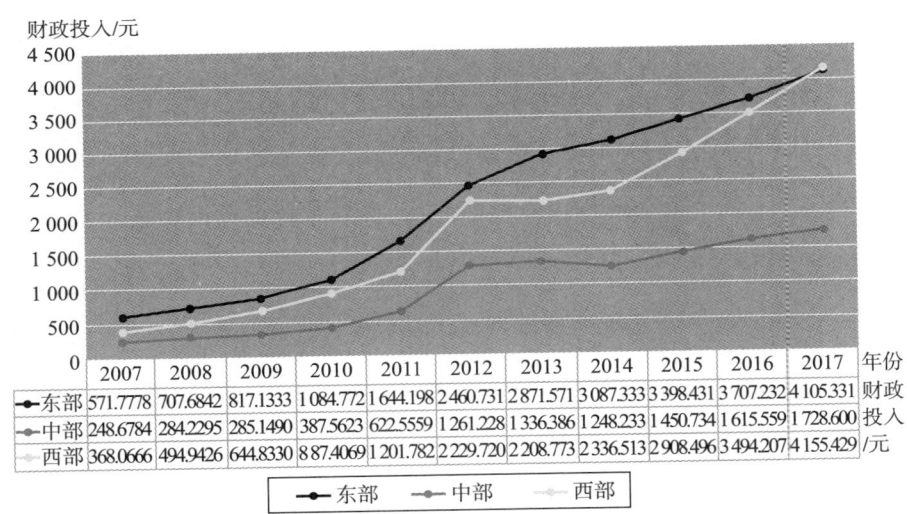

图4-12 2007—2017年东部、中部、西部生均政府财政投入

第二,生均政府财政投入。中部地区生均政府投入经费最低,且增长最慢。如图4-13所示,生均财政拨款平均数普遍较低,其中平均数较高

的省份在东部和西部,较低的省份在中部。对2017年的生均政府财政投入进行单因素方差分析,发现三个地区间以及东部与中部、东部与西部、中部与西部均不存在显著性差异。但生均财政投入省际差异巨大。其中,较高的有上海(12 197元)、西藏(10 906元)、北京(9 871元)、天津(6 325元)等,较低的有河南(645元)、湖南(655元)、广西(779元)、江西(883元)等。2007—2017年,东部的生均政府投入都高于中西部。在2010—2012年和2014年以后,三个区域的生均政府投入以较快增速逐年上升。到2017年,东部、中部、西部的生均政府财政投入分别增长到4 105元、1 729元、4 155元,与2009年相比分别增长了4.02倍、5.06倍、5.44倍。

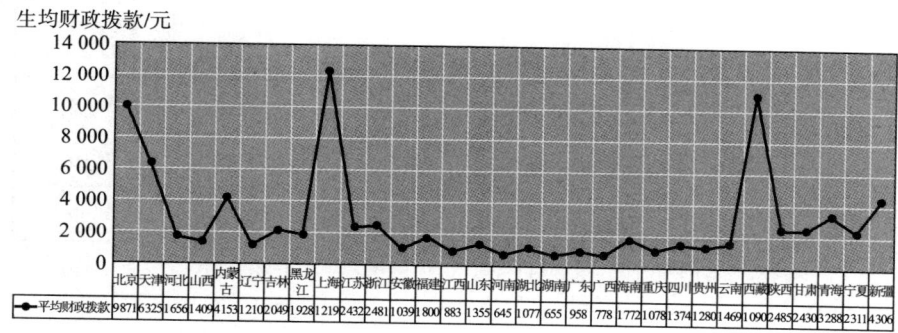

图4-13 全国各省生均财政拨款平均数

生均政府财政投入的省际差距逐年增大,东部和西部政府投入两极分化倾向明显。如表4-11所示,东部、中部、西部以及全国各省生均政府拨款标准差都呈明显上升趋势。这说明我国学前教育生均政府拨款的省际差距正在逐年扩大。另外,中部、西部以及全国各省的生均政府拨款极差率(最大值与最小值的比值)波动上升,只有东部地区的极差率呈下降趋势。这说明从全国范围内看,两极分化的发展速率有所上升,政府投入两极分化有进一步增大的趋势。总体而言,东部和西部地区生均政府拨款的标准差和极差率高于中部地区,省际差异更明显。

表 4-11 生均政府财政拨款和生均学杂费的标准差和极差率

年份	地区	生均财政拨款		生均学杂费	
		标准差	极差率	标准差	极差率
2013	东部	4 529.81	12.78	1 556.18	6.46
	中部	637.10	2.96	493.28	2.31
	西部	2 620.99	11.00	507.33	9.61
	全国	3 405.71	16.03	1 347.47	34.66
2014	东部	4 858.75	10.78	1 761.89	5.87
	中部	715.30	3.49	559.03	2.24
	西部	4 273.77	18.14	635.45	11.49
	全国	4 190.73	21.10	1 514.00	39.20
2015	东部	4 930.55	9.50	1 882.90	5.43
	中部	801.36	3.44	560.45	2.10
	西部	4 514.70	13.93	652.87	5.59
	全国	4 342.11	21.09	1 587.61	18.40
2016	东部	5 617.75	10.98	2 057.04	5.10
	中部	852.77	3.91	614.87	2.01
	西部	4 428.72	13.79	801.35	8.43
	全国	4 647.81	20.34	1 762.24	25.55
2017	东部	6 475.12	10.85	2 275.57	4.76
	中部	850.08	3.64	651.77	2.03
	西部	5 798.20	17.05	953.22	9.20
	全国	5 628.12	23.47	2 000.70	27.32

(2) 学前教育生均财政性经费比其他学段低

学前教育的生均财政性投入总量不足,不仅表现在学前教育领域内,而且表现在与其他学段的比较中。如表4-12所示,学前教育的生均财政性投入比其他学段低很多。

表4-12 学前教育阶段生均财政投入与其他教育阶段生均财政投入的比较

年份	幼儿园在园人数	幼儿园生均财政投入/元	小学在校人数	小学生均财政投入/元	中学在校人数	中学生均财政投入/元
2007	23 488 300	437.78	105 640 027	2 531.13	82 433 000	3 073.87
2008	24 749 600	537.16	103 315 122	3 192.07	80 504 384	3 989.88
2009	26 578 141	625.60	100 714 661	3 944.38	78 679 203	4 869.37
2010	29 766 695	820.89	99 407 043	4 670.29	77 032 478	5 808.21
2011	34 244 456	1 213.92	99 263 674	5 802.38	75 190 285	7 583.91
2012	36 857 624	2 028.48	96 958 985	7 190.68	72 302 319	9 662.92
2013	38 946 903	2 214.22	93 605 487	8 163.89	68 760 065	10 735.80
2014	40 507 145	2 305.89	94 510 651	8 797.39	67 851 020	11 430.51
2015	42 648 284	2 656.31	96 921 831	9 669.49	66 863 492	12 838.41
2016	44 138 630	3 004.33	99 130 126	10 407.96	66 960 149	13 951.05
2017	46 001 393	3 398.96	100 936 980	11 141.17	68 166 114	15 104.42

注:在园人数及在校人数数据来自中华人民共和国教育部网站教育统计数据(2007—2017)。

从表4-13可以发现,2007—2017年我国政府对各教育阶段的财政性投入始终保持上升趋势,但学前教育阶段的财政性投入基数远远低于基础教育阶段和中等教育阶段。表4-12显示,2007—2017年幼儿园在园人数一直持增长态势,而中小学阶段在校人数则呈现出减少的趋势。由此可见,中小学在校生数量减少而政府资金投入增多,学前教育财政性投入经费基数小但在园幼儿数量却在不断增长,这使得学前教育生均财政性投入一直保持低迷状态,学前教育与其他教育阶段之间政府财政支持的反差更为突出。

表4-13 幼儿园生均财政性投入与其他各级教育生均财政性投入的标准差比较

	N	最小值	最大值	均值	标准差
幼儿园政府生均投入	11	437.78	3 398.96	1 749.413 9	1 014.606 94
小学政府生均投入	11	2 531.13	11 141.17	6 864.621 4	2 875.909 22
中学政府生均投入	11	3 073.87	15 104.42	9 004.3947	3 992.551 15
高等学校政府生均投入	11	8 479.61	24 691.21	17 208.983 6	5 477.223 44
Valid N (listwise)	11				

使用 SPSS17.0 软件计算发现,幼儿园生均财政性投入的均值约是普通小学的1/4、普通中学的1/5、普通高等中学的1/10。其原因不排除基础教育、中等教育、高等教育需要较高的培养费用,但更直接的原因在于国家教育政策向其他三个阶段的倾斜,致使政府生均投入的天平远远偏离学前教育。标准差可以反映一组数据关于均值的平均离散程度。① 表4-13中学前教育的标准差为 1 014.606 94,远远小于小学、中学和高等学校的标准差。反映出政府对于学前教育阶段生均投入经费变化的幅度小。

3. 政府分担比过低

分担比是反映分担主体分担教育成本多少的指标,它以分担主体分担的教育金额与教育支出总金额的比率来表示。该比率越大表明分担主体分担的成本越多,承担的责任越重。政府在各级教育中的成本分担比是政府责任意识的体现。与其他各级教育相比,学前教育政府分担比渐趋落后,并最终成为政府分担比最低的教育阶段。

---

① 陶聆之.我国各级教育生均预算内教育经费支出差异的实证研究[J].广西教育·C版(职业与高等教育版),2011(3):73-75.

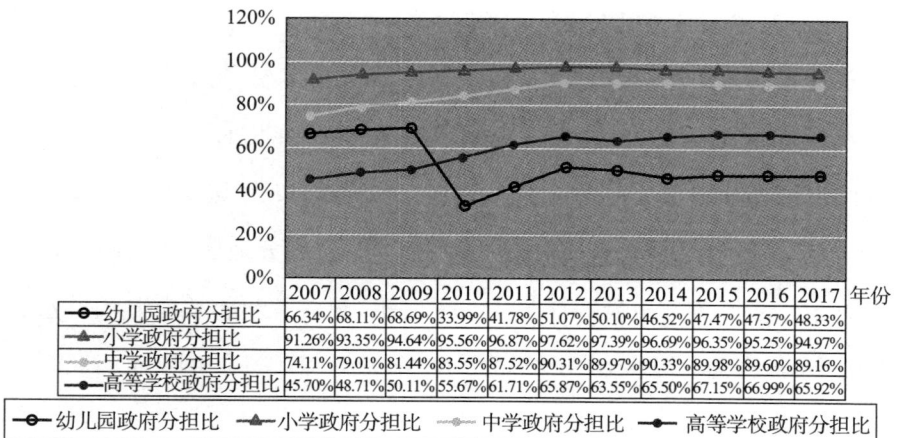

图 4-14 学前教育政府分担比与其他各级教育政府分担比的比较

如图 4-14 所示,作为义务教育的小学阶段,政府分担比从 2007 年开始就以高于其他教育阶段的比值平稳增长,政府分担比一直保持在 90% 以上,教育经费基本全由政府承担,政府分担比在教育系统中居于首位。2007 年以来,中学和高等学校政府分担比呈平稳增长,2009—2012 年期间增速加快。而幼儿园政府分担比在 2007—2009 年低于中学政府分担比,高于高等学校政府分担比,即介于中学和高等学校之间稳定发展。但在 2010 年,幼儿园政府分担比经历了断崖式下降,开始低于高等学校政府分担比,后两年虽逐年上升,由 2010 年的 34% 增长到 2012 年的 51%,但其政府分担比仍旧低于其他学段政府分担比,2012 年以后,幼儿园政府分担比始终以最低比值平稳发展,与其他阶段相比,相差甚远。

学前教育阶段政府分担比过低,一方面体现出政府责任意识淡薄,并未意识到学前教育的基础性作用,因此也并未把学前教育置于重要位置;另一方面,政府分担比过低其实质是成本分担责任的转嫁,政府把本应自身承担的教育成本转嫁到家长身上,亦显现出政府责任的缺失,加剧了家庭的经济负担。

4. 学前教育财政投入占 GDP 比例低

以 2014—2017 年全国四个省市为例,课题组发现,我国学前教育财政投入占 GDP 比例较低。近年来,全国这一占比逐年增长,从 2015 年开始增长较快。2015 年比 2014 增长了 0.019%,2016 年比 2015 年增长了 0.014%,2017 年比 2016 年增长了 0.012%。但部分地区,如湖南、西藏,比例不太稳定,有增有降。如表 4-14 所示,湖南省学前教育财政投入占当地 GDP 比例,2014 年比 2013 下降了 0.01%,2016 年增至 0.092%,2017 年降至 0.083%,2017 年比 2013 年增长了 0.011%。

表 4-14 学前教育财政投入占地区 GDP 比例

地区	2013 年	2014 年	2015 年	2016 年	2017 年
上海	0.285%	0.304%	0.327%	0.364%	0.370%
广东	0.064%	0.074%	0.090%	0.093%	0.095%
湖南	0.072%	0.062%	0.079%	0.092%	0.083%
西藏	0.967%	1.528%	1.617%	1.550%	1.957%
全国	0.145%	0.146%	0.165%	0.179%	0.191%

5. 学前教育财政投入占整个教育经费比例低

我国不仅存在着学前教育财政投入占 GDP 比例较低的状态,也存在着学前教育财政投入占整个教育经费比例较低的状况。表 4-15 呈现了这一比例的变化过程。

表 4-15 学前教育财政投入占整个教育经费比例

地区	2013 年	2014 年	2015 年	2016 年	2017 年
上海	7.122%	7.832%	8.473%	9.346%	9.548%
广东	2.136%	2.455%	2.834%	2.917%	2.871%
湖南	1.985%	1.810%	2.268%	2.509%	2.282%
西藏	6.683%	9.341%	8.775%	9.746%	10.856%
全国	3.522%	3.600%	3.946%	4.284%	4.632%

从表4-15可以看出,2017年全国学前教育财政性投入占教育经费投入比例仅为4.632%。最高的上海地区已经达到了9.548%,但仍达不到OECD国家的平均水平。

二、学前教育成本分担机制现状

我国的学前教育财政投入不仅总量低,而且存在着财政分担结构不合理与不公平的问题,主要表现在以下三个方面。

(一)政府、家庭、社会三方分担结构不合理

按照"谁受益,谁分担"的原则,学前教育成本应该在政府、家庭、社会之间根据能力原则与受益原则进行合理分担。但课题组对2007—2017年的年鉴数据分析表明,2009年以前,政府似乎分担了学前教育60%的成本,但实际上60%来源于统计口径的不一致。即相对而言,2010年的年鉴数据中呈现的政府分担比例比较真实可信,因为2009年以前的年鉴只统计了公办性质幼儿园,而大量企业园、民办园的数据并不包括其中。如果用2010年的数据来看,则会发现一个真实的政府分担状况。

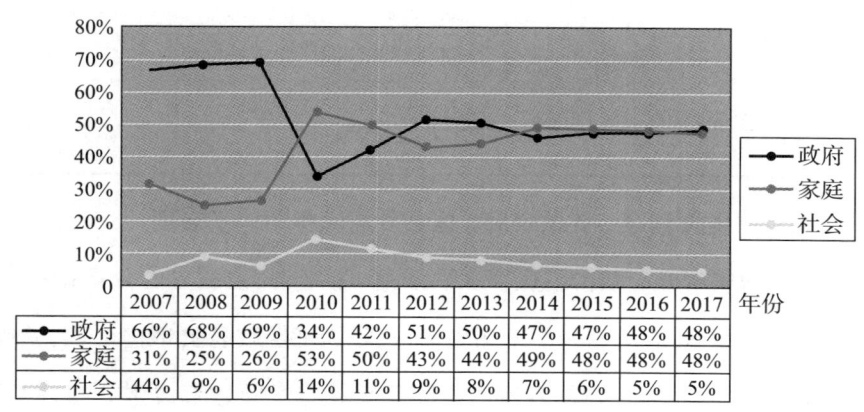

图4-15 2007—2017年我国学前教育政府、家庭、社会分担比例趋势

从图4-15来看,由于统计口径的不一致,2009年以前,政府一直是学

前教育成本分担的主角,分担一半以上的成本,最多时达到69%。从2010年开始,政府退到第二位,家庭居首位,家庭分担了一半以上的成本。从2007年至2017年,社会投入一直处于最末位,社会所承担的学前教育成本远低于政府和家庭。

但如果以2010年的数据为参照,则会发现政府分担比一直很低,家庭分担比居高不下。这一对比可以从2013年课题组的调研数据中得到验证。

表4-16 全国不同区域、不同等级、不同经费来源幼儿园学前教育成本分担比例表

		政府分担比例	家庭分担比例	社会分担比例
区域	城市	40.74%	56.69%	2.57%
	县镇	42.28%	55.09%	2.63%
	农村	29.92%	68.39%	1.69%
等级	省优质园	48.82%	49.05%	2.13%
	市优质园	43.41%	54.25%	2.34%
	合格园	14.15%	84.75%	1.10%
经费来源	民办园,自负盈亏	2.50%	95.82%	1.68%
	自收自支	6.27%	89.99%	3.74%
	差额拨款	45.72%	50.54%	3.74%
	全额拨款	67.11%	30.69%	2.20%
全国		40.48%	56.99%	2.53%

(二) 中央政府、省级政府、区县政府分担结构不合理

我国的成本分担结构不仅存在着政府、家庭、社会三方的分担结构不合理,也存在着政府间的分担结构失衡,表现为基层政府负担过重,上级政府分担过少。2010年以前,我国政府间几乎没有学前教育成本分担,在城市以区县政府为主,在农村以乡镇政府为主。学前教育"国十条"出台后,中央政府、省市级政府有了专项经费,但中央专项经费有其投入的专有方向与特殊功能,因此,中央专项经费不可能面向全国。而省市级政府则表

现为全国范围内的高度不均衡,有的地方多一些,有的地方则非常少。

在课题组调研的江苏省 2010—2011 年的学前教育成本分担中,上级政府与区县政府的分担表现出明显的不平衡。考虑到地域间的差异,课题组分别统计了苏南、苏中、苏北政府间的学前教育成本分担比例,如表 4-17 所示。

表 4-17 2010—2011 年江苏省不同区域各级政府学前教育成本分担比例

年份	区域	本级政府分担比例	上级政府分担比例
2010	苏南	93.22%	6.78%
	苏中	96.02%	3.98%
	苏北	97.29%	2.71%
	全省平均值	94.44%	5.56%
2011	苏南	95.65%	4.35%
	苏中	96.59%	3.41%
	苏北	99.65%	0.35%
	全省平均值	97.05%	2.95%

从表 4-17 可知,2010 年和 2011 年江苏省不同区域本级政府学前教育分担比例从高到低依次为:苏北＞苏中＞苏南;上级政府学前教育分担比例从高到低依次为:苏南＞苏中＞苏北。两年均保持此顺序,在苏南经济发展水平较高的地区,本级政府承担少、上级政府承担多,而在苏北经济欠发达的地区本级政府承担多、上级政府承担少,尤其是 2011 年苏北上级政府分担比仅为 0.35%,约为江苏省平均值的八分之一。

（三）分担体制存在区域、城乡、体制不公平

我国的学前教育成本分担既存在着主体间的不平衡、政府间的不平衡,还存在着区域、城乡、体制间的不公平。根据课题组对全国十二省市自治区的调研,全国范围的家庭分担比政府财政分担的比例要达 17%,而社

会分担的比例很小,只占 3%;从不同区域的幼儿园来看,城市、县镇和农村的幼儿园均是家庭分担比例大于政府分担比例;从不同等级的幼儿园来看,省优质园的政府财政分担比例与家庭分担比例相当,分别为 48.82%和 49.05%,市优质园的家庭分担比例略高于政府财政分担比例,分别为54.25%和 43.41%,而合格园以家庭分担为主,家庭分担比例占 84.75%;从不同经费来源的幼儿园来看,只有全额拨款幼儿园的政府分担比例大于家庭分担的比例。

表 4-18 全国不同区域、不同等级、不同经费来源幼儿园学前教育成本分担比例

		政府分担比例	家庭分担比例	社会分担比例
区域	城市	40.74%	56.69%	2.57%
	县镇	42.28%	55.09%	2.63%
	农村	29.92%	68.39%	1.69%
等级	省优质园	48.82%	49.05%	2.13%
	市优质园	43.41%	54.25%	2.34%
	合格园	14.15%	84.75%	1.10%
经费来源	民办园,自负盈亏	2.50%	95.82%	1.68%
	自收自支	6.27%	89.99%	3.74%
	差额拨款	45.72%	50.54%	3.74%
	全额拨款	67.11%	30.68%	2.21%
全国		40.48%	56.99%	2.53%

从表 4-18 可以看出,资源越优越的幼儿园其所获得政府成本分担比例越高,反之,则较多由家庭分担,表现出典型的区域歧视、城乡歧视、体制歧视,是极端的"锦上添花"行为。

三、学前教育财政投入结构现状

政府财政投入的目的是实现政府的公共服务功能,但在我国的学前教育财政投入中,财政功能的偏差现象比较明显,除了上文已经提到的投入

规模小、分担结构不合理外,在财政投入结构上也存在着明显的不公平。

(一) 区域投入结构现状

区域投入结构的不合理主要表现在两个方面:一是东多西少,二是南多北少,呈现出区域上的明显差异。

1. 东多西少:区域投入结构不均

由于我国学前教育的政府投入主体是地方政府,因此经济发达程度不同的地区对学前教育的财政投入水平差异巨大。从统计的角度看,我们常常以"预算内学前教育经费投入"代表学前教育财政投入的水平,来自《中国教育经费统计年鉴2010》的数据显示(见表4-19),2009年经济发达的上海地区生均预算内学前教育经费投入为10 246.18元,而经济欠发达的广西仅为599.96元,后者只有前者的5.86%,差异巨大。

表4-19　2009年各地学前教育生均预算内经费投入

地区	生均预算内经费投入/元	地区	生均预算内经费投入/元	地区	生均预算内经费投入/元
北京	9 254.41	安徽	965.80	重庆	1 677.08
天津	8 554.03	福建	2 376.90	四川	993.42
河北	1 255.33	江西	1 583.82	贵州	1 667.02
山西	1 486.52	山东	857.27	云南	1 208.45
内蒙古	4 722.42	河南	1 245.05	西藏	8 653.21
辽宁	7 041.25	湖北	1 904.73	陕西	3 481.38
吉林	3 653.93	湖南	1 868.16	甘肃	2 028.34
黑龙江	6 572.34	广东	1 673.19	青海	4 274.99
上海	10 246.18	广西	599.96	宁夏	1 562.92
江苏	1 887.66	海南	2 109.95	新疆	5 136.73
浙江	2 857.38				

注:资料来源于《中国教育经费统计年鉴2010》。

即使在同一省内,不同的区域发展也不均衡。江苏省的调查数据显示

(见表4-20),经济发达的苏南地区生均预算内财政投入达到1 524.48元,而经济欠发达的苏北地区仅为627.47元,前者是后者的近2.5倍。下文对江苏省学前教育投入的区域差异进行具体分析。

表4-20 2010年江苏省不同地区学前教育生均预算内经费投入

地区	生均预算内经费投入/元
苏南地区	1 524.48
苏中地区	958.21
苏北地区	627.47

2. 南多北少——江苏省内学前教育投入的区域差异

国外关于教育资源非均衡性对经济、社会的影响的研究主要集中于教育资源分配与教育不平等,从而导致收入不平等的实证研究。贝克(Becker. G. S. et al.,1966)、切斯威克(Chiswick. B. R.,1971)以受教育年限的方差反映教育的不平等,以美国的各州等跨国数据发现,教育不平等与收入不平等存在着显著的正关系,教育资源的平等分配有利于减少收入之间的不平等;而瑞姆(Ram,1984)分别用受教育年限的方差以及收入最低80%中的人口所占的收入份额度量教育不平等和收入不平等,利用28个国家的横截面数据,实证分析发现两者并不存在显著的统计性关系。而后,格列高利和李(Gregorio & Lee,2002)以及巴罗和李(Barro & Lee,1997)运用跨国面板数据发现教育不平等确实阻碍了社会收入差距的缩小。国内教育财政投入与公平的研究也已取得了一定的成果,但由于重视程度、数据收集等原因,研究较少涉及学前教育。

在教育财政投入非均衡性定量测度上,泰尔(Theil)指数虽然具有把整体差异划分成组内与组间差异的特性,但是它的组间差异贡献率依赖于分组数目,当分组数目较大时,组间差异影响较小。而基尼系数基于其简单便捷而科学的特点,得到世界各国的广泛认同和普遍采用。基尼系数以往被认为不能分解,伯格利恩(Bourguignon)指出:基尼系数不满足加和可分解条件(additive decomposability),不能进行组群分解。直到1997年旦格姆(Dagum)提出了一种新方法,基尼系数的分解问题才得以解决。基尼系数的分解不但避免了泰尔指数分解中碰到的问题,而且解决了其以往不能反映各个子体内的动态变化的问题,还提供了组间逆差异对地区差异作用的净贡献,说明区域差异是受组内差异、组间净差异和组间逆差异三部分影响。因而课题组采用基尼系数组群分解方法,分析了江苏省学前教育财政投入的区域差异。

（1）研究方法及数据来源

① 基尼(Gini)系数的分解。

将基尼系数引入到教育财政投入领域,此时基尼系数是一个从总体上衡量一国或地区内区域教育财政投入差异不均等程度的相对量统计指标,其值域为[0,1],数值越小,表示区域教育财政投入差异越小,数值越大,表示区域教育财政投入差异越大。使用旦格姆(Dagum)的方法对基尼系数进行分解如下:

假设整个地区 P 具有 n 个子单元,每一个单元的生均教育资源(如生均教育经费、生均图书等)为 $y_i(i=1,2,\cdots,n)$,将 P 分为 k 个区域 $P_j(j=1,2,\cdots,k)$,P_j 的规模、生均教育资源的均值和累积密度函数分别为 n_j、$\overline{Y_j}$ 和 $F_j(y)$,y_{ji} 表示第 j 个区域的第 i 个单元的生均教育资源。根据基尼系数的定义,有

$$G=\frac{1}{2\overline{Y}n^2}\sum_{i=1}^{n}\sum_{r=1}^{n}|Y_i-Y_r|=\frac{1}{2yn^2}\sum_{j=1}^{k}\sum_{h=1}^{k}\sum_{i=1}^{n_j}\sum_{r=1}^{n_h}|y_{ji}-y_{hr}| \quad (3.1)$$

式中:G 表示基尼系数;n 和 $\overline{Y}$ 分别表示整个区域的单元数量和生均教育资源的均值;$|y_{ji}-y_{hr}|$ 表示任何一对单元生均教育资源样本差的

绝对值。

区域 P_j 内的基尼系数 G_{jj} 为

$$G_{jj} = \frac{1}{2\overline{Y_j}n_j^2} \sum_{i=1}^{n_j} \sum_{r=1}^{n_j} |y_{ji} - y_{jr}| \qquad (3.2)$$

则区域内部教育资源差异对总体基尼系数的净贡献为

$$G_W = \sum_{j=1}^{k} G_{jj} P_j S_j \qquad (3.3)$$

式中：$P_j = n_j/n$，$S_j = n_j \overline{Y_j}/n\overline{Y}$。区域 P_j 和区域 P_h 之间的基尼系数 G_{jh} 为

$$G_{jh} = \frac{1}{(\overline{Y_j} + \overline{Y_h})n_j n_h} \sum_{i=1}^{n_j} \sum_{r=1}^{n_h} |y_{ji} - y_{hr}| \qquad (3.4)$$

区域间基尼系数可以分解成两部分。

第一，$\overline{Y_j} > \overline{Y_h}$ 时，区域 j 和区域 h 中 $y_{ji} > y_{hr}$ 的差异，称为区域间教育资源净差异，对总体教育资源基尼系数的净贡献为

$$G_b = \sum_{j=2}^{k} \sum_{h=1}^{j-1} G_{jh}(p_j s_h + p_h s_j) D_{jh} \qquad (3.5)$$

第二，$\overline{Y_j} < \overline{Y_h}$ 时，区域 j 和区域 h 中 $y_{ji} < y_{hr}$ 的差异，称为区域间教育资源逆差异，对总体教育资源基尼系数的净贡献为

$$G_t = \sum_{j=2}^{k} \sum_{h=1}^{j-1} G_{jh}(p_j s_h + p_h s_j)(1 - D_{jh}) \qquad (3.6)$$

式 (6.5)、(6.6) 中：$D_{jh} = (d_{jh} - p_{jh})/(d_{jh} + p_{jh})$，为区域 P_j 和区域 P_h 之间的相对资源富有度。其中，

$$d_{jh} = \int_0^\infty dF_j(y) \int_0^y (y-x) dF_h(x)$$

$$p_{jh} = \int_0^\infty dF_h(y) \int_0^y (y-x) dF_j(x)$$

则,G_t 表示区域间差异对总体基尼系数的净贡献。

综上,$G = G_w + G_g = G_w + G_b + G_t$ (3.7)

② 研究单元和数据来源。

不同的变量指标分析方法各有其特点与性能,即使采用相同的区域教育资源差异测度方法,由于所依据的地域单元和时间范围不同,所揭示的区域教育资源差异在不同空间层次、不同时段变化特点可能不尽相同,有可能得出不同结论。在研究区域上,本研究选择两个层次的划分作为分析基础:第一个层次,保持行政区域数据完整,以江苏省县域(县级市)作为区域教育资源差异分析的基本单元(共 51 个,包括 25 个县、26 个县级市);第二个层次,以江苏三大区域,苏南(苏、锡、常、宁、镇)、苏中(扬、通、泰)、苏北(徐、淮、连、宿、盐)作为研究单元。

教育资源包括人力、物力与财力资源,因此,本研究分别从人力资源、物力资源和财力资源三个方面分析江苏省学前教育财政投入的区域差异。研究数据若没有特殊说明均来自"学前教育体制与机制改革研究"项目的调查、江苏省教育厅财务处以及《中国教育统计年鉴》《中国教育经费统计年鉴》。由于学前教育办学体制的复杂性,剔除奇异值与不完全信息,样本数据包括江苏省 51 个县(县级市)所有教育部门办园和地方其他部门办园 2010 年及 2011 年的园所规模、在园幼儿数、教师基本情况、教育经费总额与支出结构、办园条件等基本信息。

(2) 江苏区域学前教育经费投入差异的评价

① 学前教育财力资源基尼系数构成分解及差异评价。

总体评价。2010 年江苏省全省幼儿园 62.31 亿元总投入中,国家财政性经费投入 20.01 亿元,占全省财政性教育经费投入的 2.19%,占学前教育经费总投入的 32.11%,保教费收入 40.25 亿元,占学前教育总投入的 64.60%。可以看出,一方面,财政性经费投入整体仍然不足,家庭依然是学前教育成本分担的主体;另一方面,江苏省各地区生均财政补贴收入差异悬殊。以2010年为例,投入最高的地区为苏南地区的太仓市,全县2010年学前教育财政总投入是7 773.8万元,生均财政补贴为7 040.21元,最低的地区为苏北的沭阳县,全县2010年对学前教育财政投入总额才12万,折合为生均财政补贴为2.83元,几乎没有财政投入。导致这种差异的原因一方面可能与当地的经济状况相关,即当地的经济发展水平以及财政收入影响地方政府的财政供给能力,另一方面,取决于地方政府对教育的重视程度,政府对教育越重视,财政支出中教育财政支出比重越大,政府对学前教育越重视,学前教育经费占总教育经费的比重越大。江苏区域学前教育财力财政投入差异指标描述性统计见表4-21。

表4-21 江苏区域学前教育财力财政投入差异指标描述性统计

	年份	极小值	极大值	均值	标准差
生均教育总收入	2010	427.58	9 362.62	3 352.51	2 270.02
	2011	826.08	17 253.51	4 348.48	3 402.56
生均财政补贴收入	2010	2.83	7 040.21	1 438.31	1 910.87
	2011	35.57	11 269.61	1 741.79	2 098.75
生均事业收入	2010	193.59	4 407.41	1 841.99	904.68
	2011	458.41	3 691.22	1 956.43	839.43
生均事业性经费支出	2010	427.56	9 534.05	3 274.18	2 148.72
	2011	825.88	16 466.17	4 257.82	3 264.36
生均公用经费支出	2010	123.39	6 048.39	807.40	848.71
	2011	103.22	1 910.27	761.33	389.47

根据公式(3.1)计算出江苏省学前教育生均教育经费的基尼系数,如表4-22所示,2010年与2011年总体表现基本一致,大多数指标2011年有少许改善。从财力资源各指标横向看,差距最大的是生均财政补贴收入,该指标两年的基尼数值均超过0.55,这表明江苏省学前教育财政投入

不公平的现象十分显著。而生均事业收入指标相对来说是最均衡的,该指标 2010 年与 2011 年的基尼数值分别是 0.324、0.281,反映了在教育部门办园和地方其他部门办园入园的家庭支出水平差距较小。

系数分解。按不同的区域对江苏省县级生均教育资源基尼系数分解,可以将其分解为三个部分:苏南、苏中、苏北三大板块区域内部差异(G_w),三大板块区域间生均教育资源净差异(G_b)和区域间生均教育资源逆差异(G_t)。其中,区域间生均教育资源净差异是在生均教育资源均值高的地区(如苏南地区高于苏中、苏北地区,苏中地区高于苏北地区)中,生均教育资源高的县与在生均教育资源均值低的地区中生均教育资源值低的县产生的差异(如苏南地区的昆山市与苏北地区的沛县);而区域间生均教育资源逆差异是在生均教育资源均值高的地区中,生均教育资源值低的县与均值低的地区生均教育资源值高的县产生的差异(如苏南的溧阳市与苏北的邳州市)。

由表 4-22 可以看出,苏南、苏中、苏北三大区域内部生均教育财力资源差异不是很大,基尼值几乎均没有超过 0.4 的,三大区域内部资源差异对整体基尼系数的贡献率在 18.83%—30.07% 之间。但生均财政补贴收入例外,以 2010 年为例,三大区域基尼系数都在 0.45 以上,表明各地区财政投入极其不均衡。区域间生均资源逆差异(G_t)2011 年的值比 2010 年的大体都下降了,生均教育总收入从 0.095 下降为 0.065,而对基尼系数的贡献率从 22.89% 下降为 15.48%,说明苏北、苏中生均教育总收入高的县市逐步被苏南生均教育总收入低的县市赶上或超过。生均教育总收入、生均事业性经费支出以及生均公用经费支出等指标均显示,区域间生均资源净差异 2011 年比 2010 年扩大了,从生均教育总收入看,对基尼系数的贡献率从 2010 年的 54.94% 增长到 2011 年的 63.10%,这表明三大区域间的教育财力资源不均衡趋势在扩大,江苏省学前教育区域财政投入的总差异主要表现为三大区域间生均教育资源净差异。

表 4-22 江苏区域学前教育财力资源的基尼系数

	年份	G	G_w	G_g	G_b	G_t	苏南	苏中	苏北
生均教育总收入	2010	0.415	0.092	0.323	0.228	0.095	0.250	0.190	0.348
	2011	0.420	0.090	0.330	0.265	0.065	0.298	0.230	0.279
生均财政补贴收入	2010	0.624	0.183	0.441	0.334	0.107	0.478	0.450	0.619
	2011	0.563	0.165	0.398	0.320	0.078	0.470	0.430	0.535
生均事业收入	2010	0.324	0.061	0.263	0.179	0.084	0.100	0.160	0.278
	2011	0.281	0.056	0.225	0.136	0.088	0.113	0.200	0.198
生均事业性经费支出	2010	0.402	0.091	0.311	0.194	0.117	0.237	0.180	0.350
	2011	0.408	0.086	0.322	0.225	0.097	0.295	0.190	0.269
生均公用经费支出	2010	0.419	0.126	0.293	0.098	0.195	0.209	0.170	0.306
	2011	0.299	0.076	0.223	0.147	0.076	0.190	0.250	0.249

注：$G=G_w+G_g$，$G_g=G_b+G_t$。

② 学前教育物力资源基尼系数构成分解及差异评价。

总体评价。 物力资源的差异主要指各地区的办学条件的差异，财力资源投入中一部分转化成物力资源。从表 4-23 与表 4-24 可以看出，江苏省学前教育物力财政投入依然存在较大差异。以生均固定资产总值为例，2010 年最低的为苏北地区的新沂市，生均固定资产总值为 1 020.53 元，而最高的苏南地区的张家港市为生均 13 012.78 元，差异超过十倍。张家港市"十一五"以来，市镇两级财政累计投入新建园舍、维修改造、添置设施设备等专项经费近 3 亿元。全市 36 所市镇、中心幼儿园，有 32 所被评为"江苏省优质幼儿园"。而有的地区的幼儿园由于经费缺额、入不敷出问题突出，幼儿园只能尽量缩减开支，扩大班额办学，大型活动器械、现代化教学设备、玩具和活动材料普遍缺乏，办学条件难以达到规定标准。

表4‑23 江苏区域学前教育物力财政投入差异指标描述性统计

	年份	极小值	极大值	均值	标准差
生均固定资产总值	2010	1 020.53	13 012.78	5 459.65	2 887.64
	2011	552.97	15 058.95	6 262.26	3 457.46
生均房屋和建筑物	2010	739.71	1 1167.76	4 285.63	2 269.39
	2011	437.24	12 347.82	4 853.33	2 637.04
生均一般图书数	2010	277.65	25 882.42	7 883.90	4 645.28
	2011	275.14	25 500.72	8 005.45	4 779.28

系数分解。同样按不同的区域对江苏省县级生均教育物力资源基尼系数分解,可以将其分解为三个部分:苏南、苏中、苏北三大板块区域内部差异(G_w),三大板块区域间生均教育物力资源净差异(G_b)和区域间生均教育物力资源逆差异(G_t)。从表4‑24看,苏中地区内部生均教育物力资源差异最小,基尼系数值均小于0.2,比较均衡,而苏北地区差异最大。三大区域内部差异对整体基尼系数的贡献率在21.41%—34.44%之间。区域间生均教育物力资源逆差异(G_t)都比较小,大多小于0.1,表明苏南地区的办学条件明显好于苏中与苏北地区,这也说明地区经济发展水平对当地教育发展水平有一定正向影响。所有指标的值均显示,区域间生均教育物力资源净差异2011年比2010年扩大了,从生均一般图书数看,对基尼系数的贡献率从2010年的14.24%增长到2011年的45.73%,表明三大区域间的教育物力资源不均衡趋势在扩大,江苏省学前教育区域物力财政投入的总差异仍然主要表现为三大区域间生均教育资源净差异。

表4‑24 江苏区域学前教育物力资源的基尼系数

	年份	G	G_w	G_g	G_b	G_t	苏南	苏中	苏北
生均固定资产总值	2010	0.327	0.070	0.257	0.176	0.081	0.180	0.130	0.292
	2011	0.345	0.076	0.269	0.215	0.054	0.220	0.090	0.329

续表

	年份	G	G_w	G_g	G_b	G_t	苏南	苏中	苏北
生均房屋和建筑物	2010	0.334	0.072	0.262	0.167	0.095	0.232	0.120	0.294
	2011	0.345	0.076	0.269	0.191	0.078	0.227	0.080	0.325
生均一般图书数	2010	0.302	0.104	0.198	0.043	0.155	0.307	0.180	0.333
	2011	0.309	0.101	0.208	0.141	0.067	0.322	0.150	0.337

③ 学前教育人力资源基尼系数构成分解及差异评价。

总体评价。教师是教育之根本，师资的数量和质量关系着一个地区的教育质量和水平。教育人力资源的差异一般可以通过教师数量差异、质量差异和稳定性差异三个方面来表示。由于数据所限，本研究仅通过生师比衡量教师数量差异，公办在岗在编教师占比和拥有教师资格证书教师数占比作为衡量教师质量的差异。从表4-25显示，在教师相对数量方面，各区域并不存在较大差距。但公办在岗在编教师占比差异巨大，2010年苏南地区的太仓市，公办在岗在编教师554人，占全县专任教师总数752人的73.7%，而最低的高邮市，这个比例仅为2.1%，说明公办幼儿园缺编严重。目前蓬勃发展的学前教育事业对幼儿教师的大量需求，与人事制度改革压缩编制存在着较大矛盾，造成了幼儿园普遍缺编的局面。有的幼儿园规模增加到过去的几倍，而编制仍然按照过去的规模编配并拨款，导致部分幼儿园为了压缩支出，改"两教一保"为"一教一保"，有正式编制的教师数量更少。

表4-25 江苏区域学前教育人力财政投入差异指标描述性统计

	年份	极小值	极大值	均值	标准差
生师比	2010	3.16	8.77	5.07	4.30
	2011	3.14	9.00	5.09	4.37
公办在岗在编教师比例	2010	2.1%	73.7%	25.1%	16.4

系数分解。从表4－26基尼系数分解看,三大区域内部差异对整体基尼系数的贡献率在30%左右。2011年区域间生均教育人力资源逆差异(G_t)基尼系数值为0.058,小于2010年的0.153,表明相对苏北、苏中地区,苏南地区人力财政投入差的县状况在好转。这从另一指标也可以得到说明。据2010年调研数据显示,幼儿园教师中未取得教师资格证书的教师比例,苏南地区的镇江市占27.2%,苏北地区的连云港市占58%,苏北地区徐州沛县占80%。苏中地区兴化市某中心幼儿园42名专任教师中,取得幼儿教师资格证的仅有2人,占专任教师总数的4.8%。

表4－26 江苏区域学前教育人力资源的基尼系数

	年份	G	G_w	G_g	G_b	G_t	苏南	苏中	苏北
生师比①	2010	0.340	0.106	0.234	0.081	0.153	0.265	0.290	0.337
	2011	0.364	0.109	0.255	0.197	0.058	0.274	0.260	0.354

(3) 案例小结

采用基于生均教育资源的基尼系数组群分解的测度方法对2010年与2011年江苏省学前教育财政投入的区域差异进行了定量分析,结果表明:其一,江苏省学前教育财政投入的区域差异总体表现巨大,生均财政补贴收入尤为明显。其二,江苏省学前教育财政投入区域总体差异主要表现为苏南、苏中、苏北三大区域间的资源净差异,区域内的差异表现也各不相同,其中苏北地区内部差异明显小于其他两个地区。其三,与2010年比,2011年三大区域间的资源逆差异在减小,说明学前教育发展中,苏北、苏中的教育经费、办学条件、师资力量等都远远落后于苏南经济发达地区。

(二) 城乡投入结构现状

学前教育财政投入的分配不均还表现为巨大的城乡差距。我国在计

---

① 生师比指每100个学生的专任教师数。

划经济时期沿袭下来的城乡二元结构社会形态,在经济、文化和社会发展方面都形成了明显的城乡差异。这种差异在公共服务供给方面表现得尤为突出。特别是农村税费改革之后,除了一部分乡镇企业比较发达的地区外,大部分乡、村一级政府失去了主要的资金来源,财政能力明显下降。在这种情况下,寄望于乡村财政加大对学前教育的投入,显然是不现实的。

城市幼儿教育"贵族化",农村幼儿教育"地摊化",呈现出"冰火两重天"的局面。大量优质教育资源向城市以及城市中的少数"示范园"集中,极其有限的公办教师编制基本集中在城市、县镇的少数幼儿园中,大多数乡镇中心幼儿园仅有1—2名公办教师,或者根本没有。优质教师资源集中于公办教师群体中,农村聘用教师群体中鲜有高素质教师。

以农业人口较多的苏北地区的调查数据来看(见表4-27),2010年该地区城市幼儿园的生均财政投入超过500元,而农村生均财政投入则不足20元。事实上,在许多财政困难的乡镇,除了唯一的乡镇中心幼儿园能获得少量的财政补助之外,其他幼儿园能得到的财政投入几乎为零。

表4-27 2010年苏北地区学前教育城乡生均财政投入

区域	生均财政投入/元
城市	523.14
农村	18.98

(三) 机构投入结构现状

在我国,所谓"公办"和"民办"幼儿园的本质区别,正是看它能否获得政府的财政投入。如图4-16所示,1997—2009年,公办幼儿园的数量一直不断减少,从157 842所减少到48 905所,占幼儿园总数的比例从86.50%降至35.38%;而同时民办幼儿园数量却一直在增长,从24 643所增加到89 304所,占幼儿园总数的比例从13.50%升至64.62%。

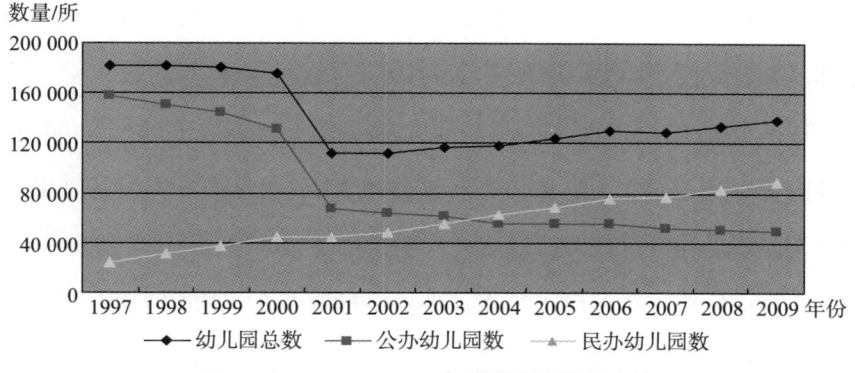

图 4-16　1997—2009 年我国园所数量变化

从在园幼儿数的变化（见表 4-28）也可以看出，2005—2009 年公办幼儿园在园幼儿数占在园幼儿总数的比例逐年下降，从 69.34% 减少到了 57.33%；同时，民办幼儿园在园幼儿数占在园幼儿总数的比例逐年上升，从 30.66% 提高到了 42.67%。

而由于我国学前教育的特殊性，幼儿园按举办者的不同分为四大类：教育部门办幼儿园、其他部门办幼儿园、集体办幼儿园和民办幼儿园。各地政府在学前教育的财政投入上多采取"倾斜性"分配政策，使得教育部门办幼儿园和其他部门办幼儿园获得了绝大部分的财政性资金，而集体办和民办幼儿园所获得的财政资金极其少。

表 4-28　2005—2009 年我国在园幼儿数

年份	在园幼儿总数	公办幼儿园		民办幼儿园	
		人数	占比	人数	占比
2005	21 790 290	15 109 365	69.34%	6 680 925	30.66%
2006	22 638 509	14 881 638	65.74%	7 756 871	34.26%
2007	23 488 300	14 800 819	63.01%	8 687 481	36.99%
2008	24 749 600	14 929 262	60.32%	9 820 338	39.68%
2009	26 578 141	15 236 447	57.33%	11 341 694	42.67%

注：资料来源于教育部网站。

江苏省的调查数据显示(见表4-29),2010年教育部门办幼儿园、其他部门办幼儿园、集体办幼儿园、民办幼儿园的生均预算内投入分别为:1 669.21元、1 015.73元、685.43元和20.98元(大部分民办幼儿园得不到政府资助),差异之大可见一斑。数据还表明,越是经济不发达地区,不同办学体制幼儿园所获得的财政投入差异就越大。如:苏南地区教育部门办幼儿园的生均预算内投入为集体办幼儿园投入的2.27倍,而苏北地区的这一比值为5.28倍。

表4-29 2010年江苏省不同办学体制学前教育生均预算内投入

办园体制	生均预算内投入/元
教育部门办	1 669.21
其他部门办	1 015.73
集体办	685.43
民办	20.98

(四) 等级投入结构现状

2003年国务院颁布的《关于幼儿教育改革与发展的指导意见》提出"有计划地推动示范性幼儿园建设"。之后,各地都开展了示范性幼儿园的建设和评估工作。由于各类示范园在办学条件、保教队伍、安全卫生等方面都有明确要求,在各地"政绩观"的驱使下,纷纷向有条件创建示范园的幼儿园倾斜性增加财政投入,因而加剧了学前教育财政投入的分配不均。

表4-30 2010年江苏省不同等级幼儿园学前教育生均预算内投入

幼儿园评估等级	生均预算内投入/元
省级示范园	1 160.76
市级示范园	837.14
合格园	296.28

江苏省的调查数据显示(见表4-30),省级示范园的生均预算内投入

明显高于市级示范园,市级示范园又明显高于合格园。省级示范园的生均财政投入约为合格园的4倍。在幼儿园评估等级和财政投入之间的相关性问题上,究竟是幼儿园评估等级越高获得的财政投入就越高,还是财政投入越高则评估等级就越高,这是值得研究的问题。如果答案是后者,那么这种评估方式所谓的"引领""示范""辐射"作用就非常值得怀疑。因为示范园评比具有很强的"马太效应":财政投入越多,评估等级越高;评估等级越高,则财政投入更多。而对于那些处于财政投入劣势的集体办和民办幼儿园来说,则始终只能望洋兴叹了。

(五) 要素投入结构现状

1. 学前教育财政经费中公用经费占比偏低

公用经费(即商品与劳务支出)是指用于维持教育机构运转、开展教学活动和购置办学设备等方面的经费。公用经费的投入是衡量各级教育投入的重要指标之一,也是各项教育事业发展的基本保证。在我国目前的学前教育财政经费投入中,绝大部分都用作了教师的工资福利支出,而用于幼儿园日常运转的公用经费(即商品与劳务支出)却很少。资料显示(见表4-31),近年来,我国预算内公用经费支出占预算内经费支出的比例略有增长,但到2009年这一比例依然不足10%。公用经费支出的严重不足,大大影响了学前教育的质量,阻碍了幼儿教育事业的快速发展。

表4-31 公用经费支出占预算内经费支出的比例

年份	预算内经费支出/千元	预算内公用经费支出/千元	预算内公用经费支出占预算内经费支出的比例
2007	879 623 1	760 461	8.65%
2008	112 377 19	101 530 2	9.03%
2009	139 503 05	132 789 4	9.52%

注:资料来源于中国教育经费统计年鉴。

2. 预算内人员经费拨款占人员经费支出比例偏低

学前教育经费中占比最大的一部分支出是人员经费支出,即幼儿园提供教育保育服务的教职工的工资福利支出。在保教费收入受严格限制的情况下,幼儿教师的待遇很大程度上取决于政府在人员经费上的投入。江苏省的调查数据显示(见表4-32),全省学前教育预算内人员经费拨款占人员经费实际支出的比例仅为27.58%。具体地说,在教育部门办幼儿园中,教师的工资福利支出有40%来自政府拨款,而其他部门办和集体办幼儿园中这一比例只有20%左右,民办幼儿园的这一比例则不到1%。

表4-32 2010年江苏省学前教育预算内人员经费拨款占人员经费实际支出的比例

幼儿园办园体制	预算内生均人员经费拨款/元	生均人员经费实际支出/元	预算内人员经费拨款占人员经费实际支出的比例
教育部门办	912.28	2 255.85	40.44%
其他部门办	630.94	2 760.67	22.85%
集体办	462.44	2 443.96	18.92%
民办	18.24	2 169.97	0.84%
全省均值	648.45	2 350.75	27.58%

学前教育人员经费支出中政府拨款占比偏低的问题,是导致幼儿园教师工资待遇普遍低下的重要原因。江苏省的调查数据显示(见表4-33),幼儿园在编教师平均工资为4.61万元,远低于本省义务教育教师的待遇水平。而聘用教师的平均工资仅为2万元左右,不到在编教师平均收入的一半,与本省职工最低工资水平大致相当,且社会保障体系中的"三险一金"也大多没有保障。我国幼儿教师如此低的待遇水平必然会大大影响师资队伍的人员素质,给学前教育质量带来极为不利的影响。

表 4-33　2010 年江苏省学前教育教师收入状况

幼儿园办园体制	教师平均收入/万元			两类教师收入比（聘用教师收入/在编教师收入）
	全体教师	在编教师	聘用教师	
教育部门办	3.24	4.61	1.89	40.98%
其他部门办	3.22	4.86	2.07	42.56%
集体办	2.91	4.32	2.02	46.70%
民办	2.56	4.00	2.24	56.09%
全省均值	3.06	4.61	2.04	44.23%

四、学前教育财政投入方式现状

必要的财政投入是学前教育可持续发展的重要保障，我国的学前教育财政投入不仅存在着总量低、分担不合理的问题，也存在着方式相对单一的问题。主要表现为：重直接投入，轻间接投入；重硬件投入，轻软件投入；重专项投入，轻制度性投入；重规范性投入，忽视质量性投入四个方面。

（一）重直接投入，轻间接投入

目前，我国的学前教育财政投入方式基本上是直接投入，即政府直接将相关经费拨付或奖励给供方或需方，如向幼儿园拨付人头经费、公用经费、建设经费，向家长发放教育券、成长补贴、营养餐等。与我国不同，OECD 国家则较多采取直接投入与间接投入相结合的方式。所谓间接投入，是以税收为基础的投入，即政府通过税收抵免、为雇主减税和允许雇员使用税前税收支付儿童保育费用。

（二）重硬件投入，轻软件投入

对于学前教育的可持续发展而言，软件投入是更重要的投入。但与硬件投入不同，软件投入的滞后效应比较明显，不像硬件投入可以"立竿见影"，显现出政府财政的强大力量。在"第一期三年行动计划"中，中央政府投入的 500 亿基本上是以硬件投入为主，为西部地区、少数民族地区幼儿园的建设发挥了重要作用。

（三）重专项投入，轻制度性投入

与专项投入的灵活性与弹性不同，制度性投入比较刚性，对政府的财政约束力较强。因此，我国目前的学前教育投入增量绝大多数都是从专项投入中来。一方面，专项投入灵活性强，操作方便；另一方面，专项投入的效果快，反应敏捷。

从学前教育的可持续发展来看，两种投入方式要合理配置，政府首先要保障学前教育的制度性投入，尤其是生均财政拨款、生均公用经费拨款，也要设置一定的专项经费用于均衡地区、城乡、体制之间的发展差距。

（四）重规范性投入，忽视质量性投入

在学前教育"国十条"中，我国政府确定的未来目标是发展"广覆盖、保基本、有质量"的学前教育。因此，规范性投入是"保基本"的前提条件。但学前教育的发展要有长远眼光与战略构想，既要考虑幼儿园当下的发展，更要着眼于幼儿园的未来空间。对于任何一个幼儿园而言，质量是其生命线，也是其核心竞争力的源泉。发展学前教育不能只重视数量与规模，更要强调质量与品质，将目前重规范性投入的思路转移到质量性投入上来。

第四节　学前教育质量评价体制机制现状

学前教育质量评价体制机制的核心是"评什么"和"怎么评"。"评什么"关注的是学前教育质量评价的内容，"怎么评"主要关注评价的主体以及评价的程序、方式。本研究中学前教育质量评价体制机制的现状主要围绕着这两个方面展开。

一、学前教育质量评价标准结构与内容的现状

在我国现行幼儿园教育质量等级评价中,虽未有直接命名为"幼儿园教育基本质量"的等级,但幼儿园教育基本质量标准并非全新的事物,它相当于地方政府制定的用来作为幼儿园登记注册基本依据的办园标准,是政府对举办合格幼儿园必备的基本条件的规定。达到办园标准并经过注册的幼儿园即为合格园。现有办园标准是否科学可靠直接关涉政府按其提供的学前教育能否切实"保障适龄儿童接受基本的、有质量的学前教育"。我国没有由国家制定并在全国范围内统一实施的办园标准,各地实施的办园标准均由地方政府制定。自1989年《幼儿园管理条例》规定"国家实施幼儿园登记注册管理制度"以来,许多地方相继出台了办园标准,作为幼儿园登记注册的基本依据。各地使用的名称不一,就目前收集到的资料来看,共有10多种名称,分别是"幼儿园准办标准""幼儿园办园标准""幼儿园基本标准""幼儿园设置标准""幼儿园基本条件""幼儿园办园条件标准""幼儿园设置基本条件""幼儿园基本要求""幼儿园标准"和"幼儿园注册基本条件"等。

目前,我国许多省份除了具有省级标准外,一些地市和县区也分别制定了各自的办园标准。课题组选择了当前正在实行的三个"省标",即《浙江省幼儿园准办标准(试行)》(以下简称《浙标》)、《湖南省幼儿园办园标准》(以下简称《湘标》)和《四川省幼儿园办园基本要求(试行)》(以下简称《川标》)作为研究样本,通过文本分析呈现我国学前教育基本质量评价标准的现状。

(一) 幼儿园质量评价标准结构现状

由表4-34可见,三省办园标准框架结构既有共性,也有差异。三省办园标准框架结构的共性部分是三省标准都不仅包含了对举办幼儿园的硬件要求,也涉及软件要求。如都对园舍设备、教职工配备和园务管理等

做了规定,而在差异方面,具体表现如下。

1. 不同地区质量评价一级指标数量和内容不同

《浙标》主要包括六个一级指标,分别是园舍设备、办园经费、人员配备、招生和编班、园务管理和说明。《湘标》主要包括八个一级指标,分别是:总则、园舍与设备、教师与员工、招生与规模、办园经费、园务管理、保育和教育、附则。《川标》包括五个一级指标,分别是:幼儿园园舍,保教、卫生保健及教师办公设施设备,幼儿园教职工人员配备,管理工作和保育教育工作。

表4-34 浙江、湖南、四川幼儿园办园标准内容结构比较

《浙标》		《湘标》		《川标》		
一级指标	二级指标	一级指标	二级指标	一级指标	二级指标	三级指标
		总则	制定目的和依据本标准性质实施分工			
园舍设备	园址选择 园舍独立设置 园舍设施标准 活动室面积 午睡室面积及设备 盥洗室面积及设备设施 活动室设备要求 户外活动场地要求 三班以上幼儿园和寄宿制幼儿园设施设备要求	园舍与设备	园址选择 园舍建筑要求 活动室及辅助用房要求 生活及服务用房要求 户外活动场地要求 生活设施和教学设备要求 玩教具配备要求 书籍配备	幼儿园园舍	园址选择 园舍建筑要求 园舍面积定额 小型幼儿园或幼儿园面积定额	幼儿园用地面积 户外场地面积 幼儿园房屋建筑面积定额
				保教、卫生保健及教师办公设施设备	幼儿生活设备 教育教学活动设备 幼儿园办公设备配备 保健室医疗卫生器械配备	

续表

	《浙标》		《湘标》		《川标》
人员配备	教职工配备数量 园长任职条件 专任教师任职条件 保健人员任职条件 保育员任职条件 所有工作人员职业道德和能力要求 所有工作人员身体要求	教师与员工	工作人员配备数量 教职工一般要求 园长任职条件 教师任职条件 保育员、保健员、食堂工作人员和财会人员任职要求	幼儿园教职工人员配备	幼儿园工作人员基本条件 幼儿园教职工配备数量	园长条件 教师条件 保育员条件 保健人员条件 财会与炊事人员条件 教职工一般要求 **幼儿园规模及班额** 教职工配备比例 小型幼儿园或幼儿班教职工配备要求
招生和编班	招生原则 编班人数 禁止招生形式	招生与规模	设置类型 班级数量 招生要求 编班要求 编班人数			
办园经费	经费筹措 收费管理	办园经费	经费筹措 收费管理 财务管理 膳食费管理			
园务管理	办园方向 领导体制 幼儿园教育原则 后勤财务管理 膳食经费管理 健全规章制度 统计报表 车辆安全管理	园务管理	办园方向 领导体制 健全各规章制度 健全档案管理制度 安全管理制度 车辆安全管理 卫生保健工作 疾病预防和健康教育 卫生防疫、食品卫生安全	管理工作	办园方向 领导体制 **经费投入与收费管理** 园名要求	

续表

	《浙标》		《湘标》		《川标》	
		保育和教育	教育宗旨 卫生保健要求 膳食要求 环境创设要求 活动要求 安全消防 禁止活动 与家庭、社区合作	保育教育工作	教育宗旨 卫生保健要求 膳食要求 环境创设要求 活动要求 安全消防 禁止活动 与家庭、社区合作	
说明	本标准性质 使用要求 托儿所和托班可参照本标准执行	附则	适用范围 施行日期			

注：《川标》中黑色斜体下划线的内容与《浙标》和《湘标》的归类不同。

2．不同地区一级指标具体表述存在差异

如幼儿园人员配备在《浙标》中的表述是"人员配备"，在《湘标》中的表述是"教师与员工"，在《川标》中的表述是"幼儿园教职工人员配备"。

3．不同地区质量评价内容分类不同

浙江和湖南都将"招生与编班（规模）"和"办园经费"独立列为一级指标，四川则将"幼儿园规模及班额"和"经费投入与收费管理"分别置于"幼儿园教职工人员配备"和"管理工作"之下。湖南将"卫生保健工作"置于"园务管理"一级指标之中，而"保育和教育"规定了教育要求。浙江在"办园经费"一级指标下只列出了"经费筹措"和"收费管理"，而将"财务管理"置于"园务管理"之中，湖南则将办园"经费筹措"和"财务管理"均放在"办园经费"一级指标之内。

4．对质量标准制定和实施的说明不同

《湘标》的"总则"和"附则"对制定目的、依据、办园标准的性质、各级教育行政部门实施分工、适用范围、施行日期等都做了说明;《浙标》的"说明"对办园标准的性质、使用要求和适用范围做了解释;《川标》则未做相关说明。

(二) 幼儿园质量评价标准内容现状

不同地区质量评价标准内容存在差异。三省办园标准内容的交叉情况可以说明三省办园标准内容的共性与差异。在对三省标准具体内容交叉情况进行编码统计时发现,一些内容在一个标准中被列为一个条目,在另一标准中却被列为两个条目。为了保证统计效度,本研究对比较内容进行了统一。如《川标》中"加强与家庭、社区的联系与合作,合理利用家庭、社区的各种教育资源"是一个条目,而《湘标》则将该内容分为两个条目,分别提出了家园合作的要求和幼儿园与社区及村镇的联系要求。课题组将《川标》中的一个条目分成两个内容项,即家园联系和幼儿园与社区的联系。

如表4-35所示,经过细分和统计发现,三省办园标准具体内容既有共性也有差异,且差异大于共性,三省办园标准共列出了76个具体内容项,其中三省公共内容项31个,占所有内容的40.79%;两省公共内容项14个,占18.42%;一省单独内容项31个,占40.79%。三省公共内容仅占所有内容的40.79%,说明三省对于举办合格幼儿园应具备哪些条件的规定尚存在较大差异。

表4-35 浙江、湖南、四川三省办园标准具体内容项交叉情况

	三省公共内容	两省公共内容	一省单独内容
园舍设备	园址选择、园舍建筑、绿化面积、户外活动场地、活动室面积、寝室面积、寄宿制幼儿园用房特殊要求、教育教学活动设备、户外大型玩具、寝室设备、盥洗室设施设备	寝室面积、辅助用房构成、书籍配备	幼儿园用地面积、建筑面积、多功能室数量、多功能室面积、小型幼儿园或单设幼儿班园舍要求、自制玩具、玩具使用率、防暑降温和防寒保暖设备、办公设备、医疗卫生器械设备

续表

	三省公共内容	两省公共内容	一省单独内容
人员条件	教职工一般要求、园长资质、教师资质、保育员资质、保健员资质、园长配备数量、专职教师配备数量、保育员配备数量、医务人员配备数量、后勤人员配备数量	财会人员资质、炊事人员资质	小型幼儿园或单设幼儿班工作人员配备数量
招生与规模	小班班额、中班班额、大班班额	招生原则、班级数量	禁止招生形式、设置类型、编班原则、托班班额、混龄班班额、学前班班额
办园经费	经费筹措、收费管理、膳食经费管理		
园务管理	办园方向、领导体制、财务管理	举办者职责、健全规章制度、安全管理制度、车辆安全管理、膳食卫生管理	园长职责、统计报表、健全档案管理制度、园名要求、建立卫生保健制度、保教研究组织建设、保教工作园长管理、管理程序
保育教育	幼儿园教育要求	家园合作、幼儿园与社区合作	环境创设、活动要求、禁止活动形式、卫生保健管理原则、疾病预防、教育活动设计与组织

进一步分析每一内容维度内的具体内容可见,除了总则、附则或说明外,在三省所列出的六项内容维度中,只有办园经费的具体内容基本一致,其余五项都存在差异,这表明三省对于举办合格幼儿园在园舍设备、人员条件、招生与规模、园务管理、保育教育等方面各应具备哪些条件的规定有所不同。如寝室面积、书籍配备、招生形式、举办者职责、疾病预防等是否会影响幼儿园保教质量,是否应在办园标准中作出规定,三省并不一致。

根据可操作性程度,可将标准的具体要求分为指标和概括性要求,根据指标可否量化,可将指标进一步分为数据指标和非数据指标。

(1) 三省省标对教职工一般要求、经费筹措、领导体制、办园方向、教育宗旨等概括性要求基本一致

如三省都规定教职工应热爱儿童,热爱幼教事业,具有良好的职业道德,身体健康;办园经费由主办者筹措;幼儿园应认真执行《幼儿园工作规程》《幼儿园教育指导纲要(试行)》,遵循幼儿身心发展规律和特点,科学合理安排幼儿一日活动,对幼儿实施体、智、德、美诸方面全面发展的教育,促进儿童身心和谐发展等。三省概括性要求与国家幼教法规和政策文件中的相关表述基本一致。对三省办园标准的分析还发现了一类"概括性要求",它们不是不可以操作化,而是由于制定者的原因,使其被概括化了。如园址选择,三省都只规定幼儿园必须设置在安全区域内,远离各种污染源,严禁在污染区、危险区、噪音大的区域或附近设置幼儿园,而未根据各地特殊的地理环境、气候特点等进行更具操作性的细致规定。

(2) 不同地区质量评价数据指标不同

三省对招生与规模、活动室面积、寝室面积、盥洗室面积、园舍建筑、绿化面积、体育设施数量等都有量化标准,但要求不同。以招生与规模为例,四川对全日制幼儿园小、中、大班班级规模的要求与国家标准相同,小班25人,中班30人,大班35人;浙江规定每个年龄班的班额最多不超过国家标准6人,湖南规定每个年龄班班额可在国家标准的基础上适当增加或减少。湖南规定了班级数量的上限(12个班)和下限(3个班),四川只规定了规模上限(15个班),浙江未做相关规定。三省对活动室、寝室和盥洗室面积要求也存在差异。具体表现在:第一,面积计算标准不同。浙江以生均面积为计算标准,湖南和四川以总面积为计算标准。第二,面积定额下限不同。以单独寝室面积为例,湖南规定不少于50平方米,四川则规定不少于30平方米;以盥洗室面积为例,浙江规定盥洗室面积下限是10平方米,湖南则规定不少于15平方米。此外,浙江和湖南对活动室面积的要求都

规定了下限,而四川对幼儿园活动室的面积要求,则规定了一个面积标准值:每班活动室54平方米。

(3)不同地区操作性强的非数据指标不同

三省对园长和教师资格等的要求不同。以幼儿教师聘用条件为例,浙江要求"幼儿园合格专任教师应具有适用的教师资格证。在现阶段,幼儿园专任教师起码要具有高中或中专毕业以上文化程度、经过幼儿教育专业培训、年龄在55周岁以下";湖南要求"幼儿园教师应当具有中等幼儿教育或中等师范教育毕业及其以上学历,取得幼儿园教师资格证书"。四川要求"幼儿园教师要有幼儿师范学校(职业学校幼儿教育专业)毕业程度,或取得幼儿园教师任职资格证"。三省在幼儿园教师的学历、专业以及是否必须具有教师资格证等的要求都有所不同。此外,浙江还规定教师年龄必须在55周岁以下,湖南和四川则没有此项规定。

二、学前教育质量评价方式的现状

(一)幼儿园准入审批存在漏洞,未能严格执行质量标准

1. 质量未达基本要求的无证园仍然存在

无证园在很多大中城市和乡镇都大量存在,据《法治周末》记者不完全统计,截至目前,今年全国各地"山寨幼儿园"仅在相关报道中被提及的数量已远超千所。①

在教育部门的检查中,反映了活动场地狭小,园舍、饮食、交通、消防等方面存在较大安全隐患,教师学历低、没有资格证等很多问题。如据广西壮族自治区南宁市兴宁区教育局相关负责人介绍,2013年他们曾到多家无证幼儿园进行检查,发现都存在无消防楼梯、食堂无卫生许可证、生均面积不达标、房屋无法提供抗震报告等安全隐患。

---

① http://news.sina.com.cn/c/sd/2014-10-29/112031062870.shtml.

再如：有的幼儿园为了争生源、迎合家长，在课程设置、教育内容、教育手段等方面违反幼儿教育规律，"小学化"倾向严重，在幼儿不听从时，体罚和辱骂的情况时有发生。就在2015年5月，在网络上流传的一个视频中，几位老师对幼儿进行不同程度的踢踹、推搡、恐吓。后经调查，视频中的山西省吕梁市新城七彩童年幼儿园属于未经审批的无证幼儿园，非法招收幼儿30名，幼儿教师7名，其中4名教师无幼儿教师资格证。

可见，"无证园"与"未达基本质量水平"可以画等号。但即使如此，家长仍然会把孩子送入这样的园所。因为很多家长承受学费的能力有限，学费低的公立园又没有学位，"有人帮忙看着、价格又不贵"是家长为孩子选择幼儿园的标准，用家长的话讲"再不正规也比没人帮我们看着强"。为了扩大生源，一些幼儿园还给家长提供一些"方便"，比如招收3岁以下儿童，将园所开在居民楼里，方便家长接送、接送时间灵活等。

正因为家长需要的育儿支持无法通过"正规渠道"获得，无证园、低质园即使被关闭，也能改头换面隐蔽起来，继续进入市场，而儿童在安全、健康和身心发展所需要的基本权益被家长和办园人一起搁置，避而不谈。

2. 通过评估的部分幼儿园仍存在明显质量问题

课题组对全国十几个省市的幼儿园进行了抽样调查，虽然仅仅涉及"结构质量"，也发现各地幼儿园在质量框架条件方面存在极大的差异，如班级规模、教师和保育员配备、生均空间等具体方面。如果参照《幼儿园工作规程》的要求来确定"基本质量"的"结构"标准，那么，多数幼儿园达不到"基本质量"；即使是很多被评为示范园、优质园的机构，在一些基本条件上也达不到"基本质量"标准。从所调查的幼儿园绝大多数已经被命名为"合格园"和"标准园"以上的等级来看，可以反映出，各地在评价"合格质量"的标准上存在着广泛的不同，至少在实际执行评价时忽略了一些重要的"基本质量"指标。具体情况如下。

(1) 部分幼儿园办园规模过大

表4-36显示了3 851所幼儿园的班级数量,从1个班到55个班不等,三轨(9个班)及以下规模的幼儿园占总数的69.7%,四轨(12个班)及以下规模的幼儿园占总数的84.9%,还有15%的幼儿园招收了12个班以上的孩子,1%的幼儿园招收的班级数在25个以上,规模巨大。除了部分幼儿园班级数量过多之外,部分幼儿园的园所规模也偏大,表4-37中比较了各省单个幼儿园的平均幼儿数,尽管各省的抽样数量很不均衡,可能影响对平均规模的计算,却依然能在一定程度上反映出各省幼儿园的招生规模。从数字上看,平均办园规模最大的是福建省(391人),最小的是辽宁省(126人),省际差距很大。即使是同一个省之内,最大规模与最小规模的差距也很大,如山西省,规模最大的幼儿园有2 066人,最小的只有12人,标准差竟然达到275人之多;即使是标准差最小的省份,也达到108人(辽宁)。幼儿总数过大,班级数过多,对幼儿园创建一个人际关系亲近的友好环境造成了巨大挑战,势必会影响幼儿园基本质量。

表4-36 幼儿园班级数量分布状况

	班级数/个	园数/所	百分比/%	累积百分比/%
Valid	1.00	95	2.5	2.5
	2.00	186	4.8	7.3
	3.00	475	12.3	19.6
	4.00	363	9.4	29.1
	5.00	324	8.4	37.5
	6.00	436	11.2	48.8
	7.00	281	7.2	56.1
	8.00	271	7.0	63.1
	9.00	255	6.6	69.7

续表

	班级数/个	园数/所	百分比/%	累积百分比/%
Valid	10.00	224	5.8	75.6
	11.00	126	3.2	78.8
	12.00	235	6.1	84.9
	13.00	94	2.4	87.4
	14.00	76	2.0	89.4
	15.00	93	2.4	91.8
	16.00	63	1.6	93.4
	17.00	49	1.3	94.7
	18.00	48	1.2	95.9
	19.00	25	.6	96.6
	20.00	24	.6	97.2
	21.00	21	.5	97.7
	22.00	17	.4	98.2
	23.00	10	.3	98.4
	24.00	15	.4	98.8
	25.00	8	.2	99.0
	26.00	8	.2	99.2
	27.00	8	.2	99.5
	28.00	3	.1	99.5
	29.00	1	.0	99.6
	30.00	3	.1	99.6
	31.00	2	.1	99.7
	32.00	1	.0	99.7
	34.00	1	.0	99.7
	35.00	3	.1	99.8
	36.00	2	.1	99.9
	40.00	2	.1	99.9
	45.00	1	.0	99.9

续表

	班级数/个	园数/所	百分比/%	累积百分比/%
Valid	50.00	1	.0	100.0
	55.00	1	.0	100.0
	Total	3 851	99.3	
Missing	System	26	.7	
Total		3877	100.0	

表 4-37 不同地区幼儿园在园幼儿平均数分布情况

省份（自治区、市）	平均人数/人	样本数	标准差	最小值	最大值
江苏	203.413 0	92	186.944 44	20.00	1 106.00
山东	281.520 7	532	201.251 09	18.00	1 520.00
甘肃	296.984 8	197	248.284 59	20.00	2 013.00
广东	386.728 4	81	187.670 59	78.00	996.00
广西	214.936 9	222	178.335 86	10.00	1 093.00
河南	277.627 8	497	222.364 17	13.00	1 490.00
黑龙江	128.000 0	317	118.106 37	8.00	700.00
辽宁	126.924 4	410	108.695 90	15.00	716.00
内蒙古	292.686 0	121	186.569 56	15.00	870.00
浙江	335.782 2	101	176.259 73	68.00	1 055.00
新疆	384.210 1	119	243.947 65	46.00	1 350.00
重庆	215.684 7	425	152.021 27	17.00	1 230.00
山西	384.572 4	228	275.926 03	12.00	2 066.00
上海	314.291 3	127	179.040 30	33.00	1 000.00
福建	391.271 2	365	194.841 06	17.00	1 022.00
Total	264.411 5	3 834	209.750 64	8.00	2 066.00

(2) 各年龄班级平均规模多不达标

《幼儿园工作规程》规定幼儿园每班幼儿人数一般为：小班（3 周岁至 4 周岁）25 人，中班（4 周岁至 5 周岁）30 人，大班（5 周岁至 6 周岁）35 人，混龄班 30 人。寄宿制幼儿园每班幼儿人数酌减。通过课题组的调查发现，各省的幼儿园不同年龄段招生都注意了随年龄的降低而减少人数，这符合《幼儿园工作规程》的精神。但统计显示（见表 4-38），只有黑龙江和辽宁两省各年龄段的班级规模全部符合《幼儿园工作规程》上限的规定，广东省的大班中班年龄段、上海市、河南省和内蒙古自治区的大班年龄段班级规模符合《幼儿园工作规程》上限的规定，其余各省的平均班级规模都未能达到"基本标准"。

不仅如此，班级规模的标准差最大的竟达 12.9 之高，抽样省全体的标准差也达到了 10，也就是说班级之间平均的人数差距为 10 人，而不是原本应该控制在 5 人以内的差距水平。

表 4-38　不同地区幼儿园班级规模平均数

省份（自治区、市）		大班幼儿平均数	中班幼儿平均数	小班幼儿平均数
江苏	均值	40.512 8	36.785 7	32.265 6
	样本	78	70	64
	标准差	8.274 11	7.859 07	8.429 43
	最小值	25.00	24.00	20.00
	最大值	60.00	55.00	52.00
山东	均值	36.835 8	33.971 6	28.984 8
	样本	530	528	526
	标准差	9.397 82	9.187 70	8.520 89
	最小值	8.00	8.00	5.00
	最大值	78.00	72.00	67.00
甘肃	均值	38.770 4	37.236 0	33.409 2
	样本	196	197	184
	标准差	11.797 58	11.644 23	10.821 52
	最小值	5.00	4.00	3.00
	最大值	87.00	82.00	67.00

续表

省份(自治区、市)		大班幼儿平均数	中班幼儿平均数	小班幼儿平均数
广东	均值	31.780 5	30.817 1	30.049 4
	样本	82	82	81
	标准差	3.548 69	2.837 70	2.884 88
	最小值	25.00	25.00	20.00
	最大值	48.00	40.00	38.00
广西	均值	35.331 1	33.146 3	28.271 0
	样本	222	216	214
	标准差	10.474 26	9.365 41	9.235 13
	最小值	10.00	7.00	8.00
	最大值	69.00	62.00	51.00
河南	均值	32.632 1	31.080 9	27.792 0
	样本	496	488	476
	标准差	8.897 41	7.791 57	7.727 52
	最小值	6.00	7.00	4.00
	最大值	63.00	60.00	55.00
黑龙江	均值	29.627 4	25.498 1	20.477 0
	样本	296	258	229
	标准差	12.937 50	12.281 44	10.377 17
	最小值	2.00	4.00	2.00
	最大值	87.00	70.00	65.00
辽宁	均值	26.714 7	23.980 9	19.775 4
	样本	395	366	345
	标准差	10.878 58	9.875 85	8.462 10
	最小值	6.00	5.00	3.00
	最大值	75.00	70.00	62.00
内蒙古	均值	33.440 7	31.101 7	27.370 7
	样本	118	118	116
	标准差	8.698 70	8.277 65	7.541 80
	最小值	4.00	8.00	8.00
	最大值	75.00	68.00	45.00

续表

省份(自治区、市)		大班幼儿平均数	中班幼儿平均数	小班幼儿平均数
浙江	均值	35.770 0	33.200 0	29.930 7
	样本	100	100	101
	标准差	5.860 08	4.552 72	4.278 45
	最小值	20.00	20.00	20.00
	最大值	46.00	43.00	42.00
新疆	均值	41.016 9	39.316 2	36.885 1
	样本	118	117	87
	标准差	9.596 99	10.440 02	9.823 35
	最小值	20.00	5.00	15.00
	最大值	70.00	75.00	68.00
重庆	均值	39.784 2	35.770 4	29.666 7
	样本	418	379	381
	标准差	11.741 88	10.542 81	8.871 70
	最小值	5.00	4.00	10.00
	最大值	79.00	80.00	80.00
山西	均值	35.842 1	34.431 1	29.787 6
	样本	228	225	226
	标准差	9.234 18	8.925 58	8.602 27
	最小值	10.00	11.00	4.00
	最大值	60.00	60.00	60.00
上海	均值	33.576 0	31.206 3	28.171 9
	样本	125	126	128
	标准差	9.756 94	8.555 06	7.015 29
	最小值	5.00	5.00	10.00
	最大值	55.00	53.00	50.00
福建	均值	41.895 3	39.782 5	36.476 3
	样本	360	362	359
	标准差	7.226 52	7.207 42	7.415 55
	最小值	18.00	16.00	17.00
	最大值	70.00	63.00	68.00

续表

省份（自治区、市）		大班幼儿平均数	中班幼儿平均数	小班幼儿平均数
Total	均值	35.269 3	32.842 6	28.568 2
	样本	3 762	3 632	3 517
	标准差	10.910 69	10.313 08	9.637 97
	最小值	2.00	4.00	2.00
	最大值	87.00	82.00	80.00

（3）教师和保育员人数配备多不达标

如表4-39所示，按照每班配备两教一保的一般标准，则只有广东省基本达标，山东、内蒙古自治区、浙江和福建四地在教师配备上接近达标，内蒙古自治区和上海市在保育员配备上接近达标。不同地区、同一地区的不同幼儿园之间，在人员配备上差距很大。有的地方班级里没有保育员，而有的幼儿园一个班配3个保育员。

表4-39 每班教师和保育员配备情况

省份（自治区、市）		每班教师数量	每班保育员或生活老师数量
江苏	均值	1.463 4	.354 0
	样本	93	93
	标准差	.531 16	.499 98
	最小值	.00	.00
	最大值	3.00	2.00
山东	均值	1.980 2	.718 3
	样本	536	453
	标准差	.532 39	.485 08
	最小值	1.00	.00
	最大值	4.00	3.00

续表

省份(自治区、市)		每班教师数量	每班保育员或生活老师数量
甘肃	均值	1.843 6	.629 9
	样本	195	197
	标准差	.572 03	.507 26
	最小值	1.00	.00
	最大值	4.00	2.00
广东	均值	2.000 0	.987 8
	样本	81	82
	标准差	.000 00	.110 43
	最小值	2.00	.00
	最大值	2.00	1.00
广西	均值	1.516 9	.857 5
	样本	222	214
	标准差	.494 31	.352 08
	最小值	1.00	.00
	最大值	2.00	2.00
河南	均值	1.709 3	.880 3
	样本	497	478
	标准差	.606 98	.399 67
	最小值	.00	.00
	最大值	4.00	3.00
黑龙江	均值	1.536 1	.789 9
	样本	319	307
	标准差	.697 78	.494 08
	最小值	.00	.00
	最大值	7.00	2.00
辽宁	均值	1.500 0	.777 2
	样本	409	403
	标准差	.598 20	.468 22
	最小值	1.00	.00
	最大值	4.00	2.00

续表

省份（自治区、市）		每班教师数量	每班保育员或生活老师数量
内蒙古	均值	1.934 4	.969 0
	样本	122	113
	标准差	.440 47	.285 69
	最小值	1.00	.00
	最大值	3.00	2.00
浙江	均值	1.960 0	.837 3
	样本	100	100
	标准差	.136 33	.284 09
	最小值	1.50	.00
	最大值	2.00	2.00
新疆	均值	1.714 3	.672 3
	样本	119	119
	标准差	.554 53	.506 05
	最小值	1.00	.00
	最大值	3.00	2.00
重庆	均值	1.654 2	.897 9
	样本	428	400
	标准差	.537 41	.340 05
	最小值	.00	.00
	最大值	5.00	2.00
山西	均值	1.975 9	.834 5
	样本	228	200
	标准差	.551 80	.427 05
	最小值	1.00	.00
	最大值	4.00	2.00
上海	均值	1.878 9	.958 3
	样本	128	126
	标准差	.597 72	.169 56
	最小值	1.00	.00
	最大值	6.00	1.00

续表

省份(自治区、市)		每班教师数量	每班保育员或生活老师数量
福建	均值	1.953 0	.891 4
	样本	368	350
	标准差	.290 81	.374 05
	最小值	1.00	.00
	最大值	3.00	3.00
Total	均值	1.758 8	.813 1
	样本	3 845	3 635
	标准差	.569 39	.431 75
	最小值	.00	.00
	最大值	7.00	3.00

从全国范围来看(如表4-40所示),城市、县镇和农村中,教师和保育员配备也有较大的差异,城市情况最好,农村情况最差。

表4-40 城市、县镇和农村教师与保育员配备情况

幼儿园所在地		每班教师数量	每班保育员或生活老师数量
城市	均值	1.971 4	.929 9
	样本	1 399	1 351
	标准差	.490 87	.312 12
	最小值	.00	.00
	最大值	7.00	3.00
县镇	均值	1.748 5	.813 4
	样本	1 141	1 072
	标准差	.552 32	.442 37
	最小值	1.00	.00
	最大值	6.00	3.00

续表

幼儿园所在地		每班教师数量	每班保育员或生活老师数量
农村	均值	1.468 1	.610 8
	样本	889	816
	标准差	.556 01	.506 48
	最小值	.00	.00
	最大值	5.00	2.00
Total	均值	1.758 8	.811 4
	样本	3 430	3 240
	标准差	.569 63	.432 88
	最小值	.00	.00
	最大值	7.00	3.00

（二）注册审批单位不统一

本次调查发现，幼儿园的注册审批机构涉及7—8个政府部门（如表4-41所示），还有一些幼儿园自己也不了解最终的审批机构是哪一方，因此把审批过程中需要证明盖章的机构都列入进来，如建设局、食药监局、税务局、消防局、卫生监督所、妇保站、公安局。这种多头注册的状况，极易导致标准不一致，不能确保"基本质量"达标。

表4-41 幼儿园注册审批机构的分布情况

注册审批机构	样本报告数量	占样本总数的百分比
教育局初教科/学前科	2 578	60.59%
教育局职/成教科/综合科	497	11.68%
政府机关	531	12.48%
街道办事处	151	3.54%
部队	30	0.70%
国有企事业单位	82	1.92%
民政局	394	9.26%

续表

注册审批机构	样本报告数量	占样本总数的百分比
妇联	33	0.71%
其他	59	1.38%
合计	4 255	100%

除了在"基本质量"入门控制上存在混乱的情况,各省的幼儿园等级评估也存在着评估主体混乱、各级都在评定且标准不统一、同一省等级称号过杂等问题,有的省从省级、市级到区级都有不同级别的"示范园",加上一类园到四类园,形形色色的在同一城市有六至七种等级称呼。等级的数量过多,不仅造成逐级评价的资源浪费,更容易造成标准的不一致或者对标准的理解不一致。也容易让公众不明其中的含义与区别,失去了通过等级评定向公众宣传质量标准、营造重视早期教育质量的等级认定目的。课题组调查发现,77.3%的受访者认为不同部门对幼儿园的监督管理工作是一致的,但仍然有18.8%的受访者认为不同级别、不同部门对幼儿园的监督管理工作要求确实有诸多不一致的地方。比如,许多地方反映,仅就安全要求上,教育部门要求"防护周全",在二楼以上的窗户上加装防护装置,以免幼儿不慎从窗口跌落,而消防部门则不同意安装防盗网;各部门在监管评估时,要求呈交的材料也不一致,幼儿园需要花费很多工夫去回应这些督导和评估,既浪费了管理资源,也对幼儿园的正常工作造成了影响。

针对注册和监管的行政力量这一问题,课题组还对"是否有必要在县市或区教育部门独立设置学前教育管理机构"进行了民意调查,有80.2%的受访者认为"非常需要在县市或区教育部门独立设置学前教育管理机构",这样才能确保注册审批的行政力量,并对幼教机构进行统一管理。

第五章 学前教育办园体制机制改革研究

第一节 多元办园体制下的学前教育资源建设渠道

一、当前我国普惠性学前教育资源供给和办园体制的突出问题

随着各地学前教育行动计划的推进,我国学前教育资源的绝对数量已经得到了前所未有的发展。但我们仍然要看到,在当前的办园体制下,普惠性学前教育资源供给难以满足人民群众日益增长的美好生活需要。

(一) 普惠性学前教育资源总量难以支持"全面二孩"政策落地实施

"全面二孩"政策实施以后,人民群众对普惠性学前教育资源的需求在一定时期内将持续增长,2020 年学前教育适龄幼儿(部分 6 岁儿童因未在 9 月 1 日之前年满 6 岁,故将此部分幼儿计入学前教育适龄幼儿人数)人数将达到 6 100—6 200 万左右。① 根据三期行动计划设定的"全国学前三年毛入园率达到 85%,普惠性幼儿园覆盖率达到 80% 左右"的要求,到 2020

---

① 数据测算参考杨顺光,李玲,张兵娟,等."全面二孩"政策与学前教育资源配置——基于未来 20 年适龄人口的预测[J]. 学前教育研究,2016(8):3-13,同时本研究也根据国家统计局公布的 2015—2017 年的出生人口(到 2020 年时年满 3—6 岁,其中 2017 年为推测人数,分别为 1 655 万、1 786 万、1 900 万),以及 2014 年的一半出生人数(到 2020 年,2014 年 9 月出生的儿童尚不能进入小学,人数为 843.5 万),总计为 6 184.5 万。

年我国学前三年在园幼儿人数为 5 270 万左右,普惠性学前教育资源至少需要覆盖 4 216 万余名幼儿。

目前的普惠性学前教育资源总量距离这一目标还有较大差距。截至 2016 年,我国各类公办园及公办性质幼儿园在幼儿园总数中占 35.70%,在园幼儿数量为 1 976 万,仅占所有在园幼儿人数的 44.77%。同时,尽管教办园和公办性质幼儿园(包括企事业单位办园、其他部门办园、集体办园等)园所数量在增加,但在园幼儿占比仍然呈现逐年下降趋势。如图 5-1 所示,在过去十几年间,教办园和公办性质幼儿园在园幼儿人数占比分别下降 12.37% 和 18.24%。当前普惠性民办园的规模比尚未有明确的数据,即使普惠性民办园中在园幼儿人数占到民办园在园幼儿人数的一半,普惠性学前教育资源尚有 1 000 多万个学位缺口。

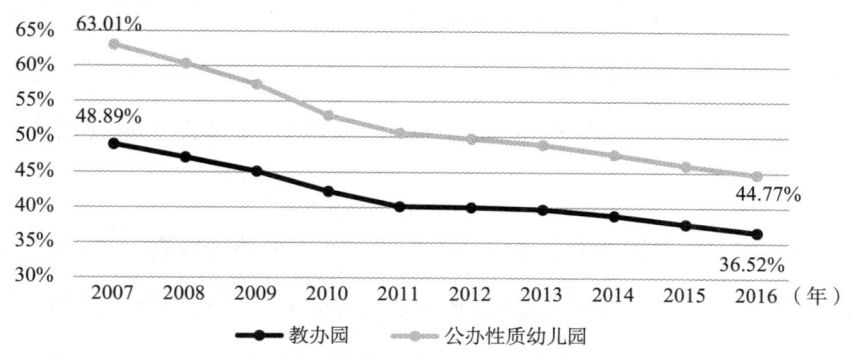

图 5-1　教办园及公办性质幼儿园在园幼儿园人数占总在园人数的比值(2007—2016 年)

同时,当前入园的幼儿部分还就读于超大规模的班级中。根据课题组 2015 年对江苏省部分县市的抽样调查显示,中班班级规模最大为 55 人,平均班级规模在 35 人以上。2015 年全国的统计数据显示镇区幼儿园平均班级规模为 35.86 人,其中镇区教办园班级规模达到 37.4 人,民办园规模达到 35.31 人。因此,还需要进一步扩大普惠性资源才能满足幼儿发展和民生需求。

(二)"假公办"、市场化削弱学前教育的公益性和普惠性

必须要指出的是,上述供需缺口计算尚且建立在所有公办园和普惠性民办园全部提供普惠性学前教育资源的假设之上。然而现实中,由于一些地方政府对学前教育的公益性、普惠性认识不足,不利用多元办园体制扩大普惠性学前教育资源供给,反而将其作为推卸责任的手段,导致当前"假公办"、市场化的现象突出,加剧了普惠性资源供给与民众需求之间的矛盾,如广东等省相当一部分公办幼儿园没有公共财政投入,1998年以来没有新增公办教师。

真正的公办园不仅办园主体应该为各级政府,经费来源也应以财政性经费为主。公办园中有正式编制的"公办教师"数量应占较大比例。同时真正的"公办园"还应代表公共利益,提供"广覆盖""保基本"的学前教育服务。但目前,"假公办"现象突出,各地公布的公办园数据水分较大。

"假公办"首先体现为公办园经费来源并未以财政性经费为主,园所中在编教师占比很低。有研究发现,政府在公办园办学经费的分担比例不足40%,并且有三分之一的公办园完全没有获得任何的政府拨款。① 相比于教育部门办园,集体办园、单位办园所获得的财政拨款数量更为有限。学前教育体制与机制课题组调研的 S 省 Y 市 8 所企业办园中,有的仅能从主办单位获得少量投入,有的则完全属于自收自支,甚至还需要向单位缴纳一定的房租。② 尽管经过行动计划以后,一些地区公办性质幼儿园获得公

---

① 宋映泉. 不同类型幼儿园办学经费中地方政府分担比例及投入差异——基于3省25县的微观数据[J]. 教育发展研究,2011(17):15-23.
② 学前教育体制与机制研究课题组. 学前教育体制与机制研究终期报告(内部报告),2017.

共财政投入状况有所改善,但改善仍然有限,有研究指出,2015年东部A省18个样本县中,公办性质幼儿园获得财政性资源仅相当于教办园的30%左右,财政性资源分担比例远低于50%。① 同时,一些优质公办园成为少数人可以享有的"特殊利益",服务对象脱离了社会大众。这两类"假公办"现象限制了公办园真正成为社会大众享有的收费合理、有质量的普惠性学前教育资源。

学前教育的市场化会造成学前教育质量、可负担性和公平性等诸多问题,挤占原本有限的普惠性学前教育资源。这一后果不仅得到学界论证②③,也为部分国家市场化的教训所证明④⑤,而我国在20世纪90年代以后,出现了明显的市场化问题。民办园占园所总数(结构比)从1997年的13.50%增长到2016年的64.30%,在园幼儿占比(规模比)也从5.35%增长到55.23%(如图5-2所示),且后者在二十年间呈现不间断上涨趋势,目前已成为我国学前教育服务供给的主体力量。而从我国的办园历史来看,民办园中大部分是个人办园,少有非营利组织的作用,民办园营利行为普遍存在;而民间资本的大规模介入,更强化了部分民办园营利的行为。依据广证恒生的分析,民办园年收益率可达到25%—35%。⑥ 有公开报表

---

① 刘颖. 充足、公平和效率视角下的学前教育财政政策研究[D]. 南京师范大学博士论文,2017.
② Moss, P. (2009). There are Alternatives! Markets and Democratic Experimentalism in Early Childhood Education and Care[M]. Bernard van Leer Foundation,2009
③ Brennan, D., Cass, B., Himmelweit, S., & Szebehely, M. The Marketisation of Care: Rationales and Consequences in Nordic and Liberal Care Regimes[J]. Journal of European Social Policy, 2012,22(4):377-391.
④ Lim S. Marketization and Corporation of Early Childhood Care and Education in Singapore [M]//Contemporary Issues and Challenge in Early Childhood Education in the Asia-Pacific Region. Springer Singapore, 2017:17-32.
⑤ Lewis, J., & West, A. Early Childhood Education and Care in England under Austerity: Continuity or Change in Political Ldeas, Policy Goals, Availability, Affordability and Quality in a Childcare Market? [J]. Journal of Social Policy,2017,46(2):331-348.
⑥ 幼儿园的生意经[EB/OL]. https://www.harvestwm.cn/viewpoints/hot_topic/5a1e4595e6572c12eb1d1845

的幼教公司的数据显示,一些公司的净利润率确实可高达30%以上(例如,佳芃文化2016年1—8月营收入613万元,净利润448万元,净利润率高达73%①)。在缺乏对民办园必要的规制和财政补贴的前提下,市场化加重了家长的负担。经济学人组织报告指出,在45个国家当中,中国的学前教育可负担性表现最差,一些私立幼儿园的收费比中国最好的大学收费要高。②

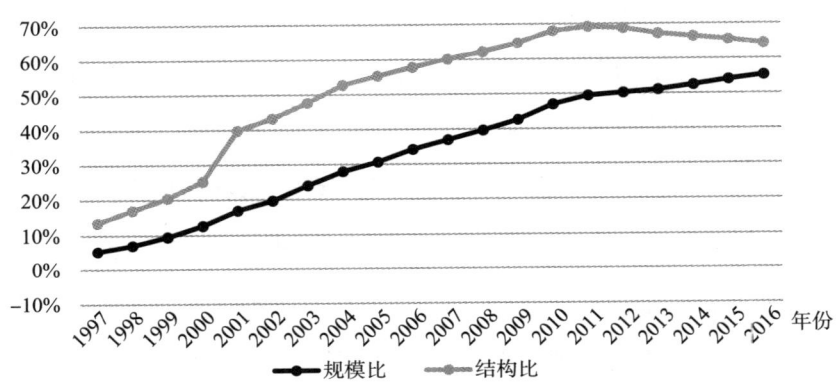

图5-2 民办园的规模比与结构比(1997—2016)

2010年以后,各地陆续出台政策,引导和支持民办园提供普惠性服务。但由于投入有限,大量办园成本仍然由家长负担,同时教育质量无法得到保障。2015年对A省34所普惠性民办园的调查显示,公共财政仅分担了办园成本的15%左右,家长分担仍高达85%。从全国的情况来看,到2014年,占据了在园幼儿52.47%的民办园,仅获得了相当于公共财政安排的学前教育经费预算的6.79%。③在公共财政投入非常有限的情况下,

---

① 电光科技收购佳芃文化51%股权,布局幼教行业[EB/OL]. https://www.jiemodui.com/N/61963.
② Watson J. Starting Well: Benchmarking Early Education across the World[R]. Economist Intelligence Unit, Singapore: Lien Foundation, 2012:24.
③ 数据来源于2015年中国教育经费统计年鉴

要限制普惠性民办园收费，那么政府往往仅能将原本收费较低、质量较低的民办园纳入普惠序列，有的地方甚至只给"普惠园"之名，并不给予任何稳定的生均经费补贴。由于这类民办园只能削减成本、降低质量，使得进入此类园所的儿童仍然难以在可负担的前提下享受到有质量的学前教育公共服务。

（三）资源布局不合理，儿童难以就近获得普惠性学前教育资源

普惠性学前教育资源合理布局，幼儿能就近入园，是广大人民群众的强烈期盼。按照幼儿园12班以下的合理规模，城市幼儿的入园半径一般应在0.5—1千米，农村一般应该在2—3千米以内。① 然而，目前无论是中心城市还是乡村，都存在着资源布局不合理的问题。对中心城区而言，主要是由于城镇化带来大量外来人口涌入（如江苏省昆山市全市有常住人口255万，其中外来人口接近170万，外来务工人员子女入园数占在园幼儿总数的49.2%）、人口生育高峰与"二孩"叠加带来的需求激增，园所规划落实不到位（尤其在新城新区，如江苏省淮阴新城15个小区仅配建1所幼儿园），导致大规模班级、园所的产生，在城乡接合部还滋生了大量的非法办园。对农村而言，一些乡村地区幼儿园被撤并，乡镇集中在镇区兴建中心幼儿园，造成园所和班级规模过大、家长和儿童入园成本（时间、交通）较高、非法办园滋生、校车安全等问题出现。

（四）资本大规模介入学前教育侵害学前教育的公益性

当前，学前教育已经成为资本市场高度关注的领域，不仅是教育行业融资案例高发区②，而且融资金额占比也很高，且呈现迅速增长势头。以2016年为例，学前教育总投资金额在40亿人民币以上，在教育类融资中

---

① 虞永平. 合理布局使每个幼儿都能就近入园[J]. 幼儿教育（教育教学），2013（3）：47.
② 红印儿. 内容依旧为王，早幼教领域的风险投资有哪些特点？[EB/OL] https://www.jiemodui.com/N/88057.html.

占比第一;海外幼教投资金额高达15 782万美元,同比增长959%。① 与此同时,目前我国有多个幼教公司成为拥有500所以上直营园或加盟园的超大规模连锁园。这些连锁园通过合并、上市、挂牌新三板获得资本的青睐和注入以后,加快扩张规模,加剧民办园集团化、连锁化。资本的大规模介入将损害学前教育公益性、普惠性和质量,其根本问题在于资本看重规模和利润,为攫取利润推动连锁园快速扩张(仅2017年一年时间,微创股份旗下红缨教育增加了1 392所联盟园),尤其是在对赌协议利润率的压力下,这些幼教公司更有可能为了利润盲目扩建园所、减少办园成本和人员开支。此类连锁园一般会以"特色教育""高价格"为市场信号,吸引家长买单,影响学前教育的可负担性。② 连锁幼儿园规模扩张还造成了地区内的垄断,影响到服务的可得性。更严重的是,上市的大型连锁集团如果资金链条断裂或遭遇风险,进入破产程序,还有可能带来严重的社会和经济混乱。这一点已被澳大利亚ABC教育集团破产的案例所深刻地揭示。③

二、多元办园体制的内涵分析

办园体制是指国家对设置向3—6岁儿童提供保教服务的教育机构(以下简称为学前教育机构)的制度安排,主要规定哪些主体有权举办此类

---

① 以2016年为例,学前教育融资金额在40亿人民币以上,占比为26.8%。参见中国新闻网. 2016中国教育行业投融资总览:狂热精退 余温犹在. http://www.chinanews.com/business/2017/01-19/8129683.shtml.

② 根据上市公司的年报显示,我国上市的幼儿连锁园营利率高达30%—70%不等,家长负担了超过100%学前教育成本。

③ 学者指出,ABC集团的案例并不是一个不诚信的公司造成的恶果,而是表明了提供基本服务的儿童照看领域大规模连锁集团遭遇到的典型困难。一旦公司失败或利益发生变化,儿童利益和教师利益就处于危险当中。参见Penn, H. (2009). International Perspectives on Quality in Mixed Economies of Childcare. National Institute Economic Review, 207(1), 83-89; Lim S. Marketization and Corporation of Early Childhood Care and Education in Singapore [M]//Contemporary Issues and Challenge in Early Childhood Education in the Asia-Pacific Region. Springer Singapore, 2017: 17-32; Sumsion, J. (2012). ABC Learning and Australian Early Education and Care: a Retrospective Ethical Audit of a Radical Experiment. Childcare Markets Local and Global: Can They Deliver an Equitable Service, 209-225 等。

机构。由于举办教育机构是一个持续的过程,它不仅包括设立机构,还包括支持机构运营的一系列条件与行动,所以办园体制涉及谁兴办、谁出资、办园者享有哪些权利与义务等问题,其本质是对学前教育机构的投资主体、管理主体和责任主体及其内部关系的认定与规制。故此,多元办园体制可以理解为,在一定的时代背景下,在符合相关教育法律规定的前提下,国家准许多种主体和资本参与学前教育机构举办的基本立场和制度体系。课题组认为,在理解多元办园体制这一概念时要把握以下两点要义。

其一,多元办园体制是我国学前教育体制的时代性产物,当其顺应学前教育发展的基本规律时,有助于解决学前教育事业发展的重要问题。从经济学角度来看,办园体制是学前教育机构所有制关系的体现,它与国家总的所有制经济结构息息相关。因此,我国多元办园的格局是伴随经济改革逐渐成形并不断调整的。新中国成立到改革开放之前,教育行政部门,以及机关、厂矿、企业、学校、部队等单位组织,农村的公社、大队、生产队和城市街道等集体组织,都举办过幼儿园,这使得彼时的幼儿园在责任主体和管理主体方面呈多元化,但其资金来源主要为财政经费,我国整体的学前教育服务供给数量偏少。至20世纪80年代中后期,我国市场经济体制逐步确立,出现了社会力量举办幼儿园的局面,营利性幼儿园迅速增加,学前教育公共资源相较被削弱,这在一定程度上损害了学前教育的公益性。那一阶段,多元办园体制不但未能提升学前教育的量与质,反而抑制甚至阻碍了我国学前教育事业的发展。2010年,《规划纲要(2010—2020)》提出我国要"建立政府主导、社会参与、公办民办并举的办园体制。大力发展公办幼儿园,积极扶持民办幼儿园",至此,多元办园体制与学前教育的公益属性得到协调,对多渠道地吸收学前教育资源,解决当下学前教育供给不足,缓解"入园难"问题发挥了积极作用。

因此，在理解和落实多元办园体制时，必须坚持学前教育的"公益性、普惠性"。学前教育"国十条"指出，学前教育是"重要的社会公益事业"。坚持学前教育的公益属性，意味着在多元投资体系中要确保公共属性资源的首位比例，继续着力于公共资源的扩充，在新建公办园的同时，通过各种形式提升普惠性民办园的公共资源比例，使公共资源流向教师待遇、园所内涵发展等薄弱环节，推动各类学前教育跨越所有制形式协同发展。

其二，提倡多元办园体制是为了给人民群众提供更好的学前教育服务。习近平总书记提出，新时代我国社会主要矛盾是人民日益增长的美好生活需要和不平衡不充分的发展之间的矛盾，必须坚持以人民为中心的发展思想，不断促进人的全面发展、全体人民共同富裕。这一论断同样揭示了当前我国学前教育领域的最主要问题——人民对高质量学前教育的需求和供给实际之间矛盾。满足百姓期望，为适龄儿童及其家庭提供质优价廉的学前教育服务，就成了各级政府发展学前教育责无旁贷的责任。多元办园体制是丰富学前教育资源、繁荣学前教育事业、化解上述矛盾的重要手段之一。因此，在理解和落实多元办园体制时，不能只关注举办主体、投资渠道等，而忽视对举办结果的专业性衡量。换句话说，就是要将价格可以负担、保证保教质量、保护儿童身心健康、就近入园接送方便等关乎儿童和家长利益的指标纳入办园导向中，使其作为多元办园的重要指导思想。

三、多元办园与学前教育资源供给

坚持政府主导、社会参与、公民办并举的发展学前教育的原则。政府主导意味着政府要把握学前教育的大局和方向，真正把握学前教育作为民生工程的本质和公益惠普的大局，政府要承担发展学前教育的主要责任，要对公办及其他普惠性资源进行整体规划，确保科学规划，合理布局，能满足人民群众的需要;政府要加强对学前教育的投入,政府财政能调控学前教育的发展方向和质量;政府要全面把握学前教育发展的大局,要从规划、土地、建设等各个方面充分提供普惠性学前教育资源,尤其是确保小区配套幼儿园牢牢把控在政府手中,确保政府对人民群众普惠性学前教育资源需求的供给能力。

　　社会参与是调动社会各方面发展学前教育积极性的需要,是学前教育更好地服务社会的重要举措,也是扩大学前教育资源的主要途径。社会参与的基本前提就是扩大学前教育资源,而不是加剧普惠性学前教育资源的不足和供需矛盾。优先为公益、普惠资源的提供者举办幼儿园创造条件,尤其对自供办园空间的社会力量提供支持。

　　公民办并举意味着公办幼儿园和民办幼儿园两种不同的体制都可以得到运行。新中国成立以来,我国学前教育发展的历史就是公办幼儿园为主体的历史,机关、企事业单位、部队、街道、村集体等举办的幼儿园也具有一定公办性,公办幼儿园及公办性质的幼儿园积聚了大量的优秀教师,在办园水平和课程建设上具有独特的历史优势,公办幼儿园的教育质量总体上处于较高的水平,能起到引领和辐射的作用。稳定和发展公办幼儿园是确保学前教育质量和普惠的重要举措,是我们在未来相当长的一段时间里发展学前教育的基本举措。公办学前教育资源的布局要合理,要能基本满足大多数群众对优质教育资源的需求。公办园应占到幼儿园总量的50%以上,这才是正视我国学前教育历史和现实,也是对学前教育未来负责的举措。从我国学前教育的现实看,凡是公办幼儿园比例较高的省份,往往学前教育质量相对较高,人民群众满意度比较高,学前教育发展呈现良好的态势。如青岛市明确提出公办幼儿园为主,公办幼儿园占幼儿园总数的68.27%;苏州市公办与集体性质幼儿园占比为67.98%,其中公办幼儿园在园人数为22.34万人,占在园幼儿总数的66.69%,集体办幼儿园在园人数为1.48万人,占比4.43%。

发展民办幼儿园也是由我国的现实决定的,一些团体和个人有办园积极性,利用这些力量补充学前教育资源的不足,是合理的和可行的。但考虑到学前教育的公共服务性质,以及广大群众的承受能力,满足群众的基本民生需求,民办幼儿园中80%以上应举办成普惠性幼儿园。政府应通过免租金、给生均经费、奖补等方式给予支持,以保证幼儿园的正常运行和普惠性。极少数幼儿园可举办成高档的幼儿园,但必须名副其实,防止暴利,政府要加强监管,避免群众花大价钱却接受不健全的学前教育服务。要避免对民办幼儿园准入的失控,切实加强办园过程监管。我们在研究中发现,2007年以来的十年里,在经媒体曝光的165起能确认的儿童在园死亡或受虐事件中,能够确认园所性质的有158件,其中公办园占比为4.43%,民办园占比为95.57%。因此,民办幼儿园对幼儿保护的能力有待提高。

多元办园是我国学前教育办园体制的历史选择,其核心是发挥政府、机关、企事业单位、部队、街道、村集体及公民个人等多方面的积极性,举办能满足广大人民群众需要的、高质量的幼儿园。多元办园能在一定程度上起到汇聚和增加资源的作用,如企事业单位、部队、街道、村集体办园,但也可能加剧公共资源不足的矛盾,削弱普惠性资源的供给,如个人和资本的加入。因此,要深入分析多元办园对公益普惠性资源的贡献度,优先考虑让能提供办园空间的合格举办者参与办园,严格控制对公共普惠性资源造成损耗的办园者参与办园。营利性民办幼儿园一定要以非占有公共普惠性资源为前提。

多元办园的前提是确保学前教育的公共服务性质,确保学前教育是重要的民生事项,应科学有序,坚持质量,着力关心大多数公民的公益普惠、就近方便的需要,兼顾少数人的选择性需要。当前多元办园体制存在的核心问题是资本和营利性幼儿园举办者对有限的普惠性公共资源的侵占,公办园弱化,幼儿园的公办性降低,政府投入不足,教师编制和待遇不能得到落实;普惠性民办幼儿园质量低下,政府支持不到位,监管不落实,相当一部分教师的收入低于当地最低保障性工资标准;机关、企事业单位、部队、街道、村集体等举办的幼儿园缺乏投入,编制只减不增,收费受制约,运行困难;资本介入,商业化明显,收费提高,有再现"入园贵"的风险。

四、开拓学前教育公共资源多元化的政策措施

发展学前教育需要全社会的共同努力。我国学前教育发展一直坚持两条腿走路的方针,在强调地方各级人民政府可以举办幼儿园之外,要鼓励和支持企事业单位、居民委员会、村民委员会和公民举办幼儿园或捐资助园。应对当前百姓关注的"入园难"和"入园贵"等重大现实问题,两条腿都应有所发展,满足社会大众的基本入园需求。

(一) 以扩大普惠性资源为首要任务,以充足、有效的财政投入确保资源持续增长

利用多元办园体制,增加资源供给,满足广大公众的基本学前教育需求,仍是今后一个时期发展学前教育的第一要务。扩大普惠性学前教育资源不仅仅是新建、扩建公办园,还要引导和支持民办园办成普惠性幼儿园,多渠道挖掘普惠学前教育资源建设的潜力。扩大普惠性学前教育不仅要兴建园舍,而且要规划土地、兴建园所、添置设备、安排师资、确定课程、提升保教质量等系列过程通盘考虑。在修建和改扩建幼儿园、购置多媒体设备和大型玩具、夯实基础物质资源的同时,还需要持续关注诸如师资培养与培训、教师基本待遇、幼儿园环境创设与更新等这些与学前教育基本要素密切相关的方面。

扩大普惠性学前教育资源,需要加大学前教育财政投入力度,才能在维持现有普惠性学前教育资源运转的情况下,有充足的人力、物力供给,支持公办园的新建、改扩建,普惠性民办园不因降低收费而削减成本,确保新增资源真正成为普惠性学前教育资源、不断扩大公共学前教育资源的供给。我国现有的学前教育财政投入总量还不足以支持普惠性资源增长的需求("欧盟幼儿保育网络"于1995年提出,保证学前教育服务和保障体系良好运转的底线水平是学前教育财政投入占GDP的1%[1],OECD、UNESCO等国际组织也认可学前教育公共投入应该达到该指标水准[2]),也远远落后于学前教育普及率较高、发展势头较好的国家和地区(2013年,OECD国家学前教育经费占GDP比值平均为0.8%[3];俄罗斯为1.0%,智利为1.1%,巴西为0.6%[4])。OECD国家在学前教育(3岁到入小学之前)阶段,分担成本的比例高达83%。[5]

财政投入总量水平不仅与经济社会发展水平有关,也与政府对学前教育的重视程度(财政性教育经费中学前教育占比)有关。我国一些地方政府(如杭州、青岛等)对财政性学前教育经费占统计财政性教育经费比例的要求已经达到5%—8%的水平,未举办高中的区县达到10%—15%水平。同时,比较研究同样揭示出这一指标的重要意义。有研究指出,前三年毛入园率在80%以上的国家,财政性教育经费支出学前教育经费占比平均为9.67%;毛入园率在60%—80%的国家,财政性教育经费支出学前教育

---

[1] EC Childcare Network. Quality Targets in Services for Young Children[EB/OL]. Brussels: European Commission Equal Opportunities Unit, 1996; http://www.childcarecanada.org/sites/default/files/Qualitypaperthree.pdf, 2016—03—03.
[2] OECD. Starting Strong II: Early Childhood Education and Care[M]. Paris: OECD Press, 2006:211.
[3] OECD. Starting Strong 2017: Spending on Early Childhood Education and Care [EB/OL]. http://www.oecd.org/edu/school/SS%20V%20Spending%20on%20early%20childhood%20education%20and%20care.png
[4] OECD. Education at a Glance 2017[M]. Paris: OECD Press, 2017:271.
[5] OECD. Starting Strong 2017: Key Indicators[M]. Paris: OECD Publishing, 2017:99.

经费占比平均为7.73％。① 学前教育发展较为迅速的OECD国家平均将约为13％的公共教育经费用于学前教育阶段,在UNESCO数据库有数据可查的71个国家平均也将7.33％的公共教育经费用于学前教育。因此,要提高学前教育财政投入水平,需要提高各级政府对学前教育财政投入的重视程度。对全国和省一级而言,财政性学前教育经费占比的底线要求为7％,而对未举办高中的区县一级地方政府而言,占比应进一步提高至10％左右。目前,已有一些地区超过这一投入指标,如江苏省张家港市2016年财政性教育经费中学前教育经费占比达到12.07％,占该市当年GDP的1.42％;南京市高淳县的相应占比为14.9％。

在提高财政投入水平的同时,还要确保财政投入的方式,保证投入服务于资源的增长。因此,财政投入除投向硬件设施以外,还要关注向师资队伍、决策管理的投入。以人员经费投入为例,2013年,我国预算内学前教育经费中用于人员经费的占比为47.74％,然而OECD国家公共学前教育机构支出人员经费占比在2009年到2013年间均值保持在68％到73％之间,且国外研究者也指出,儿童保育中心大约将70％的支出用于人员开支②,才能保证项目的质量。因此,当前的人员经费支出占比急需提高。同时,财政投入要重点关注处境不利的地区和群体,支持弱势地区普惠性资源的增长。

(二) 大力发展公办园,创造性地扩充公共学前教育资源

政府应该继续加大公办幼儿园的数量,确保公办园的机构比和规模比超过50％,保障学前教育的质量和普惠性。确保公办幼儿园占比达到幼

---

① 《国家中长期教育改革和发展规划纲要》中期评估学前教育专题评估报告(摘要)[EB/OL]. http://www.csdp.edu.cn/article/632.html, 2017—05—02.
② [美]蒙·科克伦. 儿童早期教育体系的政策研究[M]. 王海英,等,译. 南京:江苏教育出版社,2011:287.

儿园总量的50%以上,是对学前教育未来负责,也顺应了世界学前教育发展的规律和国际上基于证据(evidence-based)的政策倡导[①]的导向。从我国学前教育的现实看,凡是公办幼儿园比例较高的省份,往往学前教育质量相对较高,人民群众满意度比较高,学前教育发展呈现良好的态势。例如,江苏省张家港市的公办园共52所,占园所总数的85.25%,公办园吸纳适龄幼儿3.25万人,占在园幼儿数的88.63%,省优质园保教费仅为360元/月,可见要保障幼儿享受普惠的学前教育服务,离不开强有力的财政支持和充足的公办资源。而从国际经验来看,学前教育体系发展状况较好的国家主要通过公办园来提供3—6岁儿童的学前教育。OECD国家中,3—6岁儿童中平均有68%的儿童就读于公办园,另外22%的儿童就读于政府补助超过核心经费50%的民办园。[②] 欧洲大多数国家(除英国和爱尔兰以

---

① 国际上有多名研究者对不同国家(美国、英国、澳大利亚、加拿大等国)公办园、营利性民办园(包括集团园)、非营利性民办园的服务质量进行了分析,发现公办园提供的质量最高,尤其是在师资质量和教师薪酬上优于营利性民办园。参见Mill, D., Bartlett, N. & White, D. R. (1995). Profit and Non-profit Day Care: A Comparison of Quality, Caregiver Behaviour, and Structural Features. Canadian Journal of Early Childhood Education, 4 (2), 45 – 53.; Cleveland, G., Forer, B., Hyatt D., Japel, C. and Krashinsky, M. (2007) An Economic Perspective on the Current and Future Role of Non-Profit Provision of Early Learning and Childcare Services in Canada. Toronto University/HRSD, Canada; Sosinky, L., Lord, H. and Zigler, E. (2007) For-profit/non-profit Differences in Center-based Child Care Quality: Results from the National Institute of Child Health and Human Development Study of Early Child Care and Youth Development. Journal of Applied Developmental Psychology V28(5) 390 – 410; Rush, E. (2006) Child Care Quality in Australia, Canberra: Australia Institute. Mathers, S., Sylva, K. and Joshi, H. (2007) Quality of Childcare Settings in the Millenium Cohort Study, London: HMSO. p8; Mathers, S. and Sylva, K. (2007) 'Infants and Toddlers in Centre-Based Childcare – Does Quality Matter?' National Evaluation of the Neighbourhood Nurseries Initiative: Integrated Report, London: HMSO. p55. 同时,还有学者指出公办园是保障学前教育普惠性、公平,以及在公共供给为主的体系下,市场机制才能更好地发挥作用。参见Woodhead, M., and N. Streuli. (2013). "Early Education for All – Is there a Role for the Private Sector?." In Handbook of early Childhood Development Research and its Impact on Global Policy, edited by P. R. Britto, P. Engle, and C. Super, 308 – 328. Oxford: Oxford University Press. http://www.oxfordscholarship.com/view/10.1093/acprof:oso/9780199922994.001.0001/acprof – 9780199922994.

② OECD, *Starting Strong* 2017: *Key Indicators*[M]. Paris: OECD Publishing, 2017: 20.

外),学前教育(3岁以上)主要采用公共教育体系来提供服务,以规避市场失灵。① 同时,需要关注"假公办"的问题,严格按照公办园标准确保财政投入、保证分担比例,使得财政性经费占到公办幼儿园经费来源的60%以上,保证公办园中有正式编制的教师占较大比例。

政府应积极支持鼓励企事业单位办园。过去很长一段时间,国有企事业单位、集体等办的园所带有一定的公办性质,提供的是质优价廉的普惠性服务。如果将目前保留的企事业单位办园一刀切地推向市场,将进一步削弱普惠性资源供给,加重家长的负担。较为稳妥的方式是在核算其实际成本的基础上,按经费缺口给予相应的财政补贴,将收费标准控制在家庭可承受范围内并加强监管,保障其提供普惠性的学前教育服务。举办单位自身财力允许的前提下,利用政策的引导作用,通过采取奖补或税费减免等多种措施提高举办单位的投入积极性。

要多渠道增加学前教育公共资源。第一,科学规划,配足、建好小区配套园,政府充分掌控小区配套园的办园性质,确保优先建设普惠性幼儿园,重点建设公办幼儿园,积极发展普惠性民办幼儿园。真正落实政府主导、社会参与和公民办并举。第二,盘活中小学富余资源,改建学前教育资源。第三,增地、增容,扩建现有的幼儿园。第四,根据人口状况,协调老城区资源不足的问题和新建城区配套不足的问题,专项规划建设区域性幼儿园。第五,鼓励使用集体土地建设幼儿园,政府为这类幼儿园提供登记注册的特殊帮助。第六,综合利用社会资源,利用社会现有公共服务设施改建幼儿园。第七,利用现有商业房产资源改造幼儿园。第八,鼓励有实力的企业根据政府规划在小区之外义务兴建或有偿兴建并举办幼儿园。

---

① Helen Penn. The Business of Childcare in Europe[J]. European Early Childhood Education Research Journal,2014,22:4,432-456.

（三）政府要通过多种措施规范民间资本的利用与管理

《规划纲要（2010—2020）》中提出了，政府主导、社会参与、公办民办并举的办学体制，也提出了要通过多种方式和途径支持民办幼儿园，尤其是普惠性民办幼儿园的发展，对于民办幼儿园的发展，应进行分类管理。要借力政策杠杆，实施差别化扶持，引导欲进入和已进入民办教育体系的资本进行理性选择。

对地方政府而言，政府的首要职能是保底与普惠，建立起惠及大众的公共服务体系。不仅要确保普惠性民办园在民办园中占比达到80%，还要从财政补贴、收费管理、质量管理与指导等方面确保普惠性民办园"真普惠"。以财政补贴为例，一些地区以较高的生均财政拨款标准或生均公用经费标准分担普惠性民办园的办园成本。例如，青岛市给普惠性民办园提供了随物价水平、办园成本提高而上涨的生均定额补贴，"第三期三年行动计划"中进一步将补贴标准提高到每年3 600元以上（公办园生均公用经费拨款标准为每生每年1 000元），真正实现对普惠性民办幼儿园经费与质量的有效管理，建立扶持和规范普惠性民办幼儿园健康发展的良性机制，切实保障普惠性民办幼儿园"真普惠"，切实提升百姓的社会满意度与幸福指数，弱化民办园的逐利性动机，增强民办园的公益性责任，在一定程度上让利于民。

加强对非营利性民办幼儿园的扶持与鼓励，如通过土地划拨、政府补贴、基金奖励、捐资激励等措施引导民间资本向非营利性民办园流动。对现有民办园登记为非营利性园的，可开辟"绿色通道"，简化登记手续，只要修改学校章程，到民政部门登记即可；对原普惠性幼儿园向非营利性幼儿园过渡的，各级政府应在已有基础上进一步给予此类幼儿园政策与经费支持并加强对其资金的监控；对现有民办园登记为营利性民办园的，要使其支付较高的转换成本，如要求其重新验资，按规定补缴之前营业的土地使用费、税金,归还尚应处于使用期限内的财政资助,退出相关扶持政策的相应利益,重新办理办学许可证,重新登记等,避免将公益性资源用于营利性幼儿园;此外,可以通过明确各种禁止动作、加大对违法违规行为的查处力度、启动失信追责机制,以负面清单约束资本的非法逐利。

第二节　公办为核心、普惠为基础的办园格局

我国幼儿园办园类型被简单区分为"公办"与"民办"两种,然而随着办园主体多元化的发展,这两种办园类型已无法真实反映幼儿园的实际办园状况,尤其是无法反映其经费投入的实际状况。加之现今的幼儿园收费制度与办园类型紧密相连,致使简单的办园类型划分成了部分幼儿园发展的阻碍,在制度层面上急需调整与改革。除此之外,学前教育"国十条"出台之后,公办幼儿园和普惠性民办幼儿园作为政策话语中经常出现的办园类型,各地对其的认识与认定标准均有不同,加剧了当前办园类型划分的复杂程度,未来在建设公办为核心、普惠为基础的办园格局基础上,需要对办园类型划分进行新的探索。

一、现有办园类型划分存在的主要问题

(一) 公办园缺乏明确的认定标准

无论是在官方话语中还是在民间认识里,"公办园"这一词都被频繁使用。《规划纲要(2010—2020)》明确提出要"大力发展公办幼儿园",学前教育"国十条"也进一步指出要"大力发展公办幼儿园,提供'广覆盖、保基本'的学前教育公共服务"。但"公办园"在我国是一个较为模糊的概念,唯一可以明确的一点是,"公办园"通常被作为一个与"民办园"相对应的概念使用。目前并没有明确的标准来界定什么样的幼儿园是"公办园",实际运

行的"公办园"与理论上对"公办园"的探讨之间存在着许多出入。事实上，有许多不合格的"公办园"，甚至是不应该被算作"公办园"的幼儿园，都被纳入了"公办园"的数量统计，这极易导致当前的公办园建设出现偏差。经过课题组调研，发现目前公办园在认定上存在以下几种典型类型①：

1. "名过其实"的"公办园"

在各级教育行政部门统计的办园情况中通常把集体和企事业单位办园算作"公办园"，但无论是从办园主体还是经费来源来看，这两类幼儿园都不应算作"公办园"。从办园主体来看，这几类幼儿园并不是由国家机构举办，只是在计划经济时代，曾经获得了国家财政性经费支持，或多或少带有"公办"色彩，但在经济体制改革不断深入的过程中，此类幼儿园已经很难从原有的所属单位获取财政性经费的投入，无论从形式上还是实质上，其"公办"色彩都在逐渐淡化。目前这类幼儿园处于"非公非民"的尴尬位置，"公办园"的帽子使它们不能像民办园那样实行备案收费，入不敷出，生存举步维艰。

2. "有名无实"的"公办园"

这类幼儿园明明由国家机构举办，但经费来源却不是以财政性经费投入为主。据中国学前教育发展战略研究课题组对东、中、西部15个省（市）30个区（县）不同类型学前教育机构教育经费来源与构成调查发现，国家财政性教育经费在教育部门办园的总体教育经费中能够占到50%以上的仅有46.2%，在部队办园中占到50%以上的也仅有33.3%。② 课题组在部分地区调研时也发现，一些公办园，如乡镇中心园，只有寥寥无几的公办教师，甚至只有园长一人享受编制待遇，除此之外再无财政拨款。相关政

---

① 江夏.何谓"公办园"？[J].人民教育.2011(17).
② 中国学前教育发展战略研究课题组.中国学前教育发展战略研究[M].北京:教育科学出版社,2010.

府机关只给这些幼儿园赋予了"公办园"的名号,却不给予其应该获得的财政拨款。

3."名不副实"的"公办园"

这类幼儿园已经不再是为公众举办的幼儿园,背离了"公益性"和"普惠性",失去了其存在的特殊意义。这类"公办园"往往由于财政经费的持续重点投入,使得办园条件极佳,师资水平优越,教育质量过硬,从而成了公众竞相追逐的稀缺优质资源,普通民众即使彻夜排队也未必能够进入这样的"公办园",成了少数人可以享有的"特殊利益"。还有部分"公办园"由于获得的财政性经费过少,导致办园经费紧张,无法在现有收费标准之下实行收支平衡,不得不"违规"收取高额赞助费,致使普通劳动阶层的儿童无法入园。某种程度上,社会反映的"入园贵""入园难"问题正是凸显在这样的"公办园"身上。这部分"公办园"究竟是不是代表公共利益,究竟是否能够让老百姓切实获得实惠,其举办的初衷和现存意义到底是什么,需要引起足够的反思。

从以上列举的三类"公办园"中,我们可以发现,"公办园"一词极易掩盖事实上幼儿园运行的复杂性。仅就财政投入一项标准,"公办园"内部就存在非常明显的差距。在大力发展"公办园"背景之下,如果各地新建、改扩建的"公办园"是名过其实、有名无实或名不副实的"公办园",那么势必会影响学前教育公共服务体系的最终构建。

(二) 现有办园类型划分无法真实反映幼儿园运行状况

在现有的收费制度之下,被视作"公办园"的幼儿园必须严格按照政府指导定价收取保教费,只有民办园能够根据成本在相关部门备案收取保教费。然而,由于不同类型的"公办园"在可获取的财政投入以及拥有的教师编制数量不等,从而造成一部分拥有"公办园"身份的幼儿园面临着入不敷出的困境,其收费标准不能准确反映其真实运行成本,可以说现有的办园类型简单区分"公办""民办"在一定程度上掩盖了不同幼儿园的实际运行状况。具体的表现有以下几种情况。

1. "公办园"身份无法反映单位办园运行矛盾

在计划经济体制下,"单位办园"曾经是我国学前教育事业非常重要的组成部分。在向市场经济体制转轨的过程中,单位福利逐渐向社会福利转型,特别是企业被推向了改革的最前端,强调企业要按市场规律经营,将生活服务产业逐渐剥离。从这一时期,单位办园开始走上改革之路,一部分"部门办园"被"关、停、并、转",而遗留下来的部分,有的彻底脱离原有单位,变更了举办主体和产权性质,有的则维持了原有的附属关系,但也在转轨过程中呈现出不同的发展状态。

由于举办主体和经费来源的复杂性,"单位办园"的具体组成类型十分复杂,根据"学前教育体制机制改革研究"课题组的调查和了解,在教育行政部门那里,"单位办园"至少包含了除教育部门以外的政府机关办园以及部队办园、企业办园、事业单位办园、社会团体办园五大类。

在这几类单位办园中,一些尚没有和主办单位分离的单位办园,每年能够从主办单位获得的资金投入越来越少,有的甚至已经完全变为自负盈亏的单位,和所谓的"公办园"相差甚远,但在教育部门实际的统计中,这部分单位办园仍然被视为"公办园",被要求执行"公办园"的收费标准,导致收支严重不平衡。这一标准无法反映幼儿园实际运行成本,只是物价部门在核定成本的基础上,确定由家庭承担的那部分成本。对教办园而言,由于有稳定的财政性教育经费投入,可以弥补收入与支出之间的缺口,很好地体现政府和家庭合理分担的原则。然而对于这类没有稳定的财政性教育经费投入的单位办园而言,这样的收费标准意味着幼儿园实际的收支缺口将由单位来负责填补,成本被转移为主办单位和家庭共同分担。在实际运行中,受到主办单位自身财力状况以及对学前教育认识程度的限制,成本的压力往往被转嫁给幼儿园,既不能提高收费,又缺乏足够的经费支持,收支严重不平衡。除此之外,一些原来有较多公办教师的幼儿园后续未再增编,教师退休和流失以后公办编制所剩无几,完全依靠收费维持生存。

在经费缺口之下,这类单位办园的师资、房舍、玩教具等软硬件设施均无法获得保障,直接影响了幼儿园的保教质量,部分幼儿园甚至连最基本的生存都无法维持。以课题组在西北地区 Y 市调研的 6 所企业办园为例,由于其执行的是当地公办园的标准,每月每生只能收取 90—130 元,而企业由于产业转型、利润下降,难以为幼儿园继续提供投入,在这样的情况之下,幼儿园不得不通过举办兴趣班、增加班额等多种手段来维持基本生存。在幼儿园运行困难的情况下,部分单位办园还要向主办单位缴纳费用,沦为主办单位的营利工具,严重影响幼儿园的运行与发展。

在课题组调研中,曾经有企业办园的园长提出了自己的困惑:

> 目前企业办园的身份比较模糊,算公办园吗?但是现在没有任何一个部门给予补贴和拨款。算民办园吗?收费标准又按照公办园。我们是市级示范,只能收 90 元每个月,超过了,家长就会告到物价局说幼儿园乱收费。90 元,现在能干什么?曾经向教育部门提出过,但现在没有哪个部门来解决。我们到底是什么身份?

2."公办园"身份无法解决集体性质幼儿园的生存困境

在计划经济体制下,我国学前教育长期实施"两条腿走路"方针,因此集体性质幼儿园曾经扮演了非常重要的角色。在开办之初,集体性质幼儿园便是主要依靠群众力量得以兴办起来,国家只是在房舍、经费等方面给予了一定的扶持。在经济体制转型过程中,集体性质幼儿园自收自支的性质依然没有得到改变,但在名义上集体性质幼儿园仍然具有公办身份,导致了在自筹经费的同时却无法按照成本来自行决定收费的高低。

以课题组 2012 年对华东地区 J 市 8 个区共 43 所集体性质幼儿园所进行的调查为例,从经费来源情况看,集体性质幼儿园的绝大部分收入来自家长的保教费,就 2009—2011 年三年的平均数据而言,显示有接近 74% 的年收入是来自保教费,而来自主管单位的投入仅占 0.6%,来自政府的财政投入占 0.8%,其他收入则主要是依靠捐资助学费、兴趣班、房屋出租、利息等,这部分在收入中占到 25% 左右。由于集体性质幼儿园能够获得的主管单位投入以及政府财政投入总量非常小,剔除这部分数据之后,剩余收入几乎都为幼儿园自筹。在这些自筹经费中,捐资助学费、兴趣班等收入属于政策不提倡的收入,因此如果只比较保教费收入与支出之间的平衡关系,就会发现其中 94% 的幼儿园如果只依靠保教费,则无法保持收支平衡,支出要远远大于所收取的保教费。

从对这 43 所集体幼儿园园长的访谈中也可发现,几乎每一个幼儿园都不同程度地存在经费缺乏问题。对于收费问题,几乎所有参与调研的集体性质幼儿园都反映目前按照公办园收费标准收取保教费虽然可以惠及普通群众,但是对幼儿园而言,却是不符合实际运行情况的。尤其是幼儿园缺乏固定的财政投入,在自负盈亏的情况下还要按照 10 个月来核算收取保教费,但人员工资等必备支出却是要按 12 个月运行,现有的收费根本无法真实反映集体性质幼儿园的运行成本,致使幼儿园不得不选择扩大班额、开办兴趣班、降低聘任老师工资等方式压缩成本。

对这些集体性质幼儿园而言,他们处于收支严重不平衡的困境,"公办园"的身份并没为他们带来稳定的投入,反而使其受制于目前的收费制度,限制了其进一步发展。近年来,各地都在采取措施解决集体性质幼儿园的运行问题,但还缺乏从根本上解决其困难的思路,如果仍然将其按照公办幼儿园的性质收费,这些幼儿园将陷入经费严重短缺的困境,体制上的突破迫在眉睫。

（三）普惠性民办幼儿园认定标准模糊

当前，学前教育资源总量不足，"入园难""入园贵"问题依然存在。据教育部公布的数据，2019 年的民办园为 173 236 所，占比 61.61%，2019 年民办园在园幼儿为 26 494 401 人，占比为 56.21%。相比公办幼儿园，民办幼儿园往往收费更高，尚不能满足人民群众对普惠性学前教育的需求。另外，民办幼儿园为人民群众提供多样化学前教育选择机会，同时也存在办园欠规范、保教质量不高、师资培训不到位、管理评估跟不上等问题。

针对这些问题，学前教育"国十条"中明确提出要"积极扶持民办幼儿园特别是面向大众、收费较低的普惠性民办幼儿园发展。采取政府购买服务、减免租金、以奖代补、派驻公办教师等方式，引导和支持民办幼儿园提供普惠性服务"。自此之后，普惠性民办幼儿园逐渐成为当前我国一种重要的办园类型，多个地方政府将发展普惠性民办幼儿园作为扩大学前教育资源的重要手段。然而，在普惠性民办园得到快速发展的同时，普惠性幼儿园的界定标准却始终存在模糊性，限制了这部分民办幼儿园普惠性的真正落实。

其中最为突出的问题是过于关注幼儿园的低收费却忽视了质量、成本等其他的核心要素。目前来看，已出台的地方文件中共同的规定都是集中关注普惠性民办幼儿园的收费不得高于同类公办园，但对于普惠性幼儿园质量的具体要求、政府补贴的标准、普惠性幼儿园财务监管等方面却不够明晰。单方面过于关注普惠性的收费问题，而不系统设计相应的政策，会导致许多可能的风险。首先，幼儿园的办园成本与质量之间有着密切的联系。过于强调低收费，可能迫使民办幼儿园举办者压低成本，尤其是压低教师工资，从而导致幼儿园保教质量低下，以质量来换取低价，背离了政策出台的初衷。近年来，各级政府都在不断加大对普惠性民办幼儿园支持的力度，通过增加财政性经费扶持以及制定各类减免或奖励政策补贴普惠性民办幼儿园的办园成本，以保证普惠性民办幼儿园在限价基础上仍能够健康运行。例如，浙江宁波在2012年至2014年，先后下发中央、市级财政资金1.6亿元、1.7亿元、1.7亿元用于普惠性幼儿园发展。① 但有些地方缺乏对普惠性幼儿园的具体政策，政府限价没有得到有效落实，还有一些地方缺乏相应的扶持政策，幼儿园在限价的要求下采取降低教师的收入和其他运行投入的做法，造成教师大量流动，教育质量明显下降。其次，由于对普惠性幼儿园的财务运行缺乏有效的监管，政府给予的补贴是否能够真正用于办园条件的改善以及教师工资的提升，还有待检验。现有制度上的隐患与漏洞可能会导致一些民办园利用政府补贴进行牟利，而不是真正用于幼儿园质量的提高。

二、办园类型划分需要新思维

（一）我国幼儿园类型的基本谱系

幼儿园的分类不只是幼儿园类别的划分，还与幼儿园资源获取方式或者办园成本来源途径紧密相关。幼儿园非公即民的分类方式过于简单，难以反映当前幼儿园的现实状态。

目前从办园主体和经费来源来看，国家机构举办，或者国有企事业单位、街道、村集体等利用财政性经费或者国有资产、集体资产举办的幼儿园为公办幼儿园；国家机构以外的社会组织和个人利用非财政性经费、非国有资产或者非集体资产举办的幼儿园为民办幼儿园。2017年新修订的《中华人民共和国民办教育促进法》出台以后，民办幼儿园依法登记为非营利性或者营利性民办幼儿园。非营利性民办幼儿园的举办者不得取得办园收益，面向大众、质量合格、接受财政经费补助或政府其他方式扶持、执行政府收费指导价的非营利性民办幼儿园为普惠性民办幼儿园。

---

① 宁波：完善普惠性民办园经费投入机制[EB/OL]. http://cppcc.people.com.cn/n/2015/0729/c34948-27375865.html

从我国教育统计口径来看，基于举办主体来划分，目前幼儿园存在教育部门、其他部门、地方企业、事业单位、部队、集体、个人、具有独立法人资格的中外合作等类型。在这些具体的办园类型中，教育部门、其他部门办、地方企业、事业单位、部队、集体都在一定程度上使用财政经费或集体资金，属于公办幼儿园。相比其他类型的幼儿园，教育部门、其他部门等主体举办的幼儿园政府投入的比例相对更大一些，而集体办园甚至一些企事业单位举办的幼儿园政府投入相对要少些，有些甚至没有政府投入，因此，也有研究把这些幼儿园称为公办性质的幼儿园。

从普惠的角度来看，所有公办幼儿园固然都应当是普惠性质的幼儿园，而且应该成为普惠的典范。民办幼儿园的情况较为复杂，存在营利与非营利之分，非营利性的民办幼儿园也应当是普惠性质的幼儿园，但需要政府多种形式的支持才能使其真正实现普惠。

（二）幼儿园类型划分的探索

从当前的办园类型划分和幼儿园实际运行状况来看，"公办园"这一称谓并不意味着公办园获得了充分的财政投入，加上现有的教师编制数量有限，公办在编教师和非在编教师之间的收入差距明显，严重影响教师队伍建设和办园条件改善。集体性质幼儿园、企事业单位办园这些被视作"公办园"的园所，在实际运行中所遇到的困难，往往容易被忽视，不同于普惠性民办幼儿园能够获得较多的政策关注，这类幼儿园的生存情况更加艰难，亟待更多的政策和经费扶持。

因此，我们有必要思考幼儿园分类的合理方式，对幼儿园的分类不能再用单一的公办、民办的思路来划分，要用多维度的思路来判断。

第一个尺度是对幼儿园的分类是营利与否，基于此维度，可以将现有的幼儿园分为营利性幼儿园和非营利性幼儿园。显然，公办幼儿园和普惠性民办幼儿园都属于非营利性幼儿园，这意味着举办者无论是政府、单位还是个人不从办园中获得额外利益。

第二个尺度是收费是否受到政府的限制。限价的目的是执政为民,减轻广大人民群众的负担,更好地满足人民群众的民生需求。其中,公办幼儿园按照政府指导定价收费,普惠性民办幼儿园按照政府最高限价或协商价收费,这种收费一般可以在公办幼儿园收费标准之上进行一定范围的上浮,具体上浮的标准根据不同地区或不同幼儿园来定。需要强调的是,收费绝对不受政府制约的幼儿园几乎是不存在的,即使是营利性幼儿园也不能巧取豪夺,愚弄群众,哄抬价格。

第三个尺度是幼儿园是否得到政府财政或减免政策的扶持。真正符合标准的公办幼儿园一定是依靠政府财政支持的,否则其收费无法维持运行;普惠性民办幼儿园也应该得到财政或减免政策的支持,否则其限价政策无法真正落实。但目前的突出问题是公办园和普惠性民办园都存在投入不足,造成幼儿园运行困难,最终牺牲质量来控制成本。

综合以上三个尺度,我们认为非营利性幼儿园有共同的特征,可以把非营利性幼儿园作为一个大类,根据政府投入的角度,分为三个层级。政府高投入幼儿园(甲类)、政府中投入幼儿园(乙类)、政府低投入幼儿园(丙类)以及政府无投入幼儿园(丁类)。其中甲类幼儿园政府投入占比达60%以上,乙类幼儿园政府投入占比达30%—59%,丙类幼儿园政府投入占比为30%以下。此外,还存在无投入幼儿园,这一类主要指高收费的营利性幼儿园。

要真正实现学前教育的公益性和普惠性,需要进一步优化和调整学前教育资源的结构,尤其是要发展更多的甲类和乙类幼儿园,让政府真正成为学前教育的举办主体,让政府主导学前教育事业的发展,让家长承担合理的办园成本,让更多的幼儿园成为真正的有质量的幼儿园。在此基础上,增加甲、乙类幼儿园还意味着要逐步做到不因幼儿园性质决定家长分担办园成本的比例,而应按照家长的家庭经济状况决定家长承担的经费。丙类幼儿园意味着要鼓励更多民办幼儿园举办成普惠幼儿园,要稳定这类幼儿园的数量。要严格控制高收费的丁类幼儿园的数量,尤其是要禁止将政府建设或小区配套的公共资源办成丁类幼儿园。

综上所述,政府的投入已经不是简单的投入与不投的问题,而是投入多少的问题。相应的幼儿园的性质也不是简单的公办与民办的问题,而是获得高、中、低不同层次投入的问题。

第三节 基于科学规划、追求公平合理的办园布局

在我国,以幼儿园为代表的学前教育机构向广大幼儿提供着生活照料与身心引导的服务,向家长提供着托管与教育子女的服务,其距离远近、便捷与否、质量高低、收费多寡等因素在很大程度上左右着家长的选择,进而影响到了学前教育供需的波动,其引发的连锁效应甚至可能影响整个学前教育的发展。因此,在一定意义上,园所的规划布局不仅仅是区域学前教育发展地图上的标记,更是可以撬动学前教育未来走向的杠杆,应当上升到战略高度予以重视。

简而言之,园所布局是一定区域内幼儿园在空间位置上的分布情况,为了实现一定时期内学前教育的发展目标,在考虑幼儿园规模、性质、质量等因素的基础上对其布点做出科学设计,以合理配置学前教育资源、协调区域学前教育发展的综合部署和具体安排被称之为办园布局规划。

需要说明的是,本节所论及的"幼儿园"属于宽泛概念,其等同于向3—6岁幼儿提供保教服务的学前教育机构,因此除了狭义上的幼儿园外,还包括托幼点、游戏辅导点、学前班等其他灵活形式的学前教育机构,但不

包括那些提供时段性托管的临时看护点。这些机构具有以下共同特征:其一,拥有专门的活动场所;其二,拥有专职的保育和教育人员;其三,向幼儿提供连续性的保育和教育服务。因此,为了行文方便,这里统称"办园"。

一、办园布局及规划存在的问题及其分析

客观地说,我国学前教育阶段存在的"入园难""入园贵""安全事故不止""小学化倾向"等诸多问题与长期以来缺乏科学的办园布局规划存在或深或浅的关系,厘清并分析我们在幼儿园布局以及办园布局规划中的问题对攻克当前学前教育发展中的难关具有深层价值。

(一) 失衡的布局

幼儿园布局是否合理既关系到幼儿的健康成长与家庭的方便,又关系到整个学前教育事业的公平性,为了能够较全面地剖析其中问题,下文将从问题和原因两方面来阐述。

1. 幼儿园布局的突出问题

问题一:幼儿园布点服务半径总体偏大,增加接送成本,带来潜在风险。

"方便家长接送"[①]是幼儿园选址的基本原则之一,这并非单纯出于为家长提供方便,更是出于对其服务对象——幼儿身心特点的理解与关怀。由于幼儿身体尚处在成长阶段,其肌肉所存储的能量少,容易疲劳,因此需要充足的睡眠,且不宜时间过长持续某一动作;幼儿皮肤娇嫩易损,身体抵抗力弱,易中暑或感冒,因此不宜长时间暴露在强烈日照或冷空气中;幼儿动作协调性欠成熟,反应速度慢,一旦发生意外事故容易遭受伤害……所以说,控制幼儿园服务半径,方便幼儿就近入园在本质上是对幼儿生命质量的呵护。但课题组调研发现,难以实现就近入园是一个全国性的普遍现

---

① 中华人民共和国城乡建设环境保护部,中华人民共和国国家教育委员会.托儿所、幼儿园建筑设计规范(JGJ39—87).1987.

象,相当数量的幼儿园服务半径都超过了500米,很多地区,无论城乡,接送幼儿上下园都成了一道壮观的风景。

　　入园距离增加造成的负面效应是多方面的,譬如会减少幼儿的睡眠时间,在一定程度上剥夺了其休息权,也增大了其生病或遭遇意外事故的概率。入园距离的增加导致家长接送幼儿消耗的时间增加,使用交通工具的货比和精力投入增加,从而抬升了接送成本,例如,华东地区G县某幼儿园到其所辖距离最远的行政村在5千米左右,而这里的幼儿多为留守儿童,每天由家中老人接送两个来回,有些幼儿园不提供午餐,家长接送次数达四次,近20千米,老人们不得不或自行包车接送,或在幼儿园附近租房屋,这无形中给老百姓增添了经济负担和安全隐患,实际降低了公共服务所带来的福利效益。一些地区或园所为了减轻家长的接送负担,购置校车,看似提高了资源的利用效率,却带来了潜在的交通安全隐患。接送路程越长、过程越复杂,所占用的交通资源就越多,进而造成交通干扰和环境污染。西部农村地广人稀,一些乡镇幼儿园服务半径高达十几千米,因而实行寄宿制,但食宿卫生和后勤保障却跟不上,不仅容易发生集体性疾病,长期的分离焦虑也不利于幼儿健康人格的形成。

　　问题二:幼儿园布点不均衡,部分园所规模过大,班额超标,影响教育质量。

　　一般来说,只有当幼儿园布局与地区人口密度相适应时,其教育资源才能得到最佳利用,才能发挥好规模效益和社会效益,否则会造成教育资源浪费或紧缺。调研发现,我国各地普遍存在由于幼儿园布局疏密不均导致的规模异常。

　　一类情况是在临近城市的区域,由于外来务工人员多聚居于此,而土地面积有限,幼儿园数量及建筑规模受限制,从而造成幼儿园规模普遍偏大,这种问题主要集中在人口输入大的地区,如东部经济发达地区或各地的大中型城市。例如，在K县，2011年定点建设的26所幼儿园中有13所幼儿园的规模在8轨以上，最大的达12轨。除了班级数量偏多，这些地区的幼儿园还不同程度的存在班额超标的问题，目前不少班级仍然有50—60人，还有部分班级人数在80人以上，这势必严重影响幼儿园教育教学质量，增加安全隐患。另一类情况是一些地区为集中资源办教育，撤并分散的村园及办学点，致使乡镇中心幼儿园规模过度扩大——即使班额符合相关规定，在园幼儿总数也动辄超过千人。幼儿人数过多会增加教师和幼儿园管理人员的工作负担，增加幼儿发生身体冲撞的可能，增加传染病传播的风险，减少游戏材料与活动空间的人均占有量，影响保育教育质量。

问题三：农村办园布点缺失，留村幼儿受教育权面临威胁。

随着我国城镇化步伐的加快，农村人口因务工形成的大规模流动，以及整合乡镇学前教育资源工作的推进，与乡镇中心幼儿园声势浩大相对的是村园的萎缩与衰败。在相当多的地区，村园没有被纳入幼儿园布局的考虑范围。这无疑为原本就无法实现就近入园的中国学前教育版图增加了更多的留白。

由于多数村园属于集体所有制，缺乏各级财政支持，园所条件普遍较差，如调研发现，有一些村办园缺少专门的园舍，租借的民房、危房，不仅缺乏基本设施，必要的师资也匮乏，多是无教师资格证的、年龄偏大的教师。由于村办园的质量得不到保障，影响了一部分家长送幼儿接受学前教育的积极性，一些家长宁愿舍近求远，送幼儿到质量更有保障的乡镇中心园就读。生源的萎缩使得部分村办园入不敷出，丧失了办园动力，逐渐沦为看管孩子的场所，无法为幼儿和家长提供所需要的学前教育服务，更难以为地区学前教育的发展分担责任，自然更无法得到政府的重视和支持。这样，一部分村园就陷入到了发展的恶性循环中，成了农村学前教育发展的一块短板。

有一阵子(村园)生源严重萎缩,有一所幼儿园就6个小朋友,靠这6个孩子的费用维持生活,老师舍不得丢掉工作,就靠种农田一直撑过来了。现在好一些了,有六七十个孩子,(给教师发)工资是没问题,但是因为(村园)一直在无人管理的状态下,很多好的校舍流失了,现在我们乡有两家(村办)幼儿园的房子是老师自己租的民房,有安全隐患。村办幼儿园条件不好,我们想进行一些撤并,但撤并后(幼儿)就不能近入学了。一些家长没办法离开村子,年轻家长出去打工,老年人在家接送孩子,如果撤并的话,(入园距离)就要七八公里,而不撤并就是3公里,所以撤了村园老百姓也不愿意,但不撤并,房舍、资金等问题又解决不了。我期望政府把村里的幼儿园建好,给这些孩子带来一些福利。

——摘自华东J省B县乡镇干部访谈

有的(家长)认为村园办得还不如家里,不愿意把孩子送到幼儿园里,或者情愿(把孩子)送到中心园,贵点远点。我们镇有两所省优(质幼儿园),有老人想把孩子送到中心园,一大早骑三轮车,有七八公里的路程,耗费了大量的时间。我们有一个村办园,镇政府投入几十万,建成了合格园,现代化验收后,孩子人数从30几个增加到了100多个了。建成好的合格园,家长还是愿意送来的。

——摘自华东J省R县乡镇干部访谈

从上述访谈可以看出,尽管村园的发展困难重重,但其对生活在农村的幼儿和家长来说是不可替代的教育资源,建设一旦步入正轨,能迅速成为农村学前教育发展的中坚力量。可以说,加强对村园的布局与规划就是对我国学前教育最薄弱区域发展的支持,对学前教育事业的公平性来说具有深远意义。

对人口密度较低的中西部农村来说,村园更具有极其特殊的意义。多项调研发现,村园的缺失迫使相当数量的幼儿进入建在乡镇的寄宿制幼儿园,这些年龄尚小的孩子不仅需要周到的生活照料、充足的营养供给、安全的活动空间、快乐的游戏环境,更为重要的是他们处在需要与亲密抚养者(如母亲)建立并维持依恋关系的阶段,而被迫的寄宿生活减少了亲子的情感互动,对幼儿来讲这是一种残忍的体验。例如,西北S省Y县的某寄宿制幼儿园,位于沙漠地区,服务面积近600平方千米,幼儿周末回家两天,尽管平时幼儿园每晚都会安排两位教师陪伴住宿幼儿,但园长表示总是会有幼儿感到恐惧和不安。更糟糕的是,一些乡镇寄宿制幼儿园软硬件条件均较差,严重影响了幼儿的身心健康,甚至连幼儿的人身安全都无法得到保障。在西南某些地区的调研发现,有的民办幼儿园住宿条件比较差,消毒工作不全面,容易导致传染病的发生;有的玩具及游戏设施使用时间较长,缺少专业检查,增加了设施的危险性;缺乏专业的幼儿园医师;没有合理的每日、每周食谱。

问题四:城市小区配套幼儿园布点落实不到位,生存遭遇困境。

国务院在学前教育"国十条"中专门提出"城镇小区没有配套幼儿园的,应根据居住区规划和居住人口规模,按照国家有关规定配套建设幼儿园。新建小区配套幼儿园要与小区同步规划、同步建设、同步交付使用……未按规定安排配套幼儿园建设的小区规划不予审批"。建设小区配套幼儿园,其主要目就是提升城市学前教育增量,促进城市幼儿园的合理布局。但调研显示,城镇小区幼儿园的配套情况并不理想,例如,D省L市城区应建设幼儿园的350个社区中有229个没有建设配套幼儿园,占比达65.4%;F县28个5000人以下的居民区只有两个社区建设了独立配套的民办幼儿园;L区居民小区配套园近40所,其中28所尚未移交教育部门管理;有的住宅区在开发建设时就没有配套幼儿园,如该市某大型社区入住人口10000余人,竟然无一处配套幼儿园,辖区幼儿只能挤在不具备办园条件的家庭式的幼儿园里；更有部分小区已建成的幼儿园被开发商高价租赁或挪作他用。

还有部分地区出现了居民抵制小区建设配套园的现象。调研发现，一些地区的居民担心小区配套幼儿园会以民办为主，这可能剥夺他们送子女去其他公办园的机会，因而宁可放弃就近入园，也要去在他们看来"更可靠"的公办园。这反映出当地政府在将小区配套幼儿园举办为公办园或普惠性民办幼儿园的举措上不够明确，更反映出民众对质优价廉的学前教育资源的渴求。

2. 主要原因分析

造成上述问题的原因是复杂且交错的。在很多情况下，某个问题既是导致其他问题的原因，也是幼儿园布局失衡的某种体现，例如，村园的缺乏是导致入园半径增加的一个原因，而它本身也是当前幼儿园布局存在的问题，所以企图用文字清晰地描述个中关联是非常困难的。但这种盘根错节、互为因果的联系却为解决问题提供了一种便捷——只要攻克其中某个症结，其他问题也会随之解决。这里，我们着重从相较更基础、更根本的原因进行分析。

一是我国学前教育资源总体长期不足，幼儿园数量无法满足适龄幼儿的就学需要。尽管 2019 年全国已有幼儿园 28.12 万所，在园幼儿 4 713.88 万人，学前教育毛入园率达到 83.4%，但这意味着仍有近 17% 的幼儿无园可上。课题组的实地调研也印证了调查数据，例如，在 J 省 R 市（县级）R 镇城区，包括市局和镇政府直接管理的幼儿园总共 10 所，R 镇常住人口 20 万人，外来务工人员 5 万人，根据这个人口数测算，幼儿园缺口巨大。园所总量不足就会导致其分布密度不高，服务半径增大，入园距离拉长。

二是有质量保证的普惠性的公共学前教育资源存量少，增量任务艰巨，分部不均。由于我国学前教育基础薄弱，公共教育资源稀缺，导致公办园、普惠性民办园往往规模超大、班额超标,导致村办园缺乏财政支持、入不敷出而生存困难,导致小区配套园的公益性身份无法落实,导致为了这珍贵的公共教育资源家长们舍近求远……而正是这种"以脚投票"的方式告诉我们,绝大多数民众需要的学前教育必须拥有合理比例的公共资源成分。

近几年我国各级政府重点解决的"入园难""入园贵"问题,其实是"入公办园难""入好幼儿园贵",本质上反应的仍然是公共属性的学前教育资源的匮乏。从2003年到2016年,我国财政性学前教育经费从46亿增长到了1 326亿;2016年,我国财政性学前教育经费占GDP比例和财政性教育经费中学前教育占比分别达到0.18%和4.22%;学前教育经费的公共分担比例也从2010年的33.56%提高到2016年的47.30%,变化斐然,但这与OECD国家以及俄罗斯、巴西等"金砖"国家相比,仍有不小差距。2014年,在联合国教科文组织数据库有数据可查的世界78个国家中,有70.51%的国家的学前教育财政性经费占财政性教育经费的比值比我国更高。① 这足以证明公共属性的学前教育资源在我国现有的学前教育资源中占比仍有提升空间。造成这种公共资源投入不足的原因不只是社会整体公共资源不足,也与一些地区养成了学前教育依赖市场投入的惯性有关,这些地区虽然社会经济条件较为发达,但是由于过去过于依赖市场化的发展机制,学前教育公办资源短缺,公益性弱化,例如,Z省L区,在2008年之前,拥有百万人口,却仅有两所公办园,公办资源异常短缺。所幸,地区政府一旦改变了行政思路,此类问题会比较容易解决。到2010年,L区公办幼儿园已达到了36所,政府在此基础上还继续积极建设乡镇公办中心幼儿园,将小区配套幼儿园全部收回为公办园。很多地区在两轮学前教

---

① 数据于2018年5月27日获取于UIS.Stat。

育三年行动计划中均斥巨资建设公办园,以完成公办园的布局覆盖。但由于公共学前教育资源存量过少,需求量巨大,需要投入大量人力、物力、财力,这些增量任务对地方而言是巨大的挑战。

另外,由于我国曾经历长时间的城乡二元对立发展格局,公办学前教育资源分布也带有强烈的城乡不均衡的烙印。相对而言,城镇及经济文化发达地区的幼儿园公益性强、质量可靠,农村、城乡接合部和城市外来人口聚居区的公办园、普惠性民办园极少。这种不均衡是由行政和市场两种资源配置手段共同造成的,一方面,行政手段在配置公共学前教育资源时习惯以园所的所有制性质为依据,加之难以剔除的政府自立性,使得政府办园、机关办园得到了更多支持;另一方面,资本的逐利本性使得在市场配置的情况下,优质学前教育资源不可能流向购买能力薄弱的地区,如农村。

三是涉及幼儿园布局的相关决策存在不足。由于本问题与办园布局规划中存在的问题交叉内容较多,下文将做详细论述,这里只做简单说明。

准公共产品的属性决定了学前教育不能单纯依靠市场经营,需要政府通过决策来规划、配置、安排、引导。特别是幼儿园布局的问题,需要统筹考虑区域建设规划、人口密度及发展趋势、经济发展、交通状况和教育均衡化等因素,只有由有能力掌握全方位信息的政府负责,才能实现最大的合理化。加之能影响幼儿园布局的不只是布局规划本身,有关学前教育发展的政策都可能或多或少地影响到园所布局,如果不谨慎论证,很可能造成一些意在促进学前教育发展的政策反而对幼儿园的合理布局产生负面影响。例如,G省L县地处狭长的山谷地带,缺少平整的土地,为了大力发展学前教育,当地劈山造校,大建教育集中区。这种通过简单的行政手段推动学前教育发展的行为,将较彻底地调整教育布局,在很大程度上改变家庭、幼儿的既有生活习惯,从而伤害到群众的托幼积极性,与为了幼儿健康快乐的初衷背道而驰。

（二）失落的规划

办园布局规划是由调研、规划、设计、论证、实施等系列行为构成的学前教育管理过程,科学、规范的规划不仅能打造合理的幼儿园布局,也有利于学前教育的长远发展。但遗憾的是,对幼儿教育事业的规划,尤其是对幼儿园的布局规划还没有得到足够的重视,无规划、乱规划的现象普遍存在。

问题一:重建设,轻规划,缺少相关规范。

调研组发现,在第一期学前教育三年行动计划实施的过程中,很多地区的政府特别重视新建、改扩建幼儿园,一些地区甚至以跃进的方式进行园所建设,但事前缺乏规划,"就近入园"的基本原则并没有真正被大部分省市关注。例如,一些乡镇为了缓解中心幼儿园的招生压力修建了分园,但相当数量的分园仍选址在镇中心,有的甚至与本部仅有几分钟的路程。轻视办园规划正是当前幼儿园布局不合理的根源所在,更是部分幼儿园规模过大、过于集中的原因所在。

进行幼儿园布局规划涉及的知识领域多,是一项专业性较强的工作,为具体工作人员提供相关标准或具体的政策性建议支持,能使该工作有章可循,使上述轻视规划的问题得以缓解。但目前我国尚未出台关于幼儿园布局的规范,只有《幼儿园工作规程》《托儿所、幼儿园建筑设计规范》等相关规定对幼儿园的布局、选址进行了简单规范,个别地方政府出台了地方性幼儿园建设标准,如上海市《普通幼儿园建设标准》(DG/TJ08－45－2005)、浙江省《普通幼儿园建设标准》(DB33－1040－2007)等,对幼儿园网点布局做了规定。另外,缺乏专门的规范性标准,也为忽视甚至违背教育发展规律的"乱规划"开了绿灯,贻害无穷。

问题二:规划缺乏足够的论证和依据,欠科学性。

在管理领域,规划是个人或组织对未来整体性、长期性、基本性问题的考量与计划,是设计未来整套行动的方案,它需要有效、准确及翔实的信息和数据作为依据，运用科学的方法，对未来进行预测，制定目标及行动方案。由于规划是实际行动的基础，更需要充分考虑实际行动中各种可能出现的情况和对不利结果的预防措施。可见，成功的办园规划决策离不开对学前教育发展现状的评估、对未来发展趋势的预测，以及对可能影响规划实施的各种因素的考虑与控制，离不开充分的论证和充足的依据。然而，在学前教育规划实践中，严格遵循"先论证，再设计"的程序、坚持科学决策的情况并不多。缺少事实依据、学理支持的规划往往缺少预见性，实施之后才显现弊端，即使立即亡羊补牢，也势必带来周折与浪费，甚至伤害到幼儿的生命健康。例如，上文中提及的乡镇集中连片办园，其初衷是为了整合优化学前教育资源，集中优势力量办园，提升区域保教质量和效益，但一些地区的决策者们没有对当地地形、居民分布、交通环境、学前教育实际情况等进行了解，没有考虑幼儿及家庭的实际需求，没有顾及"就近入园"的要求，没有预测撤并园所可能带来的各种后果，没有对这一决定会产生的风险进行评估，急于完成撤并任务，使得相当数量的农村幼儿需要乘坐校车或由家长骑车接送，增加了遭遇意外事故的可能性。很难说近年来频发的幼儿园校车交通事故、幼儿被遗忘于校车的意外与盲目的"撤并园所"没有关系。

如果说急于完成上级任务是造成瞎规划、乱规划的客观原因，那么导致这一问题的深层原因、主观原因则是我国行政领域官僚决策的积习——以领导的个人想法替代科学的规划过程，以行政目的僭越了儿童发展的目的，这是对科学办教育的抛弃，更是对依法治国精神的违背。

问题三："一刀切"的行政思维导致无法因地制宜开展科学规划。

办园布局规划是一项"因地制宜"的工作，需要在管理上给予其一定的弹性空间。课题组研究发现，一些学前教育的规章制度以"一刀切"的方式硬性将办园细节规定得过死，造成了办园规划和这些规定产生矛盾，工作人员无所适从,致使合理的规划工作无法开展。

> 我们这里新建幼儿园面积要求十亩地以上,镇中心园已经建成了,但是我们现在需要大量建设的是村园。村里本来人少,生源有限,这个面积要求就必须集中周边几个村(一起办园),这与为孩子提供(就近)服务又不相符了,所以是不是能灵活一些。
>
> ——J省G县乡镇干部访谈

> 我们要求省优创建率要达到60%—70%,没有6个班就不能验收省优,而我们县里面主要是村办学点,这些任务是不可能完成的。
>
> ——J省B县干部访谈

无论是对幼儿园面积的要求还是对创办优质幼儿园的规定,都是有其适用范围的,对于那些能解就近入园之困、不需要大规模园所的地区来说,如果固守原来的所谓规定,学前教育的效益会不升反降。这就要求做好配合规章制度的解读工作,让执行者明确制度的适用范围与弹性空间;同时,强调在进行幼儿园布局规划时要具有儿童意识,从满足幼儿教育需求的立场出发来做出决策。

二、办园布局规划的设想与建议

(一) 对布局规划的基本构想

由于我国国土辽阔、人口众多、区域差异大,幼儿园布局规划必须与各地的具体情况相结合,因此我们无法提出一个通用性的标准或模型,但对办园布局规划中基础性、普遍性的问题加以澄清与规范,对促进我国幼儿园布局合理化大有裨益,故此我们尝试对办园布局规划的方针、原则、理想格局提出构想。

办园布局规划的基本方针:以幼儿发展为本。即在规划中必须优先考虑幼儿的基本利益和成长需求,一切思考与行动的最终指向都是为了增进幼儿的福祉,当出现园所布局规划的种种问题与幼儿权利相矛盾时,首先要保障幼儿合法权益。

办园布局规划的基本原则:

统筹设计、综合考虑——将办园布局纳入城市、城镇建设规划,统筹设计,综合考虑地理环境、人口密度、人口发展趋势、交通条件、周边环境等因素,合理布点。

公平优先,兼顾效益——布局规划应促进学前教育供给的均衡与公平,兼顾合理的规模效益和社会效益,避免资源浪费。

专业论证,因地制宜——以教育发展的基本规律与原理引导规划工作,结合地区具体情况灵活调整办园布局。

就近入园,方便接送——园所布局应尽量实现幼儿就近入园,地理位置上方便家长接送幼儿,不对公共交通造成较大干扰。

办园布局的理想格局:调整办园布局是为了满足广大幼儿及其家庭对具有质量保证、收费合理的学前教育的需求,推进学前教育的均衡与公平,实现全体幼儿身心健康成长。通俗地说,我国理想的幼儿园布局是能保障幼儿就近享受到合格、普惠的学前教育。

(二) 优化办园布局规划的对策

1. 科学统计与预测服务范围内人口变化情况,健全城市流动人群学前子女登记系统

规划中应该予以考虑办园主体、地理环境、园所位置、办园规模、服务半径、背景条件等多种因素,其中,服务人口覆盖半径是首要考虑因素[①],其前提是能够明确服务范围内人口增减趋势。当前生育政策调整导致的人口数量的增减、城镇化进程的加快、适龄生源不断随户籍管理的松紧在

---

① 李彬彬,葛文怡,吴玲.农村幼儿园布局调整的原则及路径[J].教育研究,2017(4).

"市""镇""乡"中流动等因素给城郊接合部以及农村学前教育布局带来了不小的挑战,对生源供给缺乏精准把握,对生源情况把握不准确,必然会导致幼儿园布局的失策。因此,布局规划需要教育、计生、公安、统计等相关部门协同合作科学预测人口变化情况,比如,健全流动人口子女登记系统,以数据为依据进行幼儿园布局规划,避免资源闲置浪费,避免出现资源严重不足导致的大规模幼儿园、大班额现象。

流动人口一直是各地准确掌握幼儿人数的难点群体。根据《外来人口管理条例》规定,公安部门只要求对16—48周岁的外来流动人口办理暂住证,而没有要求对16周岁以下的流动儿童进行登记,因此各地便难以摸清流动儿童的确切数量,教育行政部门对流动儿童的教育需求难以做出准确判断,缺少规划园所布局的重要信息。对此,流入地政府可建立包括农民工子女在内的大口径的流动人口统计方法,将随迁幼儿纳入到各地区教育统计的基础人口之中。同时,定期进行人口变化趋势预测,为调整办园布局提供依据。

2. 研制幼儿园布局规划的基本规范与要求,形成新建(改扩建)园过程中的多部门多专业人员审议论证制度

国家及各省应抓紧研制幼儿园布局规划的相关规范,对各地的办园布局规划加以要求,以便规划工作有章可循、有据可依。规范的研制应委托有学前教育、城市规划与建设、建筑、人口等行业专家参与的专门队伍进行,政府及其相关职能部门应予以积极配合;规范研制以科学、适用为基本原则,必要时应针对其中的关键问题开展研究,确保规范与要求能够实现对地区办园规划的科学引导。

教育、规划、建设等部门以及学前教育专业人员(特别是园长)都要始终参与其中。在实践中,我们发现不少地方出现了幼儿园结构不合理、不实用的问题,不能很好地满足保教活动的需要,造成资源利用率不高甚至

浪费，有的教训相当惨重。幼儿园位置的选择、园舍结构、空间布局、户外场地、一草一木等都要进行审议论证，要符合幼儿园的办园规律和教育教学活动的需要。

3. 千方百计地扩大学前教育资源供给，特别重视相应资源统筹

学前教育资源是决定幼儿园分布状况的基本物质条件，就全国学前教育需求现状及预期来看，资源总体上仍显不足，特别是有质量保证的普惠性资源严重短缺。继续扩大学前教育增量资源，提升存量资源品质，满足公众对质量合格、收费合理的学前教育的需求，是解决当前幼儿园服务半径过大、规模过大的根本办法。

在学前教育资源不足的情况下，除积极新建幼儿园外，还应科学利用中小学布局调整后的富余校舍，将其改建为幼儿园，从房舍用地上先确保学前教育公共资源的布点满足公众对普惠性、有质量的学前教育的需要，以不断扩大学前教育资源总量。校舍改建是一项有关幼儿身心健康发展的重要工作，必须进行专业化的设计和建设，坚决杜绝安全隐患，确保改造工作按照专业标准实施，最大化地满足学前教育需求。

幼儿园布局规划不仅要寻求最优空间布局，还要寻求最优价值布局；不仅要面临当前布局与未来布局的协调，还要面临经济效用、社会效用和教育效用的协调。① 因此，布局规划不仅仅是园舍的选址与建设，还要对教师资源、设施设备等教育教学资源进行相应的统筹安排，特别是要有稳定、有质量的教师资源的配置。合理的资源统筹能够保障幼儿园布局规划的科学性和学前教育资源的可及性。

4. 严格控制幼儿园规模

办幼儿园不能单纯追求规模，更不能将此作为评价幼儿园的指标。盲

---

① 傅维利，刘伟.学校规模调控的依据与改进对策[J].教育研究，2013(1).

目追求规模建设幼儿园,不仅会造成幼儿难以就近入园,容易带来安全问题,而且不利于提高保教质量,不利于给孩子提供足够的空间和保护。各地在新建、改扩建幼儿园的过程中,应当更加关注幼儿园规模的适宜性,理性规划,科学设计,最大限度方便群众,减少安全隐患,确保质量。各地在编制学前教育发展规划中,应严格把关,既要关注幼儿园的空缺,也要关注幼儿园规模。幼儿的身心发展特点决定了幼儿教育需要特殊的环境:宁静、自然、充满活力、有足够的空间和足够的物质资源。因此,必须限制幼儿园班级规模。我国对幼儿园班级规模的要求是不大于12个班,要积极倡导在多渠道增加学前教育资源的过程中,努力增加12个班级以下规模的标准幼儿园,为幼儿就近入园、享受足够的教育资源创造物质条件。①

5. 开展合格村办园建设工程

江苏省已开展多年的农村合格幼儿园建设工程收效明显,在省政府的督促和奖补措施之下,县乡政府投入了大量资金用于改造园舍,使农村幼儿园办园条件得到极大改善。由省政府所配备的保教设备解决了幼儿园的燃眉之急,不仅质量有保障,而且为幼儿园创建省优质园节省了大量资金。这一经验值得推广。事实上,村办园的保留既符合就近入园的要求,也可以对目前班轨数偏大的乡镇中心园进行分流。针对村办园条件差、规模小、师资缺乏的现状,由国家和省两级财政给予一定的资金支持以及设施设备的配备,开展合格村办园建设工程,能够较好地改善村办园的办园情况,优化村镇办园格局。

6. 配合规划设计意外问题的应对方案

由于园所布局规划的实施过程存在一定的不可控性,难以保证每个规划都能取得或保持最佳效果。例如,由于企业迁址造成的人口流失,可能

---

① 根据虞永平《警惕盲目追求办园规模的冲动》一文修改,该文刊登于《中国教育报》2012年4月22日第1版。

导致其附近幼儿园生源骤降濒临闲置。针对此类潜在风险及问题,我们建议在制订规划时即予以预估,并提出预防或处理的预备方案,以尽量减少损失。

7. 借助相关技术工具辅助进行布局规划

地理信息系统(Geographic Information System,简称GIS)是支持空间数据的采集、管理、处理、分析、建模和显示,以便解决复杂的规划和管理问题的计算机化的数据库管理系统。经过几十年的迅速发展,GIS已成为规划中重要的信息管理和分析工具。GIS在公共服务设施规划和布局优化中,可将人口分布、资源配置、地形特点、交通条件和环境影响等各种因素融入分析评价模型进行公共服务设施的最佳布局与规划。因此,将GIS科学地运用到布局规划的描述、分析、预测中,并提出合理的优化建议,来辅助公共服务设施的规划,不仅有助于改进现有的方法,也能够充分利用信息技术提高效率,提高幼儿园布局规划的科学性。

(三) 确保小区配套幼儿园的公共属性

小区配套幼儿园具有公共属性。小区配套幼儿园是小区基本公共服务设施,无论土地是商业用地还是划拨土地,无论建设经费是出自开发商自有资金还是居民购房经费,无论土地出让协议中是否约定建设幼儿园,小区配套幼儿园的基本属性都是公共性的。正因为它具有公共性,与民生紧密相关,才需要加强规划和建设。居民买房,也一定会选择公共设施和条件,公共设施的完善程度与购房者的购买意愿甚至跟房价是联系在一起的,有些配套幼儿园甚至是在牺牲居民公共空间和小区合理容积率等的情况下建起来的。因此,小区配套幼儿园承载着居民的入园愿望,它不是开发商为个人需要所建的私宅,而是获得规划认可的公共服务设施,具有明显的公共属性。

小区配套幼儿园具有公共服务职能。小区配套幼儿园具有公共性,是满足小区居民入园需要的公共服务设施,因而具有提供教育服务的基本职能。如果各地能依法依规建设好配套幼儿园,广大群众的入园愿望就能实现。反之,小区就难以实现学前教育服务的功能。我国1993年颁布的《城市居住区规划设计规范》就要求居住人口为7 000—15 000人的小区,教育用地面积为1 000—2 400平方米,应配建幼儿园。2018年颁布的《城市居住区规划设计标准》则指出,五分钟生活圈以上级别的居住区配套设施必须包括幼儿园。《中华人民共和国城乡规划法》明确了城镇的建设和发展,要优先安排幼儿园等公共服务设施的建设。因此,小区配套幼儿园是公共服务设施,是居民共享的就近、便利的基本公共服务。政府的政策和规章充分保障了小区学前教育功能的实现,保障了居民享有接受小区配套幼儿园提供的教育服务的权利,也保障了教育公平。

  政府监管是维护小区配套园公共性的决定性因素。由于多种原因,小区幼儿园的情况比较复杂,影响小区配套幼儿园公共性得以彰显的因素有很多,其中最具决定性的因素是代表广大人民群众利益的政府。一方面,政府通过规划审批和监督落实,确保小区配套幼儿园规划到位,建设到位,以不断增加学前教育公共资源。尤其是政府通过土地划拨,建设有政府享有所有权的配套园,举办公办幼儿园或委托举办普惠性民办幼儿园,从根本上确保小区配套园的公共性,确保提供足够的公共服务;另一方面,政府通过各种措施加强对小区配套园的管理,防止将小区配套园建成高收费幼儿园,确保其公益普惠性质,确保其提供有质量的服务,彰显其公共服务的属性,避免因高收费导致新的"入园贵"和"入园难"。因此,政府有责任也有能力最大限度地维护广大居民的利益,不断扩大公益普惠、安全优质的学前教育资源。

第四节　明晰政府主导的多元办园主体权责

我国目前主要的办园主体可粗略划分为政府、社会、市场三种类型，但在具体层面上，这三类办园主体衍生出了多个微观主体，而且三类主体在办园上还存在多种协作关系，反映出我国办园主体的复杂性。由于办园体制在新中国成立以来经历了从政府权威型的一元主导到政府主导的一主多元的发展，一些幼儿园原有的办园主体在体制改革中发生了变更或者性质发生了变动，导致办园主体模糊不清，办园责任与权利得不到合理划分，需要在体制层面上推进改革。

一、当前办园主体存在的主要问题

（一）办园主体模糊不清，产权关系不明确

在我国目前的办园体制下，有相当一部分幼儿园的举办者主体模糊不清，一方面给幼儿园的性质划分带来了困难，另一方面造成幼儿园产权不清晰，继而导致管理上的混乱。目前存在这一问题的主要是以下几类幼儿园：

1. 城市公办性质幼儿园的办园主体不清晰

这里的公办性质幼儿园，是指介于民办幼儿园与公办幼儿园之间，由全民所有制企事业单位、集体所有制单位举办，并以差额拨款或自收自支为特征的幼儿园。这类幼儿园如果被笼统视为"公办园"，会掩盖其与"教办园"在实际运行中的差异性，如果称之为"社会力量办园"则容易忽略其历史发展中的"公有色彩"。这类幼儿园的具体办园主体主要是各类国有企事业单位、机关等，但由于这些幼儿园办园主体带有明显的"公"的色彩，因此，政府实质上也是这类幼儿园的"隐性"办园主体，但这一隐性主体极易被忽视。对于这些幼儿园而言，由于经济体制的改革以及国有企业改制

等一系列改革,使得原本看似清晰的办园主体逐渐变得模糊,名义上的办园主体和实质上的办园主体之间存在一定的偏差。

(1) 单位办园

虽然单位办园经过"关、停、并、转"之后,在数量上已经大为减少,目前仍然存留着的部分单位办园是公办幼儿园的重要组成部分,然而,由于外部制度环境的变化,很难清晰地界定这些幼儿园的办园主体。一方面,这些幼儿园具体的办园主体主要是国有企事业单位、政府机关等,这些主体都带有或浓或淡的"公"的色彩,在历史上,这类办园主体都或多或少动用了国家的财政资源。早在新中国成立初期,工矿、企业、机关、部队就是城市学前教育的重要组成部分,这些单位组织举办的幼儿园,与教办园相比,虽然使用的并不是财政性教育经费,但其经费来源仍然是属于政府投入的财政性经费。以企业为例,初期主要是通过列入"营业外"开支由国家财政按照计划拨付,除此之外还有来自职工福利费的补贴。从这个角度而言,说单位办园的实质办园主体是政府也不为过。

但另一方面,这类幼儿园与教育行政部门直接举办的幼儿园又有所不同,这些单位办的园所的资源获取几乎主要依赖于其所依附的单位,它们能够在多大程度上体现出"公办"的特色主要取决于其所依附的单位的性质。一般而言,所有制身份与行政等级身份影响着单位获取资源的能力,全民所有制单位相比集体所有制单位获取资源的能力更强,这也会造成单位办园内部在"公办"色彩的保留上有着明显的差距。尤其是随着市场经济体制改革以及国企改制,企事业单位办园的管理和筹资方式发生变化,有相当一部分幼儿园被"关、停、并、转"为民办性质,一些企事业单位借转制之名停止或减少对单位幼儿园的投入,即使得以保留下来的这部分幼儿园,有的也很难从主办单位那里获得相应的资金扶持。

课题组在 S 省 Y 市调研了 8 所企业办园,这 8 所企业办园有的仅能从主办单位获取少量的投入,有的则完全属于自收自支,甚至还需要向单位缴纳一定的房租。而在 S 省 A 市调研了几所高校附属幼儿园,其办园情况也各不相同。例如,调研的 SY-01 号幼儿园,是 20 世纪 50 年代建设的幼儿园,在国有企业蓬勃发展的时期幼儿园也得到了良好的发展,但在企业改制过程中幼儿园遭遇了诸多难题,办园主体一直未明确。该幼儿园的园长在接受访谈时提到:

改制时,领导说你来经营,37 个正式工,资金困难,还要交 8 万折旧费,企业给 5 万补贴,实际上幼儿园每年付企业 3 万元。幼儿园水电按门面价格收取。

……

企业没有给过任何资助,只在 2007 年"六一"时给过 1 000 元。

……幼儿园现在使用的水、电都是按照商业用收费的。

从这个角度而言,似乎该幼儿园实质的办园主体已经不是原有的单位,与一般的个人举办的民办幼儿园在形式上没有明显区别。但事实上"幼儿园在人事、财务方面都没有独立,集团每月派人来收费,幼儿园不直接收取保教费"。不仅如此,这所幼儿园的收费也仍然是按照公办幼儿园的收费标准收取。

(2) 集体办园

新中国成立以来,集体办园一直是我国学前教育事业的重要组成部分,但集体性质幼儿园的办园主体很难说清,始终存在产权性质不清晰的问题,导致这些幼儿园在发展中面临许多阻碍,数量和质量都有一定的下滑。

从产权角度来看,集体性质幼儿园从诞生之初就存在产权不清晰的问题。从控制权来说,集体性质幼儿园起初主要是由街道或者妇联主管,土地、房舍均属于公有资产,其控制权属于国家,从这个角度,政府在一定程度上也能算作集体幼儿园的办园主体之一。但如果追溯这些集体性质幼儿园的办园历史,会发现多数的集体性质幼儿园从一开始就是由群众自发兴办,并且自筹资金维持运营,缺乏来自政府的财政性资金投入,因此其实际上是"群众自己办"。然而由于缺乏控制权,在土地、房舍等方面带有公办色彩,集体性质幼儿园目前在缺乏财政投入的情况下仍然被划分为"公办幼儿园",并按照公办幼儿园的政府指导定价收取保教费。这造成集体幼儿园的办园主体陷入模棱两可的境地,也给集体幼儿园的发展带来了不良影响。

2. 城市小区配套幼儿园的产权归属不明确

学前教育"国十条"要求,"城镇小区没有配套幼儿园的,应根据居住区规划和居住人口规模,按照国家有关规定配套建设幼儿园。新建小区配套幼儿园要与小区同步规划、同步建设、同步交付使用。建设用地按国家有关规定予以保障。未按规定安排配套幼儿园建设的小区规划不予审批。城镇小区配套幼儿园作为公共教育资源由当地政府统筹安排,举办公办幼儿园或委托办成普惠性民办幼儿园"。2019年《国务院办公厅关于开展城镇小区配套幼儿园治理工作的通知》中再次强调小区配套幼儿园的建设和移交问题。但在实际中,当前小区配套幼儿园举办者主体往往不清晰。本应当无偿移交政府,并由教育部门统一进行配置的园舍,常常被开发商私自出租给办园者,或挪作他用。尤其是一些小区配套幼儿园已经被开发商自行开设,教育部门在实际回收产权过程中难以行使相应权利。这些"建了不交"的幼儿园往往被开发商对外出租,租金的攀升导致办园成本攀升,直接导致"入园贵"。而有些小区,规划部门明确要建的配套幼儿园,开发商在小区建设完成之后,却不同步建设幼儿园,导致小区居民子女"入园难"。除了"建了不交""应建未建"以外,一些交付使用的幼儿园也不达标,在开办之前,还需要教育部门再次投入资金进行维修或装修,造成了极大的浪费。

从性质上看,大部分小区配套园是一种成本分担的混合制幼儿园,其办学自负盈亏,但又依赖政府提供的低价或无偿的园舍,因而区别于改制公办园与普通民办园。其资产来源中,办学场地和设施由政府提供,开发商需将小区配套园园舍的产权无偿移交政府,再由政府作为公共教育资源统筹安排,或举办公办园或委托办成普惠性民办幼儿园。[①]

然而,当前我国现有的法律法规对于开发商与政府之间产权移交的规定较为模糊,实际建成的小区配套幼儿园到底是属于公办性质还是民办性质,移交产权的期限是多久,应当全部移交还是部分移交,均没有进行详细的规定,这给小区配套幼儿园的建设与移交带来了一定的麻烦。

(二) 办园主体责任与权利划分模糊

如前文所说,虽然我国的办园主体类型多样,但大体可划分为政府、市场、社会三大类。目前对这三类主体的责任和权利划分仍然存在许多模糊不清的地方,主要体现在公办性质幼儿园和普惠性民办幼儿园上。

1. 公办性质幼儿园中的政府与社会

公办性质幼儿园的发展历史决定了政府与社会二者都是其重要的办园主体。但是由于长期以来的政企不分、政社不分,国家与社会高度重合,几乎没有社会力量存在的空间。在公有制占有绝对地位的时期,各类幼儿园缺乏成本概念,虽然各类单位组织在幼儿园的举办中承担了人、财、物的组织与协调工作,但其背后仍然有强大的国家资源做保障,因此公办性质幼儿园本质上还是由政府举办。随后的一系列改革特别是单位制的改革使国家与社会的关系从基本重合开始走向逐渐分离,释放出了一定的社会

---

① 余晖. 小区配套幼儿园产权之争背后的博弈[N]. 中国教育报. 2012-10-14.

空间,但是由于"强国家、弱社会"的现象仍然存在,社会无法短时期内快速发展,单位办园也未真正过渡到社会办园。

公办性质幼儿园在改革过程中通过"关、停、并、转"的方式数量大大下降,然而保留下来的公办性质幼儿园既难以获得来自单位的投入也难以获得政府的资助。课题组在调研过程中发现,目前保留的这些公办性质幼儿园,虽然名义上仍然为公办幼儿园,收费也严格按照政府指导定价,但其实质上的服务功能已经发生了较大的变化,原有的体制在已经变化的制度环境中就带来了许多障碍。

首先是单位福利和公共服务之间的关系协调问题。① 在调研过程中,课题组发现在公办性质幼儿园内部存在明显的差异,一些幼儿园仍然能够从主办单位或者政府那里获得较为充足的经费投入,而一些幼儿园在经费方面则捉襟见肘。尤其是原有的条块分割的学前教育财政投入体制已经造成经费投入的部门化,在财政投入总量有限的情况下,这部分公共财政仅能满足少部分群体的需要,损害了学前教育的公益性和普惠性。事实上,公共财政应当以增进绝大多数社会成员的公共利益为宗旨,应当以满足社会成员的公共需要为目标。学前教育作为建设社会主义和谐社会的重大民生工程,必须处理好公办性质幼儿园中单位福利与公共服务的关系。但显然,在社会福利制度尚未完全建立时,以"休克式"疗法切断这部分单位办园的财政投入显然会造成公办优质资源的流失,未来必须适度打破体制机制中原有的障碍,逐步建立更为顺畅的财政投入体制,增加公共财政投入的总量,扩大公共财政的受益面,利用公共财政增加公益性、普惠性幼儿园的覆盖范围。

其次是如何协调政府与社会在公办性质幼儿园中的投入责任。在保

---

① 江夏.部门办园如何走好发展"平衡木"[N].中国教育报.2012-9-16.

留的这部分公办性质幼儿园中,有些幼儿园师资、房舍、玩教具等软硬件设施均无法得到保障,直接影响了幼儿园的保教质量,部分幼儿园甚至连最基本的生存都无法维持。以课题组在J省J市G区所调查的18所单位办园为例,不同单位办园在政府投入以及主管单位投入方面差异较大。在这18所单位办园中,政府机关办园和部队办园的经费较为充足,而企业办园的经费较为紧张,多数单位办园的政府投入与单位投入之和在全部经费来源中的比例都低于8%,其收入来源主要为家长缴纳的保教费。这说明有相当一部分单位办园的办园主体根本没有履行相应的投入责任,而政府对这些幼儿园也没有起到相应的扶持作用。

鉴于目前许多单位举办的幼儿园实际服务对象已经不仅仅局限于单位职工,而是面向社会招生,政府理应给予一定的补贴。以J省J市的多所企业幼儿园为例,由于青年职工数量的减少,许多幼儿园目前的招生已经不局限于单位内部,而是面向社会招生,这样一来主办单位投入的经费并不完全用于单位职工福利,因此,一些主办单位不再愿意继续投入。但按照目前"谁举办,谁投入"的办园体制,这些幼儿园又很难再从政府那里获得稳定的投入。

在课题组的访谈中,一位企业负责人这样说:

我个人觉得政府应该给予补贴,或者说是扶持,因为企业办幼儿园承担了社会责任,帮助政府分担了一部分负担,政府应该扶持。至少扶持的力度应该大于私立的幼儿园,像我们现在收费完全按照公办园收费标准,不像私立园可以放开收费,政府又不给补贴,幼儿园生存的压力很大……后勤社会化之后,并没有从根本上解决"入园难""入园贵"的问题,教师的积极性也没有得到提高,所以说政府还是要给予企业办园一定的扶持和帮助。

再次是部分单位责任缺乏约束,将公办性质幼儿园转变为经营性产业。按照学前教育"国十条"的表述,学前教育是国民教育体系的重要组成部分,是重要的社会公益事业。然而在调研中我们发现有部分单位要求其管理之下的幼儿园要向主办单位缴纳房租,有的单位还要求幼儿园每年要按照一定额度上缴费用,甚至为幼儿园定下创收指标,将幼儿园完全视为营利性产业运作,违背了其社会公益事业的性质。

少数公办性质幼儿园之所以在发展中出现这样的矛盾,主要是办园的定位出现了严重偏差,而举办主体的责任又难以得到约束。单位办园和单位的医院、食堂等机构一样,过去一直被定位为后勤保障服务,由单位包办。在后勤社会化改革过程中,这些服务逐渐从事业型的养人办后勤向企业型的用人办后勤转变,单位不再全部包办。目前仍然与主办单位保持隶属关系的部分幼儿园,一般归属单位内新组建的后勤公司管理。后勤公司的性质是企业,运转思路是打破原有的计划经济体制,按照市场经济原则进行运营,对于餐饮、交通等带有明显商品属性的业务而言,这样的思路尚有可行之处,然而对于幼儿园而言,这样的管理思路必然面临经营性产业和公益性事业之间的矛盾。幼儿园,归根到底是一个教育实体,而不是一个企业实体,公益性是其内在属性,不能过多地要求投入的高回报,一旦作为营利性产业运营,就迫使幼儿园缩减成本,提高收费,这样不仅增加了家庭负担,幼儿园也难以提供有质量的服务,不利于解决当前存在的"入园难""入园贵"问题。

2. 普惠性民办幼儿园中的政府与市场

普惠性民办幼儿园作为新一轮学前教育体制改革中的新兴产物,主要协调的就是政府与市场二者的关系,从各地开展的探索与实践中,可以发现普惠性民办幼儿园发展中政府与市场的权责关系面临以下突出的问题。

第一是普惠性民办幼儿园的举办者是否真正遵循市场伦理?

市场虽然看起来是以利润为驱动力的,然而市场本身也是需要伦理的。公平竞争、诚实守信,在市场规则和法律许可范围内行动,这些都应当是市场主体所应该遵守的伦理法则。按照普惠性民办幼儿园最初设立的目的,这类幼儿园应当在保证基本质量的基础上,为家长和幼儿提供较为优惠的学前教育服务,政府给予普惠性民办幼儿园的各类优惠和补贴都应当是致力于提供普惠性学前教育服务的。然而,从现有的普惠性民办幼儿园发展过程中,可以发现有部分普惠性民办幼儿园所获得的政府财政补贴没有得到妥善监管,本应用于提供服务的资金被以各种形式截留到私人腰包。一些普惠性民办幼儿园在降低收费的同时也降低了教师工资待遇,实际上通过压缩人员支出来降低办园成本,其实质是牺牲质量换取低收费。这些做法都违背了设立普惠性民办幼儿园的初衷。

第二是政府如何有效落实监管与投入的双重责任?

从中央政府层面而言,为了落实学前教育"国十条",中央政府不仅出台了相关扶持性措施,而且在中央层面展开了一系列行动,在学前教育"国十条"中规定:"鼓励社会力量以多种形式举办幼儿园。通过保证合理用地、减免税费等方式,支持社会力量办园。积极扶持民办幼儿园特别是面向大众、收费较低的普惠性民办幼儿园发展。采取政府购买服务、减免租金、以奖代补、派驻公办教师等方式,引导和支持民办幼儿园提供普惠性服务。民办幼儿园在审批登记、分类定级、评估指导、教师培训、职称评定、资格认定、表彰奖励等方面与公办幼儿园具有同等地位。"同时,对小区配套幼儿园的办园方式也作出规定:"城镇小区配套幼儿园作为公共教育资源由当地政府统筹安排,举办公办幼儿园或委托办成普惠性民办幼儿园。"而中央财政也安排"扶持民办幼儿园发展奖补资金",根据各地扶持普惠性、低收费民办幼儿园发展的工作实绩给予奖补。

但从地方政府的角度而言,各地出台的政策关注点都不尽相同,目前最核心的问题集中在普惠性民办幼儿园的认定标准是什么?普惠性民办幼儿园的补贴方式如何？普惠性民办幼儿园的资金状况以及质量如何得到有效监管？一些地区在认定普惠性民办幼儿园的标准上过于强调低收费而忽视了基本质量的保证，由于没有建立有效的监管机制，部分地方政府在给予民办幼儿园补贴之后疏于管理，导致财政经费的效率大大降低。在课题组调研中我们也发现，民办园举办者和家长对于普惠性民办幼儿园政策各有担忧。举办者担心，当其举办园被界定为普惠性民办园后能否收回成本、办园是否还有收益；家长也存在质疑，发展普惠性民办园会不会使政府的钱全部落入私人老板的腰包里，而老百姓却没有得到实惠？因此，对普惠性民办园的监管和评估要考虑到上述两类利益主体的疑虑。实际上，就我国的现状来看，民办幼儿园获取利润是许多个人或组织举办幼儿园的主要目的，几乎没有民办幼儿园会放弃利润而仅提供公益性保教服务。因此，要处理好民办园获取合理利润与提供公益性保教服务的关系。

集中于普惠性民办幼儿园的这两大问题实际上反映出政府与市场各自的责任与权利没有得到清晰的划分，也没有得到明确的落实，这也是现有法律和制度尚未完全解决的问题，在办园体制改革过程中需要通过制度建设加以完善。

（三）办园主体资质要求不明确

虽然近年来民办幼儿园如雨后春笋般冒出，然而有相当一部分幼儿园缺乏必要的办园资质，现有的法律法规虽然对幼儿园的设置提出了基本的规范，但对办园主体的资质认定仍然存在一些漏洞。

按照《幼儿园管理条例》的规定，举办幼儿园的基本条件包含了选址安全、基本保教设施要求以及人员配备要求，但在举办者资质方面表述较为模糊，仅限定"幼儿园园长、教师应当具有幼儿师范学校毕业程度，或者经教育行政部门考核合格"，"举办幼儿园的单位或者个人必须具有保育、教育以及维修或扩建、改建幼儿园的园舍与设施的经费来源"。这里的园长资质仅关注学历,而对举办者的要求则更集中于硬件条件的完善和资金的充足性。在实际申请办园的过程中,相关部门主要是通过举办者送交相应材料审批而对办园者资质进行审批,这些材料主要还是集中在举办者的姓名、住址等身份信息。但是从现有的办园实际来看,部分幼儿园实际的举办者缺乏必要的教育质量观,将幼儿园作为"不冒烟的工厂",忽视了其作为教育机构的公益性特征,一味追逐利润。一些举办者自身并不了解学前教育,但却能够担任园长,负责幼儿园的具体事务;一些举办者即使聘请了园长管理教学事务,但园长缺乏必要的办学自主权,实际上仍然难以贯彻办园思想。

实际上,园长作为履行幼儿园领导与管理工作职责的专业人员,作为幼儿园改革与发展的带头人,担负着引领幼儿园和教师发展的重任,应该由具备一定资质的专业人员担任,而不应该简单由举办者个人担任。

二、规范办园主体的基本设计

(一) 明确界定政府与市场的责任边界

政府与市场之间的责任关系是一种复杂的动态关系,但这种复杂关系之中,首要的是界定清楚政府的责任,政府责任的履行是市场责任履行的基础性条件和保障性条件。

就我国而言,服务型政府的建设要求政府要推进以保障和改善民生为重点的社会建设,健全基本公共服务体系,作为目前与群众利益密切相关,直接影响儿童、家庭幸福以及整个社会发展的民生工程,学前教育的发展必然属于政府的职能范围。政府需要承担主导性的责任来保障全体公民平等地享有有基本质量的公共服务。应将政府主导通过法律途径确定下来,应坚持基本普及学前教育的目标,坚持学前教育的公益性和普惠性,坚持学前教育的非营利性特点,调动各方面的积极因素,满足不同群体对学前教育的需求。政府对学前教育的整体发展要起到方向把控作用,力量组织作用,以及主要投入者的作用,应力求让更多的学前儿童享受到政府财政的支持。具体而言,政府要依法大力发展学前教育机构(主要是指幼儿园),并为学前教育的开展和学前教育质量的提升创造良好的条件。学前教育机构是学前教育的实施机构,必须坚持依法治教,坚持国家的教育方针,坚持机构准入、教师准入和课程准入的要求,遵循学前儿童身心发展的规律,政府有义务不断提升幼儿园的教育条件和师资质量,保障学前儿童的身心健康发展。

需要指出的是,这里履行政府责任并不一定是指承担直接举办幼儿园的责任,无论哪一种幼儿园类型以及具体的办园主体是谁,政府在幼儿园的举办过程中都应给予必要的投入、监管等。即使是主要依靠市场机制运行的民办幼儿园,也同样需要政府做好必要的质量监管,通过一系列制度的设计与建设,以直接或间接的方式保障幼儿园的基本质量。

对市场而言,虽然可以在学前教育资源配置中起到一定作月,并通过竞争机制使质量达到一种可能的优化状态,但由于学前教育本身有一定的迟滞性效应,加上严重的信息不对称,市场机制也会发生严重的失灵。而且由于外部环境的因素,政府对市场监管不力,对民办学前教育管理体制不顺,作为市场机制的核心,契约精神在我国的学前教育供给中时常出现受损,导致民办学前教育市场运转无序。因此,根本上还需要政府加强对民办学前教育特别是普惠性民办幼儿园的支持和监管力度[①],引导市场在合理范围内发挥自身的重要角色,提供多样化的学前教育服务。

(二) 明确办园主体的资质

一所幼儿园的实际办园者决定着幼儿园发展的方向及其服务理念,在一定程度上决定着办园的质量。在当前应强调出资者与实际的办园者之间的不同,要明确幼儿园园长的专业资质,严格审核办园者资质。英国

---

① 王默,秦旭芳.不同利益主体视野下的普惠性幼儿园发展思路——基于辽宁省三市的实证分析[J].现代教育管理,2015(6).

2006年颁布的《儿童保育法案》中就要求:任何人想要提供早期保育必须经过注册,注册一般会涉及的重要事项包括提供早期保育的人员、需要保育服务的儿童、早期保育服务的特征、提供服务的处所、提供服务的时间、所提供的服务安排,对违反规定提供保育服务的个人和机构,行政督察有权采取强制措施终止其行为。我国的《幼儿园管理条例》与《幼儿园工作规程》均对办园者有一定的要求,但目前仅有基本的学历等要求,在专业性的保障上还需要进一步加强立法规定,并严格执行。

我国台湾地区出台的《幼儿教育与照顾法》中第18条规定,幼儿园除公立学校附设者及分班免置园长外,应置下列专任教保服务人员:

- 园长。
- 幼儿园教师、教保员或助理教保员。

另第19条规定,幼儿园园长除本法另有规定外,应同时具备下列各款资格:

- 具幼儿园教师或教保员资格。
- 在幼儿园(含本法施行前之幼稚园及托儿所)担任教师或教保员五年以上。
- 经直辖市、县(市)主管机关自行或委托设有幼儿教育、幼儿保育相关科系、所、学位学程之专科以上学校办理之幼儿园园长专业训练及格。

前项第二款之服务年资证明应由服务之幼儿园开立,或得检附劳工保险局核发之劳工保险被保险人投保证明文件,并均应经直辖市、县(市)主管机关确认其服务事实。

第一项第三款之专业训练资格、课程、时数及费用等相关事项之办法,由中央主管机关定之。

从这些条文中可以发现对园长的任职标准有着明确的规定,除了基本的学历要求之外,还需要有一定的专业训练及服务经验要求,凸显了园长作为引领幼儿园发展的核心角色,从立法的角度加以界定更加保障了园长专业性。

教育部目前已经出台了《幼儿园园长专业标准》,明确了园长是履行幼儿园领导与管理工作职责的专业人员,初步明确了办园者的专业资质。《幼儿园园长专业标准》详细陈述了幼儿园园长专业素质的基本要求,是引领幼儿园园长专业发展的基本准则,是制定幼儿园园长任职资格标准、培训课程标准、考核评价标准的重要依据。在未来一段时间内,相关部门应当严格对照《幼儿园园长专业标准》审核幼儿园园长任职资格,完善幼儿园园长选拔任用制度。而从更为长远的角度来看,及早从立法角度清晰明确办园主体的资质,才能从根本上保障办园主体的规范性。

第五节 强化规范、促进发展的准入制度

教育是一代人对另一代人甚至很多代人产生影响的一项伟大事业,它不仅影响每个人的一生,更影响一个国家、一个民族的发展。因此,不是所有愿意举办幼儿园的个人或组织都可以踏足学前教育领域,不是所有成为教师的人员都可以担负学前教育的教育工作,也不是所有的知识都能成为幼儿园课程。树立准入意识、坚持准入标准、完善准入制度是我国学前教育的必然选择。《规划纲要(2010—2020)》提出,政府应"制定学前教育办园标准,建立幼儿园准入制度",加强幼儿园准入管理。

一、幼儿园准入制度存在的问题及其分析

(一) 准入制度的法制化程度不足

顾名思义,准入制度就是允许进入某领域或地方的法律或法规。幼儿

园举办准入制度,简称办园准入制,是为了保障学前教育的基本质量,对具备规定条件的举办者从事举办、经营、管理幼儿园资格的许可。理论上,办园准入制属于行业准入,是国家或地方对幼儿园从业资格的确立、审核和确认的法律制度,包括幼儿园举办资格的实体条件和取得举办资格的程序条件,其表现是通过确立法规,规定举办幼儿园的条件及取得程序,并通过审批和登记程序执行。随着教育法治化进程的推进和近年来学前教育事业的不断规范,目前我国的办园准入意识开始形成,多数地区制定了相应的标准,但其法制化程度相对较低,其中许多关键问题尚待明确。

尽管相当数量的地区在幼儿园管理的相关法规、政策中使用了"准入"一词,但并未建立专门的准入体系,而是以办园许可和办园标准的形态出现。在所谓准入制度的实际执行中,幼儿园举办资格的实体条件主要是依据"办园标准",对园所的场地、设施设备、工作人员等条件进行了规定;取得举办资格的程序条件是通过办园许可制度实现的,办园许可属于行政许可的一种,是指行政机关根据公民、法人或者其他组织的申请,经依法审查,准予其举办幼儿园的行为。一般将行政许可分为普通许可、特许、认可、核准、登记五类,办园许可主要涉及的是认可(对相对人是否具有某种资格、资质的认定,通常采取向取得资格的人员颁发资格、资质证书的方式,如教师资格证制度)、核准(行政机关按照技术标准、经济技术规范,对申请人是否具备特定标准、规范的判断和确定)、登记(行政机关对个人、企业是否具有特定民事权利能力和行为能力的主体资格和特定身份的确定),其中核准因为需要借助专业标准对办园条件进行实际的验收、检测来决定,因此比较能凸显"准入"制度的专业特性。虽然这种配套式的体制能够部分达成准入的功能,但由于其在制定之初是相对独立的,前者的依据是有关幼儿园举办、建设的行业规范、行政规章等,而后者的依据是《行政许可法》《民办教育促进法》《民办教育促进法实施条例》等法律文本,之间的统一性有可能受到影响,特别是在实施中,各类办园标准或办法本身的法律强制力不足,必须依附办园许可才能发挥"准入"的真正作用,因此会造成"1＋1＜2"的功效损耗。

加之准入制度作为一种行业认可,其适用对象应当是所有筹办的幼儿园,而办园许可的适用对象主要是社会力量办园,两者的作用口径不一致,使得准入存在一个真空地带。

因此,如果从法规体系的角度看待办园准入制度,目前实际存在的"准入制"是存在漏洞的,例如,与我国的市场准入制度相比,办园准入制度就还很不完善,法制化程度低。

(二) 准入制度的对象多具有偏向性

上文已阐明,由于行政许可是行政机关针对行政相对方的一种管理行为,是行政机关依法管理经济和社会事务的一种外部行为,行政机关审批其他行政机关或者其直接管理的事业单位的人事、财务、外事等事项的内部管理行为不属于行政许可。因此,我国办学许可制度的适用对象是社会力量办学,由各级政府举办的学校实行法人登记制度,其办学资格不需要进行核准,这样就造成了在实际操作中办园准入制度的执行对象主要是民办幼儿园。在课题组搜集到的14个地区的涉及"办园准入"的文件中,明确指出针对民办园或用以配合整改民办园的有11个。事实上,目前除了师资准入外,绝大多数情况下其他办园标准并不是强制面向全部幼儿园的。当然,这一现象与公办园的基础条件相对可靠、基本能够符合办园标准有关,加之各地对新建公办园的场所、设施等建设都实行验收制度,已经有了一定的"把关",这就在客观上使其在"准入"上拥有一定的"免检"权。

严格地说,办园准入是一种行业允许,应当面向所有的意愿主体,而就我国学前教育发展的实际来说,地区差异、园所差异是客观存在且短时期内不会消失的,需要在一定程度内实行分类管理,通过"准入"引导幼儿园发展,从而扩大学前教育资源的供给,解决"入园难""入园贵"的实际困难。也就是说,办园准入应当在面向全体的基础上,体现出合理的差别。这一点与学前教育"国十条"的精神是一致的,其第五条"加强幼儿园准入管理"中指出"各地根据国家基本标准和社会对幼儿保教的不同需求,制定各种类型幼儿园的办园标准,实行分类管理、分类指导"。

(三) 准入制度的指标存在严重盲区

分析各地现有的准入制度指标,我们发现存在重视硬件、忽视软件,重视师资、忽视课程,重视教师学历、忽视专业伦理的问题。

场地、房舍、设施设备等显性的、容易确定具体标准的物质条件在我们搜集的所有办园标准文件中都处在首要位置,其次是对教师资格、学历的要求,而很少有标准将活动环境、课程、教材、师资培训、园所发展规划、教师专业背景和伦理道德等相对隐性的、比较难以进行确切评价的非物质条件作为准入指标。对幼儿园教育来说硬件条件固然重要,但其作用能否得到正常的发挥,能否真正促进幼儿的健康成长,却与上文提到的软件条件密切相关。这是由幼儿园教育自身的性质所决定的。教育是一种人与人互动的精神活动,教师、教育内容和手段、教育环境等都是重要的因素,幼儿因其年龄特点,更需要成人的生活照顾与情感关怀,更需要充裕的活动空间、充足的活动材料和充分的活动指导,也更容易遭受来自保教者的伤害,因此要保障幼儿园教育的基本质量,单纯依靠硬件是远远不够的,必须使教育过程的各要素符合幼儿身心发展的基本规律、符合合格教育的基本要求。

《若干意见》已明确规定"加强幼儿园保育教育资源监管,在幼儿园推行使用的课程教学类资源须经省级学前教育专家指导委员会审核"。与中小学相比,发行于市面上的各类教材、资源包、课程模式等又非常丰富,而幼儿园课程的审核又非常宽松,园所自由选择的权力较大,加之园本课程建设确实存在很多益处,这就给专业能力不足或专业立场不坚定的办园者提供了选择、自创不合格课程的机会。近年来,我国的学前教育机构所使用的课程名目繁多,教材杂乱,教辅泛滥,导致幼儿园教育乱象丛生。尽管《幼儿园教育指导纲要(试行)》强调的是基于本班幼儿需要的课程设计,鼓励教师利用身边资源开发课程,但鉴于我国幼儿教育的实际状况,借助教材的"预成课程"仍然是我们普遍采用的形式。与中小学不同的是,幼儿园教材不经过教材审查便可上市发行,即便审查也只需通过省级教材编写委员会的审核,因而造成一方面大量质量低下的教材流入幼儿园(特别是非法教育机构和举办者专业素质低下的机构),一方面地方出版社、教材编写机构、幼儿园等为了牟利通过各种手段推行特定教材,这与《幼儿园教育指导纲要(试行)》及《3—6岁儿童学习与发展指南》精神相违背,违反幼儿学习规律,出现"小学化倾向"等问题,阻碍了课程科学化、适宜化的进程,甚至可能对中国文化的安全造成威胁。所以说,课程准入应当成为办园准入体系中的重要一环。

在省级人民政府关于发展学前教育的文件中,对幼儿园师资的问题都给予了关注。如C市提出严格幼儿教师资格准入制度,建立保教人员持证上岗制度。T市提出,具有大专及以上学历的专任幼儿教师比例达到85%,教师和保育员全部实现持证上岗。Q省提出,全省幼儿教师学历合格率达到80%以上,幼儿园园长、教师岗位培训合格率达到80%以上。H省提出90%以上的教师、保育员和保健人员实现持证上岗,继续教育培训率达到100%。N省也提出幼儿教师中具有专科学历的教师比例达到95%以上。F省提出学前教育教师学历合格率达到95%以上,师资队伍整体素质普遍提升。虽然几乎所有地区的办园标准都提出了教师准入,但指标主要集中在资格证和学历上。这其中有个前提,即已获得教师资格证的、学历达标的人员就可以当幼儿园老师。但事实果真如此吗?很多地区将中小学富余教师转岗为幼儿园教师,由于专业知识、技能、态度均存在较大差异,不经过转岗培训,这些教师很难从事学前教育工作。例如,J省相关文件指出,转岗教师必须接受过幼儿教育方面的学习,而在实地调查中却发现,一些地区在实地操作中并没有严格地遵照文件的转岗要求,很多教师并没学习过幼儿教育也没有相关的工作经验,甚至一般在编的小学教师主动申请转岗到幼儿园工作都会被接受,不在编的小学教师同样可以申请。我们认为,是否经历过一定课时的学前教育专业学习是教师准入不可忽视的一个方面。

较之资格、学历、专业,更为关键的方面是从业人员的职业伦理。无论是河北省平山县的幼儿园投毒案,还是西安市枫韵幼儿园、鸿基新城幼儿园长期给幼儿服用病毒灵的事件,抑或是多起引起社会关注的教师虐童事件,这些看似个别、独立的事件背后却有着共同的深层原因——对幼儿教育专业伦理的无知与无视。专业伦理是对某项专业活动的道德规范,划定了行为边界,从而使该专业活动朝向有利于人类文明发展的"善"的方向。对从业人员而言,专业伦理表现为职业道德规范。由于幼儿教育的直接服务对象——幼儿——还处在身心发展的起步阶段,自身尚不具备防范"反专业伦理"行为的意识和能力,所以这就对幼儿教育的从业人员提出了更严格的职业道德要求,这也决定了坚持幼儿教育的专业伦理是无条件的。这是从事学前教育的基本伦理前提,也是幼儿师范学校培养的核心内容,更是幼儿教师专业标准的起点。

当然,如何对职业伦理进行测评在实际操作上还存在一定难度,但这不能成为回避该问题的理由。借鉴成功的海外经验,开展相关研究,将职业伦理纳入资格考试,甚至可将公民信用记录等作为幼儿教育从业人员的入职参考。只有对举办幼儿园涉及的软硬件条件进行全面审查,准入的价值才能真正彰显。

（五） 准入制度的执行面临尴尬

调研发现，在一些地区准入标准与实际操作存在脱节，不少民办园在园舍建筑、班级规模、教师配备、教师资格等基础条件上就不合格。

G省F县某幼儿园，占地面积600平方米，建筑面积2 500平方米，是一幢私人住宅，五层的全封闭围合式建筑，中间是天井，用铁丝网和铁条围盖，仅有两个楼梯，在这有限的空间里容纳了11个班523名幼儿。这个建筑明显达不到合格标准，但这里的生源却源源不断。

这类不合格园所无法通过准入，按规定要整顿或关停，但实际情况往往是教育行政部门实地检查时暂停，待检查风头一过便复业，这成了准入制度无法落实的痼疾。究其原因主要是办园准入执行的行政主体多为教育部门，作为业务部门其不具备执法权力，更没有执法能力，对于违规办园除了勒令关停，没有收缴违规收入或进行其他形式的惩罚的法律依据。这样，被执行对象仍然具有继续经营的能力，便和主管单位玩起了"猫捉老鼠"的游戏。准入制度存在的意义之一就是将劣质学前教育阻挡在幼儿及其家庭之外，如果执行困局得不到解决，准入制度就将成为一纸空文。

对于无证办园问题，并非没有法律规定可依，《中华人民共和国民办教育促进法》第64条规定："社会组织和个人擅自举办学校的，由县级以上人民政府的有关行政部门责令限期改正，符合本法及有关法律规定的民办学校条件的，可以补办审批手续；逾期仍达不到办学条件的，责令停止办学，造成经济损失的，依法承担赔偿责任。"《民办非企业单位登记管理暂行条例》第27条也规定："未经登记，擅自以民办非企业单位名义进行活动的，或者被撤销登记的民办非企业单位继续以民办非企业单位名义进行活动的，由登记管理机关予以取缔，没收非法财产；构成犯罪的，依法追究刑事责任；尚不构成犯罪的，依法给予治安管理处罚。"因此，幼儿园如果未经登记开办，擅自以民办非企业单位名义进行活动的违法行为，民政部门有权予以取缔。同时,如幼儿园的举办者有冒用行政机关名义活动、乱收费、非法传教等其他违法行为的,公安、工商、宗教等相关主管部门也均有权在本部门的权限范围内对相应的违法行为予以处罚。

但一方面,教育部门往往称自己"没有执法权"而无法对长期无证办园的单位进行处罚感到无奈,即使进行处罚,最多也只是责令其停办,如果在检查之时其已经达到办园标准,依然可以得到一个许可证继续办园,违法成本过低;另一方面,执法是在无证办园发生之后的被动应对,无法从源头引导合法办园,保障幼儿的人身安全和身心健康。

二、优化准入制度的对策建议

(一) 加强准入意识,将办园准入提高到法治高度

学前教育是终生教育的奠基阶段,是容不得马虎、虚假的事业,坚持举办幼儿园的标准是现代学前教育的一种共识,也是现代学前教育的一贯准则。任何对学前教育机构准则的放松,就是对成千上万儿童的犯罪,甚至是对国家和民族的犯罪。因此,必须通过各种宣传、教育加强学前教育从业者和拟从业者的准入意识。同时,要推进依法治理学前教育的进程,完善学前教育法律法规,提高办园准入制度的法制化程度,使其成为一个相对完备的法规体系,并通过学前教育立法明确准入制度的执行主体及其权力,明确相应的法律责任,确保准入制度的严肃性、规范性和可执行性。

(二) 准入需要政府的坚实后盾

坚持办园准入的关键在政府。从目前的情况看,要保证以行政许可的形式存在的办园准入制度得以落实,离不开政府的牵头与组织。国家及省级政府应做好准入标准研制、准入程序设计、准入制度法制化建设等工作,市县等地方政府要组织力量做好受理、评估、核准、登记,以及对违规办园的查处工作,当准入执行遇到困难时及时处理。政府必须把对办园准入的把握作为自己的责任,从儿童人生大事的高度,从国家、民族大计的高度,切实

加以履行。任何失职的行为都有可能导致学前教育的混乱和质量的低下。

（三）准入标准适当层级化，发挥准入的扶持功能

要使办园准入发挥引导学前教育发展的作用，需要改变以往准入标准"一刀切"的现象，依据实际适当对不同类型、不同层级的幼儿园标准加以区别，使基本合格、具有潜力的学前教育资源能合法地为幼儿提供服务。

具体来说，首先应建立最基本的合格幼儿园准入标准，可由各省依据国家规定、结合地区实际情况，委托教育行政部门会同卫生、建筑、规划等部门，对幼儿园的园舍条件、人员资格、卫生保健、经费保障、制度管理、课程教学等方面的基本条件进行规定；而后，针对不同层级、不同类型的幼儿园应达到的标准分别予以规定，可以从主管单位的行政级别（如省、市、县、乡镇、村）、办园规模（如普通幼儿园、混龄办学点等）、办园性质（如公办园、集体幼儿园、普惠性民办园等）等多方面加以考虑。

还可以将准入与幼儿园等级评定工作相联系，使此类专业法规的引导更具连续性。

（四）完善人才准入，重视职业伦理

应抓好《幼儿园教师专业标准》等一系列国家规范性文件出台的良好时机，严格实施教师准入制度，严把教师入口关，促进教师专业化，保障幼儿教师队伍的质量。教师准入应从资格、学历、专业、伦理四个方面贯通考量。

其一，在教师资格证考试改革的背景下严格执行资格准入制度，能够有效保障幼儿园教师的专业水准。但鉴于目前我国幼儿教师培养缺口较大，可适当允许获得其他教师资格的人才补充幼儿园师资，但需要进行质、量双保的学前教育培训。

其二，建议各地根据自身情况合理划定幼儿师资的恰当学历标准，在高等教育大众化的今天，我们建议中西部农村幼儿教师以中专学历为限，其他地区以大专学历为限，东部城市和中西部大城市可逐步向本科学历要求过渡。但绝不鼓励无节制地抬高学历，特别是不考虑专业背景的、单纯的学历提升。

其三，一个专业是否能真正成为专业，衡量标准之一就是是否接受专业教育。美国幼儿教育专家凯茨所列的幼儿教育专业的条件之一就是是否接受专业训练。因此，幼儿教师如果职前缺乏一定数量的专业训练，就谈不上是一个专业人员，也就无法得到专业人员应该得到的待遇和地位。因此要将专业学习的经历作为师资准入的一项重要内容，并以此刺激转岗教师的职前培训。

其四，伦理准入是体现教师专业特征的一个重要举措，具有专业伦理也是幼儿教育成为一个专业的重要条件。对幼儿的热爱是从事幼儿教育专业人员的共同伦理，对幼儿的爱是幼儿教育专业的伦理起点。此外，责任心、创新和反思意识、敬业精神等也是重要的职业伦理准则。只有坚守这些伦理准则，才能确保幼儿教育的规范。鉴于我国对此内容的研究尚不多见，本章后附《美国幼儿教育协会伦理守则》供读者参考。

（五）通过课程准入保障保教质量

所谓课程准入，就是幼儿园课程应有核准制度，尽管幼儿园教师人人具有课程的发言权，但并不是人人具有课程的决策权。幼儿园课程要建立准入制度，应该慎重考虑什么样的内容可以放入幼儿园课程，从而使适合的内容成为课程，使膨胀的社会需要远离幼儿园课程，还给幼儿本真的童年生活。具体而言，这就是对《若干意见》中相关监管要求的细化落实和扩展。

幼儿园课程的决定权应该分层归属，使其课程既具有规范性，又具有创造性和适应性。具体而言，对全园课程的基本理念、目标、框架、核心内容、主要实施途径等可以且应当预设的核心内容，应由准入执行主体进行审核，而课程的具体内容、组织形式、活动方案等的决定权属于幼儿园。

当然，将课程纳入准入制度不是简单地由教育行政部门规定或确定课程——这与构建幼儿园课程的理念是不一致的,而是要用准入制度促进幼儿园课程科学化,使其更符合幼儿的身心发展需求。标准设计者和准入的审核者应抓大放小,关注课程目标、内容、实施等方面是否与《幼儿园教育指导纲要(试行)》精神一致,其所秉持的儿童观、教育观是否科学。无论幼儿园选择或设计了何种课程,只要其符合《幼儿园教育指导纲要(试行)》的基本要求就应当予以认可。就我们的学前教育实践来看,课程准入仍是一个新生事物,在进行准入尝试之前,建议做好谨慎、周密的研究论证。

(六) 启动年检、退出机制,完善准入制度

为了促使幼儿园不断发展,防止出现"进门时认真、进门后懈怠"的问题,建议在办园准入制度的基础上启动年度检查和退出机制。即每年对合格园所进行检查评估,对出现严重问题、不符合准入标准的园所责令整改,整改未果的撤销其办园许可,退出学前教育领域。年检与退出机制的启动可以使整个准入制度更加完善,也能对师资发展、教育过程、办园管理等在许可阶段不易检查的方面得到追踪,发挥依法管理学前教育的长期效应。

三、对幼儿园准入审批过程的新设计

本课题组对幼儿园准入审批程序进行了新的设计。在设计准入审批程序时,我们考虑到如下原则:

- 保障幼儿及其家庭的合法权益,包括人身安全、健康、人格受到尊重、发展权、参与权、隐私权等。对一切为谋利而有意或放任损害幼儿利益,或因缺乏专业知识而无意中损害幼儿和家庭利益的人与事,依法给予处罚。

- 去除不必要的门槛和要求,对一切愿意投资幼儿发展和扶助家长的投资者,在办园上给予专业和必要的人员、资金扶助,但不降低重要标准。

- 确保监管无漏洞,监管人员有资质,理解监管的原则。
- 行政环节简化,不做无意义的重复工作,降低行政的成本,也方便办园人的申办和日常经营。
- 标准和监管程序公开透明,除受上级行政部门监督管理之外,还接受公众的监督。

重新设计的准入审批程序为:

(一) 干预潜在的筹建

教育行政部门有义务对相关法规进行社会宣传(可在儿童医院和游乐设施等地进行宣传,或在社区张贴海报),使家长明白"有保障"比"眼下方便"带给自己的便利更加长远,使办园人明白办园是法律行为,需要接受监管,并指导合法注册办园的方法。

定期召开评价说明会(或者印制材料与接受咨询相结合;网络公布),使有意向办幼儿园的人得到办园过程的指导。办园人常常会认为办幼儿园很简单,租个房子,找几个人就可以招生了,"投资少"往往是优先的考量,因此,教育行政部门需要像工商管理部门那样,提醒办园人了解市场,即生源的可能性;使办园人和投资人了解程序本身,并对如何走程序进行明确的指导,如达标案例解读与避错指导,各部门的办事地址和时间,各程序需要的材料,各程序的审批时限等,使办园人更好地规划筹建过程,特别是筹办的日程计划。这种说明会是非常重要的,尽到事前告知的义务,既避免愿意合法办园的人因不知情而将精力和资金误用,使筹建的时间更长;也避免教育行政部门被指责未尽到必要的告知义务,在审批过程中被怀疑"办事效率低下"或"故意刁难"。

同时,向办园人宣传本地支持民间办园的相关政策,帮助办园人了解可以申请的扶助,特别是专业咨询与指导。

（二） 分阶段纳入保教过程的评价程序

考虑到因筹建过程中突发困难情况而"申报中止"的可能,应合理设计评价程序,不要求一步到位地备齐所有资料和条件。幼儿园是特殊的机构,对选址有严格要求;另一方面,如果租用了房屋、招了教师而不招生,会入不敷出。因此,审批程序必须被控制在尽可能短的时间内。

1. 材料申报与审核(根据《民办教育促进法》)

① 申办书,内容包括:举办者、选址及园舍室内外面积、拟招生日期、招生规模、经营服务具体事项、工作人员合法聘用、经费筹措与使用的承诺,以及违规惩罚的知情同意等。

② 个人举办者的身份证件、个人简历、无犯罪和精神病史证明及专业资格证件;国家机构以外的社会组织举办者提供具有法人资格的证明文件(社会团体登记证等),并提供拟任民办幼儿园法人代表的身份证复印件、个人简历、无犯罪和精神病史证明及资格证件。

③ 拟任各岗位(或承担各项服务职责的)工作人员的个人证明及资格证明;合法聘任合同,聘期的起始日不能晚于拟招生日。

④ 办园场地证明文件:包括土地使用、园舍使用有效证明文件,租赁园舍的须提供具有法律效力的租赁协议,且租赁起始日至少须在拟招生日前的一个月,租期至少为 3 年。

⑤ 幼儿园服务时间安排表:写明为幼儿提供的各项活动的一日安排,为家长提供特定服务的时间安排。

教育行政部门应根据拟招生规模对拟办园进行分类评价,确定其选址、场地大小是否符合标准的规定,人员聘任人数及资格是否符合标准,场地与人员资质与其拟提供的服务项目是否匹配,时间架构是否符合幼儿的身心健康要求,并严格审查各项证明文件的真实性、合法性。

在一定时限内,如果材料审批通过,须签发同意办园的文件,并以申报书作为附件,作为实地评价的依据;如果审批不通过,也须向申办人说明哪项不符合要求,拒绝签发同意办园的文件。对于审批通过的申办者,同时要求他们签署"申办事项变更告知义务书",让他们了解,在实地评价之前有任何变更材料申报程序事项的情况,必须及时通过邮件重新申报。如果变更后不符合标准,则颁发"申办整改通知书",并作为原来审批文件的附件,作为实地评价的依据。

向社区和家长公开筹办基本信息,特别是告知拟招生日及招生时需悬挂的审批文件。

2. 实地评价的申报、实施与结论

（1）实地评价的申报

申办人须在招生日之前的一个月,通过填写"筹办工作进展自评表",向教育行政部门申报实地评价。教育行政部门接到申报后,必须在招生日之前的两周,组织评价人员（负有法律责任）对照"准入标准"开展实地评价,综合评价幼儿园房舍、设施用具的安全、卫生状况,以及设施和玩教具的功能与标准是否匹配。

（2）实地评价的实施

实地评价人员需要根据预先设计的观察表格,实地记录（必要的话拍照）所观察到的幼儿园房舍选址、结构、面积、设施、材料等与安全、卫生、基本活动需求有关的特征,请申办人确认后签字。

评价人员将所观察到的情况与"准入标准"的规定相对照,对于安全隐患、损害健康的可能性及满足心理发展基本需求的程度在现场进行初步判断。

（3）实地评价的结论

评价人员将现场记录和初步判断上交教育行政部门,教育行政部门对各项硬件条件均达到标准的待办幼儿园,结合申办人所聘用的人员数量和资质,对幼儿园的准招生人数、招生开始时间(以签录取通知书及收费为准)等方面提出批复意见,作为"准许招生证明"的附件,在实地评价后的一周,一同下发给申办人;对那些硬件条件尚未达到安全、健康和活动需求的待办幼儿园,则不颁发"准许招生证明",同时写明哪些条件尚未达标,待申办人整改后提交证据并经评估人员实地验证之后,再颁发"准许招生证明"。对未得到"准许招生证明"的申办人,须要求其签署一份"法律知情通知书",并告知其无"准许招生证明"而擅自招生将要承担的法律责任。

3. 追踪评价与办园许可证的颁发

(1)针对"保教过程"标准的追踪评价

幼儿园招生开学后的四周内,评价人员不经事先通知,突访幼儿园,观察抽样班级(至少覆盖30%的幼儿数)从晨检到午睡的活动(如果有校车,则须观察校车接幼儿来园后的下车组织环节),填写根据基本质量标准设计的"保教过程观察表",将观察到的事实记录在案,评估保教人员的安全防护、生活照料和教育活动组织中,是否有违规或疏忽的情况。

同时,查看各项安全、卫生制度和应急事件处置方案是否具备以及公开张贴的情况;针对幼儿园安全、保健制度抽测相关保教人员,查看他们掌握的程度。

(2)办园许可证的颁发

只有当筹办材料、实地评价、追踪评价三个程序全部完成,幼儿园达到了"基本质量标准"中的所有标准时,才在一定时限内正式颁发"办园许可证",并要求幼儿园签署将"办园许可证"张贴在所有家长都可见的公共位置的保证书,承诺若违反保证则接受处罚。

如果在追踪评价中,发现教职工存在可能危及幼儿人身安全或身心健康的行为,则发放"强制培训通知书",要求相关教师接受短期课程的培训并进行考试,考试通过后,再正式颁发"办园许可证"。

4. 评价结果的公开发布

教育行政部门应及时将所有申办"办园许可证"的园所信息及申办的进度向社会公开，让家长在择园时有知情机会，也有助于增加监督无证办园的社会力量。

对于已经获取办园许可的幼儿园，教育行政部门更需要及时将评价结果向公众公开。也可以通过对办园信息的及时汇总，向社会公布学前教育的供求数据，引导潜在的办园人决定是否投资这一领域。

有些地区试图借助"助学券"发挥家长择园的社会监督作用，淘汰不合格的非注册幼儿园，但有调查表明，如果这一措施不与各幼儿园质量特征的信息发布以及"择园指导"的宣传相配合，也很难实现保障质量的目标。可见，保障基本质量均衡需要坚持"系统"观。

（三）评估人员和执法队伍的建设

尽管制定基本质量标准是注册许可制度的核心，它的有效执行也是实现质量政策目标的重要一环。专业的评估能让那些真正有发展潜力的办园者加入这一行业，引导他们逐渐改善对儿童和家庭的保教服务，有助于在确保基本质量的基础上扩大学前教育的资源。因此，一支专业、规范的评估队伍和执法队伍，对学前教育的长远发展至关重要。

1. 审批权限的统一及执法权的明确

目前，幼儿托管服务可以从多个渠道获得开办的资格，如民政部门、教育部门的民办教育管理办公室甚至工商部门，根据《中华人民共和国民办教育法》的规定，只要获得"民办学校办学许可证"，幼教行政管理部门就必须在七日内给予注册，然而各部门的评价标准不一致，审批权限的分散使幼儿园的基本质量难以得到有效监管。

同时，有些教育部门为解决当下适龄儿童"入园难"的问题，还时常放宽民办力量办园准入的各项标准，形成已有园所在条件不达标的情况下，带着安全隐患依然运行。即使在教育行政部门,也并非所有人都树立了重幼教质量的意识。

在这种现实条件下,将各类幼教机构的审批权统一在幼教管理部门,赋予其执法权,全面负责法规条文的制定、解释、评价的组织及结果发布,与教育财政、师资培训等部门沟通协调,有利于环环紧扣地促进学前教育基本质量的均衡。

2. 评估人员队伍的建设

评价是一个专门的领域,它需要专业知识背景,但并非具备了专业知识就自然而然能做评价了,还需要在评价标准和评价的程序上接受深入的专业训练。训练的内容包括:准入评价的目的与出发点、评价标准的含义,它们与现实情境中各种表象的联系,有目的观察和准确记录、严格依据事实得出评价结论等。这样才能确保评价的效度和信度。

在目前的条件下,可以从园长中选拔兼职评估人员,对其加以培训,待其考核合格后,对其颁发证书,在需要时让其参加实地评价和追踪评价过程。但材料审核和执法程序的实施,需要由专职人员进行。他们需要非常熟悉与儿童权益保护有关的各项法律法规,知道不同事项由哪些部门负责、违法违规事件如何处置才符合程序等等。两支队伍的建设需要统一纳入到质量体系的建设中去,扭转"有法不执行"或执行不利的局面。

3. 对评估人员与执法人员行为的约束与监督

在对评估人员和执法人员的培训中,必须纳入"依法"行政的内容,确保准入评价过程公平公正。对评估人员和执法人员的工作表现应定期给予评价,促进其专业水平的提升。还需设置对评估人员和执法人员违法违规行为的处罚条款。同时,加强社会监督,给未通过评估的办园人创建申诉和申请重新评价的渠道。

附录 1

美国幼儿教育协会伦理守则

一、对幼儿的道德责任

（一）理念

1. 熟悉幼儿教育的知识基础，并透过继续教育和在职训练以跟上时代的潮流。

2. 以幼儿发展及相关领域的知识与对每位幼儿的特殊了解作为实务的基础。

3. 认识及尊重每位幼儿的独特性及其潜力。

4. 承认（认知）幼儿特别容易受到伤害。

5. 创造及维持可促进幼儿的社会、情绪、智力和身体发展，及尊重他们的尊严和贡献的安全且健康的环境。

6. 支持特别需要参与与其能力一致的正规幼儿教育方案之儿童权利。

（二）原则

1. 最重要的是，我们绝对不能伤害幼儿，我们绝对不要做会对幼儿不敬、使其堕落、危险、加以剥削、胁迫或对其心理或心理有危害的事情，这个原则应优先加以考虑。

2. 我们绝对不可因幼儿的种族、宗教、性别、国籍或其家长之地位、行为或信仰的不同，就借着取消优惠、给予特殊的益处或不让他们入学或参加活动而歧视他们（这个原则并不适用于专门为某特殊族群之幼儿服务的合法机构）。

3. 在做与幼儿有关的决策时，我们应让具有这方面知识的所有人（包括工作人员和家长）参与。

4. 在与幼儿和家庭共同努力之后,如果幼儿尚无法从我们设计的方案中获得益处,则应以正面的方式和家庭沟通我们的关心,并协助他们寻找更为合适的环境。

5. 我们应该熟悉幼儿被虐待和被忽略的征兆,也要知道在小区里揭发这种事情的程序。

6. 当我们握有幼儿被虐待和被忽略的证据时,我们应向适当的小区机构呈报,并加以追踪以确定已采取合宜的行动。可能的话,也要通知家长已加以转介的事。

7. 当别人告诉我们幼儿被虐待或被忽略,但我们却无证据时,我们仍应坚持要有人采取合宜的行为来保护幼儿。

8. 当儿童保护机构无法给受虐或被忽略幼儿足够的保护时,我们有道德上的责任要改善这些服务。

二、对家庭的道德责任

(一)理念

1. 与我们所服务的家庭建立彼此互信的关系。

2. 认可及增强家庭照顾幼儿的力量和能力。

3. 尊重每个家庭的尊严及其文化、习俗和信仰。

4. 尊重家庭之幼儿养育的价值及他们为幼儿作决定的权利。

5. 以发展观点的架构向家长说明每位幼儿的进展,并协助家庭了解及欣赏对发展有益的幼儿教育方案的价值。

6. 协助家庭成员增进他们对幼儿的了解,并加强他们为人父母的技巧。

7. 借着提供工作人员与家庭互动的机会而为家庭建立起支持网络。

(二)原则

1. 我们不应该拒绝家庭成员到其子女的教室或学校来。

2. 我们应该告诉家长我们所设计之方案的哲学、政策和工作人员的资格，并说明为什么我们会这样教。

3. 我们应该通知家庭，并在适当的时刻让他们一起参与政策的制定。

4. 我们应该通知家庭，并在适当的时刻让他们一起参与会影响其子女的重要决定。

5. 我们应该通知家庭会涉及子女的意外事件、暴露于会引起感染之传染病的危险，及可能会造成心理上之伤害的事件。

6. 我们不可能许可或参与任何会妨碍幼儿的教育或发展的研究，应该让家庭知道任何会涉及子女的研究计划，并给他们有表示同意与否的机会。

7. 我们不应该利用家庭，我们不能为了个人的方便和利益而利用我们与家庭的关系，或与家庭成员建立一种会损害我与儿童共事时之效能的关系。

8. 对于幼儿的纪录，在何时我们应加以保密，何时我们又该透露，我们应该要有明白的政策，而这项政策档应让机构里的所有人员和家庭都知道。要经过家庭的同意之后，才可向家庭成员以外的人、机构里的全体人员和顾问透露幼儿的纪录（有被虐待或受忽略等情形发生时例外）。

9. 对于家庭的隐私我们要加以保密，并尊重家庭的隐私权，避免透露秘密的消息及干扰家庭的生活。不过，在我们为幼儿的福祉而觉得担忧时，是可以向对儿童的利益可能有所作为的机构或个人透露秘密的消息。

10. 当家庭的成员有冲突时，我们应开诚布公的去调停，分享我们对幼儿的观察，协助双方参与作有意义的决定。我们应该避免只拥护某一方。

11. 我们应该熟悉可支持家庭的小区资源和专业服务，并妥善利用。在转介之后，我们应追踪，以确保所提供的服务是足够的。

三、对同事的道德责任

(一)理念

1. 对同事。

(1) 与同事建立及维持信任与合作关系。

(2) 与同事共享资源及讯息。

(3) 支持同事满足专业的需求并获得专业的发展。

(4) 对同事的专业成就应给予肯定。

2. 对雇主。

(1) 以提供最高质量的服务协助所任职之机构的业务推展。

(2) 忠于任职机构并维护其声誉。

3. 对属下。

(1) 不断改善能促进工作人员之能力、福利和自尊的政策和工作环境。

(2) 创造一个信任和公正的气氛,使工作人员能为儿童、家庭和幼儿教育这个领域说话和行动。

(3) 致力确保与幼儿共事或代表幼儿的人得以维持其生计。

(二)原则

1. 对同事。

(1) 当我们对同事的专业行为觉得担心时,我们应首先让那个人知道我们的担忧,并和他一起解决这个问题。

(2) 我们应该练习表达有关同事之个人特质或专业行为的观点,所做的陈述应以第一手的资料为基础,并与儿童的任职机构的权益有关。

2. 对雇主。

(1) 当我们不赞同任职机构的政策时,我们应先在组织内透过建设性的行为来达到改变的目的。

（2）我们应该在经过授权之后，才可以代表组织说话或行动。我们在代表组织说话及表达人的判断时，必须要小心注意。

3. 对属下。

（1）在做与幼儿有关的决定时，我们应妥善利用工作人员的训练、经验和意见。

（2）我们所提供给工作人员的环境，要能容许他们负起他们的责任，评鉴的程序要合宜且不具威胁性，有明确的诉怨管道，建设性的回馈及能持续专业的发展和进步的机会。

（3）我们应发展及维持完整且明确的人事政策，以明示任职机构的标准，并说明部属在工作场所外之合理行为的范围，这些政策应告诉新进人员，也应让所有工作人员可随时翻阅。

（4）对于无法达到任职机构的标准的部属，应给予关切，可能的话，应协助他们改善他们的表现。

（5）要解聘部属时，一定要让他知道被解聘的原因，而解聘原因的认定必须以工作不力或行为不当的确实纪录为准，并让部属也有一份可参考。

（6）在评鉴或做建议时，应以事实及与幼儿和任职机构有关的利益为基础而提出。

（7）雇用和升迁应以该名人员的成就纪录及他在工作上负责任的能力为基础来考虑。

（8）雇用、升迁和有训练机会时，我们不能有种族、宗教、性别、国籍、残障、年龄或性别偏好上的歧视，我们应熟悉关于工作歧视的法律和规定。

四、对小区和社会的责任

（一）理念

1. 提供小区高质量、有文化特色的幼儿教育机构和服务。

2. 促进关心幼儿的福祉、儿童的家庭及教师的机构和专家间的合作。

3. 透过教育、研究和倡导以建立一个到处都很安全的世界,使生活于其中的幼儿都有机会接受有质量的教育方案。

4. 透过教育、研究和倡导使社会中的每个幼儿都有机会接受有质量的教育方案。

5. 增进对幼儿及其需求的认识和了解,让社会更能认同幼儿的权利并接受其对幼儿之福祉责任。

6. 支持能促进幼儿和家庭福祉的政策和法律,反对会妨碍他们之福祉的政策和法律,与其他个人的团体合作以进行这方面的努力。

7. 促进幼儿教育这个领域的专业发展,并加强其实现这份守则所反映之核心价值的承诺。

(二)原则

1. 我们应该公开、诚实地说明我们所提供之服务的本质和范围。

2. 我们不应该接受或继续从事一份不适合我们的个性或与我们的专长不符的工作,我们不可提供我们没有能力做到、不具资格或没有资源的服务。

3. 我们应以实务为基础,客观、正确地说出我们的经验。

4. 我们应该要和与儿童及其家庭共事的专家合作。

5. 我们不要雇用或推荐一个能力、资格或品行不合要求的人来工作。

6. 如果私底下的解决方法无效时,我们应将同事缺德及无能的行为向上司报告。

7. 我们应该熟悉保护幼儿的法律和规定。

8. 我们不能参与会违反保护幼儿的法律和规定的活动。

9. 如果我们知道某个幼儿教育机构违反了保护幼儿的法律和规定时,我们应该告诉该机构的负责人。如果在合理的时间内仍没有改善,我们就应向能纠正这种状况之适当的政府机构呈报。

10. 如果我们发现有机构或专家向幼儿、家庭或教师收取服务费用，我们有责任向适当的政府机构或大众报告这个问题。

11. 如果有幼儿教育机构违反或要求其部属违反这份守则，只要有充分的证据，是可以举发的。

第六章　学前教育管理体制机制改革研究

当前,我国学前教育管理体制已经不能很好地适应新形势下学前教育事业发展的需要,面临着一系列的挑战。学前教育管理体制机制改革是继续深化学前教育改革,破解体制机制障碍,促进事业可持续发展的迫切需要和重要路径。

《若干意见》将完善学前教育管理体制作为今后一段时期重要的改革目标之一。那么,学前教育管理体制机制改革要改什么？如何进行改革？如何保障改革顺利有效进行？这些都是亟须关注和深入研究的重大议题。管理体制机制改革的前提是客观地认清存在的问题,关键是系统分析相关制约因素,路径是秉持改革创新思维探寻破解对策。

第一节　学前教育政府责任问题、分析及政策建议

一个"责任政府"对公共事务的管理必须建立在具有强烈的政府责任意识、明确的政府责任内容以及科学有效的责任实现机制基础之上。因此,从这一角度来说,学前教育管理体制机制改革的关键在于如何看待和切实履行学前教育政府责任。

学前教育政府责任指的是我国国家行政机构(中央行政机关和地方行政机关),即中央人民政府和地方各级人民政府所应履行的发展学前教育

的职能和义务。一般而言,"完整的政府责任包含着四个方面的内容:责任主体、责任对象、责任内容和责任机制"①。长期以来,学前教育政府责任方面主要存在政府责任定位不明晰,责任体系不健全;各级政府权责配置不合理;政府各部门之间权责不清晰,协同管理机制尚未有效建立等几个突出问题。

一、政府责任的主要问题及分析

(一) 政府责任定位不明晰,责任体系不健全

当前我国学前教育政府责任体系是不健全的,责任主体不明晰,责任内容不明确,责任机制尚未建立。最为突出的就是政府总体责任不清晰、不明确。

1. 问题的表现

虽然在各级政府有关学前教育文件中常见"明确政府职责""发挥政府的主导作用""地方各级政府是发展学前教育的责任主体"等内容,但对于政府应承担哪些责任,政府责任的实现方式及保障条件有哪些,怎样处理好政府、学前教育、市场之间关系等问题没有比较明确的顶层设计。例如,学前教育"国十条"明确提出"政府主导"发展学前教育,并对中央和省级政府的发展职责作了一些明确规定。但是,对究竟如何发挥政府主导作用缺乏清晰的规定。"不少地方政府在实际操作中将'政府主导'狭窄化为或等同于'政府办园',关注投钱办园、规模扩大,在一定程度上弱化了政府在学前教育事业发展中统筹规划、政策引导、规范管理、队伍建设、质量提升和督导评估等方面的重要职责"②。责任界定的不清晰会导致产生诸多的问题。从政府责任角度来看,会导致政府责任对象偏倾、政府责任范围窄化、

---

① 蒋劲松.责任政府新论[M].北京:社会科学文献出版社,2005:1.
② 范明丽,庞丽娟.当前我国学前教育管理体制的主要问题、挑战与改革方向[J].学前教育研究,2013(6).

政府责任转嫁等问题。比如,我们在学前教育发展过程中出现的以"改制"为代表的学前教育过度市场化,政府主导严重缺失;政府财政投入不足;管理不到位,布局规划乱;师资队伍建设落后;学前教育公平难保障等。从制度供给角度看,则表现为政策顶层设计缺乏,政策框架薄弱,体制执行力薄弱。《关于实施第二期学前教育三年行动计划的意见》(以下简称"二期行动计划")提出,"强化政府职责,进一步加强学前教育治理体系和治理能力建设,落实地方政府发展学前教育的责任",在对政府提出学前教育管理责任的基础上又提出了治理"要求"。因此,政府责任的进一步明晰是当前学前教育发展亟待厘清的重要问题。

2. 问题分析

(1) 学前教育政府责任缺位的制度背景:中央政府的教育"分权"

新中国成立以后,在长期的计划经济体制下,逐步形成了以集权制为基本特征的"全能政府","政府不仅集中配置社会资源,而且对经济和社会生活实行全面、微观和直接的干预,甚至连个人决策的领域(职业选择和消费选择)也由政府包办"。① 教育也不例外。1985年5月27日《中共中央关于教育体制改革的决定》提出了"把发展基础教育的责任交给地方",确定了"实行九年制义务教育,实行基础教育由地方负责、分级管理"的原则。这项规定旨在改革教育事业管理权限,改变政府有关部门对学校统得过死,学校缺乏应有的活力以及政府应该加以管理的事情,又没有很好地管起来的体制缺陷。该文件还指出,"基础教育管理权属于地方。除大政方针和宏观规划由中央决定外,具体政策、制度、计划的制定和实施,以及对学校的领导、管理和检查,责任和权力都交给地方。省、市(地)、县、乡分级管理的职责如何划分,由省、自治区、直辖市决定"。从政府"包办"转向发

---

① 陈振明.政治学前沿[M].福州:福建人民出版社,2000:153.

挥地方自主,有利于激发教育的活力,这是国家教育权力分权或者下放的过程。分权是指"过度集中的'国家教育权力'在政府、市场组织、教育组织和家庭(社会组织)之间的转移、分化、分散"。① 国家教育权是一种公共权力,它是国家的教育责任和教育的政治功能的集中体现。因此,这种分权或者权力下放也是国家"教育责任"(尤其是中央政府层面)逐渐下移的过程。不过,对于非义务教育的学前教育而言,在一定时期内则由社会公共福利性质逐渐向产业化性质转变,国家教育责任渐变为地方各级政府的责任。

(2) 学前教育政府责任缺位的原因探析

其一,权力与责任不一致。

政府间责任转嫁固然有政府运行中的种种纵横交错的现实原因。然而,研究者认为,作为旨在维护公共利益的政府,其所秉持的片面的权责观是主要的内在原因。

怀特指出:"政府的行政效率从根本上来说是以行政组织中责任与权力的适当分配为基础的。这是我们必须注意的一条重要原则。"②怀特所言就是权责一致的原则,权力因责任而获得合法性,不可能只享用权力而不承担责任。权力和责任在性质上存在着根本的不同。权力是一种动量,极富扩张性、侵略性和进犯性,天然具有产生"权力寻租"的便利。而责任却是一种负担,具有劳务性、公务性和服务性等先天性弱点。

在公共性层面上,完全可以认为责任在逻辑上具有相对于权力的优先地位。这种逻辑上的优先可以从两方面来看:"第一,严肃的权力设置必须基于某种公共利益的需要,换言之,权力的设置是为了实现某些公共目标,为此而设置一项权力并设置相应的职能部门,于是建立起目的和手段之间

---

① 劳凯声,郑新蓉,等.规矩方圆:教育管理与法律[M].北京:中国铁道出版社,1997:108.
② [美]怀特.行政学概论[M].刘世传,译.上海:商务印书馆,1947:67.

的责任链条;第二,公共权力的行使必须服从公共意志体现的法律,并通过提供公共服务或公共物品服务于社会的公共利益。正是由于责任这个链条,将公共权力与其所要服务的目的和价值联系起来,并以公共价值说明其正当性和合法性。"①在现实中,政府也有"经济人"的倾向,出现了"权力分担清晰化,责任担当模糊化",重权力的享有,而轻视责任的承担的现象。

其二,公共服务"最终担保给付责任"与"直接给付责任"的混淆。

在政府直接提供公共服务的领域,政府所负的是"供给责任"。同时,政府囿于自身能力以及效率的限制,会将一部分公共服务由直接提供转包给市场,或引导和支持社会组织提供某些公共服务,但必须强调的是,政府退出公共服务"直接提供者"这一身份,并不能退出其"唯一责任人"的身份。"政府的公共服务责任并不因以私法方式实现公共目的而改变或转移,政府应当承担'最终担保给付责任',无论采取何种形式,政府都应当承担使公民获得效率、质量不断提高的公共服务的责任,而不能利用公共服务民营化'遁入私法'当起'甩手掌柜'而逃避责任。"②一些地方存在"甩包袱"的思想,把一些需要政府财政投入予以保障的公共服务事项连同所应承担的责任统统推向市场,规避了应承担的政府责任。

"办好学前教育,需要最大幅度增加政府投入,但也不能像义务教育那样完全由政府包下来……"③学前教育不可能也不能完全由政府包办下来,适当地引入竞争机制,发挥市场配置资源的优势,鼓励社会力量办园,

---

① 韩志明.行政责任的制度困境与制度创新[M].北京:经济科学出版社,2008:146.
② 曹剑光.公共服务的制度基础:走向公共服务法治化的思考[M].上海:社会科学文献出版社,2010:348—349.
③ 中华人民共和国中央人民政府.刘延东国务委员在全国学前教育工作电视电话会议上的讲话.(2010-12-01)[2016-07-04]http://www.gov.cn/jrzg/2010—12/01/content_1757717.htm.

积极扶持民办园是符合当前实际的。政府由直接提供公共服务转变为间接提供公共服务，由唯一提供者转变为多元提供者，虽然可以改变提供公共服务的方式，却不可以转移公共服务的责任。改制或者市场化方向，把公办园、集体园卖掉，推向市场，政府在转移直接提供责任的同时有目的地规避并放弃了公共服务提供者及其应承担的"最终担保给付责任"。

其三，政府治理工具选择的错位。

政府治理工具或政策工具是人们为解决某一社会问题或达成一定的政府目标而采取的具体手段和方式。[1]加拿大公共政策学者霍莱特和拉梅什(M. Howlett and M. Ramesh)在《公共政策研究》中根据政府治理工具的强制性程度，将政府治理工具分为自愿性工具(非强制性工具)、强制性工具和混合性工具三类。学前教育是准公共产品，理应主要由政府提供服务，但学前教育全盘市场化，通过买卖的方式将学前教育推向市场，明显与准公共产品的性质相悖，与政府理应提供的公共服务责任相冲突。虽然，政府在接受公民的公共责权委托之后，由于政府能力的有限性与公共服务需求的无限性之间存在供需矛盾，加之"政府失灵"等原因，政府可以将一部分公共服务职能委托出去，通过公共服务市场化和社会化，形成政府、市场和社会三者合作的治理模式，但委托的只是公共责任实现方式，而不是责任本身。政府在实现其公共服务职能时有三种综合性政府治理工具可以选择使用。自愿性工具，主要运用对象为私人产品，方式为市场调节配置。混合性工具，主要运用对象为带有公共产品性质的服务，方式是政府供给和市场配置相结合，并根据准公共产品的具体特性适当提高政府的介入层次。强迫性工具，主要运用对象为纯公共产品和准公共产品，比如国防、教育等。方式应由政府直接提供服务或承担主要供给责任。然而，面

---

[1] 陈振明.政策科学:公共政策分析导论[M].北京:中国人民大学出版社,2004:170.

对学前教育这一准公共产品,政府却选择了自愿性工具,以私有市场为主,将学前教育市场化、民营化。事实上,以市场工具为主的改制并不适合我国当前学前教育的发展实际。"改制只是政府工具使用的改变,而不是政府责任的改变。市场只是政府工具箱中的一种,而非唯一,多种工具的选择与优化更符合我国学前教育的现实。"①

(二) 各级政府权责配置不合理

一方面,由于政府对于学前教育应履行的总体职责不够明晰,直接导致中央及地方各级政府责任分配不明确,权责配置不合理。另一方面,囿于宏观财政体制及教育管理体制的制度框架,学前教育政府责任重心始终偏低,事权与财权不相匹配。

自1982年国务院设立的托幼工作领导小组被撤销开始就出现了国家学前教育责任快速下移的端倪。比如,1986年国家教委颁布的《关于进一步办好幼儿学前班的意见》提出"基础教育由地方负责、分级管理的原则,农村幼儿教育经费由乡(镇)人民政府通过各种渠道进行筹措。乡(镇)的财政收入也应有适当比例用于发展当地的幼儿教育"。1987年国务院办公厅转发国家教委等部门《关于明确幼儿教育事业领导管理职责分工的请示的通知》再次提出"幼儿教育事业主要由地方负责,各级地方人民政府应切实加强对幼儿教育工作的领导,制订规划,认真实施,积极推进幼儿教育事业的发展"。地方负责、分级管理的学前教育管理体制和地方政府责任机制形成。然而,地方各级政府(省、市、县以及乡镇、街道)具体应承担的责任,能够承担什么责任,以及衡量责任履行程度的具体指标,始终没有一个制度化的、操作性的明确规定。2003年《关于幼儿教育改革与发展的指导意见》(以下简称《指导意见》)首次原则性地提出了学前教育的宏观管理

---

① 张振改.从政府治理工具的视角分析我国幼儿园转制的正当性与合理性[J].学前教育研究,2008(7).

体制和机制，指出了各级政府具体的责任范围。近几年来逐渐明确为"省市级统筹、县乡（镇、街道）共建的管理机制"，有条件的地方实行"以县为主"的管理体制。但是由于政府整体职责定位不清晰，各级政府间的权责配置随意性大，特定层级政府在发展学前教育中的职、权、责、利不对称。特别是事权与财权不匹配，"1994年的财政改革使政府收入向中央政府集中，却没有相应调整中央与地方政府之间的事权，使得中央和地方政府间出现了较大的纵向财政不平衡。地方政府，特别是县级政府承担了大部分义务教育、妇幼保健和其他儿童基本服务的支出责任"[①]。以2003年统计数据为例，中央政府财政投入仅占全国教育支出（包括公共的和私人的支出）的11.6%，地方政府财政投入占88.4%。地方政府教育支出占政府教育总支出（包括预算内和预算外）的90%，预算内教育支出的情况基本一样，地方政府占90.3%。[②] 这种"责任下移，财权上移"的现状导致在提供包括学前教育在内的公共服务的过程中出现"中央政府请客，地方政府买单"的问题。加之，由于中央与地方政府在公共服务职权划分上过于原则、含糊、不稳定，导致中央政府与地方政府在公共服务提供方面互相掣肘的现象比较普遍。反映在学前教育领域就是中央政府政策有力，地方政府执行失真，政府责任在推卸和转嫁中缺位。

（三）政府各部门之间权责不清晰，协同管理机制尚未有效建立

其一，政府各部门权责不明晰，责任缺位、越位现象突出。《指导意见》首次明确规定了教育、财政、建设、民政、卫生、劳动保障、编制部门，以及妇女儿童工作委员会和妇联组织等相关部门发展学前教育的职责。然而，由于政策对各部门之间的权责及其配置规定不够到位、合理，导致权责交叉、多头管理、缺位越位、批管分离等问题突出。例如，民办园的多头注册问

---

① 王小林,梅鸿.中国预算体制与儿童教育卫生服务筹资[Z].联合国儿童基金会.2006:3.
② 王小林,梅鸿.中国预算体制与儿童教育卫生服务筹资[Z].联合国儿童基金会.2006:13.

题,民政部门和工商部门管批,但不负责资格审查和过程性监督与管理,导致一部分民办幼儿园由于审查监管不力,问题频出。"学前教育是一项系统工程,其健康发展需要多部门的协同参与与支持,然而在已有的学前教育行政管理规定中,对教育部门作用强调得较多,而对在学前教育事业发展中至关重要的发展规划、城乡建设、国土资源、财政和劳动人事等部门应发挥的作用规定不足。"①

其二,相关职能部门合力不足,协同配合机制尚未建立。2003年颁布的《指导意见》就明确提出要建立"由教育部门牵头、有关部门参加的幼儿教育联席会议制度"。然而,联席会议制度在实际实施中效果不佳,联职能、联任务、联责任的作用未能很好发挥。自2018年《若干意见》颁布以来,相关职能部门职责划分日趋清晰,但另一问题又渐趋显现:相关职能部门对学前教育的价值及对个人与社会的重大意义认识不够清晰和一致,导致部门合力不足。具体表现为:相关政策、文件不配套、内容不明确,部门协同配合"分工合作"的能力相对不足。部门协同配合程度因地而异,主要取决于主要领导的重视与关注,协调配合机制尚未有效建立,联席会议制度运行不畅的问题依然比较突出。

二、落实学前教育政府责任的政策建议

(一) 找准学前教育政府责任的合理定位

"政府责任的确定性至少内含着相互联系的四个维度:行政责任主体的确定性;行政责任对象的确定性;行政责任清单的确定性;行政责任追究的确定性。"②其中责任清单即责任内容的确定是至关重要的。我们认为,政府之于学前教育的关键责任内容应包括以下几个方面。

---

① 范明丽,庞丽娟.当前我国学前教育管理体制的主要问题、挑战与改革方向[J].学前教育研究,2013(6).
② 陈国权,等.责任政府:从权力本位到责任本位[M].杭州:浙江大学出版社,2009:15.

1. 政策制定和规划责任

政策制定和发展规划是政府最基本的责任,意味着政府要把学前教育纳入整个经济和社会发展的总体规划,科学地进行顶层设计,确保健康发展;应科学确定学前教育改革与发展的基本原则和指导思想,从国家发展和教育发展的战略高度落实目标任务和主要措施;在框定政府与市场边界的基础上,准确定位各级政府应承担的责任。《若干意见》也将完善政策保障体系列为主要目标之一。

2. 管理责任

学前教育的管理包括两个方面:一是管理体制,主要是明确各级政府以及相关职能部门的管理职责。我国当前"坚持实行地方负责、分级管理和有关部门分工负责的幼儿教育管理体制",但该规定操作性较弱,"中央及省级政府的统筹管理作用发挥不足,'分级管理'的原则落实不力"。管理体制不明晰,各级政府学前教育管理机构不健全等问题突出。二是办园体制,主要指政府、社会以及个人办园各自的地位和合理的责任分担机制。新中国成立以来办园体制经历了多次变化,目前确定了政府主导、社会参与、公办民办并举的办园体制。但什么是政府主导、政府如何实现主导等仍是政府亟须明确和解决的问题,也是政府切实履行管理责任的前提。

3. 财政投入责任①

学前教育"国十条"第四条专门指出:"多种渠道加大学前教育投入。各级政府要将学前教育经费列入财政预算。新增教育经费要向学前教育倾斜……"

学前教育作为一项重要的国民教育事业,具有"公益性"的特质,这决定了政府必然要承担起主要的投入责任,政府财政投入责任是重要的保障

---

① 发展学前教育需要政府进行学前教育资源的供给,包括房舍、设备、经费、师资等投入。在这里主要关注政府的财政投入,将政府的财政投入作为其一个重要的责任。

性责任。没有基本的、稳定的投入就不可能有学前教育事业稳定、长效的发展。我国学前教育财政投入严重不足,缺乏事业发展的基本经费保障。首先,在全国教育经费总量中,学前教育经费所占的比例过小。其次,长期以来中央财政没有专项经费用于学前教育。各省、市、县也少有或没有学前教育专项经费。"各地幼儿教育经费的有和无、多与少全凭地方政府的意愿……各地预算内学前教育经费带有很强的随意性和不稳定性。"①当前,国家明确要求地方政府确定财政性学前教育经费占教育经费的占比,以强化政府的财政投入责任。

4. 师资队伍建设责任

1993年通过的《中华人民共和国教师法》(以下简称《教师法》)指出"政府有责任保障并提高教师地位待遇"。《规划纲要2010—2020》和学前教育"国十条"均强调"政府应依法落实幼儿教师编制和地位"。师资是学前教育发展的重要保障,但师资问题又是多年来制约学前教育发展的主要因素。《教师法》所规定的幼儿教师的基本权利和待遇无法保障,幼儿教师的职业吸引力大大降低,队伍不稳定。2018年颁布的《若干意见》从"依标配备教职工""依法保障幼儿园教师地位和待遇""完善教师培养体系""健全教师培训制度""严格教师队伍管理"五个方面勾画了师资队伍建设责任内容。

5. 督导评估责任

《指导意见》规定学前教育督导评估应坚持"督政与督学相结合"原则并实行公示制度,学前教育"国十条"则指出"各级政府要建立督促检查、考核奖惩和问责机制,并向社会公示"。

政府督导评估责任主要体现在四个方面。第一,遵循学前教育基本规

---

① 蔡迎旗.幼儿教育财政投入与政策[M].北京:教育科学出版社,2007:56.

律,制定办园标准,严格准入制度,实行动态督导评估监管。第二,对幼儿园进行安全管理。建立健全各项安全管理制度和安全责任制。第三,建立幼儿园保教质量的评估和监管体系,督促和引导幼儿园提高保教质量。第四,对学前教育事业发展及政府责任履行状况进行督导。当前,政府对学前教育的监管评估责任显得格外重要。

6. 保障学前教育公平责任

保障公平是政府的一项重要责任,是学前教育政府责任的核心指向。"入园难""入园贵"一定程度上反映了入园机会的不公平;政府投入方向不公平,把有限的财政投入都给了少数幼儿园;城乡、区域、园际之间尤其城乡、区域发展不平衡是我国学前教育不公平的突出表现。不公平消弭了学前教育的公益性。政府在政策层面高度关注学前教育公平问题,学前教育"国十条"指出:"国家实施推进农村学前教育项目,重点支持中西部地区。地方各级政府要安排专门资金,重点建设农村幼儿园……"近年来这一问题日益得到重视,《若干意见》在"实施学前教育专项""优化经费投入结构""完善学前教育资助制度"等方面对保障公平提出了明确的要求。

(二) 优化各级政府学前教育责任的架构

政府责任是一个抽象的责任约定,要使政府责任有效,政府责任必须明确,必须与某一具体的责任主体紧密联系,否则政府责任就会落空。各级政府由于没有明确的、限定的责任就会在源头上产生责任推卸、责任推诿等卸责现象。这涉及政府之间的关系。政府与政府之间的关系,可以简称为"府际关系",主要包括中央政府与地方政府之间的关系;地方各级政府之间的纵向关系;地方各级政府之间的横向关系。

学前教育政府责任的有效履行必须关注上述三种"府际关系"。我们在关注学前教育现实的基础上结合已有的政策文件从政府之间纵向关系的角度提出中央政府、省级政府、县级政府以及乡镇政府这四级政府各自所应承担的政府责任。①

1. 明确四级政府的责任

(1) 中央政府责任

《指导意见》规定学前教育"坚持实行地方负责,分级管理和有关部门分工负责的幼儿教育管理体制"。中央政府的主要责任是"制定有关幼儿教育的法规、方针、政策及发展规划"。《若干意见》明确指出"国家完善相关法规制度,制定学前教育发展规划,推进普及学前教育,构建覆盖城乡的学前教育公共服务体系"。从国际学前教育发展的趋势来看,国家层面干预学前教育的力度不断加强。

我们认为,中央政府在承担政策法规制定责任和发展规划责任的同时还应关注学前教育公平责任和财政投入责任。对于公平责任,中央财政要对经济薄弱地区进行学前教育财政转移支付,支持这些地区发展学前教育。② 此外,中央政府可以设立相关项目或计划,以系统性项目或计划为依托进行财政投入。

(2) 省级政府责任

《若干意见》指出,地方政府是发展学前教育的责任主体,省级和市级政府负责统筹加强学前教育工作,推动出台地方性学前教育法规,制定相关规章和本地学前教育发展规划,健全投入机制,明确分担责任,完善相关政策措施并组织实施。

---

① 我国实行的是五级人民政府,中央政府、省(直辖市、自治区)、市、县区、乡镇(街道)。国家"十一五"规划提出,"理顺省级以下财政管理体制,有条件的地方可实行省级直接对县的管理体制"。不少地方已经开始"省管县"体制试点,对县的管理由现在的"省管市—市管县"模式变为由省替代市,实行"省管县"模式,其内容包括人事、财政、计划、项目审批等原由市管理的所有方面。由省直接把转移支付、财政结算、收入报解、资金调度、债务管理等权限"下放"到县。乡镇政府是广大农村地区学前教育责任的直接承担者,乡镇一级政府对于农村学前教育关系重大。
② 国务院明确"十二五"期间,中央财政将投放500亿元,重点支持中西部地区和东部困难地区发展学前教育。这是新中国成立以来,首次在国家层面实施学前教育系列重大项目。

需要指出的是,"省市统筹责任"这一关键环节还应予以明确,即统筹哪些事项,如何实现统筹。例如,在布局规划问题上,要强调省级层面根据未来区域人口、经济、社会发展趋势未雨绸缪,做出科学研判,避免出现阶段性、区域性资源不足以及长远资源供给过剩的问题。

(3)县级政府责任

县级政府"负责本行政区域幼儿教育的规划、布局调整、公办幼儿园的建设和各类幼儿园的管理,负责管理幼儿园园长、教师,指导教育教学工作"。各地大多实行县级统筹、县乡(镇、街道)共建的学前教育管理机制。县级人民政府负责本行政区域学前教育的规划、布局调整,落实学前教育经费,统筹管理城乡各类学前教育机构包括幼儿园准入管理。随着"省管县"体制改革的推进,县级政府在地方行政中的位置越来越重要。县级政府是执行中央和省级政府政策最直接的对应责任主体。《若干意见》明确:县级政府对本县域学前教育发展负主体责任,负责制定学前教育发展规划和幼儿园布局、公办园的建设、教师配备补充、工资待遇及幼儿园运转,面向各类幼儿园进行监督管理,指导幼儿园做好保教工作,在土地划拨等方面对幼儿园予以优惠和支持,确保县域内学前教育规范有序健康发展。

(4)乡、镇(街道)政府责任

很长一段时间,乡镇政府承担了农村学前教育发展的具体责任。《指导意见》规定"城市街道办事处配合有关部门制定本辖区幼儿教育的发展计划,负责宣传科学育儿知识,指导家庭幼儿教育,提供活动场所和设备、设施,筹措经费,组织志愿者开展义务服务;乡(镇)人民政府承担发展农村幼儿教育的责任,负责举办乡(镇)中心幼儿园,筹措经费,改善办园条件;要发挥村民自治组织在发展幼儿教育中的作用,开展多种形式的早期教育和对家庭幼儿教育的指导"。

农村学前教育由于投入不足、编制缺乏等因素,发展困难重重。农村学前教育面广量大、基础弱、任务重,乡镇政府所承担的事权与拥有的财权不匹配,导致部分乡镇政府责任缺位。

因此,从政府的角度而言,省、县、乡(镇)三级政府应该明确规定各自承担财政经费投入的比例,调整县乡两级政府的责任分担比例,并适当减轻乡镇政府财政责任,突出乡镇政府规范管理的责任。《若干意见》则进行了较合理的责任划分:城市街道办事处、乡(镇)政府要积极支持办好本行政区域内各类幼儿园。这进一步理顺了县、乡镇两级政府的责任。

2. 对"省级统筹,以县为主"管理体制的构想

实践表明,"地方负责,分级管理"这一学前教育管理体制的主要原则必须结合各地实际进行改革创新。在"地方负责,分级管理"的管理体制框架下,由于权责分配不明,各级政府(主要是县级及以下政府)应该履行哪些责任,能够承担哪些责任不具体,不明确,导致在实践中政府责任主体重心偏低,特别是拥有极弱财权的乡(镇)人民政府主要承担了发展农村学前教育的责任,负责举办乡(镇)中心幼儿园,筹措经费,改善办园条件。可以说,当前我国学前教育管理的责任实际主要落在乡(镇)政府一级。然而,乡(镇)政府管理层级低、行政权力有限,特别是分税制改革、农村税费改革后可支配财力大大下降,难以承担起学前教育管理的主要责任。由此在体制上形成了乡镇一级政府有限能力与庞大服务对象之间的矛盾。乡镇一级政府由于财权有限,无力支撑农村学前教育的发展,甩包袱、卸责现象严重。因此,对实行20多年的"地方负责、分级管理"的学前教育管理体制必须予以调整。总的来说,教育管理体制改革的趋向是责任主体重心上移。以义务教育来说,2001年国务院出台《关于基础教育改革与发展的决定》,提出"实行在国务院领导下,由地方政府负责、分级管理、以县为主的体制……县级人民政府对本地农村义务教育负有主要责任"。从"地方负责、分级管理"进而明确为"以县为主"。学前教育管理体制从"地方负责、分级管理"已经调整为"县级统筹、

县乡(镇、街道)共建"。然而,事实表明,面对面广量大、基础薄弱的农村学前教育,县级政府统筹已显单薄,政府责任主体重点还需上移。从宏观政策来看,"完善落实省级统筹的政策。加强省级政府教育统筹是国家教育体制改革的突出内容,重点是加强省级政府教育统筹的权力和责任"①。"二期行动计划"指出,"各地要按照构建学前教育公共服务体系的总体要求,健全学前教育管理体制,省级和地市级政府加强统筹,县级政府落实主体责任",强调了加强省级和地级市的统筹力度,主体责任和责任主体是县级政府。这一政策要求较以往已有较大的突破,"省级统筹,以县为主"的政策得以明确。

"所谓'省级统筹,以县为主'的核心是指要加大省级政府对省域内学前教育的统筹领导责任和县级政府对县域内学前教育的管理指导责任。"②

一方面,要明确并加强省级政府对省域内学前教育的统筹领导责任。省级政府在我国政府层级中占据和发挥着极为重要的中坚地位和作用。它既在政治结构中要分担中央政府的部分功能,同时在辖域内担负公共服务"中观"政策制定和组织提供公共服务的责任。当前,省级政府主要是通过实施专项项目,出台政策文件来引导和管理学前教育。在此基础上,省级政府仍需要担当更多的统筹、保障省域内学前教育公共服务均衡、健康发展的重要责任。

另一方面,需明确并进一步加大县级政府对县域内学前教育的管理指导责任。当前,我国学前教育供需矛盾突出,县级政府作为基层行政枢纽,与中央和省级政府相比,更了解基层群众对学前教育发展的需求。世界银行1997年的一份报告认为:"最明白无误和最重要的原则是公共物品和服务应当由能够完成支付成本和赢得收益的最低级政府提供。"③(当然,其

---

① 杨润勇.新背景下我国教育管理体制政策调整问题研究[J].教育研究,2011(3).
② 庞丽娟,范明丽."省级统筹 以县为主"完善我国学前教育管理体制[J].教育研究,2013(10).
③ 世界银行《1997年世界发展报告》编写组.1997年世界发展报告:变革世界中的政府[M].北京:中国财政经济出版社,1997:121.

前提必须是最低级政府有相应的与事权匹配的财权）值得注意的是，"'以县为主'指的是管理上的以县为主，而不是经费保障上的以县为主，县级政府主要在省市县共同努力、保障发展学前教育事业基本投入的基础上，切实落实直接管理学前教育的主体责任"①。

学前教育管理体制改革涉及行政管理体制、财政分配体制等多方面因素，牵一发而动全身，是一项较为复杂的具有破冰色彩的系统工程，尤其需要注重顶层设计，全盘统筹，精心论证，精当操作，有条件的地方先试先改。同时在运行"省级统筹，以县为主"的管理体制时不能机械套用，硬搬政策，而应根据其地域、经济发展水平，合理调控和确定省、县、乡三级政府财政投入的比例。比如，就地域而言，对于经济状况较弱的中西部地区，则需加强省统筹甚至中央的支持力度，通过政策倾斜、转移支付等手段促进学前教育事业发展；就城乡而言，更多的是要发挥省级统筹功能。"二期行动计划"也提出，要建立财政投入为主的农村学前教育成本分担机制。这就需要省级政府对农村学前教育要承担更多的责任，特别是财政投入责任；就经济发展水平而言，在乡镇财政条件好的地区可以适当提高乡镇政府财政投入比例，反之应适当提高县级政府乃至省级政府专项财政投入的比例。

（三）完善立体化的协同管理机制

1. 完善不同责任之间的协调机制

政策制定和发展规划责任、管理责任、财政投入责任、师资队伍建设责任、督导评估责任以及保障教育公平责任之间是什么关系？怎样运行？这涉及责任之间的协调问题。

政策制定和发展规划责任是先导责任，没有科学合理的政策和发展规划就不可能有学前教育的健康发展。管理责任、财政投入责任、师资队伍

---

① 庞丽娟,范明丽."省级统筹 以县为主"完善我国学前教育管理体制[J].教育研究,2013(10).

建设责任是条件性责任,督导评估责任是保障性责任,教育公平责任则是政府责任的核心指向。不同的责任由政府相关职能部门分别承担,因此考察不同责任之间的协调机制重点应关注职能部门及其所承担责任之间的相互协调。

2. 完善职能部门之间的责任协调机制

发展学前教育不是教育部门一个职能部门的责任,而是需要整个政府共同承担。相关政府部门各有管理优势,管理资源丰富,比如,有直接提供资源并实施管理的机构;提供政策支持并进行管理的部门;主要提供相关管理服务的部门。"实现'幼有所育'是政府的责任,是政府相关职能部门共同的职责所在。"①教育行政部门则是学前教育最直接的管理部门,其他政府部门往往是通过教育部门与幼儿园和家庭发生联系,共同履行政府责任。因此,需要建立由政府牵头的"综合改革协调机制",通过这种组织和运行制度真正建立制度化的沟通协调关系,就学前教育事业发展的重大事宜进行统筹、协调和决策机制。

3. 明确相关职能部门的责任分担

学前教育"国十条"对各级政府加强对学前教育的统筹协调,健全教育部门主管、有关部门分工负责的工作机制,形成推动学前教育发展的合力进行了详细的说明,这里不再赘述。J省对学前教育改革发展重点工作任务进行了分解,责任具体落实到部门,以经费投入责任任务的分解为例,任务为"加强经费保障(财政投入责任)"。

- 各级政府将学前教育经费列入财政预算。新增教育经费向学前教育倾斜。财政性学前教育经费在同级财政性教育经费中占合理比例,未来三年有明显提高。研究制订公办幼儿园生均经费标准和

---

① 虞永平,刘颖.学前教育体制机制的主要问题与改革思路[J].学前教育研究,2017(12).

生均财政拨款标准。(财政厅、教育厅)

- 从 2011 年起,省财政安排奖补专项经费,重点对经济薄弱地区达到规定办园标准的新建农村幼儿园给予奖补。各市、县加大投入,努力缩小城乡之间、区域之间、国际之间学前教育差距。(财政厅、教育厅)

- 建立学前教育扶困资助制度,对家庭经济困难子女进入幼儿园就读给予资助。(财政厅、教育厅)

- 完善成本合理负担机制。公办幼儿园根据办学综合成本、社会承受能力、办学类别和层次,坚持优质优价原则,由价格、教育、财政部门确定收费标准。民办幼儿园按照不以营利为目的原则,在保证发展基金提留比例 25% 的前提下,根据幼儿园生均培养成本,合理确定收费标准并报物价、教育、财政部门备案。幼儿园实行收费公示制度,接受社会监督。加强收费监管,坚决查处乱收费。(物价局、财政厅、教育厅)

- 通过购买公共服务等方式加大对民办幼儿园的扶持力度,选派公办幼儿园教师到民办幼儿园支教,对承担普惠性教育任务的民办幼儿园进行补助。(财政厅、教育厅、人力资源社会保障厅)

- 2011 年起,省财政对经济薄弱地区农村幼儿教师培训给予资助。各市、县(市、区)财政大幅度增加幼儿教师培训专项经费。(财政厅、教育厅)

对学前教育改革发展重点工作任务进行分解、责任分担是落实相关职能部门责任较为普遍、有效的一种方式,任务明确,责任清晰,便于问责。值得一提的是,责任分担同时也存在一个风险,即责任产生分离,难以形成合力。正如联合国教科文组织《2008 年全民教育全球监测报告》所指出的,"虽然让多个部门分摊职责具有积极意义,可以聚集各个专业领域的机构,也有助于集中资源,但这种组织形式存在问题,没有明确阐述规划和执行框架。此外,没有一个行政机构承担主要责任,政府有可能忽视幼儿保育和教育,而责任分摊也有可能导致机会和质量失衡。带目标、条例、质量标准和筹资承诺的缜密设计的国家政策的缺乏意味着幼儿保育和教育计划的数量相对较少"①。

第二节 学前教育管理机构与人员设置问题、分析与政策建议

一、问题:学前教育管理机构和专职管理人员设置严重缺乏

"现有政策文件对于学前教育行政管理机构和人员配置标准的规定宽泛且操作性差,有关机构设置和人员配置数量、专兼职、行政归属、编制、资质和职责等规定缺乏,对各地执行政策的指导性不强。"②由于缺乏明确的刚性规定,各地学前教育管理机构和人员的设置随意性大,有的主要取决于当地主要领导的重视程度。调查显示,"九五""十五"期间,"只有北京、天津等极少数省(市)专门设有学前教育管理机构。有一半以上的教育部门没有专门设立的学前教育管理机构;有四分之一的教育部门不仅没有专设机构,甚至没有专职的学前教育管理人员"③。从省级层面看,到目前为止,全国也仅有北京、上海、天津、辽宁以及贵州等少数几个省(直辖市)设

---

① 联合国教育、科学及文化组织.坚实的基础——幼儿保育与教育[R].全民教育全球监测报告,2007,6.
② 范明丽,庞丽娟.当前我国学前教育管理体制的主要问题、挑战与改革方向[J].学前教育研究,2013(6).
③ 中国学前教育发展战略研究课题组.中国学前教育发展战略研究[M].北京:教育科学出版社,2010:21.

有独立的学前教育管理处室。从地级市层面看,设有专门的学前教育管理部门的寥寥无几。以东部某省为例,管理机构方面,全省目前13个区市、96个县(市、区)中仅有1个区市(占比7.69%)和54个县(市、区)(占比56.25%)设立了专门的学前教育管理机构,有42个县(市、区)(占比43.75%)尚未设置。管理人员配备方面,区县幼教专干现有人数220人,缺额72人。

若管理体制要发挥其应有功能,必须依靠健全的管理机构和充足的管理人员,当前学前教育管理机构设置及人员配备严重匮乏直接导致学前教育管理严重得到削弱。《若干意见》明确要求:健全各级教育部门学前教育管理机构,充实管理力量,建设一支与学前教育事业发展规模和监管任务相适应的专业化管理队伍。特别是当前质量比任何时候都显得重要,失去质量的学前教育不是人民满意的教育。众多的研究有力地表明,早期教育与保育对于个体及社会确实具有一系列的重要价值。然而,正如OECD2012年发布的《强势开端Ⅲ:早期教育与保育的质量工具箱》研究报告开篇所提出的,这些价值的实现都来自"质量",若仅仅是扩大早期教育与保育的服务范围和资源总量而不关注质量,就极有可能不会对儿童或社会产生良好的益处。

质量从何来?需要通过健全监管体系和加强保育教育指导这两个最直接的方式提升质量。而要实施监管和加强保教指导必须要有完善的管理体制,特别是需要有健全的管理机构和充足的管理人员配置。

二、健全学前教育管理体系的政策建议

(一) 省、市两级政府探索新增学前教育专职管理机构

行政部门机构的增减事关宏观的行政管理体制机制及机构改革的大政方针。当前学前教育管理力度不够,一个主要原因是缺少专门的管理机构和专职人员。我们认为,学前教育行政管理体制的建立和完善需要纳入我国宏观行政体制机制改革系统中进行统筹考虑。一方面需要将机构调

整、职能配置及人员配置纳入行政体制改革范畴统筹考虑；另一方面需要立足于学前教育管理曲折的历史和面临诸多挑战的现实，探索在省、市两级政府教育行政机构设立学前教育管理机构，配备专职管理人员。2010年以前，仅北京、天津保留学前教育省级管理机构，其余29个省（直辖市）全部撤销，仅有基础教育管理部门的一名同志兼任管理人员。目前上海、北京、天津省（直辖市）设立了省级学前教育管理部门，而全国大多数省（直辖市）尚未设立。地级市层面，作为国家学前教育体制改革试点市的江苏省镇江市在省内率先设立了学前教育处，配备两名专业管理人员。近几年来，该市学前教育改革取得了跨越式的发展，其中一个重要原因就是得益于管理力量的加强。对此，各地可以借鉴上述地区的做法和经验，在行政管理体制允许的前提下探索设立学前教育门管理机构，让政府责任得到切实履行，管理有机构实实在在实施，具体工作有专职人员落实。

（二）建立县域农村学前教育县乡两级管理中心

在面广量大的农村地区，学前教育管理人员和教科研人员尤其缺乏。基于此，可以探索建立县域农村学前教育两级管理中心。在执行管理职能的同时承担农村学前教育教研、培训与课程资源开发的职能，同时负责与社会各相关部门的协调工作。两级管理中心可以设在托幼工作办公室，或者实验（机关）幼儿园，设立1—2个专职，实行专职兼职并举的人员配置。在乡镇建立二级管理中心。中心负责本乡镇农村幼儿园的管理、教研、培训与家庭教育服务与指导工作，同时为村办园提供课程与活动材料资源，由乡镇中心幼儿园的专职副园长或者指导教师负责具体工作（增设编制），也可根据实际工作任务和需要增配巡回指导教师。在规范管理教育行为的同时，彰显农村自然资源与社会人文资源的地域性文化优势与特质。保证幼儿园保教质量，实现与农村幼儿生活最密切的人员达成共同的教育理念，引导家长形成科学的育儿观念与方法，营造科学育儿的氛围，形成教育合力。

第三节　督导评估及问责机制的问题、分析及政策建议

一、问题：督导评估机制不完善，卸责行为问责无机制

第一，督导评估机制不完善，重"督"轻"导"。"教育督导作为教育行政过程的主要部分，也是教育行政的重要功能，关系到整个教育行政体制的效能。"①我国现行的教育督导制度自1986年才恢复重建，整个督导体系尚存在许多不完善的地方，而学前教育督导长期以来更是缺乏足够的关注。2012年教育部颁布《学前教育督导评估暂行办法》，进一步推动了各地学前教育督导评估的进展。然而，多年来督导评估依然是政府发展学前教育职能的薄弱环节，"以督促导、以评促建"的核心功能价值尚未充分发挥。② 具体而言，学前教育督导评估存在理念定位有偏差、督导评估对机构的指导作用不明显、督导评估主体单一化明显、督导评估的独立性和专业性不强、督导评估工作的透明度有待增强等问题，制约着新时期督评工作的深入展开和学前教育的健康发展。

第二，问责机制尚未建立，卸责行为追责无力。虽然国家不少文件都强调中央及地方政府发展学前教育的责任，但大多是基于原则层面的要求，对于各级政府应当承担哪些具体的责任，这些责任又附带哪些考核指标，如何监督，若政府责任履行不积极或责任缺位该由谁来问责，如何问责等体系性的问责要求缺失。正是这种制度设计的缺陷客观上为各级政府之间责任转嫁提供了空间，政府责任在层层转嫁中渐趋消殆，出现了"责任真空"的状况。比如，历史已经证明，幼儿园改制是部分地方政府决策失

---

① 孙绵涛.教育行政学[M].北京：高等教育出版社，2001：309.
② 李琳.学前教育督导评估体系建设探索——以上海市为例[J].中国教育学刊，2014(3).

误,除了使学前教育发展受到重大挫折之外,还导致不少国有资产流失。幼儿园低价卖给个人,现在又迫不得已要付出更大的代价回收,如此"折腾"造成了国家财政经费的损失,但对此失职、失责行为,却没有进行问责,更没有哪个责任主体、哪级政府受到责任追究。"要建立责任制,落实责任目标、责任部门和责任人,一级抓一级,层层抓落实。"①正如一位基层幼教行政人员感叹:"要完善政府问责制,让权力得到监督,政府绩效得到考核,避免运动式发展,只问过程不问结果。"建立健全问责制度,问责追究有效果,这是学前教育各项发展目标和政策措施得以有效实现的重要制度保障。

二、政策建议

(一) 完善对各级政府和各职能部门的监督机制

政府如何履行责任?责任效果怎么样?具体而言,一项学前教育政策执行得怎样,政策有效性如何,存在哪些问题,该怎么办等一系列问题都需要政府进行督导。学前教育"国十条"指出,"各级教育督导部门要把学前教育作为督导重点,加强对政府责任落实、教师队伍建设、经费投入、安全管理等方面的督导检查,并将结果向社会公示。"

教育督导,实质是政府的一种行政监督和管理职能,是国家对教育实行监督和指导的有效机制和有力手段。加强督导与评估也是各国保障学前教育质量的一种普遍做法。② 督导工作包括"督政"和"督学"两大方面。"督政"即监督下级人民政府及其有关职能部门履行教育工作职责,依法行政。"督学"即对所属学校的教育、教学、管理工作进行监督,推动学校全面贯彻教育方针。"要建立督促检查和考核奖惩机制,把政策是否到位、措施

---

① 中华人民共和国中央人民政府.刘延东国务委员在全国学前教育工作电视电话会议上的讲话.(2010-12-01)[2016-07-04]http://www.gov.cn/jrzg/2010—12/01/content_1757717.htm.
② 虞永平,张斌,等.中国教育改革40年——学前教育[M].北京:科学出版社,2018:59.

是否有力、能否有效缓解入园难,作为检验各级政府和相关部门工作实绩的一项重要指标纳入考核范围。"①

公众对政府督导也有很高的期望,一位乡镇中心幼儿园园长在谈到政府履行责任时说:"从政策上,督导要到位,公办教师待遇,1996 年的'规程'就规定了,他不执行,没有办法;园长负责制,政策都是有的,但实际上还是执行的问题。政府讲得到位了,但实际上是缺位了。强烈要求政府进行投入,不是把这些写在文件上,而是要落在实处,不能嘴上讲。哪怕是解决我们的养老和医疗这块,工资我们自付也好,或者按照小朋友来投,一年一个小朋友 200 元。政府现在讲数据,投入了多少,全部都是虚的。两次政府投入是因为政府签订了责任状了,没有办法了,才进行了投入,平时自觉的投入一分钱也没有。我们希望要多进行督导。"

可见,学前教育督导不仅对于促进政府执行政策、履行责任具有重要的意义,而且是解决政府"讲得到位,实际缺位"问题的一个现实要求。

1. 提高督导人员素质

督导不同于常规的检查,需要督导人员具有较强的专业能力。这样才能发现真实的问题,进而提出解决之策,同时也能使所督导的政府或幼儿园能够认清自己的实际问题并能得到有效的帮助,最终能够使上级政府获得有效的反馈。英国实行"儿童专员"制度,"儿童专员"的职责是特别关注与儿童健康成长有关的多方面利益。鼓励从事与儿童相关活动的人充分尊重儿童的观点和利益;站在儿童的立场向教育部长提出相关建议;考察或研究有关儿童的诉讼程序,并印发上述有关儿童事宜的报告。"儿童专员"还拥有质询调查的权力,"如儿童专员认为某个儿童引发的问题关系到有关儿童的公共政策,专员可对该个案提出质询,进行相关调查,并要对问

---

① 中华人民共和国中央人民政府.刘延东国务委员在全国学前教育工作电视电话会议上的讲话.(2010-12-01)[2016-07-04]http://www.gov.cn/jrzg/2010—12/01/content_1757717.htm.

题解决提出建议。"①这一系列督导程序的有效完成需要督导人员具备较高的督导素质和专业水平。

2. 设计明确合理的督导标准

督导标准应明确政府应该履行哪些责任、这些责任有哪些易于衡量的操作性指标、通过什么方式来评判。通过在标准中明确、细化政府责任从而使督导更具针对性和有效性。

3. 同体督导和异体督导相结合

监督从监督范畴上分为同体监督和异体监督。所谓同体监督,是组织系统对其内部成员的监督。异体监督,则是指组织系统外部对其内部成员的监督。研究者认为,有效的督导也应该采取同体督导与异体督导相结合的方式。一般督导大多是同体督导,人员都是某一级政府督导室组织相关官员和系统内专业人员进行督导,外部力量很少能介入。为扩大督导参与面,必须充分发挥社会监督、群众监督、舆论监督等外部监督的作用,尤其是政府应尊重学术团体的力量,充分发挥他们的专业优势,这也体现出政府的专业责任。

学前教育督导长期以来一直是一个较为封闭的系统。从督导开始到督导终结,从制定督导计划到做出书面报告沿袭的是一种线性逻辑。因此,要提高异体督导的作用,必须打破这种封闭。最重要的是解决公众监督成本高的问题,成本高不仅是指为进行监督而付出的时间和物质代价,更多的是公众获得信息的成本太大,不少政府督导报告只是在政府内部起到了"反馈"的作用,作为公众或专业群体很难获得相关信息,常常导致信息不对称。因此,政府应建立学前教育信息发布制度,强化社会监督,扩大

---

① 沙莉,庞丽娟,刘小蕊. 英国学前教育立法保障政府职责的背景与特点研究[J]. 教育科学,2008(4).

督导信息知情范围,让公众能够并且易于获知相关信息,更好地发挥异体监督的作用。

4. 综合督导与专项督导

综合督导是指督导人员对被督导对象的多项或全部工作进行的督导,其内容广泛,涉及面宽。比如,2017年4月,教育部印发的《幼儿园办园行为督导评估办法》,对幼儿园从办园条件、安全卫生、保育教育、教职工队伍、内部管理等五个方面进行督导评估。专项督导则是根据当年或某一阶段学前教育工作的重点或比较薄弱的环节进行专项督导。比如,对各级政府执行学前教育三年行动计划的情况进行项目专项督导。也可以对经费投入、保教质量、管理水平以及教师待遇等突出问题进行专项督导。比如,2018年7月4日,教育部办公厅《关于开展幼儿园"小学化"专项治理的通知》要求国务院教育督导委员会办公室、教育部及各省教育督导机构和教育行政部门针对幼儿园"小学化"专项治理工作的成效进行专项督查。

(二) 建立对政府履责的有效问责机制

问责是在一定的关系状态下的责任追究过程,其目的是回应外部需求并且改进自身工作。问责包含透明度、惩罚、绩效、腐败、外部监督、公共利益、权力和委托—代理这些内涵。① 问责制是一种责任追究制度,是一定的问责主体对公共责任承担者的担责情况进行质询,作为担责者的问责对象就此做出回应、解释、说明,进而问责主体要求问责对象承担否定性后果的一种规范。

曾经主要负责管理美国42个联邦项目的苏珊·纽曼教授基于美国的经验,提出有效的教育项目必须具备七大特征,其中之一就是"总是坚持对项目的成效以及项目对儿童学业成就的贡献进行问责"并认为"把这些项

---

① 世界银行专家组.公共部门的社会问责:理念探讨及模式分析[M].北京:中国人民大学出版社,2007:7—9.

目链接在一起的核心就是问责制"。① 中国政府在 2003 年非典危机中启动问责制,已从非常时期的非常措施走上了制度化的轨道。行政问责制在实践中促进了行政效能的全面提升,提高了行政部门提供公共服务的能力和主动承担责任的能力,提升了公共部门的整体效能和战略管理水平。

1. 明确责任主体及其相应责任

问责制的构成要素主要包括:权责体系,即针对问责对象的权责划分;问责对象,是指"向谁问";问责主体,是指"由谁问";问责内容,也称问责范围或事由,是指"问什么";问责程序,是指"如何问";问责后果,是指"如何办",包括责任的承担及救济、改进等事项。②首先,问责的前提是有明确的责任主体,即"问谁的责"。因此,应进一步明确划分中央政府和地方政府的责任,有针对性地调整职责分工,减少职能交叉、责任不清、事权分离等现象。其次,要有清晰的责任内容,即"问什么责"。应明确划定中央及地方政府各自承担哪些具体责任。不同主体以及不同责任之间要形成一种汉密尔顿所说的"责任制链条(chain of accountability)"。比如,确定由谁来承担财政投入责任,多大程度上承担责任。通常仅仅是提出"各级政府必须切实承担起投入责任",却未明确各级政府承担的比例以及谁来监督责任落实,自然会出现教育领域常见的问责无力的现象。

2. 问责法制化

"一个可行的有效问责制必须包含以下三个要素:惩罚性,指问责制中必须包含清晰具体的惩罚措施;回应性,指要使问责对象必须对其行为的公正和正确提供必要的信息;强制性,指问责主体要拥有强制制裁的能力,

---

① Neuman, S. (2009). Changing the Odds for Children at Risk : Seven Essential Principles of Educational Programs that Break the Cycle of Poverty[M]. New York: Teachers College Press. 转引自[美]苏姗·纽曼. 学前教育改革与国家反贫困战略:美国的经验[M]. 李敏谊,霍力岩,主译. 北京:教育科学出版社,2011:7.

② 周亚越. 行政问责制研究[M]. 北京:中国检察出版社,2006:33—38.

当政府官员违背其职责和公共利益时,无法逃脱被制裁的结果。"[①]法律是保证惩罚性、回应性及强制性的有力工具。依法有序问责是问责的基本原则。谁来问责,问谁的责,问什么责,怎样问责,都必须有法可循,依法进行。推行学前教育问责制,要以法律法规的形式对问责受理主体、问责对象、问责事由、责任承担方式以及责任追究程序等予以规范,依法对责任主体违法或不当行政行为进行责任追究,减少在问责过程中有错不纠、纠错不力等现象。

3. 增强问责的公开性,扩大社会问责

增强问责的公开性是问责制外部关系要素的内在要求。就外部问责来说,问责的外部关系要素主要有外在性、社会交互性和权威性。外在性指问责对象之外的行为主体;社会交互性是指问责过程中一方处于质询状态,另一方处于回应、接受制裁和改进状态;权威性指问责主体对问责对象有某种监督的支配权。[②]增强问责公开性的关键是扩大社会问责,前提是政府要将相关学前教育信息公开,问责往往囿于信息不对称而造成问责失败。苏珊·纽曼提出,"让公众参与问责,帮助政府项目和政策变得更加透明,使公众处于主导者的位置。提供最新评估能够帮助公众获得信息,建立对项目的信任,也可以让每个人都为儿童成功进入学校而负起责任"[③]。信息公开,实际上也是政府所应承担的一种"说明责任"。因此,加强社会问责,扩大社会问责的范围需要政府提供详细的政策信息,说明政策与施政措施的合理性,接受公众对其合理性、合法性的检验。政府的各种信息

---

① 世界银行专家组.公共部门的社会问责:理念探讨及模式分析[M].北京:中国人民大学出版社,2007:7—8.
② 世界银行专家组.公共部门的社会问责:理念探讨及模式分析[M].北京:中国人民大学出版社,2007:8—9.
③ [美]苏珊·纽曼.学前教育改革与国家反贫困战略:美国的经验[M].李敏谊,霍力岩,主译.北京:教育科学出版社,2011:6.

和活动应该向公众公开,以保障公众的知情权,使问责看得见。

4. 借鉴基于结果的问责制

第二次世界大战以后,特别是20世纪70年代末以来,新公共管理运动在西方兴起,结果导向的新管理主义思想成为西方行政改革的重要指导思想。基于结果的问责制,不仅关注投入的数量以及提供服务的量,而且还关注提供服务的质量;不仅重视监测对项目进行监控的作用,而且还重视对监测工具的选择,确保测量工具的科学和有效;不仅聚焦取得了什么成果,而且看重项目对将来质量的影响。通过对投入、监测、产出三个阶段的关注,有效地对项目进行测评和问责,过滤无效的项目,筛选出有效的项目。

第四节 学前教育依法管理的问题、分析及政策建议

一、问题:学前教育法治化进程迟滞

改革开放四十年来,我国教育法律法规体系的基本框架已经基本形成。然而学前教育依法管理及法治化进程严重迟滞,作为《中华人民共和国教育法》第二章第十七条明文规定的国家教育体制四环中首要环节的学前教育,至今没有专门的法律。进行学前教育立法,将其纳入法制的轨道,本身就是政府理应承担的责任。学前教育法的缺失,在某种程度上也意味着政府责任的缺位。在国家推进依法治国,实现法治化的背景下,教育法治化是教育领域综合改革的重要任务和保障,依法加强学前教育管理是破解学前教育改革发展面临的历史顽疾和新问题的关键。

国家在一系列政策文件中反复强调政府有发展学前教育的责任。比如"地方政府是发展学前教育、解决'入园难'问题的责任主体""各级政府要加强对学前教育的统筹协调,健全教育部门主管、有关部门分工负责的

工作机制"等,但这些仅仅局限在政策性文件层面,刚性规定不足,落实效果不好。政策性文件的权威性和稳定性比法律和法规要弱。"学前教育的发展需要一些短期的政策,但从根本上说,更需要影响范围广泛的、长效的法律和法规。"①美、英等国发展学前教育的突出经验就是,通过立法途径明确并不断强化各级政府特别是中央政府的职责,明确各相关部门职责,保障并促进跨部门协作。因此,应加快学前教育立法的进程。诸如"纲要""意见""通知""规定""讲话"等政策文件中的核心内容应上升为法律内容,增强权威性,体现约束性。

从学前教育管理实际来看,不少地方教育行政和相关部门多次反映,在整治非法办园时由于缺少法律依据,往往难以有效处理,严重影响了学前教育有序科学发展。再以幼儿教师地位和待遇问题为例,不少文件都强调"依法落实幼儿教师地位和待遇。切实维护幼儿教师权益,完善落实幼儿园教职工工资保障办法、专业技术职称(职务)评聘机制和社会保障政策"。但迄今为止,幼儿教师地位和待遇问题依然是制约学前教育发展的主要因素。这就涉及依照何法的问题,虽然《中华人民共和国教师法》《中华人民共和国教育法》对相关问题有法律规定,但针对性不强,操作性不强。因此,迫切需要加快学前教育依法管理,通过立法将类似政府责任、幼儿教师地位和待遇、非法办园处理等问题予以法律层面的规定。

"依法治国"是中央提出的基本战略,依法管理和发展各级各类教育也是题中应有之义。"法治是实现教育现代化的可靠保障。全面深化改革、全面依法治教如车之两轮,共同推动教育现代化不断向前发展。"②"教育立法是促进教育功能实现的一种手段,它把根据教育规律确定的教育工作

---

① 虞永平.学前教育发展应处理好几对基本关系[J].学前课程研究,2009(2).
② 中华人民共和国教育部.全面深化综合改革 全面加强依法治教 加快推进教育现代化——袁贵仁部长在2015年全国教育工作会议上的讲话.(2015-02-12)[2020-07-05]http://www.moe.edu.cn/jyb_xwfb/moe_176/201502/t20150212_185813.html.

规律上升为一般的强制性规则,以此调节教育法律关系,避免教育工作的随意性以及其他人为因素对教育的干扰,从而为教育功能的实现创造一个相对稳定的环境。"①更为重要的是,当前学前教育改革进入关键时期,深化管理体制与机制、办园体制改革,必须有法律作保障,有法可依,依法追责。学前教育的健康发展也更需要有法律来保障。当前学前教育改革发展过程中存留的老问题、出现的新挑战仅仅依靠政策文件是只能治标,难以治本。

二、学前教育依法管理的政策建议

(一) 学前教育立法应特别明确政府责任及违法应承担的责任

从国际上来看,英、美等国通过立法强调政府责任,促进学前教育的发展。英国强化中央政府对学前教育事业发展的领导职能,加强地方政府在学前教育发展中的责任,进一步明确各相关部门的职责与权力,推进部门间的协作与整合。② 2006年颁布的《儿童保育法案》第1~13条明确了地方当局在学前教育管理方面的总体职能和具体职能,指出地方当局要在改善学前儿童保育与教育,促进每一个儿童健康成长,减少儿童在接受保育、教育、健康等服务上的不平等等方面承担起责任。美国许多州在《不让一个儿童落后法》的基础上,纷纷制定本州的相应法律,强调州政府作为宏观调控主体在本州学前教育事业发展中的职责与作用。《2000年目标:美国教育法》中专设一篇"州与地方教育体制改革",分别对促进州与地方政府包括学前教育在内的教育改革的目标、联邦政府拨款的申请、获得与使用、州与地方政府教育活动的开展、各州教育标准的制定、州与地方政府对教育事务的实际控制权等方面进行了具体详尽的规定。

通过法律明确政府责任,保证政府责任的有效履行必须关注以下几个

---

① 劳凯声.中国教育法制评论.第7辑[M].北京:教育科学出版社,2009:104.
② 庞丽娟,刘小蕊.英国学前教育管理体制改革政策及其立法[J].学前教育研究,2008(1).

方面:首先,学前教育法应规定发展学前教育是国家教育权的体现,是政府的义务,更是政府的责任;其次,从具体责任来看,应就政策制定、布局规划、管理体制、财政投入、师资建设、保障公平等责任进行明确规定;最后,从责任主体来看,在法律中应明确不同层级责任主体(各级政府)以及所属相关职能部门各自应承担的责任。

一般地,权利就其形态而言,有应有权利、法定权利和现实权利三种。政府责任也可相对分为政府应有责任、法定政府责任和现实政府责任。当政府责任以及某些具体责任成为法定责任,并不意味着其必然会转化为现实责任。任何一种法定责任及具体责任在实现过程中都会不同程度地会出现"责任缺损",法律应对"责任缺损"进行追究。总体而言,我国教育法规内容不完整、不全面,尤其是法律责任和法律程序方面规定过于薄弱,比如《中华人民共和国义务教育法》有关法律责任的条款只有两条。因此,在学前教育法律中必须对政府责任以及违法责任行为、责任主体进行明确界定,规定违法应承担的法律责任,否则将无法进行有效的督导和问责,法律也难以发挥其应有的效应。①

(二) 学前教育法必须关注的重要法律关系

学前教育立法中核心的法律关系是政府与公民的关系、各级政府的关系、不同政府部门之间的关系。

政府与公民的关系。学前教育是非义务教育,教育经费实行分担制,即由政府和家长共同承担学前教育成本。这意味着只要幼儿接受基本的学前教育,就应该由政府和家庭共同分担学前教育成本,而且基于保底性和公益性,政府应该多分担一些教育成本。当然,大范围全面免费的学前教育难以推广,完全依赖家长缴费的学前教育不足取。

---

① 虞永平,张斌,等.中国教育改革40年——学前教育[M].北京:科学出版社,2018:69.

《规划纲要(2010—2020)》指出:"学前教育建立政府投入、社会举办者投入、家庭合理负担的投入机制。"学前教育"国十条"要求"家庭合理分担学前教育成本"。"二期行动计划"的重要任务是,完善政府投入、社会举办者投入、家庭合理分担的投入机制,努力做到保工资、保安全、保运转、保发展。逐步建立起以公共财政投入为主的农村学前教育成本分担机制。建立学前教育成本分担机制,最重要的是明确成本分担的主体及比例。有调查表明,从学前教育经费来源构成情况来看,来自家长的保教收费所占比例较高。就江苏省而言,据江苏省教育厅、财政厅以及南京师范大学"学前教育经费保障机制研究"课题组在2010年的调查显示:"财政补助收入"仅占幼儿园总收入的20.54%;"事业收入"(保教收费)占幼儿园总收入的75.78%,"其他收入"占幼儿园总收入的3.68%。近些年来,经费构成有所变化,据统计,2015—2019年江苏省学前教育经费来源结构中以财政性学前教育经费为主,基本维持在略高于50%的情况,其次是事业收入(保教收费),基本在45%上下微小浮动。

政府和家长对学前教育的分担比例为多少比较适宜?国情各异,差别较大。比如,美国、英国和爱尔兰的中产阶层的家庭承担了保育成本的大部分,但欧洲大陆的国家则由公共财政负担了主要成本。OECD所有的国家都承担了3~5岁儿童学前教育的大部分成本。与我国相邻的国家当中,俄罗斯、日本和韩国的家庭分担比例分别为9.4%、37.8%和44.3%。因此,立法应推动逐步构建合理的学前教育成本分担结构——我们建议政府分担比例为50%—55%,家庭分担比例为35%—45%,社会辅助分担比例为5%—10%。①

中央与地方的关系。我国基础教育管理体制的核心责任主体是县

---

① 虞永平,张斌,等.中国教育改革40年——学前教育[M].北京:科学出版社,2018:69.

(市、区)级政府,发展学前教育的责任应主要落到这一级政府。多级财政共同投入是第一期学前教育三年行动计划取得成效的重要经验。

如何确立长期有效的投入机制,明确各级政府的责任,确保对中西部与农村经济薄弱地区学前教育的共同投入?东部地区经济发展水平相对较高,但也是重要的人口流入地,很多地方外来人口已经占到当地总人口的30%甚至一半以上,学前教育资源不足的矛盾日益显现,幼儿园建设任务有增无减,土地压力、建设压力、人力资源压力、管理压力不断显现,如何采用一定的激励性机制辅助东部地区解决发展学前教育的压力,也是立法必须予以厘清的一个问题。①

不同政府部门之间的关系。我国的学前教育事业采取政府各有关部门分工协作、共同管理的体制。学前教育"国十条"要求各级政府要加强对学前教育的统筹协调,健全教育部门主管、有关部门分工负责的工作机制,形成推动学前教育发展的合力。并对教育、机构编制、发展改革、财政、城乡建设、国土资源、人力资源和社会保障、价格、综合治理、公安、卫生、民政、质检、工商、安全生产监督、食品药品监管等政府管理部门的职责做出了原则分工,并提出了协同工作、相互配合的要求,甚至对妇联、残联、街道以及村民自治组织等也提出了要求。

政府有关部门分工合作是我国学前教育管理的基本要求,也是发展学前教育的关键路径。"但不同政府部门之间的分工合作不是简单的合作,也不是简单执行国务院的要求。必须在统一对学前教育特殊性和重要性的认识基础上,在把握学前教育发展的困难和问题的基础上,有关部门根据自身的工作职责,联系当地学前教育发展的实际,切实有效地开展分工和协作,共同促进学前教育事业的发展。"②因此,必须通过法律手段明确不

---

① 沈健.用"立法"打破学前教育发展"瓶颈"[J].人民教育,2015(11).
② 沈健.用"立法"打破学前教育发展"瓶颈"[J].人民教育,2015(11).

同政府部门的责任,使政府作用的发挥和责任履行建立在依法行政的基础之上,避免政府责任的缺位、越位及错位,确保学前教育事业的健康稳步发展。

(三) 基于立法的基础,逐步实现教育法治

教育法治具体体现为依法行政、依法办学及依法执教。其中,依法行政,明确政府责任是重中之重。一方面需要通过立法手段,对学前教育政府责任进行法制化规定,推进依法行政。李克强总理多次强调,要以政府自身的革命带动重要领域改革。依法行政就是要建立法治政府、责任政府、服务型政府。按照"法无授权不可为"的原则,系统梳理职责权限,划定行为边界,使教育行政行为都有法有据。按照"法定职责必须为"的原则,把该管的管好,该服务的服务好,该协调的协调好。各级教育部门要按照这两个原则,列出"权力清单"和"责任清单",退出越位点,补上缺位处。① 另一方面,要加快完善教育法律体系,完善学前教育依法治教的法律制度,以良法推动善治。要推进教育行政执法执纪体制机制改革,重点关注对教育经费法定增长不到位、学前教育政府责任履行不到位,幼儿园办学行为不规范等行为。

第五节 幼儿园师资队伍建设问题、分析与政策建议

幼儿园师资队伍建设是学前教育管理的一个核心工作,也是一项重要的学前教育政府责任。幼儿园教师承担着保育和教育的双重职能,关系到亿万儿童的健康成长,关系到学前教育事业的健康发展。"没有质量或低

---

① 中华人民共和国教育部.全面深化综合改革 全面加强依法治教 加快推进教育现代化——袁贵仁部长在2015年全国教育工作会议上的讲话.(2015-02-12)[2020-07-05] http://www.moe.edu.cn/jyb_xwfb/moe_176/201502/t20150212_185813.html.

质量的教育,是愧对儿童、家长和政府的。教育质量的提升是一项复杂而艰巨的工作,需要很多人尤其是教师做出艰巨的努力。教育质量的核心是教师,最关键的支撑是教师。"[①]合格的、数量充足的师资队伍是确保学前教育保教质量的重要条件。此外,需要说明的是,幼儿园师资队伍建设问题也是本课题学前教育管理体制机制领域的一个重要的研究内容。

一、幼儿园师资队伍建设的问题与挑战

近几年来,国家在着力解决我国学前教师队伍数量不足、质量不高、待遇不落实等方面,出台了一系列政策,如 2010 年 11 月,国务院印发《关于当前发展学前教育的若干意见》;2011 年,教育部印发《关于大力推进教师教育课程改革的意见》;2012 年 2 月,教育部印发《幼儿园教师专业标准(试行)》;同年 8 月 20 日,国务院印发《关于加强教师队伍建设的意见》;同年 9 月 20 日,教育部等部委出台《关于加强幼儿园教师队伍建设的意见》;2013 年 1 月,教育部印发的《幼儿园教职工配备标准(暂行)》……这些文件与政策对提升幼儿教师的专业地位,促进幼儿教师队伍建设与发展起到了重要的作用。然而,从全国来看,师资数量不足、整体素质不高、待遇保障较弱等教师队伍建设滞后问题仍是制约我国学前教育改革发展的主要障碍。

(一) 师资数量严重不足

一方面,幼儿园师资总量比较缺乏。2014 年,全国幼儿园专任教师总数为 184.41 万名,按照每班 30 名幼儿,每班需 2 名专任教师测算,全国幼儿园共需专任教师缺口约为 85.64 万名。2019 年全国幼儿园专任教师总数增至 258 万名,但仍缺 52 万名,特别是目前过高的幼儿园生师比均要求增加教师数量,合格教师从哪里来?这是对师资培养和补充机制提出的重大挑战。另一方面,公办园专任教师在编比例偏低,截至 2018 年底,全国

---

① 虞永平.怎么看 怎么评 怎么干——学前教育质量问题需要三思而笃行[N].中国教育报,2013-10-13(1).

公办幼儿园专任教师总数为97.2万名，事业编制核定总量为55.6万名，实有在编人数44.8万名。一些地方公办幼儿园编制核定不够及时，还有一些地方一边空编一边使用编外教师，教师队伍不稳定。①

（二）整体素质亟待提高

从幼儿园专任教师学历情况看，2014年，全国幼儿园专任教师学历结构情况是：高中以下占专任教师总数的2.5％，高中毕业占25.4％，专科毕业占53.7％，本科毕业占18.1％，研究生毕业占0.3％。2019年，全国幼儿园专任教师学历结构情况是：高中以下占1.63％，高中毕业占15.64％，专科毕业占58.50％，本科毕业占24.04％，研究生毕业占0.20％。②

2019年较2014年，师资学历得到提升，本科毕业人数占比增长近6个百分点，专科毕业人数占比增长近5个百分点，高中及以下占比减少近11个百分点，但仍有17.27％的专任教师为高中及以下学历。

从幼儿园园长素养情况看，教育部哲学社会科学研究重大课题攻关项目"我国高素质幼儿园园长队伍建设研究"（项目批准号：16JZD050）课题组，采取目的性抽样对北京市、贵州省1 742名园长的专业素养进行了调查，发现超过一半园长无证上岗、学历层次较低。在所调查的1 742名园长中，有57.9％的园长未获得园长岗位培训合格证书，无证上岗现象非常严峻。此外，仍有近1/3的园长为非教育背景（28.7％），且在所有接受调查的园长中，42.8％的园长为大专及以下学历。③

此外，从全国看，尚未有专任教师持有教师资格证情况公开数据，从研究者调研情况看，目前部分地区持证率不容乐观。某地级市非公办幼儿园中，教职工第一学历中专及以下的4 478人，占63.7％；幼教专业的1 425

---

① 中国人大网.国务院关于学前教育事业改革和发展情况的报告(2019-08-22)[2020-7-13]. http://www.npc.gov.cn/npc/c30834/201908/1c9ebb56d55e43cab6e5ba08d0c3b28c.shtml.
② 此处数据根据教育网站公布的2019年教育统计数据整理所得。
③ 洪秀敏，朱文婷.打造高专业水平园长队伍[N].中国教育报，2019-04-07(2).

人,占 20.3%;没有教师资格证的 5 573 人,占 79.2%。该市一县幼儿教师 2 018 人,其中有幼儿教师资格证的仅 272 人,教师资格证持证率为 13.5%。幼儿教师的专业合格率和持证上岗率有待进一步提高。

(三) 地位待遇保障较弱

整体待遇水平低,同工不同酬问题突出。据不完全统计,幼儿园编外聘用教师待遇一般为同类在编教师的 40%—60%,严重影响幼儿教师的工作积极性和队伍的稳定性,特别是动摇非在编教师的从教信念和信心。

未评职称教师占比较大。2014 年全国城区、镇区、乡村未评职称的教师分别占城区、镇区、乡村教师总数的 71.62%、70.7%、77.63%,到 2019 年相应比例分别为 75.23%、74.93%、78.80%,[①]未评职称的比例呈增加的趋势。

社会保障不到位。不少公办幼儿园非在编教师和民办幼儿园教师还未享有国家规定的足额足项的社会保险和住房公积金。此外,大量面临退休的非在编教师退休保障问题在一些地区尚未得到有效解决。

如何培养补充合格师资、如何提高师资专业化水平、如何提高教师待遇保障稳定师资队伍、如何增加职业吸引力以吸引优秀人才加入幼儿教师队伍等均是亟待破解的机制问题。

二、师资队伍建设与发展保障机制的可能路径

(一) 提高幼儿教师的社会地位,进一步明晰幼儿教师身份

"身份"是指人的出身和社会地位。此处涉及的幼儿教师身份主要是指社会地位,社会地位由社会认可和主体自我认同共同构成。因此,幼儿教师有两重"身份",一种身份是"社会身份",是社会对幼儿教师职业的理解和认定,既表现为法律法规或政策文件对幼儿教师职业的认定,也表现

---

① 此处数据根据教育网站公布的 2019 年教育统计数据整理所得。

为公众对幼儿教师职业的理解。另一种"身份"是教师自我认同的身份,即"个体对自己作为专业人员身份的辨识与确认"。社会认可会影响教师主体的自我认同,"幼儿教师身份的自我认同的影响因素颇多,其中社会对幼儿教师身份的理解和认定是重要影响因素。因此,幼儿教师专业身份认同的构建并非是幼儿教师个体力量所能及的,还必须依靠一整套健全的法律保障体系"①。

1. 幼儿教师身份的演变:从"附属"到"独立"

回眸改革开放以来的历程,政府出台的法律法规政策文件对幼儿教师身份的认识和界定大体经历了这样一个变化过程。在《中华人民共和国教育法》(以下简称《教育法》)(1995年)、《中华人民共和国教师法》(以下简称《教师法》)(1993年通过)颁布之前,教师的身份是在学校及教育机构从事教育教学工作人员的总称。可见,教师的身份缺乏特定的法律含义。幼儿教师的身份则更为虚弱和模糊,在1988年8月15日国务院办公厅转发国家教委等部门《关于加强幼儿教育工作意见的通知》里提到,"幼儿师范学校毕业生分配应面向各类幼儿园。分配到幼儿园任教的,应按照国家有关规定享受教师待遇。国家不包分配的职业高中幼教专业毕业生,用人单位应在增干指标内择优录用或聘用,有关部门可采取措施鼓励他们到集体或公民个人举办的幼儿园任教。"对于包分配的幼儿师范学校毕业生"享受教师待遇",对于不包分配的职业高中幼教专业毕业生则没有明确是否"享受教师待遇"。《教师法》规定,教师的平均工资水平应当不低于或者高于国家公务员的平均工资水平,并逐步提高。众所周知,实际情况并不理想。因此,"享受教师待遇"实际上隐含的意思是,这两类教师的身份非真正意义上的教师身份。特别是后者,她们的教师身份一直处于模糊的边缘状

---

① 王声平,杨晓萍.幼儿教师专业身份认同的困惑及其重塑[J].教育与教学研究,2011(1).

态，在1991年6月17日国家教委颁布的《关于改进和加强学前班管理的意见》（教基（1991）8号）中提出，学前班教师的资格与幼儿园教师相同。农村学前班教师逐步实行聘用制，与当地民办小学教师或乡（镇）企业职工享受同等待遇。这部分师资作为农村学前教育的主要师资力量，做出了历史性贡献，但她们的身份问题一直延续到今天，应该引起高度重视。

《教育法》《教师法》颁布后法律上的教师是指履行教育教学职责的专业人员，承担教书育人、培养社会主义事业建设者和接班人、提高民族素质的使命。教师的专业身份在法律层面得到确认，但幼儿教师仍缺乏独立的专业身份，比如《教师法》指出，"中小学教师是指幼儿园、特殊教育机构、普通中小学、成人初等中等教育机构、职业中学以及其他教育机构的教师"。《关于幼儿教育改革与发展的指导意见》提出，"认真执行《中华人民共和国教师法》，幼儿教师享受与中小学教师同等的地位和待遇。依法保障幼儿教师在进修培训、评选先进、专业技术职务评聘、工资、社会保险等方面的合法权益，稳定幼儿教师队伍"。幼儿教师的身份与待遇问题逐步得到重视。值得注意的是，在这一时期，幼儿教师的地位和身份的实际境遇与政策文件要求却相距甚远，比如21世纪初席卷全国的幼儿园改制之风，大量的幼儿教师变成了个体老板的打工仔、照看幼儿的阿姨。

近年来，学前教育日益受到政府和社会的重视，教师的身份和地位也呈现出逐步明晰和提高的态势。《幼儿园教师专业标准（试行）》没有被包含在中小学教师专业标准之中，幼儿教师专业身份的独立性得到认可，《专业标准》就明确指出，"幼儿园教师是履行幼儿园教育工作职责的专业人员，需要经过严格的培养与培训，具有良好的职业道德，掌握系统的专业知识和专业技能"。虽然是专业标准，但在幼儿教师身份模糊、虚弱，进而得到初步澄明的变迁长河中，必将是一朵绚丽的浪花。

2. 明晰幼儿教师身份,提高地位路径思考

(1) 转变大众观念,对幼儿教师专业身份予以尊重、理解和支持

幼儿教师面对的是富有万千可能性和无限发展性的幼小生命,对于一个生命体的健康发展意义和责任重大。但是由于社会大众对学前教育价值认识上的偏颇和误区,多年来,在制度和实践层面,学前教育却被视为"小儿科",不是真正的专业,或充其量仅仅是"半专业""准专业",甚至曾经在教育领域也没有其应有的专业地位。当然,作为"半专业""准专业"从业人员的幼儿园教师也不是真正意义上的专业人员。幼儿园教师往往被冠以"幼儿园阿姨""多才多艺的美女""其他教师都可以代替的教师""艺术特长,理论够用"等称谓。因此,需要全社会加大对学前教育、儿童发展价值和规律的宣传,逐步转变大众观念,对幼儿教师专业价值、专业身份予以认可、尊重和支持。

(2) 幼儿教师身份须予以"制度化""法律化"

虽然幼儿教师的身份和地位逐步得到认可,但是从现实来看,已有的法律规定约束效果不佳。整体而论,法律界、学前教育界还没有形成一套完整的专门针对幼儿教师专业身份的法律体系。从一定意义上讲,这也是造成幼儿教师专业身份认同困境的重要因素,不利于学前教育事业的健康发展。如与中小学教师相比,幼儿教师在编制、职称评定、福利待遇等方面都处于"弱势地位"。"因此,从法律制度的视角来看,幼儿教师专业身份并没有得到真正的认可和承认,也即幼儿教师专业身份没有被'制度化',还处于一种边缘地带。"社会对幼儿教师身份认定不科学和模糊性会直接影响教师身份的自我认同,最终会影响学前教育的发展。① 因此,首先,法律保障体系和制度化建设应明确幼儿教师入职的管理机制,国家必须对幼儿

---

① 王声平,杨晓萍.幼儿教师专业身份认同的困惑及其重塑[J].教育与教学研究,2011(1).

教师的入职要求作明确的法律规定和限制；其次，建立完善幼儿教师的工资保障体制；最后，在政策许可范围内新增编制向幼儿教师倾斜，扩大幼儿教师编制数量，改革和创新措施缩小在编和非在编教师工资待遇差距，完善幼儿教师职称评定机制。

（二）优化师资培养与补充机制

1. 严格实行准入制度

《幼儿园教师专业标准（试行）》提出，要深化教师教育改革，建立教师教育质量保障体系，不断提高幼儿园教师培养培训质量。

首先，一方面，各地应根据实际需求制定幼儿园教师培养规划，确定培养规模。另一方面，全国通盘规划，完善地方师资培养体系。统筹协调，办好中等幼儿师范学校及高等师范院校学前教育专业。加大面向农村的幼儿教师培养力度，扩大免费师范生学前教育专业招生规模，为农村幼儿园培养一批学前教育专业专科层次教师。另外，《关于加强幼儿园教师队伍建设的意见》还特别提出，"积极探索初中毕业起点五年制学前教育专科学历教师培养模式。"对此需要各地进行专题调查，合理布局规划师资培养机构类型、层次以及培养规模。

其次，应完善"学前教师教育体系"。制定"学前教师教育机构设置认证标准"，对非师范院校、举办教师教育专业的高等教育机构，普遍进行一轮办学质量的评估；暂停"中小学富余教师"转入学前教育；扩大高职、中职"育婴师"培养数量，打破"教育、保育"的"两元结构"，拓宽保育员的来源途径，切实提升保教人员的学历水平和专业素质。① 第三，严格进行资格认证，实行持证上岗。资格认证、持证上岗是保证师资质量的重要环节。认证程序不规范，持证要求不严格，将导致不合格师资入职，势必将增加职后

---

① 刘明远.当前我国学前教育教师队伍建设面临的问题与对策[J].教师教育研究,2014(2).

培训成本,制约保教质量提升。《关于加强幼儿园教师队伍建设的意见》提出,"完善幼儿园教师资格制度。全面实施幼儿园教师资格考试制度,印发幼儿园教师资格考试标准,深化教师资格考试内容改革。幼儿园教师须取得相应教师资格证书。具有其他学段教师资格证书的教师到幼儿园工作,应在上岗前接受教育部门组织的学前教育专业培训"。

再次,教师教育质量保障和准入是一个系统工程,需要建构体系性政策。因此,在学历、专业背景、教师资格认证的基础上,可以增加教师实习试用环节,安排3个月或6个月的教育教学实习试用期,经过考核合格后方可正式取得入职资格。而对于入职的新手教师也可以尝试新教师试用期制度。(虽然1994年施行的《中华人民共和国教师法》规定取得教师资格首次任教时,应该有试用期,但是在实践中往往演变成了走过场,形式化了,关键是缺乏有效的评估和考核机制)在这方面,美国的教师试用制度和英国"入职档案"制度的做法值得借鉴。比如,深圳罗湖区已经开始尝试此类举措,规定应届大学毕业生必须到相应学校实习2—3个月,经实习单位考评合格后,才能进入教学岗位。

2. 探索建立退出制度

目前我国共有上海、江苏等八个省(市)正在进行教师资格考试和定期注册制度试点,教育部计划逐步建立"国标、省考、县聘、校用"的教师准入和管理制度,而这也将成为全国性常态制度。制度实施后,所有教师都要接受每五年一次的定期注册考核,考核不达标的教师将退出教师队伍。①虽然当前和今后一段时期,幼儿教育师资缺乏问题将持续存在,甚至会愈演愈烈,但是学前教育质量保障的关键在教师,建设一支师德高尚、热爱儿童、业务精良、结构合理的幼儿教师队伍对于人力资源强国建设具有重大

---

① 蔡永红,毕妍.从美国教师试用期制度看我国教师退出机制的建立[J].北京师范大学学报(社会科学版),2013(1).

的战略意义。因此,从长远来看,宁缺毋滥。幼儿教师师资培养既要有教师准入标准,严把幼儿园教师入口关,又要制定幼儿园教师聘任(聘用)、考核、退出等管理制度。退出机制与准入机制是一体的,故而需要系统设计教师管理制度,最终能够使幼儿教师有进有出,优胜劣汰,良性流动,提高幼儿教师队伍整体素质和专业化程度。退出机制必须有严格的标准和程序,否则将会出现师资队伍混乱现象。因此,需要尽快研究制定幼儿教师聘用和退出政策,明确各级教育行政部门和幼儿园在教师聘任管理方面的权力与责任,教师解聘的前提条件、权力主体、程序和实体规范等。

3. 积极促进转岗教师合理转变与转化

学前教育"国十条"指出:"中小学富余教师经培训合格后可转入学前教育。"此举一方面有利于有序疏导中小学富余教师,另一方面则可以在一定程度上弥补农村幼儿园在编教师数量的不足。目前我国中西部地区尤其是大部分农村地区已经有相当一部分中小学教师加入了幼教行列,农村幼儿园"转岗教师"成了幼教行列的一支新兴的队伍。"转岗教师"已经成为一个不可回避的现实问题。总体而言,转岗教师有过多年的中小学教学经历,有着丰富的中小学教学、管理经验,但面临着职业认同、生存发展以及专业知识和技能的提高等诸多挑战,如何适应新的环境、了解新的教育对象和学习教育教学方法等仍存在不少的困难。这些问题需要专业研究者进行针对性研究,特别是要关注转岗教师的心理适应和培训课程。同时,政府和教育行政部门要健全支持与培训体系,调动他们在幼教岗位工作的积极性,具备适应实现有质量学前教育的教育教学能力。

(1) 尊重教师的情绪和意愿

基于转岗教师的角色焦虑和不平衡心态,各地政府在执行转岗政策时要充分考虑教师的意愿,对转岗教师进行适当选择,激励那些热爱儿童、喜欢幼儿教育事业、有爱心、有耐心的中小学教师转岗到幼儿园。

（2）少用行政手段强制转岗

调研中我们发现，不少地方采用行政手段强制转岗，不少转岗教师不愿意到幼儿园工作，始终带着抵触的情绪进行教育教学工作，影响了师幼关系和教育质量。因此，我们建议应尽量少采用强制性的行政方式转岗。比如，有的地方采取乡村小学转城市幼儿园的激励政策，有的地方承诺转岗后进幼儿园管理岗的方式，有的地方则采取先培训再进行双向选择的方式。

（3）引导其观念逐步转变

教育部门还要加强对转岗教师的观念引导和心理疏导，帮他们形成正确的儿童观、教育观、教师观。各地在进行转岗教师动员、培训、入职的时候，要尊重教师的意愿，给予多重选择，延长转岗实习、培养幼教情感的时间，强化制度适应，给予转岗教师足够的心理调适、情感激发、制度适应的周期。

（4）建立长效系统培训机制

一方面，要建立长效的、系统的培训机制。针对转岗教师普遍的能力不足，要不断加大培训力度，设置从国家到地方到幼儿园的各级培训，根据幼儿教育的内容和幼儿教师的能力要求，将理论和实践相结合，把培训的内容分别安排到各级培训单位，待转岗教师取得所有的培训合格证方可转岗。此外，既要进行全面的专业性培训，也要开展专题性的能力培训。另一方面，对于转岗教师的教育教学能力的培养不能急功近利，要循序渐进。特别是对于需要时间较长的技能培训，可以在园内实行师徒帮扶制，逐步予以解决。

（三）教师"编制"问题的突破

编制是一种"公家人"身份的象征，编制意味着待遇能够得到稳定的、可靠的保障。从全国来看，幼儿教师编制问题呈现两个特点：一是在编教师数量少；二是编制分配城乡差距大。编制具有计划性，是行政管理资源，编制管理也是一种资源配置行为。中央编办、教育部、财政部于2014年颁布的《关于统一城乡中小学教职工编制标准的通知》指出,"坚持从严从紧,严格控制编制总量。实行城乡统一的中小学教职工编制标准工作,要坚决贯彻中央严格控制机构编制和本届政府财政供养人员只减不增有关精神,按照严控总量、盘活存量、优化结构、增减平衡的要求,由省级政府负总责,实行总量控制,确保核定后的中小学教职工编制不突破现有编制总量"。学前教育由于历史欠账较多,有其特殊性,但从国家编制改革的总体精神来看,大幅度增加幼儿教师编制在既有政策导向下实现空间极小。如何有效破解当前幼儿教师"编制"问题,我们认为可以从以下几个方面进行思考与探索。

1. 按照国家有关规定,出台相关标准,科学核定所需教师编制数

学前教育"国十条"提出,"各地根据国家要求,结合本地实际,合理确定生师比,核定公办幼儿园教职工编制,逐步配齐幼儿园教职工"。《关于加强幼儿园教师队伍建设的意见》也提出,"各地结合实际合理确定公办幼儿园教职工编制,具备条件的省(区、市)可制定公办幼儿园教职工编制标准,严禁挤占、挪用幼儿园教职工编制。企事业单位办、集体办、民办幼儿园按照配备标准,配足配齐教师。""二期行动计划"也强调,"各地要落实《幼儿园教职工配备标准(暂行)》,通过多种方式补足配齐各类幼儿园教职工,有条件的地方出台公办幼儿园教职工编制标准"。从这几个政策的精神可见,国家要求各地通过确定生师比、核定公办园教职工编制、出台公办园教职工编制标准等系统性工作争取确定所需公办园教职工数量,纳入国家新增编制的总体计划之中。江苏省已于2013年2月出台了《江苏省公办幼儿园机构编制标准(试行)》,对机构设置、编制配备以及机构编制管理做出了原则性规定,比如,在编制配备方面提出,"在按照标准逐园核定的基础上,以县(市、区)公办幼儿园事业编制总量为基数,可核增5%的调节

编制,由当地机构编制部门统筹管理,主要用于农村地区、寄宿制以及有特殊需要的公办幼儿园"。"原在编在职公办幼儿园保育员等教职工以及经培训合格转入学前教育的公办中小学富余教师实行实名制管理,人退编收。"在机构编制管理方面提出,"机构编制部门会同有关部门按照本标准,合理核定公办幼儿园事业编制,保证每所公办幼儿园都有适量事业编制。"这些规定均具有较强的实践意义,有助于推动学前教育的健康发展。截至2019年,全国有19个省份出台了公办园教师编制标准,其中贵州省通过统筹调配事业单位编制补充幼儿园教师编制,2018年在编幼儿教师数量比2010年增加了7倍。山东省于2018年启动了公办幼儿园机构编制和人员编制核定工作,将实验幼儿园、乡镇(街道)中心幼儿园、公办学校附属幼儿园纳入机构编制管理,核增人员编制6 000余名。

针对目前幼儿园教师编制问题的制度性困境,建议国家机构编制部门尽快研究出台《公办幼儿园教职工编制标准》,为各地核定公办幼儿园教职工编制提供政策指导,推动各级政府"严格依标配备教职工",及时补充公办园教职工,控总量、调结构、求创新、促发展。

2. 创新编制"第三条道路",加强教师工资待遇与职称的关联程度

幼儿教师特别是公办幼儿教师的较大缺口将在相当一段时间内存在。幼儿教师数量的缺乏可以通过扩大幼儿师资培养规模逐渐弥合师资供需缺口,如前文所述,公办教师数量的增加由于政府总体编制规模和计划限制,较难实现较大规模的增长。基于此,应考虑采取第三条道路。一方面,明确在编教师与非在编教师的过渡性。比如,在公办在编教师和聘用非在编教师之间再设置类似"准在编教师"一档。另一方面,教师职称评定在编和非在编教师享有平等的机会,逐步加强教师工资待遇与职称的关联程度,逐步缩小在编教师与非在编教师的工资待遇差距,进而实现"同工同酬"的目标。此外,应真正实现幼儿教师在专业技术职务(职称)评聘、培养

培训、表彰奖励等方面享有与中小学教师同等权利。与幼儿园建立劳动关系的幼儿教师在专业技术职务（职称）评定、培养培训、表彰奖励等方面与事业性质幼儿教师享有同等待遇。

3. 搁置"编制身份"，着力缩小待遇差距，逐步实现同工同酬

目前的主要问题是，在编和非在编教师由于身份的不同，工资待遇差别较大，特别是实行绩效工资后，差距进一步拉大，同工、同岗为何不同酬？这挫伤了部分教师的工作积极性，影响了教师队伍的稳定性。

幼儿教师编制问题的有效解决需要创新用人机制，深化幼儿园人事制度改革。如何改革？面对在天津港爆炸事故中遇难的非公安编制消防员，李克强总理说，"英雄不分编制内外"。对于幼儿教师来说，好教师也应不分编制内外，而且好的教师不论在编与否都应获得相应的待遇和荣誉。我们认为，解决"编制"问题的突破口是搁置"编制身份"，缩小待遇差距。因此，如何缩小城乡、园际以及园内教师、编制内与编制外教师工资差距，逐步实现同工同酬是当前亟须研究的问题。事实上，国家已经提出了"通过生均财政拨款、专项补助等方式，支持解决好公办园非在编教师、农村集体办幼儿园教师工资待遇问题，逐步实现同工同酬"的路径。这需要各地根据实际，采取切实有效的措施。

值得注意的是，当前，不少地方已经在探索非在编教师人事制度改革，需要重点研究并完善非在编教师的长效用人和管理机制，积极探索公办幼儿园人员编制备案制管理，完善"人事代理""差额编制""员额管理"等政策，做好财政经费、岗位设置、社会保障等方面政策衔接，提供法律依据，减轻对地方政府带来的压力和教师队伍乃至社会稳定的风险。

4. 已有进编制度进行微调，可适度放宽年龄限制

多数地区新增教师编制大多指向为应届毕业生或者有特定的年龄限制，对于部分教育教学经验丰富的但却不符合年龄要求的教师而言，不公

平。因此,地方教育行政部门增加教师编制不仅要关注应届毕业生,也要关注在岗在职的教师,兼顾不同年龄层次的教师通过考编、进编,激发教师的积极性,为幼儿园营造一个稳定、发展的氛围。

(四) 建立健全教师专业发展的有效保障机制

1. 提升教师培训的适切性

国家高度重视幼儿教师培训,开展了一系列的"国培""省培"以及各种地方性培训,取得了较好的成效,但也要更加注重培训的针对性和适切性。培训要针对教师的实际问题与困惑,要适合教师的工作环境和工作特点,要满足教师多层次的专业发展需求。"提高教师的素质一定要做扎实细致的工作,不能搞群众运动。教师素质提升不是简单练习的结果,而是不断思考的结果,是理论与实践紧密结合的结果。幼儿教师需要一定的艺术素养,但艺术能力不能代替专业能力。脱离教育过程的行动难以真正提升素质,教师素质提升不是简单练习的结果,而是不断思考的结果,是理论与实践紧密结合的结果。教师成长是有规律的,尤其是每一种专业能力的发展都有规律,不能盲目催长,更不能缺乏促进力量。"[①]因此,应重视幼儿园教师职业特点,注重教育培养培训与教育教学情境相结合,加强学前教育学科和专业建设。完善幼儿园教师培养培训方案,科学设置教师教育课程,有计划系统地对幼儿园教师应具备的观察能力、作品分析能力、谈话能力、活动组织实施能力、评价反思能力等基本专业能力进行培训,并且要改革教育教学方式;重视幼儿园教师职业道德教育,重视社会实践和教育实习;加强从事幼儿园教师教育的师资队伍建设,建立科学的质量评价制度。

2. 增强教师管理的有效性

幼儿教师管理既要能够促进教师更好地科学实施保教活动,提升教育

---

① 虞永平.怎么看 怎么评 怎么干——学前教育质量问题需要三思而笃行[N].中国教育报,2013-10-13(1).

教学能力,促进幼儿和园所的发展,又要能关心和支持教师的专业发展,坚定从教的信心。比如,可以帮助教师制定幼儿园教师专业发展规划,注重教师职业理想与职业道德教育,增强教师育人的责任感与使命感;开展园本研修,促进教师专业发展;完善教师岗位职责和考核评价制度,健全幼儿园绩效管理机制。

3. 激发教师专业发展的自主性

自主(autonomy)是专业的基本特征之一。教师专业发展理论认为,教师专业发展的本质是自主发展,是教师作为主体自觉、主动、能动、可持续的建构过程。教师更多的是"自造"而非"被造"。幼儿园教师成为自身专业发展的主人,为自己的专业发展负责,是其作为专业人员的必然要求,也是专业特征的集中体现。因此需要从两个方面入手:一是增强自主专业发展需要的意识。即能理智地审视自己、策划未来的自我、控制今日的行为,使得未来发展目标支配今日的行为;明晰自己的专业发展状态,逐渐形成专业发展自觉,增强自主发展的责任感。二是提高自主专业发展能力。即要积极反思,严格自我分析与自我专业管理。比如,《幼儿园教师专业标准(试行)》就强调幼儿园教师要具有不断进行专业化学习、实践、反思和提高的意识与能力。具体而言,可以鼓励和激励教师制定自我专业发展规划,爱岗敬业,增强专业发展自觉性;大胆开展保教实践,不断创新;积极进行自我评价,主动参加教师培训和自主研修,逐步提升专业发展水平。

4. 制定专业发展的系统支持政策

应出台幼儿教师专业持续发展支持政策,对教师参加培训的时间、经费、机构、课程、效果、奖励措施进行规定。对此,《关于加强幼儿园教师队伍建设的意见》明确提出,"实行幼儿园教师5年一周期不少于360学时的全员培训制度,培训经费纳入同级财政预算。幼儿园按照年度公用经费总额的5%安排教师培训经费"。对此,各地应根据实际制定实施细则,并贯彻落实。

（五）进一步完善教师待遇保障制度

保障幼儿教师的基本地位和待遇，是切实维护幼儿教师权益，加强教师队伍建设，提高教师整体素质，特别是保障保教质量的重要条件，也是当前深化学前教育改革发展亟待破解的难题之一。

当前和今后一段时期如何破解幼儿教师待遇问题？我们认为，从政府层面来看，关键是要细抓政策落实，勇于改革创新，系统健全机制。

1. 国家政策文件精神与要求要落到实处

所谓落到实处，即既要在观念上领会贯彻政策文件的精神与要求，尽量减少政策传递带来的弱化效应；又需要根据区域学前教育事业发展的现实，因地制宜制定更具操作性的政策和实施细则，并且付诸行动。简言之，地方性政策文本要实际，政策执行要实在。

近年来，国家陆续出台了学前教育"国十条"、《幼儿园教师专业标准（试行）》、《关于加强幼儿园教师队伍建设的意见》、《幼儿园教职工配备标准（暂行）》、《若干意见》、"学前教育三年行动计划"等一系列政策文件，对保障幼儿教师待遇提出了具体明确的要求，比如，对于经费保障而言，《若干意见》明确要求各地根据实际研究制定公办幼儿园生均经费标准和生均财政拨款标准。建立健全合理的学前教育成本分担机制。"二期行动计划"则明确提出，通过生均财政拨款、专项补助等方式，支持解决好公办园非在编教师、农村集体办幼儿园教师工资待遇问题，逐步实现同工同酬。引导和监督民办园依法保障教师工资待遇，足额足项为教师缴纳社会保险和住房公积金。在人事制度层面，"二期行动计划"要求各地要落实《幼儿园教职工配备标准（暂行）》，通过多种方式补足配齐各类幼儿园教职工，有条件的地方出台公办幼儿园教职工编制标准。《若干意见》明确对严格依标配备教职工、依法保障幼儿园教师地位和待遇等问题提出了具体要求，这需要各地予以进一步细化和落实,产生实效。

2. 难点突破与机制完善要有改革创新思维

有效解决幼儿教师待遇问题,若仍靠老思路,还按老办法,可能效果不明显,甚至走不通。因此需要用改革创新的思维,积极开拓新思路,探索新办法,特别是要深化幼儿园人事制度改革,创新用人制度。一方面各地要结合实际合理确定公办幼儿园教职工编制标准;另一方面要研究政策,创新举措,有效缩小在编与非在编教师的待遇差距,逐步实现同工同酬。比如,《关于加强幼儿园教师队伍建设的意见》提出,"公办幼儿园教师执行统一的岗位绩效工资制度,享受规定的工资倾斜政策,企事业单位办、集体办、民办幼儿园教师工资和社会保险由举办者依法保障的要求"。那么,如何根据不同性质的幼儿园制定具体的行之有效的执行办法,如何采取政府购买岗位等方式提高公办幼儿园编外教师工资待遇,如何引导和扶持民办幼儿园特别是普惠性幼儿园提高教师待遇并将教师待遇与普惠性幼儿园认定和监督相结合等均无章可循,无法照搬,关键取决于各地根据实际勇于探索,积极创新。

3. 着眼系统设计,重点在于建立并完善机制

首先,幼儿园性质和类型较多,故而幼儿教师待遇涉及多方面的利益关系、各个层面的相互关系,需要进行系统设计,建立并完善符合不同性质幼儿园实际的待遇保障机制;其次,幼儿教师待遇问题与教师补充机制、财政投入结构、编制核定标准等紧密相关,因而保障待遇必须要与上述多种要素形成合力才能有效解决;最后,幼儿教师待遇与教育、编制、财政、人力资源社会保障等有关部门关系密切,需要理顺并健全有效的统筹协调机制。

第七章　学前教育财政投入体制机制改革研究

在学前教育体制机制改革中，财政投入就像一个牛鼻子，它牵制着一切改革要素的展开，没有财政作为保障，办园体制改革、管理体制改革、评价体制改革都难以获得实质性进展。所谓财政投入体制机制，是指为了促进学前教育可持续发展所建立起来的关于为何投、谁来投、投什么、怎么投的系列化组织与制度，这些组织与制度如果彼此之间结构良好、协同有序、运作有力，便会形成学前教育财政投入的良性机制。其中，"为何投"关注的是价值导向，即为什么要投入学前教育；"谁来投"考量的是投入主体，即谁是学前教育的分担主体；"投什么"探讨的是学前教育的财政投入方向、投入结构；"怎么投"关注的是财政投入的方式、方法。在课题研究中，鉴于人力所限，课题组重点研究了"学前教育成本分担——谁来投""学前教育投入结构——投什么"和"学前教育财政投入方式——怎么投"三个核心问题。

第一节　学前教育成本分担研究

《规划纲要（2010—2020）》提出，"完善非义务教育阶段成本分担机制"成为今后20年改革中迫切需要解决的关键问题之一。在2014年教育部工作要点中，"建立完善学前教育成本分担与运行保障机制"开始进入工作日程。在2014年底教育部、财政部、发改委联合出台的《关于实施第二期学前教育三年行动计划的意见》中，"完善政府、家庭、社会学前教育成本合理分担机制""逐步建立以公共财政为主的农村学前教育成本分担机制"成为政策诉求。

然而,多年来,学前教育成本核算就像一个巨大的黑箱子,其中充满了玄机,研究者多以教育经费支出来代替成本进行核算。在现实的层面,由于学前教育经费投入与支出数据统计上的模糊与不统一,学前教育成本分担研究也一直处于浅尝辄止的状态。本课题组力图突破既有数据的局限,既采用 OECD 官网公布的相关数据、OECD 中国官方公布的教育经费统计年鉴数据,也采用课题组在全国范围的调研数据,力图从国外到国内、从面到点进行全面的学前教育成本分担研究,呈现中国学前教育成本分担的现实面貌。

一、我国学前教育成本分担存在的主要问题

与 OECD 国家相比,我国的学前教育成本分担存在着诸多不合理现象。首先,我国政府财政投入规模小;其次,我国政府分担比低,家庭分担比高;再次,社会分担比非常少;最后,三方分担还存在着体制、区域、城乡间的不公平。

(一) 政府、家庭、社会分担比例不合理

1. 政府分担比例低

截至 2017 年,我国政府投入学前教育的经费数量仍然较少,政府分担比例较低。如图 7-1 所示。

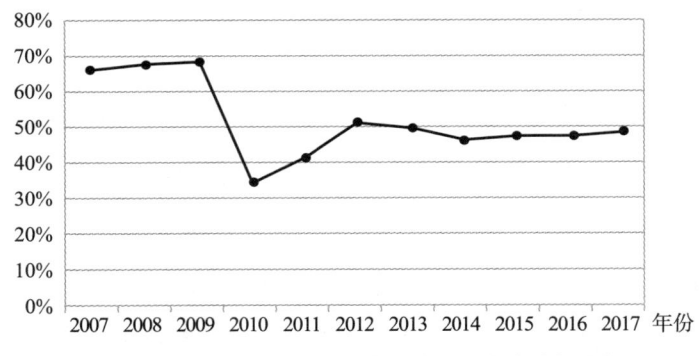

图 7-1 2007—2017 年政府学前教育成本分担比例

从上图可以看出，从2007年到2009年，我国的学前教育政府分担比维持在60%以上，但这一数据主要是基于对公办园的统计。2010年开始，中国教育经费统计年鉴中的统计口径有所变化，不仅包括公办园，还包括民办园，因此，2010年后的政府分担比基本能够反映政府分担学前教育成本的真实状况。这意味着，在2010年，政府仅分担了30%左右的学前教育成本，之后政府分担学前教育成本的比例上升，从2012年开始，政府分担学前教育成本的比例基本维持在50%左右。

为了对我国学前教育成本分担的区域差异进行研究，按照年鉴里常用的区域划分标准，课题组进一步将31个省市划分为东部、中部、西部三个区域。其中，东部区域共11个省（市），包括北京、天津、河北、辽宁、上海、江苏、浙江、福建、山东、广东、海南；中部区域共8个省，包括山西、吉林、黑龙江、安徽、江西、河南、湖北、湖南；西部区域共12个省（区），包括内蒙古、广西、重庆、四川、贵州、云南、西藏、陕西、甘肃、青海、宁夏、新疆。

从图7-2可以看出，西部政府分担比高于东部和中部，区域间差异显著。以下以2016、2017年的数据为例进行说明。如表7-1所示，在2016年和2017年，东部政府分担比分别为49.46%、48.85%。其中，较高的省份有上海（71.28%、72.36%）、天津（69.70%、66.63%）、北京（58.19%、63.28%）等，较低的省份有广东（23.77%、23.44%）、辽宁（26.99%、28.37%）等。在2016年和2017年，中部政府分担比分别为40.65%、39.75%。其中，各省份两年政府分担比均不足50%，相对较低的省份有河南（26.13%、25.50%）、湖南（27.06%、24.20%）等。在2016年和2017年，西部政府分担比分别为62.74%、63.11%。其中，较高的省份有西藏（97.77%、98.25%）、新疆（89.16%、90.40%）、甘肃（76.03%、73.87%）、青海（69.50%、70.04%）等，较低的省份有重庆（34.81%、35.01%）、广西（39.16%、39.02%）等。对政府分担比进行单因素方差分析，发现2017年

表7-1 2016—2017年我国31个省市政府分担比

地区	2016年	2017年	增速	地区	2016年	2017年	增速	地区	2016年	2017年	增速
北京	58.19%	63.28%	8.75%	山西	47.54%	46.89%	-1.37%	四川	44.78%	53.32%	19.07%
天津	69.70%	66.63%	-4.40%	吉林	47.41%	45.08%	-4.91%	贵州	56.42%	58.77%	4.17%
河北	55.29%	53.75%	-2.79%	黑龙江	49.24%	47.54%	-3.45%	云南	53.34%	53.94%	1.12%
辽宁	26.99%	28.37%	5.11%	安徽	45.23%	45.31%	0.18%	西藏	97.77%	98.25%	0.49%
上海	71.28%	72.36%	1.52%	江西	44.04%	46.85%	6.38%	陕西	66.84%	65.68%	-1.74%
江苏	50.41%	50.79%	0.75%	河南	26.13%	25.50%	-2.41%	甘肃	76.03%	73.87%	-2.84%
浙江	46.76%	47.42%	1.41%	湖北	38.55%	36.65%	-4.93%	青海	69.50%	70.04%	0.78%
福建	54.06%	48.04%	-11.14%	湖南	27.06%	24.20%	-10.57%	宁夏	57.85%	56.16%	-2.92%
山东	40.29%	38.67%	-4.02%	中部平均	40.65%	39.75%	-2.21%	新疆	89.16%	90.40%	1.39%
广东	23.77%	23.44%	-1.39%	内蒙古	67.20%	62.90%	-6.40%	西部平均	62.74%	63.11%	0.59%
海南	47.38%	44.54%	-5.99%	广西	39.16%	39.02%	-0.36%	全国平均	47.57%	48.34%	1.62%
东部平均	49.46%	48.85%	-1.23%	重庆	34.81%	35.01%	0.57%				

三个区域间存在显著性差异(F(2,28)＝5.801,sig.＝0.008)。其中,中部与西部地区存在极其显著性差异(sig.＝0.004),东部与中部地区、东部与西部地区均不存在显著性差异。

三个区域政府分担比有升有降。如图7－2所示,从2007年到2009年,三个区域的政府分担比基本稳定,东部和西部的政府分担比略有上升；2010年,东部、中部、西部的政府分担比大幅下降到37％、29％、48％,分别下降了28％、37％、29％；从2010年到2012年,三个区域的政府分担比逐年上升,东部、中部、西部的政府比分别上升了15％、20％、18％；2012年以后,三个区域的政府分担比略有升降但基本稳定,东部、中部、西部的政府分担比分别稳定在50％、40％、60％左右。

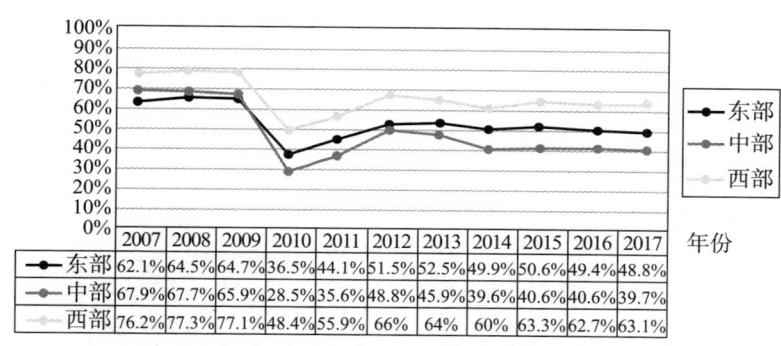

图7－2　2007—2017年东部、中部、西部政府分担比

如表7－1所示,与2016年相比,2017年全国各省政府分担比有升有降,其中,增幅超过10％的省份只有四川(19.07％),降幅超过10％的省份有2个,分别为福建(－11.14％)、湖南(－10.57％)。

全国和三大区域内各省份,政府分担比之间的差距略有变化但基本保持稳定,如表7－2所示,其中,东部地区的省际差距基本维持稳定,中部地区的省际差距总体有所减小；西部地区的省际差距总体有所增大。此外,东部和西部政府分担比的标准差和极差均大于中部。这意味着,东部、西部政府分担比的省际差距大于中部。

表 7-2 2013—2017 年我国政府、家庭、社会分担比的标准差与极差

年份	地区	政府分担比		家庭分担比		社会分担比	
		标准差	极差	标准差	极差	标准差	极差
2013	东部	0.14	0.50	0.12	0.41	0.04	0.12
	中部	0.11	0.38	0.08	0.27	0.04	0.12
	西部	0.17	0.58	0.15	0.54	0.05	0.14
	全国	0.16	0.69	0.14	0.65	0.04	0.15
2014	东部	0.15	0.49	0.13	0.42	0.04	0.16
	中部	0.09	0.28	0.07	0.22	0.02	0.06
	西部	0.18	0.65	0.17	0.60	0.03	0.11
	全国	0.17	0.76	0.16	0.68	0.03	0.17
2015	东部	0.14	0.49	0.13	0.43	0.04	0.13
	中部	0.09	0.28	0.07	0.21	0.02	0.05
	西部	0.16	0.56	0.16	0.55	0.03	0.09
	全国	0.16	0.72	0.16	0.65	0.03	0.13
2016	东部	0.14	0.48	0.14	0.50	0.03	0.10
	中部	0.09	0.23	0.08	0.21	0.02	0.05
	西部	0.18	0.63	0.17	0.57	0.03	0.11
	全国	0.17	0.74	0.17	0.70	0.03	0.11
2017	东部	0.14	0.49	0.14	0.48	0.03	0.11
	中部	0.09	0.23	0.09	0.22	0.02	0.07
	西部	0.18	0.63	0.17	0.58	0.02	0.06
	全国	0.18	0.75	0.17	0.71	0.02	0.12

2. 家庭分担比例高

如图 7-3 所示，从 2007—2017 年，家庭学杂费投入呈逐年上升趋势，2007—2009 年家庭学杂费投入增长平缓，2010 年家庭学杂费投入急剧增

长到 38 419 749(千元),其数额是 2009 年的 6 倍,此后家庭学杂费投入越来越多,总体上保持 20% 的增速逐年增长。

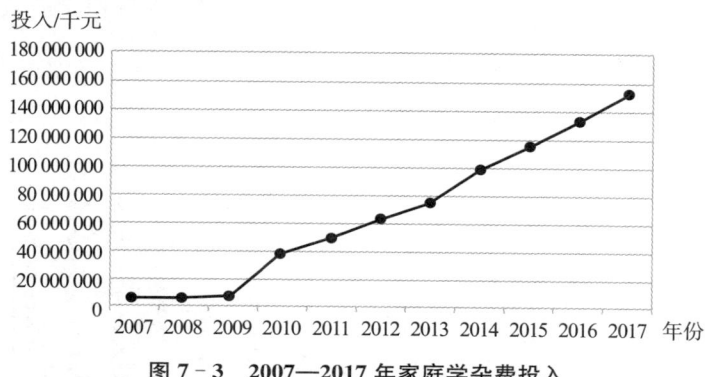

图 7-3 2007—2017 年家庭学杂费投入

(1) 幼儿园收费和居民收入的比较

家庭以缴纳学杂费的形式直接承担教育成本。家庭可支配收入是家庭成员得到可用于最终消费支出和其他非义务性支出以及储蓄的总和,即居民家庭可以用来自由支配的收入。它是反映家庭实际收入水平的综合性指标。① 幼儿园收费(即生均学杂费)和居民人均可支配收入(城乡数据)之比能够反映出家庭教育支出负担率,比值越大表明家庭承受的经济负担越重。

由于支付能力的差异,幼儿园收费在居民人均可支配收入中的占比情况要分城市和农村两条线进行分析。就城市居民而言,由于人均可支配收入高,故承受的经济负担相对要小。2007—2009 年,幼儿园收费仅占城市居民可支配收入的 1%,2010 年以后大幅上涨到 7%,此后基本呈增长趋势,至 2017 年上涨到 9%。这一占比,相对而言,在城市居民的可承受范围之内。与之对应的农村居民的情况则并不乐观,与城市居民的情况相仿,2010 年仍是一个分水岭。2010 年以前,农村居民虽比城市居民教育支出

---

① 张光宏,李杰.我国城乡家庭教育投资能力比较分析[J].农业技术经济,2011(11):91-92.

负担重,但占比未出现超过 5% 的情况,2010 年情况发生急剧变化,幼儿园收费占农村居民人均纯收入的比值急剧增长到 22%,此后仍基本保持增长趋势,到 2017 年占比达到 25%。这一比值的变化,无疑使学前阶段的教育费用成为农村家庭的不能承受之重。

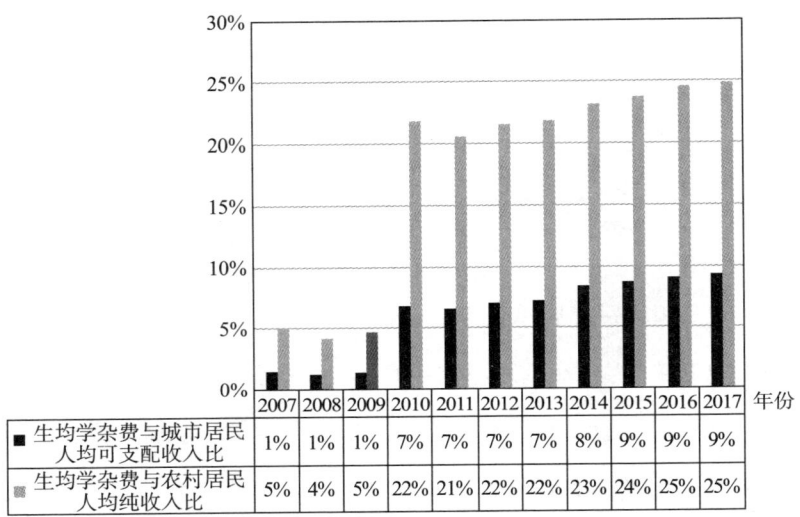

图 7-4 2007—2017 年生均学杂费和居民人均可支配收入比

注:幼儿园收费=统计年鉴中的学杂费收入/在园幼儿数。

从图 7-4 中我们看到,农村居民与城市居民相比,所承受的经济负担一直较重,从 2007 年开始城乡差距逐渐拉大,2010 年差距达到顶峰状态,之后这一巨大差距基本没变,2016 年甚至开始呈现增大趋势,与之前几年相比,城乡之间需要填补的沟壑更深。

(2)东部、中部、西部家庭学前教育成本分担比例

总体而言,家庭学前教育成本分担状况呈现中部高、西部低的格局。东部和中部家庭分担比明显高于西部,其中,中部家庭分担比最高,区域间家庭分担比例差异颇为明显。以下以 2016、2017 年的数据为例进行说明。如表 7-3 所示,在 2016 年和 2017 年,东部家庭分担比分别为 47.29%、

表 7-3 2016—2017 年我国 31 个省市家庭分担比

地区	2016年	2017年	增速	地区	2016年	2017年	增速	地区	2016年	2017年	增速
北京	37.31%	36.57%	-1.98%	山西	49.27%	49.92%	1.32%	四川	44.82%	42.87%	-4.35%
天津	34.51%	34.35%	-0.46%	吉林	52.50%	51.37%	-2.15%	贵州	40.08%	37.20%	-7.19%
河北	43.31%	45.75%	5.63%	黑龙江	49.42%	48.81%	-1.23%	云南	40.22%	39.08%	-2.83%
辽宁	72.20%	72.79%	0.82%	安徽	51.37%	50.97%	-0.78%	西藏	2.11%	1.67%	-20.85%
上海	22.31%	24.88%	11.52%	江西	52.00%	50.60%	-2.69%	陕西	30.21%	31.28%	3.54%
江苏	45.71%	46.13%	0.92%	河南	70.38%	70.71%	0.47%	甘肃	22.63%	22.59%	-0.18%
浙江	47.01%	45.16%	-3.94%	湖北	57.23%	57.86%	1.10%	青海	18.51%	19.91%	7.56%
福建	47.94%	47.88%	-0.13%	湖南	67.59%	70.89%	4.88%	宁夏	38.72%	40.45%	4.47%
山东	57.86%	59.29%	2.47%	中部平均	56.22%	56.39%	0.30%	新疆	10.44%	6.01%	-42.43%
广东	68.30%	67.94%	-0.53%	内蒙古	28.15%	32.41%	15.13%	西部平均	32.67%	32.65%	-0.06%
海南	43.76%	45.18%	3.24%	广西	57.07%	58.69%	2.84%	全国平均	48.08%	47.54%	-1.12%
东部平均	47.29%	47.81%	1.10%	重庆	59.02%	59.68%	1.12%				

47.81%。其中,较低的省份有上海(22.31%、24.88%)、天津(34.51%、34.35%)、北京(37.31%、36.57%)等,较高的省份有辽宁(72.20%、72.79%)、广东(68.30%、67.94%)等。在2016年和2017年,中部家庭分担比分别为56.22%、56.39%。其中,两年分担比都在50%以下的省份有黑龙江(49.42%、48.81%)、山西(49.27%、49.92%),较高的省份有河南(70.38%、70.71%)、湖南(67.59%、70.89%)、湖北(57.23%、57.86%)等。在2016年和2017年,西部家庭分担比分别为32.67%、32.65%。其中,较低的省份有西藏(2.11%、1.67%)、新疆(10.44%、6.01%)、青海(18.51%、19.91%)、甘肃(22.63%、22.59%)、内蒙古(28.15%、32.41%)等,较高的省份有重庆(59.02%、59.68%)、广西(57.07%、58.69%)等。

对2017年的家庭分担比进行单因素方差分析,发现三个区域间存在极其显著性差异($F(2,28)=6.631$, sig.$=0.004$)。其中,东部与西部地区存在显著性差异(sig.$=0.037$),中部与西部地区存在极其显著性差异(sig.$=0.004$),东部与中部地区不存在显著性差异。

三个地区家庭分担比均有升有降,总体呈上升趋势。如图7-5所示,2007—2008年,东部、中部、西部的家庭分担比都有所下降,2009年缓慢上升,2010年暴涨,分别增至52%、59%、43%。2010—2014年,三个地区家

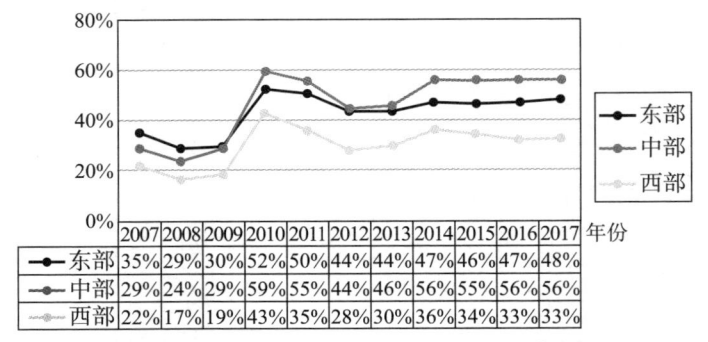

图7-5 2007—2017年东部、中部、西部家庭分担比

庭分担比均呈现先降后升的趋势,2014年以后,三个地区的家庭分担比变化趋缓,东部、中部、西部分别稳定在47%、56%、34%左右。

2017年,全国各省家庭分担比相较2016年有升有降,其中,增幅超过10%的省份有内蒙古(15.13%)和上海(11.52%),降幅超过10%的省份有新疆(-42.43%)和西藏(-20.85%)。

全国和三大区域内各省份,家庭分担比的差距总体呈增大趋势。如表7-2所示,2013—2017年,全国各省家庭分担比的标准差和极差都有所增大,其中,东部地区的省际差距逐步增大,中部地区的省际差距也略有增大,西部地区的省际差距则呈波动上升趋势。此外,东部和西部家庭分担比的标准差和极差均大于中部。这意味着,东部、西部家庭分担比的省际差距大于中部。

3. 社会分担比例极低

如果用学前教育经费总收入减去家庭学杂费投入和政府财政性投入,那么,我们可以发现2007—2017年的社会投入呈现出如下的变化轨迹,如图7-6所示。

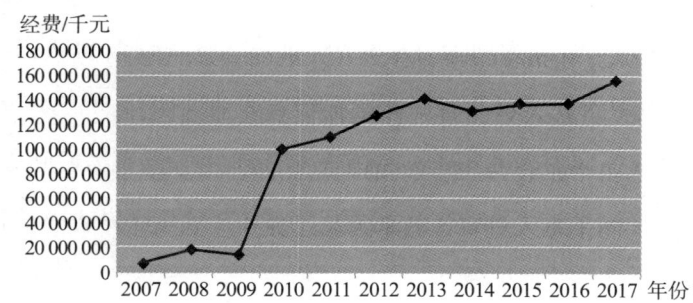

图7-6 2007—2017年社会投入经费

从上图可以看出,与政府、家庭经费投入始终保持增长趋势不同的是,社会投入经费呈波动趋势,但总体保持增长。2007—2009年,社会投入经费平稳变化,总体较少。到 2010 年,社会投入情况大为改观,投入经费约为上一年的 7 倍,由 1 494 829 千元急剧上升到 9 946 412 千元。2010 年以后,社会投入经费继续保持平稳增长趋势,2017 年社会投入经费达到 15 470 756 千元。

(1) 社会捐赠经费的变化趋势

如果用社会捐赠经费来象征性代表社会投入,那么,我们可以发现 2007—2017 年的社会投入呈现出如下的变化轨迹,如图 7-7 所示。

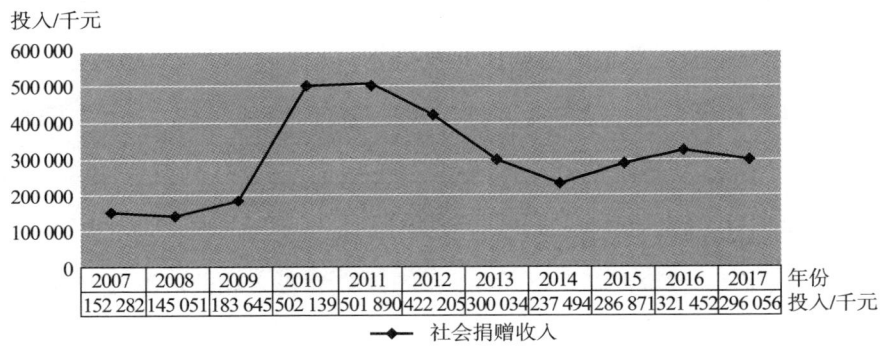

图 7-7 2007—2017 年社会捐赠收入

社会捐赠收入是社会成本分担中一项不容忽视的子指标,纵观这 11 年的社会捐赠收入,并无固定发展趋势,而是一直呈现波动状态,时涨时落。变化最为明显的是 2010 年,社会捐赠收入一跃变为 502 139 千元,而上一年不过 183 645 千元。但从 2011 年到 2014 年,社会捐赠收入又逐年下滑,2014 年下滑至 237 494 千元,2014—2017 年又呈波动增长趋势,总体稳定在 300 000 千元左右。

社会捐赠收入有涨有落,但近几年的增长逐步趋于平缓。与之相比,社会捐赠分担比则逐年下滑。从 2007 年到 2017 年,虽偶有几年呈无变化趋势,但整体一直在下降。2007—2009 年社会捐赠分担比值仅有 0.01,自 2011 年起,直接跌破 0.01,并逐步跌至 2017 年的 0.001。

(2) 我国东部、中部、西部社会学前教育成本分担比例

各省社会分担比普遍较低，省际差异较小。如图7-8所示，2017年，社会分担比在10%以上的省份，仅有海南；社会分担比在2%以下的省份有天津、河北、山东和西藏。对2017年的社会分担比进行单因素方差分析，发现三个区域间不存在显著性差异。其东部与中部、东部与西部、中部与西部均不存在显著性差异。

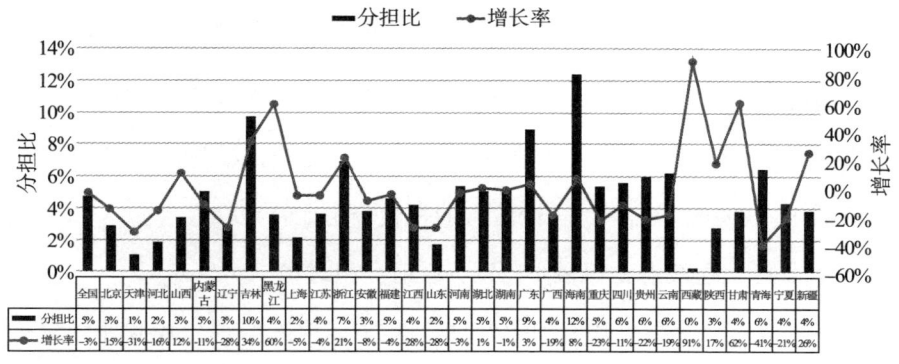

图7-8 2017年社会学前教育成本分担比与增长率

三个地区的社会分担比例呈先升后降趋势。如图7-9所示，从2007年到2008年，东部、中部、西部的社会分担比分别上升了5%、6%、5%，2009年转而下降，2010年又大幅增长到14%、14%、11%，之后总体保持下降趋势，2015年后开始趋缓，到2017年三个地区的社会分担比基本维持在5%左右。

2017年，全国多数省份的社会分担比较2016年有所下降。如图7-8所示，除山西、吉林、黑龙江、浙江、湖北、广东、海南、西藏、陕西、甘肃、新疆外，其他各省的社会分担比都低于上一年。其中，降幅超过20%的省份有8个，分别为天津(-31%)、辽宁(-28%)、江西(-28%)、山东(-28%)、重庆(-23%)、贵州(-22%)、青海(-41%)、宁夏(-21%)。

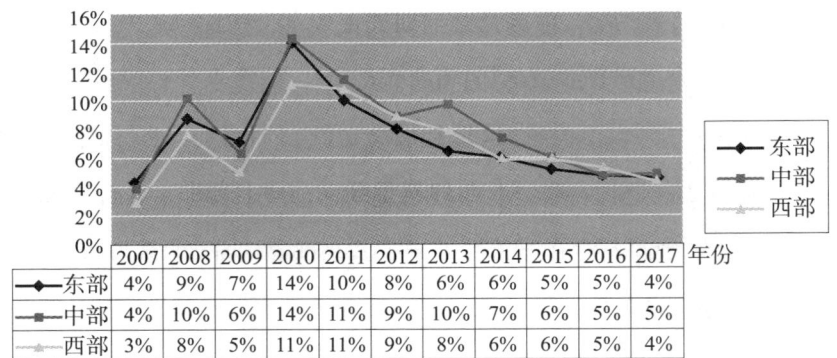

图7-9 2007—2017年东部、中部、西部社会分担比

省际的社会分担比差距呈缩小趋势。如表7-2所示，从2013年到2017年，全国和东部、中部、西部地区，各省社会分担比的标准差和极差都有所减小，这说明，总体上，全国各省的社会分担比差距在缩小。

（二）上级政府分担极少，区县政府分担过多

我国政府分为中央政府和地方政府，地方政府除特别行政区外分为三级，即省级、县级、乡级。为了进一步考察我国各级政府间的学前教育成本分担现状，课题组借助江苏省2010—2011年的全口径数据进行了分析。但鉴于数据的可得性，课题组只进行模糊的划分，即呈现出本级政府（县、乡政府）和上级政府（省政府、中央政府）的政府间分担情况，如图7-10所示。

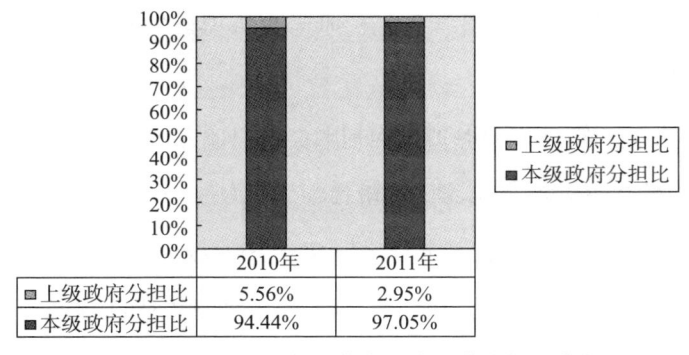

图7-10 2010—2011年江苏省政府间学前教育成本分担

从图 7-10 可以看出,我国学前教育成本分担大部分由本级政府承担。2010 年江苏省本级政府学前教育成本的分担比为 94.44%,而上级政府学前教育成本的分担比为 5.56%。2011 年江苏省本级政府学前教育成本的分担比为 97.05%,而上级政府学前教育成本的分担比跌至 2.95%。从图中明显看出本级政府在学前教育成本分担比中承担绝对主体的角色,而且随着年份的递增,本级政府在学前教育中的分担比例有增无减。

(1) 本级政府分担比:苏北＞苏中＞苏南

从表 7-4 中可知,2010 年和 2011 年江苏省不同区域本级政府学前教育分担比从高到低依次为:苏北＞苏中＞苏南;上级政府学前教育分担比从高到低依次为:苏南＞苏中＞苏北。两年均保持此顺序,在苏南经济发展水平较高的地区本级政府承担少、上级政府承担多,而在苏北经济欠发达的地区本级政府承担多、上级政府承担少,尤其是 2011 年,苏北上级政府分担比仅为 0.35%,为江苏省平均值的八分之一。

表 7-4 2010—2011 年江苏省不同区域各级政府学前教育成本分担统计表

年份	区域	本级政府分担比	上级政府分担比
2010	苏南	93.22%	6.78%
	苏中	96.02%	3.98%
	苏北	97.29%	2.71%
	全省平均值	94.44%	5.56%
2011	苏南	95.65%	4.35%
	苏中	96.59%	3.41%
	苏北	99.65%	0.35%
	全省平均值	97.05%	2.95%

(2) 本级政府分担比:乡村＞城市

城乡二元发展的结构是我国的现状,同时使得江苏省城乡政府对学前教育的分担比例有所不同,统计结果如表7-5所示。

表7-5 2010—2011年江苏省城乡各级政府学前教育成本分担统计表

年份	城乡	本级政府分担比	上级政府分担比
2010	城市	91.33%	8.67%
	乡村	97.67%	2.33%
	全省平均值	94.44%	5.56%
2011	城市	94.18%	5.82%
	县城	99.46%	0.54%
	乡村	98.88%	1.12%
	全省平均值	97.05%	2.95%

从表7-5中观察可知,2010年江苏省本级政府对学前教育成本的分担比例从高到低是:乡村＞城市;2011年江苏省本级政府对学前教育成本的分担比例从高到低是:县城＞乡村＞城市。城市的本级政府承担较少、上级政府承担较多;而县城、乡村的本级政府承担较多、上级政府承担较少。在2011年,县城上级政府分担比仅为0.54%,是江苏省平均值的五分之一;乡村上级政府分担比为1.12%,为江苏省平均值的三分之一。

(3)本级政府分担比:教办园＞部门园

对幼儿园不同办学体制的划分不仅影响到政府对该幼儿园的财政性投入,而且影响到幼儿园得到的财政性投入的结构及来源。课题组对不同办学体制间各级政府学前教育的成本分担进行了统计分析,结果如表7-6所示。

表7-6 2010—2011年江苏省不同办学体制间各级政府学前教育成本分担统计表

年份	办学体制	本级政府分担比	上级政府分担比
2010	教办园	97.66%	2.34%
	部门办园	51.56%	48.44%
	集体办园	0.00%	100%
	全省平均值	94.44%	5.56%

续表

年份	办学体制	本级政府分担比	上级政府分担比
2011	教办园	98.80%	1.20%
	部门办园	72.57%	27.43%
	全省平均值	97.05%	2.95%

从表7-6中观察可知,2010年江苏省不同办学体制幼儿园中本级政府承担比例从高到低是:教办园＞部门办园＞集体办园。2011年是:教办园＞部门办园。相较而言,教办园的本级政府分担比例较高、上级政府分担比例较低。集体办园本级政府分担比例较低、上级政府分担比例较高。尤其是2010年,集体办园的本级政府分担比为0%,上级政府分担比为100%。在2010年部门办园上级政府分担比为48.44%,为全省平均值的9倍之多;2011年为27.43%,同样为全省平均值的9倍之多。

经单因素方差分析,2010年江苏省不同办学体制间本级政府、上级政府学前教育成本分担比存在差异:$(F(1,874)=31.395, sig.=0.000)$(因集体办园只有6所,样本量较少,故存在的差异为教办园和部门办园之间的差异)。2011年江苏省不同办学体制间(教办园与部门办园)本级政府、上级政府学前教育成本分担比存在差异,分别为$(F(1,1198)=17.095, sig.=0.000)$、$(F(1,1282)=15.805, sig.=0.000)$。

二、当前我国学前教育成本分担的主要类型

在我国的学前教育发展中,政府职能一直处于缺位状态,这在很大程度上造成了"入园难""入园贵"。综合中国教育经费统计年鉴的数据、课题组调研数据,我们发现,我国的学前教育成本分担存在着五种类型,从而导致了三种不同的家庭类型。

(一) 学前教育成本分担的五种类型

根据以上研究,可以看出,我国的学前教育政府成本分担呈东西高、中

部凹的格局,家庭成本分担比例呈现中部高、西部低的格局,社会成本分担情况无显著性差异。在我国绝大多数省份,社会在学前教育总投入中发挥的作用十分有限,政府和家庭是学前教育成本分担的两大主体。而且,学杂费收入与财政性经费收入,具有明晰的主体属性,社会收入主体归属不清。基于此,根据2011年的政府分担比、家庭分担比,以及二者之间的比值,课题组将我国各省学前教育发展成本分担情况进行聚类分析,把31个省份划分为五种类型。如表7-7所示,成本分担的政府包干型和政府主体型集中在西部和东部,双方均摊型、家庭主体型、家庭重负型,多在中部和东部省份。

表7-7 31个省份学前教育发展成本分担情况聚类结果

分担类型	分担比例与比值	省份名称
政府包干型	政府≥80%,且4<比值≤7	西藏、新疆(2个)
政府主体型	45%≤政府<80%,且1<比值≤4	北京、天津、河北、上海、黑龙江、内蒙古、云南、贵州、陕西、甘肃、青海、宁夏(12个)
双方均摊型	比值=1	山西、四川(2个)
家庭主体型	45%<家庭<60%,且0.5≤比值<1	江苏、浙江、福建、山东、吉林、安徽、江西、湖北、重庆(9个)
家庭重负型	家庭≥60%,且0<比值≤0.5	辽宁、广东、湖南、海南、河南、广西(6个)

(二) 不同分担类型下的三种家庭

从逻辑上来看,政府本应是学前教育成本分担的最大主体,是保障和促进学前教育事业发展的主导力量,但就目前的情况来看,家庭反倒成了成本分担的最大主体,政府和家庭在学前教育成本分担方面呈现出明显的主次错位。[①] 整体看来,家庭分担比严重超标,且在学前教育成本分担结

---

① 宋占美,刘小林.城市低收入家庭学前教育投资现状及其政策补偿建议[J].学前教育研究,2013(3):39-43.

构中处于不利地位。具体而言,不同地区、不同体制状态下家庭的承重能力并不相同。上文通过比较幼儿园收费与城乡居民人均可支配收入比发现,农村家庭承受的成本分担压力大于城市家庭;通过分析家庭分担比与教办园、民办园比例的关系发现,子女身处民办园的家庭其经济负担重于子女身处教办园的家庭。

这就意味着,家庭分担学前教育成本的多少受到城乡差异和园所性质的双重压力。根据城乡结构和办园性质这两个维度,可以把承受经济压力不同的家庭划分成三种成本分担类型,即城市、公办园下"双重减压的家庭",农村加压、公办园减压及城市减压、民办园加压下"单一压力的家庭",农村、民办园下"双重加压的家庭"(如图7-11所示)。

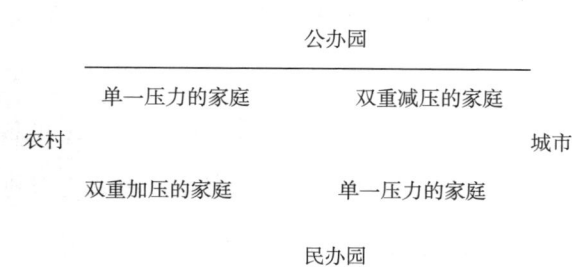

图7-11 承受经济压力不同的家庭类型图

1. 双重减压的家庭

"双重减压的家庭"即身居城市且子女在公办幼儿园就读的家庭。我国城乡二元制结构的发展格局导致城乡经济发展极不平衡,城乡经济发展的不平衡又导致城乡居民的可支配收入存在着不小的差距,正如上文中的数据分析所示,在分担学前教育成本的过程中,城市家庭较之于农村家庭经济负担更轻一些。

公办园的性质意味着该幼儿园处在政府的财政庇护之下,减轻了家长的经济负担。有研究者对不同类型幼儿园之间政府财政投入的差异情况进行了分析,发现大约三分之二(66.2%)的公办幼儿园能够获得政府的财政支持,只有 3.7%的民办幼儿园获得了政府的财政拨款。① 这一对比强烈的数据差彰显出政府对于公办园的经费支持力度,公办园在经费来源上具有民办园无法比拟的优势。城市与公办园的双重减压,使得此类家庭成为"双重减压的家庭"。

2. 单一压力的家庭

课题组将"城市＋民办园"与"农村＋公办园"组合的家庭称为"单一压力的家庭"。"城市＋民办园"这一组合的家庭,虽身处城市,具有较高的人均可支配收入,但因为子女身处民办园而不得不承担高额的学费;"农村＋公办园"这一组合的家庭,子女虽就读于公办园,但由于家庭身处农村,人均纯收入低,因而公办园的学杂费对于整个家庭来说亦是一笔不小的开支。

城市的相对高收入与公办园的相对低收费在一定程度上减轻了家庭的经济负担,使得此类家庭只需面对民办园的高收费或是农村的低收入这一单一的经济负担,因而是"单一压力的家庭"。

3. 双重加压的家庭

三种类型中压力最重的是这样一类家庭:一方面不得不正视家庭收入低这一事实,另一方面还要忍受民办园过高的学杂费。在收入低、教育消费高的双重压力下,经济负担可想而知。"双重加压的家庭"即是此类的代表。

我国城乡发展一直遵循着先城市后农村的步调,城市中心的价值取向造成城乡经济发展的极不平衡。从城乡收入差距方面来看,如果扣除农民用于扩大再生产的费用,再把城市居民各种福利也计算进来,那么中国的

---

① 刘焱,宋妍萍.我国城市 3-6 岁儿童家庭学前教育消费支出水平调查[J].华中师范大学学报(人文社会科学版),2013(1):155-160.

城乡差距实际已达5∶1或6∶1,这个数字差不多居世界之首。① 农村经济的落后致使农村居民的人均可支配收入少,且远低于城市居民。在这种情况下,农村家庭维持基本的生活需求已属不易,投资学前教育的经费更显不足。

民办幼儿园是利用非国家财政性经费举办的,由举办者自筹资金、自负盈亏。② 民办园由于得不到政府的财政支持,只能自筹资金。办园者为了获得经济利益,不可能完全支付办园经费,而是把办园所需资金转嫁到家长身上,家庭为民办园的运转所付出的经济代价可想而知。较低的家庭收入和高昂的教育成本是此类家庭遇到的最大困难。然而他们的付出与他们承受的经济压力并不成正比。公办园作为"优质优价"的代表,被少数优势阶层所霸占。"优质"的民办幼儿园虽然存在,但也都是建立在高价的基础之上。农村中大部分低收入家庭只能选择收费相对较低,但质量也相对较差甚至不合格的幼儿园。面对这类承受着最多的经济负担,但其子女却接受不到优质教育的家庭,教育公平、教育质量的问题不得不再次引起我们的重视。

三、我国学前教育成本分担机制建构

在课题研究中,无论是基于年鉴数据的实证研究、基于调查数据的12省市研究、江苏省案例研究,还是对公众社会期望研究,结果都指向两个核心的问题,即我国学前教育成本分担中,家庭分担压力过大,政府分担比例过小;基层政府分担压力过大,上级政府分担责任过小这一结构性矛盾。同时,我国的学前教育成本分担还存在着结构性不公平,即在有限的财政

---

① 麻跃辉.论高等教育成本分担体系中个人的分担比例[J].内蒙古师范大学学报(教育科学版),2007(5):81-83.
② 刘焱,宋妍萍.我国城市3—6岁儿童家庭学前教育消费支出水平调查[J].华中师范大学学报(人文社会科学版),2013(1):155-160.

投入中，区域之间、城乡之间、不同办园体制之间的财政分担存在不公平的现象。

基于我国学前教育成本分担的现实状况和公众的分担期望，并借鉴OECD等国家的分担经验，课题组认为，只有提高学前教育财政投入总量，并在此前提下进行政府、家庭、社会或政府间的合理分担，学前教育才能获得真正的健康发展。据此，课题组提出三个方面的政策设计：一是建立财政投入机制，加大政府学前教育投入总量；二是建立政府、家庭、社会合理分担机制；三是建立中央政府、省市政府、区县政府、乡镇政府之间的分担机制。

（一）建立财政投入机制，加大政府投入总量

课题组研究发现，在学前教育"国十条"出台前，各级政府对学前教育的总体性忽视是非常明显的。一方面，与小学、中学、大学相比，幼儿园所获得的财政投入总量较低。以2010年为例，小学、中学、大学的政府投入分别是幼儿园的19.0倍、18.3倍、11.9倍。学前教育"国十条"颁布后，学前教育的重要性日益突显，新增教育经费开始向学前教育倾斜。但即便如此，2011年基础教育、中等教育和高等教育三个阶段的财政性投入仍旧是学前教育的13.9倍、13.7倍、9.7倍。

政府投入的多少在某种意义上决定了一个地区学前教育发展的基本状态。上海市浦东新区学前教育的优质均衡不是单纯的政府与家庭、社会合理分担的结果，而是区县政府持续投入，是学前教育财政投入总量占当地GDP、占当地教育投入适当比例的结果；天津蓟县学前教育发展的双弱状态也并非因为政府、家庭、社会不合理成本分担的结果，而是缘于蓟县政府多年不投入或投入极少。因此，学前教育成本分担机制建立的重点并非政府、家庭、社会各承担多少比例的学前教育成本，而是政府财政投入量的一定比例状态。没有一定总量的财政投入，政府分担比例再高，也只是低成本、低质量下的低水平发展。因此,各级政府要想建立合理的成本分担机制,必须先完善学前教育财政投入制度,加大政府投入总量。

1. 健全学前教育财政投入制度

学前教育"国十条"中,我国政府提出了学前教育财政投入的八项制度,分别是预算有科目、增量有倾斜、投入有比例、拨款有标准、捐助有优惠、家庭有承担、资助有制度、专项有名目。这八项制度都是学前教育财政投入的基本制度,预算有科目、增量有倾斜、投入有比例、拨款有标准更是基础中的基础。但截至目前,"预算有科目"制度完全没有建立起来,"拨款有标准"也只是少部分地区建立起了"生均公用经费"拨款标准,"生均财政经费"拨款标准仍然没有一个地区尝试建立。"增量有倾斜、投入有比例"制度在部分地区已经建立起来,但检查力度明显不够。"捐助有优惠、家庭有承担、资助有制度、专项有名目"这四项制度刚性效果不强,大多数地区都没有实现。

其实,在这八项制度中,预算有科目是根基性的,如果学前教育经费不能单列,那就意味着其他七项制度的基础尚未建立起来,也可能意味着其他七项制度的弹性过大、约束力过小。要想彻底保障学前教育成本分担机制的建立,"预算有科目、增量有倾斜、投入有比例、拨款有标准"这四项制度必须先建立起来,也就是说,要想使学前教育获得可持续的长远发展,把蛋糕做大是必要的前提条件。

2. 建立区县财政拨款公式

在世界上不少国家,包括我国的香港地区,政府对学前教育的投入是相对刚性且制度化的。以香港地区为例,政府每年对不同幼儿园的拨款会根据一个基本的拨款公式直接拨付,没有太多中间环节。鉴于我国学前教育财政拨款的相对弹性与随意性,特别有必要建立一定的拨款标准。在学前教育"国十条"中,中央政府提出了"生均财政拨款标准"与"生均公用经费拨款标准"，但大多数地区并未执行。根据课题组的研究，各地在建立学前教育成本分担机制时，可以从"保普及""促公平""提质量""高均衡"四个方面来进行生均经费的差异性计算，设置相应的财政拨款公式。同时，保证各类成本要素的合适比例。

(1) 区县学前教育拨款公式

从总体上来看，我国目前的财政投入水平比较低。2010 年 OECD 国家生均经费为 6 762.05 美元。而根据中国教育经费统计年鉴提供的数据，2011 年我国学前教育生均经费东部地区平均值为 1 632 元，中部地区平均值为 623 元，西部地区平均值为 1 202 元。课题组 2013 年对全国 22 个区县进行的抽样调研中，生均经费较高的是深圳福田区与上海浦东新区，约 18 766 元、18 371 元，最低的为天津蓟县，只有 2 498 元。各地差异如此巨大的生均经费标准是在政府、家庭、社会已经做了最大努力的情况下发生的，还是各有懈怠、比例失当？

从常识的意义来看，一个地区的财政性学前教育经费计算公式为：

$$I = Q \times C \times X\%$$
$$C = I / Q \times X\%$$

其中，I 为区县政府的财政拨款总量，C 为某地区幼儿生均教育成本，X% 为政府的学前教育分担比例，Q 为该地区适龄儿童总数。生均经费 C 反映的是：培养一个孩子，一年总共要花多少钱。

根据第九章对理想型区县学前教育成本分担模式的设想，以区县为单位进行学前教育生均财政拨款时有四种不同的生均拨款水平：

第一，"保普及"型区县生均财政拨款公式为

$$C = I / Q \times X\%$$
$$= 0.1\% GDP / Q \times 50\%$$

第二,"促公平"型区县生均财政拨款公式为

$$C = I/Q \times X\%$$
$$= 0.3\% GDP/Q \times 50\%$$

第三,"提质量"型区县生均财政拨款公式为

$$C = I/Q \times X\%$$
$$= 0.5\% GDP/Q \times 55\%$$

第四,"高均衡"型区县生均财政拨款公式为

$$C = I/Q \times X\%$$
$$= 1\% GDP/Q \times 65\%$$

(2) 区县生均人员经费支出占总支出比例62%以上

确定了区县学前教育的生均财政拨款标准,并不意味着学前教育能得到有质量的发展……还必须进一步明确生均人员经费的占比。通俗地说,生均人员经费反映的是为了培养一个孩子,付给教职工的成本是多少。一般而言,

$$C = 生均经费支出 = 生均经常性经费 + 生均资本性支出$$
$$= (生均人员经费 + 生均公用经费) + 生均资本性支出$$

那么,

$$生均人员经费 = C - 生均公用经费 - 生均资本性支出$$

根据课题组对全国范围不同性质幼儿园的支出构成调研,人员支出比例在不同性质园所呈现出聚拢状态,如表7-8所示。

表7-8 不同性质园所人员支出比例

人员支出比例	教育部门	其他部门	集体办园	民办园	平均数
	57.52%	65.26%	63.54%	62%	62.10%

这意味着,有质量的学前教育,人员支出必须占幼儿园总支出的62%以上,否则便很难真正维护教师队伍稳定,提升教师队伍质量。但在实际调研过程中,课题组发现全国范围内人员支出相差太大,最高地区达到21 851生/元·年,最低地区只有326生/元·年,差距达到67倍。具体数据见表7-9。

表7-9 全国22个区县支出结构描述性统计

（单位：生/元·年）

指标	均值	最大值	最小值
生均人员经费	5 902	21 851	326
生均公用经费	2 322	13 889	80
生均资本性支出	1 195	8 623	0
生均经常性支出	8 224	26 058	480
生均总支出	9 419	26 385	671

（3）区县生均公用经费支出占总支出比例23%以上

通俗地说,生均公用经费反映的是为了培养一个孩子,日常的开销是多少,它很大程度上反映了一个幼儿园的软环境。从学理上来看,生均公用经费是保障幼儿园正常运转所需要的经费,包括业务费、公务费、设备购置费、修缮费和其他属于公用性质的费用等。其中,业务费是指为开展教育活动所发生的各项业务费用,包括教学业务费、实验费、活动费、宣传费等;公务费是指为开展教学活动所发生的办公费、水电费、取暖费、公用差旅费、会议费、邮电费等;设备购置费是指因教学和管理需要购置的仪器设备、图书及其他设备;修缮费是指教学和管理用房屋等建筑物和各类设备维修所发生的人工、材料费用,以及不够基建立项的零星土建工程费用;其他费用是指上述费用以外的有关支出,包括按规定提取的职工教育经费等。

在调研过程中,课题组发现各类幼儿园的公用支出有一个共同特点,如下表 7-10 所示：公用经费支出平均要占到幼儿园总支出的 23%以上。

表 7-10 不同性质园所公用支出比例

公用支出比例	教育部门办园	其他部门办园	集体办园	民办园	平均数
	29.39%	26.76%	21.56%	12.53%	22.56%

而同样，如表 7-9 所示，全国范围内生均经费差别较大，最高的区县为 13 889 元，而最低的只有 80 元，相差 173 倍。

(4) 区县生均资本性支出占总支出比例 18%以上

生均资本性支出通常包括园舍租金、基础设施建设支出、固定资产折旧等。在调研的不同类型幼儿园中，民办园的生均资本性支出一般大于其他性质幼儿园，园舍租金是民办园的重要压力之一。

表 7-11 不同性质园所生均资本性支出比例

资本性支出比例	教育部门办园	其他部门办园	集体办园	民办园	平均数
	19.10%	15.98%	12.91%	26%	18.49%

3. 确保两个比例逐年增长

合理的学前教育成本分担机制是以政府的学前教育财政投入总量为前提的，而投入总量的保证又是以两个比例的逐年增长为前提的。从国际范围来看，衡量一个国家学前教育投入水平的有两个指标：学前教育经费占 GDP 比例、学前教育经费占教育经费比例。

(1) 学前教育财政投入占 GDP 比例要达到 0.5%—1%

美国研究者强调学前教育投入占 GDP 的 1%，就能保证学前教育的质量、未来。[1] 国际范围内通常认定的、有质量的学前教育财政投入指标为：学前教育财政投入占 GDP 的 1%。从 OECD 的统计数据来看，目前大

---

[1] Isabel V. Sawhill. One Percent for the Kids：New Policies, Brighter Futures for America's Children[M]. Columbia Maryland：The Brooking Institution Press, 2003(11).

多国家学前教育财政投入占 GDP 的比例为 0.5%—1.1%,而我国自 2007 年以来,学前教育经费投入占 GDP 比例逐年增长,但始终没有超过 0.1%。

从单个省份来看,2007—2017 年,全国各省的财政性学前教育投入占 GDP 比例也在逐年上升,其中增幅最快的西藏地区,从 2007 年的 0.08% 上升到 2017 年的 1.96%;增幅最慢的地区是湖南,只从 2007 年的 0.01% 上升至 2017 年的 0.03%,其 2017 年的比例还不及西藏 2007 年的比例高。整体而言,上海地区是学前教育投入占 GDP 比例较为平稳的地区,其 2007 年的比例为 0.18%,2017 年的比例为 0.37%,基本处于全国的高位投入状态。

诚然,在"以县为主"的管理体制和财政投入体制下,以全国数据、全省数据进行比较意义不大。因此,我们还可以进一步看看区县范围内学前教育财政投入占 GDP 的比例变化。以上海浦东新区为例,2010—2012 年,其学前教育财政投入占 GDP 比例分别为 1.4%、1.76%、1.87%;而江苏省南京市鼓楼区 2010—2011 年学前教育财政性投入占 GDP 比例则为 0.12%、0.14%。

可见,无论从区县范围内来看,还是从不同省份来看,学前教育财政性投入占 GDP 比例都极其不平衡,如果说上海浦东新区学前教育财政性投入占 GDP 比例已经超过 OECD 的大多数国家,那么,天津蓟县的学前教育财政性投入占 GDP 比例还远在 OECD 的平均数之下。在当前政府学前教育成本分担机制的建构过程中,如果只重视政府、家庭、社会的三方比例划分,其实意义不大。对中国的大多数区县而言,目前最为紧要的不是进行三方比例的合理划分,而是首先要扩大政府的投入规模,将生均经费提高到一个可持续、有质量的发展状态。诸多发展快速国家的经验已经证明,通过市场经济调节已经不再是适应学前教育事业发展的方案。公共财政投入是"构筑国家财富"的关键因素,只有充足的公共财政投入,才能确保学前教育的质量和保证儿童获得这项服务的公平性。这一点,对生活在各种不利处境下的儿童来说,尤为必要。

(2)学前教育财政投入占教育投入的7%

在1936年5月5日公布的《中华民国宪法草案》(又称"五五宪草")中,第七章第131-138条明确规定了教育经费的额度。其中第137条规定:"教育经费之最低限度,在中央为其预算总额百分之十五,在省区及县市为其预算总额百分之三十……"①在学前教育"国十条"中,虽提出了预算要单列、投入有比例,但在执行层面还是遭遇不少地方性策略,无法转化为刚性的财政措施。

2011—2013年,我国实施了第一期学前教育三年行动计划。其间,各级政府共追加了2 100亿的学前教育财政投入,使学前教育的财政性经费占教育经费的比例由2010年的1.7%提升到了2012年的3.4%。但相较其他发达国家而言,这个比例还很低。即使与俄罗斯(14%)、墨西哥(8%)等金砖四国相比,我国学前教育的财政性支出占比也处于较低水平。在2009年莫斯科全球保育与教育大会上,与会者提出了一份行动纲领,其中有一条是要求各国学前教育公共财政投入应达到教育总经费预算的6%。

从不同省份来看,2007—2017年,当全国的学前教育财政投入占教育经费的比例从1.27%上升到4.63%时,西藏的比例从0.69%上升到10.86%,湖南的比例从0.41%上升到2.28%,广东的比例从0.76%上升到2.87%,而上海的比例一直处于高位平稳状态,从5.99%上升到9.55%。

同样,若以区县为单位来进行比较,则全国的水平也是千差万别。其中,独占鳌头的仍然莫过于上海浦东新区,2012年其学前教育财政性投入

---

① 傅国涌.民国宪法中的教育经费比例[N].深圳特区报,2014-6-17(B11).

占教育经费投入的比例为12.9%,2013年则递增到15%。而同时期的深圳福田区,尽管其经济发展水平也很高,政府的投入力度也很大,但由于其底子薄,起点低,其比例只有2.74%,处于全国平均水平。

在课题组的研究中,我们发现,各个区县的两个比例与其政府分担比之间并无相关性,即两个比例高,并不意味着政府分担比也高,反之亦然。因此,合理的学前教育成本分担机制设计不是从比例分配开始的,而必须从总量设计开始。刘焱等在2010年曾以学前教育发展较好的浙江安吉县为参照,按其现行办园水平和财政负担54%经费的假设估计出全国幼儿全部进入普惠性幼儿园的财政投入约为770亿元。这相当于2009年新增预算内教育经费的44%、全部预算内教育经费的6.17%。如果按50%的幼儿进入普惠性幼儿园,则只占2009年新增预算内教育经费的22%、全部预算内教育经费的3.35%。[①] 可见,没有一定比例的财政投入,要想实现学前教育的公益性、普惠性,实现学前教育的有质量发展是几乎不可能的。

(二) 完善政府、家庭、社会分担机制

从我国的现实状况而言,政府、家庭作为权利方与义务方都是实实在在的,但一说到社会,则顿时产生"社会在哪儿""社会是谁"等一系列困惑。从年鉴统计数据来看,2007年以来,社会投入的学前教育经费客观存在,但又有近乎无。在成本分担机制设计中,"社会分担"既是一个实践难题,也是一个理论难题。

1. 政府主导,分担50%—55%以上的学前教育成本

在学前教育"国十条"中,我国政府提出了"政府主导、社会参与、公民办并举"的学前教育办学体制。政府主导的基本含义是政府责任的担当,尤其是政府财政投入责任的担当。从逻辑上来看,政府主导至少意味着政

---

① 刘焱,康建琴,潘月娟,等.我国学前教育财政投入的路径选择——以浙江省安吉县为参照标准[J].教育学报,2010,6(5):56-61.

府承担70%以上的成本投入,但鉴于我国目前政府分担的现实水平,即年鉴数据2011年为42%,调研数据2013年为40.5%,因此,将现阶段我国的政府分担比例确定为50%以上比较适宜。当然,50%是一个笼统的数据,如果要实现本地区学前教育的可持续、有质量的发展,政府投入比例必须按照区县研究中通过回归分析建立起来的政府分担公式进行。具体计算公式为:

政府分担比＝0.881－0.000000000008487＊财政收入＋0.000000005423＊人均GDP＋0.423＊有职称教师占比＋0.492＊专科以上学历教师占比－0.000001047＊本地户籍幼儿总数＋0.146＊教办园占比－0.082＊公办性质幼儿园占比。

从目前的现实状况来看,各地政府分担学前教育成本的方式大多有三种:一是投入公办园,即给予公办园在编教师人头费、生均公用经费、生均资本性支出;二是投入普惠性民办园,即给予民办园以生均公用经费补助、教师长期从教津贴、幼儿成长补助、幼儿园班级规模奖励、幼儿园升等定级奖励、教师学历职称奖励、保安补助、安保设施、教师社会保险补助等;三是设立区域范围内专项经费,用于改革示范区建设、园长教师培训、科研项目补助、教育联盟补助、转移支付等。

与我国政府分担学前教育的成本支出方式不同,国外政府分担学前教育成本通常包括两种方式:一是以支出为基础(expenditure-based)的资助,即政府直接为早期保育和教育支付全部或部分费用;二是以税收为基础的资助(tax-based),即政府通过税收抵免、为雇主减税和允许雇员使用税前税收支付儿童保育费用。[①] 以支出为基础的成本分担方式包括以下七种具体途径:将某一年龄段的学前教育纳入义务教育或提供免费服务;

---

① 王玲艳,冯晓霞,刘颖.世界主要国家和地区学前教育投入方式分析[J].比较教育研究,2013,35(6):66-71.

举办公办幼儿园;建立儿童保育和教育项目;建立儿童保育和教育基金;购买"学位";补贴私立幼儿园;实施幼儿教育券。

以税收为基础的成本分担方式在欧美国家使用较多。如美国政府对儿童保育支持的1/4是以税收为基础的资助开展的,主要是中等收入和高收入家庭受益。以税收为基础的成本分担方式面向的对象有两类:企业和家庭。譬如,很多欧美国家都通过退税鼓励企业为职工子女提供保教服务。在美国,鼓励企业为职工子女提供保教服务的退税包括建造保育机构的费用,保育机构的运作费用,为职工购买第三方提供的保育服务费用等。

我国未来学前教育的发展方向是普惠性学前教育,这就意味着当下政府的三种财政分担方式要有所调整。因为普惠性幼儿园要打破体制的界限,以幼儿园是否营利为主要分类标准。只要是普惠性幼儿园,政府都应该给予财政分担,且分担比例要达到50%以上。在农村地区,普惠性幼儿园的政府分担比例至少要达到70%以上,倘若这些普惠性幼儿园分布于西部地区、民族地区、贫困地区,政府的分担比例要达到90%以上,乃至实行免费政策。如果是非普惠性幼儿园,政府无须分担任何成本,只需加强监管,保障其质量与价格的一致性。当然,最重要的是,区域范围内普惠性幼儿园的数量必须大于70%,并逐年增加,达到90%。这意味着政府要建立起生均财政拨款标准,根据幼儿的人数来决定每年普惠性幼儿园的财政投入量。

2. 家庭主要,分担35%—45%以下的学前教育成本

在年鉴数据的研究中,2017年我国家庭学前教育成本分担比例为48%;在调研数据中,2013年我国十二省市家庭学前教育成本分担比例为57%;在公众期望中,家长希望自身要承担的学前教育成本比例控制在35%以内;而在OECD研究中,没有一个国家的家庭分担比超过35%。因此,从切实可行并且有理有据的意义上来看,我国的家庭学前教育成本分

担比例控制在35%—45%以下比较适宜。

进一步而言,家庭学前教育成本分担比例的确定还要考虑不同地区、不同区域、不同家庭类型。对特困家庭而言,学前教育成本应该百分百由政府承担;对农村家庭而言,学前教育成本的70%以上应该由政府分担。这意味着政府、家庭的学前教育成本分担比例既是相对固定的,也是可以调节的,要充分体现出有差别原则、公平原则与补偿原则。

也有研究者认为,家庭的学前教育成本分担比例应该控制在家庭可支配收入的20%以内。所谓家庭可支配收入,是指除去税收由每个家庭每年可自由支配的资金。基于以上条件可得出如下公式:a×b÷c×100%<20%,其中a为学前教育成本,b为家庭分担比例,c为家庭可支配收入)。[①]也有研究者对广州市的实际情况进行了研究,提出了家庭成本分担的三套方案:家庭分担成本的70%,此时学前教育费用占家庭可支配收入的13.5%;家庭分担成本的49%,此时学前教育费用占家庭可支配收入的10.5%;家庭分担成本的45%,此时学前教育费用占家庭可支配收入的9.2%。这三组家庭分担的比例均在广州市民的经济承受范围之内。[②] 但需要注意的是,城市家庭的人均可支配收入比农村地区要大很多,城市的标准不能随便套用到农村去,广州的标准也不能随便套用到重庆去。

曾有学者采用ELES模型分析了我国城市居民家庭教育投资能力,当人均可支配收入(I)低于8 258.23元时,家庭完全没有投资教育的能力。当8 258.23元<I<15 244.39元,家庭在满足基本生活需求的前提下,压缩其他生活消费支出用于教育投资,但投资能力仍然有限。[③] 按此推算,

---

① 董淑超,刘磊.基于准公共产品成本分担的学前教育定价研究[J].吉林省教育学院学报(下旬),2013,29(1):88-89.
② 王红,沈慧洁.广州市幼儿教育收费制度改革方案简析[J].学前教育研究,2004(1).
③ 李忠斌,李杰.我国城乡家庭教育投资能力比较[C].2010年中国教育经济学学术年会论文集,2010.

城市低收入家庭的教育投资肯定仅限于维持最基本的学前教育投资,最低收入家庭甚至完全没有教育投资能力。

3. 社会辅助,分担5%—10%的学前教育成本

在年鉴数据的研究中,2007年以来,社会分担比一直低于10%。而调研数据显示,2013年十二省市社会学前教育成本分担比例仅为2.53%。同时,课题组的公众期望研究表明,无论是园长,还是家长,其对社会的学前教育成本分担比期望值都不超过10%。因此,基于中国的现实状况,课题组暂且建议社会作为学前教育成本分担的辅助性角色,分担5%—10%的成本。

需要比较的是,在对OECD国家的数据分析中,课题组发现"私人分担"有一个很高的比值。虽然OECD的"私人"不完全等同于我国的"社会",但基本上具有近似的意义。在1998—2010年的数据统计中,其成员国的"私人分担"比例最高为40%,最低为0,平均值也高达25%左右。这与我们熟知的西方国家的"强社会、弱国家"具有理论一致性,也与我们熟知的西方国家的"慈善传统""捐赠意识"具有实践的一致性。

无论如何,与OECD国家相比,我国的社会分担比例还是太小了,迫切需要提高公众的学前教育关注度,激发公众的慈善意识与捐赠欲望,通过政策引导来更合理地提升社会分担比例。

(三) 建立政府间的合理分担机制

与课题组研究结论一致,成本分担不合理、家庭和基层政府负担过重[1],是我国目前学前教育分担机制中的最主要问题。当保障了一定总量的财政投入,规划了政府、家庭、社会之间的合理分担比例,政府间的合理分担机制必须提上议事日程。从我国多年的政府间分担格局来看,典型的

---

[1] 田志磊,张雪. 中国学前教育财政投入的问题与改革[J]. 北京师范大学学报(社会科学版), 2011(5):17-22.

表现是,基层政府分担过重,中央、省市政府分担不足。而正如前几章反复提到的,处于弱势和重压的一方,其资源的汲取能力、动员能力都较弱,长期不合理的分担格局一定会造成基层政府的不作为心态和学前教育的低质量状态,造成可持续的阻断。因此,课题组根据前期研究,提出政府间合理分担机制建立的三条建议,即经济发达地区,区县为主,县镇共担;经济欠发达地区,省市统筹,区县为主;经济不发达地区,中央统筹,省市为主。① 这样设计的主要目的是让五级政府的事权与财权、能力与意愿、传统与未来充分地匹配,形成一个内部和谐一致的分担体系。

1. 经济发达地区,区县为主,县镇共担

学前教育成本分担良好机制的建立,是以政府的财政实力作为前提的。虽然,正如前文研究所见,从全国范围内来看,政府分担比与一个地区的 GDP 呈现显著的负相关。如果把相关分析的数据缩小到区县范围,仍然会看到政府分担比与区县 GDP 之间的相关性。这说明一个基本问题,即政府的努力程度很重要,但如果政府处于"无米状态",则其也"难为无米之炊"。正如马克思主义哲学所下的论断:经济基础决定上层建筑。没有了经济发展作为前提条件,政府的行政作为会在一定程度上受到影响。

由于多年发展格局、发展政策的不平衡,导致我国全国范围内各地之间经济发展千差万别,经济发达地区与欠发达地区、不发达地区之间差距甚大。一项研究显示:东部、中部和西部地区教育投入的差距呈拉大之势。② 1990 年东、中、西部的教育经费之比为 1∶0.63∶0.55;1995 年这一比例扩大为 1∶0.50∶0.36。

---

① 张新芳.县乡两级政府在学前教育财政投入中责任分担的现状研究[D].南京师范大学,2013.
② 杨东平.对建国以来我国教育公平问题的回顾和反思[J].北京理工大学学报(社会科学版),2000(4):68-71.

在发达地区,有些村庄的经济发展水平超过欠发达地区的一个县,乃至不发达地区一个市、一个省。譬如,东部地区江阴的华西村、常熟的蒋相村等。在发达地区,尤其是江苏的苏南地区,其学前教育的发展资金一直来源于乡镇自筹,有些地方甚至就是村庄自筹。鉴于发达地区良好的经济发展状态,其政府间学前教育成本分担机制完全可以采取"以县为主,县镇共担"的方式,或"县级统筹,以镇为主"的方式。

从现实来看,发达地区的学前教育管理模式较多地采用"属地化管理",即幼儿园在哪一级政府的区划上,就由哪一级政府负责,上级政府只负责督查。这样一种管理体制和分担格局虽不能移植到其他地区,但在任何地区,属地化管理是前提,只有当一级政府无法履行其属地管理的责任时,其上级政府才需进行统筹,实施干预。

进一步而言,本级政府永远比上级政府有信息的优先权,更了解所辖区划范围内的各种舆情,更善于与公众打交道,所出台的各种措施也会更深刻地影响区划范围内百姓的生活。而对于上级政府而言,基层政府的优势就会转变为上级政府的劣势,上级政府在进行基层干预时通常要付出更高的信息成本。这也是"央府博弈""地方游击战"的根源。因此,在基层政府能力允许的情况下,事权下放永远是降低管理成本的重要保证。村有能力,村镇共担;镇有能力,县镇共担;县有能力,以县为主。对于经济发达地区的政府间分担而言,县以上政府的责任是进行监查,给予更多社会声望、社会资本的奖励,从而激励地方政府更好地放下包袱,开动机器,更有创造性地实现政府间的学前教育成本分担。

2. 经济欠发达地区,省市统筹,以县为主

与经济发达地区不同,经济欠发达地区虽核心在于经济的欠发达,但经济的欠发达往往伴随着诸多相关因素的"欠发达",如政府治理理念、政府间的责权关系、公众的社会参与意识、公民的基本素养等,有时甚至就是

系统的"欠发达",即从价值、观念到关系、组织再到行动、担当。这一点,在政策制定过程中要特别引起重视,千万不能回避。当然,在制定政府间分担机制时要考虑到经济差距,但也不可过分放大经济差距,否则便会沦为经济决定论。毕竟,前文研究表明,政府的投入意愿与政府的投入努力也是决定政府分担比例的重要因素。

当经济的欠发达使得学前教育的政府分担比例无法在区县范围内得到很好解决时,上级政府的补偿性职能便需启动。相比区县政府而言,省市政府的资源动员能力更强,协同能力更优,更有可能使区县层面的经济困窘状态得以化解。当然,"省级统筹,以县为主",并非将政府间的分担责任提升到省级层面,只是强调在区县能力不足情况下的省市替补。因此,在那些经济欠发达地区,省市的专项经费必须相对充足,否则便无法完成省市统筹的责任分担。

与经济发达地区"以县为主,县镇共担"的已有传统与现实根基不同,"省市统筹,以县为主"是一种新的努力方向,大多数地区的省市政府并没有面向学前教育的统筹意识,更没有在实践中主动践行过。即便"三年行动计划"期间,各省市的转移支付制度、专项经费制度也未能全面建立起来。因此,若要建立起"省市统筹,以县为主"的政府间分担机制,一些必要的组织建设与制度建设是必要的。

一些研究者认为,"省市统筹,以县为主"的政府间分担机制可以借鉴义务教育阶段的状况加以落实。即省级政府要制定本区域范围内的生均经费标准和生均财政拨款标准,与地市级政府一起承担新建和改建幼儿园的经费、教师培训经费和一定比例的教职工工资福利经费,负担比例不低于预算内学前教育总经费的30%。[①] 只有建立起了刚性的制度约束,"省

---

① 田志磊,张雪.中国学前教育财政投入的问题与改革[J].北京师范大学学报(社会科学版),2011(5):17-22.

级统筹,以县为主"的政府间成本分担设想才有可能落地。

3. 经济不发达地区,中央统筹,省市为主

对于经济不发达地区,政府级别越低,其财政投入能力越弱,因此,政府间分担机制只能采取"中央统筹,省级为主"的方式。县以下的政府只能履行管理职能,而无法实现全部投入责任。对于经济不发达地区的这一政府间分担机制设计,在学前教育发展的多年现实中,也似乎没有运作过,更多的只是通过中央、省级转移支付的方式来实现。因此,同样有必要设计完善的组织与制度保障体系,以达成这一设想的实现。

有研究者认为,同样可以借鉴义务教育阶段的政府间分担形式。即中央政府主要承担家庭经济困难幼儿的资助责任和一定比例的公用经费责任,负担比例不低于预算内学前教育总经费的20%;省级政府制定本地的幼儿园生均经费标准和生均财政拨款标准,与地市级政府一起承担新建和改扩建幼儿园的经费、教师培训经费和一定比例的教职工工资福利经费,负担比例不低于预算内学前教育总经费的30%;区县和乡镇、街道承担幼儿园建设和改造的土地供应责任、一定比例的教职工工资福利经费和公用经费责任,负担比例不高于预算内学前教育总经费的50%。[①]

当然,中央政府、省级政府、区县政府之间的2∶3∶5的比例不是一成不变的,而是要根据经济不发达地区的实际状况再进行局部调整。譬如,针对西部地区、民族地区,中央政府、省级政府的分担份额还要有所扩大。这就要求中央政府、省级政府要建立起常态的面向经济不发达地区的财政转移支付制度和专项扶持制度,合理规划扶持资金的分配结构,在保运转的基础上努力保质量,不断提升经济欠发达地区学前教育水平。

总之,政府公共财政的使命,是雪中送炭、促进公平。以"促进公平"为

---

① 田志磊,张雪.中国学前教育财政投入的问题与改革[J].北京师范大学学报(社会科学版),2011(5):17-22.

核心的学前教育财政投入分担机制,必须改变目前存在的东部偏向、城市偏向、公办偏向的不公平格局,突出弱势补偿、积极歧视、责任共担的新格局。

第二节 学前教育财政投入结构研究

我国学前教育的财政投入不仅在规模与总量上相对不足,还存在投入结构不均衡的问题,譬如区域投入结构、城乡投入结构、体制投入结构、等级投入结构与要素投入结构的不均衡,本节关注财政投入结构不合理的表现,阐明其可能的原因,并提出了重构学前教育财政投入的具体路径。

一、财政投入结构严重不均

1. 东多中少:区域投入结构不均

根据2007—2017年的年鉴数据,课题组发现,东部地区政府财政投入经费最高,增长速度也最快。从图7-12、图7-13可以看出,2007—2017年,东部地区政府投入经费远远高于中西部地区,其增长速度也高于中西部地区。2014年后,中部地区的政府投入经费明显高于西部地区。2015年开始,三个区域的政府投入经费,增长都较为迅速。

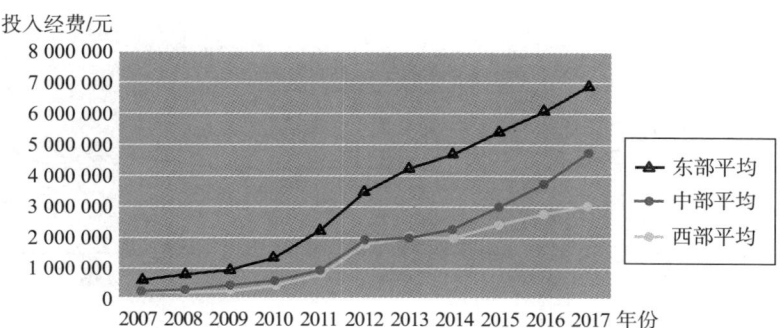

图7-12 2007—2017年东部、中部、西部财政投入经费

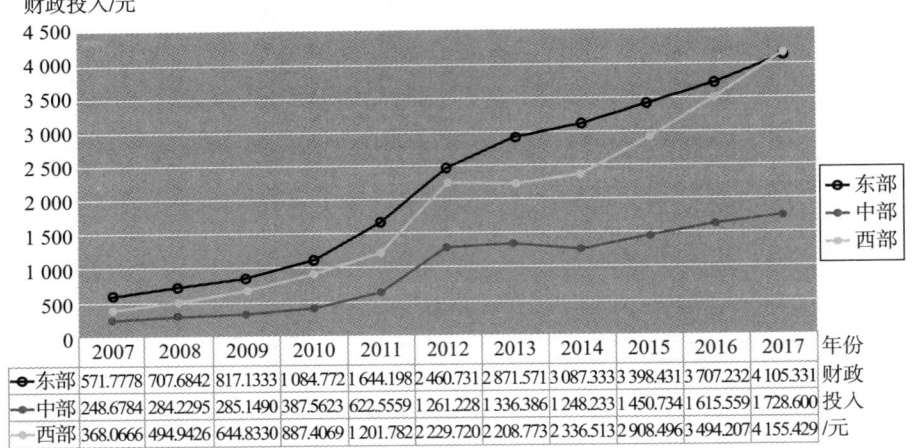

图 7-13　2007—2017 年东部、中部、西部生均政府财政投入

2. 偏城弱乡:城乡投入结构不均

根据课题组对全国十二省市的调研,在城市、县镇和农村之间,政府的财政投入结构存在着"偏城弱乡"现象,如图 7-14、图 7-15 和图 7-16 中反映的城市、县镇和农村学前教育生均收入与生均成本情况。从全国情况来看,首先,城市的生均成本与生均收入远超过县镇和农村的;其次,县镇和农村的生均成本高于生均收入,其中农村的支大于收的情况更为明显。

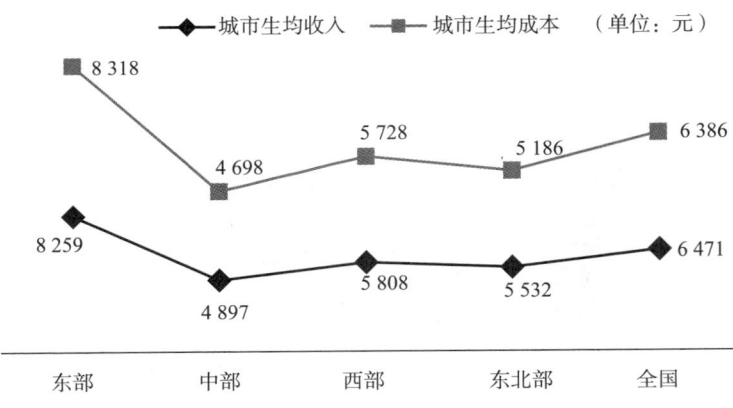

图 7-14　城市学前教育生均收入与生均成本

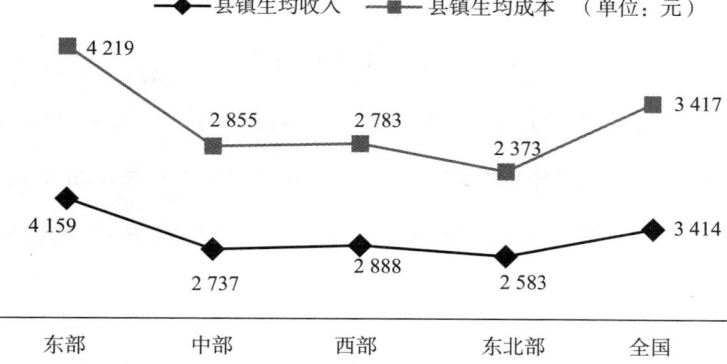

图 7-15 县镇学前教育生均收入与生均成本

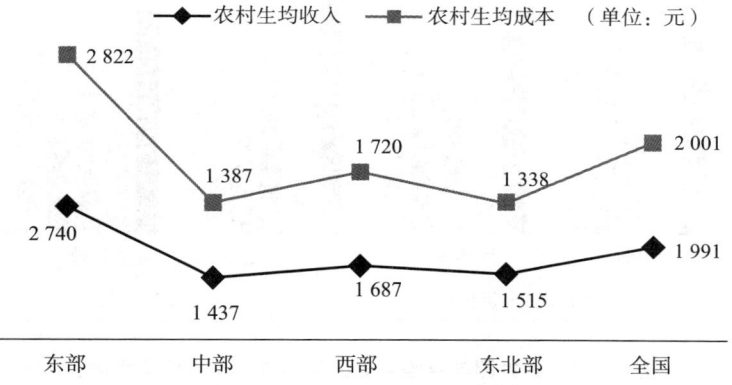

图 7-16 农村学前教育生均收入与生均成本

经过推断统计分析,各地区城市、县镇和农村的生均收入与成本分别都存在显著差异,如表格 7-12 所示。

表 7-12 各地区城市、县镇和农村生均收入与生均成本差异推断汇总表

	生均收入		生均成本	
	F	sig.	F	sig.
东部	49.36	.000	44.13	.000
中部	42.17	.000	50.03	.000
西部	46.09	.000	44.35	.000
东北部	27.96	.000	29.31	.000

3. 体制结构:公办民办双轨制

图 7-17 和图 7-18 显示了四类不同经费来源幼儿园学前教育生均收入与生均成本的比较情况。从全国来看有两个特点:第一,各地区的全额拨款和差额拨款园所的生均收入和生均成本均大于民办幼儿园和自收自支园所;第二,除了差额拨款园所生均成本大于生均收入,民办园、自收自支和全额拨款园所生均收入大于生均成本。

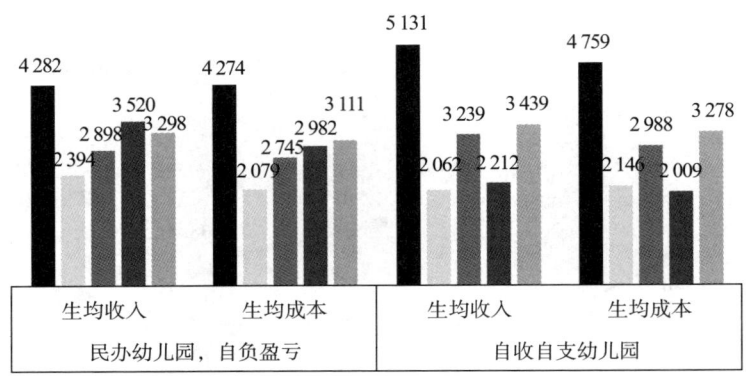

图 7-17 民办园与自收自支园生均收入与生均成本情况

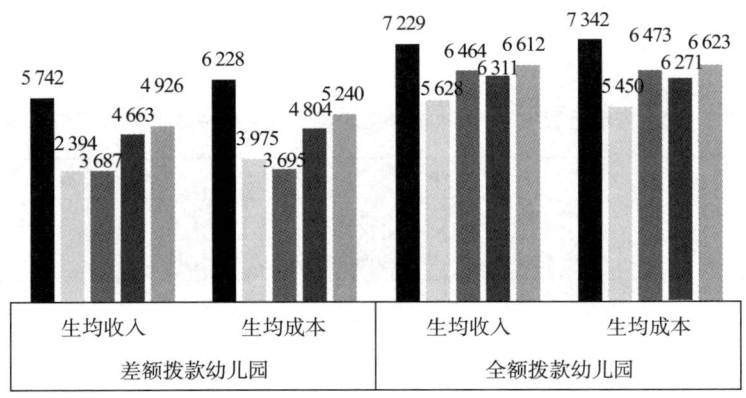

图 7-18 差额拨款园与全额拨款园生均收入与生均成本情况

二、学前教育财政投入结构不均的原因

(一) 经济发展不均衡：学前教育区域投入结构不均的主要原因

首先，区域经济发展水平的差异是造成当前学前教育区域差异的客观原因。一方面，由于目前我国学前教育的成本由家庭和市场共同分担，且家庭分担了较大比例，而家庭对学前教育的投入能力受区域经济发展水平以及收入水平的影响较大，这就导致区域间学前教育投入水平差距较大。经济发展水平较高的区域，家庭对学前教育的质量要求和重视程度高，投入意愿强，一定程度上可以弥补政府对学前教育投入的不足，学前教育生均经费投入水平相应的也较高。另一方面，区域经济发展水平决定了地方政府财政投入能力，贫困区域由于财政能力有限，即使依据相同的投入比例，其对学前教育的投入水平也不能与经济发达区域相比，如此势必造成学前教育投入区域差异的进一步拉大。

其次，地方政府对学前教育投入的重视程度是造成学前教育经费投入差异的主观原因。地方政府对学前教育越重视，从财政性教育经费中分给学前教育的部分越多，相应的学前教育经费投入水平越高；地方政府对学前教育的重视还可产生示范作用，引导市场增加对学前教育的投入。但由于当前地方政府对学前教育的投入并没有明确的标准和比例，且缺乏相应的考核与激励机制，因此地方政府对学前教育的投入程度大相径庭，很多地方对学前教育的发展并不重视，有限的教育经费分给学前教育的部分少之又少，这也在一定程度上造成了区域学前教育投入水平的差异过大。

最后，当前学前教育投入体制的"财政不中立"是造成区域差异过大的制度因素。教育投入的"财政中立"要求"每个学生在公共教育经费开支上的差异不能与其所在区域的富裕程度相关"，而当前我国学前教育原则上实行"地方负责，分级管理"的体制，以地方财政投入为主体的筹资机制势必造成教育投入的"财政不中立"。"学前教育三年行动计划"实施以来，财

力较为雄厚的地区在中央专项转移支付的基础上,也对学前教育投入了大量资金。而地方财力薄弱的地区,学前教育的财政投入几乎全部源于中央政府的转移支付,地方财政没有任何投入,从而形成"马太效应",使得学前教育财政投入的区域差异愈发突显,最终造成区域间学前教育发展水平的巨大差异。

(二) 政府责任履行不当:学前教育财政投入不均的主要原因

尽管相关法律法规和文件都明确规定了政府对学前教育公共服务的责任,然而,当前学前教育发展中仍存在政府责任落实不力、责任缺位等现象。具体而言,目前学前教育公共服务中的政府责任履行主要存在以下问题。

1. 责任主体:边界模糊不清

不同层级政府之间、同级政府的各部门之间在学前教育管理权限分配及责任承担方面边界模糊,责任主体难以认定,这主要体现在以下两个方面:

(1) 不同层级政府之间权责不明确

《规划纲要(2010—2020)》虽然强调"建立政府投入、社会举办者投入、家庭合理负担的投入机制""各级政府要将学前教育经费列入财政预算""新增教育经费要向学前教育倾斜""财政性学前教育经费在同级财政性教育经费中要占合理比例"。但没有明确各级政府在学前教育发展中的财政责任以及分担方式和刚性比例,导致学前教育的财政投入具有一定的随机性,缺乏资金保障和管理的长效机制。

(2) 同级政府不同部门之间权责不明确

学前教育是一项系统工程,有赖于教育行政部门、物价主管部门、财政部门、民政部门、审计部门等部门的协调与合作,这需要明确各政府部门之间的权责关系。但实际上这些部门又存在教育管理职能交叉的情形(如教育部门和财政部门),导致"谁都管""谁都管不了""谁都不负责"的权力共享而责任泛化等问题。例如,民办幼儿园由于审批注册部门多,且审批注册部门多为非教育部门,依照"谁审批、谁管理、谁负责"的原则,致使许多民办幼儿园实际上处于"有人批、无人管"的无政府状态,受市场经济影响恶性竞争激烈,过度追求经济利益,违背了举办幼儿园不以营利为目的的基本原则。

2. 责任履行:缺位现象严重

"缺位"意味着政府对自己的一些本源责任履行不充分或不履行。一级政府对某个层次教育责任的履行体现在持续和稳定的对某个层次教育的经费投入。学前教育责任履行不充分主要体现在财政责任上。20世纪90年代之前,学前教育以国家和地方政府的投入为主,教育部门、妇联、卫生部门和各企事业单位纷纷举办公立或福利性质的幼儿园。随着企事业单位的改革,多数企事业单位举办的幼儿园通过关、停、并、转的形式从原有单位中剥离出来,幼儿园办园体制开始了社会化探索的过程,集体办幼儿园的数量也迅速减少,民办幼儿园尤其是公民个人办幼儿园的数量则迅速增加。政府对学前教育的投入不断减少,政府对学前教育所承担的责任逐渐仅限于对大约占幼儿园总数1/3的教育部门办园的投入与管理,占幼儿园总数70%以上的非公办幼儿园基本上得不到国家和地方财政的支持。社会普遍认为学前教育的公益性在不断弱化。还有一些地方政府甚至简单地将幼儿园推向市场,减少或停止投入,导致普惠性的,尤其是具有较高质量的普惠性学前教育资源越来越少,"入园难"和"入园贵"日益凸显。

责任履行不充分还表现在监管责任上。幼儿园筹资不规范的情况时有发生(收取赞助费等),中央的财政转移支付的教育经费常常由于缺乏监督而不能到位,专项支出被当地政府挪为他用,使得财政转移支付本性被扭曲,贫困地区与园所得不到应当获得的资助。这些都与政府的监管责任缺位有很大关系。此外,2008年的抽样调查显示,一半以上的教育部门没有专设学前教育管理机构,1/4的教育部门既没有专设机构也没有专职人员,一些地区的学前教育处于无人管理的"真空状态"。政府的责任缺位,严重地影响了学前教育事业的健康发展。

3. 责任配置:财权事权失当

(1) 事权与财权不匹配的含义

中国是有五级政府的发展中国家,各级政府都承担着一定的公共职能。任何国家只要存在两级以上的政府,都面临公共服务的事权和财权如何在政府之间划分或分配的问题。所谓事权,是指一级政府所拥有的从事一定社会经济事务的责任和权利。所谓事权的配置,则是指各级政府(中央政府、省级政府、地方各级政府)在从事一定社会经济事务问题上责任和权利的划分。事权的配置规定了各级政府承担社会经济事务的性质和范围,而各级政府履行这些职责所产生的支出必须以相应的财政收入,即财权为前提。

我国实行的是分税制的财税体制。所谓财权,广义上是指政府在取得财政收入、安排财政支出,以及对财政收入和支出过程进行管理等方面的权限;狭义上则仅指某一级政府所拥有的财政收入权。本研究主要从狭义的角度理解财权。所谓财权的配置是指财政收入权在各级政府间的划分。政府间的财权配置关系是中央与地方关系中最重要而又最敏感的中枢神经。

事权与财权的配置,即指各级政府所承担的社会经济职责要与其履行这些职责所必须拥有的财政收入能力相匹配。由于管辖范围、政府职能和公共品属性的不同,各级政府的事权和财权有着显著差别,而能否科学合理地在各级政府间分配事权和财权,是现代公共财政顺利运转的逻辑起点和必要保证。财政支出的划分应以事权的划分为基础,合理划分中央与地方的财权,使各级政府的财权与事权相匹配。而现实情况是,据估算目前中央和地方的收入比约为 6∶4,而支出比则为 3∶7。换句话说,地方政府仅掌握了 40% 的财权,却承担了 70% 的事权。这就是所谓的地方政府的事权与财权不匹配的问题。

通俗地说,所谓"事权与财权不匹配"就是"巧媳妇难为无米之炊":将某项公共服务职能分配给某一级政府时,必须同时保证它拥有提供相应服务的财政资源。否则,这种公共服务的有效、充足供给就只能停留在口头上。事权与财权的不匹配,是我国各项基本公共服务发展明显滞后的主要原因。

(2) 学前教育事权与财权配置状况

学前教育"国十条"提出,"必须坚持政府主导,社会参与,公办民办并举,落实各级政府责任"。但文件中对于"各级政府责任"却未作具体、明确的界定。《国家基本公共服务体系"十二五"规划》提出,学前教育支出责任由"地方政府负责,中央财政适当补助"。但"地方政府"的这一表述也很笼统、模糊,责任不明,可操作性差。因此在实践中普遍存在把学前教育管理责任(即事权)层层下放的做法,让街道(及社区)和乡镇(及村)政府成为实际中的学前教育管理主体。

目前,关于学前教育事权在各级政府间配置状况的统计数据很难获得,但现实中的一种现象或许可以从侧面反映出学前教育事权的实际状况。如今,不论是在城市还是在农村,公办幼儿园中比例最大的都是所谓的"集体幼儿园"。确切地说,在城市它们应被称作"街道(或社区)办集体幼儿园",在农村则应被称作"乡镇(或村)办集体幼儿园"。即这些幼儿园的管理和支出责任都由街道(或社区)和乡镇(村)政府来承担。近年大力推行的"乡镇中心幼儿园建设工程",实际上是将农村学前教育的事权明确界定给了乡镇一级政府。

来自江苏省的一份统计数据显示,在2008—2010年全省幼儿园建设经费中,政府投入中最大的部分来源于街道、乡镇一级政府,达到56.26%;其次是区县级政府,占37.61%;社区、村级政府的投入占2.21%,而市级政府投入仅占3.92%,省级政府则完全没有投入。需要指出的是,这里统计的是幼儿园建设经费,是一项非经常性支出。在新建幼儿园的工作中,街道、乡镇政府尚且要担当起主要的支出责任,更不用说对于人员经费、公用经费等幼儿园经常性费用的支出责任了,这些费用几乎全部由街道、乡镇及以下政府来承担。

学前教育的事权,即支出责任主要由街道、乡镇一级政府承担,但街道、乡镇政府的财权,即支出能力却很薄弱。我国于1994年进行了分税制改革,其结果是中央政府财政收入占总财政收入的比重大幅度提高,而地方各级政府在与下级政府的分税操作中,也采取了财政收入层层上收的做法,从而造成上级政府财权相对充裕、基层政府财权相对萎缩。囊中羞涩的基层政府,很难提供高质量的基础教育服务。

2006年,为切实减轻农民负担、增加农民收入,我国取消了农业税。农业税的取消,使得县乡财政失去了一大块稳定的收入来源,县乡财政困难进一步加剧,出现了县乡政府办公经费严重不足、农村基层公共品供给更加困难、农村义务教育经费短缺、县乡政府债务问题严重等问题。在这样的背景下,县乡政府履行学前教育财政责任的能力明显是不足的。同时,2006年我国开始全面推行免费义务教育政策,并实行义务教育教师的绩效工资制度,由于这一政策具有很强的"刚性",对其他基层财政支出项目具有明显的挤出效应,学前教育财政支出也必然会受到明显的削减。

分税制改革的另一个结果是加剧了我国城乡之间、地区之间学前教育发展的不平衡状况。地方政府的财政资源的丰裕程度,或者说其财权的大小,取决于其经济发展水平。政府收入主要受三方面影响:财产、所得和消费。经济发展水平越高,居民的收入和消费水平就越高,财产积累也越多,政府的征税能力就越强。由于我国地区之间、城乡之间的经济发展水平差异巨大,因此地区之间、城乡之间的财政能力也就相距甚远。一项公共服务的支出责任越是配置给低层级的政府,这项公共服务提供的数量和质量在地区间的分布就越是不平衡。目前,我国学前教育的财政责任主要由最低一级政府(五级政府中)承担,必然导致学前教育的发展极不均衡。

总之,目前学前教育的事权主要由乡镇级政府承担,而乡镇政府的财权却极为有限,捉襟见肘。不匹配的事权与财权配置状况,是造成学前教育财政投入严重不足、各地学前教育财政投入极不均衡的主要原因。

三、学前教育财政投入结构的重构

(一)重构思路——以均衡投入为目标,合理配置学前教育公共财政责任

美国著名教育行政专家罗森庭格曾说,"学校经费好比教育的脊柱",凸显了经费投入对教育发展的重要影响。财政投入失衡是当前制约我国学前教育持续健康发展的主要"瓶颈"之一,明确界定和合理配置各级政府的财政责任是解决这一问题的关键。

(二)理论基础——政府承担学前教育公共服务责任的依据

1. 公共外部性是政府承担学前教育公共服务责任的合理基础

要研究学前教育财政投入政策,首先需要明辨的一个问题是:对于未纳入义务教育的学前教育而言,政府是否有必要予以投入,或者说政府投入学前教育的正当性如何。事实上,在 20 世纪 90 年代开始的国企转制、经济转型的过程中,相当多地方的政府就是以幼儿教育属于非义务教育为由,实行了学前教育的"社会化",将学前教育责任完全推向了市场,地方政府减少或完全不再投入于学前教育,从而导致了整个学前教育事业的大滑坡。因此,在国家强调"各级政府要将学前教育经费列入财政预算,新增教育经费要向学前教育倾斜,财政性学前教育经费在同级财政性教育经费中要占合理比例"的背景下,进一步从学理上论证政府投入学前教育的合理性是颇为必要的。

2. 学前教育的产品属性判定

在经济学中,判断某一产品应当由政府提供还是由市场提供,主要依据对其产品属性的判定。根据公共经济学理论,社会产品分为公共产品、私人产品,以及介于这两者之间的混合产品或称准公共产品。国内已有的文献大多以公共产品理论为依据,认为学前教育属于(准)公共产品,如王善迈认为,义务教育属于公共产品,非义务教育(包括学前教育)属于准公共产品。但实际上,若仔细对照经济学中的相关理论,很难做出"学前教育是(准)公共产品"的判断。

一般来说,经济学家将是否具有可排他性[①]和竞争性作为区分私人产品与公共产品的基本标准。所谓可排他性,是指这个物品一旦被 A 消费,那么从技术上很容易排除 B 对它的使用(如付费才能消费);而非排他性则指当 A 消费某一物品时,他很难从技术上排除 B 对它的消费。例如,家里的电灯可以很容易地不让他人使用,具有明确的可排他性;而街道上的路灯则很难限定使用者,具有非排他性。竞争性是指消费者的增加会引起生产成本的增加,而非竞争性则是指消费者的增加并不会引起生产成本的增加。如家里的照明费用往往随家庭人数增加而增加,而街道的照明费用则与使用路灯的人数无关。

从上述两个性质去考察学前教育的产品属性,无法得出学前教育是公共产品的结论。事实上,斯蒂格利茨在《经济学》一书中,明确地把教育(各级各类教育)纳入"纯私人产品"的范畴;他在《公共经济学》一书中提出,教

---

① 英文 Excludability 一词,大部分人翻译为"排他性",笔者以为更确切的译法为"可排他性",意思是技术上存在将他人排除在某种商品的消费之外的方法,如不付费则不能消费。

育是"公共供给的私人产品"。其实,当前学前教育的现实问题恰恰说明了学前教育不是公共产品:"入园难"问题的存在,表明学前教育具有明确的可排他性——很多儿童被排除在了幼儿园之外;"入园贵"问题的存在,表明学前教育具有很强的竞争性——学前教育的成本随着接受教育的儿童的数量增加而增加,收费也越高(在经济学中,市场中商品的价格是根据其边际成本决定的)。因此我们难以认同,学前教育和国防、消防等一样,具有公共产品的性质,以此作为政府投入学前教育的合理性依据缺乏说服力。

3. 外部性理论的理论滋养

人们从经济学角度论证政府投入学前教育合理性时,往往还会运用另外两个理论:外部性理论和人力资本理论。本研究认为,外部性理论对政府投入学前教育的解释力更强:学前教育是具有公共外部性的私人产品,学前教育的经济外部性主要表现为对人力资本积累的作用。因此,下文将具体分析学前教育的外部性。

(1) 学前教育的外部性分析

冯晓霞等在《世界幼教事业发展趋势:国家财政支持幼儿教育》一文中抛弃了学前教育是公共产品的说法,而将国家财政支持幼儿教育的理由归纳为两条:一是补偿幼儿教育的正外部效益,二是弥补幼儿教育市场的缺陷。[1] 这里实际上涉及两个重要的经济学概念:"外部性"和"市场失灵"。从公共经济学的角度来看,"外部性"是造成"市场失灵"的主要原因,"市场失灵"使得交易价格不能充分反映市场中的供求关系,从而造成供给不足或供给过剩,影响了社会福利最大化的实现。"市场失灵"为"政府干预"提供了理由:通过政府的干预(即增加或减少供给)实现供需平衡,以实

---

① 冯晓霞,蔡迎旗,严冷.世界幼教事业发展趋势:国家财政支持幼儿教育[J].学前教育研究,2007(5):3-6.

现社会福利的优化。按照这个逻辑,要论证政府投入学前教育(即政府"干预"学前教育)的正当性,就需要说明学前教育服务存在着引致"市场失灵"(学前教育供给不足)的外部性。换句话说,我们只需证明,学前教育能对社会产生明显的正的外部性(存在受教育者个人收益之外的社会收益),即可为政府投入学前教育提供充分的理论依据。

① 外部性的内涵。

关于外部性概念的内涵,自从其产生以来就存在诸多争议。萨缪尔森(Samuelson)认为:"外部性是指那些生产或消费对其他团体强征了不可补偿的成本或给予了无须补偿的收益的情形。"兰德尔(Randle)认为:外部性是用来表示"当一个行动的某些效益或成本不在决策者的考虑范围内的时候所产生的一些低效率现象;也就是某些效益被给予,或某些成本被强加给没有参加这一决策的人"。两者在本质上是一致的:前者是从外部性产生主体的角度来定义,后者则是从外部性接受主体的角度来定义。

布坎南(Buchanan)和斯图布尔宾(Stubblebine)给出了外部性的形式化描述:所谓外部性就是某经济主体福利函数的自变量中包含了他人的行为而该经济主体又没有向他人提供补偿或索取报酬,即:$F_j = F_j(X_{1j}, X_{2j}, \cdots, X_{nj}; X_{mk})$,$j \neq k$。这里 j 和 k 是指不同的个人(或厂商),F_j 表示 j 的福利函数,X_i($i=1,2,\cdots,n,m$)是指经济活动。这个函数表明,如果某个经济主体 j 的福利函数除了受到他自己所控制的经济活动 X_i 的影响外,还受到其他人 k 所控制的某一经济活动 X_{mk} 的影响,就存在外部性。

简单地说,外部性是某个经济主体在发生某一经济行为时,非主观意愿地对另一个经济主体施加的一种外部影响(受益或受损),而前者又不能按市场价格向后者提供补偿(当后者受损时)或索取报酬(当后者受益时)。使他人受益的外部性(如某人燃放烟花,给他人带来快乐),称为"正外部性"或"外部经济";使他人受损的外部性(如工厂排出浓烟,使环境受到污染),称为"负外部性"或"外部不经济"。总之,外部性具有两个本质特征:一是受影响方的"决策的非参与性",即被动地接受影响;二是受影响方"缺乏有效的反馈机制",即无法反过来对实施方产生影响。

② 学前教育的外部性分析。

学前教育"国十条"指出,学前教育是"是重要的社会公益事业"。在公共经济学的语境中,社会公益事业就是能给整个社会带来正外部性的事业。大量研究表明,学前教育具有正外部性:学前教育能为受教育的适龄儿童(及其家庭)之外的其他社会成员带来的经济的和非经济的收益,而且这种教育收益是为大多数甚至全体公民无排他性地享有的。

关于学前教育的正外部性的论述很多,冯晓霞等总结为:"幼儿教育对人的各种能力的发展都有长期的积极效应,可以提高其未来的生产能力和经济增长能力,提高国家的公民素质,提高整个民族的文化和道德素养;幼儿教育可以提高妇女就业机会,促进男女平等,减少贫困人口,降低社会救助费用;幼儿教育有利于打破"一代贫困,代代贫困"的恶性循环,促进社会公平。"[①]

在关于学前教育正外部性的实证研究中,最著名、最具代表性当属佩里学前教育研究计划(Perry Preschool Program Study)。佩里学前教育研究计划研究表明,参与该项目的儿童成长到40岁时,其所受保育教育服务的投资回报率高达5.8%。其中,对幼儿个人的回报率为23.9%,而对社会的回报率则为7.75%。这7.75%的社会回报率正是学前教育的正外部性的量化值。这个结果表明,该学前教育项目的社会收益为个人收益的3倍,其正外部性不容置疑。事实上,西方发达国家开展了大量的关于学前教育成本—收益的研究,这些研究都可以被认为是关于学前教育外部性的

---

① 冯晓霞,蔡迎旗,严冷.世界幼教事业发展趋势:国家财政支持幼儿教育[J].学前教育研究,2007(5):3-6.

实证研究。这些研究的结果表明,学前教育项目的收益从 2 倍到 17 倍不等。同时,相关研究还表明:在所有教育阶段中,学前教育的个人和社会投资回报率都是最高的。也就是说,学前教育的正外部性是所有教育阶段中最强的。

由此来看,政府投入学前教育的合理性在于:学前教育不仅能使受教育者本人受益,而且也能使整个社会受益,即存在明显的正外部性。由于受教育者不能享有学前教育的全部收益,所以根据"谁受益、谁负担"的原则,也不应该由受教育者负担全部成本。否则,学前教育服务的需求就将明显不足,表现为:家庭对学前教育的投入意愿降低、幼儿入园率下降、幼儿教育水平低下等,从而对整个社会的人力资本积累带来很大损失,对社会和经济的未来发展产生不利影响。若要防止这种情况的发生,只能由政府加大对学前教育的投入,用公共资金补偿学前教育带来的社会收益,从而提高学前教育的供给水平,实现学前教育的供需均衡。因此,从外部性理论入手,可以为政府投入学前教育提供富有解释力的经济学论据。

(2) 学前教育的外部性特征

在经济学中,根据不同的标准或从不同的视角可以将外部性进行分类。除了大家常用的正外部性、负外部性之分外,常用的外部性分类概念还包括:公共外部性与私人外部性、生产外部性与消费外部性、网络外部性与非网络外部性、代内外部性与代际外部性等。本研究希望通过对学前教育外部性特征的辨识,为政府投入学前教育提供更多的理论依据和政策指导。

① 学前教育的公共外部性特征。

按照外部性影响的接受者规模的大小,以及外部性影响是否具有竞争性和排他性,可以将外部性分为公共外部性和私人外部性。私人外部性具有竞争性和可排他性,即只对可确定的有限的接受者产生影响;而公共外部性则具有非排他性和非竞争性的特点,即对难以明确界定数量的公众产生影响。举例来说,如一个工厂的大楼影响了附近居民区的采光,所带来的就是私人外部性,受影响的只是该小区有限的居民。若该工厂还同时排放浓烟污染了城市的空气,所带来的就是公共外部性,受影响的是整个城市的人群。

学前教育外部性具有公共外部性特征:学前教育可以提高未来劳动者的生产能力,提高整个国家的公民素质,可以增加妇女就业机会,促进男女平等,减少贫困人口,降低社会救助费用,促进社会公平等。这些外部性的接受者都是整个社会,并且这种外部性具有非竞争性和非排他性:多一个人享受这种外部性的收益,并不需要减少另一个人享受这种外部性的收益,并且很难运用技术手段将某些人排除在这种外部性的收益之外。

进一步说,学前教育并非是具有非排他性和非竞争性的公共产品,而是具有巨大的正公共外部性(即公益性)的私人产品。这种公共外部性给整个社会带来了额外的收益,而政府有责任对这种额外收益进行补偿,通过财政补贴的方式,分担学前教育的成本,提高学前教育的供给水平。

② 学前教育的消费外部性特征。

根据产生外部性的主体是生产者还是消费者,可以将外部性分为生产外部性和消费外部性。如果外部性行为的实施者是生产者,该外部性就是生产外部性,意为源于生产领域的外部性。相应地,如果外部性行为的实施者是消费者,则该外部性就被称作消费外部性,意为源于消费领域的外部性。举例来说,化工企业排放对环境的污染,就是典型的生产外部性;而汽车尾气排放对环境的污染则属消费外部性。近年来,随着经济发展和人们消费水平的提高,经济学家关注的重点从生产外部性逐渐向消费外部性转移。明确生产外部性还是消费外部性的意义在于,对外部性进行补偿(或收费)的主体应有所不同。

学前教育的外部性表现为消费外部性:学龄前儿童在接受教育(即消

费教育服务)的过程中,带来了额外的社会和经济效益。由于学前教育的这种消费外部性,因此可以考虑从学前教育消费者的角度进行财政投入政策的设计以克服"政府失灵":政府可将学前教育消费方(即幼儿家长)作为投入对象,即以保育教育费补贴、家庭收入税减免、教育券等形式将学前教育补贴发放给幼儿家长,而家长再以手中掌握的"货币选票"对幼儿教育机构进行"投票",以促进幼儿园之间的竞争,提高学前教育资源的配置效率。这其中,发放"教育券"被认为是促进学前教育机构之间的竞争、增加幼儿家长自由选择权、提高学前教育财政经费效率的一种有效的制度设计。

③ 学前教育的网络外部性特征。

根据外部性影响的大小是否同参与某项活动的经济主体的数量正相关,可以将外部性划分为网络外部性和非网络外部性。网络外部性是指消费者消费某物品的效用会随着消费该物品的其他消费者的数量增加而增加,反之,则为非网络外部性。例如,一个电信网络里原来有20个消费者,当第21个消费者加入时,不仅他自己的效用增加了(信息沟通渠道增加了20个),同时,原来20个消费者的效用也增加了(每个人的信息沟通渠道都增加了1个)。网络外部性的存在,使得经济学中的"边际效益递减"规律不再成立,而代之以"边际效益递增",会大大地增强外部性的效果。

学前教育存在着网络外部性特征:幼儿阶段正是一个人性格养成和价值观初步形成的阶段,也是受外部环境、同龄人影响最大的阶段。幼儿的成长过程,实际上就是从其周边环境中寻找知识来源,以获得所需要的知识或信息的过程。正规的学前教育为年龄相近但社会经济特征不同的孩子提供了频繁接触的强联结环境,为孩子接受正面的、广泛的、有用的信息提供了平台。接受学前教育的幼儿越多,它所带来的积极的社会影响越大,其边际影响呈递增趋势。

学前教育的网络外部性特征提示我们,加大政府投入应致力于提高学前教育的普及率,为处境不利儿童提供更多更好的保育教育服务,以此实现学前教育正向的叠加效应,提高学前教育领域的资源配置效率。

④ 学前教育的代际外部性特征。

从外部性产生的时空看,可分为代内外部性与代际外部性。通常的外部性是一种空间概念,主要是从即期考虑资源是否合理配置,即主要是指代内的外部性问题;而代际外部性问题主要是要解决人类代与代之间行为的相互影响,尤其是要消除前代对后代、当代对后代的不利影响。

学前教育具有明显的正代际外部性特征:经济学认为学前教育所具有的隐蔽性、迟滞性和非抵押等特征,实际上都是代际外部性的表现。佩里学前教育研究计划的成本—收益研究在长期跟踪参与项目的幼儿的情况下得出结论:学前教育的成果要在下一代人的素质中表现出来。当佩里研究报告出炉时,当初3—5岁的孩子已经40岁了。具有代际外部性的投资的特点是,其投资回报期长,但其投资回报率通常也较高,同时风险也可能较高。学前教育的代际外部性,会降低幼儿家长的投资倾向,从而造成学前教育的私人投资不足。因此,为了保证社会经济的可持续发展,政府应该加大学前教育投入。

综上所述,按照经济学的含义来判断,学前教育并不是(准)公共产品,但这并不构成将学前教育供给推向市场的理由。本研究的分析表明,政府投入学前教育的正当性来源于学前教育所具有的巨大的正外部性,且这种外部性具有非竞争性和非排他性。对学前教育外部性特征的深入分析表明,学前教育具有明显的公共外部性、消费外部性、网络外部性和代际外部性,这些特征都为政府加大对学前教育的投入力度提供了充分的理论依据。

4. 政府承担学前教育公共服务责任是现实学前教育发展形势的客观要求

长期以来,政府、社会和个人对学前教育投入严重不足的状况却普遍存在。此外,在"效率优先"思想的指导下,各种名义的"市场化"改革在很大程度上损害了学前教育的公共性、公益性和公平性,加大了学前教育投入的城乡差距、地区差距和阶层差距。有媒体报道,广东 8 所省政府机关公办园 2011 年获得近 6 863 万政府财政预算拨款,引发社会热议。对江苏省 171 所幼儿园的调查数据也显示,苏北某地级市教育部门办的一所幼儿园 2010 年的财政拨款为 361.9 万元,而另一所幼儿园的财政拨款仅为 3 万元。苏北地区某县机关幼儿园 2010 年财政拨款为 196 万元,而该县其余幼儿园的财政拨款均为零。实际上,地方政府公共财政投入在不同幼儿园之间的分配不公并非个案,而且园际间的分配不公可能远胜于城乡间、区域间和办学体制间的分配不公。

学前教育投入不足、公平缺失的客观现实,迫切要求作为公共利益的维护者、提供者的政府做出有效回应,明确并落实政府责任,维护教育公平,突出学前教育的公益性和普惠性,真正形成"保基本,广覆盖"的学前教育公共服务体系。

(三) 具体路径

1. 事权与财权的再配置:学前教育财政责任履行不足的破解之道

学前教育公共服务事权安排重心适当上移,建立各级政府共享与分担机制。为了改变我国现阶段学前教育公共服务事权和财权不匹配的问题,首先需要按照受益原则、能力原则和效率原则,明确各级政府在学前教育公共服务中的职责,保持学前教育公共服务稳定、高效的提供。学前教育存在一定的区域性外溢效应,因此将公共服务的支出重心适当向上转移,减少街道、乡镇政府的事权和支出责任,让县级及省级政府在提供学前教育公共服务中发挥更大的作用,建立以县镇地方政府为主、各级政府共同参与提供的学前教育公共服务共享与分担机制,同时通过中央政府的转移支付,建立与财力状况和权力分配基本适应的学前教育公共服务事权安排格局。

科学明确政府在学前教育财政投入中的责任,应遵循以下四个原则:财权与事权相统一的原则;政府主导与责任分担的原则;制度设计、监管与实施合理分离的原则;政府引导与社会参与相结合的原则。根据这些原则,各级政府要把学前教育作为公共服务体系的重要组成部分,明确自身对发展学前教育、解决"入园难"问题的主体责任,并以公共财政投入予以保障。

(1)中央政府的学前教育财政投入责任

规划责任。《规划纲要(2010—2020)》明确指出:"中央政府统一领导和管理国家教育事业,制定发展规划、方针政策和基本标准,优化学科专业、类型、层次结构和区域布局。整体部署教育改革试验,统筹区域协调发展。"中央政府应将发展和普及学前教育纳入经济社会发展和教育事业发展的总体规划,制定科学适宜的学前教育事业发展规划。研究制定转移支付资助的重点地区和项目,建立转移支付资金投入绩效评价和反馈机制,并探讨提高学前教育财政投入资金配置效率的模式和方法。

财政责任。我国应在国家财政性教育预算中单列学前教育事业经费,明确并逐步提高学前教育投入的比例,确立并逐步实现学前教育经费占GDP比例的0.4%。在"以县为主"的教育管理体制下,虽然中央政府不是学前教育财政投入的主体,但对于中西部、农村地区学前教育普及以及处境不利儿童的学前教育仍负有不可推卸的责任。中央政府应全盘考虑,确定重点支持地区和项目,建立对贫困、边远、少数民族地区等学前教育发展的专项支持与转移支付制度,明确中央政府在设立学前教育发展专项经费中应承担的比例。

监管责任。一方面为了防止地方政府将学前教育专项资金挪作他用或防止地方政府减少学前教育的教育投入,更重要的是为了提高财政专项资金的利用效率,中央政府有必要建立监管机制。借鉴美国联邦政府对公共教育资金投入的做法,可供选择的监管方法包括投入导向监管(inputbased approach)和产出导向监管,即结果问责制(test-based accountability)。投入导向监管即直接监管财政资金投入的去向,防止专项资金被挪作他用;结果问责制强调,地方政府和学校的责任不仅包括如何使用国家财政性教育经费,还包括监督这些经费使用的效果。结合中国学前教育的实际情况,应先选择切实可行的投入导向监管,并同时逐步完善学前教育数据信息系统,为结果问责制监管创造条件。具体措施包括逐步要求接受中央转移支付的地方政府和学校连续披露生均教育经费等数据信息,要求以省为单位整合本省每年学前教育转移支付专项资金的信息等。结果问责制建立后,作为问责机制的反馈,应根据绩效评价的结果决定未来转移支付的顺序和金额。

(2)省级政府的学前教育财政投入责任

规划责任。省级政府应加强对学前教育的宏观规划、政策制定、协调管理和督促检查,根据学前教育普惠性公平性公益性特征,以安全适宜、够用适用为原则,制定幼儿园建设标准,明确建设规模、幼儿园布局、园舍建筑、师资及设备配置等基本指标。在坚持政府为主举办幼儿园的同时,鼓励多元办园,应逐步将民办幼儿园纳入各地学前教育发展规划,充分利用好现有民办幼儿园的场地空间来解决"入园难"的问题。采取减免租金和税费、以奖代补、发放教育券、政府购买服务的方式,引导和支持民办幼儿园提供普惠性服务,解决"入园贵"的问题。

省级政府还应大力加强本省学前教育师资队伍建设,根据《规划纲要(2010—2020)》的要求,严格执行幼儿教师资格标准,提出全省幼儿教师学历要求,并举行定期的省级培训。此外,省政府应该向市县政府提供师资发展与支持战略的指南,具体战略包括提升教职工的教学水平和能力、优秀师资资源向重点发展地区优先配置、重新调整师资结构、通过政府补助和支持方式吸引和留住高质量的师资。

财政责任。省级政府应参照义务教育公用经费保障水平,明确制定幼儿园生均预算内公用经费标准。省财政设立学前教育奖补专项经费,对本省经济薄弱地区以及学前教育发展落后地区应给与适当补助,补助的形式可以是专项资金。对于省级财政投入的资金,应追踪这些资金的去向和资金支出的效果。

监管责任。省级政府要负责统筹落实省以下各级人民政府应承担的经费,制定本省(区、市)各级政府的具体分担办法,完善财政转移支付制度,以确保中央和地方学前教育保障资金落实到位,确保资金分配使用的及时、规范、安全和有效,严禁挤占、截留、挪用教育经费。省级政府应建立本省学前教育财务与绩效信息系统,以提供持续、准确的财务和绩效数据,具体包括各县和园所资源配置方式和信息,提醒各县注意学前教育政策和需求中的重要变化,保证必要的项目的经费扶持,以此帮助各县克服学前教育资源配置中的障碍,提高财政投入资金的效率。

(3)县级政府的学前教育财政投入责任

规划责任。各县应将学前教育纳入城镇建设总体规划之中,实现学前教育机构的合理布点,满足学前教育公共服务的需求。县级政府必须认识到,没有通用的有效的资源配置的模式和方法。各县应将本县社会经济特征、学生家庭背景特征和辖区内学前教育发展实际情况作为一个整体,结合本县学前教育的合理需求确定学前教育资源配置策略,要改变"锦上添花"的投入方式,更多地"雪中送炭",通过经费引导,加快幼儿教育公益性和普惠性进程。

财政责任。在当前的教育管理体制下,县级政府是学前教育发展的责任主体。学前教育实行"政府投入、举办者筹措、家长分担的投入机制",但当前实际情况是政府投入很少,学前教育缺乏公共财政保障,办园经费基本以家庭负担为主。县级政府应结合当地学前教育发展情况确定教育经费需求和缺口，根据自身财政供给能力决定优先投入经费的项目和园所以及重新配置已有资源的可行性。县级政府要将学前教育经费列入财政预算，新增教育经费要向学前教育倾斜，并结合各县学前教育和财政供给能力确定财政性学前教育经费在同级财政性教育经费中的合理比例。

监管责任。建立科学的学前教育机构监管机制，保障学前教育事业的健康发展和质量的不断提高，是政府尤其是教育部门的重要责任。各县需保证学前教育行政管理人员具备一定的财务管理知识或进行财务分析的能力，能够较好地掌握学前教育财力资源的约束和弹性，分析现行教育资源配置模式的优劣，寻找需要和值得重点支持的幼儿园和项目。对于财政投入资金，运用成本效应等方法进行绩效评价，并将结果反馈到下一年度教育经费的分配总额和方向中去。

最后，县级教育部门应充分发挥行业主管作用，切实履行审批各类幼儿园的举办资格、颁发办园许可证和定期年审、教育教学业务管理与指导等方面的职责。健全学前教育管理队伍，各级教育部门都配备了专职或兼职幼教管理人员和教学研究人员。县级政府应该借鉴不同县市学前教育资源配置成功的经验，以寻找当地学前教育资源配置面临的障碍并及时调整。

2. 确立学前教育公共服务最低标准，逐步推进学前教育公共服务均衡发展

公共服务提供中的首要原则是公平原则，即让公民享受基本相同的公共服务，公平原则同样应是学前教育公共服务供给中追求的价值取向。由于我国各地经济差异巨大、城乡悬殊，因此不可能在短期内实现学前教育公共服务的均等化供应。对此，可借鉴的解决方法是，首先制定一个全国性的学前教育公共服务的最低标准，在园所布局、园舍建设、人员配备、教育设施等资源配置方面统一标准，这一标准不是高质量的，而仅是基本合格的。各地都必须按此标准提供服务，对于经济不发达地区可以通过中央政府转移支付的方式以保障最低服务水平的落实,同时鼓励经济发达地区根据实际需要和自身财力状况提供高标准服务,促进学前教育公共服务持续、均衡的发展。

3. 根据东中西部经济发展状况,确立不同的政府分级负担学前教育财政责任分工

我国幅员辽阔,东、中、西部经济发展水平差异巨大,学前教育公共服务供给能力悬殊。因此应区分地区差异,明确各级政府的财政责任,建立东部、中部、西部地区分级负担的学前教育财政分担机制和转移支付制度。基本指导思想是,经济不发达地区学前教育财政责任应更多地由中央政府负担。学前教育公共服务支出主要包括三大部分:园所建设、人员工资和公用经费。具体来说,对于新建园所的建设经费,在西部地区可以主要由中央政府负担,而中部地区可以由省级政府承担主要责任,东部地区则由市县级政府主要负责。对于人员工资,在西部地区可以由省、市、县三级政府共同负担,而中部地区可以由市、县、乡三级政府共同承担,东部地区则由县、乡两级政府共同承担。对于幼儿园日常公用经费的开支,西部地区可以主要由县、乡两级政府共同负担;而中部地区可以由乡镇政府承担主要责任,东部地区则由乡镇级政府完全负责。总之,应在制度上保证,经济越不发达的地区,学前教育的财政保障责任越应由较高层级的政府来负担。

《规划纲要(2010—2020)》指出,教育投入是支撑国家长远发展的基础性、战略性投资,是公共财政的重要职能。学前教育"国十条"提出,各级政府要将学前教育经费列入财政预算,财政性学前教育经费在同级财政性教育经费中要有明显提高。《国家基本公共服务体系"十二五"规划》强调,合理界定中央与地方政府的基本公共服务事权和支出责任,完善转移支付制度,切实增强各级财政特别是县级财政提供基本公共服务的保障能力。这些政策的实现,有赖于我国财政体制真正转向公共财政,有赖于政府的财

政政策对学前教育的重视,有赖于各级政府对学前教育公共服务的投入力度。归根结底,有赖于各级政府对学前教育公共服务的职能归位。

第三节 学前教育财政投入方式研究

一、学前教育财政投入方式的价值定位

(一) 推动学前教育普及

越来越多的研究表明,个体早期阶段的发展水平对小学阶段甚至人的一生都会产生巨大的影响,基于此,无论是一些发达国家还是发展中国家都通过加大对学前教育的投入来实现学前一年、两年甚至三年的普及。2006年,大多数OECD国家的学前儿童入园率除印度外均高于我国。2008年,我国3~5岁幼儿毛入园率只有47.3%,远低于当时发达国家的平均水平75%和中等发达国家平均的水平62%;在9个人口大国中,中国甚至位于巴西和墨西哥之后。除了总体的普及率较低外,我国学前教育的发展还存在严重的地区差异和城乡差异。据统计,2007年全国城镇学前三年毛入园率为55.6%,农村只有35.6%,两者相差20个百分点,[①]由此来看,普及学前教育的任务十分艰巨。

《规划纲要(2010—2020)》提出到2020年"基本普及学前教育"的发展目标,即普及学前一年教育,毛入园率达到95%。《规划纲要(2010—2020)》还提出:基本普及学前两年教育,有条件的地区普及学前三年教育。在《纲要》的指导下和"学前教育三年行动计划"的推动下,2013年全国共有幼儿园19.86万所,比2010年增加4.82万所,增长了32%;在园幼儿达

---

① 庞丽娟.加快普及学前教育需要落实政府责任[N].光明日报,2014-4-1.

到3 895万人,比2010年增加918万人,增长了31%。全国学前三年毛入园率达到67.5%,比2010年增加了10.9个百分点,提前实现了"十二五"规划提出的60%的目标。基于当前我国学前教育发展的实际情况以及对中央和地方政策导向的分析,普及学前教育应包含以下几个方面的目标。

第一,提高入园率。普及的基本要求就是提高入园率,当前我国具有一定质量、满足相关政策规定的幼儿园数量相对缺乏,这也是"入园难"、幼儿园班级规模较大、师幼比高的主要原因所在。因此,相关政策应该首先指向增加幼儿园的数量,以提高入园幼儿数,提高师幼比。而在具体的措施上,城市和农村又应该有所区别:在城市,新规划建设的城市住宅小区配套幼儿园要与小区同步规划、同步建设、同步交付使用,未按规定安排配套幼儿园建设的小区规划不予审批。建成后的小区配套幼儿园优先用于举办公办园或办成普惠性民办幼儿园,①以此来实现城市大多数幼儿就近接受学前教育、降低家长经济负担的目标。此外,参照有关地方的经验,已建小区幼儿园,使用权收归当地政府统筹管理,②这样更能增加幼儿入园的机会;在农村,应该充分利用小学布局调整后的剩余资源,新建、改扩建乡镇中心幼儿园,并实现独立办园,减少附属于小学所带来的经费使用上和人员分配上的问题,另外,在距离乡镇中心园较远的村子,可举办办园点,由中心园管理,并派教师,方便幼儿就近入园,切实减轻家长的负担。

第二,普及要优先保证处境不利的群体。普及学前教育的问题实质上是教育的民主化问题,也是保证儿童的基本权利问题。儿童的受教育权和发展权是儿童权利的重要组成部分。而教育机会均等,保证每个孩子都能受到良好的早期教育是现代幼儿教育民主化的基本趋势。③ 对世界主要

---

① 佚名.建成千所科学保教示范园[N].中国教育报,2011-12-18.
② 赵正永.形成全社会支持学前教育的良好局面[N].中国教育报,2011-9-27.
③ 冯晓霞.普及与提高:我国幼儿教育的时代性主题[J].早期教育,2002(3).

国家的普及学前教育的经验分析后发现,在经费有限的情况下,一般会优先满足处境不利人群的需求。将有限的资源投给处境不利儿童,以确保他们也能享受公平的教育。在具体的实现路径上,各国有着不同的实现方式,目前我国很多地区也制定了面向处境不利群体的政策,总的来看与世界的整体趋势和做法是一致的:一是投入家庭,即通过育儿津贴、教育券、税收减免等政策提高贫困家庭支付保育费用能力;二是投入给接收处境不利儿童的机构,一些地方政府会根据幼儿园招收贫困家庭幼儿的数量、比例给予生均补助或一定数额的奖励资金;三是国家通过一些项目来直接为处境不利的儿童,包括城市低保家庭的子女、进城务工人员的子女、农村经济困难儿童、留守儿童、少数民族儿童、残疾儿童等提供获得保育教育的机会。而究竟采取哪一种方式,与各国政府对学前教育的性质,以及家庭和政府在儿童获得学前教育机会上的态度有关。采用教育券方式"直接投家庭,间接投机构"是不少国家和地区公共财政支持学前教育的较为普遍的做法,但大量国际研究表明,教育券的效果非常有限,因此,在我国是否要采取这一投入方式,如果采用,该如何最大限度地发挥其效度应成为重点关注的问题。

第三,有条件的地区要考虑实施免费或义务的学前教育。实施免费的学前教育或将学前教育纳入义务教育在一定程度上与一个国家和地区的经济发展水平以及政府和公众对学前教育重要性的认识程度密切相关。免费或义务的学前教育可以在较大的程度上减少由于儿童所在家庭的社会经济地位的不同而带来的教育机会的不公平。从国际的情况来看,为了实现普及学前教育的目标,一些国家主张通过立法将入园年龄义务化。目前有些国家规定幼儿必须接受学前一年的教育(绝大多数为 4—5 岁,少数为 6 岁);也有一些国家认为政府只需要提供具有可获得性的学前教育体系,而幼儿是否入园的最终决策还需要视具体情况而定,尤其需要尊重家长的意愿,因此,这些国家主要推行学前教育免费政策或者低廉收费政策,通过提高学前教育的可获得性以实现普及学前教育的目标。目前提供学前一年免费教育的国家有澳大利亚、奥地利、韩国、加拿大和美国;提供两年免费教育的国家是爱尔兰和荷兰;提供三年及以上免费学前教育的国家是比利时(2.5岁起免费)、法国(从3岁起,部分社区甚至从2岁起)、卢森堡(3岁起)、葡萄牙(规定3岁起免费,但机构资源不足)、墨西哥(3岁起,2009年开始执行),瑞典对双语家庭等特殊家庭儿童也实施从3岁开始的免费教育。①

当前我国一些地区也开始了普及学前教育的探索:陕西省就提出了"省上每年安排2亿元学前教育经费,用于支持城乡幼儿园建设和学前一年免费教育,各市、县(市、区)也要设立学前教育专项经费";西藏从2011年春季开始,对接受学前教育的农牧民子女及城镇家庭经济困难的幼儿实行全免费教育;南京市从2014年起,推行学前一年免费教育,与此同时,现有的助学券政策覆盖面从所有适龄儿童变为困难家庭。② 具体来讲,凡符合免费条件的大班幼儿,每生每月减免保育教育费600元,全年按10个月减免。保育教育费收费低于免费标准的大班幼儿,按实际收费标准全额减免,差额资金优先用于减免幼儿伙食费。具体减免方案由各区教育局根据本区实际自行制订。在以下三类幼儿园就读的幼儿,均可申请学前一年基本免费教育:一是取得《学前教育机构登记注册证书》的公办幼儿园;二是取得《民办学校办学许可证》和《学前教育机构登记注册证书》的民办幼儿园;三是基本达到江苏省幼儿园设置标准、尚未取得相关证书,经本区工作领导小组办公室审核认定的幼儿园。

总之,当前和以后一段时间内我们应把普及学前教育作为国家教育基

---

① 柳倩.普及学前教育政策的国际发展趋势述评[J].外国教育研究,2011,38(1):44-50.
② 佚名.南京明年起学前一年实行免费教育[N].扬子晚报,2013-11-8.

础投资和未来人力资源开发的重点来对待。但也应注意,制定普及学前教育或将学前教育纳入义务教育的目标时一定要基于本国和本地区的实际情况,否则会带来严重后果。

(二) 提升学前教育质量

在《规划纲要(2010—2020)》中,"提高质量"是其"二十字"工作方针中重要的四个字,对学前教育尤其重要。《规划纲要(2010—2020)》在提出"基本普及学前教育"的规划目标时,明确要求"遵循幼儿身心发展规律,坚持科学保教方法,保障幼儿快乐健康成长"。然后才提出到2020年的普及率。这意味着到2020年要基本普及科学的学前教育,即高质量的学前教育是提高入园率的意义前提。而要实现有质量的学前教育发展目标需要一定的条件,即幼儿园教育应符合国家规定的基本办园条件、师资队伍,能够提供符合幼儿身心发展规律的保育和教育。近年来,一些幼儿园(有的不具备办园资质)聘用了不合格的教师,有的连基本的教育教学条件都不达标,严重地影响了幼儿的身心健康。因此,有质量的普及学前教育是我国学前教育事业发展的正确路径,而质量的提升一定要有有力的措施作为保障,具体包括以下方面。

第一,幼儿园准入制度。《规划纲要(2010—2020)》将保证幼儿园保教质量作为提高入园率的意义前提,明确要求各级政府切实履行其质量监督与管理的职责,通过"制定学前教育办园标准,建立幼儿园准入和督导制度,加强学前教育管理,规范办园行为,开展学前教育督导检查",以保证新建幼儿园合格,符合质量要求,同时促进已有幼儿园办园行为的规范和质量的提高。幼儿园准入制度中应该规定的几个核心要素包括对幼儿园教师的资质进行规定。

在影响学前教育质量的所有要素中,教师是关键和核心。幼儿园教师的录取要从多方面进行考核:一是教师的职业道德与基本素养,如能否关爱幼儿,尊重幼儿权利;是否具备教育知识与应用能力等,从入门的门槛上就将一些不合格的人排除。二是师幼比。师幼比的比例适宜,幼儿园教师才能有更多的时间和精力关注每个儿童的发展,儿童也才能获得更多游戏的时间和机会。我国新近颁布的有关幼儿园教职工配备的国家标准中规定,全日制幼儿园每班要配备2名专任教师、1名保育员(或配备3名专任教师),保教人员与幼儿比1∶7至1∶9;半日制幼儿园每班要配备2名专任教师,有条件的可配备1名保育员,保教人员与幼儿比1∶11至1∶13。一些地区,如福建提出了按照保教人员与幼儿比1∶7至1∶8配齐配足教职工。国家层面和地方层面有关师幼比的规定,将对学前教育质量的提升发挥重要作用。从国际上来看,为了保证学前教育质量,多数国家也对师幼比进行了规定。如韩国《保育所设施指南》规定,保育所必须控制教师和学生比例:2岁以下幼儿的师生比应该为1∶5;3岁幼儿师生比应该为1∶7;3岁以上幼儿的师生比应该为1∶20。特殊幼儿教育的师生比应该为1∶5,而且要求特殊幼儿教育每10个孩子必须有1位教师持有特殊教育教师证书。此外,在目前过程质量备受关注的背景下,对师生比的计算方法应有所突破,改变之前用静态数字简单做除法的状况,关注班级环境中现场的教师和幼儿的比例更能够促进过程质量的提升。

第二,制定幼儿园教育质量评价体系。在投入资金关注儿童有机会进入早期保育和教育机构中的努力发展到一定程度后,旨在提升质量的资金投入应该成为关注焦点。但接下来,如何评价机构质量,如何评价资金投入的质量效果成为关键。总的来说,质量评价体系的建立应满足三方面群体的需求:第一,对家长而言,它能够支持家长更好地了解子女所在幼儿园的质量,并以此为基础增加对更高质量教育的需求;第二,对举办者而言,质量评价体系要激励和引导举办者不断地提升园所的质量等级;第三,对教师而言,质量评价体系可以清晰地告诉教师质量建设的强项与弱项,从而更好地对照评价标准扬长避短,不断追求质量的提升。

关于质量评级系统中的指标如何设置,根据对国际经验的分析,可以关注以下几个方面:教室的结构,即师幼比和小组的规模;人员资质,保育者和管理者的受教育水平,接受培训情况及经验;学前教育的动态性,课程、学习环境及家长的参与情况。另外,全美幼教协会(NAEYC)制定的质量认定体系提出了11条指导原则可供我国参考:一是新的认定体系要建立在对优质学前教育研究的基础上;二是持续不断的改进提高是优质学前教育机构的一个基本特征;三是该认定体系承担对多种形式的学前机构的评定;四是所有的学前教育机构都能申请参加认定;五是平等;六是体系的整合性;七是体系的责任性;八是体系运行上的简化性;九是认定体系的服务讲究效率和服务的质量;十是在协会的质量认定体系与其他领域的质量认定体系之间建立联系;十一是与学前领域中的其他机构建立联系[①]。此外,质量评价体系建立好以后,还要对质量评级系统的实施予以监督。监督可以包括现场监测、项目自评和文件审核与验证等。

(三) 提高家长民生满意度

教育是关系民生的重要事业之一,学前教育作为教育的基础更是具有反映社会公众满意度的功能。另外,家长对学前教育的满意度也是衡量学前教育质量的标准之一。在幼儿教育"市场化"改革中,原先撑起我国幼儿教育大半壁江山的,以工人、普通公务员、服务行业职工等中低收入家庭子女为对象的企事业单位和集体办园急速萎缩,取而代之的是完全靠家长付费且要从中赢利的民办园,[②]普通民众子女入园的需求并没有得到足够的重视。近些年来,"入园难""入园贵"的问题在一些地区十分突出,使得公

---

① Goffin1S. G. Recommendations for the Next Era of NAEYC's Accreditation System From the National Commision on Accreditation[J]. Reinvention Young Children,2002:5-75.
② 冯晓霞.大力发展普惠性幼儿园是解决入园难入园贵的根本[J].学前教育研究,2010(5):4-6.

众对学前教育事业的发展有一定的误解。此外,养育子女的任务主要由女性来承担,而在社会老龄化、劳动力资源缺乏等现实条件下,各国政府倾向于鼓励妇女就业,而关系女性就业的重要因素就是孩子能够接受到有一定质量保障的学前教育,如果女性不能参加工作也会给大多数家庭带来严重的经济负担。因此,从分析来看,能否普及有一定质量的学前教育是关系公众对政府满意度的一个重要指标。要提高家长满意度一定要解决"入园难"和"入园贵"的问题。让大多数适龄儿童可以较方便获得家庭可支付得起、平价而又有质量的学前教育。

对于"入园难"问题的解决,在提高普及率上已经加以阐述。而"入园贵"实质上反映的是政府和家长在学前教育成本分担上的比例不合理的情况,因此需要在成本分担上下功夫,即减轻家长在负担子女入园方面的支出。国际经验表明,从学前教育公共投入和私人投入之间的比例看,基于学前教育是否属于国家责任的不同观点,各国政府公共投入的占比有很大差异。在OECD国家中,美国的父母分担的费用高达60%,而法国和瑞典只有20%。在发展中国家,国家之间的差距更大,印度尼西亚的公共投入只占5%,而古巴几乎都来自政府。一般来说,以公共投入为主体的国家入园率更高一些。有研究表明,以政府公共投入为主体的多元模式既有利于政府获得新的教育资源,又有利于政府在政策多变的环境中保持教育资源投入的稳定性,从而实现教育普及化的国家目标。[①]

此外,不同社会阶层对幼儿教育需求层次是有差异的,这也是不可避免的社会现实之一,幼儿教育事业的发展,不是要"纠正"这种差异,而是要形成一个由各种层次幼儿教育服务组成的供给体系,以满足多层次的社会需求。因此,提高家长对学前教育满意度的更深层的含义就是政府要针对

---

① 柳倩.普及学前教育政策的国际发展趋势述评[J].外国教育研究,2011,38(1):44-50.

不同阶层的需求差异,以不同的方式提供有质量的学前教育服务。当前,我国学前教育的市场化取向较为明显,而在市场经济条件下,一个国家教育市场化的程度也应由政府在教育中作用的大小决定。政府和市场在教育中作用的大小,是该国公众和政府对教育价值取向的选择,这不仅是教育和经济问题,更主要是政治和社会政策问题。在市场经济条件下,我国的教育应坚持公平优先、兼顾效率的原则。政府应该在教育资源的配置中起主导作用,其基本特征是教育经费主要由政府提供,就全社会整体而言,教育的定价或消费主要由政府调控,而不是由市场供求决定。① 具体来讲,为了满足社会对于个性化优质幼儿教育的需求,政府要协调好民办园和优质公办园两种力量,引导民办园和公办园分别沿着不同的轨迹运转,按照它们认定责任的不同,选择不同的适用制度加以约束。②

综上所述,要保障适龄儿童接受基本的、有质量的、令人民群众满意的学前教育是当前学前教育发展的重要而艰巨的任务。但无论是普及率的提升,还是质量的提高,都应该脚踏实地,基于地区的实际情况,综合考虑人力、财力,分阶段扎实推进。目前,我国从中央到地方都在加大对学前教育的投入,然而通过政策来扩大幼儿园的数量的同时,应该兼顾教育质量的提升,否则光有数量没有质量的学前教育并不能产生较大的效益,不仅会让普及学前教育和质量提高的目标落空,还会导致其他问题的产生,造成更为严重的后果。

二、学前教育财政投入方式的现实选择

普及学前教育和提高质量的目标的实现都要依靠教育财政的投入。长期以来,我国对学前教育的投入一直很低,而且缺乏稳定性,这在很大程

---

① 袁连生.论教育的产品属性、学校的市场化运作及教育市场化[J].教育与经济,2003(1):11-15.
② 曾晓东.供需现状与中国幼儿教育事业发展方向——对我国幼儿教育事业的经济学分析[J].学前教育研究,2005(1):5-10.

度上影响了这一事业的健康发展,要想发展学前教育事业一定要加大对学前教育的投入。为公民提供教育服务是政府的基本义务之一,发展学前教育,满足人民对学前教育日益增长的需要,是政府的基本职能。当前,大力发展学前教育成为全社会的共识。在投入总量增加的基础上,如何投入成为要解决的关键问题,这也就涉及投入方式了。

(一) 直接投入与间接投入

1. 直接投入

直接投入是指政府将经费直接投入学前教育,形成实物资产或者购买已有学前教育机构,通过直接投入,政府可以拥有全部或者一定数量的幼儿园的资产或者所有权,直接参与幼儿园的管理。直接的投入包括资金、场地、设备、土地等。政府的直接投入表现形式有:财政拨款,包括国家预算直接安排给学前教育的教育事业费和基本建设投入;教育的税费,包括开征用于教育的税收或税收附加费,由税务部门征收后拨给教育部门再拨给幼儿园;教育机构的税收减免,减免了税收,就等于增加了政府对教育的投入;专项补助,是政府对幼儿园特定用途的补助,其内容和项目十分广泛;对学生的资助,主要形式是对低收入家庭学生的资助。具体到学前教育上来讲,对机构的财政投入的直接方式表现为直接的现金投入(往往根据儿童人数),对家长的直接投入指的是现金津贴。[①] 根据儿童数的拨款即生均教育经费,包括维持幼儿园正常运转的费用,还包括幼儿园在编教职工的工资、幼儿园的建设费用等。

生均教育经费是在一定地区范围内(如某省、某市),按照当地的经济发展水平和教育发展实际,由政府制定的财政年度预算的依据,同时也是当地财政部门按照当地计划内在读学生数额,向相关教育部门拨款的依

---

① 周兢.国际学前教育政策比较研究[M].上海:华东师范大学出版社,2012:12-37.

据。从一定意义上来讲,是政府分担了学前教育的成本。目前我国一些地区出台了政策以加大对学前教育的生均教育经费投入,例如,2012年,青岛市就提出将实施学前教育生均公用经费财政拨款制度,对公办幼儿园、乡镇(街道)中心园、村(社区)集体幼儿园,按照每生每年650元生均公用经费予以补助。①

对家长的直接投入包括现金津贴。儿童不应该因家庭的社会经济地位的不同而接受不同质量的学前教育,甚至不能接受学前教育。因此,向处境不利儿童的家庭提供津贴补助是帮助他们接受早期教育的途径之一。《规划纲要(2010—2020)》还特别提出健全国家资助政策体系,通过对农村经济困难家庭幼儿和城镇低保家庭幼儿入园给予财政补助等保障性措施,支持城乡经济困难家庭的幼儿接受学前教育。近年来,各地已有一些探索,积累了一定的经验,如向适龄学前儿童发放教育券,根据幼儿园招收贫困家庭幼儿的数量、比例给予生均补助或一定数额的奖励资金。例如,2012年青岛市提出将建立学前教育政府助学金制度,对全市2万多名家庭经济困难幼儿、孤儿和残疾儿童予以资助,平均资助面为10%,资助标准为每生每年1 200元;②吉林也提出设立家庭经济困难幼儿入幼儿园资助项目。建立家庭经济困难幼儿入园资助制度,资助城镇和农村低保家庭3—5岁适龄在园儿童、孤儿和残疾儿童。③ 从中央到地方的资助制度的实施将会提高处境不利的儿童接受学前教育的机会。

2. 间接投入

在间接投入方面,对机构的间接财政投入包括税费返还、减免或者教育券兑换等,对家长的间接投入方式包括学费减免、税费返还以及实物资

---

① 孙军.青岛将实施学前教育生均公用经费财政拨款制度[N].中国教育报,2012-8-25.
② 孙军.青岛将实施学前教育生均公用经费财政拨款制度[N].中国教育报,2012-8-25.
③ 佚名.提高普及水平着力扩大学前教育资源[N].中国教育报,2011-11-7.

助等。① 阿马蒂亚·森提出了"扶持导致"的概念,他指出事物的发展过程并不依赖于高度经济增长,而是通过精心策划的社会扶持计划及其他的社会安排起作用的。② 在此主要介绍目前在我国实施较多的教育券和面向家长的育儿补贴或退税。

教育券有"无排富性"和"排富性"两类。前者强调选择的自由和促成自由的教育市场以提高教育效益;后者更关注为社会弱势群体争取平等的受教育机会。究竟采取哪一种形式,这与一个国家或地区的经济发展水平和社会公众对学前教育的认识程度有关。英国、我国台湾地区等都实施了"无排富性"的教育券。1996年英国开始在几个地区试行的幼儿教育券计划对4—5岁的幼儿每人每年补助一千英镑以减轻大多数家庭的经济负担,增强家长选择能力,从而引入市场竞争机制,提升质量,并希望通过教育券所规定的标准来保证质量。

有些国家和地区采用"排富性"教育券。美国实施教育券的区域均属于公立教育质量差而私立托幼机构质量相对好的地区。私立学校质量虽好但价格较贵,低收入家庭儿童往往付不起学费。为促进教育公平,这些地区的政府开始面向低收入家庭发放相当于平均经费的教育券,供家长选择满意的私立学校。从1988年开始,美国国会立法允许各州使用教育券或现金辅助低收入家庭儿童购买学前教育服务。③

面向家庭的育儿补贴或退税。育儿补贴是政府通过现金形式对符合条件的家庭直接发放育儿补贴,以减轻家庭经济压力。家庭获得的补贴数额与子女数量和家庭收入有关:家庭收入越高,补贴越少甚至没有;而低收

---

① 周兢.国际学前教育政策比较研究[M].上海:华东师范大学出版社,2012:12-37.
② 阿马蒂亚·森.以自由看待发展[M].任赜,于真,译.北京:中国人民大学出版社,2002.
③ 王玲艳,冯晓霞,刘颖.世界主要国家和地区学前教育投入方式分析[J].比较教育研究,2013,35(6):66-71.

入、多子女的家庭获得的补贴相对较高。育儿补贴有普惠式和救助式两种。普惠式家庭补贴针对大部分甚至所有有年幼儿童的家庭。从国际上来看,荷兰在2005年颁布的《儿童保育法》中,政府所设立的"儿童补贴"的对象是所有6岁以下儿童的家庭,家庭每年获得的补贴约占保教费的四分之一。救助式育儿补贴主要面向低收入、有残疾儿童、处于偏远地区和少数民族的家庭。韩国、澳大利亚等国都采用了这种补助方法。也有国家通过退税或减免家庭的税收来冲抵家庭为孩子所支出的学前教育花费,具体有免征、减征、退税等不同做法。如1999年,英国开始引入"工作家庭托儿费税额减免"的优惠政策,2000—2002年有140万家庭享受了这一优惠。一般而言,每年最高减免税额可占家庭早期教育费用的25%。某些特殊情况下(如家庭雇用了居家照看者),父母每年减税额可冲抵家庭早期教育开支的50%。①

究竟选择哪种方式来支持幼儿获得接受学前教育的机会,取决于一个地区的经济发展水平,一个地区家长的素质以及该地区对学前教育事业发展的整体思路的设计。

(二) 硬件投入与软件投入

当前,我国政府已经再次提出对教育的投入要占到GDP的4%,投入的增加是发展教育的一个方面,另一个要解决的重要问题是经费投向哪里,硬件投入和软件投入该如何协调。

1. 硬件投入

硬件是开展教学工作的基本保证。硬件投入或称教育基本建设投资,是教育投资中用于教育的固定资产投资。基本建设投资是保证教育活动正常进行的物质基础。教育的进行,必须有一定数量和质量的房屋、教室、

---

① 王玲艳,冯晓霞,刘颖.世界主要国家和地区学前教育投入方式分析[J].比较教育研究,2013,35(6):66-71.

建筑物和教育设备，也就是一定的办学的物质条件。它随科学技术、社会经济的发展而提高。即使价格不变，教育基本建设投资也应该随科学技术和经济发展水平的提高而逐步增长。在全部的基本建设投资和非生产性基本建设投资中，必须保证教育基本建设投资有合理的比例。①

由于我国不同地区的学前教育发展的水平差异较大，因此，在硬件投入上也应该根据地区的不同而有所区别。如在中西部较为贫困的地区，基本硬件的投入是必要的。2011年，财政部和教育部联合下发的《关于较大财政投入支持学前教育发展的通知》中就提出要支持中西部农村扩大学前教育资源，简称为校舍改建类项目，即利用农村闲置校舍改建幼儿园，在农村小学增设附属幼儿园。中央财政按照拟改建的闲置校舍面积、新增入园幼儿数和每平方米500元的测算标准，分地区按一定比例予以补助。西部地区，中央补助80%；中部地区，中央补助60%；东部困难地区，中央分省确定补助比例。就农村小学增设附属幼儿园的配置问题，中央财政支持中西部地区和东部困难地区依托当地农村小学或教学点现有富余校舍资源，增设附属幼儿园，通过功能改造，配备必要的玩教具、保教和生活设施设备等，满足基本办园需要。中央财政按照每班5万元的标准对增设附属幼儿园予以一次性补助。基本的硬件设施投入在中西部地区仍然是投入的关键。

2. 软件投入

软件投入包括人员经费和公用经费两个方面。人员经费主要用于工资、补助工资、职工福利费和学生的助学金、奖学金。公用经费包括工会经费补助、工作人员福利费和退职金等。在我国各级各类教育取得长足进步之后，需要政府继续加大投入，从对硬件的投入转向对教师的投入。

具体到学前教育，幼儿园教师队伍的素质是幼儿园教育质量的基本保

---

① 王善迈.教育经济学概论[M].北京：北京师范大学出版社，1990：11-163.

障。但长期以来,一方面,当前我国幼儿园教师数量短缺。教师数量的短缺和质量的良莠不齐,必然造成大班额、低师幼比以及"小学化"等问题,严重影响幼儿园教育质量的提高。另一方面,我国幼儿园教师待遇偏低。有些地区的幼儿园教师待遇低于当地的最低工资标准。《规划纲要(2010—2020)》明确将"严格执行幼儿教师资格标准,切实加强幼儿教师培养培训,提高幼儿教师队伍整体素质,依法落实幼儿教师地位和待遇"等作为政府的责任。因此,为了保证幼儿园教育质量的提高,必须有素质过硬的教师队伍,而要提高教师队伍的整体素质,必须要保证幼儿园教师群体能够获得与其劳动付出相匹配的待遇。基于国内外的经验,对幼儿园教师的投入应该重点关注以下几个方面。

第一,保障幼儿园教师的合法地位。在提升幼儿园教师素质的同时,要关注他们的合法身份和地位。幼儿教师的职业状况直接影响学前教育的发展。然而,幼儿教师的身份不明确在于有"教师"之名,却没有"教师"地位与待遇的现实兑现,导致教师身份模糊与混乱。学前教育是各级教育中唯一没有独立职称晋升系列的教育体系,幼儿教师晋升走的是小学职称系列。同时,大量民办幼儿园教师和公办幼儿园不在编的教师,根本没有职称晋升的途径。职称晋升及其独立性的丧失,不仅意味着幼儿教师专业资质的丧失,更是整个学前教育专业属性的丧失。为了确立幼儿园教师的地位,应该审定和颁布幼儿园教师的编制标准,逐步解决幼儿教师长期积压的严重缺编问题。对于民办幼儿园的教师,也应有保障其身份和待遇兑现的相关政策和人事制度,设置独立的幼儿教师职称评审和晋升的专业标准体系,确立并制定符合事业发展需要和我国实际情况的幼儿园教师资格标准。

第二,提高幼儿园教师的待遇。幼儿教师的待遇包括货币收入和福利、社保、养老等非货币收入的总和,其实质上是一种公平的交换关系。幼儿园教师工资待遇偏低是世界范围内的问题,但在我国幼儿园教师工资待遇偏低问题比较严重。长期以来,幼儿园教师待遇存在的主要问题包括:总体水平偏低,民办、公办幼儿园教师收入差异大,在编与非在编幼儿园教师工资待遇差距大,城乡幼儿园教师工资待遇差异大,幼儿园教师的付出与其收获不成正比,幼儿园教师的待遇在当地处于中低层。一项对某市35所示范园和一级园幼儿教师的薪酬状况进行的调查发现,尽管这些幼儿园的教师收入已令其他幼儿园的教师羡慕,但仍有16.5%的合同制或临时代课教师年总收入在4 000元到8 000元之间。而该市规定的月最低工资标准是450元,劳动者人均年收入为1.3万元,当地居民人均月消费性支出为605元。[①]

2010年,《规划纲要(2010—2020)》征求意见时,对教育部网站的建言分析发现,多数人呼吁要提高幼儿园教师的待遇。而事实上,是否能给从业者提供一份有竞争力的薪水和其他方面的保障,是吸引优秀就业者的关键要素。另外,在我国,不同类型幼儿园教师的待遇也存在较大的差距,包括公办幼儿园有编制教师和无编制教师之间的差距,公办幼儿园教师和民办幼儿园教师之间的差距,等等。幼儿园教师待遇低不仅影响着教师个人生活水平,也体现着教师职业的社会地位低,因此更关系到教师队伍的建设。幼儿园教师待遇低的问题与我国长期以来幼儿园教师身份地位的不明确,国家对学前教育的投入不足等密切相关。

当前全国上下都非常重视发展学前教育,这也是解决幼儿园教师待遇问题的良好时机。要解决教师待遇问题首先要明确和妥善解决幼儿教师的身份、编制问题,依法落实我国幼儿教师应有的教师地位和待遇,使之享有和中小学教师同等的法律身份、地位和待遇,以增强幼儿教师职业的吸引力和队伍稳定性。2012年,教育部颁布了《关于加强幼儿园教师队伍建

---

① 冯晓霞,蔡迎旗.我国幼儿园教师队伍现状分析与政策建议[J].人民教育,2007(11):26-29.

设的意见》。该意见明确,公办幼儿园教师执行统一的岗位绩效工资制度,享受规定的工资倾斜政策,社会保障待遇按照当地普通中小学同类人员政策执行,同时鼓励地方政府将符合条件的农村幼儿园教师住房纳入保障性安居工程统筹予以解决,改善农村幼儿园教师工作和生活条件。意见进一步要求,要充分发挥地方政府发展学前教育的主体责任,健全各级教育、编制、财政、人力资源社会保障等部门的联合工作机制,建立督促检查、考核奖惩和问责机制,确保各项措施落到实处。我国一些地区也加快了对幼儿园教师待遇问题的解决。例如,长沙市提出了要提高幼儿园非事业编制教师和民办幼儿园教师工资收入,保证不低于当地幼儿园事业编制教师工资、福利待遇的60%,并力争最终实现同工同酬,依法为教职工购买"五险一金",明确幼儿园教师享有与中小学教师同等的法律身份、地位和待遇。

此外,其他国家的一些做法也给我们一些启示。在法国,幼儿园教师被视为专业人士而受到尊重。法国政府负担教育经费的85%以上,法国所有公立教育机构(包括幼儿园)的教师以及与国家缔结合同的私立教育机构的教师,都是国家公务员,所有的工资都由国家负担。他们接受培训,拿到的薪酬都与小学教师相同。[①] 在韩国,2009年,韩国幼儿教师社会工资比1.31∶1,高于世界经济合作组织0.82∶1,在成员国中排名第一,反映出韩国教师工资水平较高,教师地位较高等社会分工特点,这也促进了更多人走向学前教育岗位。总之,为幼儿园教师提供有吸引力的工作待遇,才能减少教师的流动和流失,才能吸引更多优秀的人才加入到幼儿园教师的队伍中来。

第三,为幼儿园教师提供培训的机会。早期保育教育的质量取决于工作人员所掌握的知识和技能,而专业培训为在职的工作人员提供了更新或

---

① Lynne Sacks, Betsy Brown Ruzzi. Early Childhood Education: Lessons from the States and Abroad[J]. National Center on Education and the Economy, 2005.

提高知识技能的机会。高质量的培训、较好的薪资和良好的工作条件以及给予员工的支持是保障保育与教育质量的关键因素。① 师资队伍与培训是确保早期教育与保育质量的关键性因素。《规划纲要(2010—2020)》中也指出了教师培训,尤其是对农村幼儿园教师进行培训的重要性。当前,我国开展了国培项目,主要针对骨干教师、转岗教师等进行培训,但要保障和提高培训的效果,应该对培训的内容和培训形式进行研究,否则培训的效果会大打折扣。

在教师培训方面,国际上有很多优秀的值得借鉴的经验。例如,日本的《地方公务员法》第19条规定:教育公务员"为完成其职责,必须经常致力于研究和研修"。《教育公务员特例法》中也指出:"必须给予研修的机会"。② 日本为幼儿园教师提供的专业发展形式包括讲座或工作坊、现场指导、正规培训课程和网上培训等。托儿所的工作人员也有机会参加讲座、工作坊和现场指导。另外,日本的幼儿园教师需要每隔10年更新资格证,而托儿所的工作人员不需要更新资格证。另外,强制性的专业发展可以保证工作人员更新儿童保育和教育方面的知识,并且能保证稳定的质量。在日本,专业发展对于幼儿园的工作人员来讲是强制性的,托儿所的工作人员则没有强制性的规定。③ 法国母育学校教师与小学教师接受相同水平的教育。师范学校的学生要在各阶段的学校中实习,包括母育学校、小学、初中,这有利于母育学校教师、小学教师互相了解对方的教学情况,有利于母育学校与小学的衔接,以及小学与初中的衔接。法国对母育学校教师的职后培训也相当重视。法国教育部规定:每个初等教育教师

---

① The Nesse Networks of Experts. Early Childhood Education And Care——Key Lessons from Research for Policy Makers[J]. European Commission, 2009.
② 胡江波. 日本幼教政策的演变[J]. 幼儿教育, 2001:7-8.
③ Anonym. Japan Preschool and Day Care[EB/OL]. http://www.photius.com/countries/japan/society/japan_society_preschool_and_day_ca~371.html.

（包括母育学校教师），从工作第五年起至退休前五年止，有权带薪接受累计一学年的继续教育。①

英国教师的教师培训制度也会给我们一些启发。英国在1998年开始实施"入职档案"制度，后又规定自1999年5月7日起获得教师资格的新教师还必须参加三个学期的入职培训，才能充任中小学教师的角色。"入职档案"在最开始实施时，由于概念的狭窄化导致了形式主义，为避免这种弊端，英国学校培训与发展署（Training and Development Agency for Schools，简称TDA）于2003年推出了"入职与发展档案"（Career Entry and Development Profile，简称CEDP）制度。这一制度详细地介绍了每个教师的专业成长经历与发展方向，从而为连续有效地开展教师的职前教育、入职培训、在职和职后教育提供了参考。除此之外，"入职与发展档案"还提供一些供学习者自行选择的支持性材料，如答复问题和记录讨论的示范格式、确立目标和行动计划的范例、入职培训期间转校和保存专业档案的一些小册子等，同时还对学习者在什么阶段需要这些支持性材料，以及为什么需要这些材料做了相当详细的说明。②

由此分析来看，学前教育的投入上软实力要抓，硬实力当然也不能弱，"软硬兼重"才能更好地助推学前教育事业大发展。

（三）制度性投入与专项投入

1. 制度性投入

制度，也称规章制度，是国家机关、社会团体、企事业单位，为了维护正常的工作、劳动、学习、生活的秩序，保证国家各项政策的顺利执行和各项工作的正常开展，依照法律、法令、政策而制订的具有法规性或指导性与约束力的应用文件，是各种行政法规、章程、制度、公约的总称。由此可见，制

---

① 戴莉.法国幼儿教育师资的培训[J].幼儿教育，1998(9).
② 宋红娟.英国"入职与发展档案"制度对我国幼儿教师专业发展的启示[J].早期教育，2009(3).

度具有指导性、约束性、激励性、规范性、程序性和相对的稳定性。

具体到教育投入,只有制度性的措施才能强化政府财政的公共性,保证政府将财政经费以合适的比例用于教育事业。教育预算是国家各级政府和各级各类教育机构的年度收支计划,体现出公共财政框架下政府承担的教育责任,决定了教育财政经费的充足、均衡和效益水平。但长期以来,我国的学前教育经费并未纳入财政预算,经费一直含在中小学教育预算中,这就导致各级政府教育经费短缺的情况下,学前教育因其是非义务教育、经费非单独列支而往往被挤占。而没有纳入经费预算的学前教育发展的经费多以专项的方式进行拨付,这在很大程度上影响了经费投入的稳定性和投入水平。可以说,学前教育事业发展中的关键性问题与制度设计的缺乏有很大关系。

有限的幼儿教育经费都沿着现行的政府、事业单位、教育部门预算的渠道拨付,政府办园的经费预算列支在政府办公经费中,事业单位和教育部门办园也分别列支在各自的预算中,不属于这个体系的幼儿教育机构缺乏纳入预算的渠道,真正为一般民众服务的幼儿教育机构,如街道幼儿园、小区幼儿园、农村幼儿园等无法得到政府的资助。即使增加幼儿教育投入,如果没有理顺体制,则增加部分仍然很难到达政府应该支持的地方。[①]

学前教育"国十条"明确提出"各级政府要将学前教育经费列入财政预算",较之以前的投入体制有巨大的进步,然而仍然缺乏对于预算制度的具体规定。建立并完善预算制度,需要中央、省、地市、县级、乡镇各级政府切实将学前教育预算纳入教育预算并实现单列,对学前教育预算资金的来源、规模、分配、使用等收支行为进行计划和规范,以切实满足学前教育事业发展的规模、范围和程度。同时,为实现学前教育经费的稳步增长,需要

---

① 曾晓东.供需现状与中国幼儿教育事业发展方向——对我国幼儿教育事业的经济学分析[J].学前教育研究,2005(1):5-10.

明确并落实"预算内学前教育经费的增长不低于预算内教育经费增长,生均教育经费逐步增长,幼儿教师工资和生均公用经费逐步增长"的"三个增长"基本原则。值得注意的是,为切实提高预算编制的科学性和透明度,还可以建立"一个幼儿园、一个部门、一本预算"系统,即由各幼儿园和教育行政主管部门负责编制预算,财政部门负责审核,经人大审查后形成最终预算,同时在人大预算监督的基础上,通过建立学前教育预算草案网上公示制度,充分发挥社会监督职能。① 当前应加快学前教育立法进程,明确学前教育经费投入机制和学前教育经费在同级教育财政经费中的比例,探索学前教育成本的合理分担机制,落实和保障学前教育经费来源。

2. 专项投入

专项,是国家或有关部门或上级部门下拨的具有专门用途或特殊用途的资金,这种资金都会要求进行单独核算,专款专用,不能挪作他用。专项资金有三个特点:一是来源于财政或上级单位;二是用于特定事项;三是需要单独核算。专项资金的管理和使用要遵循下列原则:一是统筹规划。省级财政部门应当会同有关部门和单位,根据当地的经济社会发展规划、学前教育发展实际需求和现有学前教育资源布局编制规划,并在规划内确定分年度支持重点。二是突出重点。专项资金应当集中财力办大事;三是倾斜扶持。专项资金对中西部地区给予适当倾斜扶持。四是专款专用。专项资金应当按照规定用途专款专用,不得用于规定范围以外的项目。在我国,学前教育发展一直有以专项为基础的传统。近些年来,政府和社会公众越来越重视发展学前教育。"十二五"期间中央财政拿出 500 亿元支持学前教育发展,重点是支持中西部地区、东部困难地区发展农村学前教育。基于以往经验和教训,专项资金的使用应该注意以下四个方面的问题。

---

① 夏婧,庞丽娟,张霞.推进我国学前教育投入体制机制改革的政策思考[J].教育发展研究,2014,33(4):19-23.

第一,专项投入应该具有一定的层次性,即在中央、省、市、县等各级财政中设立学前教育发展专项经费。不同级别政府设立的专项经费应该既有分工也有合作。具体来讲,由中央财政设立的专项,应该重点用来举办公办幼儿园,扩大公办教师的数量,提高公办教师的素质,尤其是要大力推进中西部农村乡镇中心幼儿园建设,争取在每个乡镇办好一所公办中心幼儿园,同时充分发挥其辐射、示范作用,引领和带动农村学前教育的整体发展。①

第二,专项投入应该具有一定的倾向性和补偿性,即在当前情况下,应该首先建立对贫困、边远、民族地区等学前教育发展的专项支持与转移支付制度和对城市的中低收入群体和流动人口群体子女的学前教育的专项支持与转移支付制度。此外,弱势扶助应循序渐进、稳步推行。应根据不同地区的经济社会发展水平和学前教育发展需求,确立并逐步扩大弱势扶助的年限、对象和范围、资助力度。② 一些地方政府也采取了专项投入的方式。例如,2011年,山东省财政设立学前教育专项经费3 000万元,引导和扶持农村及经济薄弱地区发展学前教育,并要求各级在新增教育经费中安排一定比例用于发展学前教育。

第三,专项投入自身的延续性,专项投入应该划分为几个阶段性的目标,在一定时间内要着眼于解决一定的问题,这样也能在一定程度上避免专项目标定得过高,不切实际,最终不能解决任何问题。阶段性的目标应该是递进性的。另外,在某个问题解决后,也要考虑是否在这个过程中产生了其他问题,要不要再设立新的专项来进行支持。

第四,专项投入不一定能保证较高质量的教育,影响质量的因素不仅

---

① 庞丽娟.加快普及学前教育需要落实政府责任[N].光明日报,2010-4-1.
② 夏婧,庞丽娟,张霞.推进我国学前教育投入体制机制改革的政策思考[J].教育发展研究,2014,33(4):19-23.

仅是投入的多少,还要看总经费中各级政府的拨款状况以及对经费的监管情况。因此,专项投入实施过程中一定要建立督导机制,全程监督专项投入的实施。以1965年美国开始实施的"提前开端计划"项目为例,在对项目进行巨大投入的同时,政府还会对项目的执行情况进行监督和管理。具体的监管措施包括:明确资金用途,加强资金使用的规范性;全程监控资金使用情况和加强研究,完善评估体系,为各类项目的规范化管理提供前提。再如,英国的"确保开端计划"也建立了专门的评估机构,即确保开端国家评估委员会(NESS),评估人员包括专家、家长、社区人员;评估内容有:项目执行情况;管理情况;儿童和家庭所获得的服务、所参与的服务;资金的使用和分配、服务质量;项目影响以及成本和回报。

在我国各地区的"三年行动计划"中基本上都提出要建立专项督导机制。例如,宁夏回族自治区的"三年行动计划"中也提出了建立学前教育专项督导工作机制,将学前教育纳入政府督导评估内容,建立督促检查、考核奖惩和问责机制,把政策是否到位、措施是否有力、能否提高普及程度,作为检验各级政府和相关部门工作实绩的一项重要指标纳入考核范围,激发了各级政府发展学前教育的动力。①

第四,专项投入的局限性,一般而言,专项投入会定位在解决一定的问题,当这个问题解决后,专项投入会停止。但从理论上来讲,任何事物的发展都是有一定的阶段性,每个阶段遇到的问题不一样,投入需要关注的点就会有所不同,这一点是专项难以满足的,因此,专项投入的方式不能单独使用,一定要和其他投入方式结合使用,取长补短,发挥最大效力。虽然"十二五"期间中央财政拿出500亿元支持学前教育发展,但大批公办幼儿园建立起来后,如何保证运行经费的来源和投入还缺乏规划。因此,专项

---

① 郭虎.大力提升学前教育普及程度[N].中国教育报,2011-12-18.

投入绝对不是发展学前教育的最佳方式,只能作为一种有益的补充。

总的来讲,在投入总量增加的基础上,投入方式的选择至关重要,上述提到的投入方式都有其优点和不足,再加上我国不同地区的情况千差万别,因此,总的思路是要基于自身的实际情况选择不同的投入方式,进行有机地组合。

三、优化政府财政投入方式的路径设计

(一) 政治、经济、文化区域差异基础上的多元化投入——均衡

大力发展学前教育事业是现代公共服务型政府的重要职责。我国国土面积大,各地区的政治、经济、文化差异较大,这种差异性具体表现在,不同地区政府的财力和公民的经济收入水平差异较大,我国中西部地区、农村地区,贫困、落后,经济生产力发展水平薄弱,无力实现自身的发展。在这样的条件下,这些地区还存在着大量的低收入家庭儿童和留守儿童。此外,一直以来,我国学前教育发展的重要经费来自于各级地方政府,两方面的共同作用造成了各个地区学前教育发展的不均衡。

要加快普及学前教育,加大提供学前公共教育资源,就要为中西部地区、农村儿童提供普惠的、基本的学前教育服务,而这种服务的提供无疑只能依靠政府发挥主导作用。基于此,政府应积极发挥宏观规划、导向与调控作用,在保证各地区、各主要方面基本财政供给的基础上,加强对包括中西部、农村在内的贫困欠发达地区实行政策倾斜和重点扶持,加大对处境不利弱势儿童群体的补偿性援助,以保障贫困、欠发达地区儿童和弱势儿童的基本学习机会和受教育权利,从而促进我国学前教育事业均衡、健康的发展。从具体的操作机制上来讲,政府应该在贫困地区建立公办幼儿园,并通过有吸引力的条件来招聘具备一定资质的幼儿园教师。另外,政府还可以通过一定的政策来吸引公益组织和机构来举办幼儿园,提供有质量的学前教育服务。

（二）不同类型幼儿园的公平投入——公平

学前教育事业发展的公平应该体现在公平地对待教育对象——儿童，公平地对待提供有质量学前教育的机构。对于不同类型幼儿园的投入应该从儿童权利保护的角度来看，应该站在培养社会主义公民的高度来对待，而不是依据幼儿园的类型来区分给谁投入和投入多少。长期以来，我国有限的学前教育经费主要投入到了教育部门办园，很少惠及其他部门办园、集体园和民办幼儿园，而实际上所谓的教育部门办园在我国幼儿园总数中所占的比例不高，这样就制度性地造成了不同类型幼儿园之间的差距，从而在很大程度上阻碍了学前教育质量的提升。《规划纲要（2010—2020）》中提出要建立政府主导、社会参与、公办民办并举的办园体制，大力发展公办幼儿园，积极扶持民办幼儿园。由此可以看出，国家财政投入应该惠及所有类型的幼儿园，这涉及投入的公平问题。

而且，进入21世纪以来，我国民办幼儿园的数量飞速增加，民办幼儿园不仅数量上占据较大比例，超过了60%，还接纳了占入园总数45.5%的幼儿，很大程度上为国家分担了幼儿入园的压力。民办幼儿园的情况千差万别，在收费和质量上差异很大。基于当前我国多数地区存在"入园难"和"入园贵"的问题，政府要制定政策吸引符合国家质量要求的民办园提供普惠的学前教育服务。政府可以为普惠性的民办幼儿园提供费用上的支持，包括建园费补贴、保育费补贴、税收减免、人员培训和管理上的支持等。

政府还要为公办性质幼儿园的发展提供支持。在我国幼儿园性质的划分中，除了教育部门办园和民办幼儿园外，还有一些幼儿园是具有公办性质的幼儿园，即其他部门办园和集体园。从20世纪末到21世纪初国家全面的体制改革，对这类幼儿园的生存与发展产生了极大的影响。据统计，集体办园和部门办园迅速从1995年占全国幼儿园总数的77%，下降到2008年的17%。目前这类具有公办性质的幼儿园的发展面临诸多问题。

第一,发展缺乏支持。通过调查,课题组了解到,街道幼儿园基本上通过收费来维持运营。除了收费,其获得资金的渠道还包括:一是来自街道的少量支持。主管幼儿园的街道办事处每年多少会给幼儿园一点慰问款或是儿童图书和玩具,一般是在儿童节和教师节,数额比较少。二是幼儿园自己的创收。自20世纪80年代末期开始分级分类验收后,幼儿园对硬件投入的需求增加,因为这直接会对生源产生影响。为了能使幼儿园的硬件和师资有所改观,一些幼儿园通过房屋出租赚取租金的方式来弥补经费的不足。访谈中课题组了解到,一些街道幼儿园原本是两层楼房,为了创收又加了一层。而通过出租房屋获得的收入还要与街道按一定比例分配。有园长提到,幼儿园一年租金约为20万元,幼儿园分14万元,上交街道6万元。三是来自教育行政部门的补贴。教育行政部门一般只负责业务指导,但由于当前"入园难"问题越来越严峻,一些地区的教育行政部门会给这类幼儿园一定额度的补贴,但不高的补贴用于扩班数或者班额。扩班费一定程度上增加了幼儿园的负担,因为扩班要投入的资金远远大于补贴,幼儿园还要追加更多资金来配置人员和设备等。

第二,街道主管希望幼儿园早日关门。街道作为街道幼儿园的主管部门,很大程度上希望幼儿园早点关门,主要原因就是幼儿园不能给街道带来显著的效益,街道反而要为幼儿园承担风险,如安全方面。另外,从经济效益的角度来讲,如果幼儿园关闭了,那房子的使用权就会收回,街道可以将其进行出租,在不承担较大风险的情况下,就可以获得较高的经济收益。

基于这类幼儿园的生存现状和其所承担的社会职能,政府应该从多方面给予有针对性的支持,比如,明确这类幼儿园的归属,支持这类幼儿园改善园所环境,为幼儿园教师提供专业的培训。

第八章　学前教育基本质量标准研制改革研究

第一节　现有幼儿园教育基本质量标准的问题与思考

在我国现行幼儿园教育质量等级评价中，虽未有直接命名为"幼儿园教育基本质量"的等级，但幼儿园教育基本质量标准并非全新的事物，它相当于地方政府制定的用来作为幼儿园登记注册基本依据的办园标准，是政府对举办合格幼儿园必备的基本条件的规定。达到办园标准并经过注册的幼儿园即为合格园。现有办园标准是否科学可靠直接关涉政府按其提供的学前教育能否切实"保障适龄儿童接受基本的、有质量的学前教育"。我国没有由国家制定，并在全国范围内统一实施的办园标准，各地实施的办园标准均由地方政府制定。自1989年《幼儿园管理条例》规定"国家实施幼儿园登记注册管理制度"以来，许多地方相继出台了办园标准，作为幼儿园登记注册的基本依据。各地使用的名称不一，就目前收集到的资料来看，共有十多种名称，分别是"幼儿园准办标准""幼儿园办园标准""幼儿园基本标准""幼儿园设置标准""幼儿园基本条件""幼儿园办园条件标准""幼儿园设置基本条件""幼儿园基本要求""幼儿园标准"和"幼儿园注册基本条件"等。为了提高幼儿园教育基本质量标准的科学性，必须首先认真审视现有办园标准存在的问题，并分析原因，然后针对原因进行更有效的设计。

一、我国现有幼儿园办园标准存在的问题

目前,我国幼儿园办园标准主要存在以下问题。①

(一) 文出多门

办园标准文出多门表现在一些地方除省教育厅制定了办园标准外,同一省内不同市县区教育行政部门也分别制定了各自的办园标准,且从办园标准制定的依据来看,省级以下教育行政部门大多并未将省级标准作为制定依据。那么,不同级别教育行政部门出台的办园标准之间究竟是何关系?既然省级教育行政部门规定省级标准适用于全省范围内的幼儿园,那么在许多市县区都有各自办园标准的情况下,省级标准在多大程度上能够得到落实?从另一方面来看,由于办园标准的制定是专业性和技术性很强的工作,不同级别教育行政部门分别独立制定办园标准,无法保证办园标准的科学性和规范性。此外,对于政府而言,按照标准为所有适龄儿童提供合格幼儿园是其基本责任,是评价和考核政府业绩的标尺。各地政府在制定办园标准过程中,过于强调差异性,易使其不顾幼儿身心发展特点和教育规律,以地情为借口,任意降低标准,最终使办园标准沦为政府敷衍避责的挡箭牌。

(二) 涵盖不周全

纵观国内各地幼儿园办园标准发现,许多办园标准仅有千字左右,部分标准内容更少,区区数百字,不足一页纸。办园标准涵盖不周全主要表现在:第一,办园标准内容维度不全面。虽然所有标准都对软硬件要求作了规定,但尚不够全面。如园务管理、保育和教育、卫生保健、安全管理等在一些标准中处于缺失状态。第二,每一维度所包含的具体内容不全面。如有的办园标准虽然规定其适用于各类幼儿园,却未分别规定各类幼儿园班级人数限额和教师配备数量;对于业内公认的规模化办园会影响幼儿园

---

① 原晋霞.我国幼儿园办园标准亟待科学研制[J].人民教育,2012(5):27-30.

教育质量，一些标准也未有班级数量的上限规定。第三，过程性标准缺失。现有办园标准很重视举办合格幼儿园所必备的结构性条件要素，却缺少对不同要素之间相互作用过程合格要求的规定。以消防安全为例，众所周知，幼儿园仅提供消防设备，并不能保障幼儿的安全，消防设备能否充分发挥作用，关键看消防设备本身的质量、后期维护情况以及教职工能否正确使用等。但绝大多数幼儿园办园标准中仅指出幼儿园应提供消防设备，却未对消防设备本身的质量、消防设备后期维护以及教师是否掌握消防设备使用的正确方法等提出必要的要求。

（三）要求不科学

目前，我国许多地方分别制定了针对不同性质、不同规模、不同办园主体以及城市和农村的幼儿园办园标准，如个体园、民办园、公办园、农村园、乡镇园、城市园办园标准等。但由于对各类幼儿园现有差异中哪些属于合理差异，值得鼓励和提倡，而哪些属于不合理差异，应当加以克服和纠正的问题缺乏审慎的专门研究，使得各类幼儿园办园标准的差别究竟如何确定，许多办园标准的制定者心里并没有底，只能凭主观确定。例如，某地规定城市幼儿园应至少为每位幼儿配备3本图书，农村幼儿园至少为每位幼儿配备2本图书。此外，一些数据指标的确定也欠科学。如某省办园标准规定"每班幼儿数不超过40名""人均活动室使用面积达1平方米以上"，却同时规定"每班活动室的使用面积不少于20平方米"。这个"20平方米"的数据指标是如何确定的，我们不得而知。

（四）表达不规范

办园标准是一种用于规范办园行为、保障幼儿园基本教育质量的特定的技术文件。对标准的构成与表述，应有统一的规则。在制定标准时，为了便于读者理解和正确实施，标准应划分为不同的层次，层次之间应安排得逻辑恰当、条例清楚、构成合理。我国现有办园标准表达形态较不规范，主要体现在：第一，框架结构不完善。许多办园标准都缺少总则或附则，缺少对制定目的、依据、实施分工、专业术语等的说明。这些内容的缺失绝不仅仅是形式上的问题，而会实实在在地影响到办园标准使用者对标准内容的理解与落实。以专业术语为例，由于办园标准的主要使用者是幼儿园举办者，其不一定是幼儿教育专业人士，他们对办园标准的正确解读非常需要标准制定者对基本专业术语的解释。世界上许多国家的幼儿园注册标准都有对这些内容的细致说明。第二，内容结构不清晰。有的办园标准仅罗列了数条标准，未呈现各条标准之间的关系和逻辑结构；一些地方虽通过层次划分呈现了指标间的关系，但存在指标分类不当等问题。如将"招生与规模"置于"工作人员配备"的内容维度里。第三，对同类指标的要求不统一。如对场地面积的要求，有的以建筑面积为标准，有的以使用面积为标准；有的规定了总面积，有的则规定了生均面积。

（五）缺乏可操作性

办园标准的条文应用词准确、逻辑严谨，避免不同的人对标准的内容产生不同的理解。我国现有一些办园标准在表述上经常使用诸如"一定的""有关的""必要的""适宜的""完善的"等模糊词汇。如"要有一定的绿化面积"，"有与幼儿数量相当的绿化面积"（未规定人均绿化面积），"保育员、保健人员、财会人员和炊事人员具有相关岗位资质"（未明确参照文件），"有必要的、符合安全卫生要求的户外大型玩具"（未明示判断必要性的依据和哪个文件提出的安全卫生要求），"有基本满足幼儿活动需要的大中小型体育活动器械"（未说明幼儿有哪些活动需要）等。办园标准用词含糊不清，易使不同的人对标准有不同的理解和解读，从而削弱标准的权威性，不利于标准的有效实施。

（六）未充分回应当前影响幼儿园教育质量的突出问题

幼儿园办园标准除了应对举办幼儿园的常规事项和一般要求做出规

定外，还应及时总结幼儿园在举办过程中出现的损害幼儿安全和降低教育质量的经验教训，将其纳入办园标准，以避免类似问题再次发生，确保幼儿的基本权益。例如，近年来幼儿园校车事故频见报端，但是相关部门在处理校车安全事故时，往往是发生一起，处理一起，未正视校车安全隐患存在的普遍性，未找准校车安全事故发生的主要原因，并在办园标准中提出相应的要求，予以避免。此外，诸如幼儿教师流动率高、教师素质低下、无经验的新手教师比例过高、师幼比例过大、幼儿园安保力量不足等问题，也已严重影响到幼儿的生命安全和教育质量，但在我国各地幼儿园办园标准中尚没有得到充分回应和有效解决。

二、原因分析

幼儿园办园标准存在诸多问题，既有历史原因，也有现实原因。

（一）历史原因

我国对幼儿园质量评价的关注始于20世纪90年代，是在计划经济向市场经济体制转轨背景下幼儿教育体制变革与家长择园观念更新的共同结果。在20世纪90年代以前的计划经济时代，家长对托育的需求主要由政府、集体和单位按计划提供，具有较强的福利性质，孩子到了入托年龄，家长们都将孩子送入自己单位专门为职工举办的托儿所和幼儿园，或自己所在的村（街道）举办的托儿所和幼儿园。自20世纪90年代始，随着计划经济向市场经济体制转轨，国营企事业单位相继步入市场和福利事业的社会化改革，原先作为单位职工福利的幼儿园纷纷被"关、停、并、卖、转"。为了解决广大人民群众对幼儿教育的需求与政府有限供给能力之间的矛盾，我国政府选择了鼓励社会力量参与办园的政策路径。在此背景下，不少地方政府和企事业单位都将"幼儿教育社会化"简单化为"幼儿教育市场化"，很多企事业单位与集体办园被完全推向市场，家长成为幼儿教育服务的主要购买者。"按质论价"是主要的市场规则，为幼儿园定价的需要催生了幼儿园质量评价,从 20 世纪 90 年代开始,一些地方教育行政主管部门逐渐开始对幼儿园进行分类定级评价。对于幼儿园来说,求生存、求发展、不断提升幼儿园等级逐渐成为托幼机构的自觉意识与行为。从政府层面来看,加强幼儿园质量评价,也有助于保证托幼机构事业的健康发展,使托幼机构工作更加规范,保教工作质量得到提高。客观地说,我国托幼机构分类定级验收工作自 20 世纪 90 年代开展以来,不仅使园所管理工作更为规范化,促进了托幼机构教育质量的提高,同时也使幼儿教育质量评价工作在我国从无到有、逐渐发展,积累了宝贵的经验。但是在评价标准的时代性、先进性以及评价工作的科学化、合理化等方面还有许多地方需要加以改进。①

由于幼儿园质量评价的初衷主要出于区分与定价,而不是为了保证质量或提高质量,因此,截至目前,真正从"质量"的视角对幼儿园质量评价标准进行改进仍然是一个现实的课题。

(二) 现实原因

目前,由于我国传统的学前教育行政管理体制,"通过评价及奖惩来规范办园行为"的老思路尚未得到拓展,容易混淆不同类型评价的标准及实施过程,甚至出现为了政绩而在评价中浮夸,进而逃避建设义务的现象。

例如,一些地方试图建立适用于任何情境的单一评价体系,简单挪用传统的分级分类标准进行注册许可评价,并未认真地将那些代表"底线"的标准分离出来,构建"注册许可评价标准",只在同一套评价标准中以分数等级笼统地对"合格"与"优质"进行区分,忽略了二者之间不只是量上的区分。一方面,这种做法为准入设定了某些不必要的门槛;另一方面,混杂着大量物质和人力条件的标准,误导了"优质"建设的方向,似乎优质园建设

---

① 刘焱.试论托幼机构教育质量评价的几个问题[J].学前教育研究,1998(3):14-17.

非常容易，改善办园条件就可达标。在建设学前教育公共服务体系的新形势下，有必要明确层层递进的质量体系所需要的不同目的的质量评价，使各种类型的评价真正实现其定位的目的，合力为幼儿园教育质量的确保与提升发挥应有的作用。

也有一些地方在构建注册许可标准时，目的定位在"降低准入门槛，以增多幼儿园学位数量"上，在"标准"中并不纳入师幼比、人均面积这些重要的质量要素，却纳入至少有三个班（或称"一轨"）的规模标准，排斥因应人口分布而建设小规模幼儿园、方便幼儿接受教育的努力。同时，很多地方的"底线标准"只纳入办园条件、人员资质和管理制度的指标，对保教过程中伤害幼儿身心发展的行为不加明确规范。

还有一些地方竟然定出每年需评出的各级别幼儿园的数量指标，并要求幼儿园大面积地参加优质园评价，以为质量评价会自然地带动质量的提升，除了一些笼统的奖惩，鲜见以评价结果引导质量改善的具体措施。有些教育行政部门将质量监测评价理解为对本地幼儿园的监管手段，样本不随机抽取、信息采集过程随意、误解数据和误用数据进行机构绩效考核的现象时有发生。这些都扰乱了幼儿园扎实提升质量的步伐。

这些评价实践存在的问题，都源于未能将各类评价放在更大的质量体系中，明晰它们各自对"质量"确保与改善应该发挥什么作用。目的定位不清，有可能使花大力气制定出来的标准及实施细则，反而对学前教育事业发展产生负面作用，还有可能导致评价中权力的滥用。

同时，各个地方在准入标准的产生机制上还存在诸多不规范的现象[①]，这也直接影响了标准的科学性和有效性。例如，标准的研制往往只是基于专家和实践工作者的意见与经验，缺乏相应的理论依据和科学的研

---

① 李晓敏. 我国幼儿园准入制度的价值再认、困境及突围[J]. 现代教育管理，2018(3):18-23.

究支撑,这极大地削弱了利用质量评估规范幼儿园基本教育质量的作用。有些地方在标准的研制过程中盲目"照搬""参考""借鉴"别地标准,忽略了本地的文化、经济发展现状以及幼教发展水平,容易造成评估标准的水土不服。试想,各个地区经济发展水平不同,若将经济发达地区的标准机械套用在经济发展水平较落后的地区,将会给幼儿园的准入设置过高的门槛。并且标准的制定过程中主要的参与者或全部的参与者往往都是幼教行政人员和幼教专家,而家长、办园者、社会人员的需求或者建议得不到关照,这也会使得一些真正关乎基本质量的问题无法体现在标准之中,不利于社会各界对标准的认同与落实。

三、思考与建议

(一) 幼儿园教育质量评价的主要标准应是促进儿童全面发展

所谓评价即评估价值。价值是评价活动的对象。那么什么是价值呢?价值就是客体属性对于主体需要的满足。① 谁是幼儿教育的主体?幼儿教育应满足谁的什么样的需要?对教育主体及其需要的不同认识,决定了对教育价值的不同认定,在此基础上,评价活动也就不尽相同。如果认为教育的目的是向儿童传授知识,那么评价教育质量高低好坏的主要依据就在于儿童掌握知识的数量和质量;如果认为儿童是教育的主体,教育应满足儿童全面发展的需要,那么评判教育质量的原则就在于儿童是否获得了发展。幼儿教育质量观与质量评价观是以一定的儿童观和教育观为基础的。这意味着幼儿教育的质量观及其评价观是变化的、多元的——不同历史条件下的人对此有不同的看法。有人总结到,质量既是动态性的,也是充满相对性的,质量观随多种因素的变化而改变。②

---

① 陈新汉.评价论导论——认识论的一个新领域[M].上海:上海社会科学院出版社,1995:111.
② 冈尼拉·达尔伯格,等.超越早期教育保育质量——后现代视角[M].朱家雄,王峥,等,译校.上海:华东师范大学出版社,2006:7.

《规划纲要(2010—2020)》指出,要"树立科学的教育质量观,把促进人的全面发展、适应社会需要作为衡量教育质量的根本标准"。这在政府层面上、在观念导向上规定了幼儿教育应促进儿童的全面发展,满足社会的需要。

首先,幼儿教育应促进儿童全面发展。儿童是教育的主体,儿童的全面发展是教育的目的。在过去很长一段时间内,我国的幼儿教育是只有知识"没有"儿童的。它以分科的形式,分门别类地向儿童传授知识;它采取填鸭式的方法,让儿童死记硬背记住教学大纲规定的内容。这样的教育具有典型的工业生产的特征——学校是大工厂,教师是流水线上的工人,儿童是等待加工的原材料,只要一启动生产线,各种各样的知识就被源源不断地装到儿童这个容器中。在这样的教育中,知识是中心,成人是主体——他选择知识、编排知识、传授知识。儿童则处于被动接受的地位,他的地位和价值得不到承认,他的兴趣和需要得不到满足,他的身心发展的规律得不到尊重。这样的教育自以为培养了人,实则毁灭了人——掌握了知识不等于拥有了能力,获得了知识亦不等于得到了发展。当知识取代了一切成为教育的中心的时候,儿童已被异化为装知识的容器。

"把儿童的全面发展作为衡量教育质量的根本标准",体现了对人的尊重,对儿童的地位和价值的肯定。儿童的发展是一个过程,所以教育也应是一个过程。如果认为过程只是手段,教育结果才是最终追求的目的,那就错了。儿童的全面发展并不是教育的最终结果,而应是与教育合二为一的过程,儿童发展的结果就蕴含在发展的过程之中,教育的结果也应在过程之中,没有好的过程就没有好的结果,反之,要想获得好的结果就必须有一个好的过程。这意味着儿童发展的每一阶段都有其独特的意义和价值,教育需满足儿童当下发展阶段的需要,并为儿童的进一步发展提供适当的帮助。

没有当下就没有将来，只有立足每一个当下，才有美好的未来。让儿童尽可能早、尽可能快地超越当下发展阶段的教育，追求所谓的"高效"与"超前"，自以为是为了儿童的将来，不让儿童输在起跑线上，结果却是毁了儿童的当下，也毁了儿童的将来。

何为有质量的教育？什么样的教育才能促进儿童的全面发展？那就是尊重儿童发展的规律，满足儿童发展的需要，让处于某个发展阶段的儿童充分地做该阶段应做的事。须知教育越是很好地满足了儿童当下的发展需要，就越能够为下个阶段的发展奠定坚实的基础，就越能够实现让儿童全面发展的目的。人的每一个发展阶段都有它存在的价值和作用，教育只能按照儿童的发展阶段给儿童提供适当的指导和帮助，任何拔苗助长，试图人为地跳跃儿童的发展阶段，促使儿童早熟的教育，对儿童的生长，乃至人一生的协调、可持续发展有害而无益。所以，教育除了在儿童当下的发展阶段上提出相应的要求之外，不应当有另外的、超越这一发展阶段的奋斗目标。

适应社会的需要是衡量教育质量的又一标准。社会需要培养什么样的儿童？从人与社会的关系来说，人的需要和社会的需要并不是非此即彼、二元对立的，而是相互联系、内在统一的。人是生活在社会之中的，社会是由人组成的，社会和人是血肉相连的整体。在实际生活中，无论是脱离了社会的人，还是脱离了人的社会，都是不存在的。社会的需要归根结底是身处社会中的人的需要，在发展的方向上，儿童与社会的需要应是一致的——社会的发展依赖于人的发展；没有人的全面发展也就没有社会的真正进步。一个理想的社会应"为所有的人创造生活条件，以便每个人都能自由地发展他的人的本性"①，这意味着理想的社会应是以人为本位的

---

① 马克思,恩格斯.马克思恩格斯全集(第二卷)[M].北京:人民出版社,1957:626.

社会,应尊重人,肯定人的价值,应为所有成员的全面发展提供支持和保障。

有一种观点认为,现代社会竞争激烈,对人才的需求和要求比以往的任何一个时代都高,为满足社会的需要,也为了让儿童适应将来的社会竞争,就必须让儿童快些、早些、多些掌握知识。这种观点的错误首先在于曲解了社会的需要,其次是采用了错误的方法来满足需要。社会的需要与人们意识到的社会需要之间是存在着差距的——人们可能正确也可能错误地认识了社会的需要。以人为本的社会绝不会以牺牲儿童的全面发展为代价,以培养僵化的、呆板的、缺乏想象力和创造力的儿童为结果,来换取所谓的社会需要的满足。社会发展的实质是社会中的人追求幸福生活,满足自身生存发展的需要而进行的社会活动的结果。社会的发展是以人为中心、以人为本位的全面发展,任何破坏儿童成长、破坏儿童发展的教育不仅不符合社会的真实需要,更是对社会需要的反动。儿童的全面发展是社会的需要,是教育的根本追求,因此,它也是评价幼儿教育质量的主要标准。

(二) 积极利用质量评价结果提供相应的办园扶持

1. 为确保"基本质量"均衡而规划质保系统

如何对无证幼儿园进行治理,是一件令人纠结的事。如果全部依法取缔,那么无证园的幼儿,到哪里去上幼儿园?而如果任由其办学,其办学的不规范问题,既影响学前教育的秩序,也影响受教育者的利益。权衡的结果,最好的选择,就是创造条件让一些不合格的"山寨"幼儿园成为合格的幼儿园,由此使所有幼儿园的办园规范化。① 有学者指出,没有政府的扶持,要让这些幼儿园在短期内自行"整改"成合格园,难度很大。政府应该

---

① 熊丙奇. 幼儿园"山寨"变合格有赖政府积极作为[J]. 云南教育(视界综合版),2011(2):21.

按照《规划纲要(2010—2020)》中积极扶持民办园的精神,对这些有困难的民办园以一定的资金扶持,根据成本合理分担的制度,参照幼儿园招生规模给予补贴。通过这种方式既扩大了学前教育资源,又提高了这些幼儿园的办园质量,使它们趋向规范化。

教育部虽然已经明确,无证园可以在整改合格后招生[①],但并未明确可以给已建的无证园以扶持。现有对民办园的扶持政策,只适用于部分合法注册,并承诺提供"普惠服务"的民办园。

可以说,绝大多数无证园的办园者,都愿意注入资金,也愿意提供基本的"普惠服务",并不指望通过大投入获得高回报。这种条件最适于通过一定的专项扶助引导办园人合法规范办园。教育行政部门可以根据"基本质量标准"的原则,设立一些扶助的小微资金项目或培训项目,对于那些已经通过了50%及以上标准的申办者,依据评价结果,引导他们申请,扶持他们在短期内完成"整改"任务。否则,确保基本质量均衡的目标也无法达成。

对于幼儿园的监管,应将"确保学前教育基本质量均衡"作为根本目标,而不仅仅"关停整治"。教育行政部门应建立一个涵盖明晰的基本质量标准、法规宣教、注册评价程序、质量信息搜集、评估信息发布、质量支持项目在内的质保系统,以"系统"的思路实现基本质量的确保。[②]

2. 将评价与拨款机制相衔接

教育行政部门应在准入评价的同时,依据"基本质量标准",建立所有幼儿园质量信息的数据库,将实地评价和追踪评价的相关数据及时录入,并进行分析和研究,梳理那些低起点申办的学前教育机构在条件配备和保

---

① 教育部.允许"山寨"幼儿园整改合格后招生[N].新京报,2011-02-23.
② 郭良菁.以"系统"思路解决学前教育质量的保障与提升问题[J].学前教育研究,2013(9):
8 14.

教过程上，有哪些方面尚不足以保障儿童、教师和家长的基本权益，寻找质量的薄弱环节，将这些信息及时传递给财政部门，以便根据需求设立专门的扶助项目，将有限的公共资金用于弥补与"基本质量标准"的差距，使资金使用的效益最大化，让没有机会进入质优价廉的公办幼儿园的儿童，也能在这些改造过的幼儿园中受惠于公共资金。

将评价结论与公共资金的拨款相衔接，还有利于监管民办园资金的使用过程，确保专款专用，对资金使用的效益也易于评价。

3. 将评价与辅导、培训机制相衔接

除了资金和物资的不足，幼儿园的申办人通常还面临可聘用的专业人员不足的问题，很多教师即使有资质但接受的专业训练不充分，其不恰当的保教行为同样是威胁幼儿人身安全和身心健康的隐患。而当前的在职教师培训，大多只面向正规幼儿园的教师，那些最需要基本专业培训和指导的园长和教师群体却往往被忽略。即使有，也常常是与职前学历教育相似的课程，并不因应幼儿园工作的急需。

如果教育行政部门将实地评价和追踪评价的结果进行梳理，有助于及时发现教师在环境创设和保教行为中可能危及幼儿人身安全、身心健康的无知、无力应对之处，将这些信息及时传递给教研部门和师培部门，提示他们有针对性地组织贴近这类幼儿园实践情境、操作性强的教师培训和实地指导，如根据幼儿的能力水平，如何辨别和去除环境中的安全隐患，如何对幼儿进行安全自护的教育，如何安排活动场地和制订必要规则，便可以在确保儿童安全的前提下，让儿童得到充分的户外运动等；在儿童犯错误或不遵守规则、指令的情况下，教师如何不用体罚和辱骂的方法，就能有效应对和纠正儿童的不良行为；教师如何应对突发事件、进行急救，等等。这些围绕"基本质量标准"规定进行的实务训练，会有效避免因教师专业能力有限而给儿童带来的危险。

（三）要着力保证幼儿园教育质量评价本身的质量

幼儿园教育质量评价的使命是发现价值、创造价值并确保价值的实现，这是一项复杂工作，既有观念层面的研究，又有实践操作层面的事务；既需要基本的原则和价值观念做指导，又需要构建相对具体的标准作为评判的依据。

在以促进儿童的全面发展为价值取向的评价标准指导下，幼儿园教育的方方面面——幼儿园的园舍设备、人员配置、内部管理、保教过程等皆应得到评价。这就给幼儿园教育质量评价工作带来难度：既不能像工业生产那样追求标准化，又需要一定的标准来规范和引领学前教育工作；质量评价标准既要统一、规范，以确保评价工作的公平公正，又要因地制宜，照顾到各地区、各幼儿园的特点；既要考虑质量评价标准的原则性、普遍性、统一性、规范性，又要让标准具体化、可操作化，并能照顾到特殊情况，从而具有一定的弹性与灵活性。

如何尽可能准确而全面地将幼儿园教育质量的评价标准"拿捏"到位，以照顾到上述"既要"与"又要"之间的方方面面呢？

1. 必须正确看待幼儿园教育质量评价的主要使命

之所以要对幼儿园教育质量进行评价工作，根本上是为了确保教育能实现让儿童全面发展的目的。教育不是标准化的工业生产，评价不是对产品的质检，所以幼儿园教育质量的评价并不需要像产品的质检工作那样，把与产品质量相关的每一个要求，都技术化为一项项具体的指标，让每一项指标都数据化、可操作化。对于教育来说，有些方面的评价标准如幼儿园硬件安全标准、幼儿园人员资质标准等，是可技术化并且应技术化的，有些方面的评价标准尤其是对价值观念层面的评价是难以技术化和标准化操作的，对于这些方面的评价就不必千篇一律地强求技术化和标准化。

以"教师应关心每一名幼儿"为例。这是一条关于教育过程的评价标准。或许有人认为,这条评价的标准不具有操作性,在具体的评价工作中难以展开。其实不然。

标准作为评判事物的依据,可以是一些原则和立场,也可以是一些具体的规范。评价具有价值导向和引领的功能,澄清教育的原则和立场是评价的天职之一。在某些教育原则的指导下,教师可能有多样化的教育行为,并且这些行为具有创造性,评价的标准不可能预先穷尽所有的行为表现。同时,通过对个别的行为表现的规定,并不能确保某些教育观念的落实。因此,当某些原则成为评价标准的时候,期望把这些标准具体化到操作层面,通过观察个别行为来评价观念是否得以实现,这种想法是不切实际的。

2. 必须明确幼儿园教育质量评价的功能还在于促进质量理解与质量提升

幼儿园教育质量评价的主要标准在于促进儿童的全面发展,因此,评价的目的绝不仅仅是判断幼儿园教育质量是否符合预设的标准,从而简单地为幼儿园贴上合格或不合格的标签。

自 20 世纪 90 年代以来,教育质量评价机制的基本价值取向和功能定位在逐渐发生变化,由以往注重监督功能逐渐转向关注激励、指导和服务的功能,强调教育机构的自我发展与质量提升。[①] 这表明,在教育质量评价中,只是关注幼儿园教育质量水平如何是远远不够的,重点在于关注幼儿园教育质量水平为什么会是这样的,即在评价过程中努力寻求对被评价幼儿园为什么会有如此质量现状的深入理解。

例如,一个班级里教师和幼儿的语言互动水平较低,那么应该深入剖析教师和幼儿语言互动水平低的原因是一天中语言互动的次数较少,每次互动的回合较短,还是教师所使用的词汇过于简单或晦涩难懂,教师所使

---

① 潘月娟.国外学前教育质量评价与监测进展及启示[J].中国教育学刊,2014(3):13-17.

用的句式过于单调等;以及要去探究为什么教师和幼儿的语言互动水平低,影响因素有哪些,是一天中教师与幼儿进行互动的时间不足,班级的环境创设不利于师幼间的交流,还是教师对幼儿语言能力的发展只局限于语言活动,在一日生活中激发幼儿语言表达的意识不够,抑或是教师自身的语言表达能力较弱等。

只有在评价的基础上对幼儿园教育质量进行系统剖析,才能为幼儿园质量的提升与改进寻找到真正适宜的突破口和发展路径,进而立足于教育质量的现状,构建适宜的质量提升策略。

尤其是学前教育基本质量,它关乎幼儿园教育质量的"底线",我们不能将其单纯视为一张检核单,通过简单的勾画是与否来划定合格园与不合格园。学前教育基本质量标准应该成为理解幼儿园办园质量的工具,帮助幼儿园真正抓住促进幼儿安全、健康发展的核心质量要素,引领幼儿园办园质量的提升。

而这也启发我们,制定质量标准也要更多地考虑如何有效地发挥其发展性功能,使其成为理解幼儿园教育质量现状的有效工具,助推幼儿园教育质量的提升与发展。

3. 必须用多元的科学的眼光来看待幼儿园教育质量评价工作

幼儿园教育质量评价的对象是复杂多样的,评价者和评价方法应是多元的。因为评价对象的复杂多样性,评价标准的性质——是宽泛的原则还是具体的要求——也应随着评价对象的不同而有所不同。

值得一提的是,幼儿园教育质量的评价者也是多元的。谁来评价幼儿园教育的质量?实际上,每一个人都有可能是幼儿园教育质量的评价者——教师、幼儿、家长、教育研究人员、教育管理人员、行政管理人员及其他社会成员等,都有可能参与到幼儿园教育质量评价中来。

在国家政策层面,《规划纲要(2010—2020)》规定了幼儿园教育质量的基本评价标准是儿童的全面发展。在此思想的指导下，对于一套既定的评价体系来说，不同的评价者有着不同的评价方式。教育过程之外的评价者（研究人员、行政管理人员等）期望通过对教师教育行为的观察来确保理念得以实施，因而更倾向于追求标准的具体化、可操作化。对于教师来说，作为评价标准的某些教育原则、理念，能起到价值引领和导向的作用，它们贯穿在教师教育活动的始终，而它们是否得以贯彻落实，教师通过自我反思即可获得真实的评价结果。比如，"教师应关心每一名幼儿"这条评价标准，它是否得以落实，并不一定完全需要通过外部人员的评价来核实。教师也是评价者，其可以通过反思，评价自己是否关心了每一名幼儿。

总之，幼儿园教育质量评价应是多元的，从评价人员的身份来说，有外部人员评价也有内部人员评价；从评价方法来说，有质的评价也有量的评价；从评价的性质来说，有形成性评价也有总结性评价……因此，一些教育原则、方法等虽然宽泛，但它们作为评价标准，起到了价值导向的作用，对于一套评价体系来说，它们是不可或缺的，不必强求它们非要具体化、可操作化不可。对于教师来说，当其意识到这是质量评价标准的时候，它们就已经在发挥价值引领和导向的作用了。

在价值哲学的视野中，幼儿园教育质量评价是认识学前教育价值的活动，它是一个过程而不只是对教育结果的考评——它贯穿在教育过程的始终，它指导和规范着教育行为。在学前教育应促进儿童全面发展这一基本价值观念的指导下，幼儿园教育质量的评价应以儿童为本位。这既能起到价值引领的作用，又规范着教育行为以确保价值的实现。

教育是与人的成长相关的、以人的发展为目的的事业，不是工业生产。儿童具有个性、主动性和创造性，他们在教育活动中应当享有人的地位和尊严。因而试图把学前教育的方方面面（教育的过程与结果，可见的与不可见的，物理的与心理的，等等）都标准化，去构建一个精确量化的、可测量的评价体系,是不可能的,也是不理智的。

我们当然期望提高教育的质量,当然要寻求提高质量的方法,当然需要评价学前教育的质量,并构建一套评价机制,但是,幼儿园教育质量评价的标准不应是单一的、刻板的,而应在原则性与操作性、宽泛性与具体性、灵活性与规范性、模糊性与精准性之间保持必要的张力。在评价标准的构建上,应针对不同的评价内容、评价主体,建构不同的评价标准——量化那些可以量化的标准(如幼儿园的物理环境等);细化那些可以细化的原则;为实现教育质量评价的原则提供相应的从观念到行动的一系列指导。

4. 必须认识到评估人员的专业性是保障幼儿园教育质量评价工作质量的关键因素

《若干意见》指出,要"建立一支立足实践、熟悉业务的专业化质量评估队伍"。因为教育质量评价是一份具有高度专业性要求的工作,专业的评估人员必须具有先进的评价理念,掌握基本的教育测量与评价理论,能恰当地运用教育测量与评价方法和技术,并能对测量与评价结果进行有效的解释与运用。同时在教育质量评价过程中存在一系列的挑战,如由于评价在本质上具有主观性,因此不同的评价者对评价标准的理解可能存在差异,评价标准本身具有一定的灵活性和弹性,部分评估内容无法完全细化到具体的行为表现,这些都会加剧评估工作的难度。

面对教育评价工作的专业化要求,许多国家都致力于建立一个透明、规范的评估机制,培养一批专业的评估人员。OECD国家的应对策略包括:"对外部评估主体进行岗前培训,如苏格兰教育部门的督导者在他们行使督导职责前会接受9个月时长的培训;规定评估主体须具有相应的工作经验,如新西兰教育审查办公室的评估者必须有在托幼机构从事管理工作、教学工作的经验,并在从事评估工作期间接受持续的在岗培训;提供执行培训,如比利时的费雷西区儿童保育督导部门要接受督导内容、督导方式、观察技巧、沟通方法等多方面的培训;将外部评价与内部评价相联系,如新西兰强调外部评价应包含内部评价,并且要回应内部评价的内容。"①

只有由专业的评估人员进行教育质量评价工作,才能够确保评估结果的客观公正。并且,不只是在评价环节上要求工作人员的专业化,在整个幼儿园教育质量的质保系统中都必须要由专业人员组成。从建立基本质量标准、法规宣教、注册评价程序、质量信息搜集到评估信息发布、质量支持项目等环节,都需要培养一批专业化的工作人员,明确不同的角色分工和相应的职责要求,为幼儿园的质量发展提供长期的帮助。

第二节 幼儿园教育基本质量标准的研制

20世纪90年代末特别是21世纪以来,学前教育问题重重。其中,"入园难"的问题最为突出。"入园难"的表现有两个:一是入园机会少;二是幼儿园教育质量低带来的"入好园难"。此外,公众对幼儿园教育质量的认识存在偏差。由于大量民间资本进入幼儿园教育体系,资本的逐利性决定了一些民办园一味将学前教育服务的主要购买者——家长的满意度作为衡量幼儿园教育质量的主要依据,出现了一批家长满意度高但实际质量低的幼儿园。② 学前教育所遭遇的质量问题十分突出,也十分复杂,所以迫切需要在正确的质量观引导下建立相应的质量标准。因此,在托幼机构质量评价体系中,本研究将重点放在对幼儿园教育基本质量标准(即"底线标准")的研制上。

---

① OECD. Starting Strong IV: Monitoring Quality in Early Childhood Education and Care [M]. Paris: OECD Publishing, 2015: 203.
② 原晋霞. 对把家长满意度作为幼儿园教育质量评价最主要依据的质疑[J]. 学前教育研究, 2011(12): 6-9.

一、幼儿园教育基本质量标准研制的必要性

具体来说,制定幼儿园教育基本质量标准,具有以下重要意义。①

(一) 引导和规范办园行为,确保幼儿园教育的基本质量

幼儿园教育基本质量标准作为衡量幼儿园教育质量的尺度,一方面具有检验的功能,以它为依据能够判断出政府所提供的学前教育基本服务是否合格;另一方面还具有指导和规范的功能,它能引导学前教育基本公共服务体系建设的方向和目标。可见,幼儿园教育基本质量标准对幼儿园教育质量发展具有非常重要的意义。

如前所述,幼儿园教育基本质量标准相当于我国现行的办园标准,我国各地既然已有办园标准,为何还要再制定幼儿园教育基本质量标准?这是因为已有研究发现,现有办园标准存在文出多门、涵盖不周全、要求不科学、表达不规范、缺乏可操作性和未充分回应当前影响幼儿园教育质量的突出问题等诸多问题②,从而无法保证按其举办的幼儿园能为幼儿提供合格的教育质量。例如,一些地方政府无视幼儿安全、健康的需要,任意降低幼儿园准入门槛,人为制造了大批"合格园";有些"标准"中缺少对幼儿园最大规模、班级最大规模及师幼比等业内已公认的攸关教育质量的指标的规定,有的"标准"虽规定了活动室总面积,却缺少对班额的规定,试想在班额不限定的情况下,规定活动室的总面积又有何意义;有些"标准"缺少弹性,规定每所幼儿园必须设置隔离室、晨检室,每班必须有专用的厕所,幼儿使用的家具必须是木质家具等,这些指标虽然在一定程度上能保障质量,但却未紧扣基本质量,会导致空间闲置、徒增办园成本等问题。不科学的办园标准一方面导致了"合法但不合格的幼儿园"(即虽然获得了许可证,但教育质量不过关的幼儿园)大量存在,为儿童的身心安全、健康和发

---

① 原晋霞.我国幼儿园办园标准亟待科学研制[J].人民教育,2012(5):27-30.
② 原晋霞.我国幼儿园办园标准亟待科学研制[J].人民教育,2012(5):27-30.

展埋下隐患;另一方面则导致一些举办者因资金缺乏,不得已只能举办"黑园",不仅得不到政府的认可,还被政府排斥在各项专业培训、等级评比等活动之外。因此,科学制定幼儿园教育基本质量标准,可以引导和规范办园行为,确保按其举办的幼儿园能够切实保障合格的质量标准。

(二) 引导和规范财政经费投入,提高财政经费配置的效率

2014年1月29日,联合国教科文组织发布的最新一份《全民教育全球监测报告》显示,全世界用于教育的宝贵经费正在被低质量教育所浪费,其损失金额高达每年1290亿美元。[①] 制定质量标准,从管理学的角度来讲,就是为了加强质量管理,保障幼儿园教育的质量均衡;从经济学的角度来讲,就是为了从投入产出的角度对质量进行考察,提高财政经费投入的效益。

当前我国政府在学前教育领域投入的有限经费也存在浪费现象。例如,一些地方政府将有限的学前教育财政经费主要用在公办园高标准、豪华型发展上,而农村园、街道园、民办园等最需要得到政府财政支持的幼儿园却长期得不到政府公共财政的关照,仅靠收费维持,社会底层家庭因无力承担昂贵的教育费用,不得不放弃让孩子接受学前教育,或无奈地将孩子送入低价低质的"黑园",幼儿的生命安全和身心健康受到威胁。从经济学角度来看,幼儿园财政投入都有最佳水平问题,在没有达到最佳水平之前,财政投入的增加会带来边际效益的递增;反之,超过了最佳水平之后,随着投入的追加,其边际效益会呈递减趋势。所以,将幼儿教育财政经费过分集中于少数公办园,不仅不能提高公办园的学前教育基本公共服务质量,还会降低其他适龄儿童及其家庭接受学前教育基本公共服务的机会和

---

① 秦悦,李小强.《2013/14全球全民教育监测报告》发布研讨会召开[J].世界教育信息,2015,28(2):2.

质量。① 我们认为,财政投入必须改变思路,财政经费应该用在保障所有适龄儿童都能享受到基本的、有质量的学前教育上,而不能以牺牲部分幼儿接受的幼儿园教育质量来保障少数幼儿接受高质量的学前教育。另一方面,一些地方政府在解决"入园难"问题时,主要将经费用于容易显现政绩的园所设施设备建设上,而未看到决定幼儿园教育质量最为关键的因素是教师。因此,科学研制幼儿园教育基本质量标准,可以为政府核算成本和分配经费提供依据,减少财政经费投入的盲目性和低效性。

(三) 提供有质量的幼儿园教育是国家保障适龄儿童基本权利的必要之举

1989 年《儿童权利公约》将重点放在保证幼儿生存、发展和得到保护的权利上。1990 年《世界全民教育宣言》指出,"学习从出生开始",鼓励发展幼儿的保育和教育。2002 年举行的儿童问题联合国特别会议也确认了幼儿保育和教育对于幼儿基本权利保障的重要意义。这些突破性的法律和政治承诺都承认儿童天生就有通过各种促进其全面发展的措施来满足其学习需要的权利。幼儿教育是满足幼儿受教育权利的活动之一。2006年第 61 届联合国大会对"儿童贫穷"(child poverty)做出定义,认为"儿童贫穷"并不仅仅是指金钱的缺乏,还应被理解为无法享受联合国《儿童权利公约》里的各项权利,联合国大会进一步指出,虽然贫穷对成年人和儿童一样会造成伤害,但贫穷给儿童造成的伤害和后果不同于成年人。②

随着我国工业化和城镇化进程的加快,从 20 世纪 80 年代开始,农民进城打工逐渐形成浪潮。近年来,农民工外出"家庭化"和居住"稳定性"程度不断提高,由此产生了大量 0~6 岁的农民工子女。一些调查数据表明,

---

① 原晋霞.构建有质量的学前教育基本公共服务体系[J].教育学术月刊,2013(1):84-88.
② 联合国网站 https://news.un.org/zh/story/2007/01/68362,浏览日期:2020.8.2.

学前儿童中有36.05%的儿童随父母一起在城市居住,其数量居各学龄阶段之首。① 背井离乡,在务工地孩子无老人照顾,加之农民工自身社会经济条件等的限制,农民工随迁学龄前子女大多要么处于放养状态,要么只能无奈地进入劣质幼儿园或无任何营业资质的"黑园"。据2015年在上海、广州及重庆三地展开的调查显示,学前教育低品质及家庭教育缺失是都市外来务工人员子女学前教育两大主要现状,外来务工人员子女所在幼儿园往往条件较差,甚至不符合国家规定的办园条件,师资力量薄弱,教师学历以中、大专为主,教师对职业身份认同迷茫,流动性高,且不少幼儿园存在教师包班制。② 同时,近年来,有关学前儿童失踪、被拐卖、遭受意外伤害和"黑园"火灾、校车交通事故等的报道频见报端,触目惊心。农民工随迁学龄前子女的生命安全、身心健康令人担忧。另外,据教育部网站2018年农村留守儿童数据显示,我国学龄前农村留守儿童(0~5岁)达151.2万,占农村留守儿童总数21.7%,其中96%的留守儿童由祖父母或者外祖父母照顾,4%的留守儿童由其他亲戚朋友监护,留守儿童逐步减少的一个原因在于近九成已婚新生代流动人口是夫妻双方一起流动,且与配偶、子女共同流动的约占60%,说明年轻一代的流动人口更倾向于将孩子带在身边。③ 除了农村儿童,随着城市家庭结构与居住环境的变化,城市逐渐进入陌生人社会时代,城市儿童的生存处境也不乐观,他们缺少玩伴、缺少可以自由探索的大自然、变得被动和退缩等,童年生态的恶化不利于城市儿童的身心健康发展;而原先单位福利式的幼儿教育体系土崩瓦解,"入园难"成为社会问题……

---

① 叶道香.农民工子女就学地点选择问题研究[J].魅力中国,2009(27):84-85.
② 流动儿童蓝皮书:中国流动儿童教育发展报告(2016)[EB/OL]. https://www.ssap.com.cn/c/2017-03-29/1052696.shtml.
③ 教育部网站 http://www.mca.gov.cn/article/gk/tjtb/201809/20180900010882.shtml,浏览日期:2020.7.9。

上述对城乡幼儿生存处境的分析都说明了在新时代，幼儿生存权、发展权、受保护和受教育权的实现都遇到巨大的挑战。《儿童权利公约》确立了儿童与国家间的直接关系，它指出如果儿童的最大利益受到威胁，国家有权代表儿童实施干预。因此，幼儿园教育可以弥补社会发展造成的欠缺，确保增进幼儿的权益。本课题组认为，制定幼儿教育基本质量标准，改变幼儿园教育质量低下和质量不均的现状，保障所有适龄儿童接受具有一定水准的学前教育，是国家兑现保障儿童权利承诺的必然之举。

（四）健全幼儿园教育质量评估监测体系的重要一环，发挥门槛作用

2010年《规划纲要（2010—2020）》直接将"提高质量"作为二十字方针之一，强调提高质量是教育改革发展的核心任务。此后一系列相关政策文件都将普及有质量的学前教育作为我国学前教育发展的重要目标，将健全学前教育质量评估监测体系作为提升幼儿园教育质量的重要手段。2010年学前教育"国十条"提出要"建立幼儿园保教质量评估监管体系"，2018年《若干意见》强调要"健全质量评估监测体系，国家制定幼儿园保教质量评估指南，各省（自治区、直辖市）完善幼儿园质量评估标准，健全分级分类评估体系"。OECD发布的《强势开端：学前教育质量监测系统》报告了其成员国通过质量监测提升学前教育的举措，也表明他们在质量监测的必要性和重要性上达成了共识。

而健全的幼儿园教育质量评估监测体系是一个具有不同层级的复杂的系统工程，包含着不同目的指向的质量评价，以及从基础到优质的不同等级的质量标准。对承担学前教育职责的学前教育机构设立资质进行监测是学前教育质量监测的开端，有学者从动态发展的角度将学前教育质量监测划分为学前教育机构成立环节的监测和运行环节的监测两部分①。在美国的诸多标准中,各州通常使用准入标准作为质量等级的起点或基础,在此之上建立更高等级的质量标准。② 可见,学前教育基本质量标准在质量监测中发挥着重要的门槛作用,它能够保证学前教育机构在入口端的办学质量和水平。

学前教育质量评估和监测是在一定标准指导下对学前教育质量做出的价值判断,因此,标准的研制是学前教育质量评估和监测的核心。研制学前教育基本质量标准是我国健全学前教育质量评估监测体系的关键,它在质量评估监测体系中有其独一无二的定位。不同于其他分类定级评价,基本质量标准坚守的是幼儿园教育质量的"底线",是关乎幼儿安全、健康发展的核心要素,可以说它是幼儿园教育质量的生命线。因此,基本质量标准的研制是健全教育质量评估监测体系的重要一环,在研制过程中必须明确其在教育质量评估监测体系中所发挥的门槛作用,找清其目的与定位。

二、幼儿园教育基本质量标准的内涵

(一) 何谓质量

英语"quality"一词源于拉丁文"qualis",指某一实体(entity)的性质,基本上是价值无涉或是价值中立的。即质量只描述事实,而不作价值判断或好坏区分。③ 我国现行国家标准 GB/T6583 对质量的界定是"产品、过程或服务满足规定或潜在要求(或需求)的特征和特性总和"。现行 2000 年版 ISO9000 族标准将质量定义为"一组固有特性满足要求的程度"。这

---

① 杨大伟. 我国学前教育质量监测的现实困境及发展对策[J]. 现代教育管理,2018(8):46-52.
② National Center on Child Care Quality Improvement. Building Support for Licensing. [EB/OL]. Washington, DC: Office of Child Care. https://childcareta.acf.hhs.gov/resource/building-support-licensing.
③ 刘霞. 托幼机构教育质量评价概念辨析[J],学前教育研究,2004(5):5-7.

两个标准对质量的界定基本一致,都强调质量是价值有涉的,质量既与客体的特性有关,也与主体的需要相关,质量本质上描述的是客体特性与主体需求之间的关系。

在教育学领域存在着两类质量概念,一是"程度说",将质量界定为教育水平高低和效果优劣的程度,最终体现在教育培养对象的质量上;二是"特性说",如将教育质量定义为"教育满足个人和社会显现的和潜在的教育需要能力的特性"。① 这两类界定方式是对质量的双重规定,即质量是实体的客观特性,同时又因其以满足主体需要为目的,也是实体的价值属性。

因此,质量有优劣之分,其优劣由客体特性满足主体需求的程度而决定。质量是一个复杂的概念,不同的利益相关者都会根据自己的利益诉求来审视和评估客体的质量。

(二) 何谓幼儿园教育质量

根据对质量的界定,幼儿园教育质量是幼儿园教育特征满足主体需要的程度。幼儿园教育的利益相关者很多,包括幼儿、教师、家长、政府、社会等,他们都会根据自己的利益诉求来评估幼儿园教育质量,虽然在建构幼儿园教育质量概念中,不能忽视其他利益相关者的诉求,但无疑"任何教育机构最基本的重心应该是其学习者的需求与观点"②,因此,保障幼儿需求的满足是衡量幼儿园教育质量的根本标准。本研究从儿童的立场出发,将幼儿园教育质量主要界定为幼儿园教育特征满足幼儿需求的程度。

(三) 何谓幼儿园教育基本质量

教育质量有层次之分,即根据幼儿园教育满足幼儿需求的程度,其质量可以分为低质量、基本质量和高质量。低质量的幼儿园教育不能满足幼

---

① 刘占兰. 中国幼儿园教育质量评价:十一省市幼儿园教育质量调查[M]. 北京:教育科学出版社,2011:3.
② Edward Sallis. 全面质量教育[M]. 何瑞薇,译. 上海:华东师范大学出版社,2005:31.

儿最基本、最普通的需要,高质量的幼儿园教育能够满足幼儿身心多样化、个性化发展的需要,基本质量的幼儿园教育则能满足幼儿最基本、最普通的需要。根据《儿童权利公约》和《未成年人保护法》,本课题组将幼儿的基本需要确定为安全、健康和身心基本发展不受限制三方面的需要。即幼儿园教育基本质量是指幼儿园教育能够满足幼儿安全、健康和身心基本发展的基本需要。

(四) 何谓幼儿园教育基本质量标准

质量既是一种价值追求,也是一种实然判断。质量的高低不能完全凭主观去判断,需要有一个标准去衡量。质量标准就是将反映产品、过程、体系固有特性的指标和参数规定下来所形成的文件,它是衡量产品、过程或体系是否合格的依据。[①] 不同事物有不同的质量标准,衡量幼儿园教育基本质量的尺度就是幼儿园教育基本质量标准。幼儿园教育基本质量标准是将能满足幼儿安全、健康和发展基本需要的幼儿园教育特征规定下来,形成文件,作为衡量幼儿园教育是否合格的依据。

根据国家发展学前教育的政策目标,幼儿园教育基本质量标准应是所有幼儿园都必须要达到的底线标准。因此,从效力来看,幼儿园教育基本质量标准应被作为强制性标准加以使用。任何幼儿园教育质量标准水平必须以基本质量标准为不可逾越的底线。

三、幼儿园教育基本质量标准研制的思路

基本质量标准的制定是一项综合性极强的系统工程。本课题组在制定幼儿园教育基本质量标准时,确定了以下研制思路。[②]

(一) 既关注整体,又针对问题

所谓关注整体,是指标准要尽可能对保障幼儿园教育基本质量应具备

---

① 许芳,李化树.基础教育质量标准及评价体系探讨[J].教育与教学研究,2011(3):48-50.
② 原晋霞.我国幼儿园办园标准亟待科学研制[J].人民教育,2012(5):27-30.

的全部条件做出详细规定,这些条件不仅包括硬件,也包括软件;不仅包括结构性指标,也包括过程性指标。所谓针对问题,是指标准除了规定常规事项和一般要求外,还应直面幼儿教育事业发展过程中出现的教师流动率高、新手教师比例过高、教师素质低下、校车安全隐患严重、幼儿教育小学化、功利化等现实问题,认真总结经验,吸取教训,积极制定预防要求,并将其纳入幼儿园教育基本质量标准,避免类似问题重复发生,确保学前教育的基本质量。

(二) 既强调适应,又注重超越

所谓强调适应,是指幼儿园教育基本质量标准不是口号,而是要实实在在转化为办园行动,因此制定标准要充分考虑各地经济发展水平、教育财政经费状况、人口发展趋势、群众对学前教育的需求等背景因素,不能完全脱离实际,过于理想化,让举办者可望而不可即,最终拒绝注册,甘愿成为所谓的"黑园",这不利于幼儿教育事业的健康发展。但强调适应,也绝不意味着幼儿园教育基本质量标准要被动顺应现有办园条件。应警惕一些地方在修订办园标准的过程中为使大量"黑园"的身份转正,而任意降低标准的做法。幼儿园教育基本质量标准的制定应坚持从儿童根本利益出发,体现政府真心关爱幼儿,真诚关心幼儿教育事业,致力于提高幼儿教育质量的决心和努力。任意降低基本质量标准的行为是不负责任的,与《规划纲要(2010—2020)》提出的"提高质量"的改革精神相背,应坚决杜绝。而制定基本质量标准应始终具有超越意识。所有标准都应根据社会经济发展水平的不断提高、国家对幼儿教育发展的高度关注、幼儿师资培养状况的改进和幼儿教育事业不断发展等动态更新。没有一劳永逸的标准,只有不断更新的基本质量标准。

(三) 既追求统一,又兼顾差异

所谓追求统一,是指同一时期不同地方幼儿园教育基本质量标准的内容结构应保持基本一致,即幼儿园教育基本质量标准所包含的一级指标和二级指标应大致相同。例如,教职工素质、师幼比、班级规模等一些公认的与教育质量密切相关的指标,应是所有幼儿园教育基本质量标准的共同内容,这是由基本质量标准所依据的幼儿发展要求和教育规律决定的。但国际社会也公认,质量是一个社会建构的相对概念①,质量是一个与国家社会文化和经济情境密切相关联的词语,不同的社会文化环境对于质量的要求有着不同的定义。② 因此,制定基本质量标准还须兼顾差异。所谓兼顾差异,是指所有教育基本质量标准的内容结构虽应基本相同,但每一指标的具体要求却可以不同,具体指标值应在充分考虑各地实际情况的基础上合理确定。如班级人数,各省可以在国家标准上下适当浮动,但不宜过度偏离国家参考值;再如对于部分户外场地不足的城市园来说,也可以对其所在社区可常被利用的活动场地提出一定要求或对室内活动面积提出更高要求来弥补户外活动场地的不足。

(四) 既讲究理据,又力求可操作化

所谓讲究理据,是指教育基本质量标准不能凭空想象,或是教育行政人员仅根据《幼儿园工作规程》《幼儿园教育指导纲要(试行)》《全日制、寄宿制幼儿园编制标准(试行)》《中小学幼儿园安全管理办法》等国家相关法规政策闭门造车,而应依据国家相关法律法规、国内外科学研究成果以及实践经验科学研制,做到有理有据。所谓力求可操作化,是指标准不同于原则,不能过于抽象,不能将国家相关法规政策文件中的相关条款照搬过来,而应该尽量可操作化。缺乏操作性的标准本质是没有标准,无法起到规范幼儿园办园行为的作用。

---

① 海伦·佩恩.早期教育质量:国际视角[M].潘月娟,杨晓丽,等,译校.北京:教育科学出版社,2017:6.
② 冯晓霞,周兢.构筑国家财富——联合国教科文组织首届世界幼儿保育和教育大会简介[J].学前教育研究,2011(1):20-28.

四、幼儿园教育基本质量标准研制的步骤

(一) 广泛收集资料,草拟《幼儿园教育基本质量标准》

2011年1月至2011年12月份,本课题组收集了多类资料,通过分析这些资料,明确影响幼儿园教育质量的要素,并暂定了能够保障基本质量的各要素及其具体指标,草拟了《幼儿园教育基本质量标准》(以下简称《基本质量标准》)。

此阶段,本课题组收集的资料主要有以下三类:第一类是同类文献,共收集了国内25个省市及港澳台地区现行的幼儿园办园标准,美国、加拿大、澳大利亚等国各州(省)的托幼机构立案许可标准。通过对此类文献的研究,了解了国内外有关幼儿园许可标准的现状、共性、差异及优缺点,为制定我国幼儿园基本质量标准提供了思路。第二类是研究资料,如关于影响儿童发展因素的实证研究文献、与幼儿园质量问题及质量评价有关的学位论文、期刊和报纸文章等,这些资料有助于进一步确定影响质量的要素。第三类是我国现行规范幼儿园办园行为与管理的相关法律法规和政策文件。这类文献包括《幼儿园工作规程》《幼儿园管理条例》《幼儿园编制标准》《幼儿园教育指导纲要(试行)》《中小学幼儿园安全管理条例》《幼儿园玩教具配备标准》、《幼儿园建设标准》《学校课桌椅功能尺寸国家标准》《托儿所、幼儿园保健管理规范》《中华人民共和国教师法》《中华人民共和国教师资格条例实施办法》《校车安全管理条例》《托儿所、幼儿园建筑设计规范》《建筑设计防火规范》《消防监督检查规定》《消防安全重点单位界定标准》《中国社保法》《幼儿教师专业规范》《全日制、寄宿制幼儿园编制标准》等。通过阅读这些法律法规文件,可以使《基本质量标准》不会与国家相关法律法规和政策文件相抵触,保障其合法性。

(二) 征求利益相关者的意见

制定质量标准要考虑到利益相关者的认同度,因此,不能闭门造车。

2012年2月，本课题组邀请利益相关者代表召开了征集意见座谈会，参加此次座谈会的利益相关者代表主要包括幼教行政干部、教研员、园长、教师及家长，这些代表分别来自城市和农村、公办园及民办园。座谈会主要就《基本质量标准》草案各条目对于幼儿园基本质量的"必要性""可行性"，各条目表述的"清晰性""可操作性"及《基本质量标准》本身的"全面性"进行研讨。课题组删除了利益相关者一致认为不必要的项目，补充了利益相关者认为重要但《基本质量标准》中遗漏的内容，修改了他们认为表述不清晰、理解有歧义、不具有可操作性的内容，对有争议的内容进行了搁置处理，留待进一步验证。

（三）对《基本质量标准》草案进行实地检验

2012年3月至2013年4月，本课题组选择了农村园、民办园、"黑园"、超大规模幼儿园等集中进行了实地调研。通过实地勘察幼儿园环境、观察幼儿活动情况、访谈园长和教师等方式了解各类幼儿园的实际情况及不同条件下幼儿的活动情况和存在的安全隐患等，检验了各指标对于幼儿安全、健康及发展的意义。根据对各类幼儿园的实地调研，课题组进一步修订了《基本质量标准》。

（四）对《基本质量标准》草案进一步广泛征求意见

2013年5月《基本质量标准》草案修改后，本课题组进一步扩大范围，与全国学前教育专家、幼儿教育行政人员等召开座谈会，来自上海、浙江、甘肃、宁夏、山东、辽宁、广西、江苏等地的专家和幼教行政人员讨论了标准的科学性和可行性。2013年5月至12月，本课题组通过问卷调查的形式对《基本质量标准》进行了全国调查，共向全国15个省市自治区发放了4 500份调查问卷，更广泛地征求意见，并根据全国各地的实际情况及意见修订了《基本质量标准》。

五、《基本质量标准》的主要结构

经过反复论证,《基本质量标准》就基本确定下来了。本《基本质量标准》的主要结构由三个维度内在交叉而构成,详见表 8-1。

表 8-1 《幼儿园教育基本质量标准》的结构

儿童需要	招生与编班		安全管理		卫生保健		教育和行为管理		园舍与设备		工作人员		经费		家长工作		幼儿园管理	
	结构指标	过程指标	结构指标	过程指标	结构指标	过程指标	结构指标	过程指标	结构指标	过程指标	结构指标	过程指标	结构指标	过程指标	结构指标	过程指标	结构指标	过程指标
安全																		
健康																		
身心基本发展																		

1. 儿童需要维度

从幼儿的基本需求出发,本标准的指标结构由保障幼儿安全的指标、保障幼儿健康的指标和保障幼儿身心基本发展的指标构成。

2. 工作内容维度

从幼儿园工作内容出发,本标准主要包括招生与编班、安全管理、卫生保健、教育和行为管理、园舍与设备、工作人员、经费、家长工作及幼儿园管理等方面的标准。

3. 教育全过程维度

从幼儿园教育全过程的环节来看,教育质量应包含结构质量、过程质量和产出质量。这三类质量之间存在紧密的关系:结构质量是基础,过程质量是关键,结果质量是根本,过程质量是影响幼儿发展质量的关键,但其受结构质量的影响;儿童发展结果的增值量是反映幼儿园教育质量最根本的指标,但由于教育结果质量评估的复杂性及儿童发展影响因素的多元性，国际上对学前教育机构质量的评价大都只考察结构指标和过程指标。本标准也是以结构与过程为导向的教育质量标准框架。结构指标包括一些可具体规范和控制的变量，如幼儿园规模、班级规模、师幼比、园址选择、用房构成、建筑面积、绿化面积、建筑耐火抗震防雷电及采暖要求、楼梯、扶手、栏杆和楼梯踏步要求；走廊及过道要求；地面要求；门窗要求；阳台及屋顶平台要求；设备构成、幼儿园工作人员配备岗位类型、资质和数量等。越来越多的研究表明，教师的工作环境，如工资、福利待遇等，是影响幼儿园教育质量的重要的间接因素。过程质量指标是与儿童的生活和学习经验有更直接联系的变量，如师幼互动、学习环境、课程、保育教育及行为管理、安全监护、卫生保健，除此之外，也包括直接影响幼儿园教育质量的其他间接变量，如家长工作、经费管理、膳食管理、教师队伍管理、安全管理、行政管理等。

本研究在考虑保障幼儿安全、健康和身心基本发展需求时，会从招生与编班、安全管理、卫生保健、教育和行为管理、园舍与设备、工作人员、经费、家长工作及幼儿园管理等方面全面统筹考虑，同时也会考虑各个方面的结构指标和过程指标。

值得说明的是，除了保障幼儿的基本需要外，保障教职工和家长的基本权益，也与幼儿园教育基本质量息息相关，因此本标准对此也做了规定。《基本质量标准》全部内容详见附录。

六、《基本质量标准》内容的主要特点

第一，《基本质量标准》最大的特点是主要从保障儿童基本权益出发，紧扣基本质量制定内容条目及要求。和原有的办园标准相比，本课题组在制定标准时删除了一些原《基本质量标准》中与基本质量关系不密切的指标，补充了一些与基本质量密切相关的指标；调整了一些指标的具体要求。例如，幼儿园是否必须专门设置晨检室的问题，本课题在多方调研后，发现

很多幼儿园的保健人员大都在园门口、门厅或门卫室等地方进行晨检,各利益相关方也表示不必专门设置晨检室。再如本《基本质量标准》将"活动室、寝室、音体活动室应采用木质或软质地面"修改为"活动室、寝室、多功能厅地面必须防滑、平整,有条件的地方可采用木质或软质地面";将"每个幼儿应有专用的睡床"修改为"每位幼儿有专用的被、褥,并定期洗晒"等。

第二,本标准力求与时俱进,反映在当前社会条件下幼儿园保障教育的基本质量所应具备的要求。例如在通信技术不发达的时代,幼儿园有必要设置隔离室,以备不时之需。但在当前通信技术发达、医疗水平提升的时代,隔离室是否有存在的必要?本课题组在论证过程中了解到很多幼儿园的隔离室形同虚设,幼儿园都反映孩子身体出现异常后,会第一时间通知家长或直接将孩子送到卫生所或医院,其他利益相关方也基本认同不必单独设置隔离室。再如本课题组也将"在幼儿离园环节,需特别注意,不能把儿童交给除孩子家长以外的任何人,除非有家长的书面委托书"修改为"在离园环节,不得把幼儿交给除家长以外的任何人,除非有可靠渠道证实家长委托他人接幼儿离园"。再如班级照明问题,本标准没有采用《托儿所、幼儿园建筑设计规范》的要求,即"活动室、乳儿室、音体活动室、医务保健室、隔离室及办公用房宜采用日光色光源的灯具照明,其余场所可采用白炽灯照明",但规定了每个场所的照度要求。

第三,本标准重视过程质量指标。和现行办园标准相比,本标准不仅重视结构质量指标的制定,而且特别强调过程质量指标。例如,在保障人身安全方面,本标准确定的结构质量指标之一是"需配备合格的灭火器""教师接受过灭火器使用培训,会正确使用灭火器,知道用110和119联系公安、消防部门"。过程质量指标是"灭火器定期检查,确保有效""灭火器需放置在教师方便取用的地方"。在保障人身安全方面,本标准确定的结构质量指标之二是"幼儿园使用的所有设备(含玩教具)符合国家相关规范,为合格产品";过程质量指标是"所有设备须安装牢固""每学期至少检核一次全园设施设备(包括游戏设施)的安全性""对于不符安全、待修缮或更换的,须留有处置措施的记录"。在保障人身安全方面,本标准确定的结构质量指标之三是"教师须具备《幼儿园教师资格证书》""教职工工资(含寒暑假工资)不低于当地中小学教师的平均工资水平,幼儿园为聘用制教师购买社保,且各项保险保费依规定分摊,不得低报工资以减少投保金额"。过程质量指标包括"对新手教师进行必要的入职适应指导""定期组织教师开展专业研讨活动",等等。

第四,本标准对现实问题针对性强。幼儿园基本质量标准直面幼儿教育事业发展过程中出现的伤害了幼儿安全、健康及身心基本发展需要的问题,认真总结经验,吸取教训,积极制定预防要求,并将其纳入幼儿园办园标准。例如,《基本质量标准》中规定"其中至少有一名教师具有三年以上幼教工作经验""幼儿园新装潢房舍经专业机构对室内空气质量进行环保检测,达到标准后才可以起用""严禁将幼儿单独交由本班保教人员以外的任何人员独立看管"。

本《基本质量标准》针对原有标准的问题进行了补救。例如,有的办园标准中,在规定活动室面积时,一些标准只确定了班级活动室总面积,未规定生均面积,导致一些幼儿园在班级规模这一条不符合条件,但在班级活动室总面积这一项却是符合条件的,因此,本标准确定了生均面积。本《基本质量标准》不是笼统地规定教职工与幼儿的比例,而是确切地规定师幼比例。针对"小学化"问题,本标准提出了多条预防指标。针对幼儿园在保护幼儿安全需要中出现的以伤害幼儿自我保护能力发展及阻碍幼儿正常活动的"过度保护"现象,本《基本质量标准》也给予了回应,强调从班级规模、安全教育内容、设施设备、教师搭班等方面统筹考虑。

第五,《基本质量标准》强调对教师基本权益的保护。在众多影响因素中，教师是幼儿园教育质量的决定因素。因此，对教师基本权益的保护是保障幼儿园教育质量的应有之义。试想如果像当前一些幼儿园那样随意地配备人员却不加以专业培训，或由于不能给教师提供合理的工作报酬和工作强度而造成教师流失，即使幼儿园硬件环境建设得再豪华，教育质量也无法得到保证。因此，《基本质量标准》规定了有关教师基本权益保护的条目，例如，"定期组织教师开展专业研讨活动""教职工工资（含寒暑假工资）不低于本地中小教学教师的平均工资水平，须按《劳动法》相关规定，为聘用制教师购买社保"。

最后，特别需要说明的是，《基本质量标准》并非幼儿园教育最高质量标准，它只是办园的底线标准，只对确保幼儿安全、健康和身心基本发展需要的条件加以规范。各地不应止于基本质量建设，而应在保证基本质量平衡的基础上，根据社会经济文化发展情况，不断提高幼儿园教育质量。

附录 2

幼儿园教育基本质量评价标准

着眼点	维度	标 准 内 容
保障幼儿安全	结构质量指标	1. 招生与编班 1.1 招收 3 周岁以上学龄前儿童 1.2 严禁以任何形式的考试或测查作为招生和编班的条件 1.3 每班幼儿人数不超过以下标准：5—6 岁班 35 人；4—5 岁班 30 人；3—4 岁班 25 人；混龄班 25—30 人。寄宿制幼儿园每班幼儿人数酌减
		2. 园址选择安全 2.1 园址避开河道地段和泥石流等自然灾害易发地段。与铁路、高速公路、城市干道、机场及飞机起降航线有足够的安全、卫生防护距离。远离喧嚣的交通要道、车站、码头、机场、工厂、市场等场所，选择清洁安静之处。远离集贸市场、娱乐场所、医院传染病房、太平间、殡仪馆、垃圾中转站、污水处理站、通讯发射塔（台）等喧闹杂乱、有较强电磁波辐射等不利于幼儿身心健康的场所和设施 2.2 园址在空气流通、光照充足、排水通畅、场地平整、靠近居民区绿化带的地方
		3. 不得将幼儿园设在工业厂房、仓储等非民用建筑内。设于民用建筑物内的幼儿园，位于建筑底层，且有独立的出入口。与住宅楼、单位办公用房等相连的幼儿园，有独立的出入口及相应的安全防护设施。所有出口均保持畅通无阻。寄宿制幼儿园出口晚间有照明
		4. 幼儿园建筑如为独立楼房，则不得超过 4 层，幼儿活动及休息场所设在 3 层以下，但严禁将幼儿活动场所设在地下室或半地下室
		5. 幼儿园筹建者和利用已建房屋的幼儿园举办者，到相关部门办理质监、防火、水电、防雷电、环保、建筑等证书，已办理的证书在有效期内
		6. 新装潢幼儿园的房舍经专业机构对室内空气质量进行环保检测，达到标准后方可以起用
		7. 利用已有建筑改造的幼儿园，根据《托儿所、幼儿园建设设计规范》相关条目的规定查验建筑
		8. 幼儿园楼梯、扶手、栏杆、踏步、走廊、过道、门窗、阳台及屋顶平台有特殊设计要求 8.1 楼梯的地面防滑，有较高耐磨性，并便于清洁。若装防滑条，不得高出踏面 5 mm 以上。在寒冷地区幼儿园设置的室外安全疏散楼梯必要时可设防滑坡道，但其坡度不大于 1∶12 8.2 楼房建筑楼梯除设成人扶手外，至少在靠墙壁一侧设幼儿扶手，其高度不大于 0.6 m，扶手端部无棱角 8.3 楼梯栏杆垂直饰间的净距不大于 0.1 m 8.4 当楼梯井净宽度大于 0.2 m 时，幼儿园采取了安全防护措施 8.5 楼梯踏步的高度不大于 0.15 m，宽度不小于 0.26 m

续表

着眼点	维度	标 准 内 容
		8.6 走廊及过道中至少留有 1 m 净宽的安全疏散通道,疏散通道平坦防滑,且有疏散指示标记 8.8 建筑面积超过 60 m² 的房间设有两个疏散门,没有门槛和弹簧门,门面平滑,不装易碎的玻璃。多功能厅设宽度不小于 1.2 m 的向外开启的双扇平开门。幼儿园内幼儿使用的房间窗户不得安装影响抢险救援的防盗网 8.9 阳台和屋顶平台的护栏净高不低于 1.2 m,间距不大于 0.1 m,且不得设置横条 8.10 幼儿活动范围内的建筑及设施没有尖锐边角 8.11 活动室、寝室、多功能厅地面防滑平整,有条件的地方可采用木质或软质地面;户外活动场地清洁防滑,具有良好的排水系统 9. 设备设施安全 9.1 幼儿园使用的所有设备(含玩教具)符合国家相关规范,为合格产品。如配备合格的灭火器等 9.2 每学期至少检核一次全园设施设备(包括游戏设施)的安全性;对于不安全、待修缮或更换的,留有处置措施的记录 9.3 所有家具结构完好、不松动,玩教具没有尖角或裂片 9.4 厨房燃气设备由注册厂家提供和安装,并在工程完毕后签发完工证明书 9.5 电力设备由注册厂家负责安装,工程完成后,由该注册电业承办商或注册电业工程人员检查、测试及签发完工证明书 9.6 电力设备、消防设备、暖气片、风扇、空调及其室外机有防护装置,防止幼儿触及 9.7 配电箱位于幼儿活动区域以外的地方 9.8 在安装各项游戏设备时,游戏设备和安装过程合格,定期维护并有记录。大型运动器械如安装在硬质地坪上,则使用时有软垫防护 10. 校车安全 10.1 幼儿园如用校车,须遵守《校车安全管理条例》,使用符合要求的车辆,并有交通管理部门出具的定期检验合格证 10.2 车上配备汽车专用灭火器,且在有效期内 10.3 校车司机具有相应准驾车型驾驶证,并有 3 年以上驾驶经历,年龄在 25 周岁以上,不超过 60 周岁;最近连续 3 个记分周期内没有满分记录;无致人死亡或者重伤的交通事故责任记录;无饮酒后驾驶或者醉酒驾驶机动车记录,最近 1 年内无驾驶客运车辆超员、超速等严重交通违法行为记录;无犯罪记录;身心健康,无传染性疾病,无癫痫、精神病等可能危及行车安全的疾病病史,无酗酒和吸毒行为记录 11. 幼儿园至少每班配 2 名专职教师,其中至少 1 名教师具有三年以上幼教工作经验。教师具有《幼儿园教师资格证》,熟悉各种突发安全事件的处置办法,受过灭火器使用培训,知道使用 110 和 119 联系公安和消防部门 12. 幼儿园配备的安保人员均持证上岗。每所幼儿园至少配备 2 名安保人员,寄宿制幼儿园至少配备 3 名安保人员

续表

着眼点	维度	标 准 内 容
保障幼儿身心健康	过程质量指标	13. 有毒有害物品放置在幼儿接触不到的地方,并由专人管理
		14. 及时消除室内外环境中可能的安全隐患,防止事故发生。如地面的湿滑、损坏的设施、使用电炉、"热得快"等
		15. 幼儿游戏、睡眠、户外运动或远足活动时,始终有园内保教人员在场给予必要的安全监护,任何情况下均不得将幼儿单独置于监护不到的地方或委托无资质的人员代管
		16. 在离园环节,不得把幼儿交给除家长以外的任何人,除非有可靠渠道证实家长委托他人接幼儿离园
		17. 每学期举行一次消防和地震逃生训练,并留有记录
		18. 如果提供校车接送服务,除司机外,配备有资质的人员随车照料幼儿。每日发车前,均检查车况,并留有记录。幼儿上下车时,根据乘车名单逐一清点人数,并记录
		19. 安全管理 19.1 签订各岗位安全责任书,确保安全管理,责任到人 19.2 制定必要的安全制度。安全规章制度包括常规性的安全保障制度和应对突发事件的应急预案。常规性的安全保障制度应该包括:房舍和大型设备的安全管理、水电使用管理、危险品和药品管理、门卫管理、消防管理、大型活动的管理等。应急预案应该包括:应对地震、水灾等自然灾害,应对传染病、食品中毒等公共卫生事件,应对火灾、交通事故等突发事件,应对绑架、爆炸等治安事件,应对房舍、大型设备损坏导致的重大事故,应对节日、大型活动中意外事件、应对幼儿在园活动期间的意外伤害等 19.3 幼儿园严格执行来访者预约、登记制度,注明来访者身份、时间段、来访目的等
	结构质量指标	20. 幼儿园取得县级以上卫生行政部门指定的医疗卫生机构出具的符合《托儿所幼儿园卫生保健工作规范》的卫生评价报告
		21. 幼儿园设有保健室,负责卫生保健工作,但不得开展诊疗活动。保健室有观察床、桌椅、药品柜、资料柜、流动水等设施
		22. 幼儿园配备消毒液、紫外线消毒灯或其他空气消毒装置
		23. 活动室有自然通风条件,厨房、卫生间设置独立的通风系统
		24. 活动室尽量位于当地最好的日照方向,侧窗采光的窗地面积之比不小于1/5,寝室窗地面积之比不小于1/6。灯具避免眩光和闪烁
		25. 活动室和寝室的室温在20℃左右。炎热地区的幼儿用房避免朝西,否则要加设遮阳设施。寒冷地区的幼儿用房提供了供暖设施,并保障安全
		26. 每位幼儿有专用的被褥,并定期洗晒。若使用上下铺,上铺须有不低于20 cm的护栏

续表

着眼点	维度	标 准 内 容
		27. 盥洗设备 27.1 卫生间包括厕所和盥洗处两个部分,面积不少于 15 m² 27.2 卫生间通风良好,没有直接自然通风的卫生间安装了排风扇 27.3 卫生间有流动水洗手设备。地面没有积水 27.4 尽可能采用水冲式厕所。干旱缺水地区可设置卫生环保旱厕,但能确保幼儿的安全,严禁直接在粪池上加盖板设置蹲位,防止发生坠落事故
		28. 厨房获得《餐饮服务许可证》和《卫生许可证》,有必要的卫生设施设备(如消毒柜等);餐具为合格产品,材质无毒;餐厅和厨房的地面防滑,易于冲洗和排水
		29. 幼儿园提供符合幼儿身高的家具。具体型号和尺寸见《学校课桌椅功能尺寸》表7和表8
		30. 根据预招收幼儿的数量配备卫生保健人员,按照收托150名幼儿设1名专职卫生保健人员的比例配备(收托150名以下幼儿的可配备兼职卫生保健人员)。卫生保健人员具备技术培训合格证。寄宿制幼儿园配备具有执业资格的医护人员
		31. 幼儿园工作人员均持健康证上岗 31.1 上岗前通过县级以上卫生行政部门指定的医疗卫生机构的体检,取得《幼儿园工作人员健康合格证》后可上岗 31.2 全日制幼儿园至少每班配备1名专职保育员,寄宿制幼儿园每班配备2名专职保育员。保育员要有初中以上学历,并取得幼儿保育职业培训合格证书 31.3 炊事员具备《食品从业人员健康证》。不提供餐点的幼儿园不需要配备炊事员
	过程质量指标	32. 新入园的幼儿由妇幼保健机构负责体格检查。入园时查验婴幼儿的幼儿保健卡(册),合格者方可入园。对于身心有特殊需要的幼儿,由园方与家长共同商定照料方式
		33. 坚持执行幼儿体格锻炼制度:幼儿户外活动时间在正常情况下全日制幼儿园每日不少于2小时,寄宿制幼儿园不少于3小时,极端天气时可酌情调整
		34. 建立并执行幼儿定期体检、每日晨检和日常观察等制度,并有记录
		35. 严格执行传染病管理制度,建立疫情报告和消毒隔离制度,严防传染病的发生和蔓延
		36. 对因病缺勤的幼儿,教师要了解幼儿的患病情况,分析原因,对疑似患传染病的,要及时报告给幼儿园疫情负责人
		37. 每名幼儿有专用的毛巾和杯子,并每日清洗消毒

续表

着眼点	维度	标 准 内 容
		38. 保证供给幼儿卫生安全的饮用水
		39. 厕所及时清洁,提供卫生的厕纸
		40. 保持玩具、图书表面清洁卫生,每周至少进行1次玩具清洁
		41. 厨房清洁卫生,生熟食品分开放置,餐具、用具定时消毒
		42. 加强饮食、营养管理,做好每周食谱的营养计算和测评工作;餐点保质保量,严格限制食品添加剂,防止损害幼儿生长发育
		43. 保持室内外环境卫生整洁
		44. 对食物过敏的幼儿,要有登记制度,并有恰当的处理措施
		45. 如家长委托教师给幼儿吃药,非处方药需严格遵照用药说明,处方药需请家长出示医生处方
		46. 幼儿园组织在岗工作人员每年进行1次体检;在岗人员患有传染性疾病时,治愈后方可上岗工作;精神病患者、有精神病史者不得在幼儿园工作
		47. 在幼儿园的保教区域内,禁止吸烟
		48. 坚持正面的行为指导,严禁任何理由、任何形式的贬损、羞辱、恐吓、虐待和体罚幼儿
		49. 当幼儿的行为伤及(或极有可能伤及)他人,或对物品造成严重损坏,或严重干扰小组或集体活动时,教师虽可暂时将幼儿与他人或集体分离,但须有监护,严禁将幼儿隔离在教师看不到的地方,待幼儿能够控制行为时,帮助他回归集体
		50. 严禁将幼儿单独交由本班保教人员以外的任何人员独立看管
保障幼儿身心发展	结构质量指标	51. 活动室实际使用面积不少于生均 $2m^2$。如果每日利用走廊或寝室做活动空间,走廊和寝室的面积也可算在内;如果活动室同时用作寝室,则需扣除床铺占据的空间
		52. 幼儿园的户外活动场地具有独立使用权,统筹安排后能保证各班级幼儿每日进行跑跳、攀爬、投掷等大肌肉运动的时间。在气候条件特殊(如严寒)的地区,幼儿园提供了大肌肉运动的室内场所
		53. 幼儿园设置旗杆和旗台
		54. 幼儿园配备运动、建构、角色或表演游戏等各类玩教具。可以购置,也可以利用自然物、生活废旧物品等进行自制
		55. 幼儿园设置自然角或种植园地

续表

着眼点	维度	标 准 内 容
	过程质量指标	56. 幼儿园有促进幼儿全面发展的课程计划
		57. 幼儿园建立合理的生活作息制度,保障幼儿有规律的生活,注意动静交替,既有教师主导的活动,也有幼儿自主选择的活动
		58. 班级空间布局能考虑到幼儿进行不同领域自主活动的需要,避免过分拥挤或不同活动相互干扰
		59. 除非必要(如午睡等),不强求幼儿保持沉默,允许幼儿自然的语言交流和人际交往
		60. 幼儿园课程内容贴近或联系大多数幼儿易接触到的本土自然、社会和文化环境
		61. 禁止以集中授课方式实施汉语拼音、汉字读写训练、数字书写运算训练和外语认读拼写训练等
		62. 教师在园内使用普通话,招收少数民族幼儿较多的幼儿园,可兼用少数民族语言
		63. 教师主动与家长沟通有关幼儿的信息,可采取电话、家长开放日、家园联系册等方式,并留有记录
		64. 不得给幼儿布置"必须完成"的书面家庭作业
保障教师基本权益	工作条件	65. 教职工工资(含寒暑假工资)不低于当地中小学教师的平均工资水平,幼儿园为聘用制教师购买社保,且各项保险保费依规定分摊,不得低报工资以减少投保金额
		66. 本着充分利用的原则来设置教师办公空间,满足教师安静工作的需求,不得空置
		67. 设置教职工厕所,可以独立设置,也可在幼儿厕位旁隔出独立封闭的厕位
	发展机会	68. 对新手教师进行必要的入职适应指导
		69. 定期组织教师开展专业研讨活动
保障家长权益	收费与经费使用	70. 幼儿园收费按省市自治区和直辖市教育行政部门会同有关部门制定的收费项目、标准和办法执行。各项收费均列有明细,并开立收据
		71. 收、退费标准及减免收费规定于每学期开始前公告家长
		72. 幼儿的膳食经费有专门账户,严禁克扣幼儿伙食,收支平衡,并定期向家长公开账目
		73. 幼儿的膳食制作和用膳必须与工作人员分开
		74. 不得以培养幼儿某种专项技能为由,另外收取费用,也不得以幼儿表演为手段,进行以营利为目的的活动

续表

着眼点	维度	标 准 内 容
沟通与隐私保护		75. 园长获得《幼儿园园长岗位培训合格证书》和《幼儿园教师资格证书》
		76. 幼儿园每周向家长公示食谱
		77. 成立家长委员会,幼儿园的重大事务向家委会成员通报
		78. 幼儿园保护幼儿家庭隐私,不向无关人员透露幼儿家庭的信息
其他管理质量		79. 幼儿园执行园长负责制,实行民主管理和园务公开
		80. 幼儿园有必要的规章制度,包括教职工大会或教代会制度、行政管理制度、安全制度、卫生保健制度、教育教学制度、后勤管理制度、财务制度等
		81. 建立工作人员和幼儿名册,按上级教育行政部门要求,做好统计报表工作
		82. 设置会计账簿。接受财务和审计部门的监督检查

注:本标准适用于招收两个及更多班级的学前教育机构。对于收托此年龄段幼儿的居家式托管机构、单班幼儿园,需要根据着眼点(安全、身心健康和身心基本发展需要),从本标准中采择适的条款,构成基本质量标准。本标准对3岁以下婴儿托管机构不适用。

第九章 主要国家和地区学前教育体制机制改革的经验与启示

当前,随着各国政府和民众对学前教育发展价值认识的深入,多数国家都在通过各种积极的方式来发展学前教育。当前我国政府和社会都非常重视学前教育的发展,但是如何发展需要结合当前实际进行深入的分析和研究。其中国外发展学前教育的经验和教训是发展我国学前教育的重要参考。因此本章通过对 OECD 多个国家和地区的学前教育体制机制改革经验的分析,提炼出可供借鉴的路径与方法。同时对国内学前教育体制机制存在的问题进行深度剖析,在全球与本土的碰撞中期望找到适合中国学前教育体制机制改革的路径。本章的主要内容在于揭示 OECD 各国在促进早期儿童保育和教育发展中在体制和机制方面的优势和创新所在,以期对我国学前教育的发展提供借鉴和启示。

第一节 主要国家和地区学前教育投入体制的经验与启示

一、OECD 国家学前教育成本分担现状与经验

OECD 是由 36 个市场经济国家组成的政府间国际经济组织。在其教育政策中,OECD 认为,学前教育是向终生学习的第一笔投资,是为满足每

个家庭更加广泛的经济及社会需要的一项意义远大的政策援助。① 近年来，OECD 国家对学前教育的投入规模进一步加大，学前教育成本分担也日趋合理。为了清晰把脉 OECD 国家学前教育成本分担现状及趋势，根据往年数据的可得性，课题组利用 OECD 官网、《教育一瞥》公布的相关数据，对 1998—2010 年共 13 年来 OECD 国家政府（政府间）、家庭、私人间的学前教育成本分担进行了梳理，发现了一些有益的结论。②

（一）OECD 国家学前教育财政投入规模

教育经费是学前教育发展基本且重要的保证条件之一，OECD 国家学前教育财政投入规模可以用两组数据加以呈现：一是学前教育生均支出，即通常所说的生均成本。一般而言，学前教育生均成本是指学前教育机构培养一个儿童每年所支出的经费。二是学前教育经费占 GDP 的比例。国际上通常用一个国家的"教育经费占国内生产总值（GDP）的比例"作为衡量一国政府对教育投入努力程度的重要指标。③

根据 OECD 最新年度的可得数据，2013 年 OECD 各国学前教育生均支出、学前教育财政投入占 GDP 的比例见表 9-1。

表 9-1　2013 年 OECD 主要国家学前教育财政投入规模的两项指标④

国家	学前教育生均支出/美元	学前教育财政投入占 GDP 的比例/%	国家	学前教育生均支出/美元	学前教育财政投入占 GDP 的比例/%
澳大利亚	12 364	0.2	韩国	6 227	0.4
奥地利	8 977	0.5	卢森堡	19 233	0.6

---

① 王海英. 学前教育成本分担研究[M]. 北京：人民教育出版社，2016：58.
② 由于 OECD 官网、《教育一瞥》官方数据于 2016 年后将学前教育相关经费数据纳入初等教育，因此，本文最新可得数据截至 2013 年。
③ 张萌. OECD 国家学前教育财政投入水平及其国际比较[D]. 南京师范大学，2013.
④ OECD. Education at a Glance 2016[EB/OL]. (2016-09-15)[2018-07-04]. https://www.oecd-ilibrary.org/education/education-at-a-glance_19991487.

续表

国家	学前教育生均支出/美元	学前教育财政投入占GDP的比例/%	国家	学前教育生均支出/美元	学前教育财政投入占GDP的比例/%
比利时	7 576	0.7	荷兰	8 305	0.4
智利	6 530	1.0	新西兰	11 465	0.5
捷克	4 655	0.5	挪威	18 240	1.0
芬兰	12 092	0.9	波兰	5 552	0.8
法国	7 507	0.7	葡萄牙	6 604	0.6
德国	10 542	0.6	斯洛伐克	4 996	0.5
斯洛文尼亚	9 177	0.8	西班牙	6 523	0.6
冰岛	11 948	1.1	瑞典	13 356	1.4
爱尔兰	1 077	0.1	瑞士	5 479	0.2
以色列	4 284	0.8	土耳其	2 154.5	0.2
意大利	6 233	0.5	英国	8 722	0.5
日本	6 247	0.2	美国	9 986	0.4

1. OECD各国学前教育生均支出

为了更清晰地阐明OECD国家学前教育财政投入的总体状况,下文以生均支出、学前教育经费占GDP的比例,简要呈现OECD各国从1998年至2010年学前教育财政投入的状况,并对日韩以及作为"金砖四国"之一的巴西在此期间的学前教育财政投入状况进行阐述。

(1) OECD各国1998—2010年学前教育生均支出的变化趋势

总体来说,从1998年到2010年OECD各成员国的学前教育生均支出呈上升的趋势,而2010年OECD中的26个成员国学前教育生均支出均值达到6 762.05美元。其中,学前教育生均支出最高的属新西兰和卢森堡,

2010年该项指标分别为11 494.74美元、20 957.62美元,按照当年的汇率,即1美元=6.769 5元,折合人民币分别为77 813.64元、141 872.61元。学前教育生均支出最低的国家是墨西哥,2010年该项指标为2 280.22美元,折合人民币为15 435.95元。① 而2010年我国学前教育生均支出却只有3 601.85元,不及墨西哥三分之一。②

(2) 日韩两国1998—2010年学前教育生均支出的变化趋势

作为中国近邻,日韩两国学前生均支出状况对我国具有一定的借鉴意义。从数据来看,日韩两国的学前教育生均支出数额在1998至2010年间基本呈上升趋势,除了2010年,日本的学前教育生均支出皆高于韩国。两国的生均支出虽然在不断增加,但是多数时候仍低于OECD国家的平均水平,如2010年OECD国家学前教育生均支出为6 762.05美元,同年,韩国的学前教育生均支出为5 550.33美元,日本为6738.94美元。③

(3) 巴西1998—2010年学前教育生均支出的变化趋势

巴西不是OECD的成员国,但是中国和巴西同为发展中大国,并且同为"金砖四国"的成员,在国际领域中占有重要地位,其经济、政治等各个方面都与我国有着许多的相似性,因此,研究巴西学前教育生均支出对我国有较大的借鉴意义。

总体来讲,巴西的学前教育生均支出为1 000—2 000美元,明显低于OECD国家的平均水平,但是仍多于我国的学前教育生均支出数额。

---

① OECD. Education at a Glance 2013 [EB/OL]. (2013-06-25)[2017-07-06]. https://www.oecd-ilibrary.org/education/education-at-a-glance_19991487.
② 教育部财务司,国家统计局社会科技和文化产业统计司编.中国教育经费统计年鉴2011[M].北京:中国统计出版社,2012.
③ OECD. Education at a Glance 2013 [EB/OL]. (2013-06-25)[2017-07-06]. https://www.oecd-ilibrary.org/education/education-at-a-glance_19991487.

2003年巴西学前教育生均支出是12年内最低的一年,为923美元,按照当时的美元汇率(1美元=8.28人民币)换算为人民币是7 642.44元。① 2003年我国学前教育生均支出为1 978.18人民币,仅为巴西的四分之一。②

佩里学前教育研究计划(Perry Preschool Program Study)认为,学前教育全部收益一般是其成本的17倍。美国经济发展委员会在1985年提出的一份报告也指出:"很难想象出有比学前教育有更高效益的投入项目。"对学前教育每投入1美元,在20多年后的总收益可达到3.78—10.15美元。③ 由此可见,对学前教育阶段的投资比其他任何阶段的投资对人的发展都有更为长远的影响。基于此,一些之前在学前教育财政投入相对较低的国家,如荷兰、葡萄牙、韩国等,近年来显著地加大了其在学前教育上的投入。

2. OECD各国学前教育财政投入占GDP的比例

衡量一国政府对学前教育财政投入的努力程度最直观的指标,莫过于该国当年的学前教育财政投入占该国当年GDP的比例情况。除了智利、冰岛、挪威、瑞典四国,2013年各国在学前教育上的财政投入均不超过该国当年GDP的1%(如表9-2所示),这与其他阶段的教育相比投入相对较少,这充分说明OECD各国对学前教育的财政投入相比于其他阶段教育(尤其是义务教育阶段)还不太充分。

---

① OECD. Education at a Glance 2006 [EB/OL]. (2006-09-12)[2016-07-08]. https://www.oecd-ilibrary.org/education/education-at-a-glance_19991487.
② 教育部财务司,国家统计局人口和社会科技统计司编. 中国教育经费统计年鉴2004[M]. 北京:中国统计出版社,2005.
③ 朱佳慧. 国外学前教育的经济效益研究及其启示——基于对三个早期教育项目的分析[J]. 教育导刊(下半月),2013(8):89-91.

表 9-2 2013 年 OECD 各国学前教育财政投入占 GDP 的比例①

学前教育财政投入占 GDP 的比例	OECD 成员国家
0.1%—0.5%（不含 0.5%）	澳大利亚、爱尔兰、日本、韩国、荷兰、瑞士、土耳其、美国
0.5%—1.0%（不含 1.0%）	奥地利、比利时、捷克、芬兰、法国、德国、斯洛文尼亚、以色列、意大利、卢森堡、新西兰、波兰、葡萄牙、斯洛伐克、西班牙、英国
1.0%及以上	智利、冰岛、挪威、瑞典

如上表所示，澳大利亚、爱尔兰等 8 个国家的学前教育财政投入占 GDP 的比例在 0.5%以内，奥地利、比利时等 16 个国家的学前教育财政投入占 GDP 的比例在 0.5%到 1.0%之间。

（二）OECD 国家政府、家庭、私人三方学前教育成本分担现状

学前教育不仅使每个家庭从中获益，也是国家和社会培养所需人才的奠基阶段，因此，根据教育成本分担理论，学前教育生均支出的主体包括政府、家庭、私人这三个方面，三者应对学前教育进行成本分担。此部分主要包括了 OECD 各国学前教育三方分担的总体状况和日韩两国学前教育三方分担情况。

1. OECD 各国政府、家庭、私人学前教育成本分担的总体状况

除日本和韩国以外，OECD 其他国家的学前教育投入以政府财政投入为主的特点十分显著（如表 9-3 所示），政府学前教育财政投入占学前教育总投入的比例在 50%以上的占将近七成。OECD 国家学前教育政府、家庭、私人投入比例如表 9-3 所示。

---

① OECD. Education at a Glance2013［EB/OL］.（2013-06-25）［2017-07-06］. https://www.oecd-ilibrary.org/education/education-at-a-glance_19991487.

表9-3　1998—2010年OECD国家学前教育中政府、家庭、私人投入比例

国家分布	政府投入比例	私人投入比例	家庭投入比例	国家分布	政府投入比例	私人投入比例	家庭投入比例
爱尔兰（2004年起）	100%	0%	0%	奥地利、以色列	>60%	<30%	<20%
芬兰、匈牙利、瑞士	>90%	<10%	0%	墨西哥、斯洛伐克	>60%	<20%	<20%
德国	>60%	<40%	0%	荷兰	>89%	<6%	<6%
澳大利亚（除1998、2007、2008年）、冰岛、新西兰	>35%	<32%	<32%	捷克、意大利、挪威、波兰、西班牙、英国	>70%	<20%	<20%
智利、丹麦、美国	>48%	<25%	<26%	比利时、法国	>80%	<10%	<10%
韩国（除2002、2005、2006、2010年）	<42%	>34%	<42%	日本	<33%	>36%	>35%

按照政府财政投入在整个学前教育投入所占的比例，本部分将OECD国家简要分成了三种类型。

（1）单方承担型

在所有OECD国家中，只有爱尔兰是完全由一方承担。在2004年之前，爱尔兰的学前教育投入以私人和家庭投入为主。从2004年起，政府开

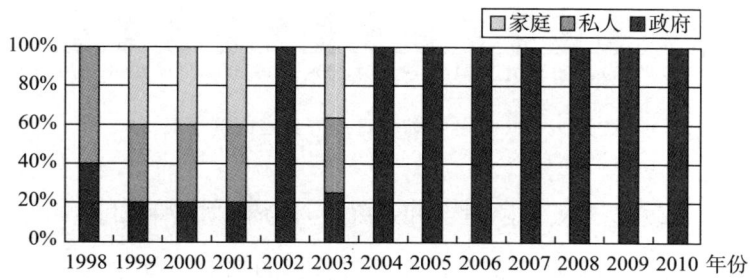

图9-1　爱尔兰学前教育三方分担比例

始承担全部的学前教育投入。2005年,爱尔兰政府还建立了儿童部长办公室,设立了独立的早期教育政策组,其主要职责为协同儿童部长办公室,制定学前教育整体战略框架,并集中负责政策和法规的制定。①

(2) 某一方为主,其他方为辅

OECD中绝大部分国家属于这种类型,包括芬兰、德国、匈牙利、瑞士、意大利、挪威、英国、冰岛、新西兰、智利、丹麦、奥地利、以色列、斯洛伐克、捷克、波兰、西班牙、比利时、法国、荷兰、美国、墨西哥、澳大利亚这23个国家。在这些国家的学前教育投入中有一方所占比例具有绝对优势,一般占总投入的50%左右。与此同时,另外两方的投入也占一定比例,政府、家庭和私人共同创建和支撑起了整个国家的学前教育体系。

第一,以政府投入为主、私人投入为辅,如芬兰。

在此类型国家中芬兰的这一特点尤为突出且成绩斐然。2003年,芬兰近96%的6岁儿童接受了学前教育,这一比例在世界上名列前茅。芬兰政府承担了绝大部分的学前教育财政投入,家庭几乎不需要承担投入。②

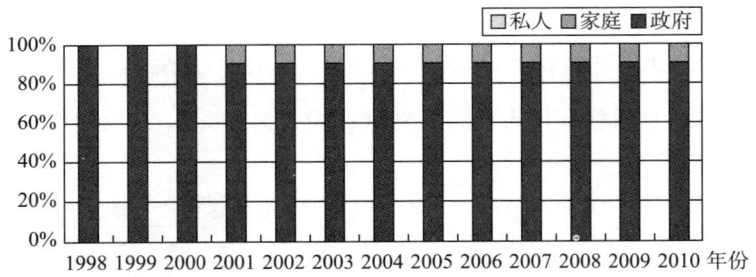

图9-2 芬兰学前教育三方分担比例情况

第二,以政府投入为主、社会和家庭投入为辅,如比利时。

比利时是世界上最早完全普及学前教育的国家。早在1970年,比利

---

① 胡恒波.爱尔兰学前教育的政策、举措及启示[J].教育导刊(下半月),2012(7):92-95.
② 张国平.瑞典、芬兰、丹麦三国学前教育目标比较研究[J].当代学前教育,2010(6):31-34.

时3—5岁幼儿的入园率就几乎达到了100%,从那以后,学前教育进一步向2岁半的幼儿普及。2011年,3—6岁幼儿的毛入园率为120%,净入园率为100%;2岁半幼儿的入园率也达到了85%。① 比利时政府不仅建设公办幼儿园,也全额资助私立幼儿园。从2岁半开始,幼儿上公办和私立幼儿园都是免费的,家长只承担临时性杂费,约占学前教育总成本的5%。

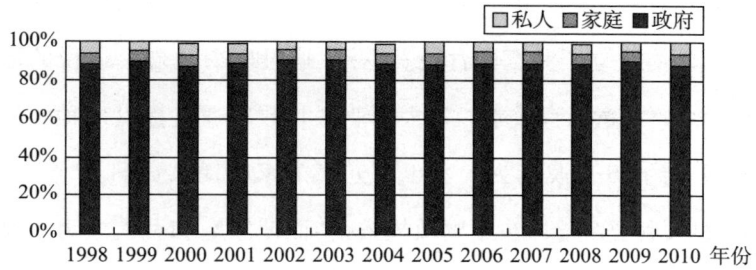

图9-3　比利时学前教育三方分担比例情况

(3) 不断调整型

与其他国家学前教育成本的分担形式不同,澳大利亚属于不断调整型。其学前教育成本的三方分担类型在不断地变化,由1998年的平均分担逐步转为政府分担为主,2007—2008年,又转变为家庭和私人分担为主,2010年又回到了政府分担为主,但三方分担比例相差不大。

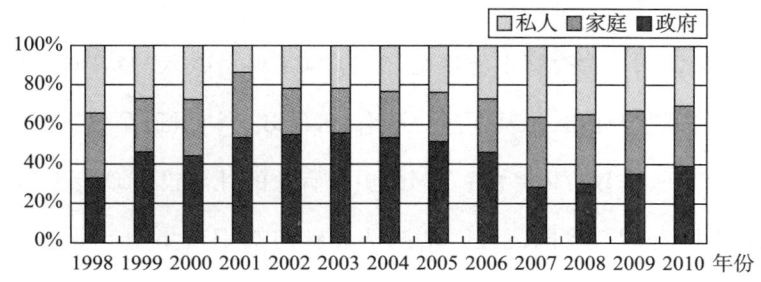

图9-4　澳大利亚学前教育三方分担比例情况

① 余强.比利时学前教育述评[J].幼儿教育,2011(12):51-55.

从 1999 年到 2006 年,澳大利亚加大了政府对学前教育的财政投入,从 1998 年的均担逐步转为政府主导。1998 年,联邦政府取消了对非营利性保育机构的直接经营补贴,转而对具有一定资格的家庭进行儿童保育帮助(Child Care Assistance)和儿童保育费减免(Child Care Rebate)。2000 年 7 月,联邦政府颁布了《家庭帮助法案》,取代了儿童保育帮助和儿童保育费减免,旨在帮助低、中等收入的家庭。2004 年,作为儿童保育补助的补充,联邦政府设立了儿童保育税费返还,通过所得税现金退税的形式减免家庭 30% 的儿童保育成本。澳大利亚联邦政府通过提供多种类型的拨款,每年投入约 65 亿澳元为 5 岁以下儿童的家庭提供资助。[①] 2007 年和 2008 年,澳大利亚政府减少了财政投入,转而使家庭和私人成为主要承担方。2009 年开始,其学前教育的财政分担方式又慢慢调整为政府主导,但是政府、家庭、私人三方分担比例相差不大。

2. 日韩两国政府、家庭、私人学前教育成本分担状况

相对于其他成员国,日本、韩国两国政府的学前教育财政投入占国民生产总值的比例较低,是一种典型的以家庭和私人投入为主的学前教育投入结构,属于三方共同分担型。

(1)韩国政府、家庭、私人学前教育成本分担状况

社会投资理念是韩国教育政策制定的基础。20 世纪 90 年代之后,韩国政府逐渐认同社会投资不应该是"被动"谋求经济收入的状态,而应有助于创新经济现状与前景。基于这一理念,韩国政府认识到保教工作不仅仅是家庭的责任,是教育体系的一部分,更是有效的社会投资政策工具,是能消除贫困儿童问题,将国民经济从制造业转向知识密集型产业的工具。[②]

---

① 王春亚. 澳大利亚学前教育和保育改革研究[D]. 南京师范大学,2012.
② 刘云艳,岳慧兰,杨晨晨. 韩国的学前教育政策:现状、问题及其启示[J]. 外国教育研究,2013,40(7):51-58.

为此,学前教育成为整个社会投资政策的一个核心。2005 年,韩国老龄化与未来社会统筹委员会在 2004 年调查数据基础上提出了儿童保育政策的主要目标,并且提出了全面的保育支持计划,包括财政支持机制。针对这一目标,方案提出增加保育机构和幼儿园、减轻家庭育儿费用的负担和提高保育服务质量的措施。除了直接投资学前教育事业,韩国还根据家庭收入水平对儿童教育和保育进行分层性支持。韩国政府不断加大对学前教育的投资,在《幼儿教育法》(2004)中明确规定,"学前 1 年免费教育所需的费用,全部由中央和地方政府共同承担"①。2012 年起,所有幼儿机构的 5 岁幼儿开始享受免费幼儿教育。同时,韩国政府也开始对 0—2 岁婴幼儿实施免费儿童保育计划。②

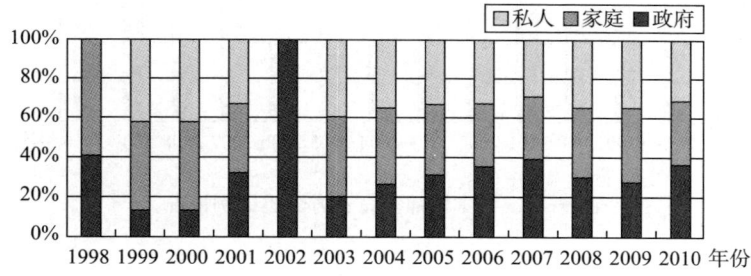

图 9-5　韩国学前教育三方分担比例情况

(2) 日本政府、家庭、私人学前教育成本分担状况

日本最初的幼儿教育体制机制主要特征是二元化,即幼稚园教育和保育所教育,它们按照各自的法规、制度在发展。日本的幼稚园作为学校教育的一部分,被列入学校教育体系中,由文部省管辖,招收 3 岁以上的学前

---

① 庞丽娟,夏婧,张霞.世界主要国家和地区学前教育免费政策:特点及启示[J].比较教育研究,2010,32(10):1-5.
② OECD. Quality Matters in Early Childhood Education and Care:Korea 2012 [EB/OL]. (2012-04-25)[2018-07-09]. http://www.oecd.org/education/school/50219964.pdf.

儿童,每天在园约 4 小时,侧重于教育;而保育所则是一种福利性的设施,由厚生省管辖,招收刚出生到入学前的儿童,儿童每天在中心约 8 小时,侧重于保育。[①] 日本政府对幼稚园和保育园的财政投入差别较大,公共经费的双重投资,很难协调因两者的投资关系而产生的某些不公平,这种情况下家庭不得不拿出更多的钱补偿政府的投入不足。

近年来,日本政府多次颁布相关政策,为推行幼保一元化改革采取了一系列的措施。2006 年以来,创设并实施了"认定儿童园"制度,标志着自"二战"后长期探索的幼保一元化问题有了实质性的进展。

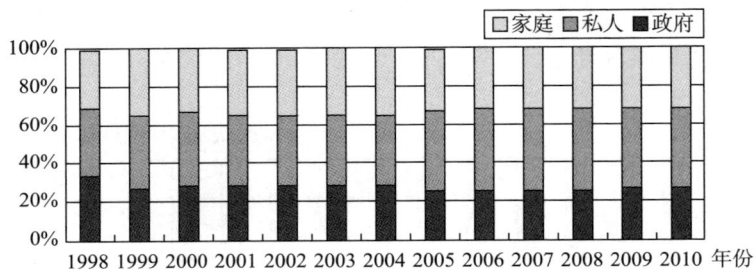

图 9-6　日本学前教育三方分担比例情况

(三) OECD 国家中央、省级、地方学前教育成本分担现状

在 OECD 成员国中,学前教育财政投入分为三个层次:一是中央政府的财政投入,二是省级政府的财政投入,三是地方政府的财政投入。

OECD 国家学前教育财政投入的政府分担方式呈现多样化的特征,执行单级政府财政投入体制的国家为数不多,绝大多数国家执行的是两级和多级政府财政投入体制,各级政府共同承担学前教育的财政投入。如下表所示。

---

① 张晖,李煜,范忆.新西兰、英国、日本学前教育一体化述评及启示[J].幼儿教育,2011(30):51-55.

表 9-4 1998—2010 年 OECD 国家学前教育财政投入政府间分担比例

国家分布	中央财政投入比例	省级财政投入比例	地方财政投入比例	国家分布	中央财政投入比例	省级财政投入比例	地方财政投入比例
新西兰、爱尔兰	100%	0%	0%	荷兰	>65%	<0.1%	<35%
挪威	0%	0%	100%	意大利	55%—70%	<10%	25%—45%
以色列	>55%	0%	<45%	法国	>50%	<3%	<47%
智利	>70%	0%	<30%	捷克（2005年起）	<6%	>50%	<44%
奥地利（2003年起）	0%	>50%	<50%	日本（2000年起）	<7%	>50%	<43%
				澳大利亚	<10%	>89%	<3%
瑞士（2008年起）	0%	>55%	<45%	比利时	<25%	>70%	<15%
冰岛	<1%	0%	>99%	西班牙	<40%	>50%	<15%
英国	<20%	0%	>80%	墨西哥（除1999、2003年）	<49%	>50%	<1%
芬兰	<30%	0%	>70%	波兰	<1.5%	<0.5%	>98%
斯洛伐克（2006年起）	<40%	0%	>60%	德国	<5%	<35%	>60%
				美国	<20%	<31%	>50%
丹麦	<3%	<2%	>95%	韩国（2004年起）	23%—31%	25%—35%	35%—50%

按照各级政府财政投入在整个学前教育投入所占的比例，本部分将 OECD 国家简要分成了三类。

1. 单方主导型

政府对学前教育的财政投入基本上可以反映一个国家对学前教育的重视程度。通常情况下，政府对学前教育越重视，其相应的财政投入就越多。在 OECD 国家中，新西兰和爱尔兰的学前教育财政性投入全部由中央政府承担。新西兰政府高比例的财政投入成就了其学前教育的高普及率。《中国教育经费统计年鉴2009》的数据显示，2009 年我国学前教育公共财政投入为112.4亿,仅占当年GDP的0.03%左右;而2009年,新西兰学前教育公共财政投入占当年GDP的0.6%左右。同时,我国学前教育公共财政投入也大大低于OECD国家0.5%的平均水平,后者相当于我国的10倍左右。①

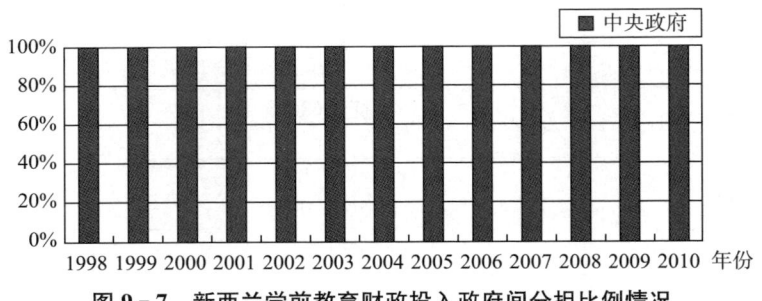

图9-7 新西兰学前教育财政投入政府间分担比例情况

2. 两方共担型

两方共担型又分为三种类型,分别为中央政府与地方政府共担、省级政府与地方政府共担、中央政府与省级政府共担。

第一,中央政府与地方政府共担,如英国。英国具有地方分权的传统,地方政府在教育方面拥有较大的自治权力。1988年《教育改革法》的颁布是英国教育管理体制发展的转折点,它大大地增强了中央政府的教育领导权限,此后,中央政府在对教育事业的宏观规划和调控中发挥着越来越大的作用。② 英国最高的教育行政机构是教育与技能部,它负责制定学前教育相关政策、颁布法令、制定发展规划等,并由教育大臣直接负责对学前教育事业的管理。③ 虽然中央对教育的宏观调控呈增强的趋势,但地方当局在教育管理与发展中的地位仍然不容忽视,在英国学前教育管理体制改

---

① 李政云,匡冬平.新西兰"政府主导"学前教育发展的举措及其启示[J].学前教育研究,2013(5):21-27.
② 陈永明.发达国家教育管理体制的改革[J].比较教育研究,2004(1):62-66.
③ 庞丽娟,刘小蕊.英国学前教育管理体制改革政策及其立法[J].学前教育研究,2008(1):32-35.

革和立法的过程中其地位与责任得到了进一步凸显。2004年的《儿童法》第52条明确规定英国地方当局有保护和促进儿童健康成长及提高教育成就的职责。2006年的《儿童保育法》中进一步明确了地方当局在学前教育管理方面的总体职能和具体职能。

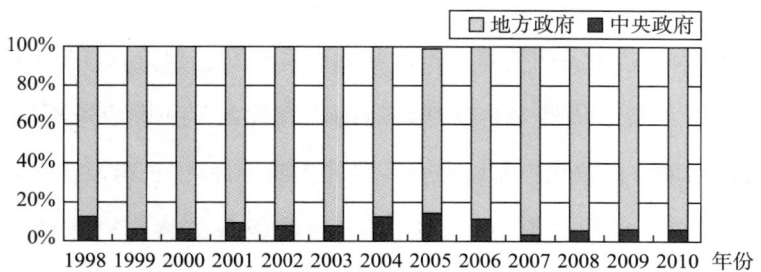

图9-8 英国学前教育财政投入政府间分担比例情况

第二,省级政府与地方政府分担,如德国。德国共有16个州,实行联邦政府制度。中央政府有行政、立法及司法权,各州则拥有《德意志联邦共和国基本法》所保障的地方自治权利。在教育方面,各州有文化独立自主权。各州与地方共同分担学前教育经费,并以地方为主。

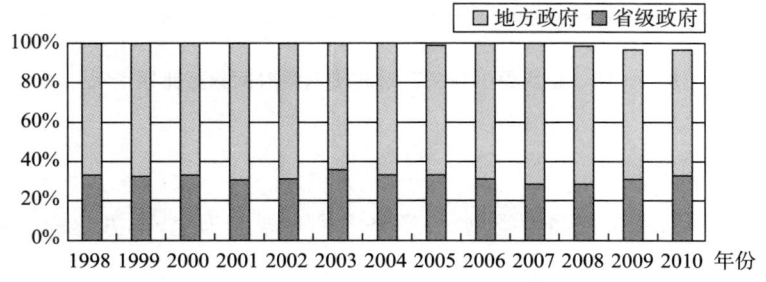

图9-9 德国学前教育财政投入政府间分担比例情况

第三,中央政府与省级政府分担,如墨西哥。在办学经费方面,墨西哥有着公费资助公办教育的传统。1917年,墨西哥《宪法》第三条就规定:

"由政府提供的一切教育都是免费的。"因此,在《学前义务教育法》颁布和实施之前,墨西哥的公办学前教育机构已经是免费的了。就经费的数量来说,墨西哥政府对学前教育的资助额是十分巨大的。墨西哥教育经费占政府总开支的比例高达20%多,几乎是OECD成员国的两倍。①

从20世纪90年代起,在国际潮流影响下,墨西哥也实行了权力下放的制度改革,开始由各州统筹本州的基础教育经费。但是,2008年以前各州40%的教育经费仍然来自联邦政府的教育拨款。和墨西哥不同的是,目前我国由地方财政承担基础教育经费的主要份额,中央财政承担的份额很小。如2008年中央财政只承担了全国各级各类教育财政性经费的7.4%。② 因此,我国有必要借鉴墨西哥的经验,让中央财政承担起学前教育经费均衡器的职能。

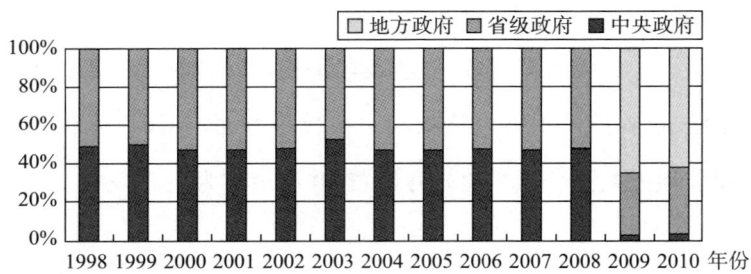

图 9-10 墨西哥学前教育财政投入政府间分担比例情况

3. 共同分担型

共同分担型包括两种类型,一类是由中央政府为主,地方政府、省级政府为辅;另一类是地方政府为主,中央政府、省级政府为辅。

---

① 余强.墨西哥《学前义务教育法》的制定与实施及其对我国的启示[J].学前教育研究,2010(11):17-23.
② 教育部财务司,国家统计局社会和科技统计司.中国教育经费统计年鉴2008[M].北京:中国统计出版社,2009.

第一,以中央政府为主,地方政府、省级政府为辅,如法国。法国同中国一样实行中央集权管理体制,自近代以来,法国学前教育在世界上一直保持着领先位置。在法国,学前教育被定为非强制性的免费教育。幼儿园含公立、私立两类。家庭可以按自己的收入水平寻找相应的幼儿园,费用不超过家庭全年收入的14%到16%。法国的《宪法》和《教育法典》均明确规定构建免费和世俗的各级公共教育是国家的责任,其中各级公共教育就包含了公立学前教育,这就明确学前教育事业政府主办和学前教育投入以政府财政为主的原则。法国多部法律法规对地方政府的学前教育职责也做出了明确规定,如1983年和1985年的几部法律明确了市镇政府在主办学前教育事业中的各项职责。这样,法国一直保持着"中央政府和地方政府并进、中央政府为主"的政府间学前教育财政分担方式。①

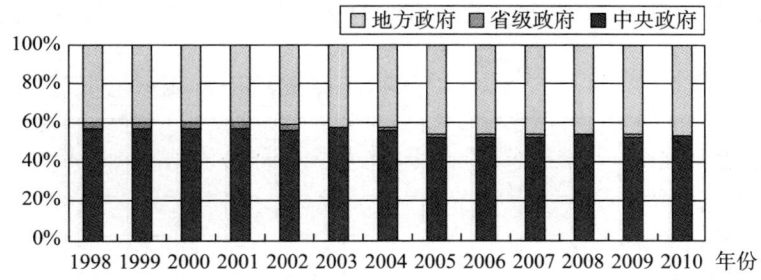

图9-11 法国学前教育政府间分担比例情况

第二,由地方政府为主,中央政府、省级政府为辅,如美国。根据美国《宪法》,美国的教育权在各州,因此,美国历来没有全国性的儿童教育和保育制度。对于儿童学前教育和保育,联邦政府通过立法和拨款扮演着制定学前教育政策,推进项目贯彻落实的角色。② 而地方政府一直分担着大部

---

① 沙莉,庞丽娟.明确学前教育性质,切实保障学前教育地位——法国免费学前教育法律研究及其对我国的启示[J].学前教育研究,2010(9):3-8.
② 张宇.美国联邦政府干预学前教育的历史演进研究[D].东北师范大学,2010.

分的学前教育经费投入。

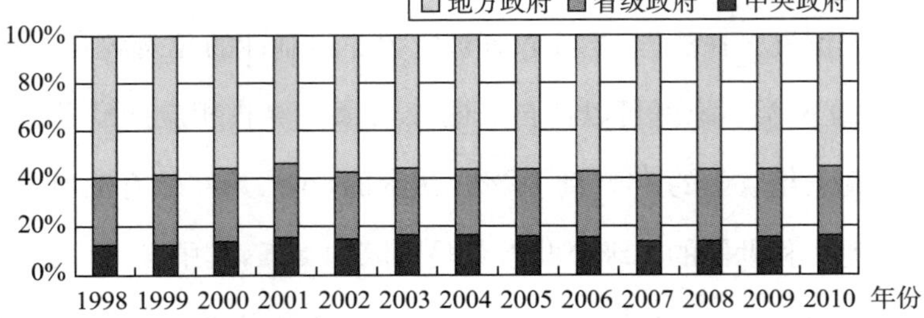

图 9-12　美国学前教育财政投入政府间分担比例情况

4. 不断调整型

在20世纪末,捷克政府间学前教育财政投入方式是以中央政府为主,地方政府为辅,2001年至2004年间转变为地方政府为主,中央和省级政府为辅,2005年至2010年一直是省级政府为主,地方和中央政府为辅。

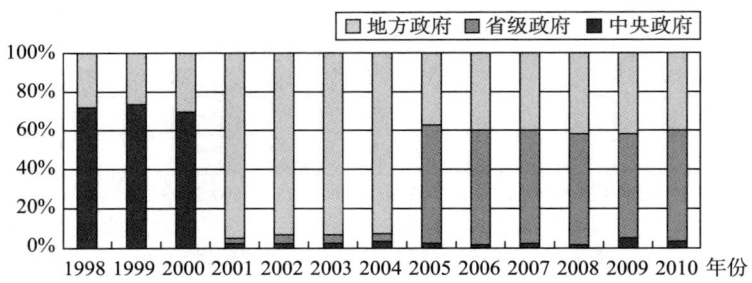

图 9-13　捷克学前教育财政投入政府间分担比例情况

各成员国对学前教育的投入结构并非一成不变,也在根据国家的经济发展对学前教育的财政投入机制做出调整。例如,捷克从2005年开始从"以地方为主,中央和省级政府为辅"的投入体制转为"以省级政府为主,中央和地方政府为辅"的状态。瑞士从2008年开始从"以地方政府为主,省级政府为辅"的财政投入体制转变为"以省级政府为主,地方政府为辅"的财政投入体制。

我国目前采用的是"以地方政府为主、中央和省级政府为辅"的投入方式,与我国采用相似模式的美国 2012 年人均 GDP 高达 49 802 美元,而我国仅仅为 6 094 美元,我国地方政府的压力之大可想而知。又如那些虽然执行两级政府财政投入但以地方政府为主的芬兰、英国,这些国家 2012 年的人均 GDP 分别为 45 545 美元和 38 591 美元,排名在世界前 30,均远超于我国平均水平,而相比之下我国同期的人均 GDP 值仅排在世界第 84 名。所以,我国在现有的经济发展水平以及各地方政府财力不均衡的情况下,执行"以地方为主、中央和省级为辅"的财政投入方式,可能会由于地方政府财力不均或不足而加大各地方学前教育发展不均等的现象。

值得一提的是,中国和法国同是中央集权制国家,都采用政府直接干预的学前教育行政管理体制,学前教育政策、法律法规、发展规划、教育内容甚至教学方法都是国家统一制定的。① 由于政治制度、经济状况和财政分权结构等因素的不同影响政府间的财政分担选择倾向,中、法两国的学前教育发展情况也有很大差距。法国政府采用了"中央政府为主,地方和省级政府为辅"的政府间分担方式,省级政府分担比例不到 3%。相比之下,我国采用的"以地方为主,中央和省级政府为辅"的分担方式明显加重了地方财政的压力。因此,加大中央和省级政府对学前教育的财政投入是必要的。

二、主要国家和地区学前教育投入体制的启示

近二十多年来,两方面的研究成果深刻揭示了学前教育的重要价值。一方面是有关脑科学和儿童发展的研究,这类研究让人们充分认识到早期发展和良好教育环境对人的一生发展的关键作用,因而具有奠定国家未来

---

① 王承绪,顾明远. 比较教育(第 3 版)[M]. 北京:人民教育出版社,1999:252.

人力资源的坚实基础的意义;另一方面是教育经济学有关早期教育的效能研究,认定早期教育投入对于社会高回报率的价值,特别是在减少贫困、犯罪、各种社会矛盾和冲突等方面起到的早期预防的效果,具有促进社会和谐和国家安定的巨大社会价值。因此,国际社会,包括许多发展中国家都切实地把对学前教育的投入看作是为国家积累财富,将其放在优先发展位置,更多承担发展学前教育的责任。[①] 在这种世界学前教育发展的大背景下,各国政府对学前教育的投入表现出以下特点。

(一) 通过法律法规来保证投入的稳定增长

作为 OECD 成员国,美国政府出台了相关法律法规来确保对早期儿童保育与教育的投入。例如,美国联邦政府在 1981 年出台了《开端计划法》,在上升为国家法律的前提下,联邦政府对项目的拨款表现出了稳定增长的态势,2004—2008 年,联邦政府提出在每个财政年度对项目的拨款维持在 68.7 亿美元。再如,奥巴马政府出台了"0—5 岁教育计划",该计划中提到每年由联邦政府拨款 100 亿美元,用于资助各州普及学前教育。除此之外,当前美国政府尤其重视学前教育立法的有效性评估,例如,对《开端计划法》及项目的评估包括了多个大型追踪评估研究,如"美国开端计划影响力评估研究"(Head Start Impact Study)以及"家庭、儿童体验研究"(Family and Child Experiences Survey, FACES)等。特朗普政府提议将 2020 财政年度的"开端计划"总预算维持在 106 亿美元以上,并在 2021 财年的联邦预算提案中继续加强对该项目实施与评估资金的支持力度。[②]

在英国,学前教育财政投入具有鲜明的制度性,预算增长和资金拨付均有相关法律加以保障。英国议会每年讨论通过当年的政府预算,各项具

---

① 王玲艳,冯晓霞,刘颖.世界主要国家和地区学前教育投入方式分析[J].比较教育研究,2013,35(6):66-71.
② 钱雨.美国学前教育立法的发展、经验与启示[J].湖南师范大学教育科学学报,2020,19(3):16-23.

体的金额都会以《拨款法》颁布执行。这使得包括学前教育在内的各项预算能够在法律保障之下得以执行。而且学前教育的预算拨款在英国逐步走向预算单列,有关学前教育的多项项目都是专门拨款的,例如,"确保开端计划"项目、质量标准的制定等。其中,仅"确保开端计划",《2001年拨款法》中就规定2001—2002年度用于该项目的联邦预算为1.8亿英镑,此后2002—2003、2003—2004、2004—2005年度该项预算拨款分别为4.5亿、5.3亿和8.9亿英镑,2005—2006年度则达到11.58亿英镑。[①]

巴西鼓励地方政府为主举办公立学前教育目的在于赋予地方政府更多的办园自主权,使学前教育更加适应地方民众需要,中央政府则通过立法、拨款、规划、信息服务、督导等对学前教育进行宏观调控,确保学前教育质量和公平。根据巴西《宪法》(1988年)第八章第213条规定,公共资金应用于包括公立学前教育机构在内的公立学校,政府有优先投资和扩展地方公共教育系统的法定义务。此外,巴西《宪法》还设定了包括公立园在内的公立教育预算最低比例标准。在《国家教育计划》(2000年)中,巴西政府再次重申确保国家资源用于发展包括公立园在内的联邦公共教育,由此为公立园的优先发展提供了法律依据。

(二) 各级政府分担财政投入的责任

政府在学前教育发展中承担主要投入责任是保障该项事业健康发展的根基,目前,随着各国意识到早期教育在人的一生发展中所发挥的重要作用,政府对这一教育阶段的投入都有所增加。各国学前教育财政拨款的方式主要分为单级政府财政拨款、两级政府财政拨款以及多级政府财政拨款。[②]

在美国,对儿童保育和教育的投入的明显趋势是加大。从联邦政府与

[①] 周小虎,赵然.英美两国学前教育政府职责的比较及其启示——教育政策法规的视角[J].外国教育研究,2010,37(3):37-42.

[②] 张翼飞,黄洪.学前教育财政投入的国际经验研究——基于OECD主要发达国家的分析[J].现代教育管理,2016(11):28-35.

州政府的角色划分上来看,联邦政府承担儿童保育和教育项目经费的60%,州政府和地方政府承担其余部分。①联邦政府经费有三个方面的支出:一是可自由支配的开支,其中就包括了对儿童保育和教育的投入,这笔费用每年由国会拨款委员会来确定,通常是投给一些项目。例如,"儿童保育和发展固定拨款""提前开端计划"等。二是强制性的支出,即保证性的支出。"儿童保育和发展固定拨款"中的一部分经费就来自这个部分。三是税收,包括退税(如儿童税收抵免)和扣除。在经费补贴方面,分为联邦及州政府两个层级。首先是联邦政府的补贴。联邦层面负责补贴的部门有两个:一是健康与人力服务部门,二是教育部门。健康与人力服务部门的补贴主要用于"开端计划"及"提前开端计划"方案的开支;另外是幼儿托育与发展基金,它是提供幼儿托育所需的花费,对象为总收入低于各州规定的最低收入的家庭;另外联邦经费还用于对州政府进行补贴等。另外一个途径是由教育部门负责的经费,这些经费主要用于补助给学校,按照处境不利儿童比例数来分配。其次是州政府补助。各州政府的补贴项目与优先顺序有很大的差异性。而且,部分州倾向于给认证合格的机构较高的补助。② 美国的早期儿童保育与教育的资金来自联邦政府、州政府、地方机构、私立机构和非政府组织以及其他社会伙伴,除了资金支持之外,这些机构还会参与到国家有关早期保育和教育政策的制定和执行中去。③

在英国,学前教育投入主要以财政投入为主,但其财政经费运作机制又引进了项目管理、民间基金会、教育券、税收调节等现代市场投资的管理

---

① United Nations Educational, Scientific and Cultural Organization. Strong Foundations: Early Childhood Care and Education[R]. Paris: NUESCO, 2007: 183.
② 简楚瑛. 幼儿教育与保育的行政与政策:欧美澳篇[M]. 上海:华东师范大学出版社,2005.
③ Sheila B, Shirley G. Early Childhood Education and Care in the United States: An Overview of the Current Policy Picture[J]. International Journal of Child Care and Education Policy. 2007. 1(1): 23-24.

方法。试图取政府管制和市场调节之所长,而避两者之所短。① 根据 OECD 2005 年的统计显示,英国学前教育财政投入占 GDP 的 0.47%,而这些投入的 95.8% 都来自公共资源,只有 4.2% 来自私人或家庭。教育财政投入中的 8% 都用于学前教育,用于 3—6 岁幼儿的早期教育服务的费用为生均 845 美元,是 OECD 国家中最高的。按照英国国家审计办公室 2002—2003 年基于教育与技能部的报告显示,英国早期教育的经费来源中,家庭占 45%,公立保育教育占 38%,"确保开端计划"项目经费占 10%,儿童保育税收抵免占 5%,地方政府占 2%。近年来,英国政府推出了多项新政策,开展大规模的学前教育改革,"2015 年度秋季支出审查报告"提出,一直到 2020 年,中央政府将每年提供高于 10 亿英镑的资金用于幼儿教育。②

在德国,学前教育财政投入职责主要由州政府和地方政府承担。根据 2008 年的统计数据,学前教育公共经费当中,40% 由州政府负担,60% 由地自治市负担。作为分权国家,本着事权与财权对等的原则,德国所有的公共经费流向都由自治市政府管理,财政投入职责下放是合理的。但同时我们也能看到,德国并未将财政投入职责完全下移。各级政府间的投入责任相对明确,且中间层级政府负担了将近一半的投入责任,其好处是能够保障区域内学前教育财政投入的平衡与充足。

在巴西,公共教育经费投入由中央、州和地方政府三级组成,巴西《宪法》《全国教育指导方针和基础法》等多部政策法规中明确规定了涵盖学前阶段的教育公用经费占各级政府总支出的比例:联邦政府每年用于包括学

---

① 蔡迎旗.国外幼儿教育财政资金的配置类型、政策及其启示[J].上海教育科研,2006(9):12-14.
② Education Department of UK. Review of Childcare Costs: an Executive Summary of the Analytical Report[EB/OL].(2015-11-24)[2020-07-08]. https://www.gov.uk/government/publications/review-of-childcare-costs.

前阶段的教育公用经费应不少于当年联邦政府18%的税收额,州、联邦区和市政府的这一指标应不少于25%,用以维持和发展学前教育等公共教育事业。① 因此,公共教育经费主要来自各级政府税收,除一般性税收外,还设有教育专项税"教育工资税"来保证政府教育经费有稳定的来源。"教育工资税"从各单位按工资额的一定比例征收,专门用于教育支出(特别是基础教育的公共支出)。"教育工资税"占联邦政府初等教育税收的60%,占州政府初等教育税收的12.9%。此外,巴西政府还采取多种有效措施,广泛筹集社会资金,增加对教育的投入。如建立全国教育基金会,基金会的资金来自各级政府拨款、企事业单位捐助、金融机构贷款和国际组织资助等,以及从体育彩票、欠税罚款等中提取一定份额用作教育资金。②

(三) 政府的财政投入体现出优先保证处境不利的儿童

公共财政投入优先保证处境不利的儿童接受教育是世界各国财政投入的基本原则。这样才能有效地避免处境不利的儿童在社会中被排斥、边缘化,从而实现个体的健康发展,保证个体的教育权,实现社会公平。在很多国家和地区,政府的财政投入都体现出了优先保障处境不利儿童的特点。

在美国,财政经费的分配有着一定的规律,即当经费较为充足时,一般不选择援助对象,在经费有限的情况下,一般会优先资助处境不利的儿童。因此,无论是联邦政府学前项目还是州政府学前项目,都将低收入家庭的儿童作为主要服务人群或优先服务人群。将有限的资源投给处境不利儿童,以确保他们也能享受公平的教育。以1965年开始实施的"提前开端计划"为例,该项目最优先考虑的两类人群:一是家庭收入低于联邦贫困线的

---

① 沙莉.巴西强化学前教育政府职责的时代背景与政策经验分析[J].现代教育管理,2016(11):41-45.
② 田志磊.探索公平、透明的基础教育财政体制——巴西基础教育发展基金会案例分析[R].北京:中国教育财政科学研究所.2013(3).

儿童,如果其家庭希望得到学前教育公共援助,即可申请参加;二是孤儿。为了满足这两类儿童的需求,"提前开端计划"项目中心一般设在贫困人口相对集中的社区。在满足这两类优先人群的入学需求后,其他家庭的幼儿也可申请参加,但比例一般不能超过项目招生人数的10%;在确保满足了两大优先群体以及残疾儿童后,这个比例可以追加至35%,但其家庭收入也必须低于贫困线的130%。2017年有近102万名儿童及其家庭加入"提前开端计划",近1.65万名孕妇和13.7万名儿童及其家庭加入了"提前开端计划",其中包括22 415名美国印第安人和阿拉斯加原住民。① 另外,在对项目进行巨大投入的同时,政府还会对项目的执行情况进行监督和管理。"提前开端计划"建立了《早期教育项目标准》《早期学习经验指南》《早期儿童的发展和评价结果》《提前开端项目系统监察表》《提前开端儿童成果表现框架》等。2007年用于研究和评估的费用将近2千万美元。评估的结果不仅保证和促进了项目的健康发展,也为国家投入学前教育的必要性和意义提供了有力证据。②

20世纪90年代,随着学前教育运动的兴起,普及学前教育尤其是4岁儿童的教育逐渐受到关注。该运动的支持者认为,像"提前开端计划"这样的项目并不能惠及所有低收入家庭的孩子。不只是最贫穷的家庭难以获得高质量的学前教育,刚刚超过贫困线的家庭通常也无法获得优质的学前教育,普及公立学前教育是解决问题的根本之策。2013年,奥巴马总统倡议,由联邦和州政府合作为所有儿童提供学前教育。截至2017年,美国政府已提供10亿美元的拨款用于支持低收入和中等收入家庭的4岁儿童获得高质量的学前教育。2014—2015学年,美国95%的学区运用"4K计

---

① 陈群.发达国家教育精准扶贫的政策比较与借鉴——以美国、英国、法国和日本为例[J].当代教育科学,2019(3):40-46.
② 王玲艳,冯晓霞,刘颖.世界主要国家和地区学前教育投入方式分析[J].比较教育研究,2013,35(6):66-71.

划"(Four-Year-Old Kindergarten Program)为4岁儿童提供公立学前教育。该计划被认为是普及4岁学前教育最有效的方法,目的是帮助那些无力承担优质学前教育费用家庭的孩子在正式上学之前获得一些重要的基本技能。①

自20世纪后半期以来,英国政府十分关注弱势儿童的学前教育,在财政投入方面,一方面为广大儿童提供最基本、合格的保教服务,另一方面又重点对弱势儿童进行资金倾斜。英国推行了一系列的教育计划,在资金上也予以相应的保障。1998年,英国政府开始投资实施了一项类似于美国"开端计划"的"确保开端计划",这一项目是专门用于支持处境不利地区和家庭的幼儿的综合性儿童保教项目,是工党政府在大选中获胜上台所实施的一项重要社会福利政策。2011年4月,卡梅伦执掌的中央政府又提供了4 000万英镑用于为处于最弱势地位的2岁儿童接受免费的早期教育,有15个地方政府可以获得这笔资金。同时,一个全新的更为公平更为透明的资助体系EYSFF(Early Years Single Funding Formula)将在各地方政府施行。EYSFF要求地方政府按照儿童的数量来提供资助,这意味着资金将跟随儿童而不是被浪费在空的机构,这使得保育机构尽最大努力来吸引和鼓励更多的家庭选择免费的保育。②且从2011年起,在之后的四年,每年提供3 000万英镑左右的资金,全国这类机构从20 000增加到130 000所。③ 2013年,保守党主导政府先后发布了两个重要的政策框架:

---

① 张寰. 美国学前教育弱势补偿机制及其启示[J]. 陕西师范大学学报(哲学社会科学版),2019,48(3):149-160.
② Department for Education of UK. £4 Million to Fund Free Nursery Places in 15 Areas[EB/OL]. (2011-04-01)[2017-07-04]. https://www.gov.uk/government/news/4-million-to-fund-free-nursery-places-in-15-areas.
③ Free Early Learning for Disadvantaged Two-year-old: An Implementation Study for Local Authorities and Providers[EB/OL]. (2011-06-30)[2020-07-05]. https://www.gov.uk/government/publications/free-early-education-for-disadvantaged-two-year-olds-an-implementation-study-for-local-authorities-and-providers.

《更好的幼儿照护》(More Great Childcare)和《可负担的幼儿照护》(More Affordable Childcare)。这两个政策框架都强调以适度财政支出为"最需要"(most in need)学前服务的弱势幼儿群体实现有效的服务递送,促进机会平等。①

在巴西,政府设立了基础教育和教师专业发展基金(FUNDEB)。联邦政府对州的 FUNDEB 转移支付来源于州共享基金和市共享基金,这两项基金的分配考虑了地区间人口、经济发展水平差异,所以能够在一定程度上缩小各州之间的教育投入差异。而在州内,FUNDEB 资金分配的依据是各级各类基础教育的学生数,不仅区别了教育类别,还区别了城市和农村,遵循"弱势群体优先"的原则,农村学生权重大于相应类别的城市学生。对于无法达到生均教育经费最低标准的地区,联邦政府通过联邦补充资金提供帮助。②

(四) 多种投入方式支持早期儿童保育与教育

除了直接建立公立性质的早期保育和教育机构外,各国政府还有一些具有显著特点的方式对早期保育与教育进行投入。

1. 举办公办托幼机构

公共财政直接用于举办托幼机构,家长缴纳部分费用是政府分担学前教育成本的做法,尤其是在欧洲。据有关欧洲 39 个国家的数据显示(5 个国家是 2004 年和 2005 年的数据,其余均为 2006 年的数据),其中有 23 个国家入公办幼儿园的幼儿占在园幼儿总数的 80% 以上。具体来讲,公共财政分担学前教育成本的比例因国家的经济状况和社会价值观念而有所不同。据 OECD 的有关资料显示,2005 年欧洲 16 国公共财政分担 3 岁以

---

① 张宁珊.英国近二十年学前教育政策及其对我国的启示[J].外国中小学教育,2019(11):39—47+9.
② 田志磊.探索公平、透明的基础教育财政体制——巴西基础教育发展基金会案例分析[R].北京:中国教育财政科学研究所,2013(3).

上学前教育费用在90%以上的国家有9个;分担80%—90%的国家有6个;德国分担的比例为72%。① 诚然,政府分担的比例越高,家长承担的费用就越低,在经济条件一定的情况下,儿童接受有质量的早期保育和教育的概率越高。

此外,在公立园比例很高的国家和地区,服务对象基本不作限制;在公立园所占比例相对较低、难以满足广大民众需求的国家和地区,往往将学前教育服务定位于"保底",优先招收各种处境不利的幼儿,有条件或有空额时再向社会扩展。很多国家通过各种方法举办公立学前教育机构,如英国的"确保开端计划"(Sure Start Project)、美国"提前开端计划"(Head Start Program)和澳大利亚的"学前教育普及计划"(Universal Access to Early Childhood Education)等,都是由中央政府发起的旨在面向弱势地区和人群提供免费或低价公立学前教育的项目;韩国为满足在农村和山区积极大力兴办公立园的需求,规定公立园采取"排富原则"招生,且为低收入家庭的孩子减免学费,并在《幼儿教育法》(2012年)中进一步明确以财政支持兴建公立幼儿园;德国等国家赋予地方政府更多的办园自主权,鼓励以地方为主举办公立学前教育。②

在日本,政府认为增加和提高儿童保育教育服务的数量和质量是非常重要的,这样可以提高保育教育的产出并满足家长的需求。政府计划以12%的速度扩大注册的儿童保育中心数量,投入资金从2010财政年度的215万增加到2104财政年度的241万,这些机构的增加主要是满足3岁及以下儿童的需求。这有助于实现新增长战略的目标,即将妇女就业率从2009年的66%提高到2020年的73%。为了增加儿童保育的供给,中央政

---

① OECD. Education at a Glance 2008 [EB/OL]. (2008-09-08)[2014-07-05]. https://www.oecd-ilibrary.org/education/education-at-a-glance-2008_eag-2008-en.
② 霍力岩,孙蔷蔷,陈雅川.中国与OECD国家学前教育发展的比较研究[J].基础教育,2017,14(3):21-30.

府还扩大了一个基金来帮助建设儿童保育机构。

2. 通过专项项目资金为早期保育与教育提供支持

专项项目资金是由政府为某一个专门的项目或者服务所提供的资金。在美国,可以看到联邦政府和12个州提供了专项项目资金。联邦政府的项目为低收入家庭提供儿童保育服务。联邦儿童保育和发展固定拨款(Federal Child Care and Development Block Grant)为各州提供经费支持,主要面向各州低收入和努力摆脱福利的家庭。2002财政年度,联邦政府为该项目的拨款为48.17亿美元。此外,各州还允许使用临时救助贫困家庭项目的经费(Temporary Assistance for Needy Families)来对儿童保育进行资助。2002财政年度,联邦政府为该项目提供的经费为17亿美元,其中的5%—10%用于支持儿童保育。科罗拉多州也建立了学前教育项目,这个项目的目标群体是4—5岁的儿童,这些儿童的特点是:在家庭方面存在危险因素,在入学准备方面较为缺乏,语言发展欠缺。另外,这个项目还希望那些在家庭中受忽视的孩子参与到学前项目中来,以便使他们从参与的过程中获益。在2001—2002财政年度,科罗拉多州的学前项目支持不到1 000名在全日制幼儿园中的儿童。到了2002—2003财政年度,这个项目支持的儿童人数增至1 500名。

在德国,为增加和提升3岁以下托儿所的学位与教育质量,国家在2008—2013年、2013—2014年、2015—2018年先后发起三轮托幼服务专项财政项目,增加财政投入32.8亿欧元。2017年6月颁布的《婴幼儿日托质量提升法案》提出,在2017—2021年将进一步增加11.26亿欧元改进与提升托幼机构的教育质量。①

---

① 刘焱,武欣.欧洲国家发展普惠性学前教育的路径选择[J].比较教育研究,2019,41(1):69—75+84.

3. 向有资质的机构购买早期保育教育服务

政府将原来由其直接举办的、为社会发展和人民生活提供服务的事项交给有资质的社会组织来完成,并根据社会组织提供服务的数量和质量,按照一定的标准进行评估后支付服务费用,这是一种"政府承担、定项委托、合同管理、评估兑现"的新型的政府提供公共服务的方式。

在美国,"提前开端计划"项目允许向私立幼教机构购买服务。一些州规定提供服务的对象只能是非营利幼教机构,也有一些州允许向营利性私立机构购买,但同样在任务和服务对象上都有明确要求——面向弱势群体。除此之外,在一个以州为主体、旨在普及(免费)3—4岁儿童的早期教育项目"Pre-K(Pre-kindergarten)"中,各州同样采取当公立机构名额不够时向私立机构购买服务的方式。同时,每个州的"Pre-K"项目对机构的师幼比、班级规模、师资、课程内容以及其他服务都有明确要求,服务的提供者必须满足这些标准才有资格申请参加。这些标准通常超过各州对办园许可(license)的要求,如佐治亚州要求参与州"Pre-K"项目购买学位的托幼机构的班级规模应在18—20人以下,师幼比为1:10。纽约州要求参与州"Pre-K"项目购买学位的托幼机构的幼儿教师必须持有教师资格证。[①]在经济条件较好、能够为所有4岁或3—4岁儿童提供免费服务的那些州中,政府购买服务的对象是所有符合年龄要求的儿童。在财力不足的一些州,"Pre-K"的对象仍然是社会经济地位较低和个人学业发展处境不利的儿童,公共财政仍然是用作为弱势儿童提供或购买服务。[②]

4. 为家庭提供育儿补贴或者减免税收

澳大利亚联邦政府从2011年7月开始,每两周向家庭支付一次儿童

---

① Center for Law and Social Policy. Meeting Great Expectations: Integrating Early Education Program Standards in Child Care[R]. Washington: CLASP. 2003.
② Center for Law and Social Policy. All Together Now: State Experiences in Using Community-based Child Care to Provide Pre-kindergarten[R]. Washington: CLASP. 2005.

保育费减免款项,家庭可以选择直接将减免款项退到他们的银行账户,也可以选择通过儿童保育服务机构收费减免获得退款。联邦政府的这一举措旨在为家庭提供更加及时的学前教育资助。为了帮助家庭应对日益上涨的儿童学前教育成本,联邦政府 2008 年就把儿童保育费减免额度从儿童保育成本的 30% 提高到 50%,每年减免 7 500 澳元。当时的政策是每季度退款一次。通过儿童保育津贴和儿童保育费减免,澳大利亚联邦政府将在未来 4 年共投入 149 亿澳元,帮助 80 万个家庭应对儿童学前教育成本的上升。

韩国实施了大家庭补助:韩国政府为了提高出生率,为 70% 的低收入家庭提供第二胎教育 100% 补助计划。该计划 2011 年覆盖全部家庭。另外还有双职工家庭补助:2010 年开始,韩国政府削减双职工家庭税费,从原有的 30% 的税费降低至 25% 的税费。近年来,韩国政府不断增加公共学前教育补助费用,积极削减儿童保育费用所占家庭收入比重:2004 年儿童保育费用占家庭收入 8.3%,2009 年儿童保育费用占家庭收入降低到 7.4%。同时,韩国政府也积极削减基本儿童保育费用,2004 年儿童保育费用每月 136 400 韩元,2009 年儿童保育费用每月 114 300 韩元。

日本在 1997 年开始实施的《儿童福利法》中规定,幼儿教育阶段的补助主要分为"机构补助"和"幼儿津贴"两部分。"机构补助"指保育所的设备及各种事务费,由国家负担二分之一或三分之一,都道府县负担三分之一或四分之一;"幼儿津贴"则作为福利发放给儿童家庭。同时,为了减轻私立园幼儿的家庭负担和确保教育质量与公平,日本儿童津贴制度采取"排富性"和"分层补助"的方式。

在入园奖励补助费方面,2012 年财政预算额为 21 550 百万日元,2013 年的财政预算额为 23 538 百万日元,比 2012 年增加了 1 988 百万日元。根据幼儿园教育振兴计划的观点,要根据监护人的经济收入情况为其减轻经济负担。在对多子家庭的补贴上,日本根据家庭收入(划分为不同的阶层)、孩子的数量、幼儿园的公立与私立的不同给与不同的补贴。此外,从补贴的方式来讲,日本儿童保育的补贴应该提供给家长而不是那些私立的保育服务的提供者,这样做的优势在于:第一,它使家长可以在更多的儿童保育服务提供者之间进行选择,而不是偏袒一种类型的服务提供者;第二,它可以增强保育服务提供者之间的竞争,以提高他们的成本意识。目前,有资质的保育中心面临着很大的压力:第一,要降低成本;第二,要对家长需求的变化迅速做出反应;第三,它可以推动质量的提高,因为前提是儿童进入得到批准的机构才能拿到补贴。补贴的金额与家庭的收入水平相关,这样就能实现公平的目标并且还能够增加低收入者的工作动力。

在法国,政府采取了五种补助形式来帮助家长抵消早期教育与保育的花费。一是父母教育津贴(Allocation Parental Education,APE);二是雇佣育婴保姆的家庭补助(Aide a la famille pour l'emploi d'une assistante maternelle,AFEAMA);三是在家保育津贴(Allocation de garde d'enfant a domicile,AGED);四是新生儿津贴(Allocation pour jeune enfant,APJE);五是税收福利(Tax Benefits)。总之,直接面向父母的公共补贴减少了儿童保育教育的成本,其中用于3岁以下儿童的约为11亿欧元,用于3—6岁儿童的约为137亿欧元。[①] OECD 2008年的数据显示,儿童保育费用大概平均占家庭收入的10%。[②]

在挪威,国家非常重视家庭在儿童成长与教育中的重要作用,从

---

① CNAF. L'affueil Du Jeune Enfant En 2010 [EO/OL]. (2010-09-10)[2020-07-05]. http://www.caf.fr/sites/default/files/cnaf/Documents/Dser/observatoire_petite_enfance/Accueil_JeuneEnfant_2010.pdf.
② Centre for Research on Families and Relationships. Early Childhood Education and Care Provision:International Review of Policy, Delivery and Funding Final Report [R]. Edinburgh: CRFR. 2103.

20世纪40年代开始，就致力于为有儿童的家庭建立家庭支持系统，提供各种福利补贴计划，减少家庭在育儿成本分担中的比例。挪威所有18岁以下的儿童均可享受到儿童福利金，儿童福利金是为了帮助家庭支付抚养子女的费用，儿童福利津贴额度由议会根据每年经费情况决定。2014年，普通儿童享有的福利金为970挪威克朗/月。另外一项补贴是对有幼小儿童家庭的现金补贴计划，该现金补贴计划于1998年开始推行，目的是给家庭真正选择照料幼小子女的自由。2012年，挪威政府为提高1—5岁幼儿的入园率，规定该计划只能支付给有1岁幼儿的家庭。现金补贴计划的数额分为全额现金补贴和半额现金补贴，其中全额现金补贴是针对儿童没有在政府资助的日托中心或没有全天入托的家庭。从2014年开始，全额补贴额度增加至6 000挪威克朗/月，半额现金补贴增加至3 000挪威克朗/月。①

5. 为机构提供补贴

法国国家家庭补助局在1999年创设了幼儿契约（contrats-enfance），以此提供财政刺激，鼓励市民为6岁以下的幼儿提供早期教育与保育，提高已有机构的质量。从2001年开始，法国对早期教育与保育机构的公共资助体制就在不断地改革，以适应不断变化的家庭需要，更加公平地资助家庭。2003年的1月，制定了一种常见的根据家庭收入的补助层次，这种补助更加公平、透明。换句话说，来自低收入家庭的幼儿进入托儿所时，不会遭遇经济上的困难，因为政府资助的水平在很长一段时间内都稳定持续进行。自2002年1月来，家庭补助基金会就一直试点为服务于4岁以下幼儿的全日制的托儿所和半日制的临时照看机构提供单一的福利政策。随着新的资助制度的建立，只要临时照看机构能开发出"有质量的项目"，

---

① 宋丽芹.挪威高质量普及学前教育的制度保障及启示[J].外国中小学教育，2019(4)：10-18.

就会从家庭补助基金会中获得更多的支持。

德国则以资助非营利机构方式提供公共服务。德国政府以创办公立幼儿园提供学前教育服务的做法并未普及，特别是在西部地区。为实现政府供给学前教育公共服务的职能，德国选择了以资助非营利性托幼机构来为民众"购买服务"的投入方式。然而，政府出资资助托幼机构是有前提条件的。其一，要满足一定的质量要求，一个托幼机构要获得公共财政支持，首先需要获得州政府青年福利局的准入许可证，即要满足州政府制定的学前教育服务的准入标准；其二，要提供普惠性的服务，要求托幼必须作为地方青年福利办公室制定的学前教育服务计划的一部分，并将资助机构的性质限定为志愿组织。[①] 在资助机构的具体方式上，德国各州主要采用的是长效性的投入方式。具体而言，有的采取以教师工资的方式投入，有的以生均经费的方式投入。

在日本，政府为日间托儿所培训提供经费支持并向私立幼儿园提供设施补助费。都道府接受中央政府的资金来培训日间托儿所的工作人员，包括那些没有工作经验的人。政府计划增强日间托儿所接纳儿童的能力，因此，需要增加劳动力的供给以适应这种需求。此外，日本政府还对新手教师和具有10年工作经验的教师提供培训，培训费用由培训机构支付。2012年财政预算额为2 317百万日元，2013年的财政预算额为2 505百万日元，比2012年增加了188百万日元。具体来讲，2012年度的预算修正案中，为了私立学校的耐震、防火等安全的推进所需要的经费，计入455亿日元。

英国政府自2017年9月起约投入1亿英镑用于帮助托儿所、学前学

---

① OECD. Early Childhood Education and Care Policy in The Federal Republic of Germany [EB/OL]. (2004-07-10) [2020-02-05]. http://www.oecd.org/education/school/33978768.pdf.

校和游戏团体投资新建建筑和升级设施,帮助实现政府为工薪家庭提供每周 30 小时免费托儿服务的承诺,并预估到 2020 年,每年在儿童保育方面的投资将达到创纪录的 60 亿英镑。①

6. 通过减免企业的税费,鼓励为职工子女提供保教服务

企业退税在很多国家是一种非常重要的对早期儿童保育和教育投入的方式。从一定意义上来讲,退税政策实际上就是政府和雇主一起分担了部分儿童保育福利方面的花费,这不仅对解决职工的后顾之忧,稳定职工队伍有积极意义,而且企业本身也会从中受益。纽约花旗银行儿童保育中心的一项研究发现,孩子进入该保育中心的职工每年平均缺勤为 0.24 天,而同样有幼小子女却仍在社区排队等待入托的职工每年缺勤为 3.48 天。估计保育中心每年为企业节省了 18 840 小时的工作时间,而这些时间价值 211 077 美元。② 有研究揭示,"那些相信雇主会为他们的个人需要提供支持的雇员压力较小、更能成功地平衡工作和家庭生活、对企业更忠诚、对雇主更加信守承诺、对工作更加满足、更想与雇主保持稳定关系"③。

美国鼓励企业为职工子女提供保教服务的退税范围主要包括:为职工建造保育机构的费用;保育机构的运作费用;为职工购买第三方提供的保育服务的费用;为职工提供资助和代金券的费用等。美国各州对企业退税范围的规定不完全一样,田纳西州和弗吉尼亚州只认可雇主开设和建造托幼机构的费用,佐治亚州只认可运作的费用,而多数州涵盖了两种以上的费用,8 个州涵盖上述所有费用。

---

① Department for Education and Caroline Dinenage MP. Families to Benefit from £55 Million Boost to Childcare Schemes[EB/OL]. (2017-03-11)[2020-07-08]. https://www.gov.uk/government/news/families-to-benefit-from-55-million-boost-to-childcare-schemes.
② Friedman, D. Bottom Line Value from Back-up Child Care[R]. Solutions, 2000.
③ Montes, G. Montes, G. The Impact of Child Care Problems on Employment: Findings From a National Survey of US Parents[J]. Academic Pediatrics, 2011. 11(1):80-87.

第二节 主要国家和地区调动社会力量支持学前教育发展的经验分析

本节主要介绍世界上主要国家和地区第三部门和企业在儿童保育和教育事业中发挥的独特作用和价值,并对其支持学前教育的动因、过程和实现方式、结果和反思等方面做了详细的阐述。

一、第三部门在早期儿童保育和教育中的作用分析

当前,第三部门中组织的数量在很多州都表现出了显著的上升趋势,而且它们在经济、政治变革中发挥了越来越重要的作用。[①] 在此,笔者在界定第三部门概念的基础上,对国外第三部门对教育和幼儿教育的支持状况进行分析,进而指出第三部门在为教育提供支持时应注意的问题。

(一) 第三部门的内涵

各国对政府和市场之外组织的称呼有很大不同,美国叫"非营利组织",英国称"公共慈善组织",德国叫"志愿组织",法国的产业分类中则称为"社会经济",意大利称作"基金组织",在日本"公益法人"才是法定称呼。[②] 最早,"第三部门"是由美国著名学者列维特提出的。他认为,以往人们将社会组织简单划分为"公"和"私"两部分,忽略了大批处于政府和企业之间的社会组织,它们活动于这块制度空间,所从事的是政府和企业"不

---

① The Johns Hopkins Institute for PolicyStudies. Working Papers of the Johns Hopkins Comparative NonProfit Sector Project[EB/OL]. (1998)[2010-10-20]. http://ccss.jhu.edu/wp-content/uploads/downloads/2011/08/Argentina_CNP_WP33_1998.pdf.

② 郑国安,等.非营利组织与中国事业单位体制改革[M]. 北京:机械工业出版社,2002.

愿做、做不好或不常做"的事情,列维特将这类组织称为第三部门。① 塞拉蒙在《第三部门的兴起》(也有译者译为《非营利部门的兴起》)中使用了非营利组织、非政府组织、志愿组织以及第三部门等来指同一事物的不同概念。② 另外,从历史的角度来看,第三部门的性质实际上是和社会、经济、政治、文化的改变交织在一起的。国家和营利性企业本身结构的改变对第三部门范围的确定也发挥了积极的作用,因此,对第三部门的关注,应该将其放在整个社会大背景下,不能将其独立于国家、经济结构和当地社区结构。③ 而正是基于各类社会组织间的差异比较大以及各国文化、制度等方面因素的影响,要对第三部门下一个定义非常困难。

本节以美国约翰-霍布金斯大学非营利组织比较研究中心提出的第三部门的五个要素作为其基本特征:组织性,非营利组织必须有内部规章制度、有负责人、有经常性活动;民间性,体制上独立于政府;非营利性,意味着组织可赚取利润,但必须用于服务组织的基本使命;自治性,意味着各个组织自己管理自己;志愿性,意味着参与这些组织的活动以志愿为基础。④ 此外,非营利组织还有公益性的特点,不以营利为目的并服务大众。满足上述特征的组织可以称之为第三部门的组成部分。就我国的现实而言,当前采取较为广泛的界定标准可能会有利于推动第三部门的发展。

第三部门的重要性日益突出,其原因在于,它不仅在一定程度上满足了民众对社会服务的需求,如萨拉蒙所说,"由于它们(第三部门)在市场和国家之外的独特地位,它们通常以较小规模、与公民的联系性、灵活性、激

---

① 孙立平,等. 动员与参与:第三部门募捐机制个案研究[M]. 杭州:浙江人民出版社,1999.
② 何增科. 公民社会与第三部门[M]. 北京:社会科学文献出版社,2000.
③ Anheier, Helmut K. The Third Sector in Europe: Five Theses: Civil Society Working Paper 12 [EB/OL]. (2002-02-01)[2015-04-12]. https://www.issuelab.org/resource/the-third-sector-in-europe-five-theses-civil-society-working-paper-12.html.
④ 郑国安,等. 非营利组织与中国事业单位体制改革[M]. 北京:机械工业出版社,2002.

发私人主动支持公共目标的能力"①。此外,第三部门得以发展的重要意义还在于它使社会的结构发生了变化,促进了国家角色的转变。

(二) 第三部门在教育领域中发挥的作用分析

20世纪60年代以来,世界各国都越来越重视教育的社会地位和重要作用,认识到教育必须从基础抓起,必须加强和改进幼儿教育。原先具有浓郁的慈善性兼福利性色彩的学前教育机构,正日益转变为国民教育体系的基础部分。② 在这样的背景下,第三部门中的一些组织也在以积极的行动来关注幼儿教育的发展,而且表现出与政府的关系越来越密切的特征。国家的职能和民间组织的职能在教育上存在的界限正逐渐模糊,并取得一致。

当前各国的第三部门对教育的关注点有所不同。美国和日本的非营利组织参与的重点在高等教育,尤其是大学和研究生教育;法国的非营利组织主要涉足中小学教育;意大利则主要是教会学校和职业学校。虽然各国由非营利组织提供的儿童保育和教育服务与其他教育阶段相比所占份额不大,但仍占一定份额。具体来讲:

在英国,非营利组织在教育、文体休闲、社会服务三个领域中最为活跃。在非营利组织的总开支中,教育占42%,文体休闲占21%。在非营利组织的收入中,总收入的40%来自政府拨款,政府拨款与服务性收费收入两者相加达到非营利部门总收入的近九成,余下只有10%来自民间捐款。民间捐款最集中的领域是环境保护、儿童福利、贫困救济等。③ 英国的儿童基金,主要服务于5—13岁的弱势儿童及青少年,保护儿童和支持家庭

---

① [美]莱斯特·M.萨拉蒙,等. 全球公民社会:非营利部门视界[M]. 贾西津,魏玉,等译. 北京:社会科学文献出版社,2007.
② 黄静潇. 国外学前教育发展策略概览[J]. 教育导刊(幼儿教育),2005(2):49-53.
③ 吴锦良. 政府改革与第三部门发展[M]. 北京:中国社会科学出版社,2001.

资助,即儿童的社会照顾。与此同时,英国各地方当局还有一套完整的儿童信托体系,不少地区通过建立儿童信托委员会,制定儿童和青少年计划(Children and Young People's Plan,CYPP),明确了当地儿童服务的战略目标和服务方向。①

在法国,国家提供某种服务形式的标准,并监督非营利组织的活动。在儿童保护和日间看护上,非营利组织提供的儿童保护机构数量占82.6%,儿童日间看护机构占 40%。2002 年法国有非营利机构 128 191 个,其中婴儿日间看护组织 2 847 个。② 在此需要明确的是,国外的社会文化与我国相差很多,在国外,私立并不等于营利。有一些国家,如德国,虽然私立的幼儿机构很多,但私立中 90%是非营利性的。

在美国,当前学前教育整体改革的一个特点就是学前教育已超出了幼教界而成为社会和政府关注的焦点。随着人们对幼儿教育的奠基地位的认识,各级政府、工商企业界人士、各种社区及个人都对学前教育表现出极大的兴趣,纷纷通过各种途径来发展学前教育(如私人开办幼教机构、企业资助幼教等)。③ 加利福尼亚州 Children360 非营利组织(简称 LAUP),致力于提供高质量学前教育的入学机会并将学前教育的"可及性"(Accessibility)和"可购性"(Affordability)作为组织的核心承诺。在 2018 年,该非营利组织通过培训、辅导、评估和职业规划共帮助了 600 多个早期学习计划,累计超过 20 万儿童从中受益。④ 当前美国的社区服务组织在第三部门中占据重要地位。美国许多非营利日托中心常常扮演一种"资源中介"的角

---

① 霍力岩,齐政珂.全面整合学前儿童服务体系——走向"保教一体化"的英国学前教育[J].比较教育研究,2010,32(5):81-85.
② 王浦劬,等. 政府向社会组织购买公共服务研究:中国与全球经验分析[M]. 北京:北京大学出版社,2010.
③ 周采,杨汉麟. 外国学前教育史[M]. 北京:北京师范大学出版社,1999.
④ 2018 Child360 Annual Report[EB/OL]. (2020-02)[2020-07-08]. https://child360.org/wp-content/uploads/2020/02/2018_AR_Basic_Final_lowres.pdf.

色——将家长或家长和其他服务提供者相联系,从而成为社区居民情感和资源交流的纽带。[①] 在美国社区内,服务组织按照其基本宗旨的要求,力求使社区服务达到"老有所养、幼有所托、孤有所扶、残有所助、贫有所济……"的全方位的新境界。另外,值得一提的是,美国社区服务每年约有5 000亿美元的收入,其中70%左右是政府财政投入的,30%左右是通过服务和社会捐赠取得的。[②]

在新加坡,幼儿园是由私立部门运作的,具体来说,包括社区基金会、宗教组织、社会服务组织和商业组织。在此,笔者侧重介绍社区基金会。社区基金会(PAP Community Foundation,简称 PCF)是新加坡的执政党人民行动党开办的多数幼儿园和保育中心的主要依托主体。社区基金会成立于1986年,是行动党的慈善机构。起初,其宗旨是为组屋区居民提供负担得起、方便及有水准的幼儿教育,后来,PCF 的主要业务不止于幼稚园,还包括经营托儿中心、开办豆豆班教育中心、推展社区身体检查计划以及与志愿福利团体合作,接受有特殊需要的儿童。[③]

总的来讲,法国学前教育机构发迹最早,其次是英国,再次是美国。这些早期的学前教育机构,大部分属于慈善性和自愿性的机构,服务的儿童即是今日所谓的文化不利儿童,其家庭来自贫民窟。因此,这些早期学前机构大部分为照顾性,聘请非专业化的妇女来照顾这些贫穷儿童。至今,这种慈善性的和自愿性机构,在英国和美国亦扮演着重要角色。如英国的游乐园多为自愿性的团体,美国的保育学校和日间照顾中心亦为慈善团体所设立。但法国自愿性的机构较少,大部分为政府所设立。不过现今慈善

---

① MARIO LUIS SMALL. Neighborhood Institutions as ResourceBrokers: Childcare Centers, Interorganizational Ties, and Resource Among the Poor[J]. Social Problems,2006,53(2):274-292.
② 吴锦良. 政府改革与第三部门发展[M]. 北京:中国社会科学出版社,2001.
③ 吕元礼,黄卫平. 新加坡人民行动党运作揭密[J]. 党政论坛(干部文摘),2009(18).

性和自愿性的机构已呈现朝向教育功能和补偿功能发展的趋势。①

世界学前公共教育从萌芽到确立经历了一个复杂的发展过程。从最初的慈善、救济性机构，发展为保育教育一体化的教育性机构，从民间舞台辗转到国民教育体制中的一环，不仅是幼儿教育自身地位和水平提高的标志，也反映了社会发展水平和社会认识的进步。② 另外，从第三部门发展的历史与现实来看，其发展都不能是独立的，需要外界的支持，尤其是在经费上。当前，第三部门的经费来源主要依靠政府，这在一定程度上也给第三部门的发展带来了一些消极影响。

（三）幼儿教育中第三部门作用发挥的反思

萨拉蒙指出：随着第三部门规模和复杂性的增加，它们同样受那些反应迟钝、行动缓慢、墨守成规的官僚机构的一些局限性的影响，但与政府机构相比，这些缺陷的影响程度要小些，但它们很难完全不受由灵活性和效能、基层控制和行政之间产生的不可避免的紧张关系的影响。③ 透过第三部门支持儿童保育与教育发展的历史我们可以看出，为了更好地使第三部门在儿童保育和教育发展中发挥作用，需要注意以下三方面问题。

1. 防止政府在提供公共服务职能上的角色弱化

无论从历史还是现实来看，第三部门发挥的最大功能是协助政府更好地办好公共事业，而不是取代政府独自办公共事业。④ 政府在履行公共服务职能时，首先要厘清自己的职能范畴。"如果政府确实不适合做某些活动，就应该从这项活动中退出。如果某项活动是政府应该做的，即使现在做得不好，公民也应该做好需要花费一定的时间、精力和金钱来保证政府

---

① 简明忠. 学前教育制度比较研究[M]. 高雄：复文图书出版社，1987.
② 冯晓霞. 世界教育大系：幼儿教育[M]. 长春：吉林教育出版社，2000.
③ [美]莱斯特·M. 萨拉蒙，等. 全球公民社会：非营利部门视界[M]. 贾西津，魏玉，等译. 北京：社会科学文献出版社，2002.
④ 郑国安，等. 非营利组织与中国事业单位体制改革[M]. 北京：机械工业出版社，2002.

能够将这项活动做好的准备。"①虽然政府直接提供服务所存在的缺陷是普遍认识到的事实,但将社会服务完全交给私营机构或实行市场化,不仅存在技术方面的问题,更是一个政治问题。② 政府鼓励第三部门关注儿童教育这一公共服务的提供与政府直接提供幼儿教育公共服务职能的履行并不矛盾。

2. 防止第三部门独特性的削弱和丧失

政府在第三部门发展中的作用,经历了从关注较少到投入大量的资金等方面支持的发展历程。政府作为世界各国社会组织的主要资助来源,其资金规模远远大于慈善捐赠,从有可靠数据的 39 个国家来看,政府平均提供了社会组织资金的三分之一。③ 对 2017—2018 年英国志愿和社区组织的收入来源进行分析发现,其中 30% 来自政府部门。④ 这样的资金来源结构一定程度上会导致非营利组织的准政府化、责任失灵、危机、慈善典范转移等⑤,弱化或使其丧失了社会组织本身的一些特性。

3. 加强第三部门的自律性

为了加强第三部门的独立性,组织自身也要有一定的自律性。组织的自律与一个国家的相关法律规定之间是相互作用的。越是法律健全、发展健康的国家和地区,其自律越有效。因此,我们不能仅从组织的本身谈自律,而是要使得社会公益组织在整个社会大环境中生存、发展的,自律问题

---

① Kennedy, Sheila Suess. Holding "Governance" Accountable: Third-Party Government in a Limited State[J]. Independent Review, 2006, 11(1): 67-77.
② 徐月宾. 西方福利国家社会服务发展趋势政府购买服务[J]. 民政论坛, 1999(6): 35-38+46.
③ 王浦劬,等. 政府向社会组织购买公共服务研究:中国与全球经验分析[M]. 北京:北京大学出版社, 2010.
④ The UK Civil Society Almanac 2020[EB/OL]. (2020-06)[2020-07-08]. https://data.ncvo.org.uk.
⑤ 虞维华. 政府购买公共服务对非营利组织的冲击分析[J]. 中共南京市委党校南京市行政学院学报, 2006(4): 51-56.

也要在发展中、在社会运动中逐步发展和完善。① 分清职能、理顺关系、划分政府与第三部门之间的职责权限是实现政府职能向第三部门转移的关键环节。另外,第三部门还要处理好与国内外资助机构和企业、社会公众等资助者、支持者、服务对象的关系,因为它们是组织生存和发展的重要支柱。②

二、国外企业力量在早期儿童保育与教育中发挥的作用分析

国外企业对早期儿童保育与教育的发展提供一定的支持,其动因包括内部动因和外部动因两方面。内部动因主要是企业因某些方面的原因自发地、积极地、主动地对早期儿童保育与教育予以投入或其他方式的支持;外部动因是在政府、家庭和社会等外部力量的作用下,企业采取了一定的措施。很多情况下,二者相互作用,其外部行为表现就是企业对早期儿童保育与教育的关注。在此,笔者从三方面对企业支持早期儿童保育与教育的动因予以说明。

(一) 企业支持早期儿童保育与教育的动因分析

1. 为企业发展带来积极影响

从企业的角度来讲,为职工及社会公众提供儿童保育与教育方面的支持对企业的发展起到了积极的促进作用。在全球经济发展迅速的时代,那些没有根据人口的变化而及时做出调整的雇主将会失去市场竞争力或优秀的职工,或两者同时失去。③ 具体来讲,企业对儿童保育与教育予以投入主要是基于以下几个方面原因:第一,企业涉足教育领域对企业发展也会产生积极的影响,包括在消费者、职工、投资者和其他利益相关者中建立

---

① 朱传一. 中国民间公益组织自律与互律之路[J]. 学会,2004(12):3-4.
② 陈岳堂,胡扬名. 政府职能转变与社会公益组织发展[J]. 湖南农业大学学报(社会科学版),2007(6):121-123.
③ Keyser, Sheldon, Hartley, Judith. Child Care[J]. Economic Development Journal, 2002, 66(1):68-74.

一个积极的信誉和商誉;扩展品牌的知名度;增加消费者对产品的忠诚度等。① 第二,企业为职工提供保育服务是由某些职业的特殊性所决定的。有研究指出,那些需要大量技能的行业,或需要年轻人的行业,或轮班工作,或以女工为主,在劳动力比较短缺地区的企业,更应该为职工提供儿童保育服务或提供该方面的支持。②

2. 满足职工对儿童保育与教育支持的期望

从职工的角度来讲,他们也希望企业提供儿童保育与教育方面的支持。2007年4月份,由底特律新闻报道的密歇根大学的调查显示,斯基尔曼基金会中有77%的家长认为企业应该在教育中发挥作用,特别是提供现有课程之外的额外的资源。③ 由于孩子无法接受到可信赖的儿童保育服务而使很多家长被迫停止工作。很多工薪家庭中的儿童不能接受到有质量的、稳定和收费上能承受起的儿童保育。这不仅对当前劳动力市场的壮大产生了影响,而且从长远来看也会影响到当地经济和劳动力的发展。④

3. 退税政策推动企业支持儿童保育与教育

从政府的角度来讲,国家的财力始终是有限的,但民众对儿童保育与教育的需求是多样的。如何尽可能地满足不同个体的需要,仅通过政府的投入是远远不够的,并且也是不现实的。基于此,调动各方面力量对儿童保育和教育予以支持变得非常重要和必要。退税就是政府获取支持的一个较好的途径。借助税收条款则能避免由于争夺拨款而产生的纠纷。从效率上来看,税收条例能够在多数情况下保证那些有资格享有税收优惠的

---

① Spotlight:Corpcrate Social Responsibility in Education, Three Sticks News letter[EB/OL]. (2007-04)[2013-04-06]. www.topicseducation.com/enews/archive.
② Sallee, Alvin L. Corporate Sponsored Child Care: Options and Advantages[EB/OL]. [2013-07-15]. https://files.eric.ed.gov/fulltext/ED290563.pdf.
③ Spotlight:Corporate Social Responsibility in Education, Three Sticks News letter[EB/OL]. (2007-04)[2013-04-06]. www.topicseducation.com/enews/archive.
④ Friedman, D. Bottom Line Value From Back-up Child Care[R]. Solutions, 2000.

人都能自动地享有。此外,尽管减少税收会降低政府财政收入,但在一定程度上调动了家庭和社会对儿童保育投入的积极性,使更多的儿童有机会和可能接受儿童保育和教育。

通过上述分析,我们可以看出,企业为儿童保育与教育提供支持是国家、企业和家庭的共同呼声。企业支持早期儿童保育和教育,对企业、职工、社会和国家的经济发展、社会稳定及优良风气的形成等方面都有积极的作用。下面笔者将对美国政府针对企业的退税政策的实施情况及国外企业支持儿童保育与教育的方式予以分析和说明。

(二)企业退税政策实施过程的分析与评价

在很多国家,企业退税都是一种非常重要的对早期儿童保育和教育投入的方式。一定意义上,退税政策实际上就是政府、雇主和家庭共同承担儿童保育方面的花费。这一政策允许雇主从应缴纳给政府的税收中抵消一部分来支持职工在其子女保育和教育上的开支。在此,笔者将对企业退税的实施机制,即可申请退税的企业的类型、雇主为职工提供哪些方面的支持可获得退税资格以及对退税比例的规定三个方面进行阐述。另外,笔者还将对退税政策在实施过程中存在的问题以及完善这一政策的着力点分别予以阐述和分析。

1. 退税政策实施的机制

(1) 对可申请退税雇主的规定

哪类雇主可以申请退税,即哪种类型的雇主能够从退税政策中获益。在美国,有28个州实施了退税政策。在实施层面上,每个州对受益雇主类型的规定有很大不同,但较为相似的是,很少有退税政策面向所有的雇主,它们或多或少地都排除了某些类型的雇主。其中,马里兰州规定的受益面最广,所有非营利组织和营利的企业都能申请退税。伊利诺伊州的要求则最严格,只有制造业的企业才能申请。其他州可以归纳为两种类别:一些州的退税是广泛提供给营利的雇主的,而另一些则只针对部分营利性的雇主。目前大部分州的规定属于前一类型。但有研究指出,将政府机构和一些非营利组织排除在外,导致了25%的职工不能从退税政策中受益。①

(2) 针对雇主为获得退税资格而需提供的支持类型的规定

企业为职工建造儿童保育机构的花费,运作儿童保育机构的花费,为职工购买由第三方提供的儿童保育服务的花费,为职工提供资助和代金券的花费,提供资源和中介服务的花费等,都可以获得退税资格。在美国支持这一政策的20多个州中,只有3个州严格限定了以上五种类型当中的某一种,其中,田纳西州和弗吉尼亚州只认可雇主建造儿童保育机构的花费,佐治亚州只认可保育机构运作方面的花费。多数州则允许两种以上的花费,至少有8个州涵盖了以上五种类型的花费。另外,在马里兰州,退税政策要求儿童保育只提供给某些职工或某些社区当中的人群,以此来限定经认可的退税的花费途径。此外,马里兰州的退税政策还要求企业有关儿童保育的花费必须用在特定的职工身上,即那些享受困难家庭临时补助(TANF)的本地居民或残疾人。② 相对而言,密西西比州提供了更加有力的退税政策。雇主用于修建、运作儿童保育机构,向第三方购买服务,以及任何形式的提高职工使用的儿童保育机构的质量和普及儿童保育教育所花费的50%的资金,都可以申请退税,对总体的退税额度没有限制。除此之外,路易斯安那州把早期教育质量作为学前保育机构能否获得退税资格的标准,只有参与了州质量促进系统的保教中心才能获得入学准备税收抵

---

① National Women's Law Center. The Poor Performance Of Employer Tax Credits For Child Care[EB/OL]. (2002-03-03)[2017-10-18]. http://papers.ssrn.com/sol3/papers.cfm?abstract_id=384000.

② National Women's Law Center. The Poor Performance Of Employer Tax Credits For Child Care[EB/OL]. (2002-03-03)[2017-10-18]. http://papers.ssrn.com/sol3/papers.cfm?abstract_id=384000.

免政策,这在一定程度上有助于保障早期教育发展的质量。

(3) 有关雇主可享受的退税比例的规定

退税比例是指雇主提供的儿童保育费能由税收抵掉的部分所占的比例(如费用的50%,最高可达10万美元)。州政府为企业雇主提供了范围广泛而程度不同的退税额度,该额度受雇主能申请的、可抵掉的费用的比例及雇主在联邦层面和州层的纳税额共同作用的影响。各州对退税比例的规定差异很大。一些州的退税只包括雇主花费中很小的一部分。如退税比例最低的阿肯色州只提供相当于雇主花费的3.9%的退税额,伊利诺伊州的退税额相当于雇主花费的5%。而其他州的退税比例会高一些,如亚利桑那州、康涅狄格州、佛罗里达州、乔治亚州、堪萨斯州、密西西比州、俄亥俄州、俄勒冈州和南卡罗来纳州都提供超过花费50%的退税额度。一般来讲,大多数州是通过规定每个雇主所能获得的最高退税额来对退税加以限制的,也有部分州是通过对每个职工或者儿童能够享有的最高金额来限制退税,另有部分州是通过雇主需要缴纳的纳税额的一定比例来限制退税的,还有的州按工商企业或非营利机构能够获得的退税比例和其所投资的学前保教中心的质量等级来确定,从质量等级2对应5%的抵免比例到质量等级5所对应的20%,每个等级之间相差5%。① 数据显示,退税政策获益者享受的退税额度从一些州的几千美元到俄勒冈州的15万美元不等。

另外,雇主退税获得资金如何分配也值得关注。如在俄勒冈州,通过退税获得的资金由州政府下发到该州五个地区当中的非营利性社区机构中,并通过儿童保育服务提供者申请的方式分配下去。具体方式是:州政府通过设置一定的标准(如,机构的收费、教师培训等方面的要求)来选择合适的儿童保育服务提供者。通过分配退税鼓励投资流向低收入的社区,

---

① 洪秀敏,马群.美国运用税收手段促进利益相关者共同发展学前教育的经验与启示——以路易斯安那州入学准备税收抵免为例[J].学前教育研究,2016(6):3-14.

使家长能够承担得起儿童保育的费用,让低收入的家庭获得更高质量的服务。因此,俄勒冈州的退税不仅尝试着解决服务供给的难题,而且还考虑到了儿童保育的质量以及收费的可接受性及其中的相互关系。①

2. 针对企业的退税政策在实施过程中存在的问题

(1) 雇主参与的积极性较低

造成雇主参与积极性较低的原因是多方面的。首先,与向职工提供儿童保育服务的成本相比,退税的额度是比较小的,这使得雇主缺乏动机来改变他们当前的行为状态。其次,也有可能是因为有关退税政策的宣传效果欠佳,从而导致很多企业并不知道退税政策的存在或者对申请退税的要求存在一定的误解。在美国,只有三个州的州政府与社区小组合作发放有关退税政策的宣传资料,其中有两个州吸引了较多的申请者。再次,雇主不考虑退税政策还有一种可能是因为他们担心自己没有能力申请。抵税政策可能会在任何时候终止或废除,而雇主为其职工提供儿童保育服务是建立在退税政策存在的基础上的,这就可能阻止雇主为其职工提供相对较为昂贵的儿童保育服务。② 最后,企业在做出支持儿童保育的决策时会受到税收政策之外因素的影响,比如,对债务的担忧,或者考虑只为一小部分职工提供福利等。如果是这样,退税政策所能起到的效果也会受到限制。

(2) 限制上限的退税比例问题

如果雇主本应获得的退税超过了最高额度,那么他们最终所获得的退税就比按退税比例计算的数额要少。另外,儿童保育和教育上的花费越大,最高额度限制的消极影响也就越大。建设一个新的儿童保育设施的花

---

① National Women's Law Center. A Catalog of Tax-based Approaches for Financing Child Care[EB/OL]. (2001-11)[2012-03-05]. http://papers.ssrn.com/sol3/papers.cfm?abstract_id.
② National Women's Law Center. The Poor Performance Of Employer Tax Credits For Child Care[EB/OL]. (2002-03-03)[2017-10-18]. http://papers.ssrn.com/sol3/papers.cfm?abstract_id=384000.

费是巨大的,约在 100 万美元到 300 万美元之间。与之相比,退税额却在 5 000 美元到 10 万美元之间。大部分的最高额度限定在 2.5 万美元到 5 万美元之间,而这可能只占建造费用的 1%—5%。①

另外,有些退税是限制每个职工所能够获得服务的金额,而不是总体的退税额,这种针对每个职工的限制使得花费较多的雇主能够获得更多的退税优惠;而各州对于雇主退税金额的限制从 50 美元(佛罗里达州)到 3 000 美元(南卡罗来纳州)不等,但是大多数集中在 1 000 美元以下。②

(3) 联邦和州的纳税责任间的相互作用也会影响退税额

退税政策一个非常大的局限性是很多雇主在州政府层面较少或基本没有税收责任,这样就不能申请退税。此外,非营利组织和政府机构都不交税,平均而言,57%的州内企业所得税申报者没有纳税义务,93%的州内企业所得税申报者没有充分的纳税义务来获得充分的税收抵免额。③ 另外,各州退税政策会降低雇主在州层面的税收负担。如果雇主通过退税降低了州的纳税额,那么联邦纳税义务就会变高。如果州的纳税额减低了,那么从收入当中减去的数量也就降低,相应的,联邦层面应缴纳税收的收入也就更高了,联邦的纳税额也就更高。

(4) 用于退税的资金若未充分使用易产生一定的消极后果

如果退税并没有向立法机构所想象的那样,特别是在财政短缺和公共经费缺乏的时候达到政策制定者的预期,那么用于这部分的预算分配资金

---

① National Women's Law Center. The Poor Performance Of Employer Tax Credits For Child Care[EB/OL]. (2002 - 03 - 03)[2017 - 10 - 18]. http://papers.ssrn.com/sol3/papers.cfm?abstract_id=384000.
② National Women's Law Center. The Poor Performance Of Employer Tax Credits For Child Care[EB/OL]. (2002 - 03 - 03)[2017 - 10 - 18]. http://papers.ssrn.com/sol3/papers.cfm?abstract_id=384000.
③ National Women's Law Center. The Poor Performance Of Employer Tax Credits For Child Care[EB/OL]. (2002 - 03 - 03)[2017 - 10 - 18]. http://papers.ssrn.com/sol3/papers.cfm?abstract_id=384000.

就会被其他被证明了是有效的儿童保育提供服务方式所排挤。此外,当退税没有得到广泛的应用时,用于退税的这部分资金就会滞留下来,而其他项目也无法使用,从而变相地减少政府对其他项目的资金投入,包括用于提供儿童保育的供应和满足困难儿童需要。在预算紧张和公共资金缺乏时,出现这样的问题是非常不幸的。这样一来,退税政策不仅没有增加儿童保育服务的供给,而且不能有效地解决儿童保育政策的质量或价格的可承受性等问题。①

(三) 企业支持早期儿童保育与教育的具体方式

在此笔者将对国外企业支持幼儿教育的具体方式进行详细分析,并对国外企业提供儿童保育与教育服务予以反思。

1. 企业支持儿童保育与教育的具体方式

总的来讲,几乎每一个国家都以规制形式规定企业为职工子女接受儿童保育与教育给予一定的支持。如规定孩子父母的工作单位支付部分学费,或给托幼机构提供各种经济援助,以达到减少幼儿家庭支出的目的。美国旧金山市规定,主要投资方必须在单位内为雇员的孩子提供照顾,否则要按照每一平方英尺1美元的标准资助特殊基金会,用于全市的保育中心。② 在此,笔者对国外企业提供的早期儿童保育与教育的主要支持方式予以详细介绍,包括每种方式的含义、目标、优势与不足等,之后笔者对这些方式在实施过程中面临的问题与挑战进行分析。

(1) 在厂区内(on-site model)建立儿童保育中心

这是指雇主或工会在工作地点内及其他地点支持建立的中心。这个

---

① National Women's Law Center. The Poor Performance Of Employer Tax Credits For Child Care[EB/OL]. (2002—03—03)[2017—10—18]. http://papers.ssrn.com/sol3/papers.cfm?abstract_id=384000.

② [美]尼尔·吉尔伯特,特雷尔.社会福利政策导论[M].黄晨熹,等译.上海:华东理工大学出版社,2003.

中心可由雇主直接管理或者由非营利性儿童保育提供者来管理。雇主通常为中心提供启动资金,包括起步阶段的所有成本及运行初期的部分费用,通过父母的适当缴费来平衡中心的运营成本。[1] 企业的经费支持可能包括启动开支、运行费用、管理开支以及学费补贴。企业可能雇佣专业的职工或者与某个儿童保育经营公司进行合作。[2] 明尼苏达州的一位35家国际股份有限公司的CEO,同时也是州内为职工建立儿童保育中心的35家公司的主要负责人表明,儿童保育中心可以帮助员工协调工作和家庭生活,同时也能够为职员子女提供质量较高的服务。由于距离比较近,很多父母就可以利用午餐或者休息时间和孩子在一起。[3] 但这一形式在实施的过程中也遇到了一些问题,主要表现为:服务的范围非常有限,并且缺乏政府持续的经费支持。[4]

(2) 在厂外(off-site model)建立儿童保育中心

某些雇主可能决定一起来分担建日托儿童保育中心的成本和风险。这时场地外的儿童保育中心可能建在企业附近,或在市中心的商业区,或在工业园区,或在很多职工和其他家庭居住的居民区内。公司为中心提供启动资金来购置一些设施,并通过管理、预算、人员时间、经费分析和合法服务等方式来提供帮助。雇主要承诺支付中心的运行成本并为职工在学费上的开支提供一定的补贴。

这种方式的好处在于,可以为高质量的日间儿童保育项目增加一些可

---

[1] A Woman View. Employer-sponsored Child Care a Weak Option[N]. The Times,2006-4-27(8).
[2] North Carolina Governor's Office, North Carolina State Dept. of Administration. Helping Working Parents:Child Care Options For Business[R]. Raleigh:North Carolina Governor's Office,1981.
[3] Herman,Alexis M. Meeting the Needs of Today's Workforce:Child Care Best Practices[R]. Washington:U. S. Department of Labor,1998.
[4] StanleyE. Deglerl. Employers and Child Care:Development of a New Employee Benefit. A BNA Special Report[R]. Washington:Bureau of National Affairs,Inc,1984.

用的资源;在职工之间进行成本分配;提高资源的使用率,因为中心汇集了更广阔范围内的儿童;企业不对管理或者债务负责任;低收入职工孩子的学费开支补助可以作为一种匹配来吸引联邦政府的补贴。①

(3) 教育券/报销系统服务方式

教育券是指雇主与社区内的儿童保育服务提供者或儿童保育中心签订合同来为职工提供服务。父母用得到的教育券来支付他们儿童保育的全部费用或部分费用,儿童保育机构从雇主那里凭借教育券兑换等价资金。报销是指职工选择最适合他们需要的儿童保育安排,从企业得到部分成本报销。②

采取这种方式的目的是:教育券或报销为职工的儿童保育需求和可得到的儿童保育服务之间提供很大的自主权。

其优势在于:启动成本比较低;可为更广泛的年龄组的儿童提供服务;提供多种选择,并且允许父母自己做安排;几乎所用的钱都花在直接提供儿童保育服务上;利用现有的社区资源;雇主不涉足儿童保育服务业务,责任相对较弱。当然这种方式也有其不足之处:儿童保育服务可能不能按小时的方式来满足职工的工作时间表;在招聘人员方面效果低于直接提供服务;企业可能会因为项目的质量不高而停止支持,这样就会面临进行赔偿的风险。

(4) 购买学位或折扣项目

购买学位是指雇主在当地儿童保育项目中安排一些"属于企业的"一定数目的学位。企业通常可以承担全部或部分儿童保育中心学位的费用,

---

① North Carolina Governor's Office, North Carolina State Dept. of Administration. Helping Working Parents:Child Care Options For Business[R]. Raleigh:North Carolina Governor's Office,1981.
② A Woman View. Employer-sponsored Child Care a Weak Option[N]. The Times,2006-4-27(8).

使得这些学位向企业员工开放。折扣项目是指雇主可以为职工提供一个或多个低于平时收费项目的安排。收费上的差距通常是通过企业对项目的经费支持来补充的。

这一项目的目标在于：为职工提供可持续的、可信赖的、可获得的、较为低廉的儿童保育服务。例如，友善护理是一个连锁的营利性儿童日托中心，目前已有75家企业和他们签订了合同来提供各种类型的服务，企业提供家长每周花费的10%。① 使用这种方式时，雇主在为职工提供了日间儿童保育服务的同时也避免了承担运行一个日间儿童保育中心的管理责任。②

这一项目的优势在于：无资本投入或启动资金就以可承受的价格提供儿童保育服务；可以为更广泛年龄层的儿童服务；需要最少的管理成本和管理责任；对规模较小、职工较少以及规模较大而只有很小部分职工有儿童保育需求的企业来说，都是比较理想的选择；如果申请折扣的职工人数增多，还有一些额外学位可以购买；因为企业支持了社区中现有的项目，还与社区居民建立起了积极的关系。

当然，这一项目也存在着一些不足之处：职工的选择可能被限定在某些特定的项目中；对那些不能提供许可证的儿童保育服务的提供者可能是一种不公平；在特定区域内，可能没有足够的可获得的/可进入的儿童保育项目来证明这种安排是有效的；如果质量标准不是用来指导项目的选择，那么企业有可能为不合格的儿童保育项目也提供了支持。

(5) 美国银行的托儿费用报销计划③（Bank of America Child Care Plus）

---

① Friedman, Dana. Corporate Financial Assistance for Child Care[J]. The Conference Board Research Buletin, 1985(177): 4 - 40.
② Burud, Sandra L, Aschbacher, Pamela R, McCroskey, Jacquelyn. Employer-Supported Child Care: Investing in Human Resources[M]. Dover: Auburn House Publishing Company, 1984.
③ Mitchel l, Anne. Financing Child Care in the United States: An Expanded Catalog of Current Strategies[EB/OL]. (2001)[2009 - 10 - 19]. https://ia801302.us.archive.org/25/items/ERIC_ED413988/ERIC_ED413988.pdf.

计划简介。美国银行的托儿费用报销计划是一项由美国银行通过支付托儿费用的方式为符合条件的职工提供的一种工作/生活福利。托儿费用报销计划是抚养援助计划（DCAP）中的一部分，它符合美国国内税务局的相关规定，并且是一项免税的福利。根据国税局的法规规定，任何有执照或注册的儿童保育提供者都可以使用，另外还包括那些"非正式"的托儿服务（如，由朋友或者亲戚，除了配偶或未成年子女，提供的保育）。项目为年龄在13岁以下的儿童提供保育服务，可以全年使用，或在课余及暑假期间使用。职工需要以抚养者的身份进行申报，符合条件的职工，除其每月的固定工资之外，还可得到儿童保育费用的补贴，每位儿童最高152美金。

申请条件。申请条件包括：银行职工每周至少工作20个小时，个人年收入低于3万美元，家庭年收入低于6万美元。托儿费用报销计划的参与者直接支付他们的托儿费用。在父母中的一方完成有关补偿的申请表格并注明支付给儿童保育服务提供者的费用，父母一方和儿童保育服务提供者完成签字后，补偿将由美国银行定期支付。

计划的效果。从银行的角度来讲，奖励机制要纳入到儿童保育福利中来，具体方式为，可以为那些选择获得认可的保育服务的家庭提供更多的支持。银行保持提供的福利简单而且对于职工来讲是可获得的，是成本效益管理需要重点考虑的方面。从家庭角度来讲，工薪家庭可以利用联邦和/或者州层面的税收规定，包括抚养税收抵免和美国银行抚养援助。家庭需要认真仔细地分析各种方式所带来的税收优惠以及它们之间的可能较为复杂的相互作用。

儿童保育服务的质量和稳定性是公司比较关注的，因为这将会影响到职工的生产效率，尤其是那些不能获得高质量儿童保育服务费用支持的职工。美国银行相信，儿童保育福利能够强烈地激励职工的忠诚度，这一点在成本效益方面也得到了证明。参加托儿费用报销计划的职工的人员流动是未参加这一项目的人员流动情况的一半。

计划实施中值得思考的问题。由雇主支持的抚养援助计划,如由美国银行所提供的援助,与传统的儿童抚养援助计划相比,可能更有助于低收入和中等收入职工家庭,因为这些职工不能承受将工资中的一部分拿去用于支付儿童保育费用,因此他们更多的是等待援助。此外,托儿费报销计划的设计消除了另外一个可能性,即职工不会像在传统的儿童保育援助计划中那样,如果遭受了损失就面临着"使用它或者失去它"的选择。

此外,有些企业还采取为现存的儿童保育中心提供支持,即为已经存在的社区儿童保育项目提供一些服务。服务的内容包括提供会计服务、法律咨询、税款筹备、广告宣传、管理建立或者企业生产的一些产品等,这些都可降低儿童保育中心的运行成本。另外,雇主还可以为现存的儿童保育中心提供一定的资金支持。从这种支持中,企业可以获得直接的利益,作为回报,中心必须接受这些企业职工的子女。如接受企业支持的中心要为企业的职工提供一些学位或者价格上的优惠。① "有些情况下,雇主还会提供一些支持来鼓励现已存在的中心来延长运行时间以满足企业的特殊需要。②

雇主在决定提供哪一种类型的儿童保育之前,要认真仔细地对各种类型进行充分的了解。一项儿童保育项目可能会以失败告终,因为雇主没有预见到成本的增加、使用的水平(期望过高或者过低都是有害的),没有预见到管理方面的问题和政府的相关法律法规。此外,不同的雇佣环境所采

---

① Burud, Sandra L, Aschbacher, Pamela R, McCroskey, Jacquelyn. Employer-Supported Child Care: Investing in Human Resources[M]. Dover: Auburn House Publishing Company, 1984.
② StanleyE. Deglerl. Employers and Child Care: Development of a New Employee Benefit. A BNA Special Report[R]. Washington: Bureau of National Affairs, Inc, 1984.

用的儿童保育服务的类型也应该有所不同。① 究竟提供哪种类型的儿童保育服务受一定因素的制约,包括地域、企业的规模、职工工作是全日制的还是半日制等。企业可以根据自身的情况选择最适宜的方式,或者将几种方式结合使用。

2. 对国外企业提供儿童保育与教育服务的反思

企业为职工提供儿童保育与教育服务时,无论是企业还是政府都需要认真思考一些问题,以保证项目或计划实施的效果更加显著。

（1）如何保证企业提供的早期儿童保育与教育服务的质量

当前工作、收入和照看儿童等各方面压力并存所引起的问题反映出了当今社会的一些最为复杂的问题,而企业正是这些关键问题的作用点。因此,企业通过各种途径支持职工子女接受儿童保育有着非常积极的意义。但要注意的是,目标不能仅仅停留在为职工解决后顾之忧和企业经济效益的获得上,最终落脚点还是要放在促进儿童健康发展上。无论是企业直接建立,还是企业支持的儿童保育中心都要保证保育的质量。通过与有资格的照料者建立稳定的关系,使幼儿的需要得到满足;为孩子们准备的照料和教育环境应是安全的、丰富的,而且与家庭的价值观和需要优先考虑的问题相对应。② 企业提供的儿童保育服务在形式上应该满足灵活性、可承受性、可获得性这三个标准。③ 企业提供的儿童保育服务在内容上应该满足：安全、便利的保育环境；关注儿童身体、社会性和情绪以及智力发展的课程；训练有素的教师和管理队伍等。

---

① LindaPanszczyk et al. US Master Employee Benefits Guide[M]. Chicago：CCH Incorporated, 2004.
② [美]杰克·肖可夫,黛博拉·菲利普斯. 从神经细胞到社会成员：儿童早期发展的科学[M]. 方俊明,李伟亚,译. 南京：南京师范大学出版社,2007.
③ The Child Careadministration. Maryland Child Care Business Partnership Final Report[EB/OL]. (2000-06-30)[2008-09-07]. https://eric.ed.gov/?id=ED464707.

(2) 如何提高为儿童保育与教育提供支持企业的数量

尽管雇主支持职工的家庭需求有着多方面的好处,而且一些先驱性的企业已经做了很多的尝试,但在美国,绝大多数的雇主还没有对工作中的父母的需求予以回应,他们还是提供传统的健康保险和休假福利。"2000年的一项针对1 057个职工在100人以上的组织的研究结果显示,提供儿童保育的公司仅有9%。"[1]在被问及为什么没有为那些有孩子的职工提供具体的儿童保育服务时,大多数雇主的回答是,他们并不知道职工有这方面的需求或不认为这是企业应该承担的责任。与此同时,有1/3的企业认为儿童保育方面的成本是他们无法提供儿童保育的最大障碍。然而,也有76%的提供儿童保育支持的企业表示他们项目的成本是中立的或者是收益大于成本的。[2] 由此来看,成本并不是制约的关键因素,究竟是哪些方面影响了企业的积极性,迫切需要予以澄清。

(3) 企业中的哪类职工群体应该受益

企业在提供早期儿童保育与教育福利时,是面向全体,还是具有一定的选择性?如果只提供给企业内部分群体,是否就违背了非歧视性的原则?有研究指出,尤其是在企业直接举办儿童保育中心的情况下,这些中心提供了便利的、合法的儿童保育服务。但雇主开始慢慢地发现这些中心对那些低收入的职工并没有太大的帮助。[3] 实际上,那些收入较低的、最

---

[1] Rachel Connelly, Deborah S. De Graff and Rachel A. Willis, Kids at Work: the Value of Employer-Sponsored on-site Child Care Centers[R]. Kalamazoo MI: W. E. Upjohn Institute for Employment Research, 2004.

[2] Rachel Connelly, Deborah S. De Graff and Rachel A. Willis, Kids at Work: the Value of Employer-Sponsored on-site Child Care Centers[R]. Kalamazoo MI: W. E. Upjohn Institute for Employment Research, 2004.

[3] The Child Careadministration. Maryland Child Care Business Partnership Final Report[EB/OL]. (2000-06-30)[2008-09-07]. https://eric.ed.gov/?id=ED464707.

需要雇主支持的职工反而是最难享受支持的群体。① 因此,企业提供的各种支持应该优先面向这类群体。对那些企业内的低收入或者初级水平的职工的一定投入,将会收获一定的回报。但从总体上来讲,企业无法单独完成这样的事情,而是要与社区、公共部门和其他企业一起,共同成为解决方案的重要参与者。②

（4）根据企业状况和职工需要来决定提供的儿童保育与教育支持的类型

总的来讲,雇主利益、工作中的父母和年幼的儿童之间的相互碰撞是决定工作时间、儿童保育安排、病假以及加班等方面事项的重要因素。随着妇女劳动力的增长,越来越多的雇主都在考虑如何使得他们的职工在工作和家庭之间保持一种平衡。③ 另外,企业可以根据自身情况来决定为职工提供哪种类型的服务。一般来讲,规模较大的企业可通过人力资源部门对职工的需求进行调查,并且通过资金支持以保证职工选择的实现。小企业在扩展福利方面的能力就比较有限,他们更可能的方式是为职工提供灵活的工作时间。④

（5）企业提供的儿童保育服务是否有价值

目前有一些雇主反映,企业提供儿童保育方面的支持的好处表现在两

---

① Christopher J. Ruhm. Policies to Assist Parents With Young Children[J]. Future Child, 2011,21(2):37-68.
② The Child Careadministration. Maryland Child Care Business Partnership Final Report[EB/OL]. (2000-06-30)[2008-09-07]. https://eric.ed.gov/? id=ED464707.
③ Friedman D E. Employer Supports for Parents with Young Children.[J]. Future of Children, 2001, 11(1):63-77.
④ Galinsky, Ellen, Bond, James T. The Business Work-Life Study, 1998:A Sourcebook.[M]. Families and Work Institute, 330 Seventh Avenue, New York, NY 10001; phone:212-465-2044, extension 401; fax:212-465-8637; web site: http://www.familiesandwork.org (Pub. No. W98-03, $59, plus $7.50 shipping and handling. Discounts available to students, n, 1998.

个方面：一是在招募新职工时处于一定的优势，二是降低了职工的缺勤率、辞职率，并吸引休假的人重新回到工作岗位上来。相反，在提高生产效率或者产品质量、职工的良好动机以及提供平等的雇佣机会等方面的效果是不明显的。但职工却认为企业为自己提供儿童保育的相关服务有着非常积极的意义。一项对691名职工的调查（他们的孩子在由雇主支持或者直接管理的儿童保育中心内）显示：38％的人认为儿童保育项目是影响他们选择目前工作的一方面原因；69％的人认为儿童保育项目是他们继续从事目前工作的一方面原因；63％的人对企业表示了非常积极的态度，因企业为他们的孩子提供了儿童保育方面的支持。一半以上的人表示因为有儿童保育上的福利而将企业推荐给其他人。①

（四）国外企业支持儿童保育与教育对我国的启示

国外企业为儿童保育与教育提供的多种类型的支持对我国企业履行在幼儿教育发展上的社会责任有很大的启发。然而，国外相关政策在实施过程中遇到的难题更值得我们深入思考。

首先，企业主动性的发挥非常重要。那些主动在儿童保育和教育方面为职工提供一定支持的企业，很大程度上也并没有考虑是否能获得政府的退税。国外的企业向职工提供这些称之为"福利"项目的有关政策，并不是出于同情，而是出于对自身利益的考虑，如获得优秀的员工、提高企业的经济效益等，最终使得企业、职工和国家都受益。

其次，政府对相关政策的宣传也将起到一定的效果。国外很多企业并没有参与到对职工子女接受早期教育与教育服务的投入上来。从上述分析中，我们发现多数企业没有看到这方面的益处。这与政府的宣传工作没有做到位有一定的关系，政府一定要做好有关政策的宣传，使企业及其职

---

① StanleyE. Deglerl. Employers and Child Care: Development of a New Employee Benefit. A BNA Special Report[R]. Washington: Bureau of National Affairs, Inc, 1984.

工了解儿童保育和教育对家庭、社会、整个国家发展的重要价值。政府要逐渐让企业在有关儿童保育和教育的公共政策方面成为政府的支持者和强大的拥护者。

再次,改革中我们需要借鉴、吸收国外的理论和实践经验,但需要明确的是,很多理论和实践的内容,目前,在西方也还在不断地发展完善中,有的甚至还存在一定争议,因此,不能遽然引进,还需要准备时间,创造必要的条件,有步骤地进行,不能一步到位。但笔者的意思并不是说,要等到我国企业职工的福利体系完善了以后,企业才能做这样的事情,因为福利体系的完善还需要很长的时间,同时行进也许是基于现实的最好的选择。此外,为了能够使企业提供的幼儿保育与教育服务这项福利能够对企业的经济效益产生良好的影响,就需要对接受这项福利的职工予以一定的限定。在限定上,要坚持补偿和激励机制相结合的原则。比如,采取多种维度,如收入、工作考核、家庭情况等,来选择那些最需要而且最应该被支持的职工。

第三节 主要国家和地区学前教育管理体制的经验与启示

学前教育机构的管理体制关系到整个事业发展能否顺利进行。当前,我国学前教育管理面临着管理力量缺乏、管理机制不顺等问题,对其他国家和地区学前教育管理体制和机制的分析将对我国学前教育管理体制的改革起到一定的借鉴作用。

一、中央政府和地方政府分工明确——以英国为例

作为一个中央与地方分权的国家,英国教育管理的职责是分属于中央

和地方,但英国早期更为强调地方政府的责任和权力,因为在英国历史上有着重要影响的《1944年教育法案》中,明文规定办理保育学校以及保育班是地方政府的责任,国家教育部门只是和地方教育局共同管辖。但自1977年工党执政后,一场被称为"静悄悄的革命"的幼教改革使得英国的幼教政策发生了重大的改变,"最主要的具体措施在于对三岁以上幼儿提供免费的教育,将幼儿教育的普及化当作政府的一项重要政策,特别是政府所提出的把幼儿教育作为是政府建立'学习型社会'起始阶段的主张,不但让幼儿教育受到各界的重视,更促成英国幼儿教育的迅速发展"[1]。自这场幼教改革开始,英国中央政府开始进行多项促进幼儿教育发展的全国性计划。《1988年教育改革法》从根本上扩大了英国中央政府对教育的管理权限,中央政府与地方政府在教育管理权限上的分配发生了实质性变化,从中央政府颁布的一系列全国性法案可以看出中央权力在不断增强。1998年,英国政府将先前实施的"早期发展合作计划"扩充为"早期发展和儿童照顾计划"(Early Years Development and Childcare Plans,EYDCP),这一计划"要求各地方教育局如果要制定各项政策,必须经由中央政府批准成为年度具体方案,透过这种具有规范性的合作途径,发展当地的幼儿教育"。2003年布莱尔政府发布了《每个孩子都重要》(Every Child Matters)的绿皮书,2004年发布了"家长的选择,儿童最好的开端:儿童保育十年战略"(Government's Ten Year Strategy for Childcare,Choice for Parents:the Best Start for Children),2006年制定了"早期基础阶段法定框架"(Statutory Framework for The Early Years Foundation Stage)。由此可以看出英国中央政府对学前教育的重视。

尽管中央的宏观调控能力在不断扩大,但地方政府在学前教育管理和

---

[1] 魏惠贞.各国幼儿教育[M].台北:心理出版社,2008.

发展中仍然占据着重要地位。2006年的《儿童保育法》中就明确规定地方教育行政部门必须确保提供足够的保教服务来满足工作父母的需求，确保提供规定的免费学前教育，协助并负责安排当地的保教服务提供者，负责评估儿童保教提供者，提供信息、建议以及帮助给家长，为保教服务提供者提供信息、建议以及培训，进行检查等。① 地方当局履行与实施的法律规定是由中央制定和颁布的，可见英国学前教育在高度地方分权管理的同时，受到了中央政府与地方政府的共同监督，体现出明显的中央集权与地方分治的整合取向。此外，"确保开端计划"项目除了在中央政府中设立了一个专门协调各部的管理部门之外，在地方上，可以在参与项目的合作者中指派某一合法组织作为项目负责人，也可以由合作者自己组成协会或基金会等来进行管理，可以说，该项目在地方上是由志愿者和社区组织、保健工作者、地方政府、教育者以及更为重要的合作者——家长共同合作管理实施的。②

二、各级政府间建立有效的协调机制——以法国为例

法国学前教育实行中央政府与地方政府共同管理、各自分工的方式。中央政府主要负责制定教学大纲、招聘并培训教师、督导检查、支付教师工资等；地方政府是校舍的业主，负责楼舍建造、维修、改扩建、教学设施配套等，同时负责聘用相关辅助人员，并将其分配至辖区内各幼儿园进行后勤管理。1998年，法国制定了一个当地教育性条款，该条款考虑到了幼儿的整体需求与兴趣、幼儿的生活环境、周围环境以及整个城市的环境，旨在整合已有的幼儿教育与保育政策，是在教育部门、文化与交流部门、青年/运动部门以及城市部门等四部门的共同努力下完成的。省级政府创设了早

---

① Parliament of the United Kingdom. Child Care Act 2006[EB/OL]. (2006-07-11)[2020-04-09]. https://www.legislation.gov.uk/ukpga/2006/21/contents/enacted
② 刘保卫.英国"确保开端"项目研究[D].福州:福建师范大学,2008.

期幼儿委员会,在总负责委员会主席和家庭补助基金会副主席的领导下,该委员会把所有的相关人员召集起来(如教育部的代表、市镇政府的代表、联合会的代表、雇主与雇员的代表),以便增进一致性,开发适合家庭需要的学前教育,提供信息,提高享受该服务的平等性以及提高该服务的质量。市镇政府经常雇佣早期教育与保育的协调者来促进各种服务项目的整合,提供在职培训,为个人服务项目提供支持。协调者的专业背景与责任各不相同,可能是前任托儿所主任,也可能是护士或幼儿教师。协调机制的建立有利于各级政府明确自身在早期儿童保育和教育发展中的职责,更加全面地探讨问题,提升决策的专业性。

三、政府各部门之间有序的分工与合作机制——以美国为例

在美国,早期教育与保育(Early Childhood Education and Care, ECEC)实际包括了与儿童早期相关的教育、福利、健康事务,因此在管理体系上,也多由不同的部门来负责与儿童早期相关事务的管理职责。在联邦层面,其主要关注提供单个项目来实现特定目标,因此,多个相关的事务部门也就分别提供不同的项目。如"提前开端计划"(Head Start)和"直接的儿童保育费用减免"(Direct Child Subsidies)主要由联邦健康与人类服务部门负责,儿童保育的"税收返还"(Tax Credit)主要由联邦财政部负责,早期特殊教育和学前教育资金则主要由联邦教育部门负责管理。① 在州层面,针对性或普及性的"幼儿班"(Pre-K)项目、"读写"项目等一般是由州教育部门负责,而对儿童保育机构的注册、管理职责则可能由人类和社会服务部门负责,"早期干预和家庭访问"项目由健康部门管理。② 例如,在特拉华州,儿童、青少年和家庭服务局负责儿童保育机构的注册和儿童虐待、

---

① Hustedt, Jason T W, Steven Barnett. Financing Early Childhood Education Programs: State, Federal, and Local Issues[J]. Educational Policy,2011,25(1):167,192.
② Kagan, Sharon Lynn, Kristie Kauerz. Early Childhood Systems: Transforming Early Learning[M]. Teachers College Press,2012:5.

忽视事务,健康与社会服务局负责儿童保育补助和儿童健康事务,教育局负责"幼儿班"项目、质量评价与提升系统、早期学习挑战资金运行等。

实际上,这样一种部门分工的管理模式,造成了美国学前教育政策、资金的碎片化,因此,很多研究者都强调加强跨部门的联系或管理体系的整合,以减少学前教育体系的碎片化、不均衡和不公平。① 由于美国联邦政府的注意力主要是提供诸如"开端计划"等面向处境不利儿童的单一项目,而不是建立全国统一的学前教育体系,而各州统筹负责州内的学前教育体系,同时,"州也是联邦政策和行动的重要实验室"②。因此,在建立协调一致的学前教育服务体系的行动中,州层面发挥了主要作用。

其一,各州在联邦的促进下,建立起了幼儿咨询委员会(Early Childhood Advisory Councils,ECAC)。在2007年"提前开端计划"重新授权时,联邦就要求各州要建立幼儿咨询委员会,该委员会接近于有特别任务的网络治理部门,由来自早期儿童教育各个系统的利益相关者组成,用以协调和统合儿童早期项目获得的联邦和省的资金。而建立该委员会的经费由联邦负担30%,另外70%由各州提供。到2015年,美国有49个州建立起了咨询委员会(State Advisory Councils,SAC),其中35个州的SAC由来自州首脑办公室的代表参与,20个州有州立法机构代表参与,25个州有地方政府代表参与,其中20个州的立法机构通过了相关法律支持SAC的活动和议案。③ 有研究者认为,由联邦要求各州建立的该委员会是更具影响力的

---

① Goffin S G, Martella J, Coffman J. Vision to Practice: Setting a New Course for Early Childhood Governance[EB/OL]. (2011-01-10)[2020-03-17]. http://www.pointk.org/resources/files/EC_Governance_A_New_Course_1.2011.pdf.
② Kagan, Sharon Lynn, Kristie Kauerz. Early Childhood Systems: Transforming Early Learning[M]. Teachers College Press,2012:25.
③ Administration for Children and Family. Early Childhood State Advisory Councils Final Report 2015[EB/OL]. (2016-02-14)[2020-03-17]. https://www.acf.hhs.gov/sites/default/files/ecd/sac_2015_final_report.pdf.

治理结构，并且有充足的资金能够保证州内的政策实施。① 但是，也有研究者认为，这个委员会在本质上是咨询性质的，并不是机构上的变革，其运作可能并不持久。

其二，各州通过签订协议或建立机构来加强协调。儿童早期项目和事务分属不同部门负责的州政府都会寻求加强各机构之间的协作，有时这种协作是通过跨部门签署协议达成的，某些州的政府办公室就是协调治理机制的牵头部门，历史上还有很多州依靠儿童内阁（Children Cabinet）和由州长建立的特殊任务行动组来协调儿童早期事务治理，这类组织为儿童早期教育系统的运作提供了额外的支持。例如，伊利诺伊州设置了州儿童早期发展办公室，利用此机构来协调州内的学前教育事务；俄亥俄州的州学前教育和发展办公室协助州21世纪教育办公室共同协调学前教育事务。② 特别以特拉华州为例，该州在三个部门分工负责的基础上，建立了正式的协调组织——机构间资源管理委员会（Interagency Resource Management Committee，IRMC），IRMC的责任在于确保三个部门之间正式的协调和合作，是保证协作的管理体制能够发生的最重要机制③。但也有研究者认为，尽管IRMC确实能促进学前教育系统的协调，但它并非真正具有管理职能的机构，所以即使有这种合作和协调机制程序存在，政府部门内部仍然存在功能碎片化的问题。

---

① Gomez R E. Exploring the Potential of Consolidated Approaches to Governance for Bringing Coherence to Early Childhood Education Systems[D]. New York：Teachers College，Columbia University，2014.
② Regenstein E, Lipper K. A Framework for Choosing a State Level Early Childhood Governancesystem[EB/OL]. (2013 - 02 - 20)[2020 - 03 - 17]. http://www.wvecptf.org/docs/Choosing-an-EC-Governance-System-5 - 13.pdf.
③ Gomez R E. Exploring the Potential of Consolidated Approaches to Governance for Bringing Coherence to Early Childhood Education Systems[D]. New York：Teachers College，Columbia University，2014.

其三,建议进行整合治理,甚至新设立一个独立(stand alone)的组织。有研究者指出,选择将部分或者全部的管理学前教育系统的功能划归到一个州层面的组织就被认为是治理的整合模式(consolidated approach)。[1] 这个组织拥有规划、财政投入、问责、制定标准、促进教师专业发展和家长参与等多项职能。以一个部门作为主要领导更易于制定和执行政策,提高管理有效性。加利福尼亚州、马里兰州和密歇根州都将儿童保育拨款和州学前教育项目划归教育部门主管,这三个州的"提前开端计划"协助办公室也下设在州教育厅当中。[2] 而马萨诸塞州和宾夕法尼亚州都建立了新的机构来统一负责学前教育事务。以马萨诸塞州为例,人们越来越清晰地认识到缺乏协调一致的系统会阻碍学前教育事业的发展,因此在2001年,该州的一个非营利组织——为了儿童,就发起过以建立一个新的、整合的管理结构为目的的活动,相关机构最终同意并立法通过建立一个新的部门,为该州实施全面普及的"幼儿班"项目做准备。2005年7月1日,该州的学前教育局正式开始运作,与儿童保育有关的项目和功能都从其他的办公室转移了出来,管理这些事务的职能和经费来源被整合为一个有着5亿美元经费和170个工作人员、与该州的高等教育和K12系统平行的机构。[3] 通过建立该管理架构,马萨诸塞州在综合性、系统性地提供学前教育服务方面取得了较大进展,不同利益相关者的观点能够得到沟通,政策能够更加

---

[1] Gomez R E. Exploring the Potential of Consolidated Approaches to Governance for Bringing Coherence to Early Childhood Education Systems[D]. New York: Teachers College, Columbia University, 2014.

[2] Regenstein E, Lipper K. A Framework for Choosing a State Level Early Childhood Governancesystem[EB/OL]. (2013-02-20)[2020-03-17] http://www.wvecptf.org/docs/Choosing-an-EC-Governance-System-5-13.pdf.

[3] Kershaw A, Reale A. Changing Governance and Governing Change: The Massachusetts Department of Early Education and Care in Kagan, Sharon Lynn, and Kristie Kauerz, eds. Early Childhood Systems: Transforming Early Learning[M]. Teachers College Press, 2012: 240.

适应家庭和儿童的需要而不是官僚化的作风,资源能够重组以更有效地服务于教师、机构和决策者。①

四、中央政府在学前教育管理中的责任逐渐加强——以德国为例

由于德国是联邦制国家,各州在教育方面享有高度自治的权利,学前教育计划由各州自行制定、实施并监管。然而近年来,德国联邦政府逐步认识到了学前教育的价值,认为发展学前教育是"关系到德国未来的重要任务"②,在扩大0—3岁学前教育资源、提高和保障学前教育质量方面都有所举措,尽可能地从政策方面积极推动德国学前教育的发展。

德国联邦层面涉及学前教育的法律主要有《社会法(第八部)》(SGB Ⅷ,简称《社会法》)和《3岁以下幼儿园和托儿所促进法案》(KiföG,简称《儿童促进法案》)。1990年6月26日《社会法》颁布,最新修订时间为2018年12月19日,该法案直接规范学前教育的法条是第二章第22—26条和第三章第43—49条,对幼儿入园的权利、学前机构设立和运营的审批、当地的审核、机构申报和备案义务、取消运营资格等作了规定。《儿童促进法案》出台于2008年底,该法案的出台相当于实施了一个早期儿童项目,其中的措施就包括对一部法律的修改和另一部法律的颁布。《资助法》规定:联邦在2008年至2013年期间向各州提供21.5亿欧元,用于州、地方和地方协会为3岁以下儿童教育提供经费补贴;州每年向联邦报告新增学前学位、经费补贴的支出、所支持项目的数量和类别等情况。该法案在支持托幼机构特别是扩大高质量学前教育服务资源、为家长提供开放性的选择等方面起到了关键性作用。同时,为扩大资源以保障每个儿童从出

---

① Kershaw A, Reale A. Changing Governance and Governing Change: The Massachusetts Department of Early Education and Care in Kagan, Sharon Lynn, and Kristie Kauerz, eds. Early Childhood Systems: Transforming Early Learning[M]. Teachers College Press, 2012:241.
② Bundesministerium für Familie, Senioren, Frauen und Jugend.[EB/OL].(2014-07-17)[2020-04-20]. http://www.bmfsfj.de/BMFSFJ/Kinder-und-Jugend/kinderbetreuung.html.

生起的受教育权,联邦和州政府还决定加快建设保教机构,并推行了"儿童保育投入"项目。为了让日托及其他学前教育资源惠及更多家庭,联邦家庭事务部于2017年4月开启了"进入日托:通往早期教育的桥梁"(Kita-Einstieg)联邦计划,通过政府在人员、协调和资金方面的支持,降低儿童日托服务的门槛。从2019年8月1日开始,除了获得社会救济的家庭之外,该法案还允许免除领取子女补贴或住房补贴等的低收入家庭的日托费用。①

除了为学前教育提供资金和法律保障以扩大教育资源之外,联邦政府还对学前教育质量有所投入。联邦政府和州政府合作共同实施了"国家质量行动计划"(Nationale Qualitä-tsinitiativeim System der Tageseinrichtungen für Kinder),通过系统研究,开发出科学的质量评价工具,促进学前教育质量提升。② 为了提供高质量的日托服务,"进入日托:通往早期教育的桥梁"联邦计划也资助日托从业人员的培训。此外,《优质托幼机构环境法》(Gute-Kita-Gesetz)已于2019年1月生效,根据该法,联邦政府也会采取一系列措施,帮助各州提高儿童日托服务的质量,为儿童创造平等的教育条件,并帮助家长更好地协调工作和家庭生活。③

---

① Bundesministerium für Familie, Senioren, Frauen und Jugend. Mehr Qualität in der frühen Bildung[EB/OL].(2019-08-01)[2020-07-09]. https://www.bmfsfj.de/bmfsfj/themen/familie/kinderbetreuung/mehr-qualitaet-in-der-fruehen-bildung/mehr-qualitaet-in-der-fruehen-bildung/133712.
② European Parliament. Quality in Early Childhood Education and Care: Annex Report Country and Case Study[EB/OL].(2014-06-12)[2019-05-21]. http://www.europarl.europa.eu/RegData/etudes/etudes/join/2013/495867/IPOL-CULT_ET(2013)495867(ANN01)_EN.pdf.
③ Bundesministerium für Familie, Senioren, Frauen und Jugend. Mehr Qualität in der frühen Bildung[EB/OL].(2019-08-01)[2020-07-09]. https://www.bmfsfj.de/bmfsfj/themen/familie/kinderbetreuung/mehr-qualitaet-in-der-fruehen-bildung/mehr-qualitaet-in-der-fruehen-bildung/133712.

第四节 主要国家和地区学前教育质量评价体系的经验与启示

在投入资金关注儿童有机会进入早期保育和教育机构中的努力发展到一定程度后,目前很多国家将视线转移到对质量的关注上来。为了探明保育质量对儿童所产生的影响,迄今为止很多国家都开展了多项大规模的调查研究。通过研究,专家们达成的共识是,高质量的保育和教育对孩子们的发育和学习有正面积极的作用;早期保育和教育可以在一定程度上弥补家庭教育的缺陷,或者扩展儿童的学习环境。基于此,如何保证保育教育质量成为世界主要国家和地区早期保育和教育领域中的重要议题之一。

一、早期保育和教育质量评价体系产生的背景

随着对早期儿童保育和教育投入的增加,早期教育的质量受到了家长的关注。其他利益相关者,如幼儿教育专家、政府官员和政策决策者在设计和提供教育服务和教育项目方面也对其予以了关注。促成这种兴起的原因有几个方面。

一是公众对早期教育的关注从政府要投入多少钱、建多少所机构转移到向学校问责,即转移到对机构教育质量的关注上来。此外,从实现情况来讲,各国接受机构保育和教育的儿童越来越多,而大量的来自于实验研究所获得的有力证据使得幼儿家长和决策者将高质量的儿童保育视为儿童在接收学校教育前提高学业成绩和社会技能提高的重要手段。[1] 因此,

---

[1] Keys T D, Farkas G, Burchinal M R, et al. Preschool Center Quality and School Readiness: Quality Effects and Variation by Demographic and Child Characteristics[J]. Child Development, 2013, 84(4):1171-1190.

有必要对机构的质量进行检测和评价。二是学校和教育工作者也做出了相当的努力来调整自己的教学和学习,以满足 21 世纪的挑战并有所超越。近年来,这些因素影响到了学校的运行、管理、教学和评估等方面。① 三是大量研究都证明,早期教育的质量对儿童的学校学习会产生直接的影响,但现实往往不令人乐观。例如,美国的一项纵向研究证明(其实在这项研究之前对质量问题已经有了一定的关注),为低收入家庭的儿童提供高质量的儿童保育服务能在其学校和成人生活中发挥积极的作用。然而,一项在四个州的 400 个全日制的社区儿童保育机构中,针对所有收入水平的家庭的调查发现,绝大多数儿童接受的儿童保育服务非常一般,很多机构提供的服务质量非常差,40%的婴幼儿保育中心的房屋对婴幼儿的健康和安全都存在威胁。由于成本及缺乏监管的原因,非正式的、未获得准入资格的儿童保育中心的数量越来越多。② 这表明,早期教育机构的质量问题非常严重,因此如何评价机构质量,并在评价的基础上提出改进质量的措施成为关键。

正是基于上述几个方面的原因,各国政府开始从多方面对学前教育机构的质量进行监管,在普遍关注增加学前教育的"数量供给""保障儿童公平的入园机会"这些方面政策的同时,也对确保机构的基本质量加以考虑。这也是为了提升机构参与评估的主动性和积极性。

二、各国早期保育和教育质量评价体系的核心要素

各国政府在学前教育质量方面的责任具体体现在两个大的方面,一是基本质量的确保,二是质量发展的推进。前者为确保一定程度的公平而为

---

① Wong M N C, Wang X C, Li H. Accountability and Quality in Early Childhood Education: Perspectives from Asia[J]. Early Education & Development, 2010, 21(2):163-166.
② Organization for Economic Cooperation and Development. Early Childhood Education and Care Policy in the United States of America. OECD Country Note[EB/OL]. (2010-07-01)[2020-06-15]. https://files.eric.ed.gov/fulltext/ED455960.pdf.

国内所有公共学前教育机构划定底线,或者为有效地促进儿童更好地发展而激发所有与儿童工作有关人士的动力,使学前教育质量不断得以提高。然而,仔细阅读各国设立的各个要素后,我们会发现,确保基本质量的要素与推进质量发展的要素基本上是一致的,但是体现出了层层推进的特征。在此对几个国家体系的核心要素(标准)进行简要的介绍。

在美国,质量评级与提升系统(Quality Rating and Improvement Systems,QRIS)的标准是用来衡量参与到这一体系中各个项目的,此外,它还为家长及公众提供有关每个项目质量的信息。各个州通常以准入标准为出发点,或者以准入为基础来建构更高层次的质量标准。在准入之上,每个QRIS包含了两个或者两个以上级别的标准,在渐进的过程中达到规定的最高质量水平。系统根据级别的数量以及认定每个级别的标准的数量的不同而有所不同,用来分配等级标准的类型是建立在对那些产生了积极的儿童成果的项目加以研究的基础上的。标准的类型包括:职工的资质及专业发展、学习环境、课程、管理、父母和家庭的参与、准入制度、儿童与职工比例及组的规模。

关于质量评级系统中的指标如何设置,一般来讲,各州会选择那些已被研究所证明的、对质量有显著影响的指标。具体来讲,包括:第一,教室的结构,即师幼比和小组的规模;第二,人员资质,即保育者和管理者的受教育水平,接受培训情况及经验;第三,项目的动态性,即课程、学习环境及家长的参与。

在法国,早期保育和教育质量评价系统关注了7个方面的要素,即执照与法规、师资队伍与培训、工作条件、师幼比、课程与教学、督导与评价、家庭与社区。具体来讲,包括以下几个方面。

第一,执照与法规。在法国,母婴保健服务部负责为学校系统外的早期教育服务机构(包括托儿所、育婴保姆、临时照看中心、业余中心)颁发执照和进行监督管理。2000年8月1日的法案和2000年12月26号的决议都涉及机构职责、建筑物要求、家长角色、成人/幼儿的比例、班级规模、职员的资格和准入资格。所有的育婴员都要有执照。很多家长认为执照能确保早期教育与保育的安全性与质量,还能确保保育者获得社会安全福利和培训。

第二,师资队伍与培训。高质量的培训、较好的薪资和良好的工作条件以及给予员工的支持是保障保育与教育质量的关键因素。① 在法国,母婴保健服务部监督托儿所和临时照看机构等其他机构,这些机构的人员一般都是保育员、儿童护士、助理保育员。在母育学校中,人员一般都是小学教师,也有越来越多的幼儿教师。很多新教师都要接受三年的大学教育,并完成一些核心课程(数学、生物、文学等),通过国家考试之后还要接受18个月的专业培训(包括8—12周的实习督导)。② 这些经历能够让他们既能在小学工作,也能在幼儿园工作。但是这种培训的缺点是对这些人在儿童发展研究和教学方面的考查相对薄弱③,早期教育的教师无论是在课程方面还是在实习上都缺乏专业化。

具体来讲,75%的托儿所和儿童保育工作人员需要有一定的文凭,原则上所有的教学人员都必须有一定的学历,并且需要接受儿科护士助理的培训(本科学历+2年的研究)。

儿童照料者的职业地位经历了多次的变化。由于他们经过了受认可

---

① The NESSE networks of experts, Early Childhood Education and Care: Key Lessons from Research for Policy Makers[R]. Brussels: European Commission, Directorate-General for Education and Culture, 2009.
② Cochran, M. International Perspectives on Early Childhood Education[J]. Educational Policy, 2011, 25(1): 65-91.
③ Organization for Economic Cooperation and Development. Starting Strong II: Early Childhood Education and Care[EB/OL]. (2006-09-11)[2020-04-22]. http://www.oecd.org/education/school/startingstrongiiearlychildhoodeducationandcare.htm.

的培训,取得了证书或是文凭,并且接受卫生服务和社会安全部门的监督,他们的社会地位得到了显著的提高。在幼儿园,工作人员还要接受国家教育部的培训。①

第三,工作条件。职工的工作条件是有质量的早期教育与保育的基础。如果职工的薪水比较高,他们就比较有动力来不断提高专业水平,增强幼儿教育与保育的能力。相反,职工流动性大、能力不足、积极性低都会在很大程度上影响到早期教育与保育的质量。在法国,母育学校中的小学教师和幼儿教师是国家公务员(等级分别是 Cat. B/Cat. A)。护士(2.1%的男性)和婴幼儿教师(4.6%的男性)为社区和非营利性的团体工作,其等级为公务员(Cat. B),有权利参加专业发展,有时也有权利参加管理培训。等级为 C 的公务员就没有权利接受常规的专业发展培训。

第四,师幼比。很多项研究致力于师幼比对早期教育与保育质量的影响,总的结论是高师幼比能够提高早期教育与保育的质量。在法国,国家没有明确规定母育学校中的师幼比。总的来说,每个班级的幼儿人数呈下降趋势。在教育保护区,学校可以获得额外的学位和资金支持来提高师幼比。在托儿所,规定的师幼比是 1:5(不会走路的幼儿)及 1:8(学步儿的幼儿);在幼儿园,师幼比为 1:15(幼儿的年龄超过 3 岁),儿童照料者最多一个人照顾 4 名儿童。②

第五,课程与教学。OECD 国家显示了一个趋势:越来越多的 OECD 国家有课程标准。在法国,所有的幼儿园使用相同的国家课程,课程内容集中在五大领域:口语与书写准备;学会一起工作;通过自己的身体来表达

---

① Plantenga J. Expert Group on Gender and Employment Europäische Kommission, und Männern R G F. The Provision of Childcare Services: A Comparative Review of 30 European countries[M]. Brussels: European Commission, 2009.
② Caisse Nationale Allocations Familiales(CNAF). L'accueil du jeune Enfant en 2014 Donnes Statistiques [R]. Paris: le département communication de la Cnaf, 2015.

情感和思想；发现世界；想象力、感受力与创造力。

第六，督导与评价。督导与评价强调数据收集的质量以及政府对早期教育与保育的督导与评价。法国在学前教育行政方面实行高度的中央集权制，中央行政机关有教育部和大学部，学前教育由教育部主管，小学及幼儿园由各省下面设置的学区负责。学区的督导员有责任为小学（包括幼儿园）确定教育方针。督导员还通过观察与讨论来评价每一位教师，这项工作每3—4年做一次。母婴保健服务部有责任为学校系统外的早期教育与机构颁发执照并对其进行监督管理。

在有超过40个场所的托儿所中，管理者必须是一名保育员；在有不足40个场所的托儿所中，管理者可以是保育员或幼儿教师。母育学校一定是由幼儿教师管理的。如果人员配备没有达到要求，就可能会被吊销执照，雇佣其他的社会专业人士来管理。该机构必须有医生参与，有时候还要有心理学家、物理治疗家、社会工作者、艺术家等参与。

为提高这种早期教育与保育的质量，所有的助理保育员都必须要有母婴保健服务部颁布的执照，执照提供给保育员社会安全福利、最低安全保证金。为了获得执照，候选人必须通过医学考试，必须确保幼儿生活在安全的环境中，还要有一定规模的房子，提供培养幼儿健康发展的安全性条件。执照每五年就要更新一次。如果健康与安全性条件无法达到满意程度，省政府可以吊销执照。家庭日托的提供者最多能照顾三个孩子，平均每个家庭照顾2.6个孩子。

第七，家长与社区参与。家长在回应幼儿的兴趣与需要方面有举足轻重的作用。一些研究显示，家长在幼儿早期学习与语言的掌握方面具有重要作用，例如，英国"有效学前教育"（Effective Provision of Pre-school Education, EPPE）项目。同样地，社区参与能够丰富早期教育项目和幼儿对社会的认识。在法国，家长委员会能够代表家长，但是家长不能参与教学决策，教学决策还是由教师团队制定。家长在有时间的情况下,一天的开始和结束都可以与教师交谈。正式的"家长—教师会"每年至少举行一次。2000年8月1日的《教育法典》,正式承认家长在早期教育与保育机构运行中的地位以及家长联合会的法律地位。早期教育与保育机构中的工作人员必须与家长建立无等级之分的合作关系,以适应不同家长的需求与不同的家庭环境,让家长感觉到受欢迎。

在德国,幼儿园质量认证考虑了四个质量领域,当然这四个领域的权重是不同的。权重最大的是过程质量,占40%,主要考量的是机构的场地与设施、儿童照料、儿童语言和认知激励、各种活动、互动、教育工作的基本结构、家长和教养员;其次是结构质量,占30%,主要考察的核心要素是教师学历、班级规模、师幼比、准备/后续工作、室内空间、室外空间、领导的自主权;再次是取向质量和与家庭关系的质量,各占15%,其中取向质量主要考察的要素是机构的理念、教师的进修等,与家庭的关系主要考察的要素是家长获得的信息、给家庭的支持、家长的参与、对个别儿童的促进、儿童的自在感、家长满意度等。

在每个质量领域中,都有多个不同的检测维度,共有16个维度,各质量维度的实际测量值以该维度为准进行对照。德国的幼儿园认证检测开始一年多以后,已经有几百所幼儿日托机构参与了质量认证检测。

日本的早期保育和教育质量评价系统中的最突出的一个特点是关注了教师待遇。与其他教育阶段的教师相比,大多数国家的幼儿园教师得不到很好的尊重,这种不尊重常常体现在幼儿园教学工作人员的收入较低。薪酬往往是一个人留在某个工作岗位的动力之一,而获取较好的薪酬也是一个人能好好工作的动机之一。在薪酬方面,日本的学前班或幼儿园教学人员的收入低于小学教师。具体来讲,幼儿园教师的收入相当于小学教师收入的61%,但其工资比一般的公务员高出20%左右。① 工作条件的好坏可以通过工作人员的流动情况体现。当工作条件对工作人员非常有利时,很少有人会离开;当工作条件不完善时,流动率很可能会非常高。日本通过提供津贴来维持人员的稳定性,幼儿园教师和日间托儿所的工作人员加班的话都可以获得一定的补贴。

  澳大利亚最突出的特点是建立了《早期儿童教育与保育国家质量标准》(以下简称《标准》),这是提高全国早期儿童服务质量的重要途径。OECD曾指出,优质的幼儿教育和保育服务应该包括:互动的质量以及儿童与教师的关系、促进儿童学习和发展的方案或课程、与家庭和社区的联系、领导与管理、教师的资格与培训以及师幼比、物理环境、健康与安全要求。《标准》的目的首先是促进儿童的安全、健康和福祉,其次是通过高品质的教育方案促进儿童的成长,最后是帮助家庭了解何为有质量的教育。《标准》主要包括六大质量领域:一是教育方案与实践。在幼儿学习框架里提供了一个支持和促进每个儿童学习与发展的方案与实践指南。二是儿童的健康、福利与安全。每个儿童的健康与福利都应受到保护与促进。三是物理环境。物理环境应该是安全的、舒适的,提供丰富多样的经验以促进儿童的学习与发展。四是教师要求。包括师幼比和教师资格要求。合格的有经验的教育者、协调者鼓励儿童积极参与到学习方案中,尊重儿童,并且能促进儿童安全感和归属感,使他们能够自由探索环境,自由参与学习。五是与家庭和社区的合作。建立并保持与家庭的相互尊重与支持的关系,服务对象也包括社区。六是领导与管理。有效的管理有助于形成持久的优质关系与环境,从而促进儿童的学习与发展。这个质量领域包括服务管理、持续改进、计划、评价与业务管理等。此外,澳大利亚的质量评价

---

① 徐云.日本幼儿教育发展的特点[J].幼儿教育,1998(3):18-19.

体系的鲜明特点体现在以下四个方面。

第一，联邦政府统一进行管理。根据《澳大利亚联邦宪法》，幼儿教育主要归各州政府管理。但从20世纪80年代末开始，联邦政府逐渐加强了对幼儿教育的管理权限。幼儿教育质量保障体系由国家幼儿教育认证委员会（NCAC）直接管理，主要负责三个系统：日托儿童教育机构质量保障、家庭日托机构质量保障、校外钟点照顾机构质量保障。联邦政府对幼儿教育质量保障体系的发展起到了非常重要的作用，正如OECD的报告中指出的，"幼儿教育是通过国家干预来推动社会发展的特别方式的关键点"。

第二，具有较完备的认证程序。澳大利亚的幼儿教育质量认证程序非常完备。认证程序非常注重幼教机构的自我研究报告、确认访问员的调查报告、随机抽查的情况记录，从各种综合因素来评价和确定教育质量，对于符合认证标准的会提出进一步发展、提高的建议，对于不符合认证标准的则提出要求和改革方案，促使其早日达到认证标准。

第三，要求家庭积极参与。澳大利亚的国家幼儿教育认证委员会认为，幼儿教育质量保障涉及家庭、教师和管理机构各个方面，是质量保障过程的一部分，因此鼓励每个幼儿教育机构和家庭共同发展和总结中心的教育观念、政策和程序，共同形成儿童的经验，以及教师与家庭的互动，鼓励家庭和其社区成员参与幼教机构的活动。在认证材料中，家庭也被要求完成一个访问调查表，家庭可以对机构的实践和政策提出建议。

第四，网络资源的大力支持。澳大利亚政府非常注重幼儿教育方面网络资源的建设，有很多官方的网站。如：澳大利亚幼儿教育质量系统网站（http://www.acecqa.gov.au/），提供各种幼儿教育方面的信息，包括儿童质量保障机构的介绍、质量保障认证步骤、自我研究报告的要求以及表格填写、政府颁发的各种政策文件、质量保障人员的培训、各种出版物和杂志等。此外，还有澳大利亚早期教育协会建立的澳大利亚早期教育网

(http://www.earlychildhoodaustralia.org.au/)、儿童养育网站(https://raisingchildren.net.au/)、澳大利亚家庭日托养育网站(https://www.familydaycare.com.au/)等。澳大利亚各个州和地区拥有幼儿(或早期)教育系的大学和职业与继续教育学院,一些较大的幼教机构也建立了相应的网站,提供此方面的研究和课程。

三、早期保育和教育质量评价系统面临的挑战分析——以美国为例

当前,质量评级与提升系统(QRIS)已经成为联邦政府为提升全美早期教育质量而资助的竞争性项目"力争上游——早期学习的挑战"(Race to the Top-Early Learning Challenge,RTT-ELC)的核心考核部分,具体来说,就是各州政府是否能顺利申请到联邦政府的 RTT-ELC 项目基金,很大程度上取决于其实施和建设 QRIS 的情况。

各州 QRIS 运行原理与最终目标是一致的,即依靠质量评价标准和评价工具,对早教机构的保教质量进行测量评级,与此同时为早教机构提供一定的专业技术支持和财政补贴,帮助提升早教机构的质量,并且为家长提供关于早教机构质量的信息,帮助家长做出最佳选择,最终提高早期教育质量整体水平,保证儿童能够接受高质量的早期教育,在认知、情感等方面获得更好的发展,同时做好入学准备。①

与此同时,QRIS 在美国各州的实施过程中面临着一些挑战,主要表现在以下几个方面。

(一)各州 QRIS 绩效测量差异较大,难以达成共识

美国各州按照其文化、经济、学前教育的基本情况进行 QRIS 建设,对高质量的理解、质量要素的架构与质量测量各异。研究发现,各州 QRIS

---

① 孙贺群. 理想政策的实践困境:美国早期教育质量评级与提升系统运行中的问题与启示[J]. 外国教育研究,2017(1):27-40.

在绩效测量上差异较大。第一，各州 QRIS 的质量评级工具的差异大。例如，加利福尼亚州，除了使用《幼儿学习环境评量》的套系评价工具之外，还使用《班级互动评估系统》的套系评价工具；夏威夷州，除了使用上述两种工具外，还使用《项目/企业管理量表》。采用的观察式工具的多样性，增加了各州 QRIS 系统的绩效测量的差异性。第二，即使运用同一种测量工具，各州在具体使用上也存在差异。例如，《幼儿学习环境评量》是各州 QRIS 普遍使用的测量工具之一，主要用于测量学前教育机构的"环境设置"，但各州界定最低与最高等级的学前教育机构的《幼儿学习环境评量》的评分标准差异大。例如，为获得 QRIS 评级中的最高等级，哥伦比亚特区需要达到 4 分，伊利诺伊州为 5 分，密西西比州为 5.1 分，佛罗里达州为 5.5 分，肯塔基州为 6 分。第三，各州 QRIS 的等级计算方式也存在差异，包括等级制、打分制和混合制。

QRIS 质量评级的测量工具、评分标准与等级计算形式等重要变量上的差异，无疑造成了各州整个 QRIS 质量评级结果的明显差异。有研究表明，在使用某一州的 QRIS 对所有幼儿园进行评定时，有 345 所幼儿园能够获得最高级别（五星），但是当采用另一州的 QRIS 评级时，所有幼儿园中仅有 25% 的幼儿园能够获得这一级别的评定。因此，在绩效测量方面，各州依旧没有达成共识，这将阻碍各州 QRIS 效果之间的比较，联邦政府、州政府的政策制定者很难根据数据做出合理决策。研究者需要投入更多的精力探索已使用的观察式工具的有效性，或研发新的测量工具以弥补现阶段的不足，并在如何测量、怎么测量、标准如何等方面达成共识。

（二） QRIS 质量评级的准确性遭到质疑

从 QRIS 的架构设计来看，财政激励、技术支持与家长教育等要素都依赖于 QRIS 质量评级结果，可见质量评级是整个 QRIS 系统的核心。QRIS 质量评级的准确性是 QRIS 系统按照原有的逻辑框架顺利运转的前提。同时，各州和地区花了大量的人力、物力和财力去研发或购买评估工具、培训评价人员、自主评价过程，根据质量评级结果发放财政激励、信息公布，这些努力的前提也是QRIS质量评级的准确性。如何界定QRIS质量评级的准确性？即学前教育机构的质量能够被QRIS质量评价工具所测量并能反映各个机构之间的质量差异。例如，评价这个机构5颗星，另外一个机构4颗星，那么，5星机构质量必定要比4星机构质量高。在准确性高的QRIS质量评级中，可以自信地说评级为5星机构比4星机构的儿童在认知、社会性等方面表现性要好。同时，QRIS质量评级具有持久效应，即高质量等级的学前教育机构，其儿童未来的学业成就或学业提升更高。

在已有的QRIS质量评级中，等级越高的学前教育机构，其儿童发展真的更加好吗？美国学前教育领域的研究者都非常关注这个问题，并做了一些有意义的研究。在密苏里州的研究表明，更高星级质量机构的儿童，其社会—情感的发展要比低星级学前教育机构儿童更好，且具有显著的差异；对于低收入家庭的儿童，这些影响更加明显。弗吉尼亚州的研究表明，与低星级质量的学前教育机构相比，高星级质量的学前教育机构中儿童的前阅读能力在幼儿园期间的发展更快。大部分关于QRIS评级的效度研究发现，评级更高的学前教育机构的环境得分较高，但是这并没有与儿童的发展产生积极的相关性。例如，科罗拉多州的研究发现，该州QRIS评估中质量等级与儿童发展结果之间并没有联系。印第安纳州的研究结果：幼儿园的质量等级与儿童发展结果之间不存在一致性联系。萨博（Sabo）等人对QRIS质量评级进行了研究，结果发现，整个QRIS的分数不能预测儿童在入学准备上的表现，更高的幼儿园质量等级并不能预测儿童在学业成绩上的提升。各项关于QRIS质量评级的准确性研究，虽然在研究范围、对象、方式上存在差异，研究结果在一定层面不能进行同类比较，但是，

QRIS质量评级的准确性、有效性依旧遭到质疑,这将影响到整个QRIS系统的公众信服度,包括家长的信任程度,以及各个早期教养机构的参与积极性。

(三) QRIS的效度检验举步维艰

QRIS系统,归根到底是基于投入(评价、人力、物力等)和产出(项目质量提升、儿童发展等)的理想模型所设计的。QRIS效度检验包括:QRIS是否按照原有的设计逻辑、建设发展,并达到了QRIS的目标等。QRIS的有效性验证是一个多重目标的连续性过程,既包括QRIS执行过程的研究(例如,财政激励、技术协助、教师专业发展等方面的落实),也包括QRIS执行结果(提高早期教养项目质量、促进儿童发展、扩大家长对高质量早期教养项目的理解等)的研究。QRIS的效度验证,对于完善QRIS系统、提高QRIS系统的公信度、更大程度帮助各方面的利益相关者有着重要作用。

尽管QRIS在每个州普及很快,但并没有太多关于QRIS实施或调整的实证性评估。QRIS效度检验举步维艰,也存在其内部根源。第一,QRIS的有效性验证是一项极为复杂的工作,涉及一系列大型研究活动,包括验证系统目的、过程、具体环节的设计等,工程量和资金花费巨大。第二,QRIS有效性证据的收集牵涉很多利益相关者,各个利益相关者因立场不同对有效性验证的态度不一,更加剧了有效性验证的复杂程度。因此,在具体实施层面,很多州的QRIS管理者并不愿意进行QRIS有效性验证。从某种角度看,拥有成熟QRIS的州并不愿去评估已经建立的QRIS,假设该州QRIS没有对学前教育质量提升做出贡献或质量测量不准确,这个系统就要被废除或进行较大修改,从资金投入、公众信誉度等方面都面临巨大挑战。而对于QRIS起步较晚的州,也许QRIS并没有建设完善,且需要一定时间的积累才能够进行有效性评估。因此,如何鼓励、支持各州进行QRIS的效度验证规划,并切实推进效度验证工作,也是美国近年来急需解决的重要问题。

（四）QRIS 系统的各要素有待深入研究

美国针对 QRIS 系统的研究层出不穷，但深入剖析关于 QRIS 的学术研究发现，关注 QRIS 系统理论假设和实施的描述性研究较多，对各个要素的深入研究有待进一步加强。

在质量标准层面，最新研究发现，师幼互动因素是影响学前教育机构质量的重要因素，这项指标对儿童学业成就的预测程度远远高于现有 QRIS 中最常包括的几项指标。但是，针对师幼比、儿童评价、课程实施、教师专业能力等其他质量因素对学前教育机构以及儿童发展的影响，并没有研究得特别深入。例如，有研究发现较高的师幼比例更加能够出现高质量的师幼互动，但并不绝对，因此需要将教师资历、师幼比、师幼互动等因素结合起来研究。QRIS 质量指标的深入研究，对 QRIS 质量标准架构、评级工具的有效性等有重要影响，因此需不断对各要素进行深入研究。

在质量提升策略方面，技术协助与财政激励都是支持学前教育机构提升质量的重要手段。最近在华盛顿的研究发现，专家指导对提高"环境评价"得分有很明显的效果，但并没有提升学前教育机构的整体质量等级。也有研究表明，专家指导对教师针对幼儿的教育实践能力提升有积极影响，但并不是所有的专家指导方式都有效果。因此，关于技术协助各种形式的具体效果、技术协助人员的特征（学历、接受培训、经验等）、技术协助过程的特点（模式、关注点、频率等）都需要进行深入剖析，同时需要研究成功的现场技术协助案例中的特点，以帮助 QRIS 管理人员在整个系统范围内进行技术协助人员的选拔、培训与管理，提高技术协助的效用。

米歇尔（2012）的研究表明，财政激励的额度与早期教养机构在 QRIS 系统的参与度呈正相关。埃如卡（Iruka）在佛罗里达州进行了 QRIS 质量支持（材料、津贴、财政奖励、教师教育奖学金等）与质量提升的相关性研究,结果表明,在质量支持改变的情况下,各类型的学前教育机构的质量都有所提高,奖金金额与教师的留任百分比、质量提升有显著正相关。这些研究都证明了财政激励政策对学前教育机构质量提升的重要作用。如果财政激励能帮助学前教育机构提升质量,那么,对哪个质量模块的影响力显著,是教师的专业发展、环境改善,还是针对每一个儿童的补贴等?哪一种财政激励形式,学前教育机构、教师、家庭更青睐?随着各州继续对QRIS进行开发,需要对QRIS系统进行更加深入的研究,以此确定哪一种质量支持形式在提升幼儿园质量与儿童发展上最有效,这些有效的支持策略是如何实施的,如何架构这些有效的支持策略以发挥最大的效应等。[①]

第五节　主要国家和地区学前教师教育政策的经验与启示

在我国,幼儿教师待遇比较低,且存在严重的"同工不同酬"问题,这在很大程度上影响了教师工作的积极性以及队伍的稳定性,此外,教师水平参差不齐,队伍的整体素质有待提升,这也制约了我国学前教育质量的提高。因此,我国有必要吸取国外培养幼儿教师以及保障教师待遇的经验,以确保教师工作的积极性,从而提高学前教育质量。

一、建立严格的教师准入制度,保证教师队伍的质量——以法国和美国为例

法国的幼儿教师属于公务员身份,社会地位较高,待遇较好,薪酬与小

---

① 刘昆,郭力平,钟晨焰. 美国学前教育质量评级与提升系统:实施现状及面临的挑战[J]. 外国教育研究,2016,43(5):110-128.

学教师相同，他们因被视为专业人士而受到尊重，这也意味着他们需要具备较高的专业素质。法国的幼儿教师须具有本科及以上学历，并在法国教师培训学院接受两年师范类专项培训，通过国家统一组织的执业考试后方为合格。2009年9月，法国教育部发布第32号公报，明确提出幼儿教师的职业要求、能力及评价标准参照小学教师执行。① 这是因为法国幼儿教师与小学教师在职前接受的是相同水平的教育，师范学校的学生要在各阶段学校实习，包括幼儿园、小学、初中，这有利于幼儿园、小学以及初中三个学段的衔接。

教师资格认证制度是美国法定的职业准入制度，从事幼教工作的人获得任教资格，必须取得这些进阶式资格证书：幼教执照，教师资格证，初级、中级资格证，国家高级教师资格证。② 幼教执照是进入学前教育行业的基础执照，学生取得学位之后，报名参加所在州的专业与能力考试来获得幼教执照。③ 教师资格证是成为幼儿教师的基础证书，在具有幼儿执照的基础上，参加新教师的培训，通过州级课堂的评估方能获得教师资格证。之后通过笔试和试讲进一步获得初级、中级以及高级资格证书等进阶证书，这些证书在2—3年或者3—5年后需要重新考试认证。由此可见，美国的幼儿教师准入制度非常严格，这样的高要求既保证了优质的师资力量，也为学前教育质量的提升提供了可能。

二、采取措施保证教师待遇，提高教师的稳定性——以美国和法国为例

众所周知，教师的稳定性和素质是影响早期教育质量的重要因素，而

---

① 中国驻法国大使馆教育处.法国学前教育及其发展趋势[J].基础教育参考,2016(17):71-72.
② 宋占美.美国学前教育课程标准的实践与思考[M].上海:华东师范大学出版社,2014.
③ 王晓岚,丁邦平.美国学前教育师资培养的方式、特点及其启示[J].学前教育研究,2010(10):49-54.

教师待遇又在很大程度上决定着教师的稳定性,因此,在各国制定的质量评价系统中,一项重要的标准是机构是否采取了措施给予教师良好的待遇。

美国联邦政府直接推行的早期项目中,多采用立法手段保证学前教师的薪资待遇。《1990年提前开端扩展和质量提升法案》(Head Start Expansion and Quality Improvement Act of 1990)就明确提出要求,用于质量提升的资金中至少有一半要用作教师的工资待遇,同时鼓励"提前开端计划"机构建立与教师的培训和教育经历挂钩的薪资结构。[①] 而州和地方政府也通过推行工资增长项目、使用税收返还、发放补助或奖金来增加教师收入,还会在质量提高和评价系统中嵌套教师收入提升机制,明确学前项目教师工资收入水平,完善教师薪资结构。[②]

在法国,幼儿园教师通常受聘于市或区政府,与公务员享有同等待遇。与此同时,法国政府为幼儿园教师工资、奖金和住房等提供了财政保障,如国家负担包括幼儿园教师在内的公立教育机构和部分私立教育机构教师的工资、年金和退休金等,并从市镇政府运转的总体拨款中划拨款项用于解决幼儿园和小学教师的住房问题。[③] 此外,法国的额外资助不会特别偏向贫困儿童,而是将额外的资源提供给一些被称为"教育优先区"的特定地区,这些地区用收到的额外资金来缩小班级规模或雇佣特殊教师,并向教师提供额外的培训和奖励以提高教师队伍的稳定性。[④]

---

① Senate-Labor and Human Resources Committee. Head Start Expansion and Quality Improvement Act of 1990[EB/OL]. (1990-03-27)[2019-12-25]. https://www.congress.gov/bill/101st-congress/senate-bill/2229
② 刘颖,乐晓云.美国提高学前教师工资水平的政策进展及启示[J].教师教育研究,2017,29(3):121-127.
③ 杨阳.法国学前教育的目标、性质与管理及启示[J].学前教育研究,2016(9):67-69.
④ Jeanne Fagnani. Recent Reforms in Childcare and Family Policies in France and Germany: What was at Stake? [J]. Children and Youth Services Review, 2012(34):509-516.

三、为教师提供持续系统的培训——以英国和日本为例

英国教师培训署在1998年开始实施"入职档案"制度,后又规定自1999年5月7日起获得教师资格的新教师还必须参加三个学期的入职培训,才能担任中小学教师。在入职培训期间,英国的初始教师培训机构(Initial Teacher Training Provider,ITT)必须为每一位学员提供一份"入职档案",对学生在学习期间的表现情况予以记录,培训学校根据"入职档案"中的相关记录判断新教师各方面的基础后,由学校指定的入职指导教师(induction tutor)和新教师一起确立入职培训期的专业发展目标和行动计划,帮助新教师达到入职标准。教师培训署认为新教师从职前教育到第一个工作岗位开始这一段时期存在着三个关键的转折点,分别是职前教育临近结束、入职培训开始和入职培训临近结束时,因此为每一个转折时期都配备了支持性表格,新教师和指导教师一起根据自己的实际情况确定培训内容、步骤及未来的发展计划。①

日本对教师实行三级许可证制度,具体来讲,高中毕业生完成两年职业培训或者大专后获得二级资格证,完成大学四年教育可以获得一级资格证,完成硕士教育可以获得"专业资格证"。三级许可证制度意在鼓励在职教师为取得上一级许可证积极进修,促使教师为获得更高一级证书而努力。有一定教学经验的在职教师可以通过进修获得更高一级的资格证,其必修学分根据教龄的增长而减少。② 在鼓励教师追求专业发展以提高教师队伍质量方面,日本有着很好的实践经验,他们对幼儿教师的在职培训有着明确严格的要求,形成了相对完善的法律制度。1950年颁布的《地方

---

① 宋红娟. 英国"入职与发展档案"制度对我国幼儿教师专业发展的启示[J]. 学前教育研究, 2007(5):56-58.
② Research Center for Child and Adolescent Development and Education of Ochanomizu University. Framework and Mechanisms of Early Childhood Education in Japan[EB/OL]. [2019-09-17] file:///home/hao/Downloads/FranceAllRevueUSAFagnani2012.pdf.

公务员法》第19条规定:教育公务员"为完成其职责,必须经常致力于研究和研修"。1949年颁布的《教育公务员特例法》第22条也指出:"必须给予研修的机会。"①可见参加在职培训既是幼儿教师享有的权利,也是他们必须履行的义务。从新教师入职开始,就有分门别类的培训计划和培训活动可供教师自由选择,通过定期的、分阶段的在职培训,幼儿教师不断开阔视野、更新知识、提高技能,真正践行"终身学习"理念。正是有了严格的资格证要求,加上完善的在职培训制度,才使得日本拥有了一支非常出色的幼儿园教师队伍,这也是促进日本幼儿教育事业不断发展的强大动力。

---

① 胡江波. 日本幼教政策的演变[J]. 幼儿教育,2001(Z1):28-29.

第十章　学前教育体制与机制改革的个案研究

第一节　山东省依法保障学前教育健康快速发展的路径与经验

2019年9月27日,山东省第十三届人民代表大会常务委员会第十四次会议审议通过了《山东省学前教育条例》(以下简称《条例》),对学前教育性质定位、幼儿园规划建设、幼儿园设立与管理、保育与教育、教师队伍建设、保障与监督、法律责任等做出了全面规定。这是山东省第一部学前教育地方性法规,具有鲜明的地方特色和较强的时代性、前瞻性和可操作性。《条例》的颁布是推进依法治教、健全教育法律法规体系、完善教育治理体系和治理能力建设、促进学前教育事业健康发展的重要举措,充分彰显了山东大力发展学前教育、补齐学前教育短板的信心和决心,对于强化顶层设计,凝聚全省推进学前教育事业发展的力量,保障学前教育健康可持续发展具有里程碑式的重要意义。回顾近十年的发展历程,山东学前教育经历了从1.0到3.0的快速发展时期,一直在推进依法治教的道路上不断探索和前进。

一、1.0版:强化政策保障时期

2010年,为尽快解决"入园难"这一重大民生问题,国务院颁布了学前教育"国十条",把发展学前教育摆在更加重要的位置。教育部等部门随后启动实施了第一期学前教育三年行动计划,这是自新中国成立以来首次启动的自上而下的发展学前教育的行动。山东省积极响应,印发省教育厅等8部门《关于印发〈山东省学前教育普及计划(2011—2015年)〉的通知》,专门成立推进工作领导小组,加快普及学前三年教育。文件提出,到2015年,学前三年儿童入园率达到75%,经济发达地区达到85%以上;公办幼儿园在园幼儿达到总数的70%;70%以上的幼儿园达到省定基本办园条件标准。这一时期,各有关部门重点强化顶层设计,制定出台了一系列支持政策和保障措施。

(一) 出台办园条件标准

制定《山东省幼儿园基本办园条件标准(试行)》,印发《关于开展乡镇(街道)中心幼儿园建设及认定工作的通知》,为加快公办幼儿园建设提供了政策依据,学前教育资源特别是公办学前教育资源得到快速扩增。2011—2013年,全省共投入资金154亿元,新建、改扩建幼儿园9 922所,其中,公办幼儿园9 002所,占总数的90.7%;增加幼儿学位108万个,其中,公办幼儿园新增学位99.2万个,占总数的91.9%,极大缓解了普惠性幼儿园的压力。要求每个乡镇(街道)至少建设1所具有独立法人资格的事业单位的公办中心幼儿园,并通过省级认定。全省乡镇中心幼儿园建设率、公办率和省级认定通过率均超过100%,进一步完善了农村学前教育的布局,为维护教育公平,实施有质量的农村学前教育打下了坚实的基础。

(二) 制定公办园编制标准

2012年,山东省率先在全国出台《山东省公办幼儿园编制标准》,各市迅速启动公办幼儿园编制核定和招聘工作。到2013年底,全省新增幼儿教师4.5万人,其中新增公办教师1.7万人。同时,山东省全方位推进幼儿教师队伍建设;提升高等院校学前教育专业学生的学历层次和专业能力,由19所省级教师教育基地学校承担,实行全科综合培养;加大培训力度,2012年以来,省财政安排1 500万元专项经费用于幼儿园骨干园长教师参加省级集中培训和远程研修,培训人次达3万余人。

(三) 加大省级财政保障力度

从2011年起,山东省设立学前教育专项奖补资金,每年1亿元,并逐年提高。学前教育经费保障能力明显提高,财政性学前教育经费占财政性教育经费比例逐年增长。2013年,财政性学前教育经费占财政性教育经费的比例达到3.82%,是2010年的4.5倍。同时,自2011年起,全省建立学前教育资助制度,资助标准为平均每生每年1 200元,资助面为普惠性幼儿园在园幼儿数的10%,各级财政安排学前教育资助资金资助家庭经济困难儿童、孤残儿童。

特别值得一提的是,2010年,山东省人大常委会重新修订了《山东省未成年人保护条例》。7月30日,经省第十一届人民代表大会常务委员会第十八次会议审议通过,对包括适龄幼儿在内的未成人的权益保护做出了更加明确的规定,为实施学前教育提供了法律依据和保障。截至2013年底,全省共有幼儿园18 528所,比2010年增加了777所;在园幼儿262.4万人,学前三年入园率达到80.8%,比2010年提高了13个百分点。山东学前教育开始走向基本普及,为更多的适龄儿童提供了接受学前教育的机会和条件。

二、2.0版:实施《山东省学前教育规定》时期

2014年1月9日,省政府第24次常务会议通过了《山东省学前教育规定》(以下简称《规定》)。1月30日,原省长郭树清签发第272号政府令并予以公布,于4月1日正式施行。《规定》是山东省学前教育史上第二个省政府令,为学前教育事业健康发展提供了重要的法律依据和保障。《规定》的主要亮点体现在四个方面:一是城镇居住区配套幼儿园规划建设及使用

管理有了更加明确的法律依据。明确了政府主导,提出了与居住区建设同步规划、同步建设、同步交付使用"三同步"原则。二是农村学前教育成为发展的重点。强调各级人民政府应当重点发展农村学前教育,合理配置教育资源。三是保障弱势群体公平接受学前教育的权利。将实施残疾儿童随园就读、学前教育资助制度上升到法律层面予以保障,保障进城务工人员随迁子女在居住地接受学前教育的权利。四是加强了对民办幼儿园特别是普惠性民办幼儿园的扶持力度。此外,《规定》对学前教育经费保障机制、教师队伍管理,特别是公办幼儿园编制核定、幼儿园管理及保育教育、行政处罚等方面都有较大突破,山东迎来了学前教育有法可依的新时期。

在此期间,围绕《规定》山东省出台了一系列配套文件,学前教育法规政策逐步完善。在扩充资源方面,按照国家和省精准扶贫部署,重点加强农村贫困村幼儿园建设,2015年,印发了《山东省教育厅关于加强省定贫困村幼儿园建设的通知》,并将幼儿园建设纳入教育系统"323"扶贫工程,为贫困村适龄儿童提供接受学前教育的机会,让幼儿有园可上;同时,省教育厅等5部门出台《山东省城乡居住区配套幼儿园规划建设及管理使用的若干意见》,明确了配套园建设标准,提出配套园以划拨方式供地,建成后无偿交付教育行政部门管理等。在幼儿园规范管理方面,教育厅等有关部门出台了《山东省学前教育机构登记注册管理办法》《关于进一步明确幼儿园收费管理有关问题的通知》等,对幼儿园的准入和监管、幼儿园收费都进行了明确规定。在加强幼儿园内涵管理方面,出台了《山东省教育厅关于规范幼儿园一日活动的指导意见》,提出了幼儿园一日活动的规范和要求。

为巩固第一期学前教育三年行动计划成果,构建"广覆盖、保基本、有质量"的学前教育公共服务体系,促进学前教育可持续发展,2015年1月,省教育厅等 7 部门印发了《山东省第二期学前教育三年行动计划（2015—2017 年）》，启动实施第二期学前教育三年行动计划。文件提出，到 2017 年，基本普及学前三年教育，建立起覆盖城乡、布局合理、资源充足、公益普惠的学前教育公共服务体系。2015—2017 年，全省新建、改扩建幼儿园 6 215 所，新增学位 110 万个，普惠性资源得到进一步扩充。截至 2017 年底，省第二期学前教育三年行动计划结束，全省共有幼儿园 20 584 所，在园幼儿 295.5 万人，学前三年毛入园率达到 84.86%，分别比 2014 年增加 2 072 所、32.7 万人、3.26%。

三、3.0 版：实施《山东省学前教育条例》时期

2017 年，党的十九大明确提出"幼有所育""办好学前教育"，教育部启动实施第三期学前教育三年行动计划。山东省委、省政府高度重视，省委书记刘家义多次作出批示，要求把加快学前教育发展、深化改革作为党和政府为老百姓办实事的重要民生工程，坚持问题导向，深入开展调研，研究具体措施，推进学前教育普及普惠、安全优质发展。2018 年 5 月，省政府办公厅印发了《关于加快学前教育改革发展的意见》，同步启动实施第三期学前教育三年行动计划，并制定出台了"1+10"配套政策文件，有力推动了学前教育事业健康快速发展。2018 年 9 月，省人大对学前教育进行专题问询后，常委会又将制定《山东省学前教育条例》列为 2019 年地方性法规一类项目。省教育厅高度重视，立即组成工作专班，启动《条例》的起草工作，历时一年，《条例》于 2019 年 9 月 27 日通过审议，并于 2020 年 1 月 1 日起正式施行。《条例》明确了学前教育的地位和性质，围绕规划建设、设立管理、工作人员、保育教育、保障监督、法律责任等方面作出规定，为学前教育健康快速发展提供了有力的法治保障。围绕《条例》的学习宣传和贯彻实施，全省上下形成遵法、学法、执法、守法的浓厚氛围，学前教育体制机制趋于完善，学前教育公共服务体系基本建立。

（一）健全学前教育管理体制，依法落实各级政府和各有关部门责任

《条例》明确了学前教育的性质地位，指出学前教育是国民教育体系的重要组成部分，是重要的社会公益事业。确立了"省市统筹、以县为主"的学前教育管理体制，并在各章中注重落实各级政府在学前教育规划、投入、教师队伍建设、监管等方面的责任，完善各有关部门分工负责、齐抓共管的工作机制。

1. 明确政府责任

要求县级以上人民政府将学前教育纳入国民经济和社会发展规划，制定实施学前教育发展规划，普及学前三年教育，合理配置学前教育资源，构建覆盖城乡、布局合理的学前教育公共服务体系。省、设区的市人民政府应当统筹本行政区域学前教育事业发展，健全学前教育责任分担体系，完善保障措施并组织实施。县（市、区）人民政府履行本行政区域学前教育发展的主体责任，统筹负责幼儿园的规划布局、资源配置、教师配备、投入保障等工作。同时，要求乡镇人民政府、街道办事处依法承担本辖区内学前教育发展和管理的相关责任，共同做好学前教育工作。

2. 明确部门职责

县级以上人民政府教育行政部门主管本行政区域的学前教育工作，具体负责幼儿园等学前教育机构的监督管理。县级以上发展改革、公安、财政、人力资源社会保障、自然资源、住房城乡建设、卫生健康、市场监督管理等部门，按照各自职责做好学前教育相关工作。

（二）扩增学前教育资源，依法推动学前教育全面普及

将成熟政策和经验上升为制度规定，明确、具体地提出幼儿园从规划建设到移交使用的要求，是《条例》的突出亮点之一。《条例》在第二章"幼儿园规划与建设"中，从六个方面作出规定：一是强调做好规划。二是要求

将教育行政部门纳入同级城乡规划委员会。三是全面落实房地产开发项目建设条件意见书制度,将"三同步"进一步细化为"六同步",即同步规划设计、同步供地、同步达到建设条件、同步建设施工、同步竣工验收、同步交付使用,进一步形成政策闭环,加大保障力度。四是强调居住区配套幼儿园要举办为公办幼儿园或普惠性民办幼儿园。五是明确提出开展整治,解决配套园历史遗留问题。六是明确各级政府可以将闲置公共资源改建为公办幼儿园。

1. 科学制定规划

2018年,省政府办公厅出台了《关于城镇居住区配套教育设施规划建设的意见》,要求以县为单位,科学制定学前教育发展规划和幼儿园总体布局规划,要求配套幼儿园服务半径原则上不大于300米。2019年,全部市、县(市)教育(教育体育)局进入城乡规划委员会。

2. 突出抓好配套园建设

针对二孩政策放开和城镇化进程的加快,学前教育资源供给不足问题,山东省提出2018—2020年,每年新建、改扩建幼儿园2 000所,新增50万个学位的建设任务。通过实施城镇幼儿园建设工程,全面落实房地产开发项目建设条件意见书制度,要求新建城镇居住区配套幼儿园必须落实"六同步"要求,并优先举办公办园,确保不再欠新账。2018年以来,全省共新建、改扩建幼儿园9 186所,新增121万个学位。

3. 在全国率先开展配套园专项整治

2018年9月,省政府办公厅印发了《山东省城镇居住区配套幼儿园专项整治工作方案》,建立了省政府分管副秘书长任组长,各有关部门任成员的部门协作机制。聚焦配套园规划、建设、移交、使用不到位四类问题,山东省教育厅等7部门印发了《关于进一步做好城镇居住区配套幼儿园治理工作的通知》等系列政策文件,建立边改边查、双月通报、后五名约谈及公示公开制度,形成十种治理模式,并在日照市召开全省配套园整治工作中期推进会议,深入推进整治工作。截至目前,整治完成1 819所,完成率达85.72%,山东省整治进度居全国前列,受到教育部通报表扬。

4. 实现农村学前教育资源全覆盖

实施农村幼儿园建设与提升工程,优先利用中小学闲置校舍改建幼儿园或在小学附设幼儿园,加大对贫困村幼儿园的扶持力度,保障方圆1.5千米之内有普惠性幼儿园。2018年以来,全省共新建、改扩建农村幼儿园2 713所,新增32万个学位,其中,建设贫困村幼儿园1 615所,实现农村学前教育资源全覆盖。

(三) 调整办园结构,保障学前教育事业的普惠属性

保障学前教育事业的普惠特质,必须牢牢把握公益普惠基本方向,坚持公办民办并举,着力构建以普惠性资源为主体的办园体系。按照实现国家和省普惠目标的要求,山东省把公办幼儿园在园幼儿占比达到50%写入《条例》,坚决扭转高收费民办园占比偏高的局面。为确保普惠性幼儿园覆盖率达到80%,山东省还规定,普惠性民办幼儿园占民办幼儿园比例要达到50%以上。

1. 大力发展公办幼儿园

充分发挥公办园保基本、兜底线、引领方向、平抑收费的主渠道作用,加大公办幼儿园建设力度。目前,全省公办幼儿园在园幼儿占比达到50.4%,所有乡镇完成至少建设一所公办中心幼儿园的任务,全省共建设乡镇中心幼儿园1 761所。2018—2019年,新增公办幼儿园5 184所,新增近100万个普惠学位。

2. 大力支持民办幼儿园发展

充分肯定民办幼儿园在学前教育发展中发挥的积极作用,鼓励社会力量以多种形式举办幼儿园,满足不同家庭的多样化需求。认真贯彻落实国

家和省对民办幼儿园的各项优惠政策。新冠肺炎疫情发生以来,为帮助幼儿园特别是民办幼儿园纾困,省教育厅等13部门联合出台了《关于切实做好疫情防控期间幼儿园扶持工作的通知》,通过采取预拨生均公用经费补助、减轻房产租金负担、减轻"五险一金"负担、减轻税费负担、加大金融支持力度、依法保障教职工劳动报酬等权益、加大稳岗支持力度、鼓励社会力量捐资助学八大举措扶持幼儿园渡过难关。教育部给予高度认可,央视新闻频道专门报道。截至目前,全省民办幼儿园占幼儿园总数的53.5%。

3. 实施普惠性民办幼儿园扶持计划

指导各市制定普惠性民办幼儿园认定办法,以县(市、区)为单位逐年认定一批普惠性民办幼儿园。各级通过生均财政补贴、培训教师、教研指导等方式,支持普惠性民办幼儿园发展。截至目前,全省普惠性民办幼儿园占民办幼儿园比例达到59.5%。

(四)完善经费保障机制,依法强化学前教育经费保障

《条例》注重落实各级政府在学前教育投入方面的责任,在第六章"保障与监督"中明确提出:一是学前教育应当建立政府投入为主、社会举办者投入为辅、家庭合理分担的投入保障机制。二是强调县级以上人民政府应当制定公办幼儿园生均公用经费财政拨款标准和普惠性民办幼儿园生均补助标准并逐步提高。三是强调幼儿园收费标准实行动态调整,加强价格监管,抑制过高收费。

1. 增加财政投入

2018年,全省财政性学前教育经费达79亿元,幼儿园生均一般公共预算公用经费支出1 482元,比上年增加245元,增长19.8%,是所有教育阶段中增幅最高的。2019年,省级学前补助资金由2018年的3.9亿元提高至4.5亿元;2020年,提高至7亿元。2018年,制定公办幼儿园生均财政拨款标准和普惠性民办幼儿园生均财政补贴标准,每生每年不低于710

元,要求2020年底前全部落实到位,全省每年将增加学前教育经费13亿元。落实资助政策,2016—2020年,全省共为117.41万名困难儿童发放学前教育政府助学金13.61亿元。此外,山东省自2016年春季学期起免收建档立卡农村家庭经济困难幼儿学前教育保教费,2016—2020年共为约5.33万名建档立卡家庭经济困难幼儿免除保教费0.92亿元。

2. 完善分类收费定价机制

出台了《山东省幼儿园收费管理办法》《山东省幼儿园保育教育定价成本监审办法》,指导各市、县建立结构合理、管理科学的收费管理体制和成本分担机制,加强对幼儿园收费行为的监管。充分考虑经济发展状况、办园成本和家庭经济承受能力,对公办园收费标准实行动态调整,保障公办园和普惠园健康、可持续发展。颁布《山东省幼儿园分类认定标准》和《山东省幼儿园分类认定评估细则》,对幼儿园实行类认定,分类收费,优质优价。

(五) 完善教师管理体制,依法保障教师合法权益

为解决幼儿园教师编制不足、专业化水平低、待遇低等问题,《条例》第五章强化了部门职责。一是明确编制部门职责。县级以上机构编制部门为纳入机构编制管理的公办幼儿园核定编制,并定期进行动态调整。现有编制总量内不能满足的可以实行人员控制总量备案管理。二是明确人社部门职责。县级以上人民政府教育部门会同人力资源社会保障部门及时补充招聘幼儿教师,并规定,实行人员控制总量备案管理的公办幼儿园聘任教师,其工资、福利待遇、社会保险等与纳入机构编制管理的教师相同。三是明确按照小学标准设置幼儿园岗位结构比例。四是强调县级以上人民政府教育行政部门应当完善学前教育师资培养和培训体系。

1. 完善公办幼儿园编制人员管理

2018年,省编办会同省教育厅启动了幼儿园机构编制和人员编制核

定工作,重点保障各级政府、教育行政主管部门举办的实验幼儿园、乡镇(街道)中心幼儿园、公办学校附属幼儿园纳入机构编制管理,共将770所公办幼儿园新纳入机构编制管理,核增人员编制6 578个。同时,对现有编制总量内确实无法满足的市、县(市、区),探索实行人员控制总量备案管理,参照公办幼儿园编制标准确定人员控制总量14.9万名。2019年,全省补充公办幼儿教师10 530人,其中,在编4 175人,人员控制总量6 355人。

2. 保障幼儿园教师地位和待遇

明确实行人员控制总量备案管理的幼儿教师,适用事业单位人事管理政策,同工同酬,同等待遇。2019年,出台《山东省中小学幼儿园教师岗位设置结构比例指导标准》,在全省首次设立幼儿园正高级岗位,高级教师比例提高到11%,比原来提高10个百分点,比例完全与小学相同,极大地调动了幼儿教师的积极性,增强了职业吸引力。要求各地不断提高非在编教师待遇,依法保障农村集体办、企业办、民办幼儿园教师工资发放,足额足项为教职工缴纳社会保险和住房公积金。

3. 加强师资培养培训

自2018年起,确定了83个中等职业学校与高职或本科院校联合培养5年制专科层次学前教育专业点,2019年省内高校学前教育专业本专科(含中专)学生毕业约4.5万人。实施公费师范生乡村幼儿教师培养计划,2018—2019年招收1 460人,为乡镇中心幼儿园培养高层次幼儿教师。实施幼儿教师素质提升工程,建立省、市、县三级培训网络,实行幼儿园园长、教师定期培训和全员轮训制度,2018年以来共培训10万人次。

(六) 实施科学保教,依法提高学前教育质量水平

《条例》在第四章"保育与教育"中作出规定:一是幼儿园招生坚持就近原则,班额设置应当符合国家和省有关规定。二是幼儿园应当注重增强幼儿体质,预防和减少疾病发生。三是幼儿园应当科学组织幼儿在园一日生

活,以游戏为基本活动。四是幼儿园应当纠正"小学化"的教育方式和教育环境。五是明晰学前教育发展的家庭与社会责任。

1. 建立完善区域教研和教研指导责任区制度

认真贯彻落实《教育部关于加强和改进新时代基础教育教研工作的意见》,要求市、县配齐学前教育教研员,将教研工作作为保障学前教育质量的重要支撑,发挥其在推进课程改革、指导教育实践、促进教师发展、服务教育决策等方面的重要作用。

2. 开展省级游戏活动实验区(园)工作

在全省遴选确立了21个省级实验区、200个实验园,组建专业研究团队,加强指导,引领全省贯彻落实以游戏为基本活动方式,逐步实现幼儿园课程的游戏化、生活化、整合化、园本化,整体推动提升学前教育质量。

3. 加大"小学化"倾向治理力度

印发了《山东省教育厅关于深入开展幼儿园"小学化"大排查大整改的通知》等文件,公布幼儿园"小学化"49条负面清单,同时抓好小学"零起点"教学和校外培训机构治理,多管齐下,综合施策,保教质量明显提高。山东卫视《服务面对面》栏目对此进行了专题报道。

(七)加强督导考核,依法提高学前教育治理水平

《条例》在第三章"幼儿园设立与管理"、第六章"保障与监督"中,分别强调了要落实各级党委和政府及有关部门的监管责任,建立健全教育部门主管、各有关部门分工负责的监管机制。加大对幼儿园监管力度,加强源头监管、完善过程监管、强化安全监管、严格依法监管。一是明确公办幼儿园和民办幼儿园登记注册的办法和程序。二是强调幼儿园实行园长负责制。三是强化安全监管。强调幼儿园应当建立完善的安全防护体系,制定突发事件应急预案,有效制止"园闹"行为,保障幼儿及幼儿园安全。四是幼儿园实施分类认定,动态监管。《条例》在第七章分别明确了县级以上人民政府、有关部门及其工作人员、单位和个人、幼儿园、幼儿园教职工的法律责任。

1. 加大考核力度

各级政府将学前教育纳入国民经济和社会发展规划、纳入政府工作报告、纳入为民实事事项,并将学前教育工作纳入经济社会发展综合考核、新型城镇化考核以及对市县政府教育履职考核予以保障。加大学前教育在对市级政府履行教育职责评价中权重,解决阻碍学前教育发展的重点、难点、热点问题。建立通报制度,定期将《第三期学前教育三年行动计划进展情况通报》《城镇居住区配套幼儿园治理进展情况通报》发各市市委书记、市长,督促各市落实重点工作任务。

2. 加大督导力度

加快管理队伍建设,健全省、市、县三级教育部门学前教育管理机构,加快建设与学前教育事业发展规模和监管任务相适应的专业化管理队伍,目前全省共有11个市单独设立了学前教育管理机构。全面建立幼儿园责任督学挂牌督导制度,每5所幼儿园配备一名专兼职督学,对责任区幼儿园开展经常性督导。

3. 加大监管力度

健全治理体系,坚持规范管理,堵住监管漏洞,实现依法依规办园治园,强化幼儿园安全监管。2018年11月30日,省第十三届人民代表大会常务委员会第七次会议审议通过了《山东省学校安全条例》;同年,《山东省校车安全管理办法》颁布,指导各市依法建立完善幼儿园安全风险防控体系,落实安全责任制和园长负责制,强化安全防范措施,提升人防、物防、技防能力。严格幼儿园准入管理。进一步简化程序,要求公办幼儿园依法取得事业单位法人资格,民办幼儿园审批严格执行"先证后照"制度。率先开展无证幼儿园整治。省政府办公厅颁布《山东省无证幼儿园专项整治工作方案》,坚持疏堵结合、分类治理,全省10 342所无证幼儿园,准入5 695

所,取缔 4 647 所,比国家规定时间早一年半完成治理任务。

4. 加大处罚力度

《条例》在罚则上做出了重大突破,例如,对建设单位未按照规定建设配套幼儿园,或者未按照规定将配套幼儿园园舍、场地、附属配套设施全部无偿移交所在地县(市、区)人民政府教育行政部门的,由县级以上人民政府住房城乡建设部门责令限期改正;逾期不改正的,处配套幼儿园建设工程造价二倍以上五倍以下罚款。对擅自举办民办幼儿园的,由所在地县级以上人民政府有关部门责令停止办园、退还所收费用,并对举办者处违法所得一倍以上五倍以下罚款;构成违反治安管理行为的,由公安机关依法予以处罚;构成犯罪的,依法追究刑事责任。山东省认真落实《条例》规定,对各级人民政府、有关部门、建设单位、幼儿园举办者、幼儿园、幼儿园教师等存在的违法行为,加大处罚力度。省教育厅协调配合省人大及相关部门加强监督监管,对违规违法行为坚决处罚,绝不姑息,进一步营造山东省学前教育健康发展的良好环境。

截至目前,山东全省累计投入资金 260 亿元,新建、改扩建幼儿园 9 186 万所,全省幼儿园总量达到 27 277 所,在园幼儿 384 万人,学前三年毛入园率达到 90.4%,普惠率达到 85.2%;分别比 2016 年增加 8 424 所、109 万人,学前三年毛入园率高出 8.6 个百分点。山东省加快推进学前教育改革发展的做法得到了社会的一致好评,2019 年,在全国基础教育工作会议、全国城镇居住区配套幼儿园中期推进电视电话会议、教育部新闻发布会等会议上多次作典型发言。

四、学前教育发展存在的困难、问题及下步举措

虽然近年来山东省学前教育事业取得了长足发展,普及普惠程度逐年提高,但总体来看,由于基础差、底子薄、历史欠账多,学前教育仍是各级各类教育中的薄弱环节,"入公办园难""入民办园贵"的问题仍然比较突出,在学前教育实施过程中,有法不依的问题依然存在,学前教育法治化水平亟待进一步提升。如,县级主体责任体现不足,受财力等因素影响,有些县用于学前教育事业发展的投入偏低,普惠性幼儿园生均拨款标准落实难度大;不具备教师资格证的人员从教问题、学历不达标问题较为显著,特别是在农村尤为突出;幼儿教师工资待遇、职称评聘等得不到有效保障;部分幼儿园依然存在"小学化"倾向以及乱收费问题等。因此,加快法治化进程,坚持依法治教,完善教育治理体系和治理能力建设,是促进学前教育事业健康发展的必由之路,也是山东省下一步的工作重点和努力方向。

实现全省学前教育事业依法治理、规范发展,要依靠各级政府坚持有法必依、执法必严、违法必究,加大依法行政力度;还要依靠广大幼儿园经营者、管理者、从业者不断强化行业自律,诚实守信、依法经营。当前和今后一段时期,山东将以贯彻实施《条例》为抓手,依法推动国家和省委省政府关于发展学前教育的各项政策措施落实落地,真正惠及广大人民群众。一是从构建职责明确、依法行政的政府治理体系的高度,进一步制定和完善发展学前教育的各项配套政策措施,认真履行《条例》所赋予的法定职责,将《条例》的各项规定落到实处。二是做好学前教育"十四五"发展规划,坚持普及与提高并重,推动学前教育普及普惠、安全优质发展。三是启动学前教育普及普惠县创建工作。自2020年起,山东省计划用10年的时间使所有县(市、区)全部通过国家学前教育普及普惠县验收。

学前教育事业是一项重大民生工程,需要顶层设计、系统谋划和协同推进。《条例》的公布实施,为学前教育健康快速发展提供了有力的法治保障,山东省将进一步营造全社会关心支持学前教育发展的浓厚氛围,深入推动学前教育事业稳步快速发展,努力解决"入公办园难""入民办园贵"的问题,满足人民群众对"幼有所育"的需要。

(山东省教育厅基础教育处　孔玲、王春英)

第二节　少数民族地区学前教育事业发展的对策与突破
——基于对西北 L 市的研究

我国西北少数民族地区自然条件严酷,经济、文化发展相对落后,学前教育事业总体上起步晚、推进慢、水平相对落后。党和政府高度重视西北地区学前教育的发展,自 2010 年起,国家实施推进农村学前教育项目,重点支持中西部地区。① 2016 年,国务院发布的《国务院办公厅关于加快中西部教育发展的指导意见》中指出,以扩充资源为核心、加强师资为重点、健全管理为支撑,通过举办托儿所、幼儿园等,构建农村学前教育体系,逐步提高农村入园率,基本普及学前教育。近年来,国家设立中央财政学前教育发展基金,并重点向西部地区、民族地区、贫困地区农村倾斜,加快了该片区学前教育事业发展。②

L 市作为西北地区典型的民族自治州,其学前教育事业的发展曾面临公办园数量少且布局不合理、学前教育资源严重短缺、经费投入不足、民办园"举步维艰"的困境。L 市政府积极应对问题,经过多番探索和尝试后,该市近十年来学前教育事业发展呈现飞速前进的强劲势头。中国教育新闻网显示,2019 年 L 市学前一年毛入园率达到 97.5%,学前三年毛入园率达到 94.6%,百姓乐享家门口免费学前教育。③

---

① 国务院关于当前发展学前教育的若干意见[Z].国发〔2010〕41 号.
② 中国发展研究基金会.中国西部学前教育发展情况报告[J].华东师范大学学报(教育科学版),2020,38(01):97-126.
③ 尹晓军.临夏市:百姓乐享家门口免费学前教育[EB/OL].http://m.jyb.cn/rmtzgjyb/202006/t20200614_336407_wap.html,2020-06-14.

一、L市学前教育发展的背景

(一) L市基本概况

L市地处黄土高原与青藏高原、中原农区与西部牧区的过渡地带,地势西南高、东北低,呈狭长性地形,是典型的河谷地带,平均海拔1 800米。L市居于其省西南部,是当地回族自治州州政府所在地和全州政治、经济、文化、商旅中心,辖4个镇、7个街道、35个行政村、37个社区,总人口41万人。2019年,L市全年实现生产总值303.5亿元,人均地区生产总值14 697元。

2011年,L市被列入国家六盘山集中连片特困地区贫困县范围。2013年全市有5 943户2.51万人生活在贫困线以下,建档立卡贫困村20个,贫困发生率27.83%。截至2017年底,L市九年义务教育巩固率为86.14%,即一个学校每100个学生入学,只有86.14人毕业。① 2019年,L市投入财政专项扶贫资金34.7亿元,同比增长30.1%,全年有13.49万人脱贫,贫困发生率下降到1.78%,403个贫困村退出贫困县范围。在教育领域,L市集中开展"3+1+1"冲刺清零行动,持续推进控辍保学,义务教育巩固率提高到97.23%,实施教育扶贫项目280个。②

(二) L市学前教育发展的困境

长期以来,受多种因素制约,L市学前教育发展缓慢,集中表现在三大方面:

一是学前教育资源严重短缺。1953—1977年,L市仅有2所公立幼儿园,1所民办幼儿园,且幼儿园为托制幼儿园。1990年以前,全市仅有8所幼儿园。"源头"上的"入园难"问题使得儿童应享有的科学保教的权利得

---

① 中央广播电视总台国际在线官方帐号. 甘肃临夏 义务教育"一个都不能少"[EB/OL]. https://baijiahac.baidu.com/s?id=1615893459633335256&wfr=spider&for=pc.
② 来自临夏回族自治州人民政府网www.linxia.gov.cn.

不到保障,同时也大大限制了家庭劳动力的发展,最终引发该片区贫困代际传递。在现有的学前教育资源中,公办幼儿园数量少且分布不合理。学者赵跟喜、骆兰的研究显示,L市当地10个乡镇仅有6所幼儿园,且多数为私立幼儿园,更偏远的农村地区根本没有幼儿园。扩容一定是L市急需进行的工作,如何有效投入资金支持公办园建设,如何给予政策补贴等支持民办园建设都是值得深思熟虑的。与此同时,园所建立后其保教质量如何在短时间内得到一定的提高也是L市紧接着会面临的考验。

二是学前教育经费投入不足。经费是发展学前教育的重要物质基础。研究表明,2013年L市幼儿园的经费主要依靠园所自筹解决,即园所收取儿童保育费,然而该笔费用在支付儿童日常生活照料后所剩无几。园所缺乏充足的资金支撑活动室的建设,活动材料,图书配备,园所内安全、卫生设备都难以达到标准水平。除此之外,一线幼儿园教师长期以来处于待遇低、编制难以解决的尴尬处境,幼儿教师的培养经费有限,系统的职前专业训练缺乏,职后培训机会短缺等问题影响了教师队伍的稳定性、专业性。

三是学前教育阶段少数民族文化的传承与发展问题。教育家胡森曾经说过,教育作为一个实践的领域,其真正的本质在于地方性或民族性。① 学者庞敏的研究指出,L市政府为了缩小与其他地区的经济、教育的差距,在制定和落实政策时很少考虑L市是一个少数民族聚居地,学前阶段汉化教育程度较高,幼儿园的环境创设和课程设计缺乏民族特色。② L市为一个典型的多民族聚居地,如何在普及学前教育的同时尊重、发展本地的民族特色,是一个重要且具有文化价值的问题。

---

① 陆有铨.躁动的百年[M].北京:北京大学出版社,2012:506.
② 庞敏.改革开放后西北民族地区学前教育政策的演进研究:以L市为个案[D].西北师范大学,2014.

(三) L 市学前教育发展的机遇

有学者指出,发展西部学前教育是一个在机遇中不断直面挑战的过程。① 对 L 市来说,学前教育发展面临的机遇包括以下三个方面。

首先,党和政府对学前教育事业发展的重视。《规划纲要(2010—2020)》明确了从中央到地方各级政府对发展学前教育的责任与使命。学前教育"国十条"中明确指出"各级政府要加大对农村学前教育的投入"。坚实的政策基础势必促使中央政府加大对 L 市学前教育发展的关注和投入,也能更好地指引、督促 L 市各级政府开展学前教育发展的基层工作。

其次,"普九"任务的基本完成。一方面,"普九"任务的顺利完成为学前教育的普及提供了更多人力、物力、财力的投入空间以及可借鉴的实践经验;另一方面,L 市政府能更聚焦学前发展的任务,精准定位、跟踪本地学前教育发展状况,及时针对发展进程中出现的资金不足、园所数量有限、园舍亟待优化、师资队伍需重点建设等问题制定、实施点对点的政策。

再次,对口援助、帮扶项目的顺利建设。在 L 市学前教育发展的进程中,国际、国内助力早期教育发展的项目也在积极地推行,如"联合国 JIP 计划","中国—新西兰《促进中国贫困地区早期教育发展与提高》的合作项目",东部高校、名园点对点支援西北地区学前教育建设项目,以及国培计划等的落实都能极好地帮助 L 市解决学前教育发展中的实际问题,随后 L 市学前教育的发展态势也证明该类项目有效地引导了市政府及当地人民树立正确的儿童观、教育观,帮助他们更好地理解学前教育发展的重要性,同时能真正助力学前教育实践的展开。

二、L 市学前教育发展的对策和行动

面对"基础差、底子弱"的学前教育发展现状,L 市政府积极响应国家

---

① 中国发展研究基金会.中国西部学前教育发展情况报告[J].华东师范大学学报(教育科学版),2020,38(01):97-126.

政策和要求,先后制定了多个行动计划,扩大学前教育资源规划,对本地学前教育的发展提出明确要求,即全面开展学前教育的普及工作。截至2020年1月,L市有幼儿园88所,其中公办园46所,民办园42所;城市幼儿园48所(公办园17所、民办园31所),农村幼儿园40所(公办园29所、民办园11所)。全市在园幼儿18 236人,其中公办园9 206人,民办园9 030人。全市3—6岁适龄幼儿一年入园率达97.5%,三年入园率达94.4%。有省级示范性幼儿园1所,省级一类园8所,标准化幼儿园20所。教职工共计1 325名(公办园541人,民办园784人),其中专任教师968人(公办园431人,民办园537人),在编教职工及专任教师305人。

L市学前教育发展的明显成就与其政府持续、有效的探索和尝试是分不开的。L市政府在正确定位当地学前教育发展现状及目标、制定并落实科学有效的政策上积累了具有借鉴意义的经验。

(一)制定专项政策,扩大教育供给

为增量扩容,L市政府在细致解读中央有关学前教育发展的文件、政策后,针对市内学前教育发展实际情况,制定了可操作、可落地的意见、规划、行动计划及实验方案,强化政府行为,主动履职尽责,完善城乡教育布局,保障经费投入,实施学前免费和资助政策,实现了学前教育资源的快速扩大。

一是明确学前教育发展目标,助力学前教育优质资源全覆盖。2016年,L市被教育部列入全国首批36个"国家学前教育改革发展实验区"。随后,L市研究制定了《L市国家学前教育改革发展实验区实验方案》,出台了《关于全面推进全市学前教育改革、健全学前教育体制机制的实施意见》,进一步明确了"政府主导、公办为主、民办补充"和"城乡兼顾、均衡发展"的学前教育发展目标。按学前教育公益性、普惠性原则,高点定位、强力投入,加快公办幼儿园,特别是农村公办幼儿园的建设步伐。仅2016—2019年,政府通过多方筹资,共投入资金3 000多万元,新建、改扩建了

18所公办幼儿园,并通过自筹资金、申请财政投入、商家垫资等多种办法筹资600多万元,为新建的所有城、乡幼儿园按同一标准配备了保教设备。政府还鼓励吸引民间资本,创办了4所高标准品牌加盟民办园,使城乡学前教育优质资源覆盖面迅速扩大。

二是率先实施学前教育免费政策,保障适龄儿童接受基本的、有质量的学前教育。2014年,在全面贯彻甘肃省政府《关于加快学前教育改革与发展的意见》的同时,L市制定了《关于促进L市教育事业跨越式发展的决定》,明确提出应在L市范围内实施免费学前三年教育的路径。之后,L市进一步下发了《关于做好L市学前免费教育工作的通知》,对实施路径做出了更细致的说明,即自2014年春季学期起,公办幼儿园以及取得合法办园资格的民办幼儿园均免除在园幼儿的保教费用和课本费用。L市按省级示范、省级一类、二级幼儿园、三级幼儿园4个类型,分别按生均1 500元/年、1 400元/年、1 300元/年和1 200元/年的标准,免除全市所有公办、民办幼儿园在园幼儿的保教费,并免除138元/年/生的书费,所免费用均由市级财政承担。2014年L市在园幼儿共计12 655人,所免费用1 795.5万元;至2019年,全市在园幼儿人数增至18 236人,所免费用达到2 568.45万元。此项政策的实施,使L市大量3—6岁幼儿,特别是农村幼儿入园接受正规的学前教育。同时解放了农村劳动力,让更多的家长可以从事生产劳动,增收致富,实现教育扶贫。

三是采取点面结合、精准扶助政策,助力农村学前教育发展。在学前教育免费政策全覆盖后,从2015年起,L市进一步加大了精准扶贫力度,实行"对家庭经济困难幼儿生活资助"政策,重点对象是精准扶贫建档立卡户子女。2018—2019年,L市共对1 880户贫困家庭的在园幼儿发放资助金106.74万元,使学前教育免费政策和学前阶段贫困幼儿生活资助政策既能覆盖到"面",也能关注到"点"。2015年"对家庭经济困难幼儿生活资助金"共计发放72.78万元,惠及1 213个家庭;2019年共计发放近180万元,惠及约2 400个家庭。这些教育脱贫特惠政策的实施,进一步推动了学前教育,尤其是农村学前教育的普及与发展。通过坚持加大投入,建设乡村幼儿园并高标准配备保教设施,保障农村新建园设备到位、师资到位、园长到位,促使农村标准化幼儿园数量翻了一番,使城乡学前教育均衡、同步发展。

（二）创新管理体制机制，提升办园质量

增量与提质并行是L市学前教育发展坚持的基本原则。为此,L市优化了原有的管理体制机制,确立了"四为主"的学前教育体制机制,即"以县为主、政府主导、公办为主、公益性为主"的体制机制,并将其落实到位。

一是制定可行方案,实行"菜单式"管理模式。L市教育局制定了《L市学前教育科学保教七大工程实施方案》,出台了《L市幼儿园管理常规汇编》,围绕环境创设、课程管理、强师计划、提质创优、家庭教育等方面,制定了涵盖幼儿园管理各个方面的计划措施,力求通过"菜单式"的管理模式,使全市所有幼儿园在办园条件、办园水平、科学保教等方面都有较大提升。"菜单式"的管理模式为园所提供了明确的发展目标、优化方向,能有效帮助新办、民办幼儿园建立健全各项规章制度,在一定程度上提高片区的学前教育质量。

二是理顺乡镇中心幼儿园和村级幼儿园管理体制,推广"老园带新园、城园扶乡园、名园帮弱园"的捆绑式工作机制。L市印发了《关于在全市幼儿园开展"同梦共建手拉手连片结对互助援教"活动的通知》(L市教基〔2016〕4号),将结对活动制度化、常态化。除此之外,L市从城市示范性公办幼儿园中选拔优秀副园长和业务骨干担任新建的乡镇中心幼儿园园长,将优质示范园的办园理念、管理模式植入到新建幼儿园,增强对新建园的管理，促进了城乡幼儿教育的"均衡、公平、优质"发展。与此同时，L市积极推广的"帮扶性质"的捆绑式工作机制，能让老园、名园介入新建园的管理，发挥"传、帮、带"作用，进一步扩大优质学前教育资源覆盖面，让本地更多的儿童享受到优质的学前教育服务。

三是探索"全面＋特色"的多元化办园模式，鼓励幼儿园改革创新。幼儿园因地域、生源以及建国时间的不同，具有各自的特色以及亟待解决的问题。因此，L市对本地幼儿园的办园条件、科学保教提出要求后，大力鼓励园所研究自身的本土资源、生源特点，从园所的实际情况出发，探索园本化的办园模式。如X园的"农村幼儿园户外建构游戏"、Y园的"农艺种植特色课程"、N园的"田园主题活动"，以及其他各幼儿园开展的区域游戏活动等，这些"特色"园所充分利用本地、本园的资源特点支持儿童的发展，也有力地带动了L市各幼儿园因地制宜建设课程、开展活动的能力的提升。目前当地各园制定具体、翔实的"三年发展提升计划"，加快"内涵＋特色"发展步伐。

四是采用"公带民"模式，促进民办园均衡、同步发展。针对部分民办园质量不高、保育工作不规范、教师科学施教能力弱、教学有"小学化"倾向、家园共育力度不够等突出问题，L市采用"公办带民办"的管理模式、"传帮带"培训的方式，形成上下联动、公民办互动、资源共享的帮扶氛围，整体带动了民办园的规范化发展。如，L市广泛开展民办教育机构规范管理系列活动，推出"1＋X"模式，即城区1所优质公办园与周边3至4所民办园结对；乡镇中心幼儿园与片区内村级园、民办园结对，形成"片区联盟"，将优质园的先进保教管理经验、方法分享给民办园及农村薄弱园，帮助民办园、农村薄弱园更直观地理解、感受科学的管理方法对园所发展的重要性，同时也给予它们可咨询、效仿的实践抓手，帮助民办园、薄弱园更好地结合本园实际开展应用。目前，L市26所村级幼儿园和40所民办幼儿园与市属示范园捆绑合作，协同发展，实现了园际间、城乡间无缝隙交流互助。除此之外，对民办园实行"一分三统"式管理模式，即"分层管理，统一培训、统一教研、统一考核"，采取奖补结合的形式督促民办学前教育更快、更好地发展。

（三）借助外部力量，支持学前科研

积极寻求跨地域的外部合作是 L 市发展学前教育的重要途径。近年来，L 市积极与国家关工委、南京市教育局、宋庆龄基金会等部门联系；积极参与、实施"东西部地区幼儿园手拉手结对援教"计划，如 L 市与厦门市思明区教育局签订"东西部教育扶贫协作协议"。除此之外，L 市对"省外结对活动"进行了拓展延伸，辐射到新建公办园及乡镇中心园，将优质资源共享利用率最大化，如 L 市 10 所幼儿园与长春、苏州、南京、无锡等地 8 所品牌名园签署了结对援教协议书；L 市开展"书香行动""流动课堂""同梦共建""对口援教""东西部扶贫协作"等活动，使 16 所幼儿园跨地域走出甘肃、走出西部，携手东南部发达地区品牌名园，谋求新的发展之路。通过与结对园结对互访、驻园跟岗、"影子培训"等方式，选派本市优秀教师赴经济发达地区的名园学习先进幼教理念、管理模式，参与教研活动及各项教学活动，一方面极大地促进了一线教师的专业发展，另一方面，教师结束阶段学习后需返回 L 市开展专门的经验交流会，并持续将先进、科学的保教经验运用到本地学前教育事业建设中，从而更好地促进 L 市学前教育的发展。

L 市把学前教育教科研作为强教兴园发展战略的突破口。L 市教育局以"教研兴园、科研强园"为理念，鼓励本地幼儿园先后承担了 7 项国家级幼儿教育研究项目和 3 个国家级、省级学前教育科研课题，其中有教育部社政司人文社会科学项目、北京 21 世纪教科院研究课题、教育部国际司 IBM 项目、中新国际合作项目、联合国儿基会"遍及全球"项目、南师大教科院学前教育体制机制研究课题等。所有项目和科研课题均顺利实施，成

效显著,受到国内外学前教育界专家好评。教育部主办的《中国民族教育》杂志及全国知名期刊《学前教育》《幼儿教育》均报道过L市幼儿教育经验。除此之外,L市有关农村幼儿教育研究课题成果曾在中国香港召开的世界学前教育组织(OMEP)第六十三届年会上进行了交流。

L市在精准分析本地学前教育发展的机遇和挑战后,认真解读中央各项政策,并因地制宜地制定、落实本地学前教育发展的相关文件,逐步实现增量扩容的目标;在学前教育管理上,遵循"边发展边规范"的管理方式,逐步提高学前教育质量。在具体的实践中,市级财政承担了园所发展的大量成本,并推行了学前教育免费政策,使当地适龄儿童均能享受学前教育;市政府、教育局积极与外界开展合作,实施公办园与民办园的捆绑制度,有力支持了一线教师的专业发展,促进了园所的保教质量提升。在未来的发展中,L市还需进一步完善经费保障机制,坚持差异性地推进学前教育的普及,还可深入思考自身多民族的区域特征如何体现在学前教育事业的发展中,为多民族的文化传承提供借鉴经验。

(南京师范大学 宋然;甘肃省临夏市教育局 关瑞)

第三节 集体性质幼儿园的生存与发展
——基于华东J市的研究

集体性质幼儿园(以下简称集体园)是我国幼儿教育的重要组成部分,但由于集体园在历史发展中长期未获得明确的"身份",缺乏稳定的财政投入,发展往往陷入尴尬的境地。学前教育体制与机制改革课题组选择了华东J市作为个案,以期深入了解J市集体园生存与发展的现状及面临的问题。

J市地处华东地区,历史悠久,经济发达,拥有丰富的文教资源,幼儿园数量众多,整体的幼教水平较高,其中集体园在公办幼儿园中占有重要比例。课题组共收集 J 市 43 所集体园的基本数据,并与 43 所幼儿园园长进行了集中座谈和个别访谈,调研结果如下。

一、J 市集体性质幼儿园生存与发展现状

(一) 办园基本状况

1. 园舍情况

(1) 建筑面积与户外活动场地情况

目前 J 市集体园的平均建筑面积为 1 540.88 平方米,占地面积为 1 975.38 平方米,户外活动场地为 1 097.32 平方米。以 2011 年幼儿数为例,该年人均建筑面积为 5.34 平方米,人均户外活动场地为 2.91 平方米。这一数字偏低,该省规定优质幼儿园幼儿人均建筑面积为 9 平方米,人均户外活动场地面积为 6 平方米以上。而且不同幼儿园之间的差距较为明显,建筑面积最小的只有 400 平方米,而最大的则有 4 240 平方米,生均建筑面积最小的为 2.52 平方米,最大的则为 8.85 平方米;户外活动场地最小的为 100 平方米,最大的则有 3 434 平方米,生均户外活动场地面积最小的仅为 1.13 平方米,最大的为 6.95 平方米。在访谈中,许多园长也反映园所场地面积小,限制了幼儿园的发展。这反映出相当多的幼儿园都存在用地紧张的问题。

(2) 园舍建成时间

从收集的数据来看,J 市集体园现有园舍的建成时间主要集中在 20 世纪八九十年代。其中,建于 1980—1989 年的有 20 所,占 47%;建于 1990—1999 年的有 16 所,占 37%;有 3 所幼儿园的主要园舍建于 1958 年,有 2 所集体园的园舍建于 2000 年以后。由此可见,J 市集体园的园舍建成时间距今都比较久远,园舍较为老旧,在访谈中,许多园长提到这些老旧园舍需要定期修缮,给幼儿园带来较为沉重的经济负担。

(3) 用房情况

从调研来看,49%的集体园无音体活动室,30%的集体园无兴趣活动室,几乎所有的集体园都不同程度地存在午睡房与活动室合用的情况,活动室平均面积为63.25平方米,但有31.7%的集体园活动室面积低于50平方米。这说明目前集体园的用房情况比较紧张,各种功能房尚不能完全按照标准配备。

2. 园所规模

(1) 班级数和学生数

从调研的数据来看,平均每所集体园有8.29个班。班级数最少的集体园是单轨幼儿园,一共4个班,而班级数最大的集体园也保持在4轨15个班左右。而从幼儿人数来看,以2011年为例,平均每所集体园在园幼儿是288.79人,幼儿人数最少的集体园是149人,最多的集体园是553人,总体而言,集体园的规模还是比较适宜的。从数据来看,61.5%的集体园班级数在3轨9个班以下,55%的集体园学生总量在300人以下,说明集体园大部分属于中小型幼儿园。

(2) 班额情况

从调研情况而言,以2011年数据为例,托班的平均班额为28人,小班平均班额为36人,中班平均班额为37人,大班平均班额为37人。从数据来看,目前集体园的班额还是偏大的,部分集体园的班额严重超标。以2011年数据为例,68.4%的集体园托班班额超过25人,其中班额最大的集体园竟然高达40人,81%的集体园小班班额超过30人,54.8%的集体园中班班额超过35人,54.4%的集体园大班班额超过35人。

3. 园所性质

有55.8%的集体园其固定资产所有者为幼儿园,其他集体园的固定资产则属于房管所、街道、集体等不同单位。从固定资产而言,有相当一部分集体园的产权仍保持着明显的公有或集体性质。但从经费投入主体看，所调研的这43所幼儿园全部为自收自支、自负盈亏性质，这反映出集体园在产权归属问题上仍然不明晰。

4. 园所等级

如表10-1所示，J市71.6%的集体园属于省示范园或优质园，说明集体园的办园水平还是比较高的，在质量上有一定的保障。

表10-1 J市集体园等级分布

园所等级	园所数/所	百分比
标准园	3	7.0%
省示范园	5	11.6%
省优质园	26	60.5%
市示范园	1	2.3%
市优质园	8	18.6%
合计	43	100.0%

通过访谈，可以发现集体园目前招收的主要是中低收入家庭的子女，还包括许多外来务工人员的子女。可见，集体园解决了社会上普通群众的子女入托入园需求，并承担了部分外来人口子女的保教服务工作，真正具有普惠性。

（二）管理状况

1. 管理归属问题

从调研来看，目前绝大多数集体园是由区教育局注册审批，个别集体园由人社局、区政府、街道等审批，教育行政管理则主要由区教育局和街道负责。教育业务管理方面，基本都由区教育局、托幼办、教师进修学校等负责。日常的监督检查则涉及多个部门，教育、卫生、消防、物价、食品监督等部门都参与其中。

根据访谈得知，多数集体园在开办之初主要是由街道负责管理，部分集体园在20世纪70年代曾经被划归为妇联管理,1985年左右逐渐划归为教育部门管理,这种管理归属的变化,与我国逐渐明确的由教育部门主管、有关部门或组织协调配合的学前教育管理体制基本一致。园长们普遍反映由教育部门主管之后,"幼儿园的管理更加规范,办学质量得到了保证","从托管型向专业型发展",尤其是"在业务指导上和教办园能够同步,园所整体面貌有了显著的变化",有时候集体园遇到的房产纠纷等问题甚至也由教育部门出面予以协调。

由此可见,由教育行政部门承担集体园的主要管理工作,能够较好地保障幼儿园的健康运行。但访谈中部分园长也指出目前管理中存在多头管理的问题,特别是在监督检查方面,卫生、安全、教育等不同部门提出的要求往往并不一致,让园长无所适从。

2. 管理自主权的享有情况

通过对园长的访谈,可以发现大部分集体园的园长都享有基本的管理自主权,在招生、教育教学、办园、人事管理、经费使用上都能够拥有较大的自主权。街道、教育行政部门只对基本的行政事务以及教研业务进行管理和指导。

(三) 经费状况

1. 投入情况

从调研数据而言,集体园的绝大部分收入来自家长的保教费,就三年的平均数据而言,接近74%的年收入是来自保教费,而来自主管单位的投入只占0.6%,而来自政府的财政投入占0.8%,其他收入则主要是依靠捐资助学费、兴趣班、房屋出租、利息等。

2. 支出情况

由于集体园所能够获得的主管单位投入以及政府财政投入总量非常小,因而剔除这部分数据之后,所剩余收入为集体园自筹。由于保教费占据了集体园自筹收入的绝大比例，而捐资助学费、兴趣班等收入属于政策不提倡的收入，因此为了考察集体园真实运作情况，本调查中只比对了保教费与支出之间的平衡关系，发现其中94％的集体园支出要大于所收取的保教费，如果只依靠保教费，无法保持收支平衡。考虑到集体园在填写此部分数据时的准确性，还有部分的缺失值，实际集体园入不敷出的比例可能还要高，从园长的访谈中也可发现几乎每一所集体园都不同程度地存在经费缺乏问题。

而从支出结构来看，人员经费要大于公用经费，以2011年为例，人员经费与公用经费之比平均为3.4∶1，支出中71％左右是人员经费支出，这说明人员经费（包括在职教职工工资和福利、社会保险、离退休人员各项费用）是目前集体园的主要开支项目。

3. 收费情况

目前J市集体园是按照公办园的收费标准收费，几乎所有的集体园都反映这种收费标准虽然可以惠及普通群众，但是对于集体园而言，却是不符合实际运行成本的，因此，目前的收费制度对于集体园而言，不是很合理。按照目前的收费标准，保教费根本不足以支持集体园的生存，集体园不得不选择扩大班额、开办兴趣班、降低聘任教师工资等方式压缩成本，而且由于选择集体园的很大一部分家长是中低收入阶层和外来务工人员，部分集体园根本无法按照实际的等级收费，只能降低收费标准。

（四）师资队伍

1. 幼儿与专任教师之比

以2011年数据为例，幼儿与专任教师的平均比例为17.1∶1，略高于15∶1的标准。

2. 专任教师与保育员之比

以2011年数据为例，专任教师与保育员的平均比例为2.1∶1，总体上基本达到两教一保的要求,但部分集体园的保育员数量较低,有10所集体园专任教师与保育员的比例在3:1以上,占集体园总数的23.26%。

3. 在编人员比例

以2011年数据为例,幼儿园在编人员占全部在职教职工的比例约为39.34%。这一比例偏低,大量聘任人员工资需要由幼儿园承担;而且集体园的人员编制和教办园的国家财政编制不同,其在编人员更多的只是身份不同,在待遇上仍然不能和教办园在编人员相比。

4. 教师结构

一是教师的年龄结构。18.85%的教师年龄在25岁及以下,24.04%的教师年龄在26—30岁,22.27%的教师年龄在31—40岁,30.05%的教师年龄在41—50岁,4.78%的教师年龄在51岁以上。总体而言,教师的年龄结构稍稍偏向老龄化,而且在这些集体园中,仍有16.3%的集体园,40岁以上的教师人数占教师总人数50%以上,年龄结构较为老化。

二是教师的学历结构。中专、高中以下学历的仅有1人,中专、高中学历的占23.14%,大专学历的占60.88%,本科学历的占15.7%,本科以上学历仅有1人。总体而言,目前集体园的教师学历结构比较合理,专任教师以大专学历为主,但如果与部门办园和教办园相比,这一学历占比仍然偏低。而且仍有20.9%的集体园,大专学历及以下的教师人数占专任教师总人数的50%以上。甚至有的集体园67.7%的教师都是大专及以下学历。

三是教师的职称结构。有26.99%的教师未评任何职称,0.14%的教师为小学三级,4.06%的教师为小学二级,45.45%的教师为小学一级,23.36%的教师为小学高级。

5. 教师待遇

在编专任教师平均年收入为33 570元,而42.9%的集体园,其在编专任教师的平均年收入低于30 000元,聘任教师平均年收入则为24 670元,

43.9%的集体园,其聘任教师的平均年收入低于20 000元。在编保育员平均年收入约为25 142元,聘任保育员的平均年收入仅为16 694元。

由此可见,集体园的教师总体收入偏低,与教办园在编教师相比,收入差距较大。

6. 教师队伍稳定性和工作积极性

有41.9%的园长在访谈中表示本园的教师队伍不稳定,造成这种情况的主要原因是待遇太差,工作压力大,教师心理有落差,尤其是年轻教师和聘用教师流失较严重。而教师队伍较稳定的集体园,主要是通过提升待遇、增加培训机会、改善工作环境来稳定教师,而且相比之下,在编教师和年龄偏大的教师流动性较小。

在教师工作积极性方面,有37.2%的受访园长认为教师工作积极性一般或者不高,主要的原因是待遇差,尤其是教办园实行绩效工资之后,集体园教师的绩效工资未兑现,造成教师心理波动。此外年龄偏大的教师在工作积极性方面也受到一定影响,园所文化和教师个人的职业发展需求也是影响教师工作积极性的相关因素。

7. 教师培训机会

基本上所有的受访集体园都能够为教师提供培训机会,主要以园本培训为主,并会积极鼓励老师参与由教育部门组织的培训活动,也会通过和教办园结对开展培训,但主要是以区级教研活动和培训活动为主,更高层次的学习和培训机会较少。许多集体园反映由于培训经费有限,外出培训只能安排部分骨干教师,园所也很难有机会获得专家的指导。

二、分析与结论

(一) J市集体园历史悠久,有一定的办园基础,能够提供有基本质量的学前教育服务

从园舍情况、师资结构等数据来看,J市集体园的总体状况还是比较

好的,72.1%的集体园是省优质园或省示范园,有一定的办园基础。大部分集体园都能够提供满足幼儿基本需要的硬件设施,在师资学历结构上也比较合理,能够为广大群众,特别是中低收入群体,提供有基本质量的普惠性学前教育服务。

J市集体园所具备的这些良好基础,一方面是由于这些幼儿园办园的历史都比较悠久,大多是在20世纪五六十年代和七八十年代,为解决妇女工作需求以及双职工后顾之忧而创办的,开办之初在园舍、资金方面曾经获得过来自政府的资助,发展到目前的幼儿园都是经历过时间检验的,在社会上也有良好的声誉。另一方面,集体园在被划归教育部门主管之后,管理更加规范,尤其是在业务指导、教师培训方面获得了有力支持。特别是2007年启动的"集体园提升工程",全面提升了集体园的办园水平,解决了集体园园舍老化、设备陈旧等问题,并通过结对帮扶,提升了幼教品质。

(二) 园所办园水平参差不齐,部分集体园的基础十分薄弱

虽然从总体状况而言,J市集体园具备一定的基础,但是园所之间的差距较大,办园水平参差不齐,有的集体园办园基础十分薄弱。

个别集体园园所规模萎缩到3个班,每个班不到20人,不仅如此,部分集体园的场地十分狭小,最小的集体园建筑面积只有237平方米,户外活动场地只有100平方米,限制了园所的发展。加之集体园的园舍普遍存在老化破旧的问题,家长有时候会考虑硬件设施,而把幼儿送到周边其他的幼儿园就读。因此这些规模偏小的集体园在访谈中,均谈到在生源方面不同程度地面临着一些困难,需要与周边的民办园、其他公办园竞争,失去了发展动力。

而在师资方面,虽然J市集体园总体上在教师年龄结构、学历结构方面比较合理,然而,部分集体园仍然面临着突出的问题。主要是教师老龄化现象严重,个别幼儿园的教师平均年龄达到40岁以上,园长反映这些教师工作积极性受到年龄的限制,职业倦怠感强烈,专业发展动力不足,直接影响了幼儿园的保教质量。

(三) J市集体园总体生存状况较为艰难,发展动力不足

从调查来看,J市集体园虽然具备较好的办园基础,但是目前的生存状况欠佳,许多集体园的运营陷入了困境,发展动力不足。

1. 办园条件薄弱,制约集体园发展

通过调查发现,总体而言,集体园的办园条件与教办园相比较为薄弱。

一是生均建筑面积和生均户外活动场地面积总体偏小,尤其是部分园所的生均建筑面积和生均户外活动场地面积过小,52.5%的集体园生均建筑面积低于5平方米,42.1%的集体园生均活动场地面积低于3平方米。而且由于建筑面积和户外场地有限,不少集体园缺少兴趣活动室、音体活动室,不利于开展必要的教学活动,也限制了集体园的招生规模和发展空间。

造成这种问题的主要原因,一方面可能与集体园本身的占地面积偏小有关。这些幼儿园多是20世纪五六十年代和七八十年代由妇联和街道为解决妇女和工人的后顾之忧而举办的,原有的生源较少,规模较小,之后的几十年中园址基本上没有变动,又加之这些幼儿园大多数位于城区,且缺乏异地兴建或者扩建所需的土地与资金。另一方面可能与班额偏大有关,由于集体园的功能发生变化,需要满足更广大群众的需求,尤其是外来务工人员子女入园的需求,造成生源爆满,有限的空间分摊到每个幼儿身上就更为狭小。

二是园舍老化。从调查数据而言,集体园的园舍建成时间都很早,而且多为砖混结构,年久失修,每年的维修费用就是一笔不小的开支。园舍老化对幼儿的保教质量也造成了一定影响,一些集体园反映家长常常就硬件设施等提出意见,但幼儿园缺乏足够的经费进行大范围整改,只能小范围修修补补。

硬件设施是保障幼儿园顺利开展教育教学活动的必要条件,目前这些问题极大地影响了集体园的持续发展,随着入园需求的增大以及园舍老化的加剧,办园条件薄弱的问题将更为突出。J市2009年的集体园提升工程给每个幼儿园都投入了一笔资金,在一定程度上改善了集体园的办园条件,但是无法从根本上给予集体园足够的经费支持,一些园长反映部分老旧园舍仅靠修补已无法解决根本问题。

2. 经费短缺,入不敷出

集体园园长在访谈中提及最多的就是经费问题,经费可以说是集体园生存与发展的生命线,由于经费短缺,制约了软硬件的提升。虽然从调研数据看,一些集体园的收支呈现出账面基本平衡的情况,然而,如果减掉兴趣班收入、捐资助学费之后,仅仅依靠保教费,绝大部分集体园都呈现出严重的收支不平衡状况。

经费短缺的原因,主要是由于集体园的身份模糊不清而造成的。一方面,集体园被界定为公办园,收费按照公办园的标准制定;另一方面,集体园却不像教办园那样享受着稳定的财政投入,完全是自收自支性质,绝大部分经费都需要靠幼儿园自行解决。接受访谈的集体园园长都反映这种的尴尬身份以及不合理的收费制度,不能反映出幼儿园真实的运行成本,使得集体园的经费压力大于教办园和民办园,处于生存的夹缝中。

除此之外,集体园还存在许多历史遗留问题,导致其实际支出往往要大于教办园和民办园。一个突出的问题就是部分退休人员的工资需要由集体园负担,另一个问题是园舍老化带来的维修费用。而且集体园没有或很少有财政投入,每年的保教费只能收取不足10个月,但要负担教师12个月的工资,这无疑给集体园的生存提出了严峻的挑战。

3. 师资质量不高

师资问题是集体园面临的另一个主要问题,师资是决定幼儿园保教质量的关键因素,对于J市集体园而言,虽然师生比略微偏高,但教师数量总体上基本维持在较合理的状态,目前主要是存在结构性短缺。就年龄分布而言,30.4%的教师在40岁以上,而且大部分集体园受访时都表示难以招聘到年轻的优秀教师,特别是学前教育专业的本科生多半不愿意到待遇不稳定的集体园。即使能够招聘到年轻教师,往往流动性也较大,造成师资队伍不稳定。另外在部分集体园中,仍然有少数教师未持证上岗,也凸显出集体园优秀师资的匮乏。在培训方面,虽然大部分的集体园都能积极参与区级的教研活动及培训活动,也能积极开展园本培训,但在培训的层次上还有待进一步提升,普通教师的培训机会还不够充足,这在一定程度上会制约集体园的发展。

造成这些问题的根本在于现有的人事管理体制无法满足集体园迫切的教师补充需要,而新的待遇保障机制尚未形成,无法吸引优秀师资。教师的待遇与编制紧密相连,非在编教师与在编教师同工却不同酬,二者待遇差距通常在一倍以上。而现行的教师管理方式采用的仍然是"身份制"而非"岗位制",新增教师编制主要集中于教办园、机关办园等享有稳定财政投入的幼儿园。集体园由于没有明确的公办身份,难以通过编制吸引优秀教师;加上办园经费十分有限,根本无力借助有竞争力的薪酬留住教师,培训经费的短缺也影响了年轻教师发展的意愿。

4. 班额超标

从调研数据来看,目前J市集体园普遍存在班额超标问题,平均超编在5人左右,部分集体园的问题十分突出,班级规模超编10人左右,不仅对顺利开展教育教学形成了一定的障碍,增加了教师的负担,还存在一定的安全隐患。

造成这种问题的原因,一方面是集体园收费低,质量有保障,受到大量中低收入群体的青睐,因此大部分集体园生源充足,即使目前班额存在一定程度的超编,仍然难以满足周边群众的入园需求。另一方面,集体园没有稳定的财政拨款,经费运行压力较大,教师工资大部分是靠保教费支出,班额如果完全按照标准压缩,幼儿园的保教费收入将大大减少,影响幼儿园教师的待遇以及幼儿园的正常运转。

总体而言,大部分的集体园目前仅能够维持基本运营,勉强能够通过各种措施开源节流得以生存,但无论就办园条件而言,还是经费投入来说,几乎不具备可持续发展的条件。

三、思考与建议

(一)解决集体园生存与发展困境的核心是增加财政经费投入

就目前集体园面临的生存与发展的困境而言,核心问题在于经费短缺。解决了经费问题,集体园的许多问题才能迎刃而解。

目前的问题主要是收支不平衡,根本在于收费制度的不合理。一方面,集体园被视为公办园,在收费制度上依照公办园标准收取费用,而另一方面,集体园几乎全部为自收自支性质,没有任何来自财政部门的投入,主要依靠保教费维持生存,而目前的收费标准没有按照实际运行成本制定,收支之间必然出现资金缺口。

因此,首先要为集体园"松绑",打破办园性质与收费制度之间的简单关联,建立合理的定价机制。主管部门应重视办园成本与幼儿园质量之间的密切关联,忽略成本的偏低价格往往是以教师的低收入、幼儿园的低运转为代价换来的,不仅直接制约幼儿园的可持续发展,而且最终损害的仍然是幼儿和家长的利益。因此,对于集体园而言,收费标准制定应切实考虑其实际的办园成本,不应简单地以"公办"和"民办"作为区分标准。在考虑成本的基础上,收费标准制定还必须充分考虑家长的承受能力、当地的经济发展水平等多种因素,合理的收费标准需要政府合理分担相应比例的办园成本,单纯考虑成本的定价将损害集体园的普惠性。

其次,不仅要为集体园"输血",更要为其"造血",改革现有投入体制,以制度性投入保障长效运行。经费问题牵一发而动全身,只要能妥善解决经费短缺之困就意味着集体园能够走上健康发展之路。在不对投入体制做过多调整的前提下,多数地方政府主要通过专项投入方式缓解集体园的经费短缺。专项投入的优点是见效快,资金使用效率高,能够集中解决一些问题。然而,专项投入缺乏长效性,治标不治本,在解决硬件设施方面可以发挥较大作用,但在师资、办园质量等软件提升方面的成效有限,而且无法从根本上解决幼儿园经费短缺的问题,难以推动幼儿园长期可持续发展。另外,专项投入需要注意投入的针对性,如果采用"撒胡椒面"式的分散投入方法,则分散的少量化的资金难以发挥最优效用。从长效性、稳定性而言,需要加强制度性投入,将其纳入生均财政拨款行列,制定合理的生均经费标准和生均财政拨款标准。近几年,北京、南京、青岛等地均建立并实施了学前教育生均公用经费财政拨款制度,对包括集体园在内的公办幼儿园以及普惠性民办园予以补助,起到了良好的效果。

目前最优的方式是结合专项投入和制度性投入,利用专项投入改善部分老旧园舍的办园条件、增加培训机会等,集中快速地解决一些迫切需要解决的问题,同时结合制度性投入解决软件内涵提升的问题。但不论哪种方式,政府给予财政补贴的同时一定要加强财务监管和质量评估,并对资金的使用实行动态的绩效评估,避免资金的浪费。

(二) 提高教师整体质量是提升集体园办园质量的核心

集体园目前普遍师资力量偏弱,制约了幼儿园的可持续发展。因此,应积极探索新型教师人事管理制度,创新教师待遇保障机制。师资是决定幼儿园质量的关键,要建设有质量的教师队伍必须提供"有尊严"的薪酬。

在短时期无法全面解决集体园教师编制的现实基础上，可以尝试探索"地方编制"，由人事部门统一招考给予教师一定的身份保障，同时由地方财政负担教师工资来提供收入保障，努力确保集体园教师工资与在编教师工资的差距在合理范围内，以此吸引优秀教师。此外，还可以通过设定集体园教师最低工资标准和园发最低标准，由市、区财政给予补差，使合格的集体园教师能够享受到与教办园教师相差不大的工资待遇，以吸引优秀师资进入集体园，保障现有教师队伍的稳定。在设定集体园教师最低工资待遇时，可以考虑根据教师职称等设定不同的等级，提升教师的工作积极性。

除了提升待遇，提高教师整体质量的另一举措是健全幼儿教师培训体系，增加职后培训机会，提升培训质量。但通过访谈发现，园长们普遍反映受培训经费限制，只能安排少数骨干教师参加培训，而且很难保证连续性培训，也缺乏参加更高级别培训的机会。因此，首先要保障集体园培训经费的充足，除了在日常的培训机会上向集体园倾斜之外，可以考虑设立培训专项经费进行"集体园教师质量提升工程"，关注集体园教师的需要，为集体园教师提供适合他们的培训课程。其次，继续加强学前教育管理网络的建设，在"集体园提升工程"中集体园已经与教办园建立了结对帮扶机制，为集体园日常的教学和教研活动开展提供了保障。在此基础上，可以进一步加强网络建设，在区域内的各类幼儿园之间建立教研"共同体"。例如，厦门市已经开展的片区管理工作，根据"就近划片、示范带动"的原则，在各区划分片区，以示范园园长作为片区的负责人，并由区教育局制定片区管理工作意见，定期对指导园和被指导园进行评估，健全奖励和处罚条例，通过示范园带动了片区内幼儿园的质量提升，并形成了区、片、园的三级网络体系。

集体园贴近社区居民，价格实惠，质量有一定保障，是真正的普惠性幼儿园，在目前我国的幼教发展中扮演着重要角色。加上这些幼儿园已经具备一定的发展基础,如果能够从制度上解决经费和师资的问题,集体园将很快步入发展的正轨,并提升整体的幼教质量。

(扬州大学　江夏)

第四节　经济发达地区推进流动人口①子女学前教育发展的经验

——基于华东 S 市的研究

随着我国社会经济的不断发展,流动人口的规模持续增加。国家统计局数据显示,2018 年末全国内地总人口约 13.95 亿人,其中流动人口规模约 2.41 亿,占比为 17.34%。虽然流动人口总量持续减少,进入了调整期,但全国儿童中流动儿童 12.8% 的占比基本保持不变。② 我国流动人口的婚育年龄推迟,流动育龄妇女在流入地怀孕和生育的比例提高,这意味着流动人口子女的学前教育问题愈加突出,流入地所面临的非户籍学龄前儿童看护与教育的压力日益增大。加之我国学前教育事业起步较晚,补偿性发展任务艰巨,以及生育政策调整带来的相应影响,使得各地均不同程度地存在学前教育资源不足的状况。尽管自 2010 年以来,我国学前教育供给量大幅增加,但在 2020 年要实现全国毛入园率 85%,2035 年基本普及学前教育的目标之下,有质量保障且价格合理的资源仍十分紧缺。因此,破解流动人口子女学前教育的难题不仅对促进儿童幸福、提升人口素质有着重要意义,更对缓解社会矛盾、推进社会公平和谐具有深远价值。

---

① 本文所称"流动人口"是指离开户籍所在地,在外地从事各种活动的人口。
② 中国流动人口发展报告 2018:流动人口连续三年下降[EB/OL]. (2018 - 12 - 27)[2020 - 7 - 8]. https://www.sohu.com/a/285039190_753646.

S市地处华东地区,经济发达,作为全国第二大移民城市,近年来其外来人口随迁子女数量大幅增加,学前教育供需矛盾加剧,对此,S市各级政府积极应对,在解决辖区流动人口子女学前教育问题上进行了多种尝试与探索,在一定程度上缓解了这部分孩子"入园难""入园贵"的紧张局面,积累了一些具有推广价值的经验。

一、形势与背景

(一)S市流动人口规模大、新增多

近几年,S市的流动人口数主要呈以下两个特征:一是流入人口规模大。数据显示,随着S市经济社会的快速发展,其外来登记人口由2004年的330万人上升到2018年的691万人,多年来增长率超过7%,流入人口总量超过其所属省份总数的1/3,非户籍人口数连续多年持平于或超过户籍人口数。例如,截至2017年底,S市总人口约1 375万人,常住人口1 068.4万人,其中户籍人口691万人,非户籍人口684万人,常住非户籍人口377.4万。二是流入人口引起的新生人口数量多,如2010至2012年,S市共增加新出生人口21.9万人,其中流入人口所生儿童为12.1万人,占比为55%。[①]

(二)S市学前教育发展基础好、需求旺

一直以来,在发达的经济和社会文化支撑下,S市的学前教育事业基础相对较好,从资源供给的量和质、家庭负担等方面来看,其学前教育发展水平整体处于其所在省份的前端。截至2017年9月,该市共有幼儿园787所,其中公办园484所,占比61.5%;集体办园51所,占比6.48%;公办和集体办园535所,占比为67.98%;民办园252所,占比32.02%;另有外来工子弟学校附属幼儿园67所,看护点182个。全市学前教育阶段幼儿数

---

① 文中未做说明的数据,均来自S市统计及教育部门。

44.98万人,正规幼儿园在园幼儿数33.49万人,占比74.46%,其中流动人口子女11.76万人,占在园幼儿总数的35.11%;在公办幼儿园就学幼儿22.34万人,占比66.71%;在集体办园就学幼儿1.48万人,占比4.42%;在民办幼儿园就学幼儿9.67万,占比28.87%;在外来工子弟学校附属幼儿园就学幼儿2.04万人,占适龄幼儿总数的4.54%;在看护点幼儿5.65万人,占适龄幼儿总数的12.56%。

流动人口随迁子女数量急剧增加、人口生育高峰与二孩政策叠加使得S市适龄幼儿数量猛增,入园人数"持续增长,高位运行"。例如,2015年秋季S市在园幼儿数量比五年前增加了41.02%,其中吸纳的流动人口子女增加了58.85%(见表10-3);又如其下辖K区,2017年全市外来务工人员子女入园数占在园幼儿总数的49.2%。同时,由于规划建设与实际落地情况存在差距等原因,S市学前教育服务供给面临较大的压力与挑战。S市教育局曾以卫计委活产数为主要依据,结合随迁子女新增年平均数对2018—2020年适龄入学幼儿人数进行测算,发现该市学前教育学位缺口为10.32万个。

为了满足爆发式的入学需求,相当数量的公办幼儿园出现大班额、超规模现象。据监测,该市幼儿园班额达标率①仅为17.69%,生师比为20.16:1。与此同时,学前教育资源的供不应求使无证园所有了生存市场,这类园所均不同程度地存在安全隐患,保教人员数量不足,素质低下,幼儿基本活动需求得不到保证。

进一步测算发现,2017年,S市正规幼儿园与外来工子弟学校附属幼儿园的平均覆盖常住人口数为1.25万人;正规幼儿园、外来工子弟学校附属幼儿园与看护点的平均覆盖常住人口数为1.03万人,符合其所在省份

---

① 以小班30人、中班35人、大班40人为标准。

《学前教育条例》中"每一万至一万五千常住人口至少设置一所幼儿园"的规定。考虑到在园幼儿中有超过三成的流动人口子女,不难发现,S市近年来的学前教育资源能充分满足户籍幼儿的需求,外来人口的大量涌入是打破其学前教育原有平衡格局的主要因素。加之S市的劳动密集型企业集中在县(市、区)经济最为发达的乡镇,造成了城乡接合部及乡镇地区无证园所集中的局面。

可以说,S市所面临的流动人口子女学前教育问题具有持续性、生长性、普遍性特点。

二、态度与立场

有研究认为,制度壁垒是导致经济发达的省市流动儿童学前教育困难的主导性因素[①],流入地的政策设计在一定程度上决定了这部分幼儿能否在当地享受学前教育,决定了其所能享受的学前教育服务的品质。因此,流入地政府的态度起到了决定性的作用。目前,一些地区因顾虑提供较好的教育服务会导致更多的外来人口流入,带来更大的教育负荷,所以主张由生源地承担责任,从而实际造成了流动人口子女在流入地无法接受同当地儿童无差别或微差别的教育。对此,S市政府的基本态度是"积极接纳、惠及百姓"。

早在2002年,为做好外来人口子女接受义务教育工作,S市政府就制定颁布了《S市流动儿童少年就学管理办法》,确立了"积极吸纳,支持办学,加强管理,逐步规范"的工作方针,这一思路逐渐拓展到了学前教育领域,"崇教好学之邦、普教惠学之地、善教乐学之城"的教育发展定位为当地各级政府尽全力支持流动人口子女学前教育确立了基本立场。从2002年开始,S市所有公办学校即停止收取流入人口子女入学借读费,所有幼儿在入园费用上都是同一个标准,如在S市下辖的一些县(市、区)的乡镇中

---

① 宋月萍,李龙.我国流动儿童学前教育的区域差异:省域及城市层面的考察[J].中国人民大学教育学刊,2013(9):97-110.

心幼儿园中,许多外来人员子女和当地百姓一样,以较低的入园费用享受着优质资源,充分体现了学前教育的普惠性和公益性。2015 年,S市教育局联合其他 4 部门发布的《关于实施第二期学前教育五年行动计划的意见》中明确提出"(要)加大公办和普惠性民办园发展规模,各县(市、区)逐步探索全面建立幼儿园普惠服务区制度,有序满足辖区内本地户籍与符合条件的流动人口随迁子女适龄儿童就近入园的需求",进一步明确了政府主导、公益普惠、优质均衡的学前教育发展思想。

客观地说,这种开放接纳、力求平等的态度带来了上文述及的"盆地效应",教育在一定程度上成为吸引外来人口的因素,使得近年来流入S市的学前儿童逐年增加,各地区教育负担加重。同时,对外来幼儿的吸纳客观上导致了班额扩大、教育资源被稀释等问题,在一定程度上影响了本地幼儿的教育利益。但这并未影响当地政府的基本态度。正如某分管镇长所言:"外来民工子女的入园问题理当由流入政府解决,因为这些民工是在为当地建设付出劳动。"这反映出他们认识到了流动人口带来的人口红利对当地经济发展的重要价值。随着S市人口老龄化的不断加深,人口结构性矛盾将日趋严峻,对S市户籍人口预测的结果显示 2017 年以后如果没有外来人口迁入,S市人口机会窗口将关闭,人口红利期结束,而外来人口涌入在很大程度上缓解了S市劳动年龄人口相对不足的局面,有利于其未来经济持续稳定增长,同时延缓该市人口老龄化的速度,显著改善人口年龄结构。从这个意义上说,改善流动人口的学前教育状况,是一项新老S市人共赢互惠的工程。

三、对策与行动

(一) 多形式扩大学前教育供给,解决托管燃眉之急

为了缓解流动人口子女的"入园难"问题,S市各地结合自身特点,通过多种形式补充学前教育资源增量,扩大总体供给。

一是扩大优质公共教育资源,尽量吸纳外来幼儿。如Z区、Y区等地把幼儿园规划和小区住宅配套相结合,小区配套园以公办为主;W区、K区等通过政府投入新建、改扩建公办园扩大公办教育资源,吸纳外来人员适龄子女。据统计,"十二五"期间,S市政府投入36.83亿元,新建、改扩建幼儿园154所,新增学前教育学位数5.9万个;"十三五"期间,已(将)新建、改扩建幼儿园221所,启动实施75所外来工子弟学校提档升级工程;仅2018—2020年,S市就计划新建、改扩建幼儿园148所,预计全部投用后将增加幼教学位6.69万个。同时,部分地区试行了教师年薪制、备案制的招聘与管理办法,对在编与非在编教师实行"同工同酬同聘同管",探索以政府购买服务的方式填补教师缺口,保障师资质量,扩充过程性公共资源。由于公办幼儿园学位数仍属稀缺资源,目前,非S市户籍幼儿入公办幼儿园的条件主要包括其父母在当地就业或从事合法经营,缴纳一年以上的社会保险,购买当地房产等。从实际执行来看,主要做法是根据公办幼儿园提供的空余学位,按其父母取得当地房产的年限以及父母在当地的工作年限依次有序地接受适龄幼儿。据不完全统计,S市约有40%的流动儿童可进入公办幼儿园就学。

二是支持普惠性民办幼儿园建设,增加公益性学前教育资源。截至2017年,S市共举办民办幼儿园252所,占园所总数的32.02%,为大量流动人口子女提供了相对具有保障的学前教育服务。为了引导和支持民办园提供普惠性保教服务,S市要求各地比照当地公办园生均公用经费拨款标准,对普惠性民办幼儿园给予运行经费、生均经费等补助,减免房屋租金,同时通过购买服务的形式,支持和奖励办学水平高的普惠性民办幼儿园。如外来人口集中的Y区政府要求在每个街道建一所普惠性民办园;T区对于新建的达到省级优质园标准的民办幼儿园,区财政给予一次性补贴100万—200万;W区开办收费较低的、专门吸纳流动人口子女的普惠性

幼儿园以遏制无证园蔓延。(具体见表 10-2)

表 10-2 S 市各地对普惠性民办幼儿园的支持措施

地区	措施
Z 区	对总投资在 500 万元以上的新建民办幼儿园且符合相关条件的,按投资总额的 20% 予以补助;对创建成省、市优质园的民办幼儿园,按照 20 万元、10 万元标准予以奖励,实施减免租金、派驻园长支管、教师支教以及安保人员等举措,支持普惠性民办幼儿园发展
C 区	2014 年出台政策,从园舍、经费两方面明确了相关扶持政策。其中园舍扶持明确由属地政府按零租金提供园舍或承担相应费用,新办园由属地政府完成园舍内外基本装饰,办园过程中园舍的大型维修费用由属地政府承担。在经费扶持中,明确了生均经费补助(每年每生 1 000 元—2 000 元)、专项奖补(包括优质创奖、办学质量奖、学前儿童看护点建设奖等)及其他奖项
T 区	2012 年出台政策,提出新建民办幼儿园应按省级优质园建设标准进行建设,政府在建设规划、税费减免、申办审批、资质认定、师资培训、表彰奖励等方面保证民办幼儿园与公办幼儿园享有同等权利 对于新建的达到省级优质园标准的民办幼儿园,区财政给予一次性补贴 100 万—200 万元,对于租赁房屋新开设的民办合格幼儿园,给予一次性办学补助 30 万—50 万元 对规范办学、年检合格的普惠性民办幼儿园,区政府根据对其办学水平的考核结果和办学规模,实行"以奖代补",奖金总额按照每生 200 元的财政补助标准和民办幼儿园在园幼儿学年平均总人数进行设定。经年度考核达到良好等级以上者给予奖励。奖励费用重点用于改善教师待遇、缴纳房屋租金、补充保教玩具、房屋维修改造等
W 区	2013 年出台政策,对普惠性民办幼儿园的房屋租金补贴 100 元/平方米,补贴 5 年;生均公用经费补贴 3 000 元/年或 2 000 元/年。所有民办幼儿园可享受优质园创建奖励,省优质园 20 万元、市优质园 10 万元;年度考核奖励,一等奖 8 万元,二等奖 5 万元,三等奖 3 万元
Y 区	2007 年、2011 年、2015 年先后出台政策,对产权归属政府的民办幼儿园,实行免租金、免物业管理费的政策;对 Y 区户籍居民、购房并实际居住居民及经区组织人事部门认定的引进人才子女,按照每年每人 3 000 元的标准给予补贴 对创建成市优质园、省优质园的民办幼儿园,分别给予 15 万元、30 万元奖励。给予普惠性民办幼儿园教师财政专项补贴项目,对于全员缴纳社会养老保险且以教师个人年度总收入为缴交基数;对于教师平均工资不低于 S 市在岗职工平均工资 70% 的普惠性民办幼儿园,按照生均 500 元标准划拨财政专项经费,专门用于补贴在职教师
X 区	2019 年出台政策要求其所辖各镇(街道)按照当地公办幼儿园生均公用经费财政拨款标准,结合物价部门对办园成本的审核及综合发展评估的考核结果,对普惠性民办幼儿园给予公用经费补助

如表 10-3 所示,公、民办幼儿园的不断增加消解了入园幼儿数量的攀升,对解决流动人口子女入园问题起到了积极作用。

表 10-3　2011—2016 学年 S 市幼儿园吸纳流动人口子女情况

年 份	幼儿园/所	在园幼儿/人	吸纳流动人口子女/人	在园流动人口子女占比/%
2011—2012	530	210 054	70 620	33.62
2012—2013	580	230 553	85 066	36.90
2013—2014	660	253 529	96 310	37.99
2014—2015	658	265 775	100 731	37.90
2015—2016	730	296 218	112 177	37.87

三是规划建设学前儿童看护点,补充基本保障性资源。"学前儿童看护点"是以适龄农民工子女为主要招收对象,以保育为主兼顾教育的一种小规模托幼服务机构,它是我国城市化进程的产物,是对学前教育公共服务体系的重要补充与支持。① 针对流动人口集中区域无证园所猖獗的现象,2013 年 S 市政府颁布了《S 市学前儿童看护点建设管理暂行办法》,提出在民办幼儿园准入条件的基础上适当降低标准,各县(市、区)规划、举办学前儿童看护点,通过推动看护点建设来挤压无证园所市场空间,整治取缔无证园。

《S 市学前儿童看护点建设管理暂行办法》规定看护点需设有活动室、午睡室、儿童盥洗室、保健室、办公用房和厨房,要配备必要的游戏和体育活动设施,活动室生均面积不低于 1.5 平方米,生均户外活动面积要大于 2 平方米;看护人员与儿童比例控制在 1∶15 之内,看护人员必须持有保育员资格证,持有教师资格证的人员不得低于看护人员总数的 30%,所有人员均须进行专业岗前培训;看护点应就近招生,不使用接送车辆;费用不

---

① 吕苹,马峰.为农民工子女服务的"学前儿童看护点"的定位、管理与发展[J].学前教育研究,2011(10):22-27.

高于公办合格幼儿园收费标准;不得擅自用"幼儿园""托儿所"等教育机构名称。毫无疑问,这些规定既保证了看护点最基本的托幼质量,保障了儿童的基本权益,又不至于因为要求过高而形同虚设。同时,S市打通了看护点的上升路径,鼓励条件较好的看护点建成民办幼儿园,不仅保护了举办者的发展积极性,更为这类保底性的学前教育形式提供了发展思路。例如,J看护点,拥有幼儿教师资格证的教师占70%,其他30%左右的人员都是来自正规师范院校的实习生,该园负责人即可按程序申请创办民办幼儿园。

看护点建设管理"实施属地负责原则,由各县级市、区政府(管委会)具体负责组织实施,各街道办事处、镇政府是看护点建设管理的直接责任主体"。目前已形成了政府牵头、教育主导、部门参与、属地负责、综合管理的管理体制。S市各县(市、区)相继成立联合工作小组,看护点建设管理领导小组,召开专题会议,做到目标明确、责任到位、经费保障;S市下辖的多个县、区先后出台了教育等多部门联合制定的地方学前儿童看护点建设管理暂行办法;K区还配套出台了《关于加强我市学前看护点房屋使用安全管理的通知》《关于K区学前儿童看护点消防审批执行技术标准的答复》等文件,细化了职能部门的要求;各县、区通过建立联席会议制度,联合会办审批制度,以会议纪要及政府抄告单形式,突破部门责任制约,共同承担责任,各司其职,密切协作,达成共识,形成共同推进看护点建设管理的合力。

为控制看护点收费,降低举办者的成本分担比,《S市学前儿童看护点建设管理暂行办法》要求"看护点用房由街道、镇负责统筹协调解决",明确规定"农民工集聚的街道、镇和村、社区或农民工集聚的大中型企业要零租金或低租金方式提供园舍资源"。例如,F看护点用房原为该地区某医院房舍,免费移交看护点使用,大大节省了成本支出。X区政府高标准、高起点办看护点,投资1 500万元按标准幼儿园建设4个看护点,活动室全部按照合格园标准配置,关停了15所无证园。目前已构建起"政府牵头、教育主导、部门参与、属地负责、综合管理"的看护点管理体制。

《S市学前儿童看护点建设管理暂行办法》颁布五年来,S市已建设成一批规模适度、符合要求的看护点,引导规范一批无证园所转为合格的看护点。截至2017年,该市建备案看护点182个,看护幼儿5.65万人,均为流动儿童,这为改善流动人口,特别是低收入人口子女的看护状况发挥了积极作用,为这部分幼儿提供了最基本的学前教育服务。

表10-4 2013—2016年S市学前儿童看护点建设情况

年份	备案看护点数量/所	班级数/个	儿童数/人
2013	54	325	9 775
2014	118	879	27 221
2015	157	1 297	43 824

(二) 持续增加财政投入,有效控制教育价格水平

坚持政府主导,建立政府、举办者、家庭合理分担的投入机制是S市学前教育多年来的基本原则。在开展流动人口子女学前教育工作上,S市各级政府也坚持了这一原则,力求通过加大财政支出,降低家庭的教育支出,使新市民也享受到真正的普惠性学前教育。

一方面,S市各地区政府持续增加对学前教育的财政性投入。从2011年秋季开始,S市率先建立了幼儿园生均公用经费制,2013年、2014年、2015年学前教育财政性投入占财政性教育经费的比例分别为6.46%、9.32%和10.4%,连续三年位列其所在省第一;2014年全市财政性学前教育经费为21.35亿元,占全部财政性教育经费的9.32%,占当年该市生产总值的0.158%;2016年,全市学前教育总投入45.1亿元,占教育总投入的14.1%,其中幼儿园国家财政性教育经费28.79亿元,占国家财政性教

育经费投入的10.4%。一些县、市的学前教育财政性经费占全部财政性教育经费的比例超过10%,如K区,2011年和2012年,全市财政性学前教育经费投入分别为3.4亿元和3.9亿元,在财政性教育经费总投入中分别占13.18%和13.31%,而这些资金投入中,约有一半都用在了外来务工人员随迁子女身上。例如,当时在该区就读的非户籍幼儿达2.46万人,占该区在园幼儿总数的50.9%,其中在公办或公益性幼儿园就读的达1万人,占非K籍幼儿总数的49.1%。一些县、市以确保生均公用经费的方式保障了财政性经费的投入,如K区,2012年公办幼儿园生均公用经费标准为1 200元,从2013年起到2015年,按每年增加150元的标准安排。还有一些外来人口较多的县、市为流动人口子女教育工作拨付专项经费,如从2011年开始,K区每年安排1 000万元专项资金扶持外来务工人员随迁子女教育发展。

另一方面,以乡镇为主的财政投入机制保证了财政投入的充足与稳定。近十几年来,S市已形成了以乡镇为主,市、县、乡协同分担的三级财政投入格局,部分村级幼儿园的主要投入主体还包括村民委员会。为了保证政府对幼儿教育的投入,S市的乡级人民政府在每年初制定《目标责任书》时,必须将幼儿教育列入政府工作计划,对乡镇幼教工作进行整体规划,统筹安排,根据《目标责任书》中的幼教立项进行预算,由政府根据预算统一筹措经费。客观上,由于S市的产业经济集中在乡镇,基层政府具有更强的支付能力,从而保障了学前教育财政投入稳定的持续性增长。而在S市,大多数进入幼儿园的流动人口子女都集中在乡镇幼儿园,这意味着乡镇在为流动儿童承担学前教育成本方面贡献了重要力量。

各种财政支持的最终受益者是儿童和家庭,尽管目前S市各地公办幼儿园、普惠性民办幼儿园和看护点的收费标准不尽相同,但均维持在相对较低的价格水平。2019年,S市公办省优质幼儿园、市优质幼儿园和合格幼儿园的保教费收费标准分别为每月600元、480元和410元；普惠性民办幼儿园收费按照公办幼儿园收费管理，参照同类公办幼儿园收费标准。

（三）疏堵结合，分类治理无证园所

如前文所述，无证园所因价格低、入园无门槛，一度成为满足S市流动人口子女托管需求的重要途径。2017年秋季，该市共有无证办园点321个（其中接收3—6岁幼儿的264个，接收0—3岁幼儿的57个），接收幼儿3.8万人。对此，S市政府没有简单地关闭、取缔，而是对不同水平、不同发展意愿的园所妥善分流，"关、停、并、建"多手段结合，最终实现缓解民众的学前教育需求与防止无证园"死灰复燃"的双重效果。

2017年10月开始，S市进一步对无证园进行拉网式排查，各地政府履行主体责任，建立无证幼儿园清理整顿机制，按照"准入一批、整改一批、取缔一批、转变一批"的原则，逐年清理整顿无证幼儿园。构建起了发改、国土、住建、卫生、安监、规划、消防、教育等多部门联动工作机制，重点探索落实幼儿园建设用地专项指标的新途径、新政策，推动外来工子弟学校附属幼儿园、看护点的规范管理和提档升级，使看护点向正规民办幼儿园转化。截至2019年7月，该市已完成245所无证园的清理工作。在治理无证园的过程中，一些县、区关停了缺乏基本办园条件、存在严重安全隐患的无证幼儿园，叫停了筹建中的无证园，监控正在办园的无证园，处罚和纠正在工商部门注册的营利性培训机构超出经营范围举办的无证园。对园内原有的幼儿，符合入园条件的，根据幼儿家庭住址和家长意愿就近分流安置到周边幼儿园；对于不符合该市入园要求的，登记统筹协调，安置到合格看护点，确保分流幼儿都能接受学前教育。一些县、区对被关停无证园的投入进行适当补偿，缓解矛盾激化，对选择建设为普惠性民办园的园所进行奖励；还有些县、区妥善处理无证园教师的分流，安排她们到公办园做保育员。

建设学前儿童看护点是 S 市近几年治理无证园所的主要抓手之一。各县、区对区域内现有无证园进行摸排,并依据辖区内学前教育发展现状、外来人口分布情况和适龄儿童托管需求等,合理规划儿童看护点的设点布局和数量,引导那些规模相对较大,安全、卫生条件相对较好的无证园改建为合格看护点。分类整治打通了无证园提升发展的通道,使其不仅不必担心被关闭取缔,而且还得到了当地政府提供的业务指导、人员培训,在消除不合格学前教育的同时,为幼儿提供了安全无虑的保教服务。同时,通过政策引导,S 市已逐步开始推动有条件的看护点向合格民办幼儿园的升级工作。

(四)软硬件并重,帮扶新市民子女园所

专门为流动人口子女提供学前教育服务的新市民幼儿园尽管总体数量不多,却为缓解外来人口带来的学前教育供需矛盾发挥了重要作用。但这类园所大多资金投入少、人员专业性差,依靠其自身难以实现长足发展。对此,S 市一些地区尝试以硬件支持、软件扶持的方式,来帮助新市民幼儿园提升保教质量。

一是提供"物力支持",为此类园所提供场地、设备支持。如 Z 区,近几年因新建、撤并形成的闲置校舍均无一例外地无偿提供给新市民幼儿园使用,为其节省了一定成本。

二是实行"派出扶助",规范此类园所的管理和教学工作。Z 区坚持将退居二线的公办小学校长、幼儿园园长等派到新市民幼儿园担任管理工作,该人员的人事关系不变,报酬给付由原单位负责。从一定意义上可以说,新市民幼儿园拥有了"事业"身份的管理者。而这些人员通常具有丰富的工作经验,对规范园所工作、促进教育教学等方面大有裨益。

三是开展"督导监管",定期指导此类园所的业务工作。如 K 区尝试对所辖新市民幼儿园开展督导制度,组织专人定期对这些园所的教育教学等业务进行监督指导。

S市在借助科学论证分析的基础上,敏锐地认识到了区域发展中人力资源特别是外来务工人员及其后代的价值,从区域发展的战略高度看待与解决流动人口子女入园的问题,各级政府积极出台相关政策给予制度引领与保障,为推动外来务工人员随迁子女学前教育的发展奠定了基调;实践中,乡镇财政分担了主要成本,有效控制了流动儿童的学前教育价格,有利于教育公平;灵活多样的解决办法缓解了不断增加的入园压力。这一切使得该市在解决流动儿童入园的问题上取得了一些成绩。但需要注意的是,随着全面二孩政策的落地,该地区在一定时间内的学前教育资源将仍显不足,甚至供不应求的局面可能会加剧,而看护点也只是权宜之计,所以破解外来人口子女接受质量合格、价格合理的学前教育的困局从根本上讲还是在城市的可承担能力与扩大学前教育供给之间找到恰当的平衡,使生活在这片土地上的孩子不分籍贯地都能享受到必需的呵护。

(江苏第二师范学院　张斌)

第五节　区域学前教育公共服务体系的构建
——基于浙江省宁波市H区的经验

H区地处我国东部沿海发达地区。一直以来,H区区委、区政府高度重视学前教育,在幼儿园基本建设、体制建设、队伍建设和学术建设等方面给予了强有力的保障,H区学前教育呈现出百花齐放、百舸争流的良好局面。

2016年11月,宁波市行政区划调整,原S区9个镇(乡)街道划转到H区,幼儿园数量由43所猛增到119所,幼儿园教师数由原来的1 078人增加到 2 450 人。学前教育优质资源率、公办幼儿园比例、等级幼儿园招生覆盖率、专任教师持有教师资格证比例等数据较合并之前大幅下降。区域范围扩大,管理模式改变,H 区学前教育发展迎来了前所未有的机遇和挑战。为此,H 区在学前教育城乡融合、规范发展、内涵提升、人才保障等体制机制建设方面,进行了积极有效的探索与实践,着力构建"特色鲜明、内涵丰富、发展多元、公益普惠"的高品质学前教育公共服务体系,不断夯实教育强区发展基石,努力为学前教育优质均衡发展提供经验、贡献方案。

一、理顺管理机制,优化融合发展新环境

行政区划调整以后,秉持政府办教育的理念,强化政府责任,实行"分级办学、分工管理"的教育体制,优化学前教育融合发展的新环境。

(一) 明确城乡两级管理体制

在分级办学上,H 区各类学校(幼儿园)继续由区教育局直接管理,每学年进行发展性评价考核。各镇(乡)、街道各级各类学校由所在镇(乡)街道属地管理,区教育局负责对各镇(乡)、街道实行教育工作年度目标考核,镇(乡)街道对属地幼儿园开展年度考核。

在分工管理上,各镇(乡)、街道各级各类学校的人事等日常管理由区教育局委派教辅室负责管理,经费保障、学校建设、安全稳定、招生工作等事项由所在镇(乡)街道属地管理。幼儿园园长由教育局党委任命,副园长或园区负责人由镇(乡)街道党委任命。

在政策保障上,坚持区委区政府"学前教育工作联席会议制度",每年定期召开学前教育工作联席会议,明确区编办、财政、人社、卫计、住建、规划等部门职责,有效落实学前教育相关条例,推动学前教育持续发展。将学前教育事业经费纳入公共财政体系,区财政性学前教育经费占财政性教育经费比例巩固在 12% 以上;健全区、镇两级财政保障机制,合理明确两级投入比例。制定学前教育专项规划,促进幼儿园建设提速,到 2025 年将

新建幼儿园 21 所,不断满足区域老百姓期盼上家门口好幼儿园的迫切需求。

(二) 理顺干部任用和教师流动管理机制

在干部任用上,采用示范性幼儿园与薄弱幼儿园结对,互派干部挂职锻炼等形式,加快对年轻干部的培养,提升薄弱幼儿园内涵,同时打破全额拨款和差额拨款之间的壁垒,实现干部在城区和镇(乡)街道幼儿园之间的流通。

在教师交流上,发布了《H 区教育局关于开展 2017 学年幼儿园教师流动工作的通知》,流动方式原则上采用调动的形式进行,积极引导高编制比例的幼儿园在编教师向低编制比例的幼儿园、新开办的全额拨款幼儿园、差额拨款幼儿园、自收自支幼儿园、普惠性民办非企业幼儿园进行调动。

(三) 构建"一网五片,融合联动"协作机制

着眼全面优质,构建学前教育"一体化"区域联动机制,不断激发幼儿园内涵发展的行动自觉,形成充满生机与活力的学前教育生态。2020 年 1 月 H 区"一网五片,融合联动"协作体系获评"浙江省 2019 年教研工作亮点"。

在顶层设计方面,2018 年 9 月,区教育局在全市范围内率先成立了"H 区学前教育发展中心",全面引领全区学前教育的教研、教科、师训、干训等各项工作,实施专业发展一体化管理。由两位省特级教师、正高级教师领衔学前教育发展中心工作,配齐了负责师训和教科工作的专职人员,组建了一支以市教坛新秀和区学科骨干为主力的兼职教研员队伍,实施区域学前教育集约化发展。2019 年 9 月,H 区学前教育发展中心获得"宁波市新时代教师队伍建设改革成绩突出集体"荣誉称号。

在协同推进方面,建立"一网五片,融合联动"协作机制。"一网"是指把全区各级各类幼儿园融合成一张大研修网络;"五片"是指以区域五个品牌园为核心,将全区幼儿园划分成五个协作片。每个协作片里有 25 所左右不同性质的幼儿园。片区内建立城区辅导组和乡镇辅导组,每个协作片配备一名首席兼职教研员和一名兼职教研员,分别由所在片区的核心园及

镇乡街道中心园的副园长或教学骨干担任。由该片区首席兼职教研员牵头,构建"核心园带骨干园、骨干园辐射城乡全体园"的圈层式发展体系,通过园所互学、组内研讨、片区交流、区域展示等形式,确保城区和农村的每一位园长和教师都能得到专业支持,协同推进城乡学前教育的融合发展,整体提升城乡幼儿园办园品质。

二、着眼质量提升,夯实整体发展新基底

(一) 开展民办园规范行动

切实强化政府社会管理和公共服务职能,加强对民办幼儿园的监管力度,认真落实"进入有标准、平时有管理、处罚有依据、奖励有保障"的民办幼儿园管理原则,健全民办园督导考核机制,不断促进民办学前教育规范发展,提升区域民办幼儿园办学水平。

首先是落实监管责任,主导规范发展。认真落实《浙江省人民政府关于促进民办教育健康发展的意见》与《宁波市人民政府关于进一步鼓励民间资本进入教育领域的实施意见》,切实将民办幼儿园审批程序纳入区行政审批中心,严格按照办园标准,合格一所,审批一所,全面确保民办幼儿园的办园水平。建立教育部门与镇(乡)街道的上下联动机制,全面营造齐抓共管的氛围,切实加强对无证园的日常巡查,预防无证幼儿园的"反弹"和新无证幼儿园的产生。严格落实《关于开展 H 区民办教育办学许可证年检的通知》,对全区民办幼儿园进行年检,对基本合格或不合格的要求限期整改。

其次是强化日常督导,推动持续发展。建立健全日常督导机制,由督导科牵头成立督察组,设置督导 A、B 岗,每月一次深入幼儿园进行全面督查,通过随访督查、专项督查、综合督查等形式动态监控民办幼儿园的办园行为,特别是对基本具备办园条件、尚存在问题的幼儿园,督促其制订整改措施并予以限期整改。充分发挥督导评估的激励导向作用,每年对全区各

级各类民办幼儿园开展考核评估。对于普惠性民办幼儿园,每半年进行专项资金使用情况考核,并将评估结果作为享受扶持政策的重要依据;对于非普惠性民办幼儿园,采取定期与不定期相结合的专项检查,重点对幼儿园收费、安全管理和"小学化"倾向等方面进行监督管理,并将检查结果纳入年检考核。

再次是注重园本教研,促进内涵发展。出台了《H区民办幼儿园园本教研导引》(以下简称《导引》),努力推动民办幼儿园园本教研有效性的提升。该《导引》内容涉及园本教研的领导组织、内容设计、数量形式、档案管理、管理保障等方面,并利用附件明确具体的操作方法,同时要求每个民办园将每次园本教研活动的图文信息上传到规定的网络平台,一方面可以让各园进行互相学习分享,另一方面便于学前教育发展中心对全区民办幼儿园的教研情况"尽收眼底,心中有数",每学期进行质与量的统计,作为民办幼儿园年度考核的一项内容和依据。这项举措的实施在民办园规范行动中起到了重要作用。学前教育发展中心还依托"一网五片,融合联动"协作机制,兼职教研员们针对民办园实际情况制定相应的帮扶计划和个性化改进方案。通过对民办园日常的保教活动和教研活动,让民办园的园本教研实施更规范,更有效。2019年9月开展了"H区民办幼儿园两级教研组评比"活动,经过自主申报、材料审核、实地评估、专家评审等程序,首次评选出6家优秀民办园教研组和10家合格民办园教研组,并进行了表彰和经验交流,为其他民办园的园本教研开展提供了积极的示范。

(二) 实施薄弱园提质行动

全区现有幼儿园129所,其中31.5%的省三级幼儿园及准办园在办园理念、日常管理、保教质量、师资队伍等方面均存在短板。为破解这一难题,"薄弱园提质行动"被列入区教育局年度重点工作项目。此项行动着眼质量提升,重视日常视导、教师培训和等级提升,不断提高薄弱幼儿园的办园质量,从根本上改变薄弱幼儿园保教质量较低的状况。

一是构建薄弱园视导矩阵。在全区形成包含40多所薄弱园的"薄弱园专项视导矩阵",组建由区内骨干园长、兼职教研员和骨干教师组成的视导员队伍,从园所建设、园区管理、保教水平、教师发展四个方面进行考察。除针对幼儿园整体情况全面视导外,还有针对薄弱园某方面的单一性专项视导,从整体和局部对薄弱幼儿园进行精准指导。

二是创新薄弱园指导方式。2020年初新冠疫情期间,传统"实地视导"方式受到了限制,"云视导"便应运而生。在幼儿园复学前期,学前教育发展中心利用"问卷星"对全区40所薄弱幼儿园进行了调研,征集到了诸如复学后保教工作如何开展、疫情防控期间主题教学怎么设计、防疫与一日生活如何平衡等困惑,又组织兼职教研员对自己协作片内薄弱园一一了解实际情况。2020年3月31日,一场以"疫情背景下的主题教学"为专题的"云端研修"如期举行,学前教育发展中心组建了兼职教研员导师组,通过微信群对全区薄弱园的近50位教研组长进行了在线培训。研修过程中,所有人员就各自的困惑进行了互动式的提问与解答,在合力、对话中逐渐形成共识,也为5月幼儿园顺利复学打好了基础。

三是抓好等级提升。对照高水平普及学前三年教育目标,以等级幼儿园建设为抓手,改善办园条件,提升办园内涵,督促区域内准办园提升等级,全面提高学前教育等级率。2020年,区域内8所准办园,已确定6所停止招生,2所提升等级。区教育局将会同区学前教育发展中心、督导科、妇保所等多家部门,完成准办园等级创建,实现区域等级幼儿园100%的目标。

(三) 推出普惠性奖补政策

严格落实财政投入,加大对普惠性幼儿园的扶持力度,完善学前教育资助政策,健全学前教育成本分担和运行保障机制,保证区域内幼儿园健康有序发展。

在建立政策保障机制方面。牢固确立学前教育公益普惠基本方向,不断完善政府主导、社会参与、公办民办并举的学前教育办园体制,深入实施学前教育提升行动计划,有效落实学前教育相关条例,推动学前教育可持续发展。将学前教育事业经费纳入公共财政体系,区财政性学前教育经费占财政性教育经费比例巩固在12%以上,2019年全区财政性学前教育投入为24 827.79万元,占财政性经费比例为12.63%。

在建立经费管理机制方面。制定多元化的学前教育公共财政奖补政策,出台《H区学前教育专项经费使用细则》《H区普惠性民办幼儿园管理办法(试行)》等文件,以规范学前教育专项资金使用。区财政每年安排学前教育发展专项资金,主要用于民办幼儿园的生均经费补助、非在编教师人员经费补助、等级幼儿园创建工作奖励、安全工作奖励、家庭经济困难儿童补助等事项,近3年累计投入专项经费1亿元。

在健全成本分担机制方面。落实《关于建立浙江省学前教育生均经费制度指导意见的通知》,建立民办幼儿园收费标准动态调整机制,根据经济社会发展水平和民众承担能力调整民办幼儿园收费。完善幼儿园生均公用经费标准,制定并实施幼儿园生均经费标准、公办幼儿园生均财政拨款标准,对辖区内符合条件的普惠性民办幼儿园,给予不低于600元/生/年的生均公用经费补助。分别于2017年和2018年对区域内公办幼儿园和普惠性民办幼儿园进行调价,保证区域内各级幼儿园健康运营。在特殊时期,教育局注重对区域内民办园,特别是普惠性民办园的帮扶。新冠疫情期间,H区教育局通过提早下发专项资金、防疫物资专项补助、减免租金等方式帮助普惠性民办园渡过难关。

三、立足队伍建设,凸显人才培养新格局

(一)多措并举促进教师队伍稳定

逐年提升编制教师招聘人数,通过提高非在编教师工资补助、允许非

在编教师考编后留在本园等方式鼓励幼儿园加强非在编教师培养,提高非在编教师待遇,减少非在编教师流动。

在编制教师招聘方面,按照《浙江省公办幼儿园教职工编制标准指导意见》要求,对全区幼儿园的教师编制数进行科学核编。2018 年、2019 年和 2020 年分别招聘在编教师 10 名、25 名、19 名。

在非在编教师待遇提升方面,引导和督促民办幼儿园举办者保障幼儿教师待遇和社会保险。制定《H 区幼儿园非事业编制教师管理办法》《关于印发 H 区学前教育专项资金使用管理办法的通知》等相关激励办法,切实保障民办幼儿园非在编教师享受公办园非在编教师的工资待遇。对在同一个幼儿园工作 3 年及以上的非在编教师,提高专项资金补助。积极落实公办教师到民办幼儿园支教的扶持政策,截至目前,全区共委派 41 名公办在编教师到民办幼儿园任教。落实非在编教师在职称评定、业务培训、表彰奖励等方面与在编教师享有同等地位。

在非在编教师稳定性保障方面,打通非在编教师入编通道,明确在双向选择的基础上,公办园的非在编教师在获得编制后可以由本幼儿园留用。目前 H 区各幼儿园均重视非在编教师队伍的建设,充分发挥非在编教师的潜力,促使非在编教师积极主动地学习知识、熟悉教学业务、钻研教学技巧,不断提升非在编教师的专业能力。考编、留用的好举措,不仅激励了非在编教师整体队伍的专业成长,同时也提高了幼儿园组织凝聚力,增强了非在编教师群体认同感和群体归属感,有利于幼儿园留住和吸引更多的优秀非在编教师,大大提升了非在编教师的稳定性,有效促进了幼儿园的良性发展,为幼儿园提供了良好的师资储备。

在非在编教师专业培养方面,教育局在宁波市 H 区启文幼儿园成立"H 区民办幼儿园发展性培训基地",拨付专项资金用于非在编教师的培训工作,借助"定点式基地"的打造开始探索民办幼儿园发展性培训的新思路。区域调整后,此发展基地进一步扩大辐射面,为更多的薄弱园服务。2019年全区共开展园长培训85人次,骨干教师培训234人次,普通教师培训1 012人次。

(二)"三大工程"助力教师素质提升

实施"园长课程领导力提升工程",让园长成为课程建设的首席。帮助园长树立正确的课程意识,提升园长的课程领导力,保证课程改革不跑偏、不走样,主要落实好"三个抓手":首先抓制度落实,坚定执行"园长进班教学制度",规定园长和副园长每周带班的次数,教育局定期不定期地进行入园督查,让园长们能够真正浸入幼儿园课程实施的基层,与老师们共同发现课程改革中的问题并着力去解决这些问题。其次抓学习培训,每年组织园长参加各类培训,如:研发设计课程领导力90学时培训项目、48学时项目和24学时项目,逐年对全区各级各类幼儿园园长(副园长)进行培训。同时,也组织骨干园长到南京、杭州、嘉兴、绍兴等课程建设有经验成果的地区考察学习。再次抓展示推广,连续5年举行的"月湖之约"幼教专场已经成为园长们分享课程建设思想、展示课程建设成果的重要平台,还有诸如"副园长集体教学展评""园长论坛""园长沙龙"等专题性的活动平台,让园长们在交流对话中碰撞出对课程改革的智慧火花。园长课程领导力提升工程使园长们拓展了课程视野,树立了正确的课程观、儿童观,让分层分类地构建适宜的幼儿园课程,实现区域幼儿园课程的多样态、有内涵成了可能。

实施"教师专业发展共同体建设工程",让教师成为课程建设的主力。目前,"H区幼儿园教师专业发展共同体建设工程"已开展2期,每期持续3年,各有学员120余名,组建成9个教研组。第一期共同体建设聘请南师大理论导师和本地实践导师,通过集体研修、小组研修等方式开展活动,以"教师专业信仰培植""领域核心经验提炼与支持策略""幼儿园一日活动优化"等为主题,契合学员的专业特长,通过理论学习、实践历练和外出培训提升学员能力。另外还依托"胡剑红名师工作室"和"李江美名师工作室"成立了由30位优秀骨干教师参加的"教师专业发展骨干共同体"。第二期共同体从2019年开始,施行"导师制"和"学分制",聘请了特级教师、名师以及宁波大学教授等9位专家担任教研小组导师,采取集中与分组结合、线下与线上结合的多种研修形式,聚焦集体教学和游戏专题开展了一系列活动。

实施"园本教研特色项目培育工程",让课程建设载体得以优化。"园本教研特色项目培育工程"主要程序分为自主申报、立项评审、分期诊断、定期展示、考核验收五个阶段。首批6个立项项目于2015年11月成功立项,在之后的2年时间里,我们邀请资深教研专家走入这6所幼儿园,听园长汇报、看教研现场、观幼儿活动并形成对这个教研项目的诊断反馈意见。每个学期的期末这6所幼儿园向全区园长和教研组长作现场微教研展示,让全区的幼儿园知道"园本教研还可以这么做"。立足园本、着眼实际,不断创新教研的内容和形式,近两年来初步形成了各自特色,提高了园本教研实效性,园本教研特色项目的培育给全区幼儿园的园本教研开展提供了样本,起到了示范辐射的引领作用。

(三) 名优培养打造教师精英团队

加强和完善名优教师管理,提高名优教师考核的科学性和导向性,充分发挥名优教师作用,促进全区教师专业发展和教师队伍整体素质的提升,进一步提高教育教学质量。

在考核奖励机制方面,出台《H区名优教师考核办法(试行)》和《H区名优教师管理办法(试行)》,要求名优教师在师德建设、教育教学、指导教师、教师培训、教育科研、交流支教、继续教育等方面充分发挥引领示范和辐射带动作用,为推动全区教师队伍优质均衡发展做出积极贡献。文件明确规定,设立名优教师培训资金,用于各级名师工作室活动、名教师教育思想研讨会、考察进修、高层次学历培训、高层次学术交流、出版教育教学专著等。对考核业绩突出的名优教师给予进修培训上的政策倾斜。在工作量安排上，为名优教师留出适当的时间和空间从事教师培养、教改实验、课题研究及带教工作，条件允许的情况下，可以为市级及以上的名优教师配备教学助手。同时，鼓励相关部门及时推广名优教师教育教学成果，对名优教师教育教学经验、科研成果和先进事迹，采用多种形式予以宣传推广。通过举办专题思想研讨会的形式，能够让教育教学中卓有成效的省特级教师、市名教师总结教育教学思想，推广教育教学成果，同时提高名优骨干教师的知名度。

在未来学校骨干教师培养方面，H区作为全国首批、浙江省首个"未来学校实验区"，以"未来教育理念下的教师学科素养和科研能力提升"为主题，设计了"未来名优骨干教师培育项目"。项目在全区择优选拔了10位幼儿园青年骨干教师与义务段学校中的50位骨干教师共同参加培训，以立足"未来"为方向确定了"涵养师德、提升能力、重视科研、辐射区域"的培训目标，通过对每一位学员需求的调查、分析，结合项目开设的目标，拟订了计划科学、内容丰富、形式多样的培训方案。通过专家讲座、专题研讨、实践考察、网络研修、影子跟岗、返岗实践等培训形式，学习相关学科专业知识及个性化内容，全方位、多角度地提升骨干教师的学科素养和专业能力。例如，"研修工作坊"，实行坊主负责制和双导师负责制，坊主负责各坊的学习研讨活动以及与导师的沟通等工作，协助项目组做好工作坊活动的组织与管理；每个工作坊至少配备一名理论导师和一名实践导师，理论导师负责学员的学术把关工作，实践导师负责教学实践指导工作。

在名优教师作用发挥方面，H区积极成立名师名园长工作室以及特级教师乡村工作室，并制订了《H区名师工作室建设与管理方案》和《H区名师名校(园)长工作室管理办法(试行)》，分别从人员组成、目标任务、考核管理、资金保障等方面做出了具体的要求和指导。工作室一般为2年一届,每个工作室必须严格落实相关职责,按要求完成各项任务,并通过多种形式汇报交流。区教育局成立专项管理领导小组,在周期内为名园长工作室提供3万元资金保障,在H区教育局网站建立"H区中小学幼儿园名师、名校(园)长工作室"网页,设立名师、名校(园)长工作室,为名师、名校长开展教师继续教育提供信息资源平台和技术支持。名师工作室的岗位职责纳入学校教学工作管理和绩效考核,对开展名师工作室建设、培养中青年教师工作成绩突出者予以适当奖励,在评优评先、职务评聘、培养培训等方面给予优先考虑。近年来,在全区幼儿教师中,我们培养了省特级教师3名、正高级教师4名、市名园长7名、市名教师6名,3名教师成为市领军与拔尖人才第一、二层次培养对象,人才数量位居全市第一。

面对时代的挑战,历经三年多的改革创新,H区学前教育交出了令人欣喜的答卷。目前,H区共有各级各类幼儿园129所。其中,公办幼儿园54所,民办幼儿园75所(普惠性民办幼儿园54所);省一级幼儿园28所,省二级幼儿园68所。学前教育优质资源率达68.5%,在园幼儿总数33 508人,等级幼儿园招生覆盖率达97.0%,普惠性幼儿园招生覆盖率达91.3%。专任教师持有教师资格证书比例为100%,幼儿教师大专以上学历比例为97.0%。全区学前教育中,省特级教师3名,正高级教授4名,省教坛新秀3名,市名园长5名,市名教师6名。H区学前教育继续呈现出蓬勃发展的良好态势,依然保有着专业高地的领先优势。

办好学前教育是地方政府的重要责任。H区将站在新的历史起点,把发展学前教育作为推动教育事业优先发展、科学发展、创新发展的重要任务,真正做到思想上高度重视、工作中脚踏实地,让H区学前教育事业发展与经济社会发展同步,全面实现学前教育从"广覆盖,保基本"向"创品牌,有特色"的跨越式提升,真正建立公益、普惠、优质的区域学前教育事业。

(浙江省宁波市海曙区教育局)

结 论

"学前教育体制机制改革研究"是一个涉及学前教育体制机制现状、问题和改革创新的,具有广泛性特点的研究。本研究在把握现状、分析问题和建构策略的基础上,形成了以下基本结论。

一、学前教育体制机制是一个三边立体的复杂动态结构,需要有效的机制去促进和维护

(一) 学前教育体制机制的基本结构

学前教育体制机制是一个复杂的体系,它在特定的文化环境中呈现出三边立体的复杂结构。学前教育体制机制带有特定社会制度和文化的特征。学前教育体制机制的改革,从一定意义上说,是对社会历史传统的变革,会涉及整个社会的制度和传统。

所谓学前教育体制机制的三边是指构成体制机制主要关系方的三个基本单位。一边是政府,包括了拥有主要管理职能的教育部门,以及传统意义上也是专业上的相关部门——卫生部门、财政部门,以及相关的编制、人事、规划、土地、建设、公安等部门。这些部门在不同层面上影响着学前教育体制机制的形态和效能。一边是幼儿园,由于办园主体或投入结构的不同,幼儿园也有不同的性质,如教办园、部门办园、企业办园、集体办园、民办园等。不同性质的幼儿园对政府的不同部门有不同的期待。不同性质的幼儿园占的比重不同,体制机制的形态就会有所不同。还有一边是幼儿家庭,家庭的地域、需求以及经济状况决定了家庭与幼儿园的关系,也在

一定程度上决定了家庭与政府各部门之间的关系。如困难家庭越多,民政部门的作用越应充分发挥。

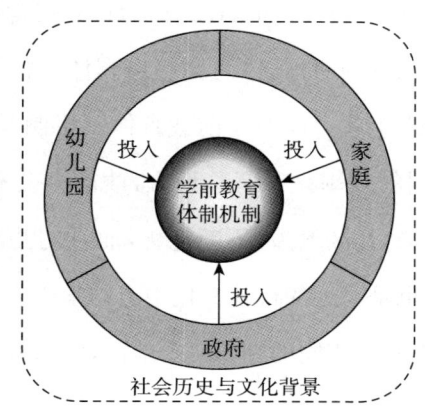

图结-1　学前教育体制机制是一个动态的三边立体结构

之所以说该结构是立体的,是因为,每一边的现状不是一成不变的,也不是突变而来的,而是长期发展演变的结果,经历了一个历史的进程。如政府职能部门对学前教育的管理就经历了一个不断完善的过程,从单一部门管理,到多部门协同管理。但在某一个具体的县(区),具体的执行情况可能是不同的,因为有不同的发展历史、不同的管理传统。再如家庭,幼儿家庭从过去的相对单一到现在日趋复杂多样,尤其是本地家庭和外来家庭的比例发生了重大的变化,这一切都是演变的结果。因此,体制机制的三边不是简单的、平面化的、孤立的,而是体现了历史传统的历时性的三边。

这三边之间呈现出错综复杂的关系,其中,投入是核心的关系线索,土地、房屋、编制、培训机会等最终都会落实到政府财政上。之所以说是错综复杂的关系,是因为有时三者之间的关系被认为是依循互益逻辑,有时可能被认为是相损的逻辑,有时可能是损益同存的复杂逻辑。有时政府对幼儿园的投入就是对家庭的投入,有时政府对家庭的投入意味着削弱对幼儿园的投入。

这个三边关系不是凭空而生的,任何体制机制架构都存在于特定的社会文化之中,社会文化中的习惯、风尚会渗透到体制机制之中。如尊师重教、幼学无价等传统理念就可能对学前教育体制机制及其运行产生影响,甚至会影响体制机制的效率。在有些地方,政府办公楼是最为破旧的建筑,而幼儿园是崭新的,几经改造,不断完善,而且幼儿园能够得到政府大力的投入和支持,这也是当地的行政文化中有幼学优先的理念。这也可以解释为什么体制机制基本相同的相邻两个地区,学前教育发展会出现那么大的差异。

体制机制以及整个学前教育的改革和发展也会在一定程度上影响社会文化,尤其是影响政府和公众对学前教育的认识。由于历史和传统观念的影响,全社会对学前教育重要性的认识是不够的,这也是造成学前教育投入不足、长期欠账的原因之一。随着学前教育体制机制的改革,尤其是《规划纲要(2010—2020)》的实施,国家出台了发展学前教育的一系列政策,在全社会产生了广泛而重大的影响。教育部除了实施学前教育三年行动计划和推进各项学前教育重大举措以外,每年都组织学前教育宣传月活动,紧扣现实,关注需要,生动形象,效果良好。无论是以"回归快乐童年"为主题的八集学前教育电视片,"倾听孩子,共同成长"的主题征文活动,还是其他相关活动,都向全社会宣传学前教育的价值,宣传科学的学前教育理念和方法,产生了广泛的社会影响,大大提高了全社会对学前教育的认识。各级人民政府关于发展学前教育的各类政策得到了落实,新建、改扩建幼儿园数量不断增加,幼儿园的环境和条件不断改善,教师队伍得到充实,教师素质得到提高,教育活动更加生动有趣,儿童得到了很好的发展,广大干部群众对发展学前教育必要性和重要性的认识不断提高。这些也将融入学前教育体制机制改革的文化氛围之中。

（二）学前教育体制机制的基本模式

学前教育体制机制三边构架的现实运行状况在不同地区有较大的差异。由于不同地区的学前教育体制发展经历了不同的历程，政府、家庭和幼儿园之间形成了不同形态的关系，体制呈现出不同样态和模式。总体上看，有三种典型模式。

一是政府到位型：政府真正起到了主导作用，投入到位，管理适当，公办幼儿园为主，公办教师成为幼儿园教师队伍的主要力量，教师队伍稳定。同时，政府采取切实有效的措施，鼓励普惠性民办幼儿园的发展，并给予支持。公共资源充足，没有出现"入园难"的问题。家长合理分担办园成本，没有出现"入园贵"的问题。各类幼儿园共同发展，教育质量较高。

二是政府缺位型：政府缺乏对学前教育的系统管理，尤其是缺乏经费的投入，公办幼儿园数量少，出现了少量的投入集中投向少数幼儿园的不公平现象，大部分幼儿园的办园成本由家长全额承担，很多家长承担了超成本的费用（举办者的利益）。大部分家长觉得"入园贵"或虽不贵但质量

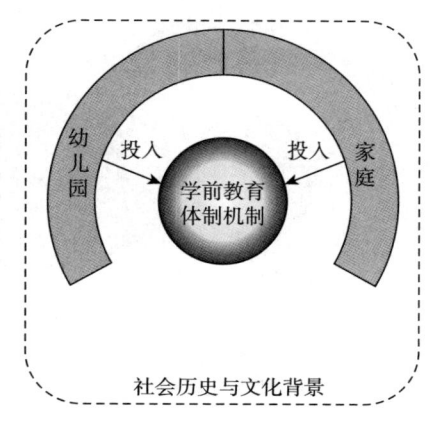

图结-2　政府缺位导致学前教育体制不完整

不高。公共教育资源分配不公,教育质量存在明显差异,存在"入园难",尤其是入公办幼儿园难的现象。政府对学前教育缺乏管理,学前教育发展处于无序状态,从举办到质量都存在失范现象。如,一些幼儿园存在超成本高收费的问题,加重了家长的负担;有些幼儿园出现了严重的"小学化"现象。政府缺位,就会导致体制失灵,事业基本运转无序,进而有可能滋生很多的危机。

三是政府偏位型:政府没有履行自己的主导责任,所做的决策和采取的措施不是为了强化责任意识,而是逃避责任。政府行为已经偏离了推进学前教育事业健康发展的方向,偏离了推进学前教育公益普惠的宗旨。在这种情况下,政府越是努力地工作,离公众的需求就越远。20 世纪 90 年代末到 21 世纪初有些地方出现的幼儿园转制热潮就是典型的例子。幼儿园被作价变卖,政府获得经济收益,同时逃避了对学前教育的责任投入,可见,所谓转制,就是政府对自己的减负,是政府失职的典型表现。此外,有些地方政府长期以来对幼儿园缺乏投入,对幼儿园的管理出发点存在问题,为管而管,不能推进学前教育事业发展,也不能从根本上提升学前教育

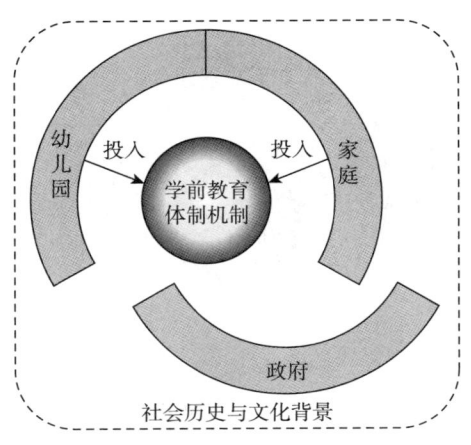

图结-3 政府偏位导致学前教育体制畸化

的质量。一些地方政府没有承担办园成本，又限制了幼儿园的收费，造成一批集体园、街道园甚至企事业单位园办园成本不能得到落实，导致幼儿园教师收入低、流动大，部分幼儿园采用一些不合理的手段收费或教育服务打折扣，最终影响孩子的发展。还有一些地方政府过度强调教育的一致化和课程的一统化，导致教育没有针对性和灵活性，大量当地资源不能得到有效利用，一定程度上助长了"小学化"的倾向。

《中华人民共和国宪法》提出，国家发展学前教育事业，其中政府必然起核心的作用。1949年以来的经验清楚地表明，没有政府力量，学前教育事业难以得到真正健康的发展。学前教育是社会公益事业，也是影响千百万家庭核心利益的重大民生事项，更是影响到国家和民族未来发展的大事，因此，政府有责任和义务推动学前教育的健康发展。学前教育事业能不断发展，政府作用的到位是最为关键的因素。政府作用的到位蕴含了认识到位、责任到位、措施到位和效果到位。

（三）学前教育体制机制的应然指向

每一种体制的建立有历史的渊源、现实的条件，也总是有特定的指向。社会实践中，学前教育体制的指向多种多样，千差万别。从我国的发展目标和发展宗旨出发，从国家的核心理念出发，从儿童成长发展的需要出发，学前教育体制机制必然有一个应然的指向，它代表了国家和人民的利益。学前教育体制机制的应然指向是普惠性学前教育资源的有效供给，满足广大人民群众的需求，为国家和民族的未来培育一代新人。之所以要进行学前教育体制机制的改革，就是因为目前有些地方的学前教育体制机制在不同程度上远离了这个指向，不能保证有效的资源供给，广大人民群众的需求得不到满足。

学前教育体制机制应然指向发生偏差的具体表现是人民群众的学前教育需求得不到有效回应，学前教育的负担主要集中在家庭，根本原因在于长期以来发展学前教育的政府责任没有得到有效的落实。普惠性学前教育资源的供给没有得到有效的保障。幼儿园缺乏规划，建设计划没有有效落实，新增资源不能确保普惠性质。学前教育成了整个教育体系的薄弱环节，欠账多、发展慢、水平低。国家学前教育三年行动计划的根本就在于改革学前教育体制机制，使之更接近应然指向，更多地给广大人民群众提供普惠的学前教育资源，更好地满足广大适龄儿童的发展需要。改革的核心就是强化政府的责任。在实施第一、二期学前教育三年行动计划期间，中央财政投入约 900 亿元，带动地方投入超过 3 400 亿元；财政性学前教育经费从 2010 年的 244 亿增长到 2016 年的 1 133 亿，学前教育总经费投入也从 728 亿增长到 2 416 亿元[①]，有力地推动了学前教育资源的供给，缓解了"入园难"和"入园贵"的问题，满足了人民群众的现实需要。

（四）学前教育的核心机制

学前教育体制机制的模式选择与转换是一个必须加以深入研究的问题：如何使政府到位型体制成为学前教育体制机制的常态，如何确保学前教育体制机制的活力，如何使体制机制真正支撑学前教育的可持续发展。为此，应建立相应的机制，主要是四个方面的预警机制和一个应对机制。

1. 预警机制

（1）资源的预警机制

资源预警主要是指在幼儿园数量、经费投入、师资数量、重要设施等资源不足并有可能引发重大事故时，告知本级政府或上级政府等决策部门或提供建议。当学前教育资源供给存在较大不足，有可能造成"入园难"时，教育部门应会同人口卫生、规划等部门发出预警，并以符合规范的方式报送本级人民政府主要负责人，根据需要也可报送上级人民政府。当幼儿园

---

① 数据来自历年的中国教育经费统计年鉴。

投入严重不足,有可能造成安全、质量等重大隐患时,也应启动资源预警。

(2) 质量的监控机制

学前教育质量是学前教育事业发展的主要指标,也是学前教育事业发展的根本追求。加强对学前教育质量的监控,对于了解幼儿园办园过程中出现的问题非常重要。如质量的降低可能由缺乏专业化的师资队伍引发,缺乏师资队伍的原因是师资流失,而师资为何频繁流动呢?答案是教师的待遇过低。质量监控可以反映幼儿园硬件条件、课程及教师等众多方面的问题,必须针对一些核心问题,采取有效的措施。这一预警也要有监控和呈报的机制。

(3) 舆情的预警机制

学前教育资源的供给水平和供给质量会引起社会的反应,这些来自家长及社会的舆论通过报纸、电视、网络及其他媒体的传播可能会影响相关群体的决策与行为。因此,应建立及时收集这些信息的机制,并将两种舆情进行分析和处理,及时报送政府决策部门,以便采取切实有效的措施化解矛盾。

(4) 安全的预警机制

安全是幼儿园的最高原则,也是核心责任要求。幼儿园的安全事故中,往往隐含着安全隐患的信息。因此,不能满足于安全质量通报制度,一定要通过对一系列安全事故的分析,排查隐患,实施上下双重预警。既告知政府相关部门,也告知幼儿园。很多安全隐患往往是跟政策的相关决策有关、与资源相连的。

2. 应对机制

预警机制仅仅是对学前教育体制机制出现的问题的认知和告知,并不是解决问题的根本。要解决问题,必须建立精准高效的应对机制。所谓精准是指在分析问题的基础上实现标本兼治,举一反三,彻底有效地解决问题。这就要求建立相应的制度。要通过建立政府办公会议、学前教育市长联席会议、学前教育领导小组会议等,建立相应的预警研判和处理制度,形成有效危机化解举措,确保各项预警的危机得到及时和有效的处理。

二、学前教育管理涉及众多部门,体制机制呈现错综复杂的关系,人民政府的有效协调机制是提高管理效率的根本所在

(一) 学前教育管理体制的应然图景

政府是学前教育公共服务的主要提供者,政府对学前教育投入越大,管理越到位,学前教育事业越能向前发展。政府对学前教育事业的管理是通过政府各职能部门来实现的。与学前教育事业相关的职能部门有很多,根据《若干意见》的精神,要"完善各有关部门分工负责、齐抓共管的工作机制"。教育部门负责完善政策,制定标准,充实管理、教研力量,加强对学前教育的科学指导和监督管理。编制部门负责结合实际,合理核定公办园教职工编制。发改委负责把学前教育纳入当地经济社会发展规划中,支持幼儿园建设发展。财政部门则要完善财政支持政策,支持扩大普惠性学前教育资源。自然资源、住房和住建部门负责将城镇小区和新农村配套幼儿园必要建设用地及时纳入相关规划,会同教育部门加强对配套幼儿园的建设、验收、移交等环节的监管落实。人力资源和社会保障部门主要制定、完善幼儿园教职工人事(劳动)、工资待遇、社会保障和职称评聘政策。物价、财政、教育部门要根据职责分工,加强幼儿园收费管理。卫生部门要监督指导幼儿园卫生保健工作。民政、市场监管部门要分别对取得办学许可证的非营利性幼儿园和营利性幼儿园依法办理法人登记手续。金融监管部门要对民办园并购、融资上市等行为进行规范监管。党委政法委组织协调公安、司法等政法机关和有关部门进一步加强幼儿园安全保卫工作的指导,依法严厉打击侵害幼儿人身安全的违法犯罪行为,推动幼儿园及周边社会治安综合治理。①

在众多政府部门中,相对地可以分为三类:第一类是直接提供资源并实施管理的机构,如发改、住建、国土资源、财政、人力资源、教育等部门;第二类是提供政策支持并进行管理的部门,如物价、规划、社保、民政、工商等;第三类是提供相关管理服务的部门,如卫生、综治和公安、商务、质检、安监等部门。此外,妇联、残联等代表政府进行管理的社会团体,居委会和村民小组作为政府指导下的居民自治组织在学前教育管理中也起着一定的作用。学前教育"国十条"提出,要"健全教育部门主管、有关部门分工负责的工作机制,形成推动学前教育发展的合力"。教育部门要做到主管,而不是全管,事实上教育部门也管不了那么多,或者说无权管那么多。政府主管的前提是政府各部门分工负责的落实。所谓分工负责,就是各自承担规定的责任,并对政府和人民群众负责。教育部门与政府其他部门之间是分工协作的机制,如果这种分工协作演变为教育行政部门的请求、不断提醒、不断催促、不断解释,那就难以真正落实整体的政府责任,难以实现学前教育管理的高效运转,难以落实教育部门为主,更难以形成合力。因此,政府各部门学习《若干意见》精神,认识自己在发展学前教育中的责任,是深化学前教育体制机制改革的起点。

(二) 协同是学前教育管理机制的灵魂

在政府的各职能部门中,教育部门是最直接的管理部门,其他政府机构往往是通过教育部门与幼儿园和家庭发生联系的。因此,其他政府部门与教育部门之间存在一种独特的关系,所有政府部门之间又是相互联系的,形成一个对政府负责、与教育部门联合并指向幼儿园和家庭的独特的管理体系。不同的部门在学前教育事业中起不同的作用,居不同的地位。

---

① 中共中央 国务院关于学前教育深化改革规范发展的若干意见[EB/OL].(2018-11-15)[2020-7-8]. http://www.gov.cn/zhengce/2018-11-15/content_5340776.htm.

如财政部门是核心的管理部门,它既关乎资源的供给,又关注运转的正常,还关注质量的维系;规划是与布局是否合理联系在一起的,当然也与公平相关;国土和建设是落实规划的部门,是资源的供给部门,也是审批和管理部门。综治和公安是为幼儿生命安全保驾护航的部门,幼儿和幼儿园所在的社区环境质量是决定幼儿安全的核心因素。公安部门的管理水平直接影响到幼儿的安全。幼儿园、教育行政部门、公安部门之间要展开密切的合作,共同消除一切安全隐患。卫生部门是与教育行政部门长期合作的部门,幼儿园的专业事务经常是由两个部门共同处理的。幼儿园担负着双重责任,一是保育,二是教育。保障幼儿身体的健康是幼儿园的第一要务。要履行这个责任,必须有卫生部门的专业支持和专业监督。卫生部门的儿童卫生保健部门是幼儿健康的直接管理部门,直接对幼儿园卫生保健管理负责。因此,不同的政府部门以不同的角色出现在管理网络之中,发挥着各自的作用,共同促进学前教育事业的改革和发展。

值得注意的是,政府行政作用总是在特定的行政文化之中得以发挥,行政文化除了行政行事方式、服务意识、百姓意识外,还包括专业意识和态度,政府官员不可能懂得或精通自己需要管理的所有专业事项,但可以虚心听取专业人员的意见和建议,避免专业误判和决策的专业失误。这是行政文化中非常重要的内涵之一,但也是最为缺失的部分。要强化这部分内涵,就需要政府各职能部门与教育行政部门通力合作。例如,江苏省教育厅和财政厅联合启动了旨在提升学前教育质量的"幼儿园课程游戏化"项目,作为教育行政部门要努力说明项目的意义和价值,而作为政府财政部门要努力了解这个项目的目的、作用和实施可能性。财政厅的相关人员多次参加专家组的讨论会,参加幼儿园的现场考察,参加相关的培训,对项目的价值和实施路径有了真切的认识,了解了项目的推进需要怎样的支持,提高了决策和服务的科学性和效率。

可以说,要解决学前教育发展的问题,大多涉及多个政府部门职能的发挥。例如,教师的地位和待遇问题是当前学前教育中比较突出的问题。公办幼儿园中的无编制教师和大部分民办幼儿园中的教师收入普遍较低,同工不同酬的现象广泛存在。要解决这个问题,单单依靠教育部门是无法实现的。教师待遇的改善,还需要财政、物价、人事等多个部门共同发挥作用。如果教师待遇不能得到提高,将造成教师队伍的流失、教师素质的下降、安全事故的增加等问题。因此,学前教育质量的提升同样也不能只依靠教育部门单打独斗。

(三) 学前教育协同管理的运行类型

学前教育管理体制运行的现实状况大致有以下几种。

1. 自觉型协同

政府各部门明确自己的职责,协同有力,步调一致,共同推进事业的发展。学前教育投入到位,师资得到保障,运行良好。政府各部门有效配合,协同管理,事业呈积极向上的态势。

2. 邀约型协同

政府相关部门没有充分认识到发展学前教育是各相关部门共同的责任,还有不少部门认为发展学前教育只是教育部门的责任,现有的协同机制没有充分发挥作用,在教育部门的不断邀约和提醒下,相关部门能对学前教育担负起自己的责任,并能达成一定程度的共识和协同,很多发展学前教育的具体措施的落实需要教育部门付出大量的时间和精力,致使效率不高,学前教育事业发展速度慢。

3. 艰难型协同

政府相关部门没有认为发展学前教育是自己的责任,没有形成学前教育管理协调机制,学前教育政策的推动需要教育部门逐个跟相关部门沟通,并且效果不佳,很多举措难以落实,政府对学前教育的投入难以真正落实,必要的管理举措难以得到相关部门的支持和配合,各部门之间沟通的时间成本太高,工作效率低下,学前教育事业发展停滞不前。

学前教育管理体制走向自觉型协同是推动学前教育事业不断前进的保障,"减少邀约型协同,努力避免艰难型协同"。为此,有必要加强学前教育立法,提高政府各部门对发展学前教育价值的认识,进一步明确政府各部门在发展学前教育中的责任,并加强执法检查,检查政府各部门落实责任的状况,使发展学前教育成为各级政府和政府各部门的自觉行动,融入每一个机构的日常工作之中,真正成为各部门的日常工作。

(四) 学前教育协同管理的机制

要强化政府主要负责人的协调作用。政府各部门提高对学前教育事业发展重要性的认识,强化协同意识,自觉履行自己的职责,这是必要的,对部门协调也是有效的。但不同的政府部门代表不同的利益关系方,需要权衡资源的配置,也必然会出现一些不协调甚至矛盾,这就需要有权威的协调。这个权威就是本级人民政府主要负责人。一些市的市长协调会议制度产生了良好的成效。

要提高学前教育管理体制的效率,必须建立问责机制。根据中共中央和国务院关于学前教育管理的分工规定,确定不同部门对学前教育的具体责任,形成责任连环,防止责任链的断裂。真正建立学前教育责任追究制度,要公示责任承担部门和承担人,形成社会监督的态势。应充分利用人民代表大会等机构的监督作用,建立推诿和失责处理制度,既要关注责任的时间维度,也要关注责任的质量维度,还要检查失责带来的后果。当一个区域出现群众连续几天排队登记入园,由于不能满足大多数人的需要,引发群众的极大不满时,单单指责教育部门是不合理的,必须分析群众需求是否得到预估,是否有收集和分析信息的机制,这些信息和结论是否被纳入规划体系,是否有相应的建设决策,是否有建设经费的支持,是否落实建设任务,是否落实举办者等。通过分析,我们能清晰地看到真正的责任方,形成合理的问责决定。

三、良好的投入体制机制是促进学前教育事业稳步健康发展的关键所在,投入的核心是承担办学成本,扩大政府承担份额是保证学前教育公益普惠的必由之路

（一）学前教育投入体制的三个核心问题

学前教育投入体制是指分担幼儿园建设和运行成本的制度安排。具体如何投入,采用什么形式和方法,就是投入机制的问题。在学前教育投入的问题上,主要涉及谁来投、投多少和怎么投三个问题。

谁来投的问题就是谁参与分担幼儿园的办园成本。办园成本一般是由政府和家庭分担的,民办幼儿园中,普惠性民办幼儿园也是有政府投入的,也存在分担问题。谁来投的另一个问题是哪一级政府参与了成本分担。这也是投入体制涉及的重要问题。从单一财政投入走向多级财政投入是学前教育投入改革中出现的一个趋势。这一点在中西部地区学前教育投入体制的发展中最为明显。就是在东部地区学前教育的投入中,也或多或少存在多级财政共同投入的现象。多级财政对学前教育共同投入是学前教育走出低谷必须采取的投入体制。20世纪80年代中期以来确定的基础教育以县(区)级财政投入为主的体制,在改革中得到了部分修正和补充,多级财政投入的体制因地制宜,各具特点。

投多少的问题是跟质量标准有关的。我们要举办的是广覆盖、保基本和有质量的学前教育,这就对投入水平做出了限定。有质量在不同的区域和不同的幼儿园有不同的解读,可以蕴含不同层次水平的质量。但最核心的是促进幼儿全面发展。因此,学前教育的投入一定是以儿童的全面发展为宗旨的,这意味着幼儿的学习环境是安全的,符合国家有关规定的;教师是合格的和稳定的;课程是符合准入要求,符合幼儿身心发展规律和学习特点的；幼儿所从事的活动是有利于其身心和谐发展的。这是有质量教育的基准。但事实上，一些地方对幼儿园的投入与基准质量要求之间还有一定的距离。也就是说，对幼儿园的投入是保质量的关键所在，投入的水平也是衡量教育质量的重要指标。

怎么投是有关投入机制的问题。首先是投入的形式。投入不只是经费的投入，租金减免、派驻公办教师、免费培训和生均公用经费、教师薪酬、保险补贴等都是投入的方式。政府对不同类型的幼儿园采取了不同的投入方式，这些不同的投入方式的共同价值是为幼儿园争取资源，利于提升保育和教育的质量。其次是投入的时机。如，是事先投入、事中投入，还是事后投入；是引导性投入、补充性投入，还是奖励性投入。再次是投入的方式。是一次性投入，还是多次投入；对普惠性民办幼儿园和公办性质的幼儿园，是主办方投入在前，还是上级财政投入在前；是有配套的投入还是无配套的投入；是以生均公用经费或生均财政拨款的方式投入，还是按购买服务或项目补贴的方式投入。最后是投入方向，也就是投入结构问题。主要是指投入指向的事项与领域。如对教师的投入就包括待遇的投入、对教师培训的投入等；对硬件的投入就包括房舍、设备及课程材料等的投入。幼儿园的发展需要全面的投入，也需要对特定方向的重点投入，这就要优化投入的机制。

（二）学前教育的投入模式

学前教育投入模式可以概括出以下几种。

1. 政府为主型

政府投入超过办园成本的50%，家长适当分担。这是真正政府主导型的学前教育投入模式，大多数政府举办的幼儿园属于这种投入模式。其特点是投入稳定，运行有保障，质量不会出现大的波动。

2. 家长为主型

幼儿园的投入主要依靠家长的缴费，家长承担了办园成本的50%以上，政府作适当的补贴。大部分普惠性民办幼儿园均属此类。这类幼儿园有可能造成部分家庭负担过重。尤其是政府投入比例不足30%的情况下，部分家庭就有可能遇到"入园贵"的问题。

3. 完全家长投入型

这类幼儿园完全依靠家长缴费，没有任何政府资助。主要指营利性民办幼儿园，也包括一些还没有被政府关注的非营利性民办幼儿园。后者很可能出现"入园贵"或者"质量低"的问题。不过近年来，没有任何政府投入的非营利性幼儿园越来越少了。

学前教育投入的类型是根据幼儿园的性质、办园主体、家长承受能力、政府的财政状况等很多因素综合考虑而做出的选择。公益、普惠的幼儿园一定需要政府的投入，政府投入的比重一定程度上反映了政府对学前教育的认识和重视程度，以及政府对发展学前教育责任的履行状况。

（三）学前教育成本分担的标准与政策导向

1. 学前教育成本分担的标准

"入园贵"成了中国学前教育发展过程中的重大顽症，一直难以根治。一方面与公办园数量不足有关，另一方面也与成本分担机制不健全、标准缺失有关。如何分担学前教育成本，目前主要依赖于政府财力。政府财力不是绝对的，而是相对的，是与政府对教育和学前教育的价值判断联系在一起的。因为，教育投入是相对其他社会事业的投入而言的，教育中的学前教育又是相对其他各阶段的教育而言的。同样是非义务教育的学前教育与高中教育在发展的过程中，境遇有巨大的差别，发展的水平也明显不同。因此，不能笼统考虑政府财力问题，一定要确定特定阶段的教育在整个教育财政经费中的份额。学前教育经费占财政性教育经费的6%—7%

是解决"入园难""入园贵"和提供有质量的学前教育服务的基础要求。在学前教育资源严重缺乏、合格教师严重不足、学前教育基础薄弱的地方，必须进一步加大财政性学前教育经费支持的力度，才能真正保证公益普惠的学前教育的普及。财政性学前教育经费的分担具体表现为对学前教育资源的供给，对教师工资的支付，对幼儿园运行过程中质量、安全、维护等方面的经费支持。

家庭分担学前教育成本的份额取决于政府财政性学前教育经费的投入水平。家庭分担的部分表现为保育教育费的收取额度。保育教育费的制定依据是成本核算和分担比例。成本核算是以有质量或者高质量的学前教育所需要的基本支出为依据的，成本核算所采用的依据，往往会决定学前教育的质量和水平。例如，一个公办幼儿园，非在编教师占教师队伍的50％，非在编教师的收入主要依靠幼儿园收费，如果成本核算时，非在编教师与在编教师的工资是相同的，那么就实现了同工同酬，这很显然能提高50％教师的积极性，实现高质量的教育。如果成本核算时确定非在编教师的工资是在编教师的50％，那么，成本核算就决定了两类教师是非同工同酬的，非在编的教师会感到不公平，这必然会影响教育质量。因此，成本核算需要有基本的价值立场，确保质量是成本核算最核心的原则。

家长承担学前教育成本的份额是一个敏感的问题，也是衡量一个地方物价水平、居民生活质量、人民群众经济负担水平的依据。全国各省市的保教费收费标准各不相同，似乎没有可比性。保教费既然是家庭分担的学前教育成本，就是家庭的支出，家庭支出是否合理，就要看家庭可支配收入的水平。因此，保教费占家庭可支配收入的比例是衡量保教费是否合理的关键。将保教费与当年城镇和农村居民可支配收入的比例作比较，就能把全国各地看似没有可比性的保教费进行比较，区分出相对昂贵和相对便宜的地区。根据对全国省会城市的研究，仅从公办园收费分析，目前，收费超过居民平均可支配收入30％—35％的城市数量并不很多,但收费超过农村居民可支配收入30％—35％的城市就达40％以上。

成本分担是一种制度安排,要考虑的因素很多,不能简单化,尤其是不能以低质量为出发点。要避免学前教育成本分担过程中产生成本空档,就是政府投入和收费不能达到成本总量,使学前教育以低于成本的经费运行,这势必造成目前实践中出现的教师工资低,教师流动性大,大量无证教师进入幼儿园等现象;有些幼儿园甚至克扣幼儿伙食,或乱收费。全成本分担是成本分担的基本要求,在兼顾居民支付能力的基础上,政府采取补助、购买服务等方式减轻部分经济困难家庭的负担,使分担的刚性与政府合理支持的灵活性有机结合起来。

2. OECD国家学前教育成本分担状况的政策启示

从总体上看,OECD国家学前教育状况表现出四个方面的总体特征:第一,OECD国家学前教育财政投入总体呈增长趋势,但相比于其他阶段教育仍不太充分;第二,OECD多数欧美国家的学前教育财政投入以政府投入为主,而日本和韩国采取政府、家庭、私人三方均摊的模式;第三,OECD国家学前教育财政投入的政府分担方式呈现多样化特征,多数国家的学前教育财政投入由各级政府共同承担;第四,多数OECD国家的学前教育生均支出不及小学教育。

因此,在政策的制定中,应考虑以下问题:第一,加大学前教育投入总量;第二,优化三方分担结构,逐步构建以政府投入为主的学前教育财政投入体制,把家庭分担比例限制在30％以内;第三,优化政府间分担结构,进一步明确"省级统筹,以县为主"的分担模式。

3. 我国学前教育成本分担的总体状况与政策启示

统计年鉴的数据分析显示四个主要结论:第一,学前教育与其他各学段财政性投入情况相比较,财政性投入经费总量明显不足,生均财政性投入经费差异显著,且在全国财政性教育经费中占比太小;第二,由于年鉴统计口径的影响,我国政府的学前教育成本分担比在总体平稳的基础上有降有升。其中,2007年到2009年这3年间,政府分担比总体呈上升趋势,一直保持在60%—70%。直到2010年,政府分担比由64%急剧下降到34%,虽后两年连续增长,2012年增长到51%,但之后基本维持在50%左右。由于年鉴数据直到2010年才开始进行相对全口径的统计,因此,实际上,2010年的政府分担比基本上可以代表2007—2017年的整体状态,即政府分担比降低,家庭分担比升高。

分省的数据统计得出四个结论:第一,东部政府财政投入经费最高,增长速度也最快;中部地区生均政府投入经费最低,且增长最慢。第二,学前教育政府成本分担状况呈东西高、中部凹的格局;家庭成本分担比例呈现中部高、西部低的格局,社会成本分担情况无显著性差异。第三,将我国各省学前教育发展成本分担情况进行聚类分析,可把31个省市划分为5种类型:政府包干型、政府主体型、双方均摊型、家庭主体型、家庭重负型。第四,政府分担比与政府的财政能力相关性低,与政府的投入意愿与努力程度相关性高。

4. 十二省市调研数据中呈现的学前教育成本分担总体状况与政策启示

根据对十二省市2 358所幼儿园的调查,主要有三点发现:

第一,全国的生均收入高于生均成本,说明全国幼儿园总体情况是收大于支,且城乡之间、不同等级园所之间、不同经费来源园所之间,生均成本差异较大。

第二,十二省市中,学前教育成本以家长分担为主,政府分担为辅,社会力量分担缺失或严重不足。其中,家庭分担比与政府财政分担比相比要高17%,社会分担比例很小,只占3%。

第三,79.47%的园长认为,2009年到2012年,各级政府学前教育财政投入整体趋势是"增加"了,其中"有明显增加"的占19.25%,"有增加,但幅度不大"的比例最大,占52.67%,而"没有增加"的占26.8%,"有所减少"的占1.27%。

基于研究,课题组提出了三点对策:第一,各级政府要进一步加大学前教育财政投入;第二,注意均衡不同体制、不同经费来源园所,城乡等园所的成本分担状态;第三,强化上级政府的分担责任,维持并加大学前教育专项投入。

5. 公众的学前教育成本分担期望现状与政策启示

课题组对2 358位园长、1 132位家长的分担期望调查表明:

第一,经济越发达地区获得拨款越多,等级越高的幼儿园对政府的期望越高,对家庭和社会的期望越低。反之亦然。

第二,学历较高、城市地区的家长对政府的期望相对来说更高,对家庭的期望较低;而学历较低、农村地区的家长期望与此相反。

第三,公众期望政府分担的区间为50%—60%,家庭分担的区间为25%—35%,社会和幼儿园分担的区间为10%—15%。

对公众期望的调查的结论表明,接下来政府要追随公众的意愿努力办人民满意的教育:首先,要加大政府投入规模,提升政府分担比例,降低家庭分担压力;其次,扭转财政投入的不公平格局,避免"锦上添花式"的新的不公平的出现;最后,强化对农村及弱势地区的分担力度,落实"雪中送炭式"的支持。

6. 以区县为单位的学前教育成本分担理想型与政策启示

在对22家试点区县进行行动研究过程中,课题组发现,现实状态下的22家区县表现出四种类型的成本分担状态,即"高高型"——上海浦东学前教育成本分担模式,"低高型"——深圳福田学前教育成本分担模式,"高低型"——兰州城关区学前教育成本分担模式,"低低型"——天津蓟县学前教育成本分担模式。

在此基础上,课题组进行了充分的探讨,建构了"保普及""促公平""提质量""高均衡"四种学前教育成本分担理想型,以分别应对我国学前教育存在的四大核心问题,即普及、公平、质量、均衡。从条件基础和逻辑状况来看,为了解决不同的问题,学前教育成本分担的模式可以有所不同,全国范围内各区县可以根据本地区的实际选择四种不同的发展路径。

但很显然,这四种学前教育成本分担的理想类型都是以政府分担比例逐渐提高、学前教育基本有质量为前提的。"保普及"的学前教育成本分担类型是底线,也是基础;"促公平"则需要政府做出更进一步的努力,不仅要通过加大投入保证学前教育普及,而且要实行弱势倾斜,推进区域公平;"提质量"的学前教育成本分担类型则在"保普及""促公平"的基础上更进一步,强化各方的社会责任,共同提升学前教育的质量;"高均衡"是学前教育成本分担的理想状态,它要求政府财政性学前教育经费占 GDP 的比例达到 1%,政府分担比例达到 70% 以上,实现区域范围内学前教育的普及、公平、有质量发展。

(四) 学前教育投入的机制

学前教育投入的核心是成本核算和成本分担机制。成本核算的关键是考虑合理的有质量的支出,使成本分担机制服务于幼儿园质量标准。不同的质量标准需要不同水平的投入,房舍、设备、师资、课程资源及其他日常运行投入都会因投入水平的不同而呈现不同的样态。学前教育投入机制的关键是成本分担,是否分担、由谁来分担及如何分担等问题的确定直接决定了投入机制运行的水平和状态。

学前教育的投入机制涉及政府的建设、人事费用、生均公用经费、生均财政拨款、补助、专项支持等投入方式在不同项目上的使用。学前教育投入机制的核心是财政支持的总量占学前教育成本的一半以上,政府对学前教育的投入不小于对其他教育阶段的投入。值得关注的是,不是所有的人都能理解学前教育成本与中小学的差异。首先,根据我国的法规对人员配备和定编定岗的有关规定,每个班级两个教师和一个保育员是基本配备,幼儿园中教师与幼儿的比例是1∶15,教职工与幼儿的比例是1∶6,最根本的问题是一个班级两教一保是全程配备,也就是说,两个教师和一个保育员要全天全程在岗,成人不能离开儿童的视线,儿童也不能离开成人的视线,这与中小学以课为单位的配置方式和下课即离开教室的方式显然是不同的。此外,幼儿园的食堂不能外包,幼儿园对儿童的健康和营养负直接的责任。因此,幼儿园的人力成本之高是显而易见的。其次,幼儿园课程与中小学的课程有显著的不同,幼儿是在与环境和同伴的相互作用中学习的,幼儿班级环境需要大量的活动材料、操作用品,需要特殊的空间,消耗性材料多,教师投入的时间和精力多。最后,幼儿园的室内外环境需要精心设计和大力投入。以户外环境为例,中小学的户外环境主要用来开展体育活动和课间活动,幼儿园的环境是课程的一部分,幼儿园的种植不是简单的绿化,而是"种植"课程。每一种植物都能充实幼儿的经验,幼儿园的树木和花草的种类是经过精心选择的,都是为了丰富幼儿的经验。这些需要大量的投入。因此,幼儿园的办学成本是高于中小学的,即使幼儿园收取了保育费,政府的投入仍然是必要的。

为了确保学前教育的公益、普惠,应创新学前教育管理机制,建立一个既观照历史发展又立足现实需要的学前教育投入基准,对一个地区公办幼儿园的数量及比重、普惠性民办幼儿园的数量及比重、学前教育经费占财政经费的比重做一个基本的规定。从最根本的意义上说,幼儿园的性质不是取决于主办者,而是取决于投入的比例。一所没有任何政府投入的幼儿园当然很难成为普惠性民办园;一所有少部分政府投入,并以成本分担的方式收费的民办幼儿园,有可能成为普惠性民办幼儿园,但政府投入只是支撑,主要的投入责任应在举办者;一所以政府投入为主、家长合理分担成本的幼儿园显然是公办幼儿园。政府对幼儿园的合理投入有助于确保学前教育的公益和普惠，有助于学前教育质量的不断提升。

四、学前教育办园体制本质上是确定幼儿园的举办者并对幼儿园的生存和发展做出的制度安排，也是决定幼儿园公益普惠总体样貌的关键所在

（一）政府主导、公办民办并举是办园体制的核心架构

学前教育是社会公益事业，理应由政府作为主要提供方。我国《规划纲要（2010—2020）》提出的建立覆盖城乡、布局合理的学前教育公共服务体系的主要执行者一定是政府。因此，我国的学前教育服务的提供一定是政府主导、公民办并举的。需要注意的是，对这一理念的理解需要立足时代特征和学前教育发展的要求。也就是说，在不同历史时期，"政府主导、公民办并举"的内涵是各有侧重的。这里我们主要结合当前学前教育发展的特点与需要来解读这一立场。

坚持政府主导意味着政府要把握学前教育的大局和方向，真正把握学前教育作为民生工程的本质和公益惠普的大局，政府要承担发展学前教育的主要责任，要对公办及其他普惠性资源进行整体规划，确保科学规划，布局合理，以满足人民群众的需要；政府要加强对学前教育的投入，政府财政能调控学前教育的发展方向和质量；政府要全面把握学前教育发展的大局，要从规划、土地、建设等各个方面充分提供普惠性学前教育资源，尤其是确保小区配套幼儿园牢牢把控在政府手中，确保政府对人民群众普惠性学前教育资源需求的供给能力。

政府主导首先是政府主办，就是充实公共学前教育资源。在我国，公共学前教育资源就是相对高质量的资源，公办就意味着相对的高质量。这是由我国学前教育体制的历史形成的。长期以来，优质师资力量主要集中在公办幼儿园，这是政府长期投入的结果，经过特定的传递机制，公办幼儿

园的教育质量一直是相对较高的。这种体制决定了公办教育资源的比重越高,学前教育的整体质量也就越高,这也是为什么要强调政府主导的原因,在公办资源不足的情况下,政府主导的首要任务是政府主办,政府主办就意味着政府对质量的把控。大力发展公办幼儿园,也就意味着实现学前教育高质量的均衡和平等,还意味着减轻家庭的负担,落实政府的责任。当然,在公共资源相对普及,比重已经很高的情况下,如果民间投入积极性较高,可以考虑民间投入举办有质量的普惠性幼儿园,甚至可以考虑举办少量高质量的民办幼儿园,以满足少数人群的特殊需要。这时,政府主导意味着管理到位,确保幼儿园的公益普惠并给予适当的投入,或者实行幼儿园、教师和课程的准入管理,确保高收费的民办幼儿园真正有高质量。因此,政府主导的核心责任是投入,民办并不意味着政府不管,政府的管理涉及投入、准入和监管等多个层面。

从我国学前教育管理的历史看,政府在发展学前教育中的责任一直是比较明显的。各地的教办园一直是幼儿园的主体。教办园是典型的政府投入的幼儿园,其房舍、师资薪酬、运行经费等都是政府投入为主,家庭合理分担的。各地的政府机关幼儿园也是政府投入的公办幼儿园。与教办园类似的还有一小部分事业单位和部队举办的幼儿园。有些事业单位举办的幼儿园也出现了转制的现象,政府投入减少或取消。原来一些国有企业也主要是依靠政府投入,但随着企业的改革,这种情况发生了很大的变化,事实上也造成了一批公共教育资源的流失。

公民办并举意味着公办幼儿园和民办幼儿园两种不同的体制都可以得到运行。1949年以来,我国学前教育发展的历史就是公办幼儿园为主体的历史,机关、企事业单位、部队、街道、村集体等举办的幼儿园也都具有一定公办性,公办幼儿园及公办性质的幼儿园积聚了大量的优秀教师,在办园水平和课程建设上具有独特的历史优势,公办幼儿园的教育质量总体上处于较高的水平,能起到引领和辐射的作用。稳定和发展公办幼儿园是确保学前教育质量和普惠的重要举措,是我们在未来相当长的一段时间里发展学前教育的基本举措。

发展民办幼儿园也是由我国的现实决定的。一些团体和个人有办园积极性,利用这些力量补充学前教育资源的不足,是合理的和可行的。但考虑到学前教育的公共服务性质,以及广大群众的承受能力,满足群众的基本民生需求,民办幼儿园中80%以上应举办成普惠性幼儿园。政府应通过免租金、给生均经费、奖补等方式给予支持,以保证幼儿园的正常运行和普惠性。极少数幼儿园可举办成高档的幼儿园,但必须名副其实,政府要加强监管,避免群众花大钱却接受不健全的学前教育服务。要避免对民办幼儿园准入的失控,要切实加强办园过程监管。

当前,有两类幼儿园特别需要加以关注。一是村园。过去提到村园往往指村里办的幼儿园,事实上大部分村园的确是村里创办的。所谓村里创办,可能是村民个人举办,也可能是村民委员会举办的。前者成为民办园,后者成为集体园。随着政府责任的不断落实,很多乡镇园以托管、联合举办、分园等形式参与村园的管理,使政府经费进入村园,优质师资进入村园,村园与乡镇幼儿园享受同样的经费、师资和设备等条件。这样公办园、集体园和个体园之间的壁垒被打通,办园形式更趋多样化、整合化,其特征就是政府作用的加强和落实。二是小区配套园。必须明确,公共性是小区配套幼儿园的根本属性。首先,小区配套幼儿园是小区基本公共服务设施,无论土地是商业用地还是划拨土地,无论建设经费是开发商自有资金还是居民购房经费,无论土地出让协议中是否约定建设幼儿园,小区配套幼儿园的基本属性就是公共性的。正因为它具有公共性,与民生紧密相关,才需要加强规划和建设。居民买房,也一定会选择公共设施和条件,公共设施的完善程度与购房者的购买意愿甚至跟房价是联系在一起的,有些配套幼儿园甚至是在牺牲居民公共空间和小区合理容积率等的情况下建起来的。因此,小区配套幼儿园承载着居民的入园愿望,它不是开发商为自己个人需要所建的私宅,而是获得规划认可的公共服务设施,具有明显的公共属性。其次,小区配套幼儿园具有公共服务职能。小区配套幼儿园具有公共性,是满足小区居民入园需要的公共服务设施,因而具有提供教育服务的基本职能。我国1993年颁布的《城市居住区规划设计规范》就要求居住人口为7 000—15 000人小区,教育用地面积为1 000—2 400平方米,应配建幼儿园。2018年颁布的《城市居住区规划设计标准》则指出,五分钟生活圈以上级别的居住区配套设施必须包括幼儿园。《中华人民共和国城乡规划法》明确了城镇的建设和发展,要优先安排幼儿园等公共服务设施的建设。再次,政府监管是维护小区配套园公共性的决定性因素。由于多种原因,小区配套幼儿园的情况比较复杂,影响小区配套幼儿园公共性得以彰显的因素有很多,其中最具决定性的因素是代表广大人民群众利益的政府。一方面,政府通过规划审批和监督落实,确保小区配套幼儿园规划到位,建设到位,以不断增加学前教育公共资源。尤其是政府通过土地划拨,建设由政府享有所有权的配套园,举办公办幼儿园或委托举办普惠性民办幼儿园,从根本上确保小区配套园的公共性,确保提供足够的公共服务。另一方面,政府通过各种措施加强对各类小区配套园的管理,防止小区配套园建成高收费幼儿园,确保其公益普惠性质,确保其提供有质量的服务,彰显其公共服务的属性,避免因高收费导致新的"入园贵"和"入园难"问题。因此,政府有责任也有能力最大限度地维护广大居民的利益,不断扩大公益普惠、安全优质的学前教育。

(二) 公益性和普惠性是发展学前教育公共服务的基本原则

公益普惠是发展学前教育的基本方向。教育的公益性意味着投入以政府为主,关注大多数人的共同利益和需求,不为少数人的特殊需要服务。

学前教育的公益性表现在它满足大多数家庭的利益和需要,大多数家庭可接受、可享受、非排他性并有满足感。学前教育公共服务能增进社会效益,促进儿童后继的甚至终身的成长,为家庭脱贫带来新的可能,为未来国家高质量的人力资源打下坚实基础,促进社会文明和谐。《若干意见》强调,要牢牢把握学前教育公益普惠的基本方向,加大公共财政投入,着力扩大普惠性学前教育资源供给,充分体现了党中央、国务院对学前教育的高度重视,表明党和国家对学前教育在儿童发展、广大人民群众切身利益和国家民族未来等方面的重要价值的判断,表明国家坚持公益普惠发展学前教育的根本方向,体现了为广大人民群众提供公益普惠的学前教育服务的国家意志。

《若干意见》指出,"各地要把发展普惠性学前教育作为重点任务,结合本地实际,着力构建以普惠性资源为主体的办园体系,坚决扭转高收费民办园占比偏高的局面。大力发展公办园,充分发挥公办园保基本、兜底线、引领方向、平抑收费的主渠道作用。按照实现普惠目标的要求,公办园在园幼儿占比偏低的省份,逐步提高公办园在园幼儿占比,到2020年全国原则上达到50%,各地可以从实际出发确定具体发展目标。积极扶持民办园提供普惠性服务"。要实现85%的普及目标、80%的普惠目标和50%的公办园在园幼儿占比的结构目标,必须加强政府对学前教育的投入。只有加强政府投入,才能真正实现公益普惠,才能实现学前教育的发展目标。政府投入是解决普惠性学前教育资源结构性短缺的关键力量。政府必须充分发挥规划、投入和协调的功能,优先考虑幼儿园的规划和建设,努力扩大普惠性教育资源。政府投入效益的核心就是普惠性资源的增长,投入的衡量标准就是人民群众的满意度。政府只有加强对学前教育的投入,才能确保学前教育公益普惠的基本方向。

国家学前教育行动计划实施以来,各级政府用实际行动落实学前教育的公益性和普惠性，大力发展普惠性幼儿园。普惠性幼儿园意味着幼儿园不是为少数人服务的，是广大公众有条件接受的；不是特殊服务的高收费幼儿园，是实行成本分担机制的，能让大多数公众受益的幼儿园。公办幼儿园理应做普惠性的典范。政府鼓励公办性质的幼儿园更好地体现普惠性，引导民办幼儿园办成普惠性幼儿园。增加更多普惠性幼儿园的目的是确保学前教育的公益性，减轻家长的负担，确保学前教育的质量。普惠性民办幼儿园的核心就是政府的支持，是成本分担机制的落实。让政府经费冲破原有体制机制的障碍，为公办幼儿园、公办性幼儿园、普惠性民办幼儿园服务，为不同所有制和不同办学形式的公益普惠园服务。

发展普惠性幼儿园是建立学前教育公共服务体系的应有之义。公共服务意味着满足公众的需求，意味着是基本服务，意味着以公益为导向而不是以市场为导向。政府是公共服务的主要提供者或支持者。学前教育公共服务体系需要考虑具有不同性质和特点的普惠性幼儿园，以满足公众的不同需求，同时关注布局和结构，满足公众方便就近接受有质量的公共学前教育服务的需要，还要考虑公共服务的灵活性、应变性及协调性，以适应公众可能产生的新需求。发展普惠性幼儿园需要建立和实施规划先导、投入保障和管理引导等特定的机制。

（三）多元办园是保障学前教育资源供给的重要渠道

多元办园体制是我国学前教育体制的时代性产物，当其顺应学前教育发展的基本规律时，便有助于解决学前教育事业发展的重要问题。从经济学角度来看，办园体制是学前教育机构所有制关系的体现，它与国家总的所有制经济结构息息相关。因此，我国多元办园的格局是伴随经济改革逐渐形成并不断调整的。从1949年到改革开放之前，教育行政部门，以及机关、厂矿、企业、学校、部队等单位组织，农村的公社、大队、生产队和城市街道等集体组织，都举办过幼儿园，这使得彼时的幼儿园在责任主体和管理主体方面呈多元化,但其资金来源主要为财政经费。20世纪80年代中后期,我国市场经济体制逐步确立,出现了社会力量举办的幼儿园,营利性幼儿园数量迅速增加,学前教育公共资源相较被削弱,这在一定程度上损害了学前教育的公益性。这一阶段,多元办园体制不但未能提升学前教育的量与质,反而抑制甚至阻碍了我国学前教育事业的发展。2010年,《规划纲要(2010—2020)》提出,我国要"建立政府主导、社会参与、公办民办并举的办园体制。大力发展公办幼儿园,积极扶持民办幼儿园",至此,多元办园体制与学前教育的公益属性得到协调,为多渠道地吸收学前教育资源,解决当下学前教育供给不足,缓解"入园难"发挥了积极作用。

因此,在理解和落实多元办园体制时,必须坚持学前教育的"公益性、普惠性"。坚持学前教育的公益属性,意味着在多元投资体系中要确保公共属性资源的首位比例,继续着力于公共资源的扩充,在新建公办园的同时,通过各种形式提升普惠性民办园的公共资源比例,使公共资源流向教师待遇、园所内涵发展等薄弱环节,推动各类学前教育跨越所有制形式协同发展。

提倡多元办园体制是为了给人民群众提供更好的学前教育服务。习近平总书记提出,新时代我国社会主要矛盾是人民日益增长的美好生活需要和不平衡不充分的发展之间的矛盾,必须坚持以人民为中心的发展思想,不断促进人的全面发展、全体人民共同富裕。这一论断同样揭示了当前我国学前教育领域的最主要问题——人民对高质量学前教育的需求和实际供给之间的矛盾。满足百姓期望,为适龄儿童及其家庭提供质优价廉的学前教育服务,就成了各级政府发展学前教育责无旁贷的责任。多元办园体制是丰富学前教育资源、繁荣学前教育事业、化解上述矛盾的重要手段之一。因此,在理解和落实多元办园体制时,不能只关注举办主体、投资渠道等,而忽视对举办结果的专业性衡量。换句话说,就是要将价格可以负担、保证保教质量、保护儿童身心健康、就近入园方便接送等关乎儿童和家长利益的指标纳入到办园导向中，使其作为多元办园的重要指导思想。

多元办园的前提是确保学前教育的公共服务性质，确保学前教育是重要的民生事项，应科学有序，坚持质量，着力关心大多数公民的公益普惠、就近方便的需要，兼顾少数人的选择性需要。当前多元办园体制存在的核心问题是资本和营利性幼儿园举办者对有限的普惠性公共资源的侵占，公办园弱化，幼儿园的公办性降低，政府投入不足，教师编制和待遇不能得到落实；普惠性民办幼儿园质量低下，政府支持不到位，监管不落实，相当一部分教师的收入低于当地最低保障性工资标准；机关、企事业单位、部队、街道、村集体等举办的幼儿园缺乏投入，编制只减不增，收费受制约，运行困难；资本介入，商业化明显，收费提高，有再现"入园贵"的风险。因此，落实多元办园体制要以扩大普惠性资源为首要任务，以充足、有效的财政投入确保资源持续增长，大力发展公办园，创造性地扩充公共学前教育资源。同时，还需要注意以下两个方面的问题：

一要多渠道增加学前教育公共资源。第一，科学规划，配足、建好小区配套园，政府充分掌控小区配套园的办园性质，确保优先建设普惠性幼儿园，重点建设公办幼儿园，积极发展普惠性民办幼儿园，真正落实政府主导、社会参与和公民办并举。第二，盘活中小学富余资源，改建学前教育资源。第三，增地、增容，扩建现有的幼儿园。第四，根据人口状况，协调老城区资源不足的问题和新建城区配套不足的问题，专项规划建设区域性幼儿园。第五，鼓励使用集体土地建设幼儿园，政府为这类幼儿园提供登记注册的特殊帮助。第六，综合利用社会资源，利用社会现有公共服务设施改建幼儿园。第七，利用现有商业房产资源改造幼儿园。第八，鼓励有实力的企业根据政府规划在小区之外义务兴建或有偿兴建并举办幼儿园。

二要通过多种措施规范民间资本的利用与管理。对地方政府而言，政府的首要职能是保底与普惠,建立起惠及大众的公共服务体系。一方面,不仅要确保普惠性民办园在民办园中占比达到80%,还要从财政补贴、收费管理、质量管理与指导等方面确保普惠性民办园"真普惠"。以财政补贴为例,一些地区以较高的生均财政拨款标准或生均公用经费标准分担普惠性民办园的办园成本,真正实现对普惠性民办幼儿园经费与质量的有效管理,建立扶持和规范普惠性民办幼儿园健康发展的良性机制,切实保障普惠性民办幼儿园"真普惠",切实提升百姓的社会满意度与幸福指数,弱化民办园的逐利性动机,增强民办园的公益性责任,在一定程度上让利于民。另一方面,加强对非营利性民办幼儿园的扶持与鼓励,引导民间资本向非营利性民办园流动。对现有民办园登记为非营利性园的,可开辟"绿色通道",简化登记手续,只要修改学校章程,到民政部门登记即可;对原普惠性民办幼儿园向非营利性幼儿园过渡的,各级政府应在已有基础上进一步给予此类幼儿园政策与经费支持并加强对其资金的监控;对现有民办园登记为营利性民办园的,要使其支付较高的转换成本,如要求其重新验资,按规定补缴之前营业的土地使用费、税金,归还尚应处于使用期限的财政资助,退出相关扶持政策的相应利益,重新办理办学许可证,重新登记等,避免将公益性资源用于营利性幼儿园;此外,可以通过明确各种禁止动作,加大对违法违规行为的查处力度,启动失信追责机制,以负面清单约束资本的非法逐利。

(四) 幼儿园类型划分的新思路

学前教育"国十条"指出:"必须坚持政府主导,社会参与,公办民办并举,落实各级政府责任,充分调动各方面积极性;必须坚持改革创新,着力破除制约学前教育科学发展的体制机制障碍;必须坚持因地制宜,从实际出发,为幼儿和家长提供方便就近、灵活多样、多种层次的学前教育服务。"《若干意见》提出,"到2020年,全国学前三年毛入园率达到85%,普惠性幼儿园覆盖率(公办园和普惠性民办园在园幼儿占比)达到80%。广覆盖、保基本、有质量的学前教育公共服务体系基本建成,学前教育管理体制、办园体制和政策保障体系基本完善。投入水平显著提高,成本分担机制普遍建立"。

为了落实上述精神,各级政府加强了对公办园和普惠性民办幼儿园的投入,包括直接的经费投入、减免租金、补贴教师薪酬或保险费用、设备费、培训费、各类奖补等,政府新的投入方式打破了体制的界限,除了原有的公办园受益外,各类具有公益普惠性的幼儿园均受益。幼儿园的类型划分已经很难采用原有的标准,用原有的标准划分也很难真正体现政府的作用。为此我们尝试采用以政府投入量为标准的幼儿园划分方式,政府高投入幼儿园(甲类)、政府中投入幼儿园(乙类)、政府低投入幼儿园(丙类)以及政府无投入幼儿园(丁类)。其中甲类幼儿园政府投入占比达60%以上,乙类幼儿园政府投入占比达30%—59%,丙类幼儿园政府投入占比为30%以下。无投入幼儿园主要指高收费的营利性幼儿园。

要优化和调整学前教育资源的结构,让更多的幼儿园具备公益和普惠属性。学前教育事业的发展需要更多的甲类和乙类幼儿园,让政府真正成为学前教育的举办主体,让政府主导学前教育事业的发展,让家长承担合理的办园成本。必须调整学前教育资源的结构,让更多的幼儿园能获得政府的投入,让更多的幼儿园成为真正的有质量的幼儿园。要增加甲、乙类幼儿园,意味着要逐步做到不因幼儿园性质决定家长分担办园成本的比例,而应按照家长的家庭经济状况决定家长承担的经费。要鼓励更多民办幼儿园举办成普惠幼儿园,稳定丙类幼儿园。要控制丁类幼儿园,尤其是要禁止将政府建设或小区配套的公共资源办成丁类幼儿园。因此政府的投入已经不是简单的投入与不投入的问题,而是投多少的问题。相应的幼儿园的性质也不是简单的公办与民办的问题,而是获得高、中、低不同层次投入的问题。

要确保学前教育资源满足人民群众的需要,应建立有效的需求收集—分析—规划机制。从人口、产业发展、社区建设、产业转移等多维度把握可能出现的学前教育需求,及时将需求转化成对策,纳入当地事业发展规划。通过这一机制,确保学前教育资源的有序供给,避免出现新的"入园难"现象。

五、学前教育基本质量评价体制与机制

"评什么""怎么评"和"谁来评"是学前教育基本质量评价体制与机制研究的三个主要问题。同时,考虑到质量评价本身并不一定能有效地保障所有幼教机构均达到基本质量标准,本课题组也对在评价之前和之后应采取的配套政策措施进行了研究。

(一)科学研制紧扣"基本质量"的幼儿园教育基本质量标准

"评什么"即评价所依据的质量标准。幼儿是学前教育的核心利益相关者,满足幼儿最基本、最普通的需要是衡量幼儿园教育基本质量的主要标准。幼儿园教育基本质量标准的研制要解决两个关键问题,一是幼儿有哪些最基本和最普通的需要;二是哪些因素会影响幼儿基本需要的满足。同时,幼儿园教育基本质量标准又受到各地经济文化发展水平的影响。因此,本课题组根据《儿童权利公约》和《未成年人保护法》,将幼儿的基本需要确定为安全、健康和身心基本发展不受限制的需要。在制定标准的过程中,广泛收集有关影响幼儿身心发展因素的文献、国内外先进的质量标准经验及相关法规文件,征求各类幼儿教育利益相关者的意见,并进行实地调研,最终确定了能够保障幼儿园教育具有基本质量的底线标准。

在标准修订过程中,本课题组本着"不多一条、不少一条"的宗旨,紧扣基本质量制定标准。本标准的制定有三个构思维度:其一是幼儿基本需求的维度。本标准的制定紧扣保障幼儿安全、健康和身心基本发展指标,这

一维度可以避免将过高或过低的质量指标放入基本质量标准中。其二是幼儿园工作内容的维度。本标准主要从招生与编班、安全管理、卫生保健、教育和行为管理、园舍与设备、工作人员、经费、家长工作及幼儿园管理等方面制订指标,这一维度方便举办者工作时参照。其三是幼儿园教育全过程的维度。本标准以结构与过程为导向设计教育质量标准框架。这一维度可以规避现行质量标准中只注重结构质量而忽视过程质量的问题。与现行幼儿园教育基本质量标准相比,本课题组制定的幼儿园教育基本质量标准内容具有以下主要特点:一是从保障儿童基本权益出发,紧扣基本质量制定内容条目及要求;二是与时俱进,反映在当前社会条件下幼儿园要保障教育的基本质量所应具备的要求;三是重视过程性标准;四是现实问题针对性强;五是强调对教师和家长基本权益的保护。

(二) 设计"方便举办者并确保质量"的评价程序

"怎么评"即评价所应遵循的基本程序。针对现行幼儿园注册审批单位不统一、多头注册、程序烦琐耗时、注册宣传不到位等问题,本课题组设计了"方便举办者并确保质量"的评价程序,并特别强调将质量评价与质量建设的其他环节联系起来。

本课题组重新设计的准入审批程序具有以下特点:

其一,强调审批对质量建设的引导和监督作用。本课题组设计的准入审批程序将对审批标准及程序的社会宣传、对幼儿园举办者进行审批前指导以及评估结果的公开发布均纳入了教育行政部门的审批程序之中。

其二,强调对教育质量负责、对幼儿园举办者友好支持和对幼儿园举办过程客观规律的尊重。对教育质量负责体现在正式审批须经过材料申报与审核、实地评价申请、实施与给出结论,追踪评价合格后方可颁发办园许可证。对幼儿园举办者友好支持体现在某步程序若不通过,教育行政部门都应指出不达标的指标及整改意见。对幼儿园举办过程客观规律的尊重体现在分阶段的评价程序设计上,教育行政部门不是等所有资料和条件都齐备后进行一次性审批,而是在幼儿园筹办及举办的不同阶段,予以阶段性的审批。

(三) 解决审批归口问题及提升评估人员的专业性

"谁来评"即谁是执行评价的主体问题。专业的评估有赖于专业、规范的评估队伍和执法队伍。

第一,幼儿园准办审批权应统一在幼教管理部门。针对目前幼儿园准办审批存在审批部门混乱分散及审批与管理部门不统一而导致幼儿园的基本质量难以得到有效监管的问题,本课题组建议将各类幼教机构的审批权统一在幼教管理部门,并赋予其执法权,全面负责法规条文的制定、解释、评价的组织及结果发布,与教育、财政、师资培训等部门沟通协调,有利于环环紧扣地促进学前教育基本质量的均衡。

第二,评估人员队伍的建设。针对评估人员队伍建设,本课题组强调评价是一个专门的领域,专业的评估人员既需要有一定的专业知识背景,也需要在评价标准和评价的程序上接受过专业训练,并获得合格证书。在目前的条件下,评估人员队伍可由专职人员和兼职人员构成。材料审核和执法程序的实施,需要专职人员进行,实地评价和追踪评价可请兼职人员。

第三,对评估人员与执法人员行为的约束与监督。为确保准入评价过程公平公正,必须将评估人员和执法人员的工作表现纳入"依法"行政的范畴,应定期给予评价。还需设置对评估人员和执法人员违法违规行为的处罚条款。同时,加强社会监督,给未通过评估的办园人创建申诉和申请重新评价的渠道。

(四) 旨在确保有质量的、与质量评价相配套的政策措施

质量评价是为基本质量保障服务的,但质量评价本身不一定能保障基本质量。质量评价只有与在评价之前和之后采取的配套政策措施结合起

来，才能有效地保障幼儿园达到基本质量标准。

第一，对幼儿园进行质量监管的根本目的应是"确保学前教育基本质量均衡"，而不仅仅为了"关停整治"。因此，教育行政部门应建立一个涵盖明晰的基本质量标准、法规宣教、注册评价程序、质量信息搜集、评估信息发布、质量支持项目在内的质保系统，以"系统"的思路保障基本质量的实现。

第二，应将评价结果与拨款机制相衔接。教育行政部门应在准入评价的同时，依据"基本质量标准"，建立所有幼儿园质量信息的数据库，将实地评价和追踪评价的相关数据及时录入，并进行分析和研究，梳理那些低起点申办的学前教育机构在条件配备和保教过程方面，有哪些方面尚不足以保障儿童、教师和家长的基本权益，寻找质量的薄弱环节，将这些信息及时传递给财政部门，以便根据需求设立专门的扶助项目，将有限的公共资金用于弥补与基本质量标准的差距，使资金使用的效益最大化，让没有机会进入质优价廉的公办幼儿园的儿童，也能在这些改造过的幼儿园中受惠于公共资金。将评价结果与公共资金的拨款相衔接，还有利于监管民办幼儿园资金的使用过程，确保专款专用，对资金使用的效益也易于评价。

第三，将评价与辅导、培训机制相衔接。教育行政部门应对实地评价和追踪评价的结果进行梳理，及时发现教师在环境布局和保教行为中可能危及幼儿人身安全、身心健康的无知、无力应对之处，并将这些信息及时传递给教研部门和师训部门，提示他们有针对性地进行教师培训和实地指导，避免因教师专业能力有限而给儿童带来危险。

后　记

跨入学前教育体制机制这一研究领域以来,我们真正感受到体制机制对发展学前教育的核心作用,我们也体会到了研究体制机制的艰难。感谢我们这个团队,大家都为探寻我国学前教育体制机制的核心问题而不断努力着,也正是体制机制的研究开启了学前教育政策研究的新方向。

在研究过程中,很多专家都花费了大量的时间,参与到调查、讨论的过程之中。很多专家的研究论文为本书的完成做出了基础性的贡献,也为课题的完成做出了重要的贡献。虞永平、王海英、柏檀、王水娟、秦旭芳、江夏、郭良菁、王玲艳、原晋霞、钱雨、刘明远、张斌、刘颖等撰写的论文是本课题基本的研究成果。此外,吴邦俐、贺玮、张春霞等为课题的开展做出了贡献。

本书由研究团队部分成员分工协作完成。其中,第一章由虞永平撰写;第二章由虞永平、王玲艳撰写;第三章由虞永平、刘颖撰写;第四章由江夏、周琳、何锋、王海英、原晋霞、郭良菁撰写;第五章由江夏、张斌、虞永平、郭良菁、刘颖、王玲艳撰写;第六章由何锋撰写;第七章由柏檀、王水娟、王海英、李宏堡撰写;第八章由原晋霞、蒋雅俊、孔起英、曾晓滢撰写;第九章由王玲艳、李宏堡撰写;第十章由张斌组织个案作者撰写;结论部分由虞永平、张斌撰写。全书由虞永平、张斌、江夏统稿。南京师范大学的研究生李雨霏、刘媛、宋然、成思粤、余悦森贝、席春媛等参与了资料收集与校对工作。

南京师范大学出版社的编辑张莉、吴曼丽、王瑾、彭艳梅和於迪为本书的顺利出版付出了辛劳,特此致谢!

尽管研究团队就学前教育体制机制改革问题进行了较为全面与深入的研究和思考,但限于能力水平与时间制约,难免存在疏漏与不足,欢迎广大读者批评指正。

2020 年 8 月

图书在版编目(CIP)数据

儿童·国家·未来:学前教育体制机制改革研究/虞永平等著. ——南京:南京师范大学出版社,2020.8
(学前教育体制机制改革研究丛书/虞永平主编)
ISBN 978-7-5651-4705-0

Ⅰ.①儿… Ⅱ.①虞… Ⅲ.①学前教育－教育制度－教育改革－研究－中国 Ⅳ.①G619.22

中国版本图书馆 CIP 数据核字(2020)第 157110 号

书　　　名	儿童·国家·未来:学前教育体制机制改革研究
丛 书 名	学前教育体制机制改革研究丛书
丛书主编	虞永平
作　　者	虞永平　王海英　张　斌　等
执行编辑	吴曼丽
责任编辑	王　瑾　吴曼丽　张　莉　彭艳梅　於　迪
出版发行	南京师范大学出版社
地　　址	江苏省南京市玄武区后宰门西村 9 号(邮编:210016)
电　　话	(025)83598919(总编办)　83598412(营销部)　83598312(邮购部)
网　　址	http://press.njnu.edu.cn
电子信箱	nspzbb@njnu.edu.cn
照　　排	南京凯建文化发展有限公司
印　　刷	南京玉河印刷厂
开　　本	710 毫米×1000 毫米　1/16
印　　张	38
字　　数	492 千
版　　次	2020 年 8 月第 1 版　2020 年 8 月第 1 次印刷
书　　号	ISBN 978-7-5651-4705-0
定　　价	98.00 元
出 版 人	张志刚

南京师大版图书若有印装问题请与销售商调换
版权所有　侵犯必究